U0862776

2015
中国文化年鉴

中华人民共和国文化部 编

国家图书馆出版社

《中国文化年鉴》(2015)
编纂委员会名单

主　任： 雒树刚（文化部党组书记、部长）

副主任： 董　伟（文化部党组成员、副部长）

编　委： 于　群（文化部党组成员、部长助理兼办公厅主任）

饶　权（文化部政策法规司司长）

汪志刚（文化部人事司司长）

赵　雯（文化部财务司司长）

诸　迪（文化部艺术司司长）

孙若风（文化部文化科技司司长）

陈　通（文化部文化市场司司长）

吴江波（文化部文化产业司司长）

张永新（文化部公共文化司司长）

李　雄（文化部非物质文化遗产司司长）

谢金英（文化部对外文化联络局（港澳台办公室）局长）

李立新（文化部机关党委常务副书记）

单　威（中央纪委驻文化部纪检组副组长）

《中国文化年鉴》(2015)
编辑部名单

主　任：孙若风

副主任：喻剑南　李红琼　张士军　燕东升　周汉萍
李　蔚　刘　强　王　娜　陈向红　马盛德
朱　琦　何晓娟　陈　锋　张志清

成　员：宁伟群　方自金　罗　娟　贾贵荣　殷梦霞
金丽萍　王　雷　杨　俊

《中国文化年鉴》(2015)
鸣谢单位

部机关

办公厅
政策法规司
人事司
财务司
艺术司
文化科技司
文化市场司
文化产业司
公共文化司
非物质文化遗产司
对外文化联络局(港澳台办公室)
机关党委
中央纪委驻文化部纪检组

国家文物局

直属单位

文化部信息中心
国家艺术基金管理中心
中国艺术研究院(中国非物质文化遗产保护中心)
国家图书馆
故宫博物院
中国国家博物馆
中央文化管理干部学院

中国文化传媒集团有限公司（中国文化报社）
国家京剧院
中国国家话剧院
中国歌剧舞剧院
中国东方演艺集团有限公司
中国交响乐团
中国儿童艺术剧院
中央歌剧院
中央芭蕾舞团
中央民族乐团
中国美术馆
中国国家画院
中国对外文化集团公司
中国数字文化集团有限公司
中国动漫集团有限公司
文化部恭王府管理中心
文化部文化艺术人才中心
文化部离退休人员服务中心
文化部艺术发展中心
国家清史纂修领导小组办公室
中外文化交流中心
文化部民族民间文艺发展中心
中国艺术科技研究所
文化部全国公共文化发展中心
文化部海外文化建设管理中心

地方文化厅局

北京市文化局
天津市文化广播影视局（天津市文物局）
河北省文化厅

山西省文化厅
内蒙古自治区文化厅
辽宁省文化厅
吉林省文化厅
黑龙江省文化厅（黑龙江省文物管理局）
上海市文化广播影视管理局
江苏省文化厅
浙江省文化厅
安徽省文化厅
福建省文化厅
江西省文化厅
山东省文化厅
河南省文化厅
湖北省文化厅
湖南省文化厅
广东省文化厅
海南省文化广电出版体育厅
广西壮族自治区文化厅
重庆市文化委员会（重庆市版权局）
四川省文化厅
贵州省文化厅
云南省文化厅
西藏自治区文化厅
陕西省文化厅
甘肃省文化厅
青海省文化和新闻出版厅
宁夏回族自治区文化厅
新疆维吾尔自治区文化厅
新疆生产建设兵团文化广播电视局

《中国文化年鉴》(2015)
组稿人员名单

（按姓氏笔画为序）

凡显峰　王旭东　王向杰　王佐政　王　松　王明亮　王　忠　王学增　王禹麟
王洪波　王　培　王　蒙　王鹤云　亢　博　田　振　付　言　冯雅琳　伍文珺
向仕富　刘伟伟　刘伟明　刘宏志　刘　英　刘　岩　刘　聪　安战国　江建国
祁　鑫　孙业海　李一兵　李川州　李文娣　李　刚　李　明　李英华　李珊珊
李晓松　李满寅　李　静　杨　安　杨　烁　杨　渊　杨　菊　肖文礼　肖明伟
吴　青　邱邑洪　何作利　宋　磊　张呈鼎　张抗洪　张蓓蓓　张巍韡　陆　遥
阿不都斯木·阿不力木　陈如福　陈　真　陈　越　陈森泉　陈　锋　武红文
范春莉　罗　娟　岳霄雁　赵　旭　赵姗姗　柳　柠　袁　圆　袁　媛　顾海军
徐进毅　徐建飞　高子淇　郭子男　郭建广　黄玉洋　崔勇波　崔　然　崔　磊
彭跃辉　董越超　董　雷　程　鹏　谭巨福　翟　璟　魏　援　蹇娅婷

《中国文化年鉴》(2015)
编辑说明

《中国文化年鉴》由中华人民共和国文化部主编，客观反映全国文化系统发展状况。由文化部相关司局、直属单位、各省（自治区、直辖市）及新疆生产建设兵团文化主管部门提供稿件并审定内容。自2001年开始出版。

《中国文化年鉴》（2015）深入贯彻党的十八大和十八届三中、四中、五中全会精神，深入贯彻习近平总书记系列重要讲话精神，深入贯彻中央关于文化建设的重大决策，力求全面准确反映我国文化事业和文化产业发展状况，为各级党和政府加强对文化行业的宏观指导、有效调控、科学管理和依法监督提供权威的信息参考。

《中国文化年鉴》（2015）采用分类编辑法，主体内容设类目、分目、条目三个层次。共有文化发展概况、部属单位文化发展、地方文化发展、法律法规及政策性文件、文化统计数据、附录6个类目。文化发展概况、部属单位文化发展、地方文化发展均以条目为表现内容的基本形式。文化发展概况包括艺术创作与生产、公共文化服务、非物质文化遗产保护、文化市场、文化产业、文化科教、对外和对港澳台文化交流、文化体制改革、文化人才队伍建设、文化财务管理、文化法治、文物事业12个部分。部属单位文化发展包括文化部信息中心等31个单位情况。地方文化发展包括北京市等31个省（自治区、直辖市）及新疆生产建设兵团的文化发展情况（未含港澳台地区）。文化统计数据亦不含港澳台地区。

《中国文化年鉴》（2015）收录2014年内容，书后附索引及彩色图片350余幅。

Preface

The Yearbook of Chinese Culture is compiled under the supervision of the Ministry of Culture of the People's Republic of China, and presents an objective report on the development of cultural sector nationwide. Departments under the Ministry, ministry-affiliated units, and cultural administration offices of each province (autonomous region, municipality) and of Xinjiang Production and Construction Corps, collect, examine and approve the information and data provided in the Yearbook, which has been published since 2001.

Guided by the spirit of 18th National Congress of the Communist Party of China (CPC), the Third 、Fourth and Fifth Plenary Sessions of 18th CPC Central Committee, and CPC General Secretary Xi Jinping's Speech at the Symposium on the Arts, *the Yearbook of Chinese Culture* (2015) implements the major decisions of central government on culture development. With its comprehensive and accurate reflection on the development of China's public cultural undertakings and cultural industries, the Yearbook serves as an authoritative information reference to the Party and the government in enhancing macro guidance, effective adjustment, scientific administration and law-based supervision on the cultural sector.

The Yearbook of Chinese Culture (2015) is edited according to categories and the main content is divided into three levels, namely, class heading, classified catalog and entry.

The 6 class headings include overview on cultural sector development, cultural affairs development of ministry-affiliated units, local cultural sector development, laws, regulations and policy documents, cultural sector statistics, and appendix.

An entry serves as the basic item for such class headings as overview on cultural sector development, cultural affairs development of ministry-affiliated units, and local cultural sector development.

The section of "overview on cultural sector development" covers 12 areas, namely artistic creation and production, public cultural services, intangible cultural heritage protection, cultural market, cultural industries, cultural science and education, cultural exchanges with foreign countries and cultural relations with Hong Kong, Macau and Taiwan, cultural system reform, personnel development in cultural sector, financial management in cultural sector, rule of law in cultural sector, and cultural heritage.

The "cultural affairs development of ministry-affiliated units" section summarizes the relevant information of 32 units, such as the Information Center of the Ministry of Culture.

The section of "local cultural sector development" reviews relevant issues of the 32 provinces, municipalities, and autonomous regions (excluding Hong Kong, Macau and Taiwan).

Similarly, in "the cultural sector statistics" section, data from Hong Kong, Macau and Taiwan are also not included.

The Yearbook includes 2014 content, more than 350 color illustrations and a content index in back matter.

目　录

文化发展概况

部属单位文化发展

地方文化发展

法律法规及政策性文件

文化统计数据

附　　录

索　　引

图　　片

Main Contents

2015

中国文化年鉴

Yearbook
of
Chinese Culture

文化发展概况

艺术创作与生产

【概况】 2014年是我国艺术事业发展非常重要、极不平凡的一年。10月15日，习近平总书记在北京主持召开了文艺工作座谈会并发表重要讲话，体现了党中央对文艺工作的高度重视、对文艺工作者的亲切关怀、对文艺事业繁荣发展的殷切希望。习近平总书记深刻论述了文艺工作的战略地位和重要作用，全面分析了文艺工作的基本形势和主要任务，清晰地阐释了做好文艺工作的基本原则和主要路径，对文艺工作提出了新要求新期待，是指导当前和今后一个时期党的文艺工作的纲领性文献。文化部和各地文化部门、艺术工作者们认真学习贯彻习近平总书记重要讲话精神，落实党中央、国务院各项重大决策部署，努力推动文艺工作取得新进展新成效。

舞台艺术和美术是艺术事业的重要组成部分，具有深厚的群众基础。据《2015年文化发展统计报告》，2014年我国共有艺术表演团体8769家，从业人员26.28万人。年末各级文化系统拥有演出场馆1338个，观众座席数达到118.7万个。全年演出172.67万场，国内观众8.98亿人次，演出收入74.2亿元。2014年，各级文化部门和广大艺术工作者精心组织，潜心创作，各艺术门类都涌现出了一批具有创新意识和艺术潜质的优秀作品。如京剧《安国夫人》《钦差林则徐》《杨靖宇》，评剧《红高粱》，越剧《我的娘姨我的娘》，豫剧《全家福》，话剧《长夜》《兵者，国之大事》，儿童剧《宝船》《中国故事——成语魔方》，歌剧《八月桂花遍地开》，舞剧《恰同学少年》《沙湾往事》，音乐会《龙声华韵》《泱泱国风》，交响合唱《劳动创造幸福》，杂技剧《破晓》等。

【坚持正确创作导向】 学习习近平总书记文艺工作座谈会重要讲话精神，开展以中国梦为主题的艺术创作，组织具有导向性、示范性的重大艺术活动。

正确的创作方向是文艺创作生产的根本性问题。全国文化系统坚持为人民服务、为社会主义服务的根本方向，坚持社会主义核心价值观的导向引领，坚持以人民为中心的创作导向，大力弘扬中国梦，用中国精神激发中国力量。

习近平总书记文艺工作座谈会重要讲话发表后，文化部下发了《关于学习贯彻习近平总书记在文艺工作座谈会上重要讲话精神的通知》，制定了《学习贯彻习近平总书记在文艺工作座谈会上重要讲话精神的落实方案》；召开了专题座谈会，邀请知名艺术家畅谈学习体会；举办了3期高级专家专题培训班，近百名文化部高级专家参加了学习。全国各地文化系统也迅速行动起来，采取多种形式，组织学习讲解。通过学习，广大艺术工作者提高了对文艺工作的认识，找到了差距，统一了思想，明确了方向，鼓舞了干劲。

当今时代的最大主题就是实现中华民族伟大复兴的中国梦。形象生动地诠释中国梦，弘扬社会主义核心价值观是当前艺术创作的重要任务和宏大主题，开展好中国梦的主题创作是当前创作工作的重点。中国梦是国家富强、民族振兴、人民幸福的梦，是当代中国最具凝聚力、感召力，最具广泛性、包容性的奋斗目标。当前，全国各族人民正在为努力实现中华民族伟大复兴的中国梦而不懈奋斗，用艺术的形式抒写中国梦，敏锐地捕捉时代精神，形象生动地阐释中国梦，讲好中国故事，传播好中国声音，阐释好中国特色，是伟大的时代赋予文学艺术家的神圣使命，是当前艺术工作的重要任务。

2013年12月，中宣部、文化部等5部门联合下发通知，在全国范围内开展以“中国梦”为主题的文艺创作活动。2014 年 4 月，文化部召开全国艺术创作工作会议，对中国梦主题创作进行了组织动员和深入部署。会议要求各地文化主管部门和相关单位高度重视，把开展以中国梦为主题的文艺创作活动作为当前和今后一段时期的一项重点创作任务，不断深化对中国梦的认识，既要抓好本年度的艺术创作，又要做好长期的创作规划。要精心组织，切实创造条件，充分调动本地区本部门艺术工作者的积极性、主动性和创造性。要加强指导，准确把握，紧扣中国梦这一主题，准确领会中国梦的精神实质，全面把握中国梦的基本内涵，确保活动的正确导向。要尊重艺术规律，讲求质量，精益求精，坚持三性统一，牢固树立精品意识，着力在提高质量和水平上下功夫，增强作品的吸引力和感染力，防止贴标签、简单化、庸俗化。要坚持面向基层，面向群众，在演出实践中精心打磨，真正让群众爱听、爱看、产生共鸣，充分发挥鼓舞人、激励人的作用。

文件下发后，不论是中央各单位还是各省区都高度重视，精心部署，制定了 2014 年和未来几年的重点剧目创作规划。不论是国家院团还是地方院团、国有院团还是民营院团都热情投入到中国梦主题创作之中。一批已有很好基础的大型作品经过打磨提高已经呈现到舞台上，一批接地气，贴近现实生活的小型戏剧、音乐、舞蹈、曲艺、杂技、木偶等优秀剧节目也已涌现出来。

2014 年是新中国成立 65 周年。根据中央的统一部署，文化部精心组织了庆祝新中国成立 65 周年系列文艺活动，用具有导向性、示范性的文艺活动为党和国家的大事喜事增光添彩、营造良好的文化氛围，用积极向上的文艺作品引领时代风气、丰富群众精神文化生活。一是举办国庆音乐会《美丽中国，光荣梦想》，以交响音画的形式唱响民族复兴的时代强音，党和国家领导人、社会各界及首都群众代表 3000 余人观看了演出；二是举办以地方戏为主体的优秀剧目展演，遴选 11 部优秀作品在京集中展示，京剧《杨靖宇》、吕剧《百姓书记》、豫剧《焦裕禄》等一批新近创作的剧目，主题鲜明、格调健康，讴歌了真善美，唱响了主旋律，弘扬了中国梦；三是在中国美术馆举办《丹青中国梦》美术作品展览，展出中国美术馆馆藏经典作品 300 余件，以丹青画卷展现伟大复兴的辉煌历程。还举办国家艺术院团演出季、第二届中国歌剧节、第十二届全国美术作品展览等一系列重大艺术活动。各地也举办了丰富多彩的文艺活动。

【出台政策措施，为艺术创作生产创造有利条件，提供政策支撑】 2014 年艺术工作以改革创新为动力，加快政府职能转变，并落实党的群众路线教育实践活动要求，转变工作作风，探索创新科学管理艺术事业的引导方式、政策措施和工作机制，努力破解发展难题，营造出精品、出人才、出效益的良好政策环境。

2013 年中宣部等 5 部门发出禁止举办豪华晚会、提倡节俭办晚会的通知，全国文化系统会同有关部门持续关注政策执行情况，防止负面现象反弹。针对某些艺术团体不计成本到国外演出，有损国家形象的不良现象，文化部发出通知，坚决禁止此类“镀金”演出。为促进中直院团的改革发展和创作生产，文化部研究起草了中直院团剧目创作补助和公益性演出补贴的申报论证、补助标准和评审办法，紧紧围绕 2015 年艺术创作的主题主线，组织专家对申报项目进行科学论证，首次评选出体现近期创作重点和创作水平的 12 台重点剧目予以重点资助，突出了导向和精品意识。为健全文化产品评价体系，提高“文华奖”等政府奖项的权威性和公信力，按照中宣部要求，进一步改革评奖制度，严格控制评奖数额，取消了部分节庆奖项的评奖项目，改革了评委产生的抽签办法和监督机制，加大了地方评委的比重和评奖工作的透明度，取得了良好的效果，得到了各地的肯定和欢迎。为全面了解和科学分析全国美术馆藏品资源现状，加强对国家美术收藏的统筹管理和利用，在前期试点基础上，全面启动全国美术馆藏品普查工作，制定普查标准和规章制度，开展工作人员培训。与此同时，积极发挥重大艺术工程的导向和扶持作用，继续深入实施京剧、昆曲、歌剧、交响乐、芭蕾舞、民族音乐、杂技、美术等专项扶持发展规划，坚持宏观引导、创作优先，重点扶持一批优秀作品和优秀项目。

为使政策措施更具针对性和前瞻性，努力推动调研工作常态化、制度化，文化部会同有关部门先后在20多个省区市开展舞台艺术创作生产、地方戏曲剧种传承发展、实施精品战略、降低演出票价、“十三五”规划等一系列调研活动，着力解决制约艺术发展的突出问题，并将调研成果运用到实际工作中，转化为解决问题的新方法、促进发展的新举措。积极参加由中宣部组织的加强文艺工作、全国性文艺评奖改革、支持戏曲传承与发展等文件的起草，总结以往调研成果和工作经验，积极提出意见建议。

【推动传统文化传承发展和优秀作品传播推广】 习近平总书记指出，“中华文化源远流长，积淀着中华民族最深层的精神追求，代表着中华民族独特的精神标志，为中华民族生生不息、发展壮大提供了丰厚滋养。”实现中国梦，必须做好优秀传统文化的创造性转化、创新性发展，坚持古为今用、洋为中用，开拓创新。

近年来，随着《国家昆曲艺术抢救、保护与扶持工程》《国家重点京剧院团保护和扶持规划》《全国地方戏曲剧种保护与扶持计划实施方案》《中国民族音乐发展和扶持工程》《国家美术收藏工程》等相继实施，这些具有民族特色、体现民族文化精华的艺术品种得到较大发展，推出了一批新人新作。2014年，举办了第四届全国地方戏（南北片）优秀剧目展演、第四届中国诗歌节、第七届中国京剧艺术节、第三届中国越剧艺术节、第三届中国豫剧节、第九届中国评剧艺术节、第十一届全国声乐比赛、第十八届全国音乐作品（民乐）征集、第十二届全国美术作品展览等艺术活动，引导创作生产，搭建展示平台，促进各艺术品种的繁荣发展，并结合新的时代条件传承和弘扬中华优秀传统文化，推动体现中华文化精神、传播当代中国价值观念的优秀作品的演出推广。

这些大型艺术活动，没有满足于简单套用和延续以往模式和经验，而是注重与当前工作大局和艺术发展趋势相结合，深耕细作，与时俱进，打造新特点新亮点。连续第5年举办国家艺术院团演出季，吸纳中央民族歌舞团参加，扩大了演出季的影响力，丰富了艺术样式，并首次与中国演出行业协会合作，组织演出推介会，促进国家艺术院团演出更好地与市场接轨。连续3年举办全国美术馆馆藏精品展出季，2014年展出季入选展览项目共展出藏品3000多件，其中60%首次和观众见面，吸引了190万人次参观，受到广泛欢迎。深入开展昆曲名家收徒传艺工程，组织全国昆曲《牡丹亭》传承汇报演出，汇集当今昆曲界泰斗级人物18位老艺术家与青年演员联袂演出，成为剧坛一大盛事。加大比赛成果的宣传推广，组织第11届全国声乐比赛获奖选手音乐会，慰问公安干警、务工人员和基层群众，评奖结果让群众来评价、请群众来检验，引导文艺新秀更加自觉主动地向人民学习。

【完善艺术评价机制，引导当前艺术创作的价值取向】 习近平总书记指出，一部好的作品，应该是经得起人民评价、专家评价、市场检验的作品，应该是把社会效益放在首位，同时也应该是社会效益和经济效益相统一的作品。为健全艺术产品评价体系，提高政府奖项的权威性和公信力，按照中宣部要求，2014年，文化部进一步改革评奖制度，严格控制评奖数额，同时，认真落实中央关于加强和改进文艺评论工作的要求，大力营造文艺评论的良好环境和风气。

一是文化部艺术司与人民日报文艺部联合举办《当代舞台艺术观察与思考》征文活动，针对当前舞台艺术创作现状和存在问题进行广泛讨论，择优选取40篇评论文章予以连续刊载和结集出版，进一步指导创作实践，提升审美水平。二是召开艺术评论工作座谈会，以习近平总书记文艺工作座谈会重要讲话精神为指导，牢牢把握艺术评论的方向盘。三是淡化评奖意识，强化评论工作，进一步突出艺术本体，把抓评论作为举办展演、引导创作的关键环节。比如第四届全国地方戏（南北片）优秀剧目展演创新工作机制，不设评奖，转而加强评论交流，先后召开3次专家点评会；2014年，国家艺术院团演出季期间，也首次聘请了评论专家组，开展评论工作；第七届中国京剧艺术节不设奖项，组织评论专家进行现场观摩并开展“一剧一评”，悉心指导剧目修改，受到参演院团和各方的一致好评。30余位专家学者参加了第二届中国歌剧节论坛，为歌剧艺术的创新和发展建言献策。四是借力新媒体拓展评论和宣传阵地，2014年国家艺术院团演出季和各中直院团均开通了官方网站和微博、微信，推动观众用网络、手机在互动界面上开展讨论、评论，引导更多观众接触、了解并喜欢优秀舞台艺术。五是推动成立美术专业媒体联盟，建立老中青相结合的评论家库，组织开展积极健康的美术评论。六是加强评论人才培训，与中国戏曲学院、中国艺术研究院合作举办戏剧、舞蹈类艺术评论高级研修班，采取名家授课、观摩作品、提交作业等培训方式，取得良好的培训效果。

【深入生活，坚持开展公益性文艺演出活动，不断加大文化惠民的工作力度】 人民需要文艺，文艺要热爱人民。人民是文艺创作的源头活水，艺术作品的生命在于为民演出、为民欣赏。必须坚持树立以人民为中心的工作导向，贯彻党的群众路线，鼓励艺术工作者深入生活采风创作，鼓励艺术院团和优秀作品面向基层和观众演出，让人民群众共享艺术发展成果，推动优秀作品以人们喜闻乐见、具有广泛参与性的方式推广开来。一是组织开展“深入生活、扎根人民”主题实践活动。按照中宣部统一部署，于12月组织动员各艺术单位分期分批赴基层进行深入生活、采风创作、慰问演出，要求与创作任务、创作实际、人民文化需求和已有基层联系点结合起来，建立深入生活、服务群众的长效机制。中国交响乐团连续5年结对帮扶重庆市南岸区迎龙镇农民管乐团和盲童艺校。各地出台政策措施，建立机制，组织开展形式多样的活动，取得初步实践成果。二是继续实施高雅艺术进校园活动，会同教育部、财政部组织中直院团到各地高校演出230多场。三是完善中直院团公益性演出补贴标准，加大补贴力度。国家财政投入近1个亿扶持中直院团开展公益性演出。四是不断健全艺术资助体系，国家财政不断加大经费投入，除继续实施京剧、昆曲、地方戏曲、民族音乐舞蹈等相关重大项目外，还设立了西部及少数民族地区艺术创作提升计划，加大对地方戏曲的扶持力度，取得了良好的社会效益和经济效益。国家艺术基金2014年首年度扶持项目394个，投入资金4.3亿元。湖南、陕西、吉林、山东、浙江等地也纷纷出台扶持艺术创作、人才培养等措施办法，让更多艺术工作者能够无后顾之忧地投入艺术创作中。五是加大重要展演活动的文化惠民力度。第四届全国地方戏（南北片）优秀剧目展演、2014年国家艺术院团演出季、第二届中国歌剧节等活动，均采取低票价和对特殊群体赠票的办法，使更多的观众能够走进剧场。积极关注北京市等各地试点补贴演出票价、进行文化惠民的相关情况，研究完善相关政策，加强和规范政府购买服务，积极推动把戏曲演出等纳入地方公共文化服务体系。北京市2014年投入1500万元补贴票价，15万名观众观看了100元以下的演出。大型专业剧场建设迅速，成为推动艺术市场繁荣发展的重要力量。六是关心扶持新疆艺术创作，举办了歌舞剧《情暖天山》晋京演出和2014中国新疆国际艺术双年展。组织中国国家京剧院、中国国家话剧院、中央芭蕾舞团赴新疆进行慰问演出，并与当地艺术院团建立对口交流机制。

2014年，全国文化系统在出作品、出人才、出效益方面取得了一定的成绩。但与习近平总书记重要讲话要求相比，与人民群众的期待相比，仍存在一些问题和差距。一是对艺术创作重视不够。对文艺工作的地位和作用认识不到位，存在“说起来重要、干起来次要、忙起来不要”的现象。艺术创作生产缺乏政策、资金、场地支持。院团转企改制后，配套政策措施不完善、落实不到位，给院团生存发展造成了困难。二是有数量缺质量、有“高原”缺“高峰”。改革开放特别是党的十八大以来，我国艺术生产的规模和艺术作品的数量都呈井喷式发展，其丰富性和多样性前所未有，摆脱了短缺局面。但思想精深、艺术精湛、制作精良的精品之作还不够多，人民群众喜爱的名家大师还不够多。三是存在艺术人才不足的短板。一些艺术院团吸引力下降，加之多元文化冲击，舞台艺术的待遇差、成才周期长等因素，导致艺术人才大量流失，戏曲院校招生困难，青黄不接。有的院团急功近利，把创作部门当作包袱甩掉，大量舞台艺术编剧人才跳槽转行，直接导致优秀剧本匮乏，原创能力下降。四是重形式轻内容。有的艺术作品沉醉于形式技巧，内容空洞无物；有的追求奢华和大场面、大制作，打造所谓的视觉盛宴，但思想贫瘠、精神苍白；有的甚至消解崇高、扭曲价值。五是重市场轻责任。受市场利益驱动，有的艺术工作者投机取巧、沽名钓誉、自我炒作、一味媚俗，把作品当作追逐利益的“摇钱树”，成为市场奴隶。究其原因，是他们在市场经济大潮中迷失了方向、放弃了责任。六是重评奖轻评论。评奖过多过滥，奖项重复交叉，有的地方为获奖而创作，把评奖当作“指挥棒”。一些艺术评论沦为“人情评论”和“红包评论”，盲目套用西方文艺理论来剪裁中国人的审美，用简单的商业标准取代艺术标准，弱化了褒贬甄别的功能，销蚀了战斗力和说服力。

针对以上问题和不足，艺术工作者们必须从实现“两个一百年”奋斗目标和实现中华民族伟大复兴中国梦的高度，来认识文艺的地位和作用，认识文艺工作者所担负的历史使命和责任，全面贯彻落实习近平总书记系列重要讲话特别是文艺工作座谈会重要讲话精神，紧紧围绕“四个全面”的战略布局，认清找准文艺工作的位置和着力点。牢牢把握文化艺术工作在党和国家全局工作中的战略地位，牢牢把握培育弘扬社会主义核心价值观这一根本任务，牢牢把握中国精神这一艺术工作的灵魂，牢牢把握以人民为中心的工作导向，牢牢把握创作优秀作品这一艺术工作的中心任务，牢牢把握传承弘扬优秀传统文化的主旨要义，牢牢把握提高文化软实力、推进文明交流互鉴的有效途径，紧密联系文艺工作实际，把学习成果转化为推动艺术创作发展的前进动力、工作思路和具体举措，推动党中央、国务院决策部署和政策措施落地生根。

2015 年，艺术工作将围绕以下方面开展工作：（一）把深入生活、扎根人民作为文艺创作的基本方式和必修课，坚持不懈地开展“深入生活、扎根人民”主题实践活动，不断完善各项配套措施。结合实际情况，不断调整完善基层联系点、创作基地建设、“三下乡”“结对子、种文化”等现有工作机制载体，使其更加适应创作需要、群众需求，发挥更大作用。（二）传递真善美，培育践行社会主义核心价值观，大力弘扬中国精神，搞好主题创作展演活动。2015 年是中国人民抗日战争暨世界反法西斯战争胜利 70 周年，是广泛开展爱国主义教育、大力弘扬民族精神的重要契机。要精心推出一批戏曲、话剧、音乐、舞蹈、美术等重点作品，办好纪念抗战胜利 70 周年大型主题文艺晚会、优秀剧目巡演和专题美术作品展览等主题活动，引导人民树立和坚持正确的历史观、民族观、国家观、文化观，增强做中国人的骨气和底气。（三）结合新的时代条件，传承和弘扬中华优秀传统文化，传承和弘扬中华美学精神，扶持传统戏曲、民族音乐、舞蹈、杂技、曲艺、木偶、皮影、书法绘画艺术的创新发展。适时召开全国戏曲工作座谈会；统筹开展“中华优秀传统艺术传承发展计划”，实施“名家传戏——当代戏曲名家收徒传艺工程”；实施优秀戏曲剧本扶持计划；继续实施国家美术收藏和发展计划。（四）把艺术创作作为中心任务，推出更多无愧于时代的优秀作品。研究制定艺术创作规划，完善艺术创作生产机制。集中优势资源，重点扶持重大革命和历史题材、农村题材、少儿题材、现实题材创作；建立剧节目选题库；建立专家委员会，发挥专家的咨询指导作用。实施西部及少数民族地区艺术创作提升计划，推动西部及少数民族地区艺术发展，弥补短板，提升国家整体艺术水平。（五）始终坚持把社会效益放在首位，进一步增强艺术工作者的责任感和使命感。繁荣文艺创作，必须正确处理社会效益和经济效益、社会价值和市场价值的关系，当两个效益、两种价值发生矛盾时，经济效益要服从社会效益，市场价值要服从社会价值。（六）加强艺术人才培养，建设一支德艺双馨的艺术队伍。要加强文艺队伍的思想道德建设，将“德才兼备、德艺双馨”的要求落实到队伍建设的方方面面。选好配强领导班子，把德才兼备，懂管理，爱艺术，能与艺术家打成一片的人安排到领导岗位上。培养创作表演、理论评论、传播经营、组织管理等领域的中青年人才；推广“名师收徒传艺”等办法，打破院团限制，各行当名家大师带徒传艺培养拔尖人才；积极研究为戏曲核心专业吸引优秀生源的措施办法。加强对歌手、自由作家、自由演艺人等特殊性文化群体的引导，发挥其积极作用。（七）加强组织管理，以政策措施夯实艺术繁荣发展的坚实根基。各级党委要把文艺工作纳入重要议事日程，贯彻好党的文艺方针政策，把握文艺发展正确方向。要通过深化改革、完善政策、健全体制，形成不断出精品、出人才的生动局面。

乘着文艺工作座谈会的强劲东风，文艺工作者一定能够更好地肩负起伟大时代和人民赋予的光荣使命，进一步开创文艺创作和文艺事业繁荣发展的新局面。

公共文化服务

【概况】 2014 年，（文化部）公共文化司认真贯彻落实文化部党组关于公共文化服务体系建设的重大部署，以完善体系、提高效能、促进均等为重点，稳步推进各项工作。

【建立国家公共文化服务体系建设协调机制】 建立公共文化服务体系建设协调机制，是党的十八届三中全会部署构建现代公共文化服务体系时提出的重点任务之一。2014 年，中央文化体制改革和发展工作领导小组将建立公共文化服务体系协调机制列为积极推进的改革任务。3 月 19 日，国家公共文化服务体系建设协调组第一次全体会议在北京召开，标志着国家层面的公共文化服务体系建设协调机制正式运转。协调组由文化部牵头，组成单位包括中宣部、中央编办、中央文明办、中央网信办、发展改革委、教育部、科技部、财政部、人力资源和社会保障部、质检总局、国家新闻出版广电总局、体育总局、国家文物局、国务院扶贫办、全国总工会、共青团中央、全国妇联、中国残联、中国科协、国家标准委等 26 家单位，主要工作目标是围绕构建现代公共文化服务体系的总任务，按照分工协作、共建共享，科学规划、服务基层，循序渐进、完善体系，重点突破、整体推进的工作原则，建立部门职责明确、分工协作、目标清晰、统筹有力、运转有效的公共文化服务协调机制。目前阶段协调组的主要任务，一是协调重大公共文化服务法律法规和政策规划的制定、实施和考核；二是协调推进基本公共文化服务标准制定、实施和考核；三是协调建立稳定的公共文化服务投入保障机制；四是统筹推进基层文化设施和文化项目的建设与管理；五是协调推进公共文化服务重大惠民项目；六是协调推进公共文化人才队伍建设；七是协调推进公共文化服务社会化；八是统筹推进公共文化服务体系建设重大事项。国家公共文化服务体系建设协调机制建立以后，在研究制定《关于加快构建现代公共文化服务的意见》《国家基本公共文化服务指导标准（2015—2020）》《公共文化服务保障法》等重大政策法律法规方面发挥了重要的统筹协调作用。

国家公共文化服务体系建设协调组的成立，为地方各级政府建立协调机制提供了示范，促进地方性公共文化服务统筹协调机制的建立和深化。2014 年，省级公共文化服务体系建设协调机制开始启动。截至 2014 年年底，已有山东、江西、吉林、四川、广东等省成立了省级公共文化服务体系建设协调组。另外，国家公共文化示范区创建城市充分发挥当地党委政府的作用，统筹当地公共文化服务建设和发展的机制，成为统筹协调实践的成功样本。公共文化服务体系建设协调机制的建立，为解决长期以来存在的公共文化服务多头管理、条块分割、分散投入、缺乏统筹等问题提供了现实可能性，在促进公共文化服务形成党委统一领导、党政齐抓共管、相关部门分工负责的工作机制方面发挥了重要作用，为形成政府、社会、市场共同参与的公共文化服务格局奠定了基础。

【完善顶层设计，研究制定公共文化服务重大政策和法律法规】 为落实党的十八届三中全会的要求，文化部于 2014 年年初开始牵头起草《关于加快构建现代公共文化服务体系的意见》和《国家基本公共文化服务指导标准》（以下简称《意见》和《标准》）。《意见》和《标准》先后经国家公共文化服务体系建设协调组、中宣部文化体制改革与发展领导小组、国务院常务会议、中央全面深化改革工作领导小组第七次会议和中央政治局常委会审议通过，这两份文件是对现代公共文化服务体系的整体制度框架设计，对今后公共文化事业的发展有着强有力的推动作用。《国家基本公共文化服务指导标准》是我国第一份明确国家基本公共文化服务内容和种类、体现政府保障责任的“底线标准”，该标准涵盖基本服务项目、硬件设施和人员配备三大类别14个方面，共提出22项基本公共文化服务指导标准，主要规范了目前阶段我国基本公共文化服务的内容和种类，发挥在全国范围内保障基本、统一规范的作用。按照建立基本公共文化服务标准体系的顶层设计，各地要根据国家指导标准，制定与当地经济社会发展水平相适应、具有地域特色的地方实施标准，以县为基本单位推进落实，逐步形成既有基本共性又有特色个性、上下衔接的标准指标体系。

党的十八届四中全会对全面实施“依法治国”做出部署，文化立法被列为“依法治国”必须加强的重点领域立法。2014年《公共文化服务保障法》立法工作正式启动。由全国人大教科文卫委员会组织文化、新闻出版广电等有关部门共同参与起草法律草案。《公共文化服务保障法》草案的内容，主要涉及公文化服务内涵的界定，建立基本公共文化服务标准体系，建立公共文化服务综合协调机制，公共文化服务设施的建设、管理和利用，公共文化服务的提供，以及公共文化服务的保障措施等。到2014年年底，《公共文化服务保障法》草案已经过多轮研讨和征求意见，达成了广泛共识，为法律草案尽早提交全国人大常委会审议奠定了坚实的基础。《公共图书馆法》被列入本届全国人大立法规划的一类法案，即条件比较成熟、任期内拟提请审议的法律草案。2014年7月，文化部组织专家对《公共图书馆法》送审草案进行新一轮全面修改。目前，文化部配合国务院法制办在全力推进《公共图书馆法》的立法进程，力争按全国人大的立法规划如期完成立法任务。

此外，还启动了研究制定《文化馆业务规范》《公共图书馆业务规范》的工作。完成公共文化服务制度设计2013—2014年度课题评审工作，评选出一批具有理论和实践意义的研究成果。印发《贫困地区公共文化服务体系建设工作方案》等。

【加强改革创新，促进公共文化事业全面发展】 加快推进基本公共文化服务标准化。制定《基本公共文化服务标准化工作方案》，并经协调组审议通过。组织开展公共文化服务标准化试点，7月，文化部办公厅发出关于开展试点工作的通知，经过各省（区、市）自主申报、专家评审，最终确定浙江省、内蒙古自治区鄂尔多斯市、江苏省苏州市、安徽省马鞍山市、福建省厦门市、湖北省襄阳市、湖南省长沙市、广东省东莞市、重庆市沙坪坝区、四川省成都市等10个省市作为国家级公共文化服务标准化试点地区。试点工作的总体思路是以制定标准、组织实施标准、对标准实施进行监督评估为主要内容，以实现公共文化服务管理规范、质量良好、公众满意度高为目标，推动建立以国家标准为基础、地方标准和行业标准为补充的标准体系，通过试点开展，引导各级政府和公共文化机构科学、规范地开展公共文化建设，切实提高服务效能，推动公共文化服务均等化。

开展公共文化机构法人治理结构试点工作。7月，文化部办公厅发出《关于开展公共文化服务标准化等试点工作的通知》，按照试点工作方案的要求，在2014年9月至2015年年底期间，各省（市、自治区）文化行政部门分别确定8—10个单位，作为本省的试点单位；文化部在各省申报的基础上，经专家工作组评审，确定10个单位作为国家公共文化机构法人治理结构试点单位。9月，文化部公布了国家试点单位名单。试点工作的目标是，逐步构建以公益目标为导向、内部激励机制完善、外部监管制度健全的规范合理的现代管理体制和运行机制，实现决策、监督和保障的科学化、规范化，提高服务效能。11 月 18 日至 19 日，文化部公共文化司在北京召开“公共文化机构法人治理工作研讨会”，10 个国家级试点单位交流了推进建立法人治理结构的做法和设想。

开展基层综合性文化服务中心建设试点。组织调研组赴浙江、安徽、广西等省（区）就基层综合性文化服务中心建设开展调研，总结梳理浙江、安徽和广西等地经验，为推进全国基层综合性文化服务中心建设提供借鉴。7 月，以文化部办公厅名义下发了《基层综合性文化服务中心建设试点工作方案》，围绕基层综合性文化服务中心建设的总体思路、工作目标、试点周期类型、工作机制、实施步骤和评估测评等做出具体安排。9 月 16 日，在北京召开评审会，评选出安徽省等 10 个省、市作为试点地区，开展基层综合性文化服务中心建设试点工作。策划村级综合文化服务体内容建设项目，拟通过中央转移支付方式，为全国已经建成的村级综合文化服务体，提供与功能设置和群众需求相匹配的设备器材。

召开全国基层公共文化服务体系建设现场经验交流会。为落实刘延东副总理对浙江衢州流动文化服务经验做出的重要批示，刘奇葆部长关于安徽“农民文化乐园”建设的重要批示，以及蔡武部长、杨志今副部长批示精神，5 月 30 日，文化部在衢州召开全国基层公共文化服务体系建设现场经验交流会，总结推广浙江“农村文化礼堂”、浙江衢州“流动文化加油站”、安徽“农民文化乐园”和广西“五个一”综合服务中心等在整合资源、促进基层公共文化服务标准化均等化方面的典型经验，打通公共文化服务的“最后一公里”。杨志今出席会议并做了重要讲话。中央有关部委，各省、自治区、直辖市文化厅（局），新疆生产建设兵团文化广播电视局，文化部有关司（局）和直属单位有关负责同志，以及部分中央媒体记者近 100 人参加会议。

成立中国文化馆协会。3 月 27 日，国务院办公厅批复同意筹备成立中国文化馆协会。经过筹备，9 月 11 日上午，召开协会第一届会员代表大会，对协会章程及会费标准、管理办法起草过程进行说明，对协会理事候选人和会费标准投票表决；召开第一届第一次理事会议，选举产生常务理事及第一届理事会领导机构成员，审议通过了协会第一届会员代表大会决议。9 月 11 日下午，中国文化馆协会成立大会召开，蔡武出席会议并讲话。

举办第三届中国图书馆年会和首届中国文化馆年会。图书馆年会 10 月 10 日至 12 日在北京市东城区举办。本届年会以“馆员的力量：改革　发展　进步”为主题，围绕工作会议、学术会议、展览会三大板块展开。全国各省（区、市）文化厅（局）长，第二批国家公共文化服务体系示范区（项目）创建城市市长，国内外图书馆领域的管理者、专家学者、图书馆员、媒体记者及企业代表 2000 余人参会。学术会议由 4 场主题论坛、20 个分会场和若干信息发布会、非正式会议等不同形式、规模的会议组成。展览会在中国农业展览馆举办，分为主体形象展示区、企业展示区、互动区三部分，充分展示图书馆事业和相关产业的发展成就和未来前景。2014 年中国文化馆年会于 12 月 19 日至 21 日在浙江省宁波市举办。年会以“引领风尚　美好生活”为主题，分为工作会议、主题论坛、博览会三大板块。博览会在宁波国际会展中心召开，6 个展馆总的展出面积达到 34810 平方米，可设 1500 个标准展位。通过举办展览会，引入企业和社会力量，充分展示图书馆、文化馆事业和相关产业的发展成就，共同搭建公共文化事业发展的平台。

完成第一次全国乡镇综合文化站评估定级总结工作。为进一步加强基层公共文化服务体系建设,促进乡镇综合文化站的标准化建设和规范化管理,整体提高乡镇综合文化站服务效能,文化部 2013 年启动第一次全国乡镇综合文化站评估定级工作。评估定级工作由各省(区、市)文化厅(局)根据文化部统一规范要求,结合本地区实际具体组织实施。2013 年年底,各地评估定级工作相继完成。2014 年 4 月,文化部下发《关于做好第一批全国乡镇综合文化站评估定级总结工作的通知》,要求各省报送评估总结报告和评估定级结果,并自行完成公示、命名和颁牌工作。从各省总结情况看,大部分省份评估定级结果公示报备及等级站命名颁牌工作已经基本完成。通过开展评估工作,有效促进乡镇文化站的标准化建设,进一步提高乡镇综合文化站服务效能。

开展全国基层文化队伍培训。全年举办 30 期示范性培训班,培训基层文化干部和业务骨干达 1300 余人。创新培训方式,扩大培训工作的覆盖面和影响力。开展公共文化巡讲,按照供需对接原则,采取地方根据巡讲课程目录按需申报的方式,实现地方培训需求与巡讲课程的有效对接,全年在 18 个省份举办公共文化巡讲 30 期,其中省级 16 期,地市级 14 期,受训人员达 5000 人次;在 7 个省份开展图书馆专业类巡讲 8 期,受训人员达 1500 人次。举办"公共文化空中大课堂",将优质培训资源直接推送至基层,提供面向基层文化工作者的在线学习服务。每期培训全国各省(区、市)近 200 个接收点参与,受训学员约 2 万人,全年举办 6 期,受训学员达 10 余万人次。制定并印发《全国基层文化队伍示范性培训工作规范》,明确全国基层文化队伍培训工作各组织实施机构的职责分工,加强对举办培训班的过程管理。整合培训资源,将全国文化信息资源共享工程、数字图书馆推广工程、中华古籍保护计划等重点文化工程纳入基层文化队伍培训工作体系,与国务院侨务办公室、全国总工会联合开展基层文化从业人员培训工作。建立以需求为导向的培训模式,在培训的全过程引入学员评价、反馈机制。

【以群众需求为导向,推动群众文化活动繁荣发展】 学习贯彻习近平总书记文艺工作重要讲话精神,10 月、11 月先后举办两次群众文艺工作座谈会。将制定第十七届"群星奖"评奖工作方案作为贯彻落实习近平总书记文艺工作重要讲话精神的具体举措,对"群星奖"评奖制度进行改革创新,坚持以人民为中心的工作导向,坚持思想性、艺术性、观赏性和群众性相统一的评审标准,进一步完善评奖机制,简化评奖程序,优化评奖标准,细化评选对象,拓展评选范围,并对奖项子项获奖名额进行微调。充分发挥"群星奖"的示范和导向作用,提供展示平台,通过评奖调动群众参与文化艺术活动的积极性,引导和带动优秀群众文艺作品的创作生产,激发全民族的文化创造活力。把评奖作为公共文化服务的重要环节,举办系列活动,加强交流展示,注重评奖成果的普及推广和服务惠民,使"群星奖"成为丰富基层公共文化产品和服务供给,推动基层公共文化服务体系建设的重要抓手。

在全国范围内开展"大地情深"——群星奖获奖作品全国巡演活动。巡演活动贯穿全年、覆盖全国,包括示范性巡演和各省(区、市)自主实施巡演两大类。示范性巡演先后在山东、四川、湖北、江苏、内蒙古、天津、北京等 7 个省(区、市)举行,闭幕演出在国家大剧院举行。各省(区、市)自主实施巡演包括省内巡演、省际交流和区域联动,与各地品牌文化活动、"春雨工程"——文化志愿者边疆行、国家公共文化服务体系示范区创建等有机结合，带动各地群众文化活动蓬勃开展，丰富了基层公共文化产品和服务供给。据统计，2014年全国共举办“群星奖”获奖作品专场演出400余场，现场观众100余万人；“群星奖”获奖作品结合地方品牌文化活动演出2000余场，现场观众600余万人。巡演活动所有演出场次全部免费，观众覆盖社区居民、工人、农民、学生、农民工、老年人、残疾人等各类群体，真正实现让“群星奖”评选出来的优秀群众文艺作品回归群众、普惠于民。

组织开展2014—2016年度“中国民间文化艺术之乡”评审命名工作。经过地方申报、集中评审、实地考察、社会公示等环节，共评出“中国民间文化艺术之乡”442个。2014年年底在浙江省宁波市中国文化馆年会期间，举行命名授牌仪式和专题展示、研讨活动。这次评审命名工作进一步加大了以评促建力度，健全评审指标体系，重点考察发展规划、保障措施、社会效益与经济效益等指标情况，引导各地将“中国民间文化艺术之乡”建设工作融入新型城镇化和新农村建设总体规划，纳入公共文化服务体系建设总体布局，有效推动“中国民间文化艺术之乡”整体建设。

开展“文化志愿服务推进年”活动。“春雨工程”——全国文化志愿者边疆行和“大地情深”——国家艺术院团志愿服务走基层共对接145个项目，组织5000多名文化志愿者深入城乡基层，举办各类文艺演出130多场，辅导讲座50多场，展览展示30多场，受益群众近百万人次。组织开展“中国文化志愿者标识”征集推广活动。首次在全国开展注册文化志愿者和文化志愿服务组织机构统计工作。推进文化志愿服务向社会化、项目化、制度化和规范化发展。

9月23日至25日，文化部在山东省淄博市举办了“永远的辉煌”——第十六届中国老年合唱节。本届合唱节共有来自全国31个省（区、市）、新疆生产建设兵团和文化部离退休干部局的61支合唱团近3000人参加。

【以提高效能为目标，推进重大文化惠民工程建设】 继续开展国家公共文化服务体系示范区创建工作。举办示范区创建工作培训班。3月25日至27日，在中央文化管理干部学院举办国家公共文化服务体系示范区联络员培训班。以第一批、第二批示范区创建城市文化局长为培训对象，安排部署第一批示范区后续管理工作和第二批示范区创建工作。7月28日至29日，在中央文化管理干部学院举办第二批创建国家公共文化服务体系示范区（项目）中期督查暨创建示范项目联络员培训班，安排部署第二批创建示范区（项目）中期督查和第一批示范区后续建设督查工作。10月9日至10日，在中央文化管理干部学院举办第二批国家公共文化服务体系示范区创建城市市长研讨班。来自全国各省、自治区、直辖市和新疆生产建设兵团的32个第二批国家公共文化服务体系示范区创建城市的分管领导、文化局负责人及相关人员共100余人参加。9月至11月，组织开展了第二批创建示范区（项目）中期督查和第一批示范区后续建设督查工作。按照东、中、西部分别确定16个省份分为8组进行抽查。从10月上旬至11月下旬，7位部党组成员先后带队，分批分组赴广东、福建、辽宁、吉林、上海、江苏、湖南、广西、云南、甘肃、青海、贵州、四川等省（区、市）开展督查工作。研究、制定并下发《创建国家公共文化服务体系示范区（项目）过程管理规定》，作为第二批示范区创建过程管理和验收的重要依据。组织示范区区域文化联动。下发《国家公共文化服务体系示范区（项目）创建工作领导小组办公室关于组织开展区域文化联动活动的通知》和工作方案，引导第一批和第二批示范区（项目）广泛开展区域内和区域间公共文化服务体系建设经验交流，充分发挥示范区（项目）的典型示范作用，促进区域公共文化融合发展。

加大公共数字文化重点工程实施力度。以全国文化信息资源共享工程、数字图书馆推广工程和公共电子阅览室建设计划为代表的公共数字文化惠民工程深入推进。截至2014年年底，文化共享工程累计资源总量达到412TB，地方特色资源项目613个，内容包括舞台艺术、民间文化、文物古迹、地域文化、文化名人、少数民族文化、红色文化等方面。数字图书馆推广工程已完成与34家省市级图书馆的专网骨干网建设，通过数字图书馆专用网络，国家图书馆向各地图书馆开放了总量超过130TB的中外文数字资源，包括100余万册中外文图书、700余种中外文期刊、7万余个教学课件、1万余种图片，18万余份档案全文以及3000余种讲座和地方戏曲等，全国各地读者在当地图书馆就可以享受到国家数字图书馆丰富的数字资源。公共电子阅览室建设计划已建成55918个标准化电子阅览室，其中乡镇公共电子阅览室31377个，街道/社区公共电子阅览室21332个。

在已建文化共享工程服务点和公共电子阅览室基础上，我国沿边沿海的18个省份和新疆生产建设兵团启动了“边疆万里数字文化长廊”建设项目，重点提升乡镇综合文化站的数字资源采集、移动服务和流动服务能力，并通过在边贸集市、草原牧场、边境口岸、边防哨所（连队、班）、海疆岛屿等地设立数字文化驿站，消除服务盲点。截至2014年年底，已开展810个乡镇、3104个数字文化驿站的建设。内蒙古服务农牧民20万余人；海南在三沙市建立文化共享工程支中心，设立边疆万里数字文化长廊南海第一站，为驻岛官兵提供丰富多彩的数字文化服务；黑龙江制定并实施《边防驻军公共文化服务体系建设实施方案》，实现文化共享工程服务边防哨所全覆盖；山东省文化部门与武警边防总队联合实施“万里海疆·万里书香”项目，在全省边防辖区开展建设试点。

加强古籍保护工作。召开全国古籍保护工作会议，确定12家全国古籍保护人才培养基地，组织开展第五批国家古籍保护名录和全国古籍重点保护单位的评审工作，推动古籍保护工作科学化、规范化开展。

【当前公共文化服务体系建设中存在的问题】

我国公共文化服务体系建设虽然取得了一些成绩，但总体来看，由于文化建设底子薄、欠账多，公共文化服务体系建设还存在“三个不适应”：一是与全面建成小康社会的目标要求还不相适应；二是与我国当前的经济社会发展水平还不相适应；三是与基层群众日益增长的精神文化需求还不相适应。主要表现在：

*体系不完善。*设施方面，虽然我国公共文化设施基本实现了按行政层级“全设置”，但农村基层特别是城乡接合部、贫困地区、少数民族地区、边疆地区还有空白点。投入方面，虽然各级财政对文化建设的投入不断增加，但由于长期以来文化建设经费基数低，财政投入的增长与文化发展的需求之间仍有不小差距。2014年全国文化事业费占财政总支出的比重为0.38%，与上年基本持平，比重偏低。队伍方面，基层公共文化体育机构专职人员数量严重不足、队伍不稳定、服务水平参差不齐的问题比较突出，制约了公共文化服务质量的提升。

*服务效能不高。*随着我国经济的快速发展，人民群众精神文化需求呈现快速增长态势，对文化产品和服务的需求更加多样化。但是当前公共文化产品种类数量少、质量不高的问题比较普遍，部分互联网站内容还存

在过分娱乐化和庸俗化的问题。一些公益性文化单位活力不足、效率不高。不少地方存在“重设施建设,轻管理使用”的问题,一些公共文化体育设施闲置,公共资源没有实现最大社会效益。

均等化水平有待提高。从城乡看,县级以下基层公共文化资源仍然比较匮乏。从区域看,中西部地区远远落后于东部地区。从群体看,当前针对老人、少年儿童、残疾人、农民工和边疆民族地区群众的公共文化体育资源普遍偏少,把农民工纳入城市公共文化服务体系的政策要求在不少地方尚未落实。

出现以上这些问题,主要是由于一些地方党委、政府还存在重经济发展、轻文化建设的倾向,导致公共文化服务体系建设在实际工作中不受重视。同时,政府在公共文化领域还存在“越位”“缺位”现象。一是公共文化服务行政管理职能条块分割、项目设置交叉重复的现象还比较突出。二是对基层公共文化服务的绩效考核评估机制尚待完善,特别是对党政领导履行责任情况的评估评价还有待加强。三是社会力量参与的动力不足,渠道不畅,政府与社会良性互动机制尚未形成。

非物质文化遗产保护

【概况】 2014 年是我国加入《保护非物质文化遗产公约》第 10 年,文化部非物质文化遗产司在部党组和分管部长的领导下,从全国非遗保护现状出发,贯彻实施《非物质文化遗产法》,探索完善多种保护方式,推动非遗常态化保护。

【完善生产性保护方式】 筹备举办全国漆艺传承与创新展示交流活动。邀请非遗传承人、漆艺专家、相关生产企业以及创意设计公司共同参加,在“秉承传统、不失其本”的基础上,搭建漆艺研究专家、设计专家与传承人的对接平台,探寻漆艺项目在新时代传承发展、融入生活的思路与办法。

探索与中央美院共同举办“非遗保护与现代生活——中青年非遗传承人交流实践活动”,提升传承人传承能力。针对当前非遗产品普遍面临的缺少现代审美趣味、制作粗糙、实用品少等问题,遴选 20 名左右中青年非遗传承人进入中央美术学院,通过多种研修形式,帮助其开拓艺术与文化视野,提高审美和艺术鉴赏素养,提升设计生产非遗产品的水平。

评选第二批国家级非遗生产性保护示范基地。经评审,59 家企业和单位入选第二批国家级非遗生产性保护示范基地。至此,文化部共命名了两批 100 家国家级非物质文化遗产生产性保护示范基地。

推动有关部门研究制定非遗生产性保护税收优惠政策。会同国税总局、中宣部改革办赴江西、贵州、云南开展实地调研,提出生产性保护税收优惠政策建议。

【推动文化生态保护区规范建设】 设立文化生态保护实验区,指导编制总体规划。2014 年批复设立了格萨尔文化(果洛)生态保护实验区、武陵山区(渝东南)土家族苗族文化生态保护实验区、武陵山区(鄂西南)土家族苗族文化生态保护实验区。截至 2014 年年底,共设立了 18 个国家级文化生态保护实验区。审批通过了羌族文化、武陵山区(湘西)土家族苗族文化生态保护实验区总体规划,强调文化生态保护区建设要加强对原居民生活形态的保护,要实现见人见物见生活。

研究下一步文化生态保护区建设工作思路。5 月,以课题研究形式委托专家起草关于国家级文化生态保护区建设的评估办法。10

月，在第三届中国非遗博览会期间，召开“文化生态保护区建设与发展”论坛。

会同住建部等部门共同开展传统村落保护。2014 年，住建部、财政部、文化部、国家文物局印发了《关于切实加强中国传统村落保护的指导意见》，评审了两批共 600 个中国传统村落纳入中央财政补助范围。通过 2014 年度国家非遗保护专项资金，对其中 18 个予以补助。会同住建部等部门共同评审了第三批中国传统村落 994 个，三批共计 2555 个。

【加强国家级非遗代表性项目管理】 组织评审第四批国家级非遗代表性项目。国务院公布第四批国家级非遗代表性项目名录（共计 153 项）和国家级非遗代表性项目名录扩展项目名录（共计 153 项）。

会同财务司制定 2014 年度中央补助地方资金分配方案。本年度中央补助地方资金共计 6.6298 亿元，对 752 个国家级非遗代表性项目、10 个国家级文化生态保护实验区、1735 名国家级非遗代表性传承人的保护和传承工作进行了补助。

【建设非遗保护利用设施】 在积极争取下，首次联合国家发展和改革委选择具有较好传承潜力、与当地经济社会发展结合紧密、但目前面临一定突出困难的国家级非遗项目，支持其改善保护、传承、利用的设施条件，促使其在保护传承的同时，带动当地经济发展，有效拉动就业。国家发展改革委将 96 个建设项目纳入“十二五”时期国家非遗保护利用设施建设项目储备库，并下达 2014 年度中央预算内投资 2.07 亿元，对河北、山西、内蒙古等 21 个省区的 30 个非遗设施建设项目进行了补助。

【举办各类非遗活动】 为宣传非遗保护知识和保护成果，提升全社会非遗保护意识，开展了一系列富有成效的宣传展示活动。包括：2013 年 12 月至 2014 年 2 月，在国家图书馆举办了“丝绸的记忆——中国蚕丝织绣暨国家级非物质文化遗产项目特展”；2014 年 1 月，在石景山体育馆举办“中国非物质文化遗产年俗文化展示周”；6 月，以“非遗保护与城镇化同行”为主题，举办了“文化遗产日”北京主场启动仪式和展演活动、“根与魂”——中国非物质文化遗产展览、中国非遗保护出版成果展、城镇化进程中的非遗保护论坛、非遗讲座月等系列活动；10 月，以“非遗：我们的生活方式”为主题，在山东济南举办第三届中国非遗博览会。这些活动主题鲜明，宣传力度大，为今后非遗保护工作奠定了良好的社会基础。

文化市场

【概况】 2014 年，文化部文化市场主管部门以进一步深化改革、转变职能，完善政策法规，提高管理和服务水平为重点，努力为各类市场主体创造更加公平、规范、便利的市场环境，各项工作取得积极进展。

【转变职能，简政放权】 激发市场主体活力，优化行业发展环境。将文化市场主体准入的前置审批全部改为后置审批。为进一步激发市场活力，文化部将本系统总共 11 项文化市场主体准入的前置审批项目，一次性全部改为后置审批。为了保障法规与先照后证相适应，根据国务院法制办的要求，对涉及文化部的《营业性演出管理条例》《娱乐场所管理条例》《互联网上网服务场所管理条例》进行定向条款修改，将由国务院审定后一揽子发布。

推广上海自贸区可复制可推广政策，进一步扩大文化市场对外开放试点范围和领域。对上海自贸区文化市场开放政策实施进行及时跟踪、评估和总结,积极推广可复制可推广政策。推动在全国推广允许内外资企业从事游戏游艺设备生产和销售政策。同意在福建省扩大台湾地区投资者文化市场准入领域,在国家对外文化贸易基地(北京)内试点调整部分文化市场准入事项。支持中新天津生态城建设,允许在天津生态城设立外商独资的演出经纪机构(为天津市提供服务)、演出场所经营单位和娱乐场所。

积极做好行政审批项目取消和下放后的衔接和指导工作。及时协调海关总署,解决美术品进出口审批权下放后,省级文化行政部门与海关相关手续衔接事宜。印发《营业性演出内容审查工作指引(2014 年版)》,加强对营业性演出活动审批的指导。联合人社部、外交部、公安部共同印发《关于印发〈外国人入境完成短期工作任务的相关办理程序(试行)〉的通知》,加强对外国人来华完成短期工作的管理,简化有关手续。印发《文化部办公厅关于开展涉外营业性演出审批公示工作的通知》,实现全国涉外营业性演出审批信息的统一管理、统一公示。

调整完善行业管理政策,优化互联网上网服务行业发展环境,深入推进转型升级。在充分调研和总结试点经验基础上,出台了文化部等四部门《关于加强执法监督,完善管理政策,促进互联网上网服务行业健康有序发展的通知》和《文化部关于推动互联网上网服务行业转型升级的意见》,放宽行业准入政策,加强和规范市场管理,对转型升级工作进行全面部署。充分发挥全国上网服务行业协会作用,调动网络企业参与转型升级工作的积极性,指导协会举办首届上网服务行业转型升级高级研修班和全国上网服务行业转型升级高峰论坛,向全行业发布《互联网上网服务营业场所服务环境规范》和《让上网服务营业场所明亮整洁起来》倡议书;指导协会与联众公司共同举办中国棋牌竞技大赛,促进上网服务行业与网游行业深度合作。加强对试点地区的指导,对北京市上网服务场所环境问题进行重点督导,使北京市上网服务场所环境得到明显改善。加强与有关方面的沟通协调,加大对政策调整和转型升级的宣传力度,取得社会、企业和相关政府部门的理解和支持,推动行业形象转变和健康发展。

加强行业协会建设,支持行业协会发挥自我管理、规范和维权作用。一是行业协会等行业自律组织进一步建立。中国文化娱乐行业协会正式成立,中国艺术品经营行业协会筹建工作取得实质性进展。二是行业规范进一步健全。支持指导中国拍卖行业协会、北京画廊协会制定《艺术品拍卖从业人员职业守则》《艺术品拍卖标的审件规范》《画廊行业经营规范》等一系列行业经营和从业人员规范,并在全国艺术品市场宣传周期间,对这些规范进行宣讲和推介。三是行业交流深入开展。指导并参与中国游艺机游乐园协会、中国拍卖协会等举办的行业年会、发展峰会、交流论坛等活动,鼓励和推动行业交流,共同提高经营管理水平。四是企业自我约束机制得到强化。《网络文化经营单位内容自审管理办法》对文化市场管理机制进行创新,将原来主要由政府部门承担的网络文化产品内容审核和管理责任更多地交由企业承担,把自审制度落实情况作为产品报审报备的基本材料,做实企业自我约束机制,提升企业自我管理能力。

深入开展行业政策研究。组织开展工商登记前置审批改为后置审批后文化市场监管、文化市场信用体系等一批研究课题,有关成果为实际工作提供了启示和借鉴。委托协会及机构开展演出市场、艺术品市场的研究,发布 2013 年度中国演出市场、艺术品市场、网络音乐、网络游戏、互联网上网服务行业年度报告，为行业发展提供指导。为贯彻落实党的十八届三中全会关于建立健全现代文化市场体系的要求，以江浙沪为研究样本，开展江浙沪文化市场区域合作及一体化建设课题研究，以探索建立现代文化市场体系的路径和样本，总结推广可复制经验。

【加强综合执法指导监督和队伍建设】 进一步提高文化市场综合执法规范化、专业化水平。以内容监管和执法规范建设为重点，进一步加强综合执法指导监督。以文化市场内容监管为重点和核心，加强和改进执法监管工作。加强对禁止内容分类和标准的研究，依法查处含有禁止内容的文化产品和服务。在部署开展第二十二批违法违规互联网文化活动查处工作过程中，紧紧抓住内容监管这一重点和核心，依法加强对含有禁止内容的网络文化产品和经营活动的查处。全程监督指导重大案件办理。先期组织文化市场精干执法力量，对国内排名靠前的网络动漫网站进行逐一排查，固定案件证据，跟踪指导地方按程序完成处罚。从先期线索中遴选社会危害严重、社会影响力大的案件进行督办，全程监督指导地方完成案件办理工作。加强新闻宣传，在案件基本定性并作实案件证据后，先上内参报领导，再对外启动新闻宣传，营造案件查办的良好舆论环境。

加强和改进文化市场重大案件管理工作。以广州"3·24"非法出版案件为试点，开展文化部挂牌案件督办工作。督办支付宝为《暗黑3》提供支付服务案、以加藤鹰为噱头的违规宣传手游案，重点督办江西上饶"3·05"淫秽演出案等重大案件，探索建立营业性演出市场的执法协作及黑名单管理机制。组织评选年度重大案件并予以奖励。加大对举报投诉较多、问题较为严重地区的暗访抽查力度，先后组织20个暗访组，对16个省市的65个县区的1715家经营单位进行暗访抽查。组织开展年度文化市场综合执法考评。加强文化市场举报受理和执法工作情况通报。

组织开展全国文化市场综合执法形势分析研讨，深入研究进一步完善文化市场监管体系、加强和改进事中事后监管的思路和措施。开展移动互联网市场监管、违法文化产品内容认定等5个综合执法规范化课题研究。推动说理式综合执法文书的推广应用。印发《文化市场领域制售假冒伪劣商品和侵犯知识产权行政处罚案件信息公开实施办法（试行）》，推进文化市场领域侵权假冒行政处罚案件信息公开。定期下发综合执法工作要点，指导各地综合执法工作。

持续加强网络文化市场监管。建立部分地区网络文化市场执法协作机制。组织开展第七批、第八批网络文化市场案件以案施训工作，确定16个案件牵头单位，督办16个网络文化市场案件。举办网络执法培训班，剖析以案施训典型案例，培训网络文化执法骨干，有效提升网络文化市场监管能力和水平。继续发布违法互联网产品和经营单位查处名单，全年共部署三批违法违规互联网文化活动查处工作，对违法违规文化产品和经营行为进行重点打击和查处。开展中欧知识产权合作项目，邀请欧盟专家为网络文化市场执法培训班授课，加强打击网络侵权领域的国际交流与合作。

以组织实施三年行动计划和师资巡讲为重点，进一步加强综合执法队伍建设。印发《文化部关于印发〈中西部地区文化市场综合执法能力提升三年（2014—2016）行动计划〉的通知》，启动专门针对中西部地区综合执法队伍建设的扶持计划，实施东部与中西部地区综合执法对口交流协作项目，牵头协调东部地区8个省市与西部地区13个省份建立结对关系,加强东中西部之间的学习培训、交流互动及优势互补;分片区举办综合执法标准规范培训班,采取集中授课、业务考试、交叉阅卷和专题研讨的形式,以综合执法标准规范及互联网上网服务营业场所、歌舞娱乐、游艺娱乐、营业性演出等市场执法实务为重点,对中西部地区执法骨干进行集中封闭式培训,逐步缩小中西部与东部地区综合执法能力差距。

组织综合执法师资集中巡讲活动,先后为全国38场培训班输送师资114人次,培训执法人员4000余人,授课领域涵盖执法基础知识、文化、出版、广电、文物等文化市场综合执法各门类。举办地市级综合执法机构负责人培训班,培养和提高综合执法机构负责人管理能力,促进沟通交流。组织编写《文化市场综合执法队伍业务技能训练考核大纲》,对全国文化市场综合执法业务技能训练的内容、时间、标准、考核予以规范,为各级文化市场综合执法机构开展业务技能训练提供科学依据。部署综合执法规范化课件课题研究,完成首批20个规范化课件制作,内容涉及文化、文物、出版、版权、广电等综合执法领域。完成文化市场综合执法教材编校工作,充实平台考试培训系统,供全国综合执法人员浏览学习。

加强各级文化市场管理工作领导小组办公室建设,继续推进综合执法改革。将文管办工作纳入考核内容,加大对省级文管办工作任务的分派与考核力度。就个别地方撤销省级文管办问题,主动与中央有关部门汇报沟通,共同研究应对办法。举办文管办工作人员培训班,就如何充分发挥文管办"协调指导监督"作用进行研讨。在文化市场网开设文管办工作专栏,在文化部简报不定期刊登地方文管办工作经验。

【稳步推进全国文化市场技术监管与服务平台建设】 不断提高文化市场管理工作信息化水平。业务应用系统推广应用全面铺开,基础数据库逐步形成,以信息化手段推进文化市场管理规范化和服务公开透明的效果日益体现。2014年9月1日起,业务应用系统在全国范围内推广应用。为确保工作有序推进,先后印发《文化部关于进一步开展全国文化市场技术监管与服务平台应用工作的通知》《关于做好全国文化市场技术监管与服务平台上线应用有关工作的通知》等10余个规范性文件。截至2014年年底,该系统在27个省(区、市)、320个地(市)正式部署上线运行,实现80%文化市场管理与执法业务的互联互通、数据共享。其中,网络文化市场已实现全覆盖,网络文化经营单位和网络文化产品均通过平台进行业务办理。目前已开展14次业务应用系统培训班,总计完成28个省(区、市)322个地市(含直辖市的区县、省直管县)1025人的培训任务。全国已采集文化市场各门类主体基础数据、网络音乐、网络游戏产品、网络文化内容自审人员、演出经纪人等各类数据约47万条,逐步形成完整的文化市场基础数据库,为平台业务办理和文化市场诚信体系建设提供基础性支撑。

其他应用系统建设有序推进,硬件设施不断完善。文化市场地理信息系统已完成在江苏常州、福建厦门、四川成都及部中心的部署运行。在线培训考试系统及资源处理服务已基本完成技术开发。文化市场管理决策支持系统一期项目已完成决策分析业务建模、文化市场管理分类指标体系设计,大数据仓库的设计,文化市场知识挖掘专题完成90%。

部中心、西部分中心扩容已经完成,为全面应用提供了基础设施条件保障。北部分中心在山东搭建完成,实现双网络通路接入,解决不同电信运营商双线接入问题,并有效分担西部分中心的业务负载压力。

文化产业

【概况】 2014年,(文化部)产业司按照年初制定印发的工作要点及分工方案,积极推进各项工作,促进文化产业转型升级。主要在以下四方面取得突破。

【健全政策规划体系,营造文化产业发展良好政策环境】 贯彻落实《国务院关于推进文化创意和设计服务与相关产业融合发展的若干意见》(国发〔2014〕10号),印发《文化部关于贯彻落实〈国务院关于推进文化创意和设计服务与相关产业融合发展的若干意见〉的实施意见》。配合国家发展改革委制定发布了《西部地区鼓励类产业目录》,推动将西部各省、区、市文化产业相关门类纳入其中,可享受相应的税收优惠。与中国人民银行、财政部联合印发《关于深入推进文化金融合作的意见》,召开全国文化金融合作会议,正式建立文化金融合作部际会商机制。与工业和信息化部、财政部共同印发《关于大力支持小微文化企业发展的实施意见》,举办小微文化企业政策发布暨交流研讨活动,完善支持小微文化企业发展的政策措施。与财政部联合印发《关于推动特色文化产业发展的指导意见》《藏羌彝文化产业走廊总体规划》,鼓励和引导各地依托区域文化资源优势发展特色文化产业。按照中央关于"一带一路"建设的战略部署,启动丝绸之路文化产业发展规划研究编制工作。继续开展《文化产业促进法》立法研究,加快立法进程,为文化产业发展提供法制保障。启动"十三五"时期文化产业发展规划预研究工作。联合有关单位开展"拉动城乡居民文化消费试点项目"前期工作,研究发布"2014中国文化产业发展指数""2014中国文化消费指数"。

【实施重要扶持计划,支持小微企业、特色产业壮大发展】 推动京津冀三地文化行政部门签署文化领域协同发展战略框架协议,召开三地协调会,支持举办京津冀一体化文化发展项目对接洽谈会。联合财政部实施文化产业创业创意人才扶持计划,依托义乌文交会、苏州创博会、中国网博会等,面向全国征集优秀创意作品近5000件,为青年创意人才提供交流展示推介平台,并从中确定131名优秀青年创意人才进入扶持计划重点扶持范围,向社会重点推介。启动重点文化设施经营管理人才培养计划,开展剧院管理职业经理人培养项目。实施"文化金融扶持计划",与财政部办公厅共同印发《关于推动2014年度文化金融合作有关事项的通知》,明确单独安排资金专门用于支持相关贷款贴息项目,首次发布文化金融合作债券融资项目库,确定106个项目入选文化金融合作项目库,获6.73亿元中央财政文化产业发展专项资金支持,较上年增长46%。推进文化产业信贷融资,全国文化产业本外币贷款余额突破1900亿元,同比增长30%以上。深化部行合作机制,组织文化企业债券融资和上市融资专题培训。开展支持小微文化企业发展政策文件的集中宣传和交流研讨活动,编印《支持小微文化企业发展政策汇编》。举办第十一期西部文化产业经营管理人才培训班。

【加强园区基地建设,推进展会转型升级】 修订印发《国家文化产业示范基地管理办法》,开展第5批国家级文化产业示范(试验)园区和第6批国家文化产业示范基地申报评选命名工作,严格把控园区基地评选命名标准和程序，新命名国家级文化产业示范园区两家、国家级文化产业试验园区4家、国家文化产业示范基地71家。与北京市共同启动国家文化产业创新实验区建设，推动国家层面各项文化产业政策先行先试，为全国文化产业创新发展探索路径、做出示范。圆满完成第10届深圳文博会的轮值主办工作，在展会期间，举办文化金融合作成果展、青年优秀创意作品展、中国原创动漫推广计划展、文化创意和设计服务与相关产业融合发展研讨活动等配套活动。以第9届义乌文交会作为文化部文化产业展会转型升级工作的试点，从运行机制、展区设置、展示内容、招商招展、配套活动及宣传推广等方面对展会进行指导和支持，推动重点文化产业展会向市场化、专业化、国际化方向转型升级，并委托第三方机构开展评估。开展文化部文化产业展会转型升级交流研讨活动。做好第32届洛阳牡丹文化节、第7届西部文博会、第3届苏州创博会、第5届天津滨海文创会协调组织工作。建成线上国家文化产业项目服务平台，首次通过该平台面向社会征集文化产业重点项目，从中择优筛选1100个项目编印《中国文化产业重点项目手册》并于第10届深圳文博会期间发布。依托项目服务平台建设特色文化产业及藏羌彝文化产业走廊重点项目库、弘扬社会主义核心价值观动漫作品扶持计划项目库，共有89个项目进入2014年度特色及藏羌彝重点项目库，并向财政部重点推荐。同时，进一步完善和丰富平台功能，整合项目资源库。推动中国文化产业网改版升级，强化其政策发布解读、资讯信息交流的功能，开展信息安全等级三级保护建设备案测评工作。

【推动动漫产业转型提质，加快数字文化产业发展】 联合扶持动漫产业发展部际联席会议成员单位举办中国文化艺术政府奖第二届动漫奖，共评出30个奖项、80个入围项目，引领动漫发展方向。开展弘扬社会主义核心价值观动漫作品扶持计划，集中扶持革命传统教育、中华优秀传统文化主题的20个产品和42个创意，加强内容引导。促进动漫与科技融合，深入推进手机（移动终端）动漫标准示范应用推广工程，开展标准修订工作，整合手机（移动终端）动漫运营平台。加强对列入国家高技术产业发展项目计划重大项目实施情况的监督检查。联合财政部、海关总署、国家税务总局开展动漫企业年审、认定，以及动漫企业进口税收免税资格年审、认定工作；建立展会推广、边疆推广、海外推广等多方位推广体系；开展动漫产业发展调研，举办中国动漫未来十年展望研讨活动；举办国家原创动漫高级研修班，实施原创动漫海外培训计划，联合教育部开展动漫高端人才联合培养试验班计划。

文化科教

【概况】 2014年，文化部文化科技司充分发挥科教职能，组织专项攻关，积极推动将文化领域的技术研发纳入国家科技创新体系，实现科技成果在文化领域的集成、转化与应用。

【完善文化科技创新体系】 大力推动文化科技融合发展，着力解决文化建设过程中的技术瓶颈和创新诉求，充分发挥科技对文化建设的驱动、支撑和引领作用。

发挥部际合作优势，加强科技载体建设，突破性开展重点技术攻关及首批文化部重点实验室认定工作。2014年，文化部集合国家图书馆、文化部公共文化发展中心、中国传媒大学、汉王科技等12家企事业单位的科研力量，组织申报了《公共文化共享服务关键技术研发与应用示范》《上海文化云服务平台与示范应用》《中国地方志数字化关键技术研究与演示平台设计》3 个国家科技支撑计划项目，经科技部论证通过，将于 2015 年年初实施，获国拨资金 4000 余万元，实现了公共文化服务领域的技术攻关在国家重点科技支撑项目中的突破。其中《公共文化共享服务关键技术研发与应用示范》项目围绕构建现代公共文化服务体系，重点研究公共数字文化资源内容安全技术、检索技术、基于群体兴趣的公共数字文化资源推荐技术、基于人机交互的仿真三维体验技术等，力求解决在公共数字文化共享服务过程中数字内容安全、深度内容检索应用、精准服务、互动性服务等方面的问题，提升公共文化共享服务效能，为公共文化服务体系提供技术支撑。

文化部重点实验室的认定工作是 2014 年组织实施的具有突破性的重点工作，弥补了文化部在重点实验室建设方面的空白，进一步完善了文化科技的体系建设。2014 年年初，文化部印发了《文化部重点实验室管理办法（暂行）》，在部直属单位及 6 家试点省份组织申报，得到了热烈回馈和积极响应，经过会议评审、实地查看、报部审批、社会公示等环节，认定国家图书馆“古籍保护科技”等 6 家首批文化部重点实验室。后期，将通过持续支持与建设，使重点实验室成为文化部凝聚和培养优秀科技人才、组织科学技术开发、开展学术交流的重要载体，成为开展基础性研究和前沿探索、解决文化发展中重大、关键和共性科技问题的研发基地。

*完善项目管理程序，夯实科技发展基础，有条不紊推进文化科技项目管理及标准化制、修订工作。*组织实施各类文化部文化科技项目，充分发挥科技项目在推动文化建设、强化文化科技融合发展、培养科技人才等方面的带动作用。国家文化科技提升计划立足于解决文化领域急需解决的重大整装技术和设备集成问题，通过选题征集、专家凝练、选题发布、各级单位参与答辩遴选方式确定，2014 年有《公共文化空间全视域虚拟体验展示技术研究与应用示范》等 15 个项目获批立项。文化部科技创新项目面向技术科研及企事业单位，关注局部性、探索性和补充性文化科技项目的培育与激励，2014 年有《基于立体视觉技术的文化遗产可视化研究》等 25 个项目获批立项。另有《近现代文献脱酸关键技术集成研究与示范》等 10 个国家科技提升计划项目，《传统古丝弦原材料处理及制作工艺研究》等 10 个项目完成技术攻关任务，通过验收结项，有效发挥了技术集成与应用对于文化建设的提升带动作用。

文化领域的标准化是促进文化艺术与现代科技紧密结合，推动文化有序发展的重要技术保障。2014 年，文化科技司组织相关文化行业全国专业标准化技术委员会完成推荐性国家标准两项，已报送国家标准化管理委员会审批、编号、发布；组织审定并批准发布了《音频资源元数据规范》等 8 项推荐性行业标准；《视障人士图书馆服务规范》等 9 项推荐性国家标准项目在国家标准委获批立项；《非物质文化遗产数字化保护专业标准》等 4 项文化行业标准制修订计划项目获文化部批准立项。

*顺应发展改革要求，激发文化创造活力，深入开展文化创新体系建设和文化科技融合示范基地调研工作。*推动文化创新是深化文化改革发展，提升文化创造活力的重要方面，2014 年以来，文化创新体系建设在项目带动、人才培养、载体建设、理论研究、环境优化等方面持续开展工作。《国家文化创新体系政策研究与运行设计》等 13 个项目获批 2014 年度国家文化创新工程项目，出版发行《文化科

技创新蓝皮书》和《中国文化创新年度报告》,起草《国家文化创新研究中心管理办法(草案)》,组织第四期文化创新人才培训班,完成《主题社区建设模式实践与推广》等10个国家文化创新工程项目的验收结项工作,在体制机制、公共文化服务模式、剧场演出科技、工艺技术革新、艺术人才培养等领域推出了创新成果和典范。

开展第二批国家级文化与科技融合示范基地调研,先后赴广州、厦门、横店、宁波、云南、贵州等地开展调研及座谈,促进文化部与隶属于科技部门的示范基地、科技企业建立密切联系,助推地方文化厅(局)加强对文化科技创新工作的重视,对进一步完善文化科技融合创新的管理机制和工作方式起到积极作用。

【强化应用对策研究,提升项目管理水平】 充分发挥艺术科研对文化建设的理论指导及咨询服务作用。加强项目管理,完成艺术学各级各类项目评审立项工作,在构建项目管理体系、完善评审机制、验收项目成果方面取得长足进展。2014年的艺术学研究工作紧紧围绕党的十八届三中全会和习近平总书记系列重要讲话精神,以各类艺术学项目申报立项为工作抓手,在整体推进艺术学研究的同时,抓住关键问题,集中力量攻关,加强文化艺术建设重大理论问题研究和重大现实问题研究,更好地为文化改革发展服务。

一是在重大项目评审方面,2014年设立了《国家文化治理能力和体系现代化建设研究》《国家基本公共文化服务标准体系建设研究》《中国文化艺术"走出国门"战略与策略研究》等11个重大招标选题,经过严格评审程序,6个课题获评为重大招标项目。二是在艺术学年度项目评审立项方面,首次将"文化部文化艺术科学研究项目"评审从"国家社科基金艺术学项目"评审中剥离出来,单独开展评审工作,使文化部文化艺术科学研究项目与国家社科基金艺术学项目各自发挥作用,形成层次分明、各具特色的艺术学项目资助体系。经过评审,《中国当代文艺批评发展论》等159个国家社科基金艺术学项目、《公益性文化事业单位深入改革创新机制研究》等64个文化部文化艺术科学研究项目获得资助立项。三是在项目结项、成果推介方面,共有143个艺术学项目完成鉴定结项,推出了《现代性视域中的西方艺术思潮》《中国动漫产业发展模式研究》《维吾尔族歌舞艺术研究》《中国少数民族剪纸艺术传统调查与研究》等一批研究成果。

夯实基础建设,完善"全国艺术科学规划项目申报管理系统",修订《全国艺术科学规划项目管理办法》,全面深入展开调研,提升艺术科研管理效能。2014年起,"全国艺术科学规划项目申报管理系统"正式启用,国家社科基金艺术学项目和文化部文化艺术科学研究项目全面实行网络申报和电子化通讯评审,改变了传统的人工管理模式,大大提高了工作效能,进一步保证了项目评审的公平、公正,并将逐步建立集项目申报、评审专家、研究成果为一体的综合数据库,为掌握一段时期以来文化艺术科研发展状况,分析文化艺术科研发展趋势,做好文化艺术科研发展规划提供重要参考。而为适应当前形势发展需求,提升项目管理效能、规范评审机制所进行的《全国艺术科学规划项目管理办法》修订工作也在有序进行中。

2014年开展的"全国艺术科学规划项目专题调研"是为提高艺术科学规划管理水平而谋划的一次全国范围的检查、督导活动。通过调研,掌握了相应地区艺术学项目科研管理状况,加快了全国省级艺术科学规划管理机构建设,促进了相应艺术学在研项目的工作进展。

【谋划科学布局】 积极拓展思路，用好用实共建、职教、考级等工作抓手，充分发挥艺术教育对于文化建设的人才培育和传承创新作用。

拓展艺术院校“共建”成果，加强省、部之间艺术教育的互联互通，完善对艺术职业院校的规划管理。共建工作是建立起文化部与地方政府、艺术院校之间互通、互动、互利桥梁的重要工作。2014 年，艺术院校共建工作取得显著成效，文化部分别与北京市人民政府签订共建中国戏曲学院协议，与江苏省人民政府确定共建南京艺术学院事宜，同意与山东省人民政府共建山东艺术学院。为把这些共建事宜落到实处，发挥部、省共管艺术院校的独特作用，文化部先后协调中国戏曲学院开展地方戏剧种表演在职研究生班招生，如期完成第六届中国京剧优秀青年演员研究生班开班工作。协调第五届全国青少年民族乐器演奏比赛由广西艺术学院牵头，联合广西宣传部、教育厅等部门共同承办。比赛于 10 月成功举办，对提高广西民族乐器人才培养质量及演奏水平，推动西部文化建设起到了积极作用，充分发挥了共建在汇聚资源、搭建平台、促进交流等方面的作用。

发挥艺术职业教育在培养文化艺术人才方面的基础性和支柱性作用，大力提升艺术职业院校民族文化传承与创新能力，引导艺术职业学校科学合理地设置和调整专业，推动相关艺术职业院校办出特色，建立高素质、专业化教师队伍。启动并推进教学标准制定、表演艺术类专业目录修订及教材编制工作，举办“全国艺术职业教育教师培训（第二期）”音乐类、美术与设计类、舞蹈类、戏曲类培训。

“我的音乐厅”项目初显成果，艺术考级加强顶层设计，赛事活动平稳举行，对培养人才、选拔人才、提高青少年艺术素养发挥了独特作用。为提高当代青年学生的音乐文化素养，实施全面素质教育，由文化部、教育部、国家大剧院联合组织实施的“我的音乐厅——外国经典音乐欣赏”项目在 2014 年已按计划推进录制和出版工作。为充分发挥政府举办比赛活动的导向性、示范性作用，引导各院校进行教育教学改革，为选拔和推出艺术人才提供广阔平台，2014 年，文化部成功举办“文华艺术院校奖”——第二届全国青少年戏曲比赛，第五届全国青少年民族乐器演奏比赛，以及“2014 全国职业院校技能大赛”艺术技能大赛，充分展示全国艺术院校的教育教学成果，促进了艺术院校学生综合职业能力和创造精神的培养。推进并完成全国社会艺术考级管理中心移交事宜，通过多次召开会议、签署协议等工作，稳步推进并顺利完成了考级管理中心人、财、物及各项工作的移交。

对外和对港澳台文化交流

【概况】 在党的十八大、十八届三中、四中全会以及习近平总书记在中央外事工作会议和文艺工作座谈会上的重要讲话精神指引下，文化部对外和对港澳台文化工作主管部门按照“十二五”规划部署，大力推进体制改革和机制创新，将对外和对港澳台文化工作融入国家发展战略，更好地服务于整体外交大局和国内文化建设，在广度和深度上均有突破。成功举办了 APEC 文艺演出、“欢乐春节”活动、“汉学与当代中国”座谈会、中国—东盟文化交流年、美国史密森民俗节中国主题活动、“2014 中法文化高峰论坛”“2014 中国南非国家年暨南非文化季”、上海合作组织成员国文化部长第十一次会晤、第三届“阿拉伯艺术节”等一系列重大活动，打造了新平台，拓展了新领域。一年来，多位中央领导同志在文化部对外文化调研以及汉学家、“欢乐春节”、制止国内艺术院团赴海外“镀金”、涉疆和对台工作等方面的文电报告上共批示50余次。全年与21个国家签订或续签文化交流年度执行计划，与6个国家签订了互设文化中心协定或谅解备忘录，与157个国家签署了文化合作协定。据不完全统计，2014年度外国人来华从事营业性演出的总批次为6285次，总人数为90383人；全年经文化系统审批的对外文化交流项目共计2146起，77292人次参加；对港澳文化交流项目901项，10593人次参加；对台文化交流项目2321项，21259人次参加。

【精品文化展示有效助力外交大局】 围绕习近平主席、李克强总理、刘云山同志、刘延东同志出访和其他中央领导同志参与双边、多边活动，组织举办了形式多样、内容丰富的文化交流活动，凸显了文化外交的独特功能。特别是圆满完成APEC第二十二次领导人非正式会议文艺演出工作。欢迎晚宴文艺演出成为本次APEC系列活动的亮点之一。

此外，亚信峰会文艺晚会、中法建交五十周年音乐会、第十四届“相约北京”联欢活动、美国史密森民俗节中国主题活动、第二届“拉丁美洲及加勒比艺术季”暨首届“加勒比音乐节”“2014中法文化高峰论坛”、第六次东盟—中日韩文化部长会议暨第二次中国—东盟文化部长会议、第二届中非文化产业圆桌会议、“2014中国南非国家年暨南非文化季”、上海合作组织成员国文化部长第十一次会晤、中阿友好年暨第三届“阿拉伯艺术节”、第14届威尼斯国际建筑双年展中国馆活动等各项大型文化交流活动好戏连台，有效推动了中外文化交流与合作。

【政策调研更好地服务于国家发展大局】 2014年，对外和对港澳台文化工作在理论研究和政策法规建设方面取得丰硕成果。中办、国办印发了加强对外和对港澳台文化工作的有关文件，这标志着对外和对港澳台文化工作的地位不断上升，已成为国家战略的重要组成部分。

2014年对外和对港澳台文化工作领域的多篇调研报告上报中央领导同志参阅，得到了多位中央领导同志的重要批示，为我国推动治理体系和治理能力现代化、做好城镇化与文化保护、弘扬中华优秀传统文化等方面工作提供参考和借鉴。《文化部关于坚决制止国内艺术团组赴国外“镀金”的通知》下发后，受到各主流媒体的关注，得到社会各界的一致好评。

“新时期中国文化国际影响力评估（第二期）”，对中国文化在日本、韩国、越南和印尼的影响进行了实证研究。本次研究改进了中国文化国际影响力的调查方式，完善了相关评估体系和指标，创建了指数测量方法。

【中外思想文化交流机制不断成熟】 文化部创新思路，积极调动国内外力量，联合中国社科院于7月、9月分别举办了两期“青年汉学家研修计划”、一期“中国当代作品译介研修对接计划”，并于10月举办了“汉学与当代中国”座谈会。

2014“青年汉学家研修计划”邀请了39个国家的55位具有发展潜力的青年汉学家、翻译家来华研修，通过集中授课、分领域专业实习和乡村考察等方式帮助他们加深对中华文化的了解，引导他们客观地认识当代中国，了解和理解中国道路；2014“汉学与当代中国”座谈会邀请了17个国家的20位外国前政要、知名学者及14位中方著名学者出席，就“中国梦与中国当代价值追求”“中华传统文化的当代阐释”“中国现当代作品的翻译与传播”“汉学发展的未来与走向”等议题进行了交流研讨，增加了中外学者与智库间的思想交流与对话。

10月29日，中共中央政治局委员、中央书记处书记、中宣部部长刘奇葆在国家图书馆文会堂会见了出席“汉学与当代中国”座谈会的中外学者，并与他们进行了坦诚深入的座谈交流。文化部部长蔡武主持座谈会，中宣部副部长、国新办主任蔡名照、中国社科院院长王伟光、中宣部副部长黄坤明、文化部副部长丁伟、社科院副院长李扬、中国艺术研究院院长王文章等出席座谈会。刘奇葆指出，中华文化是全世界共有的精神财富，蕴藏着解决当代人类面临难题的启示，对世界文明进步具有重要影响。他指出，中华文化的发展需要交流互鉴，对人类创造的各种文明，中国将采取开放包容的态度，推动中华文化与世界各国文化的互学互鉴、相亲相习，希望各国汉学家研究好、传播好中华文化，让中华优秀文化同世界各国优秀文化一道造福人类。

汉学家工作开展两年来，文化部会同中国社科院认真领会中央领导同志的战略意图和指示精神，将此项工作打造成中外思想文化交流新平台。“青年汉学家研修计划”已成为培养国际新生代汉学家的品牌项目，而“汉学与当代中国”座谈会已成为国际汉学界“以我为主，中外互鉴”的一个高端思想文化对话平台，均受到汉学家的高度评价。

【品牌文化活动规模和影响不断提升】 “欢乐春节”等对外文化品牌活动不断发展，国际影响力显著提升。2014年“欢乐春节”在112个国家和地区、321个城市举办了570多项大型活动。文化部、外交部认真协调、指导，教育部、国务院新闻办、国家新闻出版广电总局、国务院侨办等部门发挥各自优势，组织了丰富多彩的活动奔赴全球。各地政府积极配合《文化部关于2014年海外“欢乐春节”活动的组织方案》，结合各省、市开展对外文化、商贸、友城等务实需要，充分发掘和调动本地文化资源，周密策划、精心组织、全力投入，为世界各国人民呈现了特色鲜明、形式多样的春节文化活动。海外“欢乐春节”活动整体规模、质量和国际影响日益扩大，在服务外交大局，提升国家形象等方面发挥了积极作用，已成为展示中国文化软实力的重要品牌。2014年，国际媒体和舆论对“欢乐春节”高度关注，上万家媒体予以报道，在全球引发体验中国文化、聚焦中国发展的热潮。《华尔街时报》称，纽约在经历了圣诞节不久后，再次笼罩在节日的光环下，中国人带来的“年末盛典”，把纽约带进了“东方圣诞”的狂欢之中。《今日俄罗斯》电视台在题为《春节成中国“软实力”品牌》的报道中指出：“全球庆祝中国农历新年的范围之广，充分展示了中国文化传统在国际上的流行程度，更体现了中国‘软实力’的增强。”英国广播公司等援引首相卡梅伦马年新春贺词：“这些庆祝活动提醒英国人民：中国文化的博大精深和充沛活力。”日本《外交学者》网站在题为《中国春节：日益全球化》的文章中称：“中国春节走向全球是因为中国国际地位不断提升、全球影响力不断增强。这也成为中国获得国际社会认可的标志。”巴哈马《周报》援引巴教育部长对当地小学生的话：“今天，你们有更多机会了解中国人民丰富的文化，他们模范的职业道德、他们的美食、他们的语言和为世界发展做出的贡献。”除传统电视和纸质媒体外，2014年“欢乐春节”广泛利用大型户外广告屏、互联网、社交媒体、移动终端等新媒体平台，配合活动在各地主流媒体网站实时推送活动信息，如纽约时报广场大屏幕自除夕起一周内，连续滚动播放欢乐春节主题形象片2688次；在移动媒体客户端开发数字文化产品，供全球客户下载；在新浪网、腾讯网、优酷网、新华网开通直播平台，利用新媒体突破时间、地域限制，面向全球受众广泛传播春节文化。

【开展大国外交，深化中美、中俄文化交流】 2014年，文化部积极配合中美建交35周年、习近平主席访问拉美及APEC会议召开等重大外交活动举办了包括展览、文艺演出以及各类文化论坛等系列活动。

通过开展中美人文交流高层磋商机制会议，加强与美国的官方文化关系，促进主流机构的对口合作。7月9日，第五轮中美人文交流高层磋商文化领域工作磋商会议在北京举行，磋商由双方牵头人文化部外联局副局长孙建华和美国国务院教文局代理助卿帮办克丽丝·迈那主持，来自中美双方14个文化机构的代表参会。双方回顾了第四轮磋商以来取得的成绩，就第五轮达成了38项文化领域成果，占此次会议全部成果的近三分之一。参与的中美双方文化机构也围绕各自开展文化交流的情况及对今后工作的设想进行了探讨，进一步增进了相互了解，拓展了合作渠道。

通过签署政府间文化合作协定和交流执行计划巩固双边合作机制框架，为对外文化交往提供机制性保障。在没有文化部的美国，通过与国务院资助的主流艺术机构、各主要州市签订文化合作谅备和协定，来推动对美工作。7月10日，第五轮中美人文交流高层磋商全体会议在北京人民大会堂金色大厅举行，国务院副总理刘延东与美国国务卿克里共同主持会议并分别致辞，文化部副部长丁伟出席会议。期间，中美双方签署了《中华人民共和国政府与美利坚合众国政府文化协定2014年至2018年执行计划》。11月9日，在奥巴马访华期间，我国与美国图书馆博物馆协会签署《关于支持建立文化交流合作伙伴关系的谅解备忘录》。

通过史密森民俗节中国主题活动等文化活动展示中华文化魅力。6月25日至7月6日，由文化部暨中国对外文化交流协会与美国史密森学会联合举办、中国对外文化集团公司与美国史密森学会民俗中心具体承办的“第48届史密森民俗节中国主题活动”（以下简称“民俗节”）在美国首都华盛顿国家大草坪上盛大举办。此次中国首次作为主宾国参加史密森民俗节，是史上中国在美举办的规模最大且受众最为广泛的一次中国传统民俗文化综合展示活动。来自15个省市的108位中国民俗艺术家和10余位民俗专家在民俗节中国主题区域近1.4万平方米的区域内，向美国民众呈现了侗族大歌、内蒙古长调、呼麦、提线木偶、婺剧、太极等8种表演项目和剪纸、刺绣、书法、风筝、香包、面塑等16种手工艺展示项目。民俗节期间，共举办中国艺术、太极和武术等各类演出155场，各类民俗文化讲座282场，是中国派出此类团组人数最多，在短时间内开展活动数量最多、最频繁的一次。来自美国各阶层、各族裔、各年龄段的100余万参观者亲身感受到了中国民俗文化的独特魅力。

为进一步促进两国人民间的相互了解，为两国关系健康稳定发展创造有利的文化氛围，文化部配合国家对美整体战略部署，继续对美推出“跨越太平洋——中美文化交流与合作”系列文化交流项目，旨在通过推出一系列包括中国文化名人及艺术大师讲座、视觉艺术展示、表演艺术交流、民俗文化传统展演及文化产业交流与合作等针对性较强的文化交流活动，向美国主流民众深入介绍中国文化，促进美国民众对中国文化及社会发展的了解，拉近中美人民间的情感距离。

邀请美国中部艺术联盟、美国加州文化官员代表团、美国中西部演艺推出人代表团访华。有效地促进了代表团成员对中国文化的整体了解和对艺术团组的邀请意向，拓宽了美大地区对华文化交流与合作的广度和深度。

9 月 15 日至 22 日，文化部委托中国文化国际旅行社组派表演艺术团体及文化经纪公司负责人一行 31 人赴美国明尼阿波利斯市参加美国中西部艺术联盟 2014 年年会。辽宁芭蕾舞团、马久越民乐团等与美多家演艺机构达成明后年赴美巡演合作协议。

*整合资源，广开渠道，配合国家高层领导人的访问或大型国事活动，深入、全面、持久开展与俄罗斯的文化交流，成果丰硕。*俄罗斯既是大国，又是邻国，是中国外交战略的重要支点国。为配合国家整体外交大局，文化部在文化交流领域整合资源，广开渠道，并配合国家重大外事活动，深入、全面、持久地开展和俄罗斯的文化交流，形成了机制化、品牌化、常态化的特点。

*利用中俄文化合作分委会会议机制，从高层推动中俄文化领域交流的深入发展。*中俄文化合作分委会是由两国文化部牵头，每年定期召开的机制性会议。2014 年举行了第十四次分委会会议。文化分委会会同广电、媒体、旅游、青年等各分委会，与俄方相关部门开展了卓有成效的合作。通过文化分委会的平台，两国文化部的高层领导定期会晤，就深化两国文化交流与合作深入交换意见。此外，除两国文化部副部长牵头的分委会会议之外，俄罗斯文化部部长梅津斯基率代表团来华参加第二届中俄文化论坛，文化部部长蔡武应邀前往俄罗斯出席第三届圣彼得堡国际文化论坛，并在论坛上发表了题为"中国传统文化和现代化"的主题演讲。

*认真策划实施中俄青年友好交流年开幕式相关歌曲创作工作。*为落实中俄两国副总理关于联合创作中俄友谊新歌的指示，文化部推荐孟卫东、任卫新两位艺术家，于 2 月 24 日至 3 月 3 日访问俄罗斯，与俄罗斯文化部推荐的音乐家舍甫琴科联袂创作了《中俄青年友好之歌》。3 月 28 日，中俄青年友好交流年开幕式在圣彼得堡马林斯基剧院举行，中俄两国青年合唱团在开幕式晚会上演唱了该歌曲。

*成功举办第五届中俄文化大集。*为落实中央关于加强中国东北三省和俄罗斯远东地区的交流合作，文化部自 2010 年起与黑龙江省政府合作，与俄阿穆尔州联合举办中俄文化大集，旨在推动两国边境地区的文化交流与合作，为两国边境地区的长治久安、睦邻友好营造坚实的民意基础。2014 年是第五届中俄文化大集，由中俄两国文化部、黑龙江省政府、阿穆尔州政府联合主办。文化部副部长丁伟赴黑河出席开幕式，俄罗斯文化部副部长米洛夫佐洛娃也专程从莫斯科赶来参加开幕式。大集期间，俄方还组织了俄罗斯远东地区其他省州文化局长参加大集活动。在文化大集框架内，双方共举办了演出、展览、体育比赛、两国工艺品展销、大型花车巡游、科技成果展示、旅游推介、青少年文体活动等丰富多彩的活动。双方参加者表示，中俄两国的边境交流大有可为，有很大的发展空间。目前，中俄文化大集已经成为两国边境文化交流的品牌。

*成功举办第二届中俄文化论坛。*11 月 26 日至 30 日，第二届中俄文化论坛在北京举办。此次文化论坛由中俄两国文化部、中俄二十一世纪和平、友好、发展委员会共同主办，由中国传媒集团具体承办。为契合中俄青年友好交流年的主题，并在文化产业和贸易领域与俄方深化合作，论坛以青年文化生活及青年文化创业为主题，涉及了文化产业、文化生活、边境文化交流、文化与金融等板块。俄方对论坛十分重视，俄文化部部长梅津斯基亲

自率领俄代表团来华参加论坛。论坛上，中俄双方数百名嘉宾进行了热烈的研讨，为中俄文化产业、电影领域交流合作的深入发展注入了新动力。

在俄罗斯成功举办“中国文化节”。中俄两国互办文化节已经成为两国的机制化项目。按照中俄两国政府的商定，2014 年在俄举办中国文化节。为契合中俄青年友好交流年的主题，在艺术团体的选派上，注重推出中国知名的青年艺术团体，在艺术门类的选择上，着重推出当代艺术形式。如侯莹现代舞蹈团参加圣彼得堡“开放的视野”国际现代舞蹈节，集舞蹈与武术为一体的新颖舞蹈作品“武蹈·门”赴俄演出，紫禁城青年市内乐团与俄罗斯国立模范民族乐团深度合作，共同演绎柴可夫斯基的交响作品《四季》，这种深度合作深受两国艺术家的欢迎。此外，还有金佛爵士乐团赴俄演出，中俄天才少年联合音乐会，第三届中俄舞台艺术对话等，将艺术节不仅打造成为展示中华优秀文化艺术的平台，更成为促进中俄两国文化工作者深度合作，互相借鉴，共同发展的平台。

积极参加在俄罗斯举办的国际艺术节，借助国际艺术节平台，展示中华优秀文化，增加中国在俄罗斯的文化影响力。4 月，普京签署总统令，宣布 2014 年为俄罗斯文化年。在文化年框架内，举办一系列文化活动，包括举办各类国际艺术节。考虑到俄罗斯幅员辽阔，以前中国对俄文化交流的重心集中在其欧洲部分，为使对俄文化交流辐射到更广泛的地区，使优秀中华文化借助国际多边艺术节的平台走出去，文化部组派国内艺术团组参加俄罗斯境内有影响力的国际艺术节，特别是俄罗斯广大亚洲地域部分举办的艺术节，收到良好效果。如组派艺术团参加俄罗斯亚太国际音乐节（克拉斯诺亚尔斯克）、上海合作组织“大学生之春”国际联欢节（赤塔）、“开放的视野”国际现代舞蹈节（圣彼得堡）、远东友谊艺术节（海参崴），等等。中国艺术团都有不俗的表现，受到当地观众的热烈欢迎。

积极鼓励拓展民间渠道开展对俄文化交流，使中俄文化交流更具有活力。通过近些年来的发展，中俄文化交流已经形成政府主导，民间广泛参与，多渠道、多形式、多方位的交流格局。2014 年，通过民间交流渠道亦举办了一系列丰富多彩的交流活动，引起强烈反响，如选派深圳少年钢琴选手王亚伦和中央音乐学院附中小提琴选手董凌宇于 5 月 29 日至 6 月 3 日应邀赴俄与莫斯科总统交响乐团合作，在大克里姆林宫参加国际儿童慈善音乐会演出；支持国家大剧院与圣彼得堡马林斯基剧院合作，共同演绎歌剧《叶甫盖尼·奥涅金》，并分别在大剧院和马林斯基剧院公演；圣彼得堡马林斯基剧院艺术总监捷杰耶夫指挥中俄青年联合交响乐团在北京大剧院演出，作为青年年的重要活动；为庆祝中俄建交 65 周年，由东方演艺集团策划主办的《永恒的记忆》中国著名男高音演唱音乐会在莫斯科国际音乐厅隆重举行，俄罗斯总统办公厅、联邦委员会、国家杜马及各界代表 1500 人欢聚一堂，出席音乐会；为纪念梅兰芳先生诞辰 120 周年，梅兰芳大剧院出访圣彼得堡和莫斯科，在俄罗斯引发中国京剧的热潮，梅兰芳大剧院与马林斯基剧院业已建立起紧密的合作关系。

【积极开展与西方发达国家的文化交流】 2014 年，文化部对欧文化交流工作取得丰硕成果。

继续推动政府间文化合作协定的签署，建立长效合作机制。全年共与马耳他、荷兰、英国、葡萄牙、意大利、芬兰、冰岛、希腊 8 国签署政府间或文化主管部门间 10 个合作文件，为中国与上述国家的文化交流与合作提供政策保证。

通过文化高层往来增进相互信任和彼此友谊，推动中欧文化关系深入、持久发展。全年促成与西欧地区部级（含副部级）出、来访项目共9起，其中出访3起，来访5起，包括文化部部长蔡武访问法国和奥地利、副部长杨志今访问意大利和法国、副部长丁伟访问荷兰和冰岛，以及荷兰教育、文化及科学大臣布森马克、丹麦文化大臣耶维德、葡萄牙文化国务秘书沙维尔访华等。

2014 年适逢中法建交 50 周年，两国政府对此高度重视。全年在中法两国共举办 500 余场文化交流活动。中法建交纪念日当天在北京和巴黎分别举办的“开拓者的远见和智慧——中法建交 50 周年回顾展”和“中国之夜”晚会，以及随后举办的“名馆·名家·名作展”“中法文化高峰论坛”“汉风——中国汉代文物展”、大型机械龙马巡游等重大项目受到中法两国新闻媒体和广大公众的热情关注和广泛欢迎。

中欧文化交流合作平台建设日趋成熟。同英国爱丁堡艺术节、法国阿维尼翁戏剧节、芬兰赫尔辛基艺术节等国际知名艺术节建立并保持友好关系，支持、资助优秀表演艺术项目参加上述艺术节。与欧洲多国在博物馆领域的人员交流与合作不断深化，中德第 6 届“文化管理在中国”、首届中德博物馆（美术馆）专家交流项目、第 3 届中法文化管理人员驻访交流活动成功举办，中英、中荷博物馆（美术馆）人才培养项目筹备工作进展顺利。此外，还与意大利签署谅解备忘录建立文化合作机制，以推进中意两国在文化遗产、创意产业、当代艺术等方面开展全方位的务实合作。

开展中欧思想领域交流与对话，以增进相互了解，展示自信、开放、包容的当代中国精神。6 月，在“庆祝中法建交 50 周年活动”框架下，成功在巴黎凯·布朗利博物馆举办第 4 届中欧文化高峰论坛——“中法文化论坛”。9 月，与欧委会教文总司合作在中国美术馆举办了以“文化与艺术节在城市和地区发展中的作用”为主题的思想论坛，为中欧高级别人文交流机制会议的成功举办营造了良好氛围。

11 月，文化部副部长董伟率团访问澳大利亚、新西兰，与两国文化主管部门领导会晤，出席悉尼中国文化中心启动庆典，与新西兰惠灵顿市签署设立中国文化中心谅解备忘录。

在加拿大举办“2013—2014 中国文化系列活动”。先后组织了中央芭蕾舞团、重庆川剧院《凤仪亭》剧组、“龙神道”乐队和凉山歌舞团、杭盖乐队和北京现代舞团赴加拿大访演，营造了中国文化“热潮”，还组织了蒙特利尔“中国文化月”、多伦多“中国民俗文化节”、国家大剧院管弦乐团“中国文化系列活动”闭幕演出等集中展示中国优秀文化的大型文化活动。作为两国关系史上迄今为止规模最大的文化交流项目，“系列文化活动”共 38 个大项，150 多场活动，把中加文化交流与合作带入更深、更广、更持久发展的新阶段。

【继续加强与发展中国家文化交流，重点做好中拉、中非文化工作】 选派浙江交响乐团、中央芭蕾舞团两个高水平艺术团共计 87 人分赴巴西、古巴，与当地知名艺术家联袂为中巴、中古领导人先后呈现了两场精彩演出，获得中外领导人及巴西、古巴民众的一致赞誉。文化部配合墨方在国家博物馆举办“玛雅——美的语言”文化展，习近平主席夫妇和墨西哥培尼亚总统夫妇共同出席该展并致辞。

中拉机制会议频繁举办。7 月 20 日，中国——委内瑞拉高级混合委员会第十三次会议在加拉加斯召开。就两国在文化、教育、新闻出版广电、文物和通信信息等人文领域交流与合作的情况进行了梳理，强调加强务实合作，并签署了《中委高委会第十三次会议文化分委会会议纪要》。9月29日，中墨两国常设委员会第六次会议在墨西哥首都墨西哥城召开。与墨西哥外交部、国家文化艺术委员会、国家体育文化与体育运动委员会等墨方代表共同参会，讨论了文化部部长蔡武正式访墨、为配合墨总统培尼亚访华而举办的玛雅文明展、迭戈·里维拉绘画作品展、墨西哥银器展、中墨古代玉石文明联展、塞万提斯国际艺术节、“相约北京”拉美艺术季、墨西哥中国文化中心成立等双边重要文化交流活动，同时签署了《中墨两国常设委员会第六次会议文教分委会文化体育工作组会议纪要》。

*举办拉美艺术季。*第二届“拉美艺术季”及首届“加勒比音乐节”包括拉美音乐会、加勒比音乐节和拉美艺术联展及客座艺术家交流三大主要板块，共邀请拉美及加勒比地区13个国家的15支艺术团体来华演出，7个国家的8位画家来华交流，19个拉美及加勒比驻华使团共同参与。

*做好“华艺新颜”品牌活动。*2月，组派云南山人乐队赴厄瓜多尔参加厄全国最大的“花果节”庆典，并拍摄展示民族传统文化纪录片；3月，组派南京民乐小组赴多米尼克、巴巴多斯；中国儿童剧院《十二生肖》剧组赴哥伦比亚参加伊比利亚美洲戏剧节；4月，组派雷动天下现代舞团赴哥伦比亚、美国访演；6月，组派天津艺术团赴委内瑞拉、特多参加建交庆祝活动；7月，组派浙江婺剧团赴巴哈马、牙买加巡演；9月，组派成都艺术团赴巴拿马、多米尼加开展与未建交国家文化交流；10月，组派云南红河州艺术团赴墨西哥、哥伦比亚参加塞万提斯国际艺术节等。

*开展中拉“客座艺术家”互访计划。*2014年中拉“客座艺术家”项目继续深入开展。5月，邀请巴西、厄瓜多尔、古巴、墨西哥、秘鲁等国艺术家来华开展采风创作并举办成果展；接待墨西哥艺术家5月至9月期间来清华大学研修；10月，接待智利画家帕斯来华举办个展；选派中央芭蕾舞团优秀青年舞者赴古巴参加国际芭蕾舞交流等。

文化部、驻非洲使馆和地方省市通过“部省合作机制”，通力合作，全年组派赴非展演团组11个，共399人次；接待来华展演团组11个，共108人次；组织对非人力资源培训（论坛、圆桌会议）10个，来华参与人员121人；通过“中非文化合作伙伴计划”，湖南、南京、浙江、深圳、河南、天津等7个工作组赴非14国（次）开展对接工作，与刚果（布）、马拉维等10国文化机构签署21个合作文件。

中国文化部与南非艺术和文化部作为中国“南非年”框架下的“南非文化季”执行部门，签署了谅解备忘录。自4月29日中国“南非年”开幕，到12月5日闭幕，中南双方共组织和协调文化项目10余起，接待南演员183人次。

*积极开展对非文化援助。*在浙江杭州举办非洲竹编培训班，在天津动漫产业园举办非洲动漫及电视制作研修班，在天津职业技术师范大学举办非盟青年官员中国文化研修班，在少林寺和天津霍元甲文武学校举办武术培训班。全年培训项目近10个，覆盖大部分非洲国家，来华人员近300人。11月初，文化部向中央文化管理干部学院、河南嵩山少林寺、天津霍元甲文武学校和浙江省文化馆颁发“对非培训基地”牌匾。

2014年5月，邀请非洲20个法语国家和非盟文化官员共21人来华参加第二届“中非文化产业圆桌会议”。9月，文化部联合商务部和国家文物局，在北京和南京举办“中非文化遗产保护论坛”，非洲18个英语国家文化主管部门共 30 名官员参加。

2014 年,文化部继续落实"中非文化人士互访计划"。9 月,邀请南非、马拉维、加蓬、多哥 4 个国家的 4 名画家赴浙江杭州进行客座创作。12 月,组派天津、南京和浙江 3 省市 6 名画家赴坦桑尼亚、南非和纳米比亚进行客座创作。

【周边文化外交落实"亲、诚、惠、容"理念】 积极践行中央周边外交工作会议精神,将"亲、诚、惠、容"的周边外交理念融入对外文化工作中,发挥文化外交的独特魅力,与周边国家文化交流与合作的水平不断提升。

推动区域文化务实合作迈入新阶段。 近年来,通过中日韩三边合作、中国—东盟(10 + 1)合作、东盟—中日韩(10 +3)三个渠道,大力开展东亚文化合作与相关机制建设,以中国为主构建区域话语体系,在东亚文化领域提升影响力和竞争力。

抢抓时机提升双边文化交流成效。 5 月 29 日,在中马两国总理共同见证下,文化部副部长丁伟与马外长阿尼法共同签署了《中华人民共和国政府和马来西亚政府文化合作协定二〇一四年至二〇一九年度执行计划》,明确了双方未来 5 年深化文化交流与合作的重点领域,为进一步加强中马文化交流与合作提供了依据和保障。11 月 18 日至 21 日,文化部副部长董伟应柬埔寨文化艺术部邀请率中国政府文化代表团访问柬埔寨,与柬埔寨文化艺术大臣共同签署《中柬两国文化主管部门文化合作协定 2014 至 2018 年执行计划》,并向柬方递交了文化援助物资清单。2014 年适逢中蒙建交 65 周年、中蒙友好合作关系条约签署 20 周年和中蒙友好交流年。习近平总书记于 8 月对蒙古国进行国事访问。文化部高度重视,积极配合外交部做好出访的文化领域相关工作。

以文会友,加强我国与东北亚国家友好关系。 委托中国对外文化集团公司组派东方演艺集团和山东省杂技团组成的中国艺术团一行 103 人应邀赴朝参加第 29 届"四月之春"友谊艺术节,共举行专场演出和联合演出 12 场,现场观众超 2 万人次,演出得到朝文化界和平壤各界群众的高度评价。中朝双方举办《中朝文化合作协定》《中朝航空运输协定》签署 55 周年纪念招待会。4 月,朝鲜对外文化联络委员会文化交流局长金日凤(正局级)率朝鲜文化工作者代表团访问北京、上海、苏州和丹东,与有关省市文化主管部门负责人座谈,考察相关文化设施和文化企业,并学习中方文化建设有关经验。文化部于 10 月底与韩国文化体育观光部共同在京举办第二届"中韩文化产业论坛",邀请中韩两国文化主管部门领导及两国演艺、动漫、美术、游戏等领域专家学者、企业代表出席。同时支持中国演出行业协会组团于论坛前夕赴韩参加第 10 届首尔国际演艺艺术节中国主宾国活动,推动中韩两国政府、民间各领域文化合作成果纳入"中韩文化产业论坛"框架内。

以品牌建设加大我国与东南亚国家文化交流步伐。 2014 年 2 月,文化部召开"援缅第 27 届东南亚运动会开闭幕式技术支持合作项目报告会"。7 月,文化部委托中国对外文化集团公司邀请缅甸文化部选派 10 名舞美学员在京进行为期 10 天的舞美专业技术培训,并计划将该项目以"亚洲舞台管理与大型文化活动培训班"的品牌,在全亚洲范围内推广,帮助周边国家提高文化管理能力建设。2014 年 2 月、6 月和 12 月,泰国朱拉蓬公主三度访华,进行古筝练习并与中方共同研究筹划 2015 年将在泰举办的第七届"中泰一家亲"大型音乐歌舞晚会事宜,并赴上海、北京为晚会挑选节目。

润物无声,加强我国与南亚国家之间的

文化对话。为配合中央对印外交工作整体部署和习近平总书记8月对印度等南亚国家进行的国事访问，外联局组织召开了对印文化工作通气研究会，为做好未来1—5年的对印和南亚文化工作进行研究规划，并于习主席访问期间与印方签署了加强两国相关文化机构合作的谅解备忘录，探讨与印方成立文化领域高级别会议机制，通过定期举办高级别会议，落实、研究、磋商、解决两国及地区文化工作的问题，进一步提升双方和地区文化交流水平，积极落实"中国——印度玄奘交流计划"。2014年是中印双方共同确定的"中印友好交流年"。春节期间，文化部组派以杂技节目为主的广西艺术团赴印度访演，参加了由国务委员杨洁篪与印度副总统安萨里共同出席的"交流年"启动仪式，并先后在印度加尔各答、新德里面向主流社会举行多场演出，产生热烈反响，为交流年打响精彩开篇。6月，第三届"意会中国——南亚青年艺术家来华采风创作"活动在北京、山西两地举办。9月，根据中尼两国政府文化合作协定和文化部2014年对尼文化工作计划，文化部与尼泊尔文化、旅游与民航部共同主办了第二届尼泊尔文化节。

以庆祝中国与部分中东欧国家建交65周年为契机，抓住机遇，整合资源，在中东欧国家开展系列文化活动，使我国对上述国家的文化工作有声有色，呈现出新的亮点。积极推动与中东欧国家文化部高层领导的互访，以增进感情，互通有无，为与中东欧国家文化交往奠定良好氛围。组派中国演出行业代表团出访捷克、波兰和保加利亚，为国内演出商与国外演出团体搭建直接交流的平台。邀请中东欧国家主要国际舞蹈节艺术总监及编舞访华，为中国与中东欧国家舞蹈专业人才的直接交流、互相借鉴以及双方今后在舞蹈艺术领域的深度合作搭建平台。在华首次举办"波罗的海"艺术节，实现我国对波罗的海地区文化交流的突破。

针对外高加索地区和乌克兰、白俄罗斯，根据与其签署的双边文化合作计划，有选择、有重点地开展文化交流。组派中国残疾人艺术团出访摩尔多瓦、格鲁吉亚、亚美尼亚三国，并举办中国文化日活动，成为近年来我国与外高三国交流的盛事。整合资源，实施双边文化合作计划中的项目，选派艺术团组参加在上述国家举办的国际艺术节，加强我国在上述地区的文化影响力。2月16日至22日，摩尔多瓦政府文化代表团一行3人访华，代表团访问了北京、上海两地。文化部部长蔡武会见了代表团一行，并与摩文化部部长莫妮卡·巴布克共同签署了《中华人民共和国文化部和摩尔多瓦共和国文化部2015—2018年文化合作计划》。

【"一带一路"文化建设成为工作新抓手】 积极开展"一带一路"文化品牌的创立工作。参与"一带一路"专题研究会议、论坛等活动，就"一带一路"文化建设提出思路，会同国家发改委与外交部完成了《丝绸之路经济带和海上丝绸之路建设战略规划》中文化领域相关条款的制定。为落实"一带一路"战略构想，坚持文化先行，与新疆、宁夏、甘肃等有关省(区、市)开展了多渠道、多层次、多形式的交流与合作。举办了一系列以"一带一路"为主题的综合性文化交流活动，协调指导西北五省区文化厅成立"丝绸之路经济带西北五省区文化发展战略联盟"，在陕西西安举办首届"丝绸之路国际艺术节"，在福建泉州举办"海上丝绸之路国际艺术节"。

2014年以来，秉承和弘扬"和平、友谊、合作、发展"的丝路精神，充分挖掘"海上丝绸之路"丰富的历史人文内涵，加强与海丝沿线国家在文化领域的交流与合作，构筑"海上丝绸之路”文化圈，夯实双方友好合作的社会和民意基础。

积极利用上海合作组织成员国文化部长会晤机制、双边文化分委会机制的平台，在中亚五国积极举办文化日、文化节等活动，举办培训班帮助中亚国家培养文化领域的专业人才，利用丝绸之路申遗成功的契机，加大与上述国家在文化遗产保护和修复领域的合作，加大对中亚国家的交流力度，增强我在中亚地区的文化存在。

【海外中国文化中心建设全面推进】 2014年，海外中国文化中心工作取得了明显进展，文化中心总数达到20个，实现既定目标。党和国家领导人高度重视海外文化中心建设与发展，先后4次为中心揭牌，10次见证文化中心政府间文件签署。

*重视加强制度建设，为中心健康运营提供制度保障。*为加强对海外中国文化中心的管理，充分发挥文化中心的作用，促进文化中心的健康发展，2014年修订、出台了《海外中国文化中心管理办法(试行)》。同时，结合形势发展，推进《外国在华文化中心登记条例》的制定工作，力求通过法规制定，对外国在华文化中心进行全面、有效的管理。

*政府文件商签工作取得实质性进展。*2014年我国与保加利亚、荷兰、肯尼亚、爱尔兰、葡萄牙、缅甸、希腊、阿根廷、白俄罗斯、斐济、塞尔维亚、新西兰、塞内加尔13个国家签署了协定或谅备等政府文件，领导人宣布在新西兰设立中心。同时，积极开展与白俄罗斯、新加坡、土耳其、越南、西班牙、阿根廷、伊朗、巴西的协定商签工作以及与印尼、莫桑比克、哈萨克斯坦、突尼斯、摩洛哥谅备的商签工作。

*海外中国文化中心业务工作成果显著。*部省年度对口合作成果丰硕。根据部省对口合作计划，辽宁、湖南、山东等18个省(区、市)与海外中心开展了年度对口合作。2014年是“奖学之旅——海外中国文化中心优秀学员访华”品牌创立10周年，来自14个海外中心的优秀学员共50人来华，通过参加北京国际合唱节、传统文化体验等方式，加深了学员们对中国社会、文化和生活方式的理解；“发现中国”专家讲座组织著名经济学家厉以宁等分3批次赴8个中心举办讲座，内容涉及经济、建筑、艺术、规划等多个领域，开展了大量的思想交流活动；打造海外中心“中国儿童戏剧周”活动，组派中国儿童艺术剧院6台剧目走进巴黎、柏林、蒙古、曼谷4个中心和当地校园，举办“中国儿童戏剧周”活动，演出14场，受到了驻在国少年儿童的欢迎和喜爱。

*对外国在华文化中心进行积极有效管理。*根据《中华人民共和国政府和丹麦王国政府关于互设文化中心的协定》，北京丹麦文化中心于2014年10月25日在北京设立，使外国在华文化中心的数量增加到8个。文化部推进《外国在华文化中心登记条例》的制定工作，进一步完善《外国在华文化中心登记指南》，提高对外国在华文化中心机构和人员登记工作的效率性和准确性。同时，积极协调有关部门解决外国在华文化中心在举办活动、进口展品、人员签证、居留等方面所遇到的问题，为其提供更好的工作环境。

【积极开展国际多边文化工作】 结合国内实际情况，秉承“着眼大局、改进管理、多边推进、认真调研”的工作思路，做好在华举办的国际艺术节和国际艺术比赛的发展规划，敦促各项国际文化艺术节和比赛活动贯彻中央有关精神，将“勤俭办节”和“文化惠民”落到实处，为树立社会新风尚发挥引领作用，各大活动的国际影响不断提高，社会效益日益明显。进一步加强对国际艺术节和艺术比赛的宏观指导，与重点活动的主、承办单位保持密切联系，共同策划和举办研讨会和培训班等，改进国际艺术节和艺术比赛的管理，探讨如何有效提升其艺术水准和国际影响力。

加强思想交流对话，积极参与国际规则制定，提升我国在国际文化领域的话语权。参与联合国教科文组织《保护非物质文化遗产公约》（下称《非遗公约》）和《保护和促进文化表现形式多样性公约》（下称《多样性公约》）机制下各项活动；积极参加第六届亚欧会议文化部长会议，宣介我国文化发展成果；参与日本、韩国两个亚太中心的管委会会议，开展国际合作，借鉴其运营管理经验，指导我国亚太中心在职能定位和运营管理模式上开拓创新，进一步提升我国参与国际合作的水平和力度。

配合国家外交大局和重要工作部署，圆满完成 11 月 10 日晚在水立方举行的 APEC 第二十二次领导人非正式会议欢迎晚宴文艺演出的联络协调工作。协助做好国际儒学联合会第五届会员大会开幕会筹备工作，根据中办的要求，协调落实会场布置和礼宾安排等具体事宜。

配合做好“一带一路”和涉疆、涉藏对外文化工作，参与主办丝绸之路国际艺术节和海上丝绸之路国际艺术节。以上述活动为抓手，由点及面地推进“一带一路”沿线文化交流合作，借助艺术节平台传承丝路精神，弘扬丝路文化，提升地方对外开放水平，进一步深化我国与丝路沿线国家之间的友好文化交流与合作。

【全国对外文化贸易发展基础日益牢固】 2014 年 3 月，《国务院关于加快发展对外文化贸易的意见》正式发布。为充分发挥对外文化贸易基地的作用，文化部对北京、上海和深圳 3 个基地的定位、职能和分工进行了分析研究，提出各个基地工作要带动国内周边省市、辐射国外相邻地区的两个扇面策略，逐步形成我国对外文化贸易的空间布局。

通过举办座谈会、研讨会，系统梳理各地对外文化贸易工作的现状、问题和促进思路，探索依托国家对外文化贸易基地等平台整合资源；完善机制建设，建立对外文化贸易工作部际联系机制，与欧盟建立长效文化产业合作机制。搭建促进文化产品和文化企业“走出去”的公共服务平台，协助各领域文化企业了解国际市场、积累国际经验和资源；组织企业参与各领域重点国际展会与交易会，拓展文化企业海外销售渠道，如支持文化企业参加首届南美文化产业博览会、科隆游戏展、芝加哥艺博会、香港国际授权展等国际知名展会，拓展我国文化产品和服务的销售渠道，并借参加南美文化产业博览会之机倡议成立中南美 1 +10 文化贸易合作机制；积极协助深圳文博会、义乌文交会等国内大型文化产业博览会提升国际化水平；继续协助提升中国演艺交易会、常州国际动漫节的国际化水平，并举办“中国文化产品营销年会”等品牌活动，学习国际先进产业经验，推介中国优质文化产品和服务走向海外。

【对外文化传播巧用传统媒体与新媒体】 全年对外文化传播工作创新新闻宣传、展览、影视等传统媒体和新媒体渠道的工作思路和方式方法，力求在对外文化传播工作中体现出新意和亮点。

紧密把握国家内政外交的大政方针和时事热点，通过主流媒体发出更多高层声音，有效推动对外文化工作理论宣传事半功倍。例如，新华社记者访谈文化部部长蔡武，发表文章《促进中非经贸人文交流两个轮子一起转》，《求是》杂志发表了蔡武同志《坚持文化先行，建设“一带一路”》的重要文章；新华社对副部长丁伟进行采访并刊发文化软实力、

“欢乐春节”和汉学家方面三篇内参文章。

在新媒体运用方面，推动中外文化交流中心、中国文化传媒集团等部门开展全方位深入合作，并促成以上两部门签署关于利用新媒体开展信息发布的合作协议，打造新媒体信息发布平台并建立运行工作机制。“文通网”微信平台和移动客户端已于 2014 年 8 月上线运营，有效拓展了信息发布渠道，抢占新媒体领域话语权，在工信部评选的优秀政府文化公众号中榜上有名。

文化部牵头进行《中国文化译研网》（中外汉学家翻译家人才数据库暨中外文学互译平台）的建设和推广工作。该项目的宗旨是充分利用文化部在海外网点及国内兄弟部门合作优势，联络服务全球优秀汉学家翻译家，组织其参与中国优秀文学、出版、影视、文化等作品的翻译，利用新技术手段为中国文化出口机构提升国际翻译与传播能力做好专业化服务。项目主要内容包括“四库一台”，即：中外汉学家翻译家与作家个人会员库（人才库）、中外文化出版影视及译介企业与机构会员库（机构库）、中外文学翻译项目信息动态数据库（信息库）、中外文学多语种翻译专业语料库（语料库）、中外文学在线翻译与项目推广平台（工作平台）。该项目表现形式包括多语言网站、公共社交媒体账号、技术软件、APP 等全媒体综合数字应用服务等，其主体即“中国文化译研网”，以非营利性综合数字服务网站平台形式对外呈现，网站域名为 www. cctss. org。

【对港澳台文化交流与合作促进人心回归】对港澳文化工作注重加强统筹规划，密切与港澳文化界关系，通过“艺海流金”“港澳视觉艺术双年展”等活动增强文化界对祖国的向心力。积极支持港澳特区政府在“一国两制”政策下，通过国家对外文化交流平台参与国际和区域性文化合作。邀请香港特区政府民政事务局局长曾德成作为中国政府文化代表团成员，随文化部部长蔡武参加在越南举行的“第六届东盟 10 + 1 文化部长会议”并发言。为增进港澳青少年对中华文化的认同，根据港澳青少年的心理特点，面向不同年龄段的学生群体组织了“港澳大学生文化实践活动”“粤港澳青年文化之旅”等多项品牌活动。充分结合内地广阔的文化产业市场以及港澳的文化产业管理与经营经验，积极搭建平台，利用“香港国际授权展”“中国（义乌）文化产品交易会”等平台，促进内地与港澳文化产业互补提升、共同发展。推动签署的《粤港澳文化交流合作发展规划 2014—2018》从机制上确保三地文化交流水平的提升和融合程度的加深，推进三地文化与区域建设的共同发展。

文化部副部长丁伟以中华文化联谊会会长身份率团 5 月访台，广泛接触各界人士，增信释疑，求同化异，保持了两岸文化交流的发展势头。以中华文化联谊会名义组派了北京地坛文化庙会台北之旅、台中海峡两岸春节民俗庙会等 10 个项目 618 人赴台，全台三分之一的县市、十分之一的台湾民众感受到了中华文化的绚丽多姿和两岸同根同源的血缘亲情。大力加强对台青少年工作，在打造“艺传两岸——台湾青少年中华传统文化培训”品牌的同时，新创“情系青春——岭南文化行”“海峡两岸小剧场艺术节”等对台青年文化交流新平台。开展多模式合作，协调有关部门准予佛光山在大陆设立“星云文化教育公益基金会”，形成两岸文化交流的新渠道。依托“第七届海峡两岸文博会”“2014 海峡两岸文化创意与传统艺术展”，推动两岸文化产业对接与合作。整合资源，南沉下移，“乡音之旅”“福建文化宝岛行”“妈祖之光”“客家之歌”等活动深入台湾基层，以台湾基层民众喜爱的方式强化“两岸一家亲”理念。

文化体制改革

【概况】 2014年，是贯彻落实党中央全面深化改革战略部署的开局之年，是文化体制改革步入攻坚期和深水区的转折之年，也是文化体制改革面临重大历史机遇的关键之年。文化体制改革作为全面深化改革的重要组成部分，习近平总书记和党中央高度重视，国家对于文化体制改革和发展的制度保障进一步强化，密集出台了一系列含金量高、针对性强的政策，如《国务院关于推进文化创意和设计服务与相关产业融合发展的若干意见》《国务院关于加快发展对外文化贸易的意见》《国务院办公厅关于印发文化体制改革中经营性文化事业单位转制为企业和进一步支持文化企业发展两个规定的通知》《关于深入推进文化金融合作的意见》《关于大力支持小微文化企业发展的实施意见》等。政策红利的持续释放，成为2014年文化体制改革的一个显著特点。文化部充分利用这一契机，抓住改革重点任务和关键环节，取得突破性进展，带动整体文化工作迈上了新的台阶。

【研究制定文化系统年度工作要点和中长期改革重点】 一是认真学习党的十八大、十八届三中、四中全会精神，以及习近平总书记系列重要讲话特别是文艺工作座谈会精神，结合文化系统实际，推动文化系统各项改革有序进行。

二是按照中央全面深化改革领导小组、中央文化体制改革和发展工作领导小组的要求，参与研究制定《深化文化体制改革实施方案》和年度文化体制改革和发展工作要点，并结合文化系统实际工作，研究制定文化部牵头的年度改革重点工作项目实施表和中长期规划实施表，明确年度必须完成的重点工作和2020年前完成的重点工作，制订《2014年文化系统体制改革工作要点》及其《分工实施方案》，印发各有关司局和国家文物局。

【制定落实文化体制改革和发展相关政策】 一是参与有关文化经济政策的制定和落实。参与中宣部牵头的支持经营性文化单位转企改制和文化企业发展有关政策的调研和起草工作，积极反映文化系统情况，通过文化经济政策杠杆，支持经营性文化单位转企改制和文化企业发展。组织召开文化系统学习贯彻有关政策培训班，就国有文化资产管理、财税优惠政策落实、土地资产处置、文化产业专项资金和国家艺术基金申报等问题进行解读，各地文化部门改革办、转制企业和民营企业代表近100人参加培训。配合财政部修订国办发〔2014〕15号文件的财税配套政策。支持经营性文化单位转企改制和文化企业发展。

二是做好政策研究和综合协调工作，在相关领域改革政策出台过程中，积极反映文化领域工作情况和政策诉求，把文化工作纳入相关领域改革政策中，增强文化体制改革和其他领域改革的整体性、协同性、系统性。比如会同有关司局，积极参与混合所有制经济建设、市场负面清单、推动民间资本进入相关领域等政策的研究制定。

【完善文化系统改革工作机制】 一是明确文化系统改革重点任务。组织召开两次文化部文化体制改革工作领导小组会，研究部署年度文化系统体制改革重点工作，制定印发《文化系统体制改革工作要点》及其《分工实施方案》。按照中央全面深化改革领导小组办公室、中央文化体制改革和发展工作领导小组办公室的要求，协调各司局根据年度改革工作要点，开展月度督查、年中盘点和年底对账工作，督促文化系统改革重点任务的落实。

二是健全文化部文化体制改革工作机制。对文化部文化体制改革工作领导小组及其办公室组成人员进行调整，建立改革重点任务会商督促机制，督促各司局推进改革任务，帮助各司局就面临的问题向中央改革办和中央文改办进行反映和协调。涉及全局的改革重大事项，组织召开文化部文化体制改革工作领导小组会审议。

【推进国有文艺院团体制改革】 一是继续深化国有文艺院团体制改革。2014 年下半年，组织调研组赴部分地区进行调研，了解国有文艺院团体制改革进展情况，督促各地认真贯彻落实九部门《关于支持转企改制国有文艺院团改革发展的指导意见》精神，制定出台实施细则，为转制院团改革发展提供政策支持。推动保留事业体制的中直院团实行企业化管理。

二是针对改革后演艺企业经营管理人才匮乏的现状，统筹高等院校、研究机构、文化企业、中介组织等社会力量，加强人才培训工作。制定《全国演艺企业经营管理人才培训规划》，将委托有关单位从 2014 年到 2020 年对全国演艺企业经营管理人才分批次进行培训。2014 年委托中央文化管理干部学院举办 10 期培训班，共培训 420 余人次。

三是对国有文艺院团深化改革的思路进行研究。委托相关高校开展国有文艺院团体制改革现状调查和发展路径研究、扶持国有骨干演艺企业发展的政策需求研究等。配合中宣部研究制定扶持地方戏曲发展和繁荣发展文艺工作的政策文件。

【深化文化部直属单位体制改革】 一是推进部直属企业深化改革工作。研究推动转企院团建立现代企业制度，实地调研中国文化传媒集团、中国动漫集团、中国数字文化集团，组织召开座谈会，推动部直属企业建立健全现代法人治理结构。研究推动解决改革涉及的土地处置问题，进一步推动直属企业更好更快发展。

二是进一步推进部系统非时政类报刊出版单位体制改革。（按照非时政类报刊出版单位体制改革工作联席会议办公室要求，进一步推进部系统非时政类报刊出版单位体制改革工作。）

【加强现代公共文化服务体系制度建设】 一是加强顶层设计。研究制定《关于加快构建现代公共文化服务体系的意见》及其附件《国家基本公共文化服务保障标准》。文化部牵头成立了由 25 个部委参加的国家公共文化服务体系建设协调组，建立定期会商、分工明确、齐抓共管、统筹推进的工作机制，成为构建现代公共文化服务体系的有力抓手。2015 年 1 月，国办印发的《意见》和《标准》，成为现代公共文化服务标准化体系的整体制度框架设计，将对今后 5 年公共文化事业的发展起到强有力的推动作用。

二是推动公共文化服务社会化建设。积极推动制定政府向社会力量购买公共文化服务的意见，促进政府职能转变，让社会力量更大程度、更大范围参与公共文化建设。

三是开展公共文化服务试点工作。7 月，文化部办公厅印发《关于开展公共文化服务标准化等试点工作的通知》，要求各地开展省级试点，并推荐国家级试点单位。在此基础上，9 月印发了《文化部办公厅关于公布国家公共文化服务标准化试点地区等名单的通知》，确定了国家级试点单位。各省分别确定了 2—3 个地级市作为本省试点，文化部在此基础上通过组织评审组遴选出10个国家级试点地区（其中浙江以省为单位成为国家级试点），为全国推进相关工作探索路径、积累经验。同时，文化部组织开展公共图书馆、博物馆、文化馆、科技馆等组建理事会试点工作，云南省博物馆、温州市图书馆等探索不同模式的理事会试点，运行效果良好。基层综合公共文化服务中心建设试点工作也同步开展。

【完善扶持文化艺术创作生产工作机制】 一是艺术引导机制不断完善。进一步改革评奖制度，严格控制评奖数额。创新财政投入模式，设立国家艺术基金，制定完善国家艺术基金相关制度，2014年从4256个申报项目中选出394个，资助总金额4.29亿元。紧抓艺术评论，引导当前艺术创作的价值取向。

二是推动传统艺术传承发展和优秀作品推广传播。中国民族音乐发展和扶持工程、国家美术收藏工程等重大艺术创作工程、扶持计划和展演活动有序推进。加大政府购买力度，各级财政大力支持公益性演出，推广高品质、低票价惠民演出，国家艺术院团演出季、第四届全国地方戏（南北片）展演等重点文艺活动效果良好。

【推动现代文化市场体系建设】 一是创新文化市场管理和产业发展政策。及时出台上海自贸区文化市场准入政策，对上海自贸区文化市场开放政策的实施进行及时跟踪、评估和总结，积极推广可复制政策，允许全国内外资企业从事游戏游艺设备生产和销售，允许特定试点地区设立外商独资演出经纪机构和娱乐场所，扩大文化市场对外开放试点和领域。推动江浙沪文化市场管理区域化合作。与北京市人民政府共同启动建设国家文化产业创新实验区，为推动相关政策措施落地探索路径。

二是深化文化市场综合执法改革。加强对文化市场综合执法队伍建设，推动副省级以下城市完善综合执法责任主体，加强文化市场重点领域监督执法，全面推广文化市场技术监管与服务平台。改进事中事后监管，提高规范化、专业化水平。

三是推动相关行业转型升级、提质增效。深入推进互联网上网服务行业转型升级。在试点的基础上印发《文化部关于推动互联网上网服务行业转型升级的意见》，对上网服务行业转型升级工作进行全面部署，会同工商总局、公安部、工信部联合印发《关于加强执法监督　完善管理政策　促进互联网上网服务行业健康有序发展的通知》，对上网服务行业管理政策进行了调整和完善。大力支持网吧探索新的业态和经营方式。弘扬社会主义核心价值观动漫作品扶持计划、手机（移动终端）动漫标准示范应用推广工程深入实施。第十届深圳文博会轮值主办工作圆满完成。起草推动文化产业展会转型升级的意见，以第9届义乌文交会为试点，推动义乌文交会向专业化、市场化、国际化方向发展。

【完善对外文化交流和贸易机制】 一是配合国家战略积极开展“一带一路”文化品牌的创立工作。会同国家发展改革委与外交部完成《丝绸之路经济带和海上丝绸之路建设战略规划》中有关文化部工作内容条款的制定。举办一系列以“一带一路”为主题的综合性文化交流活动，协调指导西北五省区文化厅成立“丝绸之路经济带西北五省区文化发展战略联盟”，在陕西西安举办首届“丝绸之路国际艺术节”，在福建泉州举办“海上丝绸之路国际艺术节”。

二是中外思想文化交流机制不断成熟。创新思路，积极调动国内外力量，举办2014年“青年汉学家研修计划”（两期）和2014年“汉学与当代中国”座谈会。推进欢乐春节、中非文化聚焦活动、“丝绸之路文化之旅”等品牌文化活动整体规模、质量和国际影响日益扩大。

三是海外中国文化中心运行和管理机制建设取得新突破。修订《海外中国文化中心管理办法》,逐步打造形成海外中国文化中心管理体系,部省、部企合作共建中国文化中心走向机制化。《海外中国文化中心发展规划(2012—2020 年)》落实工作取得初步成果,“655 工程”计划实现既定目标,海外文化中心总数达到 20 个。

四是积极推动对外文化贸易发展。3 月,《国务院关于加快发展对外文化贸易的意见》印发,文化部继续发挥国家对外文化贸易基地的作用,以参加展会、举办推介会、推动海外投资合作等多种形式,推动包括创意企业在内的我国优秀文化企业走向国际市场。充分发挥驻外文化处组及海外中国文化中心的作用,服务于海外文化创意产业发展趋势研究、海外渠道拓展及海外需求信息汇总,为我国优秀创意产品和服务提供展示和推介平台。文化部还联合商务部等五部门共同发布年度国家文化出口重点企业和重点项目目录。探索开展“国家文化贸易服务平台”建设,为文化企业“走出去”提供信息服务。

【推动文化行政职能转变】 一是深化行政审批制度改革。文化部行政审批事项取消下放比例达到 69.2%,在部委中名列前茅。国务院第一批前置审批改后置审批名单中文化部占 11 项,位居部委之首。取消下放审批事项和实行“先照后证”以后,改进事中事后监管,提高规范化、专业化水平,市场主体活力增强,行业发展环境不断优化。

二是统筹协调机制建设成效显著。成立文化部牵头的国家公共文化服务体系建设协调组,进一步整合资源,推动小文化向大文化的转变。建立改革重点任务会商督促机制,使文化体制改革与相关领域改革有效对接,增强了改革的整体性、协同性、系统性。对外文化交流、文化遗产保护、文化科技融合、动漫发展等方面协调机制也发挥了积极作用。

三是文化立法加快推进,《公共图书馆法》《博物馆条例》立法工作取得重要进展,《公共文化服务保障法》和《文化产业促进法》已列入第十二届全国人大常委会立法规划。

四是行业协会和中介组织建设不断加快。充分发挥行业协会作用,推动成立中国文化馆协会、中国文化娱乐行业协会、全国艺术品行业协会等行业组织,推动行业组织自我管理、自我约束作用进一步发挥。

文化人才队伍建设

【概况】 2014 年,文化部以转变政府职能为契机,不断创新工作思路,积极实施“人才兴文”战略,认真推进各项人才工程,加强文化人才队伍建设。

【认真推进各项人才工程】 *积极开展国家重点人才工程。*全面实施“三区计划”文化工作者专项。根据《边远贫困地区、边疆民族地区和革命老区人才支持计划文化工作者专项实施方案》(文人发〔2013〕1 号)要求和各有关省(区、市)的实际情况,继续实施边远贫困地区、边疆民族地区和革命老区人才支持计划(以下简称“三区计划”)文化工作者专项,制定 2014 年度实施方案。组织人员赴江西、四川、贵州、青海开展“三区计划”文化工作者专项实施情况督导工作,了解各地项目开展情况,总结各地实施经验,撰写“三区计划”文化工作者专项实施情况报告。12 月,在北京举办“三区计划”文化工作者专项实施人员能力建设培训班。

首次试点开展“千人计划”文化艺术人才项目。在征求各部门、各地意见和建议的基础上，制定“千人计划”文化艺术人才项目试点方案，向各地和有关单位印发2014年项目实施通知，试点开展“千人计划”文化艺术人才项目。

积极开展专业技术人才知识更新工程。根据人社部有关精神，就加强中央文化管理干部学院国家专业技术人员继续教育基地建设提出意见，印发《文化部人事司关于加强国家级专业技术人员继续教育基地建设的函》（人函〔2014〕29号）。对中央文化管理干部学院报送的国家级继续教育基地2014年培训计划进行审核，印发《文化部办公厅关于转发国家级专业技术人员继续教育基地2014年培训计划的通知》（办人函〔2014〕12号）。中央文化管理干部学院共开办21个国家级继续教育基地的培训班次。经人社部批准并资助，于10月份举办了两期面向全国文化系统的专业技术人才知识更新工程高级研修班，分别由中央文化管理干部学院、中国动漫集团承办，主题为“文化创意设计人才高级研修”和“全国动漫游戏投资融资人才与国际合作”。

切实推进各项文化人才项目。根据《全国文化系统人才发展规划（2010—2020年）》（文人发〔2010〕28号）和《文化部“十二五”时期文化改革发展规划》（文政法发〔2012〕13号），紧紧围绕建设宏大文化人才队伍，切实推进各项文化人才项目。

推进实施非物质文化遗产项目代表性传承人扶持计划。对国家级非遗代表性项目、国家级文化生态保护实验区、国家级非遗代表性传承人的保护和传承工作进行补助。筹备举办“非遗保护与现代生活——中青年非遗传承人交流实践活动”和“漆艺传承与创新展示交流活动”，搭建研究设计专家与传承人的对接平台，激发传承活力。

启动文化产业创业创意人才扶持计划和重点文化设施经营管理人才培养计划。实施文化产业创业创意人才扶持计划，面向全国征集优秀创意作品近5000件。启动重点文化设施经营管理人才培养计划，旨在培养一批大剧院、艺术中心等高层次文化设施经营管理人才，全面提升文化设施运营的经济社会效益，2014年开展剧院管理职业经理人培养项目。

继续实施全国演艺企业经营管理人才培训规划。制定全国演艺企业经营管理人才培训规划，计划对全国约5000名演艺企业经营管理人才分批次进行科学化、系统化培训。举办10期培训班，针对大中型演艺企业负责人、专业团体负责人、管理部门负责人开展了培训，提升学员的市场观念和创新创意能力。

启动国家艺术基金项目申报。国家艺术基金（以下简称“基金”）是由国家设立，旨在繁荣艺术创作、打造和推广原创精品力作、培养艺术创作人才、推进国家艺术事业健康发展的公益性基金。基金启动项目申报，申报项目包括美术、书法、摄影创作人才资助项目、人才培养资助项目、舞台艺术创作资助项目、传播交流推广资助项目等4类。美术、书法、摄影创作人才资助项目重点资助45岁以下的优秀艺术人才，推出创作新人，激发创作活力，体现艺术创新和探索精神。人才培养资助项目重点资助特殊的、急需的、紧缺的青年艺术人才和复合型艺术管理人才的培养。经基金审定，最终确定的国家艺术基金2014年度美术、书法、摄影创作人才资助项目共93个，人才培养资助项目41个。

【统筹推进各类文化人才队伍建设】 推进高层次文化人才队伍建设。组织开展高层次专家研修研讨工作。首次举办文化领域高层次专家国情研修班。会同中组部于 3 月在中国井冈山干部学院举办 2014 年文化领域高层次专家国情研修班。本次研修班学员由文化部直属单位和地方文化系统单位的中央联系专家以及文化部优秀专家组成。

组织专家学习研讨习近平总书记文艺工作座谈会重要讲话精神。为深入学习习近平总书记在文艺工作座谈会上的重要讲话精神，组织文化部系统高级专家于 11 月 2 日至 11 月 5 日分 3 期进行研讨学习，蔡武出席开班仪式并做辅导报告，近百名文化部高级专家参加研讨。

认真做好各类高层次文化人才选拔推荐工作。开展 2014 年度享受国务院政府特殊津贴人选、2014 年青年拔尖人才支持计划候选人、2014 年国家百千万人才工程人选、全国新闻出版行业第四批领军人才推荐选拔工作。

开展各类人才表彰工作。一是根据评比表彰工作安排，开展 2014 年文化部全国文化系统先进集体、先进工作者和劳动模范评选表彰工作，共表彰全国文化系统先进集体 150 个、全国文化系统先进工作者 252 名、全国文化系统劳动模范 6 名。二是根据人社部要求，开展第五届全国杰出专业技术人才和杰出专业技术先进集体及第十二届中华技能大奖全国技术能手候选人推荐选拔工作。

推进基层文化人才队伍建设。继续实施全国文化干部素质能力提升工程。由人事司委托中央文化管理干部学院负责组织开展全国文化干部素质能力提升工程专项培训，以 5 年为一个培训周期，采取干部调训和省部联训两种方式，对全国文化系统的党政领导干部、专业技术人才和经营管理人才三支队伍进行分级分类分阶段培训。内容涉及公共文化服务、文艺院团管理、文化创意设计、文化活动策划、文化遗产保护等多个专题，培训学员涵盖全国 31 个省、市、自治区。共举办 12 期培训班，包括 3 期调训项目、9 期部省联训项目。

开展“公共文化空中大课堂”网络专题培训工作。“公共文化空中大课堂”是依托全国基层文化队伍远程培训网将优质培训资源直接推送至基层，提供面向基层文化工作者的在线学习服务，鼓励基层文化工作者利用业余时间自主学习的大型公益性文化活动。7 月，组织实施第一次远程视频培训，全国 26 个省(区、市)近 200 个接收点同时进行。

进一步加强综合执法队伍建设。组织综合执法师资集中巡讲活动。举办地市级综合执法机构负责人培训班。组织编写《文化市场综合执法队伍业务技能训练考核大纲》。部署综合执法规范化课件课题研究。完成文化市场综合执法教材编校工作。启动中西部地区文化市场综合执法能力提升三年(2014—2016)行动计划，实施东部与中西部地区综合执法对口交流协作项目，分片区举办综合执法标准规范培训班，加强东中西部之间的学习培训、交流互动及优势互补。

加强文化志愿者队伍建设。开展“文化志愿服务推进年”活动。“春雨工程”——全国文化志愿者边疆行和“大地情深”——国家艺术院团志愿服务走基层共对接 145 个项目，组织 5000 多名文化志愿者深入城乡基层，举办各类文艺演出、辅导讲座、展览展示，受益群众近百万人次。组织开展“中国文化志愿者标识”征集推广活动。首次在全国开展注册文化志愿者和文化志愿服务组织机构统计工作。推进文化志愿服务向社会化、项目化、制度化和规范化发展。

【进一步完善文化干部培训体系】 制定培训五年规划。按照 2013—2017 年全国干部教育培训规划精神和相关要求，于 4 月出台文化部

2014—2018年全国文化系统干部教育培训规划。该规划明确今后5年培训的指导思想、基本原则和总体目标，规定和突出主要培训内容、培训重要任务与措施、培训能力建设，对培训组织领导工作做了清晰的职责规定。

加强培训工作基础建设。搭建网络培训平台。进一步加大对全国文化干部网络学院的支持力度，支持全国文化干部网络学院对文化部直属单位和部分省市文化系统工作人员开展远程培训试点工作。全国文化干部网络学院已具有信息发布、在线学习、教学考评、培训管理、课程共享、交流互动等功能，拥有近4000多门课程，并在不断丰富更新。

稳步推进全国文化干部培训基地建设。逐步形成以中央文化管理干部学院为主阵地、以各基地为辅的全国文化干部培训网络，积极搭建全国文化干部培训交流合作平台。分赴四川、重庆、辽宁、上海、浙江、湖南为6家全国文化干部培训基地授牌，加强对文化干部培训基地的跟踪管理。对四川、辽宁、上海3家基地每个基地举办的两个培训班提供支持。

积极开发与编写培训教材。根据全国干部培训教材编审指导委员会的有关安排，参与第四批全国干部培训教材的编写工作，完成《社会主义文化强国建设》一书编写工作。该书对我国文化建设发展情况进行追溯与跟踪，对文化领域相关政策及其趋势走向进行了剖析研究，就当前文化领域的重大问题进行了探讨与展望，反映文化领域建设发展全貌和改革创新思路。

做好文化干部培训培养工作。继续做好部机关干部培训工作。依托全国文化干部网络学院，在部机关开展机关干部网络培训工作，发放全国文化干部网络学院培训手册。举办处级领导干部任职培训班。于8月在国家公务员局组织的公共培训的基础上，组织新入部公务员培训，就我国的非遗保护、公共文化服务体系建设、文化产业发展、对外文化交流等主要业务工作授课，组织学员与机关优秀青年公务员就如何尽快完成角色转换进行座谈、交流。于11月在上海社会科学院举办第13期处级领导干部任职培训班。与国家对外文化交流研究基地合作，分别于4月和11月在上海举办两期“讲好中国故事”驻外干部专题培训班。

继续举办主体培训班次。发挥主体班次示范作用，举办部机关处级干部学习习近平总书记系列讲话精神3期集中轮训、文化学院、文化部机关干部加强党性修养专题培训班、文化部第5期高技能人才（音响专业）培训班、文化部人事干部培训班、文化部第3期全国艺术院团经营管理人才高级研修班、第3期全国文化系统企事业单位青年干部培训班、文化部全国文化厅局长非物质文化遗产保护高级研修班、文化部第8期全国文化系统青年公务员培训班、文化部第23期全国地市文化局长培训班、全国文化干部培训基地建设管理研讨班、第1期云南省昭通市文化业务骨干培训班、五省藏区文化管理干部培训班、文化创新型人才培养开发专题研修班等班次。此外，对新疆文化厅在新疆文化艺术学校举办的新疆演艺团体领导干部管理能力培训班、新疆生产建设兵团在上海举办的兵团文化系统干部业务培训班、西藏文化厅在重庆举办的文化部第5期西藏文化管理干部培训班分别进行了培训补贴。

【开展文化人才队伍建设调研工作】 *开展文化部优秀专家调研*。为进一步摸索总结工作规律，促进优秀文化人才更好地成长发展，对往届文化部优秀专家的后续发展及发挥作用情况进行了跟踪了解，并于1月召开文化部优秀专家座谈会，请专家们结合自身工作和成长经历对高层次文化人才培养工作进行交流探讨。在综合各位专家的意见和建议的基础上，结合长期工作实践，撰写《文化部优秀专家评选工作情况报告》，就充分发挥文化部优秀专家评选工作的作用，形成高层次文化人才评选、培养、宣传、使用的成套体系提出工作建议，为研究制定高层次文化人才培养扶持方案提供依据。

开展非公有制文化人才队伍调研。为进一步推动文化人才工作从脚下到天下转变，做好对非公有制文化单位人员的管理、联系和服务工作，开展非公有制文化人才队伍建设调研。组织人员赴非公有制文化单位相对集中的浙江、广东、江西进行实地调研，围绕非公有制文化单位人员在评定职称、参与培训、申报项目、表彰奖励等方面存在的问题，组织当地非公有制文化单位负责人开展人才工作座谈会，走访当地相关文化单位，请各地文化厅(局)和相关单位提供书面材料。通过整理总结各地各部门在非公有制文化人才队伍建设中遇到的困难及需要重点解决的问题，以及各地实践中的一些有益探索，形成专题调研报告，为加强非公有制文化人才队伍建设提供依据。

【进一步改进和完善文化人才评价机制】 做好职称评审和职业技能鉴定工作。对 2013 年职称评审工作情况进行汇总并报部审批，公布职称评审结果。开展 2014 年职称评审工作，积极落实部领导关于职称评审工作的要求，严格执行评审条件，强化对职称评审材料的审核。进一步规范外单位评审要求，对部外单位申报人员严格审核。在评审会议中严格履行评审程序，坚持公正、公平原则，评委对参评人员逐一评议审核，确保评审质量。同时，文化部文化艺术人才中心继续开展 2014 年文化行业特有职业技能鉴定工作。

【强化人才服务】 发放专家补助。2014 年年初，为解决部分生活有特殊困难及身患重病的老艺术家、老专家生活困难问题，按照国务院要求，向在京中央部委直属艺术院团老艺术家、老专家发放困难补助。

组织专家考察休假。8 月中下旬，组织部系统部分在国内同行中有较高知名度的专家赴内蒙古考察休假。参加专家涉及艺术研究、图书资料、文物博物、新闻出版、表演等多个专业。考察休假为专家提供疗养身心的机会和学术交流的平台，增强他们对内蒙古文化艺术发展历史和基层文化发展现状的了解，对地方图书馆、博物馆和文艺院团等文化工作提出了建设性意见和建议。

【加强人才信息化建设，提高管理与服务水平】 健全完善文化部高级专家数据库信息报送和管理制度。扩大专家管理的范围，将各省(区、市)文化系统的高级专家纳入专家数据库收录范围。为进一步推动专家管理系统的使用开发，及时掌握文化人才动态，举办 1 期文化系统高级专家信息工作培训班，向各地、各直属单位下发更新文化部专家管理系统数据的通知，做好专家数据库信息更新工作。

文化财务管理

【概况】 文化部财务管理工作，紧紧围绕部党组中心工作，按照保障、服务、管理、监督的职能要求，结合年初制定的工作方案和任务分工，积极稳妥、扎实有效地推进各项重点工作。抓紧落实教育实践活动整改措施；研究推进政府购买文化服务、事业单位企业化管理等文化体制改革工作;积极争取加大文化投入;加强专项资金使用监管,严控"三公"经费增长;全面推进国家重大文化设施和海外中国文化中心建设;完善监督检查工作体系。

【务求实效,扎实做好教育实践活动整改总结】 在教育实践活动中,全司党员干部高度重视、踊跃参与,受到马克思主义群众观点的深刻教育,贯彻党的群众路线的自觉性和坚定性明显增强。全司围绕"四风"查摆问题,寻找差距,制定整改措施,以规范支出、完善程序为重点的制度体系更加健全,长效机制逐步建立。

全面落实各项整改任务。按照习近平总书记"三严三实"要求和部教育实践活动的统一部署,财务司先后三次进行整改落实和"回头看",着力巩固活动成果。紧紧围绕文化部和财务司领导班子整改方案,坚持标准、从严要求,强化责任、细化措施,做到整改落实有分工、有配合、有督促、有反馈。目前《文化部领导班子教育实践活动整改方案》中由财务司牵头的 13 项任务已完成 12 项,"建立公共文化服务体系经费保障长效机制"的任务也在积极推动落实之中。

健全作风建设长效机制。财务工作是作风建设的关键领域,是预防腐败的重点和被关注的焦点。财务司深入学习贯彻习近平总书记在教育实践活动总结大会上的重要讲话精神,按照中央八项规定和部党组的指示要求,做到牢牢把握文化财务工作领域的新形势、新问题、新要求,把作风建设抓常、抓细、抓长。积极建立长效机制,牵头完成部本级财务管理和会计核算职能调整工作,扎紧制度笼子,出台《文化部因公临时出国经费管理办法》《文化部外宾接待经费管理办法》等 11 项管理制度,教育实践活动成果不断巩固和深化。

【围绕大局,圆满完成年度重点工作】 政府购买文化服务工作取得重大突破。根据中央深化文化体制改革实施方案确定的任务分工,财务司牵头并会同财政部、新闻出版广电总局、体育总局,负责《关于做好政府向社会力量购买公共文化服务工作的意见》的研究起草工作。这是一项具有创新意义的工作,对进一步转变政府职能,建立适应社会主义市场经济的公共文化服务供给体系,规范和引导向社会力量购买服务具有重要的指导推动作用。文件原定由三部门印发,后按中央有关部门要求,将《意见》上升为政治局常委会审议的文件,时间要求非常紧。财务司及时调整工作方案,配备专门力量,加大工作力度,在财政部、广电总局的配合下,按期将《意见(送审稿)》报送国务院审签。财务司在调研起草工作中,广泛征求中宣部和 14 个省(区、市)文广新及财政部门意见。《意见(送审稿)》对购买主体、承接主体、购买范围及评价机制等进行明确。同时,财务司牵头起草《文化部向社会力量购买文化服务管理暂行办法》,就文化部政府购买服务工作做出细化规定,将在《意见》发布后印发。

文化财务制度体系建设成果丰硕。为贯彻中央"八项规定",顺应财税体制改革要求,一年来,财务司以"制度建设年"为主题,立足问题导向和实际需要,在充分调研、科学测算的基础上,研究制定《文化部部门预算编制工作规程》《文化部因公临时出国经费管理办法》《文化部外宾接待经费管理办法》《文化部直属单位建设项目工程结算审核和财务决算审计管理实施细则》《文化部政府采购计划管理工作规程》《文化部事业单位国有资产出租出借管理办法》《文化部关于贯彻实施〈行政事业单位内部控制规范(试行)〉的指导意见》

《文化部直属单位财务工作综合评价考核工作规程》《海外中国文化中心项目支出预算管理办法》《海外中国文化中心财务管理办法》《海外中国文化中心内控制度》11 项制度规程,全面规范文化部系统预算管理、“三公”经费管理、工程管理、国有资产管理和驻外机构管理,充分发挥制度的管理标尺、行为准绳和发展保障作用。

文化援疆援藏工作深入开展。积极整合各方资源,贯彻落实第二次中央新疆工作座谈会精神。注重调查研究,赴新疆实地考察近 20 家基层文化单位,深入把握新疆文化发展实际需求,明确新形势下文化援疆工作思路和对策,完成中央交办的《弘扬维吾尔族优秀文化　抵制宗教极端思想》课题研究工作。加强分工协作,对于中办发 36 号文件明确由文化部牵头的两项任务,分别会同相关部委研究制定实施方案。在此基础上,制定印发《文化部贯彻落实第二次中央新疆工作座谈会精神支持新疆文化建设工作方案》,从公共文化服务体系建设、艺术创作、文化产业发展、文化遗产保护、文化交流和人才培养 6 个方面入手,将文化援疆工作细分为 32 项具体任务,并逐项落实责任单位。同时,对口支援西藏和 11 个连片特困地区文化建设,以及支援鲁甸灾后恢复重建工作均有序开展、成效显著。

“三公”经费得到有效控制。严格控制和审核“三公”经费预算,要求各单位严禁超预算或无预算安排“三公”经费。2014 年,文化部财政拨款“三公”经费 3566.27 万元,比 2013 年减少 392.42 万元,减幅 9.91%。积极贯彻落实财政部近期修订的有关会议、培训、差旅、出国、接待经费一系列办法规定,进一步细化经费支出标准、明确审批程序和各方责任义务,逐步健全部本级经费支出制度体系。在此基础上,部本级“三公”经费实际执行数进一步压缩至 1074.52 万元,同比减少 5.8%,其中公务接待费 0.52 万元,同比减少 97.3%;全年会议费 573 万元,培训费 1706.48 万元,合计同比减少 45.5%。

中直院团企业化管理工作有序推进。对部属 8 家保留事业单位性质的文艺院团企业化管理改革工作进行认真研究,审核批复各院团改革方案。2014 年共落实 8 家院团改革与发展专项经费 5.52 亿元,同比 2013 年增长 16.07%。在不断加大投入、增强院团自主调控能力的前提下,研究草拟中直院团绩效评价指标体系,探索建立评价结果与预算安排挂钩机制,提高财政资金的使用效益,计划在 2015 年实施并兑现奖励资金。同时,试点推行企业会计制度,实施清产核资工作,探索加强中直院团财务管理,强化成本核算的新机制。

【全力以赴,努力实现财政投入应保尽保】

落实 2014 年部门预算管理工作。2014 年在整体财政紧缩的形势下,积极指导策划项目,落实部门预算 53.02 亿元(含国家艺术基金 5 亿元),较 2013 年 48.78 亿元增加 4.24 亿元,同比增长 8.69%(上述数据为全口径,包含执行中追加预算)。在预算执行中,分别就 APEC 峰会文艺演出、新中国成立 65 周年文艺晚会等重大活动向财政部申请追加经费,并积极协调落实。按照财政部要求,及时向全社会公开 2014 年部门预算和“三公”经费安排情况,接受社会群众监督。

积极开展 2015 年预算申报工作。细致部署 2015 年预算编报工作,认真完成“一上”预算汇总审核,尽最大可能争取财政保障。在财政部下达“一下”预算初步见面数后,申请增加安排预算 6.3 亿元,最终确定 2015 年“一下”预算控制数 54.48 亿元(不含基建),较 2014 年年初同口径预算 46.23 亿元增加 8.25

亿元，同比增长 17.85%，重点保障海外文化中心运营和业务活动、“平安故宫”工程建设及促进文化消费等工作。此外，及时部署开展 2015 年国有资本经营预算支出项目和数字资源库建设项目国有资本经营预算申报工作。

完成基建投资计划编报工作。按照国家发改委的要求，按时完成 2015 年中央预算内投资计划编报工作。共申请安排投资 12.21 亿元，其中部门自身建设项目 4884 万元，专项工程 11.72 亿元。

【积极策划，加大地方文化建设支持力度】

确保中央补助地方专项资金及时到位。2014 年，财务司共落实中央补助地方文化事业专项资金 38.88 亿元，用于“三馆一站”免费开放、公共数字文化建设、国家非物质文化遗产保护、“三区”文化工作者、流动图书车购置以及城市社区文化中心（文化活动室）等项目。同时，积极争取 2015 年中央补助地方专项资金，研究确定项目规划和资金需求，策划新的转移支付项目。

指导支持地市级公共文化设施建设。开展地市级三馆建设规划执行情况调研，正式建立全国地市级公共文化设施建设季度监测报告制度，继续推进公共文化设施建设标准编制工作，加大中央资金拨付力度和规划实施进度。2014 年落实地市级三馆建设第三批中央补助资金 6 亿元，对全国 77 个建设项目进行补助，非物质文化遗产保护利用设施中央补助资金 2.07 亿元，对全国 30 个项目进行补助。

顺利完成 2014 年流动图书车招投标工作。中央财政 2014 年安排流动图书车购置专项资金 8592 万元，财务司严格按照政府采购公开招标工作流程完成招投标工作，并会同中国艺术科技研究所等单位，启动流动图书车行业通用技术标准制定工作。

【攻坚克难，全面推进国家重大文化设施建设】 国家重大文化设施建设稳步开展。根据部领导对基建工作的指示精神，财务司牵头建立文化部重大文化设施建设定期汇报制度和基建项目进展情况通报制度，积极加强同国办、发改委、财政部、北京市等相关各方的联系沟通协调，指导各直属单位加强项目策划，完善项目文本，努力推进项目进展。目前 15 个重大项目已立项 11 项，4 项在继续推进论证。国家美术馆工程建筑设计方案基本确定，向设计联合体发送中标通知书，正在对方案做进一步优化。中国工艺美术馆工程继续推动设计方案深化、设计合同谈判及可行性研究报告编制工作。国家画院扩建工程可行性研究报告得到国家发改委批复，完成补偿协议签订，前期搬迁补偿投资 12900 万元已经落实。中央歌剧院剧场工程完成土方开挖和基坑工程，设计概算评审、土地划拨手续有序推进。“平安故宫”工程召开领导协调小组和专家咨询委员会全体会议，一期改造工程项目启动前期研究，北院区项目建议书完成。中央芭蕾舞团业务用房扩建工程经北京市政府批准确定项目选址，项目建议书报送国家发改委，正在积极协调沟通。国家文献战略储备库工程完成专家评审、项目定位和选址报告。

海外中国文化中心建设加快推进。积极落实国家重大外交战略部署，统筹考虑文化中心选址布局。创新观念，因地制宜，多种建设模式并举，连续第二年将国家财政安排的海外中心建设费全部细化到位，年内揭牌的文化中心数量和同时在建的海外项目数量均为历年之最。不断提高设施建设水平，使文化中心的设计方案蕴含中国元素，兼具当地建筑风格，功能布局充分满足文化交流活动需要。2014 年共完成新加坡、悉尼、哥本哈根、老挝、尼泊尔、斯里兰卡、巴基斯坦、布鲁塞尔8个海外文化中心的建设(含购置、租赁、改造)工作,总建筑面积1.65万平方米。配合党和国家领导人的国事活动,哥本哈根、斯里兰卡、老挝、悉尼4个中心揭牌。新加坡中心大楼正式封顶,按照年底竣工、2015年高访揭牌的目标抓紧施工。完成中共六大会址修复任务,考察绥芬河和满洲里,启动前期调研等工作。完成塞尔维亚土地回购,正在对设计方案进行研究。确定墨西哥、坦桑尼亚等中心建设方案。启动瑞典、罗马尼亚、匈牙利等国设立中心的前期选址工作,为2015年完成揭牌任务奠定基础。

*中小型建设项目规范实施。*以发挥投资效益和配合重大项目建设为立足点,统筹财政和发改资金,使中小型项目在改善直属单位基础设施条件方面发挥更大作用。建立中小型项目储备库,按照“先审核,后审批”的办法,委托专业机构对直属单位建设项目进行评审,完善中小型项目的项目审批、投资控制、实地调研、审核审计等各个环节,基建规范管理水平进一步提升。基本建设廉政工作常抓不懈,扎实有效。

【健全机制,管理精细化水平进一步提升】 *核算职能调整工作顺利完成。*牵头完成部本级财务管理和核算职能整合的相关工作,经过反复研究和论证,最终报经部长办公会议决定,除保留离退休干部局日常会计核算职能外,部本级经费统筹管理及会计核算职能全部并入财务司,在财务司内增设会计核算处,同时重新调整设置财务司相关处室职能。在现有管理模式下,按照“两分离、两统一”的思路,实现经费审批与支付核算的分离、经费宏观统筹与微观管理的分离,实现部本级预算资金管理的统一、支付核算的统一。

*监督检查体系不断完善。*根据财政、审计监督的新形势和新要求,制定《财务司监督检查工作规范》,努力实现监督检查工作一盘棋的格局。年内配合开展2013年预算执行审计、财政存量资金审计、稳增长促改革调结构惠民生政策措施落实情况跟踪审计、小金库专项治理检查和国库资金核查工作。按照部领导和审计署要求,抓好审计问题整改工作,财务司对问题分解细化,一一落实到具体司局和单位,提出详细的整改落实要求,并对整改结果追踪问效。对3家单位开展内部轮审工作。分层次、分步骤推进直属单位内部审计机构设置,并及时开展内审培训工作。启动中央转移支付资金监督检查机制研究工作。

*信息化建设水平进一步提升。*文化文物统计网上直报系统全国上线运行。面向全国近7万家用户实行网上直报管理,实现统计数据的在线采集、审核、汇总、分析和发布,提高统计数据采集效率,最大程度保证数据的时效性,更好地为宏观决策提供依据和参考。目前试点和培训工作全面完成,2014年度统计年报工作将全部通过网上直报程序开展。

升级国有资产管理信息系统,推进政府采购计划管理信息系统建设。以信息化手段促进各部门、各单位建立健全政府采购“预算—计划—执行—统计分析”的工作机制。

启动部本级会计核算系统升级工作。根据文化部在预算管理、资金审批、会计核算、数据分析中的软件应用需求,在深入调研、整合需求的基础上形成解决方案。

【勇于开拓,创新机制手段不断涌现】 *依托政策调研成果做好顶层设计工作。*启动“十三五”规划编制预研究工作,就财务司承担的两项课题制定调研工作方案。结合文化部“十三五”规划前期调研工作,启动“十三五”时期全国公共文化设施建设调研。扎实做好中宣部重点课题调研工作,以落实公益文化事业捐赠政策为突破点,完成“推动国家文化经济政策真正落到实处”课题研究工作。充分发挥武汉大学国家文化财政政策研究基地支持作用，针对年度重点工作和文化投入保障方向，委托其开展6项课题研究，并依据基地的理论数据支持，切实做好政策支持和经费保障的顶层设计工作。委托上海国家会计学院开展海外中国文化中心财务管理课题研究，加快推进文化中心财务管理制度体系建设。

*组织实施直属单位财务考评试点工作。*创新监督检查机制，通过综合考评的方式加强对直属单位财务工作的管理和指导，促进预算单位从被动接受检查向主动强化内部管理和控制转变，并探索建立相关奖惩激励机制。研究拟定《直属单位财务工作评价考核工作方案》，在多次研讨和征求意见的基础上，组织选取艺术研究院、国家图书馆、故宫博物院等7家单位实施试点工作。根据试点情况，进一步修改完善指标体系和工作方案，为下一步考评激励机制的全面推开奠定基础。

首次公开发布《文化发展统计公报》。《公报》从8个方面，全面客观、图文并茂地展示我国文化改革发展成就，引起社会各界的广泛关注，取得良好效果。《统计公报》与《统计分析报告》《统计年鉴》《统计提要》《统计手册》一起，形成完整的文化统计产品体系，充分发挥统计工作反映文化发展、监测文化运行、引导文化实践的重要作用。

*建立中直院团专用设备配置标准体系。*按照先易后难、分步实施的思路，研究实施具有文化部门行业特点的资产配置标准，不断完善资产管理配置体系，年内制定发布《文化部直属艺术院团交响乐团主要乐器配置标准(试行)》和《文化部直属艺术院团主要民族乐器配置标准(试行)》。

文化法治

【概况】 2014年是文化法治建设取得重要进展的一年，文化法治工作紧紧围绕文化建设的中心和大局，按照党的十八届三中全会、四中全会和习近平总书记一系列重要讲话精神，特别是十八届四中全会关于加强法治建设、推进依法治国的战略部署，统筹推动各项工作，不断为文化建设提供制度性保障。具体表现在文化领域的制度建设不断取得新进展，文化领域依法行政工作进一步加强，文化法制宣传教育的理念和方法日渐新颖有效。

【文化立法工作稳步推进】 *加强文化立法理论研究和制度建设，文化立法工作科学性、有效性、可操作性进一步增强。*一是文化立法理论研究进一步深入。随着国家文化改革发展和法制建设的不断推进，文化部适应形势发展要求，积极开展文化立法理论研究，探索文化立法的规律性、关键性问题，加强顶层设计，以增强整体立法工作的科学性。近年来，中宣部将文化立法理论研究纳入国家社科基金特别委托研究范围，邀请相关部委、高校等对文化立法的总体思路和重要问题进行研究，有针对性地提出文化立法工作的对策建议，为文化立法提供理论支撑。这些研究包括文化立法在中国特色社会主义法律体系中的地位和作用、文化立法的基本框架和主要原则、文化立法与文化体制改革、文化领域基本法律的研究起草等，形成一批重要的研究成果，对理清文化立法总体思路起到重要的推动作用。文化部积极配合中宣部开展文化立法理论研究。从2011年起，文化部承担中宣部组织的多个文化立法理论研究课题。

2014 年，文化部继续承担中宣部《文化产业促进法》可行性研究和草案起草课题。文化部还不断加强自身文化立法理论研究，委托直属单位、研究机构和地方文化厅局就地方文化立法、文博单位法律风险防范等开展课题研究工作，取得较好成果，为立法推动奠定坚实基础。

二是按年度制定出台文化部立法纲领性文件。4 月，文化部印发《文化部 2014 年立法工作计划》。《计划》提出，要认真贯彻落实党中央、国务院的决策部署，紧紧围绕文化部 2014 年的中心工作，及时完成公共文化服务体系建设、文化产业发展、文化市场管理、文化遗产保护、对外文化交流等方面的立法项目。要及时将文化改革发展的成熟经验作为立法基础上升为法律法规，为文化改革发展提供法制保障，充分发挥立法在引领和推动文化改革发展方面的重要作用；要把握加强重点领域立法的有利时机，坚持突出重点、兼顾需要与可能的原则，加快推动各项重点立法项目。《计划》首次将文化部各项立法项目根据成熟度、实际进展情况分为不同档次，并明确各档次的标准和推进要求。一档项目为立法必要性突出、调整对象明确、制度措施可行、已有初步成熟草案的立法项目，力争年内可以进入全国人大、国务院或部务会的审议程序；二档项目为有明确的立法必要性和可行性，起草司局已开展扎实的前期研究，进入到草案起草阶段的项目，条件成熟时可提交部务会审议；三档项目属于有立法必要性，起草司局已经进行初步调查研究，能够立即启动研究起草工作的项目。《计划》要求立法项目起草单位要按照分档要求，加强分类统筹，推动立法工作。《计划》还对起草单位加强调研总结、广泛征求意见、处理重大问题和困难分歧做出要求，创造性地在《计划》中建立立法计划执行情况评估机制，将执行《计划》的情况作为下一年度制定立法计划的重要参考，确保《计划》执行到位。

文化领域基本法律研究进展迅速。改革开放以来，文化立法的基本思路是急需的先立、容易的先立，难免存在应急立法和经验立法的不足。为改进这些问题，文化部不断加强文化基本法律的研究工作。十八届四中全会明确提出，要制定公共文化服务保障法，促进基本公共文化服务标准化、均等化；要制定文化产业促进法，把行之有效的文化经济政策法定化，健全促进社会效益和经济效益有机统一的制度规范。

一是加快公共文化服务保障法立法进程。加快公共文化服务保障立法是保障公民基本公共文化权益、促进公共文化服务体系建设的必要措施。根据中宣部《未来五年（2014—2018）加快推进我国文化立法工作的建议》，该法的立法责任单位为全国人大教科文卫委员会。文化部积极配合全国人大教科文卫委员会开展工作。2014 年 4 月中旬，文化部完成公共文化服务保障法（草案代拟稿）提交全国人大教科文卫委员会。目前，全国人大教科文卫委员会已成立公共文化服务保障法起草工作机构，并制定相应的起草工作方案，于 2014 年 4 月 29 日召开起草领导小组、工作小组和专家咨询组第一次会议。小组成立以来，起草工作高效有序，已数易其稿，形成草案，多次征求有关部门、专家学者和各省（市、区）的意见。目前的公共文化服务保障法草案对公共文化服务的基本原则、设施建设、服务提供、保障措施等做了明确规定，并对建立基本公共文化服务标准体系和目录制度等重大制度提出要求。

二是加强文化产业促进法立法进程。加快文化产业立法进程不仅符合我国大力发展文化产业的战略要求，也是推动文化产业成为国民经济支柱性产业的重要举措。2007 年起，文化部通过课题委托、专家座谈、收集资料等方式开展大量的立法前期研究和学术准备。2014年，按照中宣部要求，文化部继续承担国家社科基金特别委托项目文化产业促进法研究和草案起草工作，针对文化产业促进法立法的必要性和可行性、文化产业促进法的宪法依据、现行文化经济政策的成效和不足等进行深入研究，起草文化产业促进法（草案），多次邀请有关部门、专家学者研究论证，反复修改完善。

其他重要立法项目稳步开展。公共图书馆法方面，2014年集中就国务院法制办关心的公共图书馆的性质、举办公共图书馆的主体、出版物缴送制度、总分馆制度和理事会制度等重点问题赴成都、山东等地开展专题调研，修改、完善草案送审稿，并多次赴国务院法制办教科文卫司就立法进展进行沟通。通过调研，进一步加深对公共图书馆事业的认识，深入了解当前我国公共图书馆事业的基本问题和立法方面的薄弱环节，为解决立法工作中的疑难问题提供重要参考。《文物保护法》（修订）方面，2014年7月初，国家文物局起草文物保护法修订草案征求意见稿，先后印发全国文物系统、中央各有关单位广泛征求意见。目前，国家文物局正根据反馈意见，对征求意见稿做进一步修改完善，形成送审稿按照立法工作程序报审。为适应经济社会和文化自身改革发展的需要，按照行政审批制度改革中取消和下放行政审批项目和工商前置登记审批制度改革要求，增强法律法规的时效性和适用性，文化部积极推动修订《互联网上网服务营业场所管理条例》《营业性演出管理条例》《娱乐场所管理条例》，形成修改草案。为保证文化立法更多、更好地覆盖文化建设各个领域，文化部积极推动制定外国文化中心注册登记条例等对外文化交流领域的法律法规。外国在华文化中心注册登记条例方面，2014年文化部对条例草案进行多轮讨论和修改，积极就实践中存在的问题与相关主管部门协商解决，召开专家论证会进行论证。

【文化领域依法行政工作不断深入】 行政审批制度改革工作取得较好成效。自2002年行政审批制度改革工作开展以来，文化部陆续取消行政审批项目28项，下放11项，划转5项，仅保留4项行政许可项目，取消和下放的比例在国务院各部委中位居前列。2014年，文化部以加强事中事后监管、推动工商登记前置审批制度改革、规范行政审批行为为抓手，继续推动改革不断深入。

一是确保已取消和下放的行政许可项目落实到位，进一步研究仍保留的行政许可项目的改革方向。为确保行政审批项目取消和下放工作平稳、有序过渡，改革成果落实到位，通过发布文化部文件的形式对取消、下放审批权限做出明确规定，提出简化审批程序的要求，并对下一步做好取消和下放行政审批项目的衔接工作提出具体的意见，体现加快转变政府职能、深化行政体制改革的精神。为进一步深化改革、推动简政放权，文化部以上海自贸区为试点，不断扩大自贸区文化市场开放领域，允许在自贸区内设立外商独资经营的演出经纪机构、演出场所经营单位，为上海市提供服务，并交由上海市文化广播影视管理局负责审批备案。

二是大力减少工商登记前置审批。根据国务院审改办和工商总局首次梳理结果，文化部需进行工商登记前置审批改革的项目共12项。2014年，其中11项经过国务院第50次常务会议审议通过，占文化部前置审批项目的91.7%，占国务院各部门第一批全部36项登记制度改革项目的30.6%。第二批前置改后置征求意见中，文化部建议将CEPA中向港澳服务提供者开放的合资文艺表演团体及互联网上网营业服务场所的准入由前置改为后置,至此文化部职能范围内的文化市场主体将全部实现前置改为后置。文化部在推行前置变后置的同时,成立课题组,积极加强对先照后证的后续管理及衔接工作的研究。

三是规范行政审批行为,加强事中事后监管措施。文化部取消和下放的行政审批事项主要集中在文化市场领域。在加强事中事后监管方面,主要开展七项工作。1. 加强整体研究。成立文化市场事中事后课题研究小组,梳理文化市场的各监管点,加强对文化市场事中事后监管的研究,探索事中事后监管办法。2. 加强信用体系建设。委托有关机构开展文化市场信用体系研究,开展《文化市场信用管理办法》的起草工作。3. 加强企业自律。落实《网络文化经营单位内容自审管理办法》,将原来主要由政府部门承担的网络文化产品内容审核和管理责任更多地交由企业承担,做实企业自我约束机制,提升企业自我管理能力,由政府加强对企业服务和后续监管,来确保文化产品和服务内容的合法性。4. 加强规范标准建设。制定并印发《文化市场行政审批规范化建设示范标准》,为文化市场行政审批工作提供示范性指导,规范行政审批行为和程序;同时通过发布年度报告等为行业和社会提供市场信息指引。5. 接受社会监督。印发《关于公布文化市场行政审批服务监督电话及电子邮箱的通知》,要求各级文化行政部门在其官方网站公布本级及下级文化行政部门服务监督电话及电子邮箱,受理文化市场行政审批政策咨询、行政许可项目结果查询、对行政审批行为的投诉及意见建议。在文化部官网及中国文化市场网设立专栏,向社会公开文化市场行政审批项目及审批程序、条件、受理部门及需提交的材料,并向社会公示文化部行政审批结果。将依托全国文化市场技术监管与服务平台,建设全国文化市场行政审批公示查询系统,将全国各级文化部门的文化市场行政审批结果通过中国文化市场网向社会统一公开,便于公众查询。6. 发展行业组织。文化部将发展行业组织特别是文化市场行业协会作为加强行业自律的一项重要工作,成立中国互联网上网服务营业场所行业协会,积极筹建全国艺术品市场行业协会和全国娱乐行业协会,娱乐协会已经国办批准,正筹备成立大会等具体事宜;同时还指导成立移动游戏发展联盟、网页游戏自律规范联盟、网络音乐发展联盟等。7. 加强技术监管。加快推进全国文化市场技术监管与服务平台建设,提高文化市场监管的信息化水平,并为事中事后监管提供技术支撑。

同时,文化部集中力量配合国务院审改办加强对地方行政审批制度改革工作的指导。为进一步解决目前某些省份文化行政主管部门将下放到省级的审批权限自行下放的情况,文化部积极研究整改方案。通过制定印发文件等方式,对下放的行政审批项目在地方的实际执行情况进行规范。2014 年 12 月 31 日,印发《文化部文化市场司关于规范文化市场行政审批项目管理层级调整事宜的函》(文市函〔2014〕72 号),确定可以由省级调整管理层级的行政审批清单,并明确要求审批清单之外的行政审批项目需报经文化部同意后才能调整审批层级。积极争取行政审批制度改革领导部门对该项工作的支持和指导。12 月,向中央编办递交《文化部文化市场司关于报送取消和下放行政审批推进先照后证工作有关情况的报告》,建议由中央编办牵头规范下放行政审批事项的程序,对各地的行政审批改革行为予以指导和规范,提出"对于中央本级下放到省级的行政审批事项,省级部门确需再进一步下放的,应当征求行业主管部门的意见,并报中央编办同意后才可以继续下放”的建议。三是对于地方执行难度较大的涉外营业性演出审批事项实行统一公示管理。12 月,印发《文化部办公厅关于开展涉外营业性演出审批公示工作的通知》(办市函〔2014〕544 号),对全国涉外营业性演出审批信息实行统一管理、统一公示。全国涉外营业性演出审批信息公示系统将于 2015 年 1 月 1 日正式上线,供地方文化行政部门上报和使用相关信息。

文化系统知识产权工作全面推开。2014 年以来,文化部按照《2014 年国家知识产权战略实施推进计划》要求,深入实施国家知识产权战略,促进文化领域知识产权工作顺利开展,有效发挥知识产权在促进文化大发展大繁荣中的重要作用。

一是研究制定文化系统实施知识产权战略的指导性文件。年初,文化部委托中南财经政法大学知识产权研究中心开展“《关于加强文化系统知识产权工作的指导意见》草案及起草说明”课题研究,由国内知识产权研究方面的权威专家学者吴汉东教授、黄玉烨教授担任课题负责人。课题组针对文化系统知识产权工作的具体问题多次开展实地调研及研究讨论,在此基础上,初步形成草案及起草说明。8 月,文化部召开专家研讨会,邀请国家知识产权局、各业务司局、直属单位的主要负责同志作为专家出席会议并就课题成果进行研讨,提出具体的修改意见。此后,文化部根据文化系统各重点业务领域知识产权工作对草案进行进一步的充实和完善,并赴广州、深圳进行知识产权工作实地调研,会同地方文化行政部门、文化企业、专家学者召开研讨会对草案进行研究。

二是加强对文化企业知识产权建设的引导,加强文化品牌开发建设。为提升文化企业的知识产权意识,文化部在开展第五批国家级文化产业示范(试验)园区、第六批国家文化产业示范基地、第二届动漫奖、弘扬社会主义核心价值观动漫扶持计划等评选工作中,均要求申报单位提供知识产权相关证明,作为申报的必需条件和公示的重要内容。在第九届中国(义乌)文化产品交易会期间,发布 2014 中国文化企业竞争力排行榜,引导文化企业加强内容创意、深化品牌建设,提高企业核心竞争力。同时,不断加强对优秀动漫品牌授权推介,促进动漫知识产权的开发利用。分别支持中国义乌文化产品交易会承办方、北京产权交易所在义乌和北京举办两次品牌授权推介活动,对入选国家动漫品牌建设和保护计划的优秀品牌和创意进行推介,促进对动漫知识产权的开发利用,带动产业发展。

三是大力推动文化产业知识产权融资中介服务体系。3 月,文化部和中国人民银行、财政部联合印发《关于深入推进文化金融合作的意见》,明确提出建立完善文化金融中介服务体系,推动文化产业知识产权评估与交易,加强著作权、专利权、商标权等文化类无形资产的评估、登记、托管、流转服务;加快推动适合文化企业特点的信贷产品和服务方式创新,鼓励银行业金融机构发挥各自比较优势打造适合文化企业特点的金融服务特色产品,探索开展无形资产抵质押贷款业务,拓宽文化企业贷款抵质押物的范围。

四是加强文化市场执法力度,打击侵权盗版。2014 年,文化部积极指导文化市场综合执法,推进知识产权保护工作。下发执法工作要点,按季度部署全国文化市场综合执法机构打击侵犯知识产权行为;制定下发《文化市场领域制售假冒伪劣商品和侵犯知识产权行政处罚案件信息公开实施办法(试行)》,要求各地文化行政部门和综合执法机构依法全部、主动、及时向社会公开使用一般程序查办的文化市场领域制售侵权假冒行政处罚案件。强化暗访抽查和案件督查督办,加大市场监管力度。先后组织20个暗访组，对16个省市的65个县区的1715家经营单位进行暗访抽查。不断加强涉及侵权的重大案件管理和督查督办。重点督办中国图书进出口（集团）总公司举报淘宝40家网店销售大量非法进口音像制品案、向某某等9人发行非法出版物案，在社会上引起较好反响。重点打击网络侵权，清理整顿移动互联网文化市场。发布违法违规黑名单，清理整顿手机游戏市场，部署第二十批、第二十一批、第二十二批违法违规互联网文化活动查处工作，对北京卓易讯畅科技有限公司等39家手机游戏平台，北京华腾星艺科技有限公司等17家网络游戏运营单位，深圳市腾讯计算机系统有限公司等27家网络动漫经营单位或个人的违法违规经营行为进行查处；建立部分地区网络文化市场执法联席会议机制，专题研究讨论网络文化市场执法的重点难点问题。

五是建立文化知识产权研究中心，加强智库建设。为进一步充实和完善文化系统知识产权工作研究力量，加强智库建设，12月，依托中南财经政法大学知识产权中心建立文化知识产权研究中心。文化部充分发挥其学科优势、研究特色和创新能力，整合国内文化知识产权研究方面的资源和力量，以课题研究为主要方式，为文化部知识产权工作提供智力支持。

六是参与国家知识产权相关政策文件的制定工作。积极参与国家知识产权局《深化实施国家知识产权战略行动计划（2014—2020年）》的制定工作；参与《民间文学艺术作品著作权保护条例》的立法研讨工作；同时就国家知识产权局《2014—2015年中原经济区知识产权战略实施工作计划》等多份文件研究提出意见建议。

继续利用文化部常年法律顾问制度，稳妥处理法律实务工作。2011年起，文化部与北京金诚同达律师事务所签订常年法律顾问合同，正式实行文化部常年法律顾问制度。2014年，文化部本着围绕中心、服务大局、依法行政、优质高效的原则，充分利用法律顾问机制提供优质专业法律服务。

一是处理行政复议案件。2014年，文化部共收到四起行政复议申请，分别是张志华向文化部复议北京文化执法大队案件、张志华向文化部分别复议四川省文化厅、广东省文化厅、江苏省文化厅案件。在处理以上行政复议案件过程中，文化部与法律顾问充分沟通，权衡利弊，分别制作行政复议决定书和不予受理行政复议申请决定书，稳妥有效地处理这四起行政复议案件。

二是为行政决策、法律草案文本提供法律意见。2014年，文化部委托法律顾问对中央歌剧院拟申请使用“国家歌剧院”作为新建剧场的建筑物名称一事提供专业、客观的法律意见，供部领导决策参考；同时，委托法律顾问就《国务院机构设置和编制管理条例》《节庆活动管理办法实施细则》等法律草案提出法律意见。

三是为业务司局审核合同文本。2014年受财务司、机关服务局等司局的委托，法律顾问审核6份合同文本，涉及政府采购、合作协议、人事协议等。按部领导要求，法律顾问对合同文本严格审核把关，根据现行规定提出重要法律意见。法律顾问通过专业服务在规范合同签署的同时，也是很好的普法过程，进一步提高文化部业务司局的依法办事能力。

建立文化法制专家委员会制度，为文化部提供外脑资源。2011年，文化部聘请著名法学家、知识产权专家、中南财经政法大学吴汉东教授为“文化部特约法律咨询专家”，开创文化部聘请法学专家参与重要决策和咨询工作的先河。随着立法任务愈加繁重与紧迫，同时在实际工作中，国务院法制办就法律法规草案征求各有关部委、地方政府和法学专家的意见时，法学专家的修改意见往往占很大比例，且分量很重，受到国务院法制办的高度重视。因此，为进一步加强与高校及科研机构的相关领域法学专家的沟通，增进了解和共识，促进文化立法工作、加快文化立法进程，8月举办文化法制专家委员会聘任仪式，组建文化法制专家委员会。

文化部文化法制专家委员会分为：文化法制专家咨询委员会6人，专家工作委员会8人。专家咨询委员会主任委员、副主任委员均由国内著名法学院校、科研机构的教授（研究员）、博士生导师或最高人民法院法官担任。他们具有较高的学术地位和社会影响力，重点为部党组在重大决策中提供法律意见，解决立法工作中的理论问题，研究立法理念和制度设计，回应社会影响力大、敏感度高的有关问题。专家工作委员会主任委员、副主任委员均由国内著名法学院校、科研机构的教授（研究员）、博士生导师担任。委员组成包括实际操作能力较强的高校青年骨干、副教授和具有较丰富实践经验、业内比较知名和认可的专业律师。两个委员会，既可以相互独立开展决策咨询和具体操作，也能够合二为一，在重要的理论和实践问题中，进行直接研讨和交流，形成互补、达成共识。特别是针对全国人大、国务院在具体法律条款方面需要文化部进行论证和解释时，提出法律意见。专家委员会组建之后，文化部还制定具体工作章程，签订严格保密协议，明确专家责权利和工作原则、工作范畴和工作方式，规范在学术研究和对外工作中的身份使用等问题，保证发挥好专家的智囊和参谋作用，为文化立法以及行政审批制度改革、法制宣传教育等工作再迈新台阶做出积极贡献，为文化改革发展保驾护航。

【文化法制宣传教育工作全面推开】 2014年，文化系统坚持把法制宣传教育工作作为提高文化管理水平的重要举措，认真贯彻“六五”普法规划，加大工作力度，完善制度建设，创新普法形式，不断增强文化系统领导干部和工作人员的宪法意识、依法行政意识、公民文化权益保障意识、知识产权保护和文化遗产保护等法律意识，提高学法用法能力，为加快文化立法进程、提高文化执法水平，推动文化事业建设，促进文化大发展大繁荣奠定坚实的思想基础，营造良好的氛围。

*继续筹办“文化与法治”法学名家系列讲座，在文化系统内产生热烈反响。*为创新法制宣传教育工作的新方式，不断增强文化系统领导同志和工作人员的法律意识，提高学法用法能力，文化部政策法规司于2011年底开始，筹办“文化与法治”法学名家的系列讲座，截至2013年年底共举办三期。2014年，文化部政策法规司联合人事司、机关党委，委托国家图书馆筹办“文化与法治”法学名家系列讲座第四期、第五期。其中，第四期邀请北京大学法学院教授，博士生导师，北京大学宪法与行政法研究中心主任，文化部法学专家咨询委员会副主任姜明安就《现代国家治理体系下的改革与法治》做讲座；第五期邀请我国宪法和行政法专家，中国社科院法学研究所研究员、宪法行政法研究室主任、博士生导师周汉华教授围绕“贯彻落实十八届四中全会精神，全面推进依法行政”进行讲座。两次讲座共培训文化部各司局、直属单位干部职工200余人，在文化系统内受到高度关注和热烈欢迎。

*编辑发行《文化法制通讯》。*目前制约文化法制建设的重要因素，一是理论研究相对薄弱，二是法制队伍不够健全，三是文化工作者运用法律的水平有待提高。解决这些问题，需要长期艰苦的努力，《文化法制通讯》的创刊，正是这种努力之一。文化部政策法规司力求将《文化法制通讯》办成展示文化法制

工作的窗口、加强理论研究的平台和凝聚文化法制队伍的纽带。通讯中包括文化法制动态的及时反映、最新法规的权威解读、理论研究的前沿探索、典型案例的透彻剖析、实践经验的深入交流等重要内容。《通讯》的宗旨,一方面是要洞悉文化发展的规律,促进纷繁复杂的文化形态和文化现象与法律思维、制度、环境的有机结合;另一方面,是要将国家法制建设中的普遍要求应用到文化管理的实践中,提高文化系统依法治理的水平。没有对文化规律的深刻把握,文化法制建设就是无源之水、无本之木,成为一项无的放矢的工作;没有制度建设的支撑和保障,文化业务工作就容易陷在琐碎的事务中不能自拔。

2014 年,文化部政策法规司共编辑发行 4 期《文化法制通讯》,刊登工作动态、理论研究、法学论坛、法谚等文章 50 余篇,受到部领导、机关各司局、各地方文化厅局同志的欢迎,对文化普法工作起到积极的推动作用。根据政府信息公开的要求,在文化部网站上及时公布最新文化法规、规章和规范性文件。对文化部网站上涉及文化政策法规的公众留言及时进行回复。

文物事业

【概况】 2014 年,全国文物系统贯彻习近平总书记系列重要讲话精神,全面落实党中央、国务院的决策部署,坚持稳中求进、改革创新的工作总基调,抓主抓重,攻坚克难,圆满完成全年各项任务。

【坚决落实中央部署和习近平总书记重要指示】 贯彻落实习近平总书记对正定古城、阜新万人坑遗址、七三一部队旧址、武汉中共中央机关旧址保护维修与展示利用的重要批示精神,及时赴现场调研,安排经费,编制方案,重点督办,狠抓落实。按照“秉持正确的古城保护理念,即切实保护好其历史文化价值”的批示要求,加快推进正定古城保护工程,实施 6 个文物本体保护项目和 9 个安消防项目,基本完成古城墙南门修复和周汉河综合整治工程。按照“务必抓紧进行维修,切实做好保护利用工作”的指示,制定阜新万人坑遗址 9 个保护维修方案,筹建死难矿工和抗暴青工遗骨陈列馆,实施岩土工程勘察及遗骨防潮防腐工程。按照“应加强修护工作”的指示,启动七三一部队旧址保护性修缮工程,开展旧址区域环境整治工作。按照“修旧如旧、保持原貌、防止建设性破坏”的指示,编制武汉中共中央机关旧址保护修缮和展示利用方案,完成旧址腾退工作,筹建旧址纪念馆,征集文物 5800 余件(套)。

全国人大公布设立中国人民抗日战争胜利纪念日和南京大屠杀死难者国家公祭日之后,国家文物局主动服务大局,及时印发《关于加强抗日战争时期文物保护利用工作的通知》,逐一排查 186 处国保抗战遗址状况,召开抗战文物保护利用工作座谈会,启动 46 项抗战文物保护修缮和展示利用工程,安排经费 2.1 亿元。全年新增国保抗战文物开放点 29 个,新建纪念馆陈列馆 9 个,实现展陈提升 55 处。各地也安排一大批省保和市县保的抗战文物保护工程。

按照“望得见山、看得见水、记得住乡愁”的要求,统筹推进传统村落整体保护利用。召开国保省保集中成片中国传统村落整体保护利用工作会,对 270 个传统村落保护利用做出部署。发布实施方案及乡土建筑保护利用导则,既保持传统村落的完整性、真实性和延续性,又满足原住村民提升生活质量、改善居住条件的迫切要求。首批 51 个村落保护安排资金7.1亿元,以县为主的领导机构全部建立,保护发展规划全部提交,保护修缮工程和环境整治项目全面启动。

落实"一带一路"国家战略,丝绸之路跨国联合申遗项目圆满成功,相继举办海上丝绸之路展和丝绸之路文物展,赴坦桑尼亚举办中非海上丝绸之路展。习近平主席在APEC会议期间,向各国来宾隆重推介丝绸之路文物展,称赞该展览生动体现和平合作、开放包容、互学互鉴、互利共赢的丝绸之路精神。

【积极推进行政审批制度改革】 按照国务院部署,公布国家文物局文物行政审批事项新版目录,下放境外机构和团体拍摄考古发掘现场审批,拍卖企业经营文物拍卖许可,外国公民、组织和国际组织参观未开放的文物点和考古发掘现场审批,国有文物收藏单位之间交换馆藏一级文物审批等4项审批事项。将拍卖企业经营文物拍卖许可和文物商店设立审批调整为后置审批项目,会商国家林业局特设博物馆进口犀角类中国文物藏品许可事项。

文保工程项目审批改革取得成效,实现立项审批和方案审核分开,引入第三方审核技术方案,实行网报网审,出台系列管理办法,加强事中事后监管。全年上报项目数3072项、完成审批数2553项、项目安排数2290个、储备项目数1734个,国家重点文保专项补助资金安排81亿元,同比数值大幅度超过2013年。这项改革的初步成功,强化全国文物系统的改革意识,缓解项目管理的最大瓶颈制约,进一步明晰央地之间、行政部门与中介机构之间的责权,起到引领文物系统全面改革的作用。

按照分类实施、稳步推进的原则,做好博物馆的基本制度设计,编制博物馆理事会章程示范文本和指导意见,指导4个博物馆开展理事会建设试点。国家文物局制定向社会购买服务目录,全年政府采购项目92个,中标金额8000余万元。

【稳步提高文物工作法治水平】 按照全国人大常委会立法规划和国务院立法工作计划,遵循"坚持方针、跟进时代、解决问题、确保质量"的思路,精心组织、扎实推进文物保护法修订工作。围绕修法中涉及的文物利用、社会参与、文物市场、文物保护补偿等12个课题,分赴17个省开展专题调研,为修法提供理论和实践依据。坚持开门立法、民主立法,广泛征求全国文物系统、地方有关部门和专家的意见,共收到反馈意见2000余条,在形成修法草案过程中进行充分吸纳。草案征求意见稿已分送国务院有关部门征求意见。

完善制度、标准和规范。制修订工程申报审批、咨询评估、可移动文物修复等10余项管理制度。发布15项文物保护行业标准,启动19项行业标准立项编制。修订文物行政处罚程序暂行规定,明确委托执法的合法性。配合最高人民法院完成文物犯罪刑事案件适用法律司法解释征求意见稿。地方政府不断强化文物安全责任制,湖南省将文物安全纳入地市级党委、政府的绩效考核内容,北京市开展文物违法行为责任追究试点。

切实加大文物执法力度,国家文物局全年督办文物违法案件64起,其中立案查处41起、责令改正31起、行政处罚31起、刑事处罚4起。侦破辽宁朝阳"11·26"红山文化遗址盗掘案,抓获犯罪嫌疑人78人。北京、吉林、陕西、四川等地方政府及文物部门对违法案件的处理高度重视、认真整改,使西城区天宁寺塔保护范围违法建设案、长春东本愿寺保护范围违法建设案、洛南县城隍庙违法迁建案、平武县报恩寺建控地带违法建设案得到依法妥善处理。公开曝光徐州市韩桥煤矿旧址损毁案、阿尔山市阿尔山车站损毁案等8起法人违法典型案件，中央和地方媒体积极跟进，社会反响强烈，推动案件解决，坚定执法信心，提振士气，也起到警示作用。实施不可移动文物执法卫星遥感监测项目，完成10个县域单元不可移动文物消失情况监测，提升技术监管能力。

【多措并举让文物活起来】 首次召开全国文物合理利用工作交流会，推广经验，凝聚共识，研究部署文保单位开放、馆藏文物利用、文物精品展览、社会力量参与等工作。与教育部共同印发《关于中小学生利用博物馆开展社会实践的指导意见》，搭建中小学生社会实践活动平台。15个省份150余家博物馆开展完善博物馆青少年教育功能试点，推广博物馆青少年教育示范项目，出版博物馆教育项目示范案例。建成国家"指南针计划"上海青少年基地，弘扬中国古代发明创造成果。召开全国博物馆展览质量提升座谈会，制定提升博物馆展览质量、提高馆藏文物利用率的指导意见，完善国有馆藏文物资源共享机制。部分省份开展总馆长制探索，山西博物院为市县级博物馆完善基本陈列、输送临时展览，黑龙江省博物馆举办"一月一县"展览。面向全社会征集60个弘扬优秀传统文化、培育社会主义核心价值观主题展览项目，12个优秀展览项目纳入全国推广计划。举办博物馆及相关产品与技术博览会，306个文博机构和企业参展。举办第二届全国博物馆文化产品创意设计推介活动，一大批文博创意产品受到消费者欢迎。

配合重大外交活动，举办赴法"汉风——中国汉代文物展"和赴美"神秘的三星堆"文物展。"文物带你看中国"3D系统在哥本哈根、巴黎、老挝中国文化中心和法国吉美博物馆落地展示。续签中美限制进口中国文物谅解备忘录，与缅甸、法国签署关于促进文化遗产领域交流与培训合作协议。举办第四届文化财产返还国际专家大会，发布《敦煌宣言》。援柬茶胶寺、援蒙辽代古塔、援乌希瓦古城保护修复工程稳步推进。

对港澳台文化交流方面，举办赴台《中国南方佛教艺术展》、赴港《敦煌文化与艺术大展》、赴澳《西周霸国文物特展》，台湾历史教师中华历史文化研习营赴陕西研修。

【切实加强文保项目和博物馆管理】 西藏重点文物保护工程、山西南部早期建筑保护工程、延安革命遗址抢救保护修复工程中的82个项目完工，应县木塔严重倾斜部位和残损构件加固工程开工；赣南等原中央苏区革命遗址保护工程16个项目立项，170余处维修方案获得批复。与公安部、住建部共同印发名城名镇名村及文物建筑消防安全指导意见，启动文物消防安全百项工程。

水下文化遗产保护取得重大进展，组建国家文物局水下文化遗产保护中心，中国第一艘水下考古研究船下水首航，调查丹东一号甲午海战北洋水师沉没战舰。宁波基地建成使用，北海基地建设启动，南海基地完成勘察设计招标，南海基地西沙工作站开工。完成南水北调中线一期文物抢救保护项目和三峡工程文物保护初验工作。发布国家考古遗址公园评估导则，完成12家国家考古遗址公园评估。大运河、"丝绸之路：长安—天山廊道的路网"成功列入《世界遗产名录》，有序推进土司遗址、花山岩画申遗前期准备工作，启用中国世界文化遗产监测预警系统。举办哈尼梯田保护与展示国际研讨会，形成《关于梯田文化景观可持续发展红河倡议》。与住建部联合公布第六批中国历史文化名镇名村，开展首批中国历史文化街区认定工作。

全国博物馆总数达到4510家，其中新增

博物馆345家,非国有博物馆占比22%。辽宁、云南、贵州、黑龙江等省级新馆积极筹备开馆,地市级博物馆建设项目完工47个、在建14个。开展央地共建博物馆运行评估和博物馆免费开放绩效考评;制定国家二、三级博物馆运行评估办法,指导各地完成632家国家二、三级博物馆运行评估。印发民办博物馆设立指导意见,规范民办博物馆发展。中央财政安排经费6.6亿元,实施一批可移动文物修复项目和53个博物馆藏品预防性保护项目;完成8000余件(套)珍贵文物和2万余枚简牍修复。

开展7家文博单位民间收藏文物鉴定试点,指导各地开展涉案文物鉴定工作。完成345家文物拍卖企业60余万件(套)拍卖标的备案,治理互联网上违法拍卖文物活动。会同国家新闻出版广电总局治理一批文物鉴定类违法违规广播电视节目。组建国家文物进出境审核内蒙古、西藏管理处,联网运行文物进出境审核信息管理系统。向中国国家博物馆划拨11件珍贵文物,上海海关向文物部门移交1600余件走私罚没文物,湖南省从境外成功征集商代青铜重器皿方罍器身,与台湾佛陀纪念馆签署河北幽居寺流失佛像捐赠协议。

【进一步夯实文物基础工作】 在全国各地文物部门的共同努力、各级财政部门的大力支持、各行业主管部门的积极配合下,第一次全国可移动文物普查完成国有单位文物收藏情况摸底,普查对象涉及20个行业100多万家国有单位,其中收藏保管文物的国有单位约1.53万家,申报藏品近4200万件(套)。全面铺开文物认定工作,其中,甘肃、宁夏、广西、陕西已完成认定。制定馆藏文物、出土(水)文物和馆藏自然类藏品登录规范,建成全国可移动文物信息登录平台,推进普查文物信息采集登录工作。建立检查督导、质量抽查和数据审验机制,狠抓进度管理和质量控制。

印发《全国文博人才发展中长期规划纲要》,启动文博人才培养“金鼎工程”。国家文物局举办35个主体班次,培训人员3000余人。注重基层文博管理人才培养,完成5期县级文物行政部门负责人培训班。注重青年科技人才培养,完成青年拔尖人才支持计划申报评审。与北京建筑大学共同完成文博类博士生招录工作。召开全国文物保护职业教育培训工作座谈会,建立文博职业教育联合培养机制,启动文博职业教育培训教材编写。遴选100余个国家文物局培训业务合作机构和9个文博人才培训基地。充实全国重点文物保护工程方案审核专家库,新增专家354名。

与中科院共同召开“文化遗产空间观测与认知”香山科学会议,研讨提出关于空间考古的六大科学问题。与工信部研发高精度多参数污染因子监测传感器,建设文物保护装备产业化及应用公共服务平台,实施第一批试点项目,近200家企业、高等院校、科研院所和文博单位参与,地方政府和企业投入资金8.1亿元。开展电气火灾智能防控系统、防爆安全检查系统、高原地区文物建筑灭火装备试点,提高文物安全装备水平。在科技部支持下,新增两项国家科技计划,完成5项国家科技计划和前四批行业重点科研基地运行评估,组建国家文物局重点科研基地西藏联合工作站。组织开展博物馆保存环境监控设备技术交流,提高基层博物馆预防性保护方案编制和项目实施能力。加强文物系统信息化建设顶层设计,编制数据资源目录。开展7家文物精品、展览精品的数字产品试点和6家智慧博物馆试点,推进信息技术应用。

举办文化遗产日景德镇主场城市、国际博物馆日和国际古迹遗址日活动;开通运行国家文物局官方微博,发布信息 1000 余条,粉丝总量突破 10 万,荣获人民网和新浪网十大党政机构微博影响力飞跃奖。组织协调主流媒体和网络媒体联合发力,成功进行大运河、丝绸之路成功申遗和抗战文物保护利用成果专题宣传。建立每日舆情收集通报机制,提高文物舆情研判和网络事件处置能力。国家文物局官网改版上线,加大信息公开力度,开展文博政务服务。完成“十二五”规划中期评估,开展“十三五”规划前期研究,推进中国文物志编纂。

(国家文物局　彭跃辉)

2015

中国文化年鉴

Yearbook
of
Chinese Culture

部属单位文化发展

文化部信息中心

【概况】 2014 年,按照稳中求进的原则,积极开展基础运行维护、电子政务建设、数据业务建设、门户网站建设和信息应用服务等工作,取得良好业绩,文化系统信息化建设迈向新的台阶。

【加强政治学习,注重团队建设】 领导带头,加强思想理论学习,深化党的群众路线教育实践活动。中心多次组织集体学习活动,认真学习十八届三中全会、四中全会和习近平总书记系列重要讲话精神,加强思想和作风建设。中心认真学习并贯彻落实习近平总书记在中央网络安全和信息化领导小组第一次全体会议和文艺工作座谈会等一系列重要讲话。通过学习,进一步提高了思想水平,切实把行动与思想统一起来,以开拓创新的精神、良好的精神状态、崭新的工作风貌,扎实进取,创造新的业绩。

【制度建设与班子配备】 以制度建设为抓手,保障业务工作有序进行。编制印发《文化部信息中心项目管理办法》(信息规备字(2014)1 号)、《文化部信息中心信息系统等级保护管理规定》,修订《文化部政府门户网站信息报送考核奖励办法》,通过加强制度的稳定性和根本性作用,保障业务工作的顺利开展。

加强领导班子建设,配备一位副主任,重新调整领导班子分工,更有利于业务工作的开展;选拔一位思想理论水平高、熟悉业务工作的技术骨干任主任助理,协助全面开展工作。

积极开展活动,营造团结活泼的和谐氛围,大大增加中心凝聚力。2014 年,信息中心团支部举办"文化部信息中心青年同志学习践行'网信精神'征文比赛",中心 19 位 35 岁以下的青年全部参加比赛,围绕学习践行"网信精神"的主题,讲述自己的学习体会或工作中的感悟,在统一思想、弘扬正气、增强集体凝聚力方面起到很好作用。此外,团支部积极参加 2014 年"文化青年走基层"实践活动,配合部团委开展"在京青年发展状况调查",组织中心青年开展话剧观摩等活动。

【发挥文化部网络安全和信息化领导小组办公室职能】 完善文化部信息化建设工作机制。筹备召开文化部网络安全和信息化领导小组成立大会,出台《文化部关于成立文化部网络安全和信息化领导小组的通知》《文化部办公厅关于印发〈文化部网络安全和信息化领导小组及其办公室职能〉的通知》,全面推进文化部信息化建设,统筹保障网络安全。

提交《关于进一步加强网络安全和信息化工作的建议》。为推动文化部网络安全和信息化工作更好发展,梳理、起草了《关于进一步加强网络安全和信息化工作的建议》,并按照部领导批示进一步细化、落实有关工作。

办理中央网信办、发改委、工信部等信息化主管部门的来文来函。联系、指导地方文化厅局信息化机构开展工作,起到上传下达的联通作用。

【全面推进文化部信息化工作】 推进文化部业务信息专网建设,加强系统内业务协同。文化部业务信息专网(以下简称专网)是文化部信息化工作基础性、支撑性网络设施。通过建设文化部综合运维管理平台,实现全国 30 多条专网线路、500 多台硬件连接设备的参数配置及运行软件的统一管理,全面掌握专网整体运行情况，规范和完善运维管理流程，极大提升了运维效率。

2014 年文化部召开全国性视频会议 4 次，缩短了会议筹备时间，节约了费用。专网在保障视频会议、网吧监管平台等现有系统带宽需求的同时，还承载科研项目申报平台、国家级非物质文化遗产项目管理平台、全国文化艺术之乡项目申报评审平台、全国文化文物统计等系统的运行。其中“国家级非物质文化遗产代表性项目申报平台”获得电子政务理事会颁发的电子政务优秀案例奖。为保证部机关搬回大楼后视频会议系统的正常使用和进一步发展，中心积极与发改委、财政部和国管局沟通，申请视频会议系统改造项目，该项目已经财政部批准，将于 2015 年实施并完成。

*加强政府门户网站建设，发挥新媒体宣传主导作用。*开展全国文化系统网站情况调查，起草上报的《全国文化系统网站建设情况调研报告》受到部领导高度重视和肯定。

加强文化部网站群日常管理，提高政府网站群建设水平。采取网站内容诊断、检测系统与值班人员读网相结合的网站群日常管理方式，做好重大节日、重要敏感时期文化部政府网站群系统巡检、值班读网等工作，确保文化部网站群安全运行；实施“文化部政府网站群内容管理云服务平台（二期）”建设项目，完善网站群管理后台功能。

继续完善文化部政府门户网站功能。政务信息公开板块新增“新闻发布会”和“督查落实”栏目；开发文化部政府门户网站移动门户微信接口，实现网站信息的朋友圈推送功能；逐步完善文化部信息采集报送工作平台功能。

继续加大文化部政府门户网站信息发布和新闻宣传工作力度。以文字、图片、视频等形式对文化部重要会议、重大文化活动进行全面宣传报道，做到内容翔实、形式多样、特色鲜明。截至 11 月，文化部政府门户网站共发布政务信息 9484 条，开展网上直播 20 场，制作宣传视频 20 个，推出热点专题 6 个。

继续开展 2014 年度文化部政府网站群绩效评估工作。从 2014 年度的绩效评估情况来看，文化部政府网站群绩效评估工作已经得到参评单位的广泛认可，文化系统政府网站建设水平得到整体提升，成效显著。2014 年文化部政府网站群整体平均绩效得分为 68.87 分，比 2013 年提高 2.27 分；处于卓越阶段的网站由 2013 年的 3.51% 上升至 2014 年的 6.9%；处于优秀阶段的网站由 2013 年的 26.32% 上升至 2014 年的 32.76%。

在中国社会科学院信息化研究中心与国脉互联政府网站评测研究中心联合举办的政府网站绩效评估中，文化部政府门户网站在 24 家国务院组成部门网站中排名第 5，70 家部委局网站中排名第 11；在中国软件评测中心组织的中国政府网站绩效评估中，文化部政府门户网站在 72 家部委局网站中排名第 17；在中国信息化研究与促进网组织的 2014 年中国优秀政务平台推荐及综合影响力评估中，被评为 2014 年度“中国最具影响力政务网站”，并获得 2014 年度“中国政务网站领先奖”；“网上直播”栏目被电子政务理事会评为“2014 年中国政府网站信息公开精品栏目”。

*实施文化部政务信息资源目录体系建设项目，研究文化信息资源库建设。*开展文化部政务信息资源目录调研摸底工作，研发“文化部政务信息资源目录管理平台”，初步形成《文化部政务信息资源目录元数据标准》《文化部政务信息资源标识符编码标准》和《文化部政务信息资源分类标准》三个标准规范。通过对文化部政务信息资源调研摸底，进一步明确文化部电子政务建设总体需求，为推进政务信息资源开发和利用打下基础，为文

化信息资源库的整体建设探索工作模式，积累业务经验。

深入开展信息安全等级保护工作，保障业务系统安全稳定运行。突出防护重点，进一步推动等级保护测评和安全整改工作，全面提高文化部业务系统安全防护水平。一是组织开展文化部系统信息系统网络安全和等级保护专项检查工作，摸清底数，建立信息系统台账；二是牵头组织开展文化部系统等级保护测评工作，推动等级保护进程；三是建立并完善网络安全巡检制度，以巡促检，建立文化部信息中心机房设备台账，补充详细信息，保证业务应用系统的正常运行；四是畅通信息通报渠道，提高监测和预警能力，开展文化部系统信息安全通报工作，及时通报信息安全风险，并对文化部机关和直属单位信息系统的安全状态进行监测；五是完成文化部信息中心安全管理和技术支撑平台项目可行性研究报告编写和项目申报工作。

开展文化部电子政务云平台和云桌面试点部署工作。在文化部原有办公网络基础上，经过广泛调查和深入研究，结合文化部电子政务的实际运行特点，研发文化部电子政务云平台。前期已为部分业务司局试点部署云桌面终端。计划通过云平台和云桌面的部署，推动文化部电子政务各项业务系统的全面整合，减少客户端操作复杂性，提升业务专网运行维护效率，提高业务网络安全性。

加强基础设施建设，保障部机关网络、语音系统高效正常运行。以部机关办公楼装修改造为契机，结合信息化发展趋势，对部机关内外网计算机房、电话机房、卫星电视机房进行基础设施改造，并配合机关服务局实施弱电布线改造工程。文化部信息中心机房完善防雷接地系统并建立专人管理制度，加强机房巡检力度，保障机房安全运行。为满足机关各司局的网络应用需求，拓宽互联网带宽。

2014 年共完成网络和计算机维护 1200 余人次，新增或更换计算机联网工作 180 余次。维修电话故障 600 余次，安装及更换线路 1500 余米，装机、移机 130 余次，包括更换电话机 100 余部，办理电话业务、开通长途、调整号码 130 余次。保障了文化部机关临时网络机房、原办公网计算机终端、文化部政务信息外网、文化部业务信息专网以及各部委部署在文化部专网终端的平稳运行。

（袁　媛）

国家艺术基金管理中心

【概况】 2013 年 12 月 30 日正式成立的国家艺术基金（以下简称“艺术基金”），是经国务院批准设立，旨在繁荣艺术创作、打造和推广原创精品力作、培养艺术创作人才、推进国家艺术事业健康发展的公益性基金。艺术基金资金主要来源为中央财政拨款，同时依法接受国内外自然人、法人或者其他组织的捐赠。

艺术基金坚持文艺“为人民服务、为社会主义服务”的方向和“百花齐放、百家争鸣”的方针，尊重艺术规律，鼓励探索与创新，倡导诚信与包容，坚持“面向社会、公开透明、统筹兼顾、突出重点”的工作原则。2014 年度基金资助范围包括艺术的创作生产、传播交流推广、征集收藏、人才培养等方面，资助项目立足示范性、导向性，努力体现国家艺术水准。

国家艺术基金管理中心（以下简称“管理中心”）是具体负责艺术基金日常管理和组织实施的机构。管理中心落实蔡武部长“开好头、起好步、走对路”的工作要求，把握方向、抓住重点、积极探索、改革创新，从制订发布《申报指南》，面向全国征集申报项目开始，先后完成如下工作：开发申报评审系统；组建专家库，遴选、培训初评、复评专家；开展申报项目审查、网络初评、会议复评，安排申报主体答辩；汇总 2014 年度评审结果，经理事会审定后，通过媒体公示、公告；核定资助额度，拨付资助资金等。

【制度为本，打造体系】　牢固树立制度为本的理念，按照科学化、规范化、系统化的要求，逐步建立起艺术基金的管理制度体系。根据艺术基金的性质、宗旨和工作原则，管理中心在广泛调研、深入论证、认真听取各方面意见的基础上，经理事会审定，发布《国家艺术基金章程》《国家艺术基金项目资助管理办法》《国家艺术基金专家委员会管理办法》和《国家艺术基金财务管理办法》等艺术基金的规范性文件。结合实际工作需要，制定《国家艺术基金管理中心部门设置与岗位职责管理办法》和《国家艺术基金管理中心财务管理办法》等艺术基金内部管理的规章制度。围绕项目评审等重点工作，制订详细的工作方案和专门的评审办法、评审纪律。同时在认真调研、总结经验的基础上，起草制定《国家艺术基金资助项目监督管理若干规定》《国家艺术基金 2014 年度资助项目监督工作方案》和《国家艺术基金项目经费管理办法》等制度文件，根据理事会意见修订完善，不断完善制度体系，先定规矩再干事，力争使每项工作都有章可循，有制度可依。

始终坚持改革创新的精神，先易后难、积极探索、逐步推开，打通艺术基金项目申报评审资助工作全流程。2014 年是艺术基金和管理中心运行的第一年，各项工作都是“零起点”。管理中心从制订发布《申报指南》，面向全国征集申报项目开始，先后完成开发申报评审系统；组建专家库，遴选、培训初评、复评专家；开展申报项目审查、网络初评、会议复评，安排申报主体答辩；汇总评审结果，报请理事会审定，通过媒体公示、公告；核定资助额度，拨付资助资金。

2014 年，共从各级各类申报主体申报的 4256 个项目中，最终确定 393 个项目给予立项资助，资助总金额约为 4.02 亿元。在首个年度，顺利实现打通艺术基金项目评审资助工作全流程的目标。这些资助项目把握住中华民族伟大复兴中国梦主题，坚持以人民为中心的创作导向，在践行社会主义核心价值观、弘扬中华优秀传统文化方面进行积极探索，特别是在传播当代中国价值观念、体现中华文化精神、反映中国人审美追求方面有新突破、新亮点。目前，这些项目已经进入实施阶段，较好地反映了我国文艺园地百花竞放、硕果累累、繁荣发展的生动景象。

时刻保持审慎的工作态度，按制度管理、按程序运行，从严掌握，细致认真，把握好重点工作和关键环节。2014 年的申报工作结束后，本着坚持标准、宁缺毋滥的原则，管理中心初步确定艺术基金的立项资助比控制在 10% 左右。在实际工作中，从严掌握，甄别取舍，为保证评审工作的权威性和公信力，管理中心从各级各类文化主管部门和艺术单位推荐的 5170 名艺术专家、项目管理专家和财务专家中，遴选出 1328 名初评专家和 524 名复评专家组成 2014 年度艺术基金专家库，按照“先培训、后评审”的原则，分别召开 2014 年度国家艺术基金初评专家培训电视电话会议和 2014 年度国家艺术基金复评专家大会。按照“同行评审、地域回避、双向匿名”的原则和评审组专业结构要求，通过信息化评审系统随机抽取出 649 名初评专家和 183 名复评专家，共有 832 名专家参加艺术基金的评审工作，并各自独立提出评审意见。在复评工作中，为稳妥起见，管理中心还安排资助额度较大的大型舞台剧和作品、传播交流推广和人才培养项目的申报主体进行现场答辩。

复评工作结束后，根据统计结果，管理中心组织财务专家和项目管理专家对拟立项资助项目的资助额度进行复核，并与76个申报单位或机构的主要负责同志和申报项目负责人做面对面约谈，反馈专家对项目的修改提高意见并再次复核了资助额度，以保证资助资金的使用效率。

*建立健全完善的工作体系，与全面深化改革，转变政府职能的要求相适应，推动基金制管理模式顺利实施。*管理中心围绕推进国家治理体系和治理能力现代化的目标，先后召开三次理事会议审议决策艺术基金的制度建设、体系建设和项目征集评审资助等重大事项，充分发挥理事会的职能作用。同时，指导管理中心积极协调与相关单位或机构的关系，及时就重点工作向文化部、财政部等主管部门请示汇报，先后赴北京、天津、河北、山西、内蒙古、辽宁、吉林、江苏、安徽、福建、山东、广东、四川、云南、西藏、陕西、甘肃、青海、宁夏、新疆等20多个省（区、市）指导地方文化主管部门做好艺术基金工作，举办全国性的基金管理工作人员培训班，听取各地文化主管部门和艺术单位、机构对申报指南和基金工作的意见、建议。初步形成理事会决策、专家委员会评审、管理中心组织运行和各省（区、市）文化厅（局）密切配合，面向各级各类艺术单位和艺术工作者的开放性工作体系。

在自身建设方面，管理中心完成事业单位注册、领导班子选配、内设机构设置、工作人员聘任、办公场所安置等工作，并且在文化部机关党委的指导下开展了基层党组织建设和党风廉政建设工作，初步形成一支具有较高素质和良好作风，乐于艰苦创业，勇于攻坚破难的工作队伍，为事业发展奠定坚实基础。

【项目资助情况】 2014年，艺术基金制定发布“舞台艺术创作”“美术、书法、摄影创作人才”“传播交流推广”和“人才培养”4个资助项目申报指南。经过广泛宣传动员，通过网上申报的方式，从全国范围内征集到4256个申报项目。初评工作开始前，国家艺术基金安排同级文化主管部门对所属区域的申报项目做了真实性审查和底线审查，4124个项目通过审查进入初评。初评工作按照同类同量和易评性方法，将艺术规律相近的艺术门类合并编成89个项目组，并按“同行评审、地域回避、双向匿名”的原则和专业结构要求，通过信息化系统随机抽取649位初评专家，每个评审组均配备艺术专家、项目管理专家和财务专家。经过专家独立网上评审、排序，系统自动汇总评选出764个项目进入复评。在复评工作中，又依据所属艺术门类将参评项目分为27个评审组，由来自中央、地方、文化、文联、教育、军队相关单位的183位专家进行会议集中评审，为稳妥起见，还安排资助额度较大的大型舞台艺术、传播交流推广和人才培养项目的申报主体进行现场答辩。复评工作结束后，又组织财务专家和项目管理专家对拟立项资助项目的资助额度进行复核，并与76家申报单位或机构的主要负责同志和申报项目负责人做面对面约谈，反馈专家对项目的修改提高意见，以保证资助资金的使用效率。通过复评的394个项目经媒体向社会公示后，最终确定393个项目为2014年度国家艺术基金立项资助项目，资助总金额约为4.02亿元。根据艺术生产规律和项目管理要求，按照管理中心与项目承担主体签订的协议，2014年年底前已拨付资助资金约1.75亿元。

【项目实施效果】 2014年，艺术基金项目资助工作得到各方广泛参与和好评，资助的项目覆盖中直文艺院团和国内全部省（区、市）的各级各类文艺院团，高等院校，国有、民营文化单位和机构，此外，还有121位艺术家以个人身份获得艺术基金的资助。2014 年,艺术基金资助的项目突显中华民族伟大复兴中国梦的主题,坚持以人民为中心的创作导向,在践行社会主义核心价值观、弘扬中华优秀传统文化方面进行积极探索,特别是在传播当代中国价值观念、体现中华文化精神、反映中国人审美追求等方面取得新突破、新亮点,为文艺事业健康发展做出积极贡献。

2014 年度资助项目的具体实施年度为 2015 年。截至目前,在 393 个资助项目中,已演出的大型舞台剧 56 项;已演出或展出的传播交流推广 25 项;已开班的人才培养 31 项。管理中心直接或委托地方文化主管部门共组织监督专家 339 人次,对 88 项资助项目的实施进行了现场监督。"舞台艺术作品"如歌剧《彝红》《大汉苏武》、话剧《古田会议》《徽商传奇》、舞剧《戈壁青春》《沙湾往事》、儿童剧《我的麦哲伦海峡》《大山里的红灯笼》、藏剧《朵雄的春天》、龙江剧《松江魂》等项目体现了思想性、艺术性、观赏性相统一,受到社会各界的广泛好评;"人才培养"如《京剧尚派艺术表演人才培训》《艺术品营销人才培养》《西南少数民族水彩画创作人才培养》《青年指挥人才培训》《舞剧〈丝路花雨〉青年表演人才培养》等项目策划周密、师资雄厚,遵循高层次、小批量的原则,体现了个性化、实践性和口传心授的特点;"传播交流推广"如《"中国梦·黄土情"晋冀蒙陕甘宁六省(区)地方戏曲及民乐民歌"三展"联动》《百年巨匠》等项目先后开始实施。在海外开展的项目,如杂技节目《协奏·黑白狂想》在第 39 届蒙特卡洛国际马戏节上,荣获最高奖"金小丑"奖,体现了艺术基金资助艺术精品的工作导向。还有《第十二届全国美展》赴新西兰、美国巡展,《茶馆》赴欧洲巡演等中华文化"走出去"项目,体现了当代中国人的思想与情感,让国外观众看到了更全面、更真实、更富有时代精神和生活气息的中国,提升了我国艺术作品的国际竞争力。

(徐进毅)

中国艺术研究院(中国非物质文化遗产保护中心)

【概况】 2014 年,在艺术科研、艺术创作、艺术教育三位一体的发展道路上奋勇前进,完成文化部交予的各项任务,为国家文化艺术事业的繁荣与发展、特别是对国家艺术领域的学术研究做出了应有贡献。

【基础理论研究与现实对策研究】 将科研工作视为重中之重,一直坚持艺术史论的基础性研究,同时根据国家文化艺术发展的需要,不断加强对现实问题的研究,特别是高度重视对事关我国文化艺术发展全局性、前瞻性的理论和实践问题进行对策性研究,强化理论与实践相互结合,取得丰硕成果。

申报科研项目立项的多项数据较 2013 年都有显著提高。课题负责人年龄为 45 岁以下的青年学者的项目,占全院总立项项目近 60%,反映出全院已形成较为合理的艺术研究人才梯队。组织开展 2014 年招标课题的申报。两项课题立项院招标课题;21 项课题作为《2014 年中国艺术各门类年度发展研究报告》子课题,立项为院指定课题;1 项获批立项院内课题。

全面开展对中国艺术发展现实趋势与问题的研究,完成《2013 年中国艺术各门类年度发展研究报告》的结题和推广工作,该报告的 14 个子课题成果已于 2014 年年初全部发表在《中国文化报》《中国艺术报》等各大报刊,反响良好。

2014年是国家艺术基金资助项目申报的第一年。中国艺术研究院有35位专家入选国家艺术基金专家委员会,所申报的3个机构项目“中国福建木偶戏在亚太地区的传播交流推广”“影像‘中国梦’摄影艺术展”“篆刻艺术青年人才培养”全部立项。

全面展示中国艺术研究院学术研究成果的“中国艺术研究院学术文库”第一批48部著作、《昆曲艺术大典》已陆续出版;《中国艺术年鉴2012年卷》出版发行。

公共文化政策研究中心作为国家文化财政政策研究基地,集中力量完成文化部和财政部下达的研究课题,继续就《深化乡镇公益性文化机构年度运行经费测算及分摊保障比例研究》《城镇化建设过程中文化设施建设及运行研究》《各级美术馆运行保障经费测算研究》三项课题进行深入研究,同时受文化部艺术司委托,承担编译《国外促进文化艺术繁荣政策法规读本》课题。

为了规范学术评价、推进学风建设,将原有的院学术评议委员会与院学位委员会合并,成立院学术(学位)委员会,院领导班子成员不担任院学术(学位)委员会的领导职务,弱化行政色彩,强化学术自主、自律。开展2014年院优秀科研成果奖的评选,共评出17项获奖成果,激励科研人员的学术热情,发挥科研管理的引导作用。

积极举办各种学术活动,“汇聚正能量 抒写中国梦——文艺创作塑造中国梦座谈会”是一次国内艺术界研讨文艺创作如何体现中国梦与社会主义核心价值观的重要学术会议;“李希凡先生从事学术研究60周年暨《李希凡文集》出版座谈会”“当代戏曲艺术理论研讨会”“中国梦与中国电影国际传播”研讨会、《杨荫浏纪念文集》和音乐研究所在职人员文集《薪传代继》出版学术座谈会、“探索礼乐文明新体系学术研讨会”“扬州曲艺进京学术观摩展演”及“扬州评话传承发展学术研讨会”“2014中国艺术人类学国际学术研讨会”等也均在专业领域产生良好反响。马克思主义文艺理论研究所举办第二届、第三届全国青年文艺论坛,总计举办12期青年文艺论坛,还定期举办马克思主义文艺理论论坛,在马列文论界产生重要影响。文化战略中心与腾讯公司共同主办的“第二届互动娱乐艺术高峰论坛”、第五届中国(高密)红高粱文化节期间举办的“莫言对中国文学的影响”学术研讨会均取得良好的社会影响。院属各所通过举办“影视大讲堂”“惠新讲坛”“王朝闻学术讲坛”等学术讲座,促进科研人员面对面的交流。

【全面提升艺术教育质量,不断完善各项规章制度】 研究生院保持良好发展态势,硕、博士研究生报名人数逐年递增。研究生院艺术硕士(MFA)招生取得很大进展,增设“书画鉴定与文物保护”方向,聘请多位国家级非遗项目代表性传承人招收“传统技艺研究”方向研究生,把“师徒相传”的模式开创性地引入研究生教育培养体系。2014年录取艺术硕士50人,录取结果为全国艺术院校第一名,为此,国务院学位委员会办公室将研究生院2015年艺术硕士招生规模由50人扩大到75人。

研究生院针对各专业的特点和要求,按需设课、因材施教,使课程结构和课时更趋合理。注重实践类研究生的人才培养,充分利用院创研基地,开设实践类美术学专业研究生写生课程。研究生院还开展“与大师面对面”“名师讲坛”等一系列高规格高水准的学术对话交流活动及学术讲座,以及艺术学导论、艺术人类学前沿等专题系列讲座。

研究生院在申报国家外国专家局的引智项目上实现重大突破,共有三个“高端外国专家”项目和一个“世界前沿论坛”项目获批通过，前者分别是英国杜伦大学罗伯特·莱顿教授的“景德镇陶瓷文化百年变迁”，美国斯坦福大学杨晓能教授的“百年山水：困惑、探索与创新”以及俄罗斯专家团队类项目“2014中俄油画创作高级研修班”。

中国艺术研究院因重点文化援疆项目新疆非物质文化遗产定向培训班的成功举办，在中央民族工作会议暨国务院第六次全国民族团结进步表彰大会上荣获“全国民族团结进步模范集体”荣誉称号，是文化部系统唯一获此表彰的集体。

为表彰品学兼优的学生，解决经济困难学生的后顾之忧，不断完善资助和奖励政策，研究生院首次设立院长奖学金。

【“深入生活、扎根人民”系列活动】 5月，中国艺术研究院深圳凤凰创作研究基地揭牌仪式暨文博会凤凰古村落文化旅游集聚区分会场开幕式举行。深圳文博会期间，中国艺术研究院和深圳宝安区人民政府联合主办一系列高端文化活动，包括“丹青凤凰——中国艺术研究院美术作品展”“中华巧艺——中国深圳非物质文化遗产百项技艺联展”和凤凰书院“凤凰中华艺文讲堂”系列讲座。

“澄怀味象”——中国艺术研究院中国画院第三届院展、“金石永寿”——中国艺术研究院中国篆刻艺术院第三届院展暨国际邀请展、“大道书怀——中国艺术研究院中国书法院成立十周年书法作品展”“空间·境像——朱乐耕当代陶艺展”及“朱乐耕陶艺术研讨会”、2014青岛文化艺术季闭幕展暨“弘文焕采——当代中国画名家精品展”“艺术时空——中国艺术研究院书画展”“传承经典·收藏文明：中国首届篆刻艺术名家作品收藏展暨中国（广西）篆刻艺术馆二期落成仪式”及研讨会、“笔墨踪旅——中国书法院书法作品巡回展”等展览和活动，全面展现中国艺术研究院艺术家们的艺术风采，社会反响良好。

中国艺术研究院中国油画院承办“中俄油画创作高级研修班”项目，并举办“澄怀观道——中国油画院课题组学术研究展”等国内展览及“如见故人来——俄罗斯油画作品展”等国际展览。艺术创作院举办“大美寻源”系列画展。

10月，成立仅一年的中国艺术研究院中国版画院在宋庄艺术新区设立创研中心，并举办“瞭望之塔”中国版画名家邀请展、“即刻”青年版画家邀请展。

梅兰芳纪念馆开展纪念梅兰芳诞辰120周年系列活动。召开“梅兰芳表演体系国际学术研讨会”，来自中、俄、法、日、韩、新加坡等国家及台湾地区60多位海内外专家参加研讨会；举办“纪念梅兰芳诞辰120周年展——文化大使梅兰芳”展览；编辑出版“梅兰芳艺术大系”丛书；与宋庆龄、鲁迅等八家北京名人故居纪念馆受土耳其伊斯坦布尔新生大学（DOGUS）外国语学院邀请，赴土耳其举办“中华名人展”大型展览。

值得一提的是，中国艺术研究院中国篆刻艺术院为法兰克福书展《习近平谈治国理政》一书首发式制“治国理政”四字的篆刻，为李克强总理作制参加第十届亚欧首脑会议赠送欧洲理事会主席范龙佩和欧盟委员会主席巴罗佐的篆刻印章。

【“非遗”保护工作】 2014年，中国艺术研究院的“非遗”保护工作取得重要进展。通过积极申报，“篆刻艺术”成功列入国家级非物质文化遗产项目。

中国非物质文化遗产保护中心（以下简称“中心”）举办多项大型活动，如“中国非物质文化遗产年俗文化展示周”“海峡两岸非物质文化遗产联展”“福建文化宝岛行——福建优秀舞台剧（节）目赴台巡演”等，增强全社会的“非遗”保护意识。中心还参与中央电视台中文国际频道“寻找两岸文化传人”专题纪录片策划，承办“城镇化进程中的非物质文化遗产保护论坛”和“第三届中国非物质文化遗产博览会——文化生态保护区建设论坛”。中心秉持“政府主导、社会参与”的原则，为促进社会力量参与“非遗”保护，举办“第三届‘中华非物质文化遗产传承人薪传奖’颁奖仪式”和“2014‘BMW 中国文化之旅’”。受文化部非遗司委托，中心就建立“拉萨河文化生态保护实验区”进行考察并召开建设情况汇报暨专家意见反馈会。召开“《文化部关于加强非物质文化遗产抢救性保护的指导意见》（讨论稿）及‘抢救性记录工程’业务标准（试用稿）、技术标准（草案）研讨会”，推动抢救性记录工程顺利进行。“中心”还承担“‘十三五’时期非物质文化遗产保护传承研究课题”，年底完成课题中期任务。出版《中国非物质文化遗产年鉴 2010 年》等。

亚太地区非物质文化遗产国际培训中心（以下简称“亚太中心”）积极向国际社会宣传推介我国“非遗”保护的经验与成果，在境内外开展培训班和研修班、召开国际会议、参加国际合作和交流等。亚太中心陆续举办“《保护非物质文化遗产公约》‘批约’和‘履约’培训班”、第二届“欢乐春节高级研修班”；在柬埔寨主办“以社区为基础的非物质文化遗产清单制定培训班”；在萨摩亚阿皮亚主办“南太平洋地区传统房屋建造技艺的振兴与可持续发展研修班”。亚太中心还召开“非物质文化遗产保护经验交流会”，国内、联合国教科文组织及阿塞拜疆、匈牙利、以色列等 8 国常驻联合国教科文组织代表等 30 余人参会。亚太中心开展国际合作项目，与韩国亚太中心合作撰写《中国非物质文化遗产保护现状报告》，此系首次与联合国教科文组织支持下的其他二类中心开展实质性合作。亚太中心派员参加“联合国教科文组织《保护非物质文化遗产公约》缔约国大会第五次会议”和“第二届联合国教科文组织保护非物质文化遗产二类中心联席会议”“小岛屿发展中国家非物质文化遗产保护与可持续发展会议”等国际会议，积极开展国际交流。召开管委会第三次会议和咨委会第二次会议。

中国非物质文化遗产数字化保护中心举办“全国非物质文化遗产数字化保护摄影摄像专题培训班”。完成“国家级非物质文化遗产代表性传承人抢救性记录工程技术标准”编制工作。开展四校一院协同创新合作，与中山大学、哈尔滨工业大学、华中师范大学、厦门大学联合成立“文化遗产传承与数字化保护协同创新中心”。

继续推进“十二五”国家重大文化设施建设项目“非遗”、工美两馆的建设。

【坚持正确导向，扩大期刊学术影响与社会影响】 院属各期刊杂志社坚持正确导向，坚持把社会效益放在首位，并注重经济效益和社会效益的统一，不断提高办刊质量，扩大学术影响与社会影响。

《文艺研究》继续在全国同行期刊中保持领先水平，举办“第五届华文诗学名家国际论坛”暨“印象武隆”诗歌采风。来自内地和港澳台地区及荷兰、新西兰、日本、新加坡等国家的 120 余位诗人、学者出席论坛。

《中国摄影家》着重加强对国外摄影家和事件的关注和研究，还开展一些大型摄影活动。“中国人　中国梦”摄影艺术展以“汇聚正能量，抒写中国梦——摄影创作塑造中国梦”为主题，展出作品生动呈现中国人民为实现民族复兴的伟大梦想所进行的奋斗与探索，是一次以摄影艺术抒写中国梦的出色实践。另外，还举办或参与举办“2014 百名摄影家走进‘刊博会’摄影大赛”“北京国际摄影周

2014”等活动，并开展多项全国摄影大展的征稿和评选。

《美术观察》被列入中文社会科学引文索引 CSSCI 来源期刊，并举办了第四届“艺舟双楫——《美术观察》同仁作品展”及“中国当代美术评价体系学术研讨会”。《红楼梦学刊》连续两年被国家社科基金管理中心列为资助期刊。《中华文化画报》《艺术评论》《中国艺术时空》《中国音乐学》《文艺理论与批评》《中国文化》《传记文学》等努力提高出刊质量，均取得良好成绩。

文化艺术出版社 2014 年度共出版图书 250 余种，发货码洋 3500 余万元。出版社参加 2014 年法兰克福国际书展，主打非遗类图书品牌。在《“海外馆藏：中国图书世界影响力”报告》所选出的“2013 中国图书世界影响力出版 100 强”中位列第 72 位，充分说明出版社“走出去”工作所取得的成效。本年新申报“十二五”重点图书出版增补项目 5 项，《国家级非物质文化遗产项目代表性传承人大典》被增补为“十二五”国家重点图书。

【加强对外文化交流，促进中国文化走出去】 积极推进对外文化交流，努力实行中国文化走出去的国家战略，国际学术影响力不断扩大。

由中国艺术研究院与欧盟文化中心合作组织共同主办的“第六届中欧文化对话”在罗马尼亚举行，中欧学者、艺术家等进行了深入交流，期间还举办以中国艺术研究院的艺术家为主体的“中国视觉与造型艺术展”。

中国艺术研究院着眼于国外《红楼梦》的研究与传播情况和中国文化的海外传播，加强与国外红学研究者的联系。在捷克共和国帕拉茨基大学召开“欧洲《红楼梦》多语种译介与海外红学研究研讨会”，还与斯洛伐克—中国友好协会和斯洛伐克欧洲中国中心在布拉迪斯拉发联合举办“大观园文化沙龙”。为庆祝中蒙建交 65 周年，加强两国文化交流合作，中国艺术研究院版画院与乌兰巴托中国文化中心、蒙古国国家美术馆在乌兰巴托主办“版画中国——当代民族版画国际巡展”，展览及展出作品受到蒙古国文化艺术界领导的高度评价。

作为文化部两岸文化研究基地，中国艺术研究院战略中心定期撰写《台湾文化研究动态》《台湾文化简报》，举办“海峡两岸文化发展论坛”，加强与台湾各文化研究机构的合作与沟通，推动两岸文化交流工作，承担第五届“两岸汉字艺术节”的组织工作，并在活动期间，举办“翰墨千秋，金石永年——第五届两岸汉字艺术书法篆刻作品展”和第五届两岸汉字艺术节论坛。“两岸汉字艺术节”作为高规格、高水平、高品质的两岸艺术交流平台，已经成为国台办、部台办重要的对台交流项目。

【参与公共文化服务，推动社会公益活动】 继续参与由文化部牵头组织的 2014 年“春雨工程——全国文化志愿者边疆行活动”，以大讲堂的形式，将文化艺术及非遗保护等知识的普及引入基层公共文化建设，以提高群众文化艺术素养和审美水平，满足人民群众多样化、多层次精神文化需求，让人民群众共享文化发展成果。此次志愿服务活动涉及 5 个边疆地区，共计举办 14 场讲座。

2013 年，中国艺术研究院话剧所“小品进社区”项目入选国家文化创新工程重点项目。经过一年准备，于 2014 年 8 月在青岛市黄岛区举办首届“黄岛区社区小品展演”活动。中国艺术研究院组织艺术家为扶贫结对单位山西娄烦捐赠书法作品，支持娄烦旅游文化建设。

【做好行政后勤保障，服务全院中心工作】 院内各行政部门不断加强服务意识，认真履行职责,协调配合保障工作正常开展。图书馆继续以音像资源数字化为重点,进行音频、视频、图片资料的回溯建库与数字化采集,开展“中国戏曲剧种音像资料数字化工程”,接受一些有重要价值的社会捐赠以充实丰富馆藏,被文化部、国家古籍保护中心授予“全国古籍保护先进单位”称号。

(陈　越)

国家图书馆

【概况】 2014 年是国家图书馆建馆 105 周年,也是国家图书馆的“全面提升年”。一年来,国家图书馆继续巩固党的群众路线教育实践活动成果,圆满完成一期馆舍维修改造、典籍博物馆建成开放、总馆南区恢复服务等各项工作任务。

【基础设施建设】 完成三大工程建设任务,基础设施水平全面提升。以总馆南区维修改造、典籍博物馆、综合服务楼三项工程的竣工开放为标志,国家图书馆基础设施保障水平取得重要突破。总馆南区维修改造工程顺利竣工,文献存藏条件、读者阅览环境显著改善,设施设备现代化水平明显提升;典籍博物馆建成开放,创新性地运用现代化展陈手段,“让书写在古籍里的文字活起来”;综合服务楼投入使用,馆舍面积达 28 万平方米,读者和员工学习、工作、生活条件得到改善。三大工程建设完成,一方面为国家图书馆拓展艺术教育、典籍展览等新的职能,建设区域性文化艺术交流中心提供较好的空间和设施设备条件,另一方面较为彻底地解决这些年管线老化、设备陈旧等问题对国家图书馆业务工作的掣肘,为国图下一个百年的发展提供较高水平的硬件保障。

【文献信息资源建设】 以国家文献信息资源总库建设为核心,不断提高文献资源保障能力。文献信息资源规模持续扩大。各有关部门分工协作,继续拓展购买、受缴、征集、复制以及受赠等多种采选渠道,实现呈缴文献全面入藏,全年入藏各类型文献 57.9 万种,馆藏文献总量达 3377.85 万册件,数字资源总量达 1024.45TB。一是稳步推进出版物缴送,图书全品种缴送率达 72.3%,中文期刊和外文报纸的缴全率分别比去年同期提高 5.5% 和 20%。二是积极开拓文献补藏思路,围绕热点领域进行专题文献补藏,全年补藏各类型文献超过 8000 种。三是有序推进数字资源建设,继续开展中文图书、博士论文、民国文献、古籍文献、音视频资源等各类型馆藏资源的数字化,民国图书、善本缩微数字化年涨幅分别达到 166.7% 和 142.8%,网络资源采集量达 62.4TB。四是依托“中国记忆”项目,进一步拓展馆藏文献来源与形式,完成东北抗联老战士、中国远征军等专题共 500 余小时的口述影像采集。

文献信息资源整合有力推进。将馆藏整合揭示作为全年一项重点工作,专门成立“国家图书馆文献资源整合工作领导小组”,并在年初机构调整时,将中外文数字资源采编工作整体纳入采编业务流程。在对现有资源建设与服务情况进行全面调研的基础上,研究制定文献资源整合的总体方案,本着实现资源一体发布、多终端展示的原则,循序渐进地对国家图书馆数字资源发布系统、文津搜索系统及手机门户系统等进行改造,并加强商购中文数据库的元数据收集工作。截至目前,文津搜索系统整合的元数据已达 2.8 亿条,月均访问量近 1000 万次,比去年增长约一倍。

文献信息资源保存保护取得突破。各部门齐心协力、克服困难,历时五个月圆满完成保存本文献、基藏本文献、缩微文献、复本库文献等的搬迁调整工作,累计调整文献700余万册/件;经过南区维修改造,保存本库房、基藏本库房、缩微文献库房、音像资料库房条件都有了明显改善,古籍善本及各类特藏珍贵文献的存藏环境不断改善,文津街馆区和总馆南区善本库房的温湿度自动监测系统已完成初步安装,基本实现库房环境的实时监控;国家图书馆国家文献战略储备库稳步推进,已初步确定项目选址,并在文化部指导下就建立分级分布的国家文献战略储备体系进行深入研究。此外,国家图书馆还开始探索以出版装帧原貌对中文图书进行永久保存。

【业务格局调整优化】 以总馆南区开馆为契机,进一步优化业务格局,提升服务能力。南区维修改造完成后,国家图书馆对业务格局进行全面调整。调整之后,总馆南区提供以外文文献、中外文专藏文献为主的专业性服务和典籍博物馆展陈服务,总馆北区提供以中文普通文献借阅、电子文献、音视频资源服务为主的大众服务,古籍馆提供普通古籍、外文善本、地方志家谱文献服务和临时主题展览服务。三个馆区定位明确,功能互补,衔接紧密,既更好地满足现实需求,又充分考虑未来发展的需要。通过维修改造,总馆南区的服务面积扩大近一倍,中文图书外借业务全面恢复,可外借图书和外借区域均有大幅度增加;增设自助借还、自助复印等服务设施多处;无线网络覆盖无盲点;改造空调取暖系统、采光照明系统,增加辅助照明设施,公共开放空间加强自然采光,读者阅览环境明显改善。

立法决策服务取得新突破。按照“深化基础业务,完善工作机制;巩固服务品牌,拓展业务领域;强化协同合作,建构立体格局”的指导思想,稳步提高立法决策服务能力,全年完成党政军领导机关文献信息咨询1203件。建立面向中央最高决策机构的数字图书馆服务体系;为国家食品药品监督管理总局等提供专题信息产品;积极推进中国边疆文献研究中心建设,围绕钓鱼岛、南海等问题,为相关部门决策提供专题文献支撑;向中共中央办公厅等领导机关主动报送热点与专题信息;继续做好“两会”服务工作,编制《“两会”专题文献信息专报》47篇;第十五家部委分馆——农业部分馆正式成立。

教育、科研与企业用户服务稳步推进。从跟踪国家重大战略领域和重点建设项目的需求入手,切实加强对教育、科研与企业用户的服务,逐步完善由一般咨询服务、定题咨询服务、馆际互借服务、文献传递服务、文献复制服务等构成的咨询服务体系,全年完成各类参考咨询服务103.26万件。咨询结构进一步优化,科学评估类业务持续增长;馆际互借与文献传递需求提交及文献分发的自动化能力得到提升,完成文献提供16935册件,馆际互借15923册件,国际互借文献1574册件;呼叫中心新增多项语音服务;研发企业应用支撑平台。

公众服务能力显著提升。全方位、立体化的服务体系不断完善,全年办理读者证卡23.67万人次,接待到馆读者398.17万人次,文献流通2486.35万册次,网站点击量13.03亿次。推出数字图书馆移动阅读平台,提供电子图书、电子期刊、图片、视频及各地图书馆特色资源;推出微信公众号“掌上国图”;互联网电视服务覆盖全国400万户家庭;建设“印象数图”体验区。积极推进面向特殊人群的精细化服务,特别是以少儿馆为阵地,重点加强面向少年儿童的阅读服务,主动拓展故事会、数字阅览、培训、竞赛、展览等多种少儿到馆服务活动形式；举办“低幼悦读会”、优秀绘本巡展和“阅读推广进校园”等活动；以“全国少年儿童主题阅读年”活动为抓手，积极倡导面向少年儿童的阅读推广活动。

社会教育服务效益凸显。大力推进典籍博物馆建设，在国家典籍博物馆开馆工作领导小组的统筹领导下，相关部处克服困难，加班加点。7月15日，国家典籍博物馆试运行，9月10日，正式对外开放，成为国家图书馆社会教育服务的新平台。首展共设置9个主题展，接待团体参观200余次，个人参观12万余人次，还接待多位中央领导同志及政策研究专家、国际汉学专家、全国图书馆界同仁，反响热烈；开发一批具备典籍元素的文创产品，策划国家典籍博物馆系列讲座，推出20大类青少年体验式教育课程，为优秀传统文化润泽社会公众的日常生活做出积极贡献。大力推进展览、讲座、培训、阅读推广等社会教育服务，全馆全年共举办展览、讲座、培训、艺术教育活动1908场，接待读者144.8万人次；举办部级领导干部历史文化讲座13场，听讲的部级领导达1700余人次；开展第九届文津图书奖评选活动；文津讲坛、国图讲坛、文津读书沙龙、文津经典诵读、非物质文化遗产专题展览等一系列服务品牌的社会影响力进一步扩大。

【重点文化工程建设】 以公共文化服务体系建设总体部署为导向，扎实推进重点文化工程建设。“中华古籍保护计划”和“民国时期文献保护计划”深入开展。推进普查登记工作；出版《第四批国家珍贵古籍名录图录》，完成第五批《国家珍贵古籍名录》和“全国古籍重点保护单位”评审；面向海外进行珍贵典籍文献的征集与合作保护；推进珍贵典籍数字化和民国时期专题文献数据库建设；整理出版《远东国际军事法庭证据文献集成》等专题文献；建设首批“中华优秀传统文化实践基地”试点；举办专题培训；建立“国家古籍保护人才培训基地”和国家级古籍修复技艺传习所；与高校联合培养古籍保护专业硕士，推动建立复旦大学中华古籍保护研究院；筹建中国古籍保护协会。

数字图书馆推广工程服务成效显著。设立推广工程办公室，完善管理制度，强化综合管理；完成47家副省级以上图书馆的虚拟网联通，34家省、市级图书馆的专网联通；开展数字资源联合建设，共享资源近140TB，向少数民族地区推送镜像资源近40TB；继续依托有线电视网、移动通信网提供服务；建设在线培训平台，举办专题培训。

国家数字图书馆工程验收准备工作基本就绪。完成异地灾备系统机房建设及光纤链路铺设、文献数字化加工中心场地规划和设备选型、核心系统第三方测评、标准规范项目成果出版等工程建设收尾工作，启动档案整理工作。

新策划项目逐步成熟。策划《中华优秀传统文化文库》编纂项目、海外中华珍贵典籍文献保护工程、中国互联网信息保存与利用工程等新项目，其中《中华优秀传统文化文库》编纂项目已获中宣部批准同意，即将组织实施。

【国内外交流合作】 以开拓国内外交流与合作领域为重点，充分发挥行业引领作用。广泛开展业务协作与学术交流。组织开展“中华经典诵读大赛”等全民阅读活动；编制《全国少年儿童图书馆基本藏书目录》；发挥全国联合编目中心、省级公共图书馆决策咨询服务协作平台、全国图书馆讲座联盟等平台的作用，开展业务合作；依托中国图书馆学会、中国文献影像技术协会开展学术交流；举办“2014年中国图书馆学会年会”“全国省级公共图书馆馆长座谈会”“全国古籍保护工作座谈会”等业务交流与学术研讨活动；为全国图书馆员培训提供支持。

积极推进图书馆事业发展研究和政策研究。开展《公共图书馆法》《公共图书馆事业发展“十三五”规划》《省、市、县级公共图书馆业务规范》等政策支撑研究；组织编纂《中国图书馆年鉴》《中国图书馆事业发展报告（蓝皮书）》《中国图书馆史》；开展图书馆事业发展基础数据统计分析；深入推进图书馆行业标准化研究与标准制定工作。

继续优化与国际社会及台港澳交流与合作策略。举办“中国阿拉伯国家图书馆馆长论坛”“两岸公共图书馆事业发展联展与论坛”、首届朝鲜图书馆馆员培训班；赴俄罗斯和英国调研民国时期文献存藏情况；分别与南非、毛里求斯、伊朗、塔吉克斯坦、以色列、土耳其、德国等国国家图书馆及欧洲学院签署合作谅解备忘录、合作协议书等；参加国际图联大会、北美亚洲图书馆年会等国际会议。

【综合管理】 以全面提高综合管理能力为保障，营造事业发展良好环境。机构与人员结构进一步优化。调整处级机构及部处内设机构；完成干部聘任；接收应届毕业生，补充急需专业人才；完成职称评审；成立国家图书馆文化志愿者总队；开展科级干部培训、全员培训、新员工入馆培训。

科研工作取得新进展。立项国家社科基金项目 6 项，科技支撑计划项目 1 项，国家文化科技提升计划项目 1 项，获资助经费 593 万元；启动馆史资料征集、整理与研究项目，举办缪荃孙诞辰 170 周年纪念会暨学术研讨会；古籍保护实验室入选首批“文化部重点实验室”；科研支撑平台上线试运行。

安全与后勤保障常抓不懈。安全与后勤保障工作经受维修改造、文献搬迁以及各类大型展览、会议等的考验，全年无一起重大安全责任事故；开展消防安全知识培训；制定反恐工作预案；成立国家图书馆网络安全和信息化领导小组，网络、计算机机房实现平稳运行；完成设备运行保障和后勤服务保障任务；业务办公用房调整到位。

宣传工作立体化推进。围绕重大活动和重大工程策划专题报道，开展 30 余次宣传活动，报道总数 9000 余篇；开展“我与中华古籍”征文活动、数字图书馆推广工程摄影大赛优秀作品展；首次与人民网、人民日报官方微博合作开展宣传推广活动；报送稿件采用量在文化部直属单位中位居前列。

财务与国有资产管理更加规范。成立审计处，加强对重大工程的绩效审计；根据一期维修和重新开馆的需求争取追加预算近 2 亿元，当年预算超过 8 亿元；完善财务和国有资产管理制度，规范审批流程；加强馆资企业监管；强化预算调控功能，预算执行有力；创收工作取得一定成绩。

（程　鹏　王旭东）

故宫博物院

【概况】 2014 年是“平安故宫”工程全面推进的一年。故宫博物院以“平安故宫”和“学术故宫”为两大发展重点，塑造文化身份，树立文化形象。“平安故宫”工程组织领导、专家咨询机构成形，7 个子项目成效初步显现。启动藏品 3 年普查清理，延续和深化第 5 次文物清理工作。成立明清官式建筑保护研究国家文物局重点科研基地暨故宫研究院古建筑研究所。推行限流分流试行方案，包括年票、主题免费开放日、单日内分流 3 项。全年接待观众 1525 万人次，比 2013 年增加 4.7%。门票收入为 7.24 亿元，比 2013 年增加 3.48%。

为实现“把壮美的紫禁城完整地交给下一个六百年”的“故宫梦”而努力，也为中华民族的伟大复兴和“中国梦”注入自己的智慧和活力。

【“平安故宫”工程】 工程取得重要进展，工程领导协调小组、专家咨询委员会、领导协调小组办公室、消防安全评估论证专家组先后成立，并分别召开第一次全体会议，同时召开6次“平安故宫”工程月度媒体通报会，进一步推进了“平安故宫”工程实施。“平安故宫”工程子项目发展如下：

（一）北院区建设项目建议书已由文化部上报国家发展和改革委员会。

（二）地库改造工程、基础设施改造工程的项目建议书皆获得国家发展和改革委员会原则同意。

（三）世界文化遗产监测项目开展观众动态监测、防雷监测系统等新项目建设，出版《故宫博物院世界文化遗产监测工作报告（2012年）》。

（四）故宫安全防范新系统已完成29个区域中12个区域的检测，消防系统改造已完成95%。

（五）院藏文物防震项目正在进行第二期文物防震评估工作。

（六）院藏文物抢救性科技修复保护项目，已建立宫廷家具文物修复工作室、车马轿舆类文物修复工作室等11个文物修复工作室，保护修复400余件文物。

【文物保管】 藏品管理方面，参加全国第一次可移动文物普查工作，起草《故宫博物院藏品三年清理工作方案》并启动相关工作。延续和深化第5次文物清理工作，计划用3年时间对甲骨、乾隆御稿、明清尺牍、清代瓷片和窑址标本、清宫老照片、清宫老照片玻璃底片、古建文物资料、石刻构件等15类文物进行普查清理，开展登记著录、影像采集和研究工作，已清理玻璃底片15000张。更新《故宫博物院藏品总目》，已公布藏品数量达166万件，约占全院藏品的92%。接受捐赠藏品6件。

加强文物科技保护工作，修复文物600件，数字复制与人工临摹21件，制作囊匣94件、画夹8件、书套4件，完成原状陈设展览文物保养209件。“古钟表传统修复技艺”入选第四批国家级非物质文化遗产代表性项目名录。承办陶瓷藏品保护与修复培训班。筹备启动文保修复师承制工作，根据不同修复技艺类目，确立徒弟共11人。

【完整保护与整体维修】 成立明清官式建筑保护研究国家文物局重点科研基地暨故宫研究院古建筑研究所，传承中国官式古建筑营造技艺，探索总结明清官式建筑发展历史，培养相关专业人才。开办官式古建筑营造技艺瓦作、油作、画作培训班，第一期培训班共培训学员61人。

宁寿宫一区（符望阁）保护修复工程、上驷院车房修复工程、端门城台建筑保养等工程竣工，午门展厅改造工程、永寿宫修缮工程、毓庆宫建筑群修缮工程开工。另有6项工程准备开工。完成古建筑防雷工程8项。清理影响古建安全的临时建筑。完成古建日常零修工程共454项。有计划地对全院瓦顶进行除草清垄，完成太和门区域2000余块地面砖的挖补工作。

完成《2013年故宫文物建筑普查报告》，参与编写《北京城中轴线建筑实测图集》。《明清宫廷建筑大事史料长编》《中国明清建筑历史图集》《故宫古建筑修缮实录——武英殿》等科研工作持续进行。

【陈列展览】 发挥馆藏资源优势，弘扬优秀传统文化。院内新办展览 8 个，包括武英殿“故宫藏历代书画展”（第八、九期），延禧宫“越洋遗珍——上海博物馆与故宫博物院藏明清贸易瓷展”，斋宫“故宫博物院藏清代碧玉器与玛纳斯展”，神武门“郑于鹤雕塑展”等。赴境内文博机构举办或参与展览 5 个。

同时不断增进文化交流与互动。举办和参加各类涉外展览共 6 项，如赴香港文化博物馆举办“卓椅非凡：穿梭时空看世界展”，赴美国弗吉尼亚美术馆举办“紫禁城——北京故宫博物院皇家珍品展”等。

【安全保卫与开放管理】 随着“平安故宫”工程的推进，故宫消防报警系统改造工程进入系统试运行阶段，端门区域安防系统改造工程上线，视频监控系统无缝隙加密工程完工，门禁系统升级改造项目进入实施阶段，高压消防给水系统改造完成招标，立体安防喷雾器安装工程完成采购流程，应急指挥平台建设项目完成资格预审。

不断健全安全管理制度，完善《突发事件应急预案》，制定并实施《警卫岗位工作质量量化管理办法》。春节、“两会”、“十一”黄金周等重点时段、敏感时期，相应制定观众接待方案。针对少数观众违规吸烟问题，加强对问题多发地段重点巡视，劝阻吸烟，消除隐患。全年共组织联合大检查 6 次，举办第六届消防运动会，开展一次消防演习，组织封门演习 30 余次。

制定《故宫博物院分流限流方案》，内容包括年票、单日内分流及针对教师、大专院校学生、现役军人和公安民警、医务人员、志愿者等人群的主题免费开放日活动。培养观众网上购票意识，引导和调控观众流量。同时，新售检票系统配合方案试行，提供人流监测信息，利于管理和调控。另外，“五一”期间向社会发布参观故宫的七项建议，“十一”期间首次向观众发送服务短信。

为观众营造良好参观环境。在御花园内采取更换石栏、增设路椅，园内不再售卖各种饮食等措施，彻底解决御花园观众拥挤、蹲坐用餐、攀爬假山等状况。启动二期护栏改造工作，更新、改造院内标识牌，新增及维修广告牌、公告贴。调整开放区域观众座椅 221 处，增加临时果皮箱 290 个，更换靠背座椅木板 200 套。

【学术与出版】 故宫研究院组织架构不断完善，先后建立博士后科研工作站、古建筑研究所、宫廷戏曲研究所，同时发布近几年将开展的 10 项科研与出版项目。故宫研究院下设的考古研究所对慈宁花园等院内 3 处发现古代建筑遗址的施工区域进行抢救性考古发掘，获得重要成果。聘请国内外 4 位知名学者为首批顾问。

故宫学院受国家文物局委托，面向全国文博业界，开设明清瓷器鉴定培训班（提高班）、官式古建筑木构保护及木作营造技艺培训班、中德博物馆管理培训班和陶瓷藏品保护与修复培训班。成立故宫学院（苏州），举办 5 场“故宫讲坛”走进苏州的讲座。

举办各类学术培训、讲座，召开学术研讨会，取得丰硕学术成果。举办 12 次故宫专题学术讲座及第三届故宫学高校教师讲习班，面向院内员工举办满文初级、中级培训班。召开“纪念古物陈列所成立一百周年”“故宫学与西学学术”“明代宫廷史”等学术研讨会。举行《中国陶鬲谱系研究》首发式，完成《故宫文物南迁史料长编》整理与编纂，编辑出版《故宫学刊》11、12 辑，启动《故宫博物院十年论文选（2005—2014）》编纂。完成 6 项国家级非物质文化遗产代表性项目名录的申报工作，与中央美术学院、苏州大学等高校达成故宫学初步合作意向。

故宫出版社全年出书共计246种，其中新书185种，重印书61种。4个项目获得国家资助。《故宫日历》(2015年)入围《新京报》2014年度好书榜；《在紫禁城》被评为2014年度"中国最美的书"；《故宫画谱》系列、《楷书结构八十四法》《兰亭的故事》《清明上河图的故事》等25种图书入选2014年度中小学生图书馆(室)推荐书目。经东城区教委与东城区民政局批复，成立北京市东城区故宫书画培训学校，开展书画教育培训工作。

【数字故宫】 不断加强数字故宫建设。完成全新英文版网站页面设计，完成7项虚拟漫游项目，"微故宫"官方微信服务号于1月1日正式发布上线。发布《紫禁城祥瑞》《皇帝的一天》两项 iPad 应用，《皇帝的一天》为首款儿童类 iPad 版应用，获 App Store 十月最佳 APP 推荐等荣誉。国家文化创新工程课题项目《故宫书画的全媒体传播策略和关键技术研究》获文化部正式立项。

展厅数字展示方面，端门数字博物馆确定第1期展览(暨常设展)展览大纲，展览包含"从紫禁城到故宫博物院""紫禁集萃·故宫珍藏"和"紫禁城·天子的宫殿"三大部分，共计9个数字展项。升级陶瓷馆数字导览服务。

应用技术研究方面，《角楼》VR 节目制作接近尾声，完成宁寿宫花园数字记录项目第5期，进行样式雷烫样的三维扫描试验工作。虚拟现实演播厅共接待248场、5048人次。

【宣教与服务】 开展丰富多彩的宣传教育活动。第九届故宫知识课堂以"欢天'戏'地过大年"为主题举办三场活动，暑期举办"马年说马"系列活动，同时，还走进贵州省万山区田坪小学。在"三八"国际劳动妇女节、国际博物馆日、中国文化遗产日举办主题日特别教育活动。举办北京市"市级中华文化小大使"走进故宫博物院、"皇帝的一天"亲子体验等活动，为观众举办"朝珠 DIY"及"击扫黑白，传拓万千"两个动手教育项目。"故宫讲坛"共举办20场讲座，在秦皇岛市"故宫大讲堂"举办11场讲座。志愿者共160人次参与服务，故宫文化志愿者宣讲团赴社区、学校、机关、企业举办活动11场。

加大文创研发力度，产品广受各界好评。参加第三届"苏州文化创意设计产品交易博览会""第9届中国(义乌)文化产品交易会"。参加"2014年(厦门)博物馆及相关产品与技术博览会"，文化产品"花开见佛"获文创产品优秀奖，"朝珠耳机"获得十佳文创产品奖。将"紫禁城"杯故宫文化产品创意设计大赛的获奖作品"云起如意"领带、"宫门"箱包、"天穹保佑"藻井伞等转化成文化产品。完成《故宫博物院文化产品准入制度表》。

【对外交流】 充分开展馆际间的交流与合作。与香港中文大学签署战略合作意向书；与印度喀拉拉邦历史研究委员会签署合作谅解备忘录；与白俄罗斯国家美术馆签署战略合作协议；与俄罗斯克里姆林宫、美国博物馆联盟签署战略合作意向书；与国际文物修护学会签署合作备忘录；与美国波士顿美术馆、哈佛大学、芝加哥艺术博物馆、加拿大温哥华中华艺术和文化促进协会初步达成合作意向。

举办多项活动，增进不同文化间的相互了解。邀请俄驻华大使及其他外交人员参加第三届驻华使节进故宫活动。国际博协国际博物馆培训中心年内举办两次培训。派出赴外出访团组37个。

【建设管理】 继续开展党的群众路线教育实践活动，召开党的群众路线教育实践活动总结大会，严防“四风”。召开中国共产党故宫博物院第七次代表大会，完成院党委、纪委和团委及各党支部换届改选工作。多次组织开展学习习近平总书记系列讲话活动，通过学习，提高了党员干部的党性认识，增强了道德修养。召开党建工作座谈会，加强党员队伍建设，抓好党员发展工作。

做好统战工作，加强同民主党派团体的沟通交流。召开六届六次职工代表大会，开展以“共创和谐筑平安，聚力拥抱故宫梦”为主题贯穿全年的工作竞赛。召开共青团故宫博物院委员会第九次代表大会。开展“青年读书沙龙”“紫禁鉴赏”系列讲座、“博物馆之旅”等文化体验活动，拓宽团员文化视野，增强横向文化交流。积极开展与兄弟单位团组织的合作交流。

进一步健全规章制度。修订补充《故宫博物院规章制度汇编》，新发布实施《故宫博物院突发事件总体应急预案》《故宫博物院差旅费管理办法》《故宫博物院非政府采购合同价款管理规定》《故宫博物院公务接待管理办法》《故宫博物院会议管理办法》《故宫博物院反恐怖袭击工作预案》。

加强人才队伍建设。完成2014年应届高校毕业生接收工作及年度专业技术职务评审聘任工作。进行内设机构调整，组织完成新入院员工、新任职中层干部、业务人员等的培训活动。配合落实“平安故宫”工程，进一步完善人才队伍组成。

严格执行财务工作制度，做好各项财务核算工作，加强财务管理，保障预算执行。完成“平安故宫”工程第一阶段项目评审有关工作，在评审与协调过程中对故宫未来几年的整体预算进行初步梳理，明确资金重点支持和使用方向。宣传落实各项财经政策，做好财务管理、票务管理和政府采购工作。执行审计职能，完成内部控制评估、科研课题审计、工程财务决算审计合同价款审核、工程进度款审核、工程结算款审核、招标文件审核、古建整体保护维修工程项目的结算审核、全过程造价跟踪审核工作。

采取多种方式，进行积极主动的新闻宣传报道，结合故宫重要活动和工作，积极组织策划媒体宣传，向媒体发布新闻稿件，接待记者来访并通过举办月度新闻发布会等途径，将故宫近期工作进展、未来远景规划等信息传递给社会公众，使信息渠道更加通畅。持续开展网络舆情监测工作，广泛进行媒体报道收集和分析，及时了解舆情动态，就热点、敏感、负面话题制订和发布媒体预案，维护故宫的形象安全。

（杨　安）

中国国家博物馆

【概况】　2014年，按照“人才立馆、藏品立馆、学术立馆、服务立馆”的办馆方针，加快建设“世界一流”博物馆步伐，主要完成8个方面的工作。

【“中国梦”两周年系列活动】　为贯彻落实习近平总书记一系列重要讲话精神，承担起国家博物馆在传承中华优秀传统文化的精神命脉、涵养社会主义核心价值观方面的重要文化历史使命，6月10日，国家博物馆领导班子组织召开弘扬中华优秀传统文化专题学习会。10月22日，传达学习习近平总书记文艺工作座谈会重要讲话精神。11月4日，组织学习十八届四中全会精神。11月29日，为纪念习近平总书记在国家博物馆发表“中国梦”两周年，举办“伟大中国梦　凝聚中国心——纪念习近平同志提出实现‘中国梦’两周年”

系列纪念活动。

努力发挥在弘扬优秀传统文化、塑造社会主义核心价值观中的独特优势和作用，得到中央领导和社会各界的肯定。5月8日，习近平总书记视察中央办公厅特会室，肯定了国家博物馆外交礼品文物藏品的管理工作。11月13日，习近平主席参加“玛雅：美的语言”文化展开幕式并做重要讲话，向墨西哥培尼亚总统介绍说：“北京的博物馆很多，中国国家博物馆是我们最重要的博物馆。”这是对国家博物馆的高度肯定和鞭策。

【国际交流大展】 与世界知名博物馆合作，共举办10个具有世界声誉和广泛影响力的国际交流大展，包括“开拓者的远见与智慧——中法建交五十周年回顾展”“毕加索：沃拉尔系列版画展”“名馆·名家·名作——纪念中法建交五十周年特展”“罗马与巴洛克艺术”“列夫·托尔斯泰与他的时代”“玛雅：美的语言”“永远的思想者——罗丹雕塑艺术回顾展”7个大展，以及在新西兰、日本举办的“七位中国天子与其生活的时代”“革命的艺术，艺术的革命——石鲁艺术展”和“东亚之华——陶瓷名品展”3个赴外展览。展览规模空前，影响巨大，数量之多和质量之高史无前例。其中，为庆祝中法建交50周年，连续举办3个大规模的中法文化特展，尤其是“名馆·名家·名作——纪念中法建交五十周年特展”，由卢浮宫等5家法国著名博物馆拿出其代表作品，联合办展，在国内外产生了巨大影响，习近平主席专门发来贺信，祝贺该展成功举办。11月13日，“玛雅：美的语言”文化展开幕，习近平主席和墨西哥培尼亚总统共同出席并讲话，为该展锦上添花。这充分说明国家博物馆近年来在提升文化软实力，促进我国对外文化交流方面作用日益凸显。

作为国家的文化客厅，国家博物馆2014年共接待国外来访团组近200个，共2600余人次。1月27日、5月16日、6月13日、7月8日，刘延东副总理、汪洋副总理、外交部部长王毅先后在国家博物馆会见外国客人。7月8日，原国务院总理温家宝在国家博物馆接待来华访问的德国总理默克尔。8月19日，彭丽媛同志陪同乌兹别克斯坦总统夫人来馆参观展览。6月24日，第十届“港澳大学生文化实践活动”开幕式在国家博物馆举办。9月10日，承办中国和阿拉伯国家文化部长论坛，蔡武部长发表重要讲话。11月7日，联合国教科文组织副总干事来国家博物馆参加“非物质文化遗产保护经验交流会”。12月15日，约70名“一带一路”沿线国家和有关国际组织驻华外交官来国家博物馆参观展览，现场感受中国历史和文化的深厚内涵。

【“一带一路”论坛及展览】 为推进和实现习近平主席提出的建设“丝绸之路经济带”、21世纪“海上丝绸之路”的战略构想，国家博物馆充分发挥对外文化交流的独特作用，通过举办论坛和展览等形式，为国家战略全局服务。9月10日上午，19个阿拉伯国家的政府文化代表团团长以及阿拉伯联盟代表齐聚中国国家博物馆。召开第三届阿拉伯艺术节丝绸之路系列文化论坛中阿文化部长论坛。11月6日，承办文化部和国家文物局等主办的大型文物展览“丝绸之路”。展览汇集来自全国16个省、自治区、直辖市44家文博单位调集的490件文物精品，重现古代东西方交流的盛况，传达不同国家和文明之间平等对话、交流互惠、共同发展的理念，这是国家博物馆迄今为止举办的国内综合反映“丝绸之路”悠久历史和伟大意义最重要的展览，也是近年来文物展览中数量最多、级别最高、规模最大的“丝绸之路”专题文物展览。该展览是按照习近平主席关于让文化遗产“活”起来的要求，以弘扬中华优秀传统文化、传播社会主义核心价值观为己任，为全局服务的一项重要成果。

【文物及艺术作品收藏】 随着国家博物馆声誉和影响力不断提升，社会各界包括西方艺术家纷纷向国家博物馆捐赠重要艺术品。国家文物局划拨11件珍贵文物入藏国家博物馆，包括宋代夏圭两件绘画和青铜器等文物。2014年，黄永玉、崔如琢、任梦璋、石鲁家属、范曾、卡尔多、黄建华、王乃壮、欧阳中石、李焕之家属、许江、刘开渠家属、蒋兆和家属、刘勃舒、杨绛等先后向国家博物馆慷慨捐赠珍贵艺术品500多件(套)。全年共征集古代文物50多件(套)，近现代实物180件(套)、艺术品近1100件(套)，图片129张，中央礼品793件(套)。

全年共开放70个陈列展览，其中新举办展览48个，无论是展览数量和展陈质量都创历史新高。尤其是举办一系列时代性和艺术性都很强，以中国传统绘画、雕塑和书法艺术为主，以传承中华优秀传统文化、弘扬社会主义核心价值观为主题的展览，包括“迎甲午马年——楹联书法展”“江汉汤汤——湖北出土商周文物展”“中国国家博物典藏中国古代书法”专题陈列等，社会影响力巨大，中央领导先后来馆视察参观。10月3日，江泽民同志来国家博物馆视察参观。吴邦国、温家宝、李瑞环、李岚清同志分别来馆视察参观。9月29日，张德江同志来馆视察参观，9月10日，俞正声同志以普通观众身份来馆视察参观。刘延东同志先后6次来馆视察参观。刘奇葆同志先后两次来馆视察参观。5月16日、9月25日，全国政协考察团两次来国家博物馆调研考察。12月23日，十多位全国政协委员来馆视察参观。

“以人为本”的观众服务质量不断提升。全年接待观众763万人次，其中包括外国观众近38万人次，未成年人观众118万人次。讲解工作的规范性和学术性大为提高，提供中英文讲解服务10427批次。国家博物馆自主开发的公共教育课程成为最受学生欢迎的素质教育课程之一，接待学生3万余人，授课4012课时。国博网站拥有8种外语版本，在世界上仅有3家，平均每月访问量105万，访问量位居国内文博网站前列。微博粉丝达416万人，微信订阅人数36万人，微视粉丝1.1万人。国博网站在2014年度文化部政府网站群绩效评估中蝉联年度最佳奖，并首次获得互动交流领先奖。国博微信在2014年度政府网站评选中获得政府网站政务微信卓越奖。开展反恐防暴现场演练活动，并定期进行隐患集中排查。安检接待服务600多万人次，接待各类勤务233次，其中贵宾勤务51次，查处违禁限带物品100余万件，开展消防设备检查维修6000余件次。开发文化创意产品超过1000余种。

【馆藏可移动文物普查】 加大工作力度，细化实施方案，加快推进馆藏可移动文物普查工作。先后6次召开可移动文物普查工作会议，细化实施方案，加快推进普查工作。2月，藏品管理系统初步验收，开展藏品管理系统和文物普查培训工作。3月开始，藏品部门调动全部力量开展文物普查工作。为解决普查人手不足问题，统筹协调，从全馆各部门抽调工作人员，充实到普查工作中去，加快普查工作的进展。目前，在馆藏120万件藏品中，已普查古代文物30多万件(套)，近现代文物10多万件(套)，普查图书58073册，审核登录全国可移动文物信息平台20多万件(套)。

【科研与学术】 继续开展文物科技日常保护工作。继续加强展厅库房环境监测工作。继续开展对山西绛县周家庄等遗址的田野考古发掘工作，实施广西、安徽、福建等地区水下考古项目和古代丝绸之路考古项目和古代矿冶遗址等遥感考古项目。

加强学术管理和研究，组织第二届馆级自主科研课题立项评审工作，开展首届国博职工优秀论文和著作评奖活动。全年出版专著17部，合著5部，图录近20部，论文200多篇，开展科研项目11项，获得4项科研奖励、参加各类学术研讨活动40余次。举办“国博讲堂”15场次。

11月，国家新闻出版广电总局公示公布第一批认定的5756种学术期刊名单，《中国国家博物馆馆刊》位列第一。6月，国家博物馆被英国《经济学人》杂志和美国加利福尼亚“国际主题公园协会”评为全球最受观众欢迎博物馆，排名第三（法国巴黎卢浮宫排名第一，美国华盛顿自然历史博物馆排名第二）。

图书馆接待读者10296人次，读者借书6547册。采购中文图书7016册，接收捐赠图书301册，向43家兄弟博物馆赠送图书688册，完成14万册图书的RFID贴标工作，启动筹备馆藏资源特色数据库建设，中国知网等引进数据库检索次数达110万次。

《乾隆南巡图》数字展示对观众开放，用现代化手段使文物真的“活”了起来。做好藏品管理系统维护工作，完成综合业务服务平台项目招标，继续完善资金结算系统，开展办公和信息设备维护工作。

经营销售进一步完善企业构架、深入自主研发、创新经营模式、整合柜台资源、拓展销售渠道、开展专业培训，取得明显经营成效。艺术品鉴定中心接待鉴定咨询文物艺术品数千件，举办13场公益性文物鉴赏会和讲座。

行政管理、综合服务、会议活动、外事接待、环境管理、后勤服务、工程设备维护等各项保障工作成绩优异。员工吃苦耐劳、任劳任怨，为保障国家博物馆的正常运营默默奉献。

（郭子男）

中央文化管理干部学院

【概况】 2014年，围绕文化部中心工作，明确定位，认真履行职能，全面推进干部培训、科研咨询及专业人才培养三项核心工作。

【培训工作稳步发展，科研咨询提升明显】 学院培训工作稳步发展，培训人数首次突破1万人次，达到12729人次，比2013年9709人次增长31%；培训班次首次突破200个，完成238个培训项目，比2013年138个项目增长72%。远程培训工作正式启动，培训学员规模达到1200余人，通过“空中大课堂”活动参与学习的基层文化干部达到12万人次，开创学院培训工作先河，为文化干部教育提供新的选择模式。2014年，重点加强干部培训的教学策划工作，在培训主题、课程内容设置上更贴近文化部中心工作、重点工作。对于重点培训项目展开前期调研，摸清培训对象、抓准培训需求，注重设计内容与实际工作相结合。课程设计中注意与当前时事、最新指示精神的结合度，在教学形式上，提高研究式教学的比例，重点推出结构化研讨，这一新的教学形式在实践中不断完善，逐渐被学员所认同，取得良好的培训效果。

学院的科研咨询提升明显。首次获得国家社科基金重点项目立项、首次设立并批准立项21个院级课题。完成3项国家、省部级课题结项，国家文化创新工程项目、国家文化科技提升计划项目顺利通过中期检查。在服务部中心工作方面，重点开展文化实践应用对策研究。完成一批如《十三五时期中华优秀传统文化传承体系建设研究》《公共文化服务发展报告蓝皮书(2013—2014)》《2013—2014 年度国家公共文化服务体系制度设计课题研究论文集》《文化产业创业创意人才案例》等具有文化实践应用的成果。

学院专业人才培养推进有力。专业人才培养自 2013 年启动以来,2014 年是全面推进的一年,成绩斐然。以专业艺术人才培养为基本方向,全面推进 5 大系列培训工作,完成培训项目 57 个,培训学员 2500 人次。培训范围涉及全国各省、自治区、直辖市和新疆生产建设兵团,培训对象涵盖音乐、美术、舞蹈、戏剧、艺术管理等艺术行业的专业人才。依托国家专业技术人员继续教育基地,2014 年,专业人才培养的 5 大系列培训项目和品牌班次相继建立。

【系统内向行业内转变迈出关键一步】 学院紧密围绕文化部中心工作,面向文化系统、文化行业文化管理干部,侧重其业务能力培养,有效推动文化行业管理干部整体能力建设。重点打造剧院管理职业经理人培养项目,是为贯彻落实党的十八届三中全会提出的“建立职业经理人制度”要求,加快完善文化管理体制和文化生产经营机制,全面提升文化设施运营管理水平和服务效能而举办的班次。项目按照阶段化安排、结构化设计、模块化教学、层次化培养的思路,辅以导师制、工作坊等现代培训手段,聘请国内外知名专家、一线职业经理人,对全国地市级以上剧院、剧场、演出院线、演出联盟主要负责人进行集中重点培训。项目的成功举办明确了在社会主义市场经济体制和现代企业制度框架下剧院管理人才培养的一个重要方向,也为文化行业管理干部能力提升起到示范作用。中国职业经理人是一支自上而下、遍及各个文化产业门类的队伍,通过职业经理人队伍的影响力和专业化,可以逐步形成敬业、专业、职业的社会导向和行业氛围。

【干部培训和专业人才培养齐头并进】 学院自主招生培训工作于 2013 年启动,2014 年全面推动,效果显著。已经与 20 余家单位成功合作,逐步建立和理顺合作模式、招生模式、师资队伍、培训模式以及盈利模式,使自主招生项目成为学院发展的又一个亮点,并且围绕专业艺术人才培养工作,推进一批重点项目、系列项目班次。艺术策展人高级研修班、博物馆展陈设计高级研修班、工艺美术高级研修班等班次从实际出发,围绕自身的功能定位,依托优势教学资源和高素质的教师队伍,逐渐形成品牌班次和良好的社会号召力。艺术策展人高级研修班、工艺美术高级研修班招生伊始社会反响热烈,报名踊跃,首期报名 300 人,打破了学院招生记录。另外,学院还针对艺术领域急需人才、紧缺人才开展专题培训,形成全国演艺企业经营管理人才、全国艺术职业教育师资、全国美术馆藏品普查等系列精品班次。

【“巡讲”和“大课堂”公益职能充分显现】 公共文化服务巡讲活动是旨在以国家公共文化服务体系示范区创建为契机,以落实党的群众路线教育实践活动为指导思想,送培训到基层,提高基层文化队伍的公共文化服务水平而举办的系列项目。2013 年正式启动,举办 5 期巡讲活动,培训基层干部 600 余人。2014 年在规模上有大幅度提升,组织完成巡讲活动 25 期,培训学员 3200 人,涵盖北京、黑龙江、重庆等 14 个省市,为基层文化干部普及公共文化服务相关理论和实践知识,有效指导了基层公共文化服务工作,社会效益明显,受到基层文化干部的热烈欢迎和积极参与。

“公共文化空中大课堂”是依托全国基层文化队伍远程培训网将优质培训资源直接推送至基层，提供面向基层文化工作者的在线学习服务，鼓励基层文化工作者利用业余时间自主学习的大型公益性文化活动。以“文化繁荣·培养团队·提升素质”为主题，以“弘扬人文精神，发展公共文化，提升基层文化队伍和业余文化骨干的文化素养、振兴中华民族文化”为宗旨。面向全国基层文化工作者和300多万业余文化骨干开展。在全国30多个省（区、市）布设300个接收点，邀请学者开展公共文化服务、城市图书馆建设、文化产业发展、文化治理等各个领域的12个专题讲座，平均每次播出参与的播出点在200个以上，总计有约12万人次参与学习活动。“空中大讲堂”活动引起社会广泛的关注，中国文化报先后两次报道，包括中国网、新华网等国家级媒体也同时报道，据不完全统计，先后有近百家媒体或网站进行报道、宣传，形成良好的社会效应。

通过开展“全国公共文化服务巡讲”“空中大课堂”等活动，改变原有基层文化队伍传统的培训模式，深化落实中央组织部《关于加强和改进基层干部教育培训工作的意见》内容，扩大基层文化干部培训数量，进一步提升全国基层文化队伍的综合素质和业务水平，为构建现代公共文化服务体系提供人才保障。

【两个新平台落地促进业务增量发展】 一是中共文化部党校恢复办学。9月1日，中共文化部党组印发《关于中共文化部党校恢复办学的通知》，10月15日，正式揭牌，秋季学期处级干部进修班正式开学，第一期学员60人，来自部机关及直属单位处级干部，学期于2015年1月8日结束。文化部党校恢复办学是贯彻落实党的十八大和十八届三中全会精神的重大举措，对于宣传党的路线方针政策、加强党性锻炼、全面提升党员领导干部素质具有重要意义。也将切实提高党员教育培训工作系统化、规范化，培养造就高素质党员队伍。恢复办学后重点开展文化部直属机关处级党员、青年党员党校教育培训和基层党组织书记、党务干部培训等工作。

二是对非培训基地的建立。近几年，学院涉外培训工作进展迅速，已承办不同主题、不同类别、不同层级的涉外培训项目34个，来自五大洲总计79个国家和地区的619位外国文化官员和专业技术人员来学院进行专题学习，其中，涉非项目15个，非洲学员数占到总人数的三分之一，206位非洲学员分别来自28个国家；培训班主题涉及文化管理、文化产业、政策研究等十几个方向。因对非人力资源培训成绩突出，被文化部授予“对非培训基地”。这将开拓文化管理干部学院涉外培训，尤其是对非洲国家文化干部培训的新局面。

两个新平台的建立，必将进一步拓宽学院培训视野，完善培训模式，拓展培训网络，使学院业务工作再上一个新台阶。

【教学和研究紧密结合实现共促共进】 学院教研工作是学院一直以来重点推进的工作，2014年进展顺利，取得一定成果。学院努力扩大培训教材编辑成果，组织出版文化管理干部培训系列丛书。以国家专业技术人员继续教育基地教材建设为基础，围绕文化建设的重点热点问题组织编写专业人员培训教材和案例集等教学资料。出版《转制院团改革发展政策解读》《探路文艺院团体制改革》《文化管理新读本》《声乐教学基础及示范》等一批培训教学参考用书。根据教学需求，组织在策展领域有丰富经验的专业人员编写《博物馆、美术馆策展人培训教材》《艺术策展人教材》《中国戏曲表演读本》等。这些培训课程教材，既符合专业培养需要，又能够贴近学员实际工作，具有较强的针对性和实用价值。

2014 年学院获得的国家社科基金重点项目立项中《国家文化治理体系与能力现代化建设研究》研究内容与学院核心业务相关度高，课题参与人员主体为学院研究人员。这些立项项目和研究成果对扩大学院品牌影响力、提升管理队伍整体素质和单位核心竞争力、积累学术成果都有十分重要意义。

（于春城）

中国文化传媒集团有限公司（中国文化报社）

【概况】 2014 年，中国文化传媒集团有限公司（以下简称“集团”）积极拓展业务，发挥文化产业“国家队”的优势，以打造“文化传媒的主阵地、文化产业的主力军、文化交流的主渠道”为主要目标，一手抓文化传媒宣传主阵地建设，一手抓文化产业新兴领域拓展，各项工作取得显著成果。

【坚持导向，服务大局，坚守阵地】 集团充分发挥媒体资源优势，为宣传党的方针政策，贯彻落实文化部党组各项工作任务，报道各地文化建设成就和各项文化事业发展做了大量卓有成效的工作，在文化系统切实发挥了思想引领、舆论推动、精神激励和文化支撑的作用。

*周密部署，重要活动报道重点突出。*集团深入贯彻全国宣传思想工作会议精神，坚持正确政治导向，较好地完成各项政治报道任务。一是综合运用“先预热、中间聚焦、后续跟进”的报道方式，对十八届四中全会、全国两会、APEC 峰会、党的群众路线教育实践活动、学习贯彻落实习近平总书记文艺工作座谈会重要讲话精神等中央重要会议、重大决策部署、时政要闻等做出及时反应、深入报道，通过在报纸、网络、手机报等媒体开设专栏、专题等形式刊发各类稿件，加强正面宣传和舆论引导，唱响主旋律，凝聚正能量，形成积极向上的舆论氛围。二是作为文化系统的国家级媒体，始终发扬守土有责、开拓进取、一丝不苟、精益求精的精神，围绕艺术创作、公共文化服务体系建设、“欢乐春节”、深圳文博会、第 9 届义乌文交会、上海国际艺术节、全国文化厅局长会、第三届非遗博览会、第二届中国歌剧节、第七届中国京剧艺术节、国家艺术基金评审等文化部和文化系统重点工作、重要会议、重大部署等，开展全方位、多角度、立体式宣传报道，对推动和指导全国文化工作发挥主阵地、主渠道作用。三是坚持服务群众理念，积极创新报道形式，对国务院和文化部出台的关于扶持文化创意产业、加大对外文化贸易和推动文化与金融融合的政策文件以图文并茂的形式进行专题解读和报道。四是积极发挥各地记者站的驻站优势，及时深入宣传报道各地文化及相关部门的重大政策、重要会议和重点部署，形成与中央精神和文化部政策措施贯彻落实相呼应、相促进的良好局面，涌现出一批立意高、有深度、可读性强的精品力作，受到文化系统和文化工作者高度赞扬。

*精心策划，选题报道备受关注。*集团继续坚持“走转改”，按照文化部领导的重要批示精神，进一步提高办报质量，在坚持正确导向的同时突出特色，坚持接地气、高品位，推出一大批群众喜闻乐见的好栏目、好专题、好新闻。一是在建设“一带一路”的整体布局下，策划组织中央媒体“梦想丝路”（甘肃段）大型采访活动，以“丝绸之路经济带沿线城市如何焕发文化新活力”为主题，以“金融服务助力丝路经济带文化建设”为着力点和切入

点，组织由人民日报、新华社、中央电视台等中央新闻媒体组成的记者团，先后走访兰州、敦煌、嘉峪关、酒泉、张掖、武威、临夏、定西、天水9市州，历时11天、行程逾5000公里，就甘肃省丝绸之路沿线的非遗保护、文化产业发展、公共文化建设、发动社会力量办文化和金融服务助力文化建设等进行深入报道。二是为践行社会主义核心价值观和习近平总书记系列重要讲话精神，推出“艺海问道”系列文化论坛，广泛邀请文化艺术界名家，采取沙龙、笔谈、对话、研讨等多种形式，针对文化艺术界普遍现象和焦点话题、各艺术门类发展现状及其本质规律、大众文化生活中的热点及难点问题等，进行深入探讨。论坛成功举办3期，邀请到罗锦鳞、傅谨、田青、叶锦添等专家对戏剧创作、再造传统、中西戏剧精神等展开热烈研讨，反响良好。三是推出“新春走基层”“文化惠民生”等系列报道，集中刊发一批各地文化系统迎接马年新春的文化活动报道，同时服务性地刊发了春节期间各地文化场馆和机构的文化活动安排，受到文化系统尤其是基层文化机构的好评。四是紧密结合宣传思想文化战线工作实际、文化领域热点事件和问题，推出一系列关注文化民生、聚焦业界难题、助力行业发展的精彩报道，深受广大读者、文化工作者和社会各界人士好评，为《中国文化报》赢得口碑与荣誉，二版新设的“一周焦点关注”栏目被中国记协主编的《“三项学习”教育通讯》列为创新报道方式的典型栏目。

*积极探索，推动传统媒体和新兴媒体融合发展。*中央审议通过的《关于推动传统媒体和新兴媒体融合发展的指导意见》为集团进一步推动“报网合一”，发挥集团多媒体资源优势，打造全媒体宣传报道平台提供了有力保障。集团一是认真组织开展“关于推动传统媒体和新兴媒体融合发展”的大讨论，使集团所属新闻采编人员进一步树立互联网思维，对在新媒体环境下创新报道方式、提升报道质量等达成广泛共识。二是开通《中国文化报》官方微信，精选《中国文化报》优秀、独家稿件向文化工作者进行推送。三是推出基于数字内容的报纸APP手机客户端，拓展新媒体发展空间。四是开放中国文化传媒网内容管理后台权限，实现报社自主上稿，同时，在网站首页开辟“特别关注”栏目，实现纸媒报道在网站的实时呈现。五是加强重大选题、重要活动的联动，实现报网、手机报立体化呈现，取得良好的宣传效果。

*服务基层，创新发行手段。*为进一步贴近基层读者，更好地为广大读者服务，集团坚持以人民为中心的工作导向，把服务读者与发行工作相结合。一是先后在河南滑县、浙江舟山、四川成都和南充设立读者俱乐部，搭建报社与基层读者相互沟通与合作的平台，提高服务群众的能力和水平，扩大报纸在当地的发行量和影响力，满足人民群众的精神需求。二是增设上海和陕西两个分印点，投递区域覆盖长三角地区和西北地区，至此，《中国文化报》已在北京、济南、长沙、深圳、成都、郑州、上海、西安8个城市设立了印点，报纸发行网络进一步健全，投递时效进一步增强。三是推出中国文化报手机客户端，同时还为读者提供免费阅读期刊、小说、听书等多种内容以及7×24小时的编辑推送服务。通过不断创新发行手段，2014年，《中国文化报》发行量已突破9万份，同比增长30%。

【科学发展，主动作为，争做主力】　集团经过几年的探索发展，各项业务经过不断调整、组合，通过人的努力和市场检验，主营业务初步形成，在行业中的定位逐渐清晰，传媒产业、艺术品产业、电子商务、中传院线、文化金融、城市文化已成为集团的主导产业。除原有核心主业传媒产业仍保持优势发展外，其他五大核心业态也都取得较好的发展。一是在保证正确的办刊方向、国有资产保值增值的前提下，《艺术市场》杂志社有限责任公司发起组建中传艺术品（北京）股份有限公司，通过对现有资产、资源的认真梳理整合，国有资产评估值由原投资额 1000 万元增至近 8000 万元，增值率达 700%。预期可引入社会资本金 1.2 亿元，新公司总体经营规模近 2 亿元。二是“中华 5000”文化电子商务平台项目——我的手艺网通过开展“中国手艺地图——丝路运河百城绘非遗”大型系列报道、举办中国民间艺术产业示范展系列活动、敦煌进校园、大学生设计大赛等宣传推广活动，实现与淘宝网、京东商城等大电商网站的错位竞争，有效吸引 2 万家传统手工艺商家的入驻，同时，积极推进 O2O 战略布局的线下实体店建设，与各大旅游景点、大型博物馆合作，建设线下实体店，目前，江苏苏州黎里古镇拍客店已开业。三是中传国际影城项目完成年初预定计划，共计开业天津、无锡、南京、合肥、昆山 5 家国际影城，拥有银幕 35 块（含两块中国巨幕），全年实现票房共计 1200 万元，其他收入 100 万元，影院会员人数达 2.2 万余人。四是充分发挥金融资本的杠杆作用，注册成立集团首家基金公司——中传金控股权投资基金管理公司，该公司已通过了深圳金融办的 QFLP（合格境外有限合伙人）的资质评审，获得额度 5 亿美元的深圳前海 QFLP 管理资质，将为国际文化传媒企业进入中国、中国文化传媒企业走向世界带来革命性的变革，该公司还管理中传文投、中传恩微、文投亚信三支基金，规模超过 3 亿元；同时集团还协调各方资源，积极筹备中国文化发展银行、北京文化产权交易中心等文化金融机构的建设，为文化企业提供专门的金融服务。五是围绕城市文化发展，举办“第二届中国游牧文化旅游节”“中国县域群众文化节”“第九届全国艺术院校院（校）长高峰论坛”、第 9 届义乌文交会等一系列节庆、会展、论坛活动，丰富了群众文化生活，成效显著。

【大胆尝试，稳步推进，打造主渠】 集团始终把加强对外文化交流作为一项重要任务，着力为中国文化“走出去”搭建平台、建立渠道。

“视觉中国·洲际行”运营模式日趋完善。“视觉中国·洲际行”完成法国、日本、北美、英国的巡展，为国际观众带去高品质艺术享受的同时也充分展示中国的文化自信，尤其是为庆祝中法建交 50 周年而精心筹备的“视觉中国·瓷上敦煌”中国陶瓷艺术展，完成陶瓷艺术、敦煌文化、佛教文化三条中华文明线的完美汇聚，是“视觉中国”洲际行国际艺术巡展项目启动以来规模最大、层次最高、影响力最广的一次展览，对中国陶瓷艺术亮相世界舞台意义重大。

“温馨之约——中外文化传媒论坛”保持高规格。“温馨之约——中外文化传媒论坛”先后在古巴、马耳他开展活动，尤其是在马耳他举办的以“文化遗产保护”为主题的论坛活动，借力外方经费支持，进一步提升“温馨之约”的国际影响力，马耳他总理、文化部部长等 10 多位重要人物出席论坛并接受采访，获得政府、专家、中外媒体的广泛认可，为增进中国与世界各国的相互了解，加强文化交流与合作起到关键作用。

承办“中俄文化论坛”意义重大。集团承办主题为“中俄青年文化生活与创业”的第二届中俄文化论坛，除主题新颖的中俄青年文化生活与创业论坛外，中俄边境文化交流分论坛和中俄文化金融分论坛是首次举办的相关主题论坛。作为“中俄青年友好交流年”框架下的重要活动，该论坛对于加强两国间人文交流与合作,促进两国文化产业发展,增进两国青年一代的相互了解和友谊,加强中俄边境地区的友好合作,具有重要意义。

【及时调整,理顺关系,完善机制】 集团调整思路,加强管理,编修规章,理顺关系,使各项工作不断规范化、科学化。一是进一步完善制度建设,制定修改完善行政、财务、人事等各项规章制度,编修集团规章制度汇编。二是按照中宣部、国家新闻出版广电总局《关于清理整顿中央新闻单位驻地方机构的通知》要求,成立清理整顿小组,逐项研究落实记者站清理整顿工作,对不具备资质的驻站人员进行调整,对公务员兼职记者站人员予以取消,对参与网站地方频道活动的予以纠正,对存在经营行为的记者站予以撤销,对相关责任人予以行政处罚,进一步整顿记者站队伍,规范记者站管理。三是对部分经营单位和二级公司进行分类清理整顿,对具备优质资源、经营业务突出的二级公司加强业务指导和资源配置,逐步形成集团的优质龙头企业;对效益差、业务重合的二级公司通过清算核销和股权转让等方式进行清理,同时,对业务少、效益差的经营单位的管理团队进行了调整。

(刘 岩)

国家京剧院

【概况】 2014 年,深入学习贯彻党的十八届三中、四中全会和习近平总书记在文艺工作座谈会上的讲话精神,紧抓剧目建设,开拓演出市场,狠抓内部管理,取得一定的成绩。

【坚持导向,立足创作,文化惠民】 坚持以人民为中心的创作导向,立足剧院艺术创作、生产活动,坚持以文化惠民为先导,公益与市场并重。

*狠抓剧目创作,坚持以人民为中心的创作导向,加大优秀作品创作力度。*2014 年,剧院立足根本,狠抓剧目创作,紧紧围绕国家艺术院团演出季、第七届中国京剧艺术节,创作排演新编历史剧《安国夫人》,于 11 月 15 日、16 日在天津参演第七届中国京剧艺术节,李瑞环同志,文化部副部长董伟,中共中央政治局委员、天津市委书记孙春兰,天津市市长黄兴国等天津市四套班子领导出席观看;与国家大剧院联合出品新编京剧《丝路长城》,于 12 月 20 日至 24 日在国家大剧院首轮演出获得成功,贾庆林同志、刘延东同志、刘奇葆同志、吉炳轩同志、孙家正同志,以及黄坤明、蔡武、蔡赴朝等领导先后出席观看。

复排《李逵探母》《霸王别姬》《吕布与貂蝉》《红灯记》《三打祝家庄》等;重新打磨《曙色紫禁城》;完成传统经典大戏电影拍摄工程《龙凤呈祥》的后期修改制作,启动第二部经典大戏《穆桂英挂帅》电影的前期工作;完成京剧舞台艺术片《满江红》《柳荫记》《打金砖》《贵妃醉酒》的后期工作。多次召开院内外专家创作座谈会,充分发挥艺术指导委员会的作用,规划 2015 年—2017 年创作计划,制定 2015 年新创剧目。

*坚持以文化惠民为先导,在全国各地开展文化惠民演出。*2014 年剧院全年惠民演出 100 余场,遍及北京、广东、河北、上海、辽宁等地。组团赴新疆参加文化部艺术家小分队赴新疆基层慰问演出,与乌鲁木齐京剧团开展“对口交流”帮扶活动,并首次赴新疆进校园演出,连演 8 天 10 场。演出活动反响热烈,受到各界关注,央视《新闻联播》《新闻直播间》和《人民日报》《中国文化报》等媒体相继报道;2、3 月间,剧院推出“致春天——国家京剧院优秀保留剧目公益惠民”系列演出,连续 17

天演出 17 场，以低票价吸引近 15000 名观众走进剧场，活动广受好评，观众热情购票，热点场次演出票距开演前一周已基本售罄。演出期间中央领导 7 人次、省部领导 62 人次前来观看，还有不少来京参加“两会”的省级领导以普通观众的身份个人买票看戏。刘延东同志对此次活动给予充分肯定，并批示“国家京剧院联袂各地京剧名家开展惠民展演，实现社会和经济效益双赢，应予鼓励推广，望将此品牌打造好、坚持好，为传承推广中华优秀传统文化发挥更大作用”；元旦，剧院连续第四年举办慰问首都建设者新年专场公益演出，邀请近千名建筑工人免费走进梅兰芳大剧院。“五一”演出季期间，再次邀请近千名首都各界劳动者免费观看现代京剧《红灯记》创排 50 周年纪念专场演出。央视《新闻联播》对此进行报道，取得了良好的社会效益；精心组织实施赴湖北、山东、黑龙江、吉林、云南、重庆等地的“高雅艺术进校园”演出讲座共 34 场。

*开拓演出市场，提高营销能力，加大宣传力度。*精心组织“新春、五一、十一”三大演出季，春节期间，剧院连续演出六场，上座率均超 90%。2014 年，剧院共演出 307 场，其中经营性演出 207 场（含低票价演出 81 场），商业演出收入约 1473 万元，足迹遍及全国各地以及台湾地区、日本、法国、巴西、泰国。在人民日报、中央电视台、中国文化报、北京晚报等中央地方媒体发稿达 700 余篇（条）。剧院官网建设成绩突出，年度信息发布 500 余条，累计访问量达 1300 余万次，在 2014 年文化部政府网站群绩效评估得分 88.7，较 2013 年上升 5 个名次，位列文化部直属单位第三名，荣获“年度最佳奖”。

*拓展渠道，探索模式，积极推动对外文化交流工作。*剧院以“走出去，请进来”的方式大力推进对外文化交流，加大主动出击的力度，积极拓展外源，取得良好成绩。年内，剧院出国（境）演出交流活动共计 18 批 298 人次；接待多个国家政府官员和文化界人士来院参观访问。10 月，为庆祝中法建交 50 周年，剧院组派 65 人演出团携经典剧目《白蛇传》赴法国马赛、昂热、巴黎三地四场巡演；8 月，剧院与中外文化交流中心、曼谷中国文化中心联合举办“与京剧名家面对面”，一行 50 人赴泰国曼谷举行系列讲座、演出，推广京剧文化，引起极大反响；7 月份，参加国务院侨办组织的赴澳大利亚、新西兰的“文化讲堂”活动；5 至 7 月，应日本民主音乐协会邀请，剧院派出于魁智、李胜素等 60 人的演出团赴日本东京、大阪、名古屋等 30 个城市巡回商业演出 53 场，其中 5 月 13 日东京演出，驻日各国使馆外交使节出席观看；5 月，为庆祝中巴建交 40 周年，应巴西南大河州政府邀请，剧院派出 17 人演出团赴巴西南大河州参加了“巴西中国周”的演出活动，对京剧艺术在南美地区的传播与弘扬起到了积极的推动作用；4 月，剧院第十八次赴台访演，在台湾演出 7 场经典大戏。剧院还先后接待塔吉克斯坦、墨西哥、美国、加拿大、意大利、爱沙尼亚、厄瓜多尔、俄罗斯、法国等国家外宾来院访问，接待香港、澳门特区近百名大学生来院学习参观。

*积极开展“深入生活、扎根人民”主题实践活动。*年末，剧院深入贯彻习近平总书记系列讲话精神，以饱满的热情积极投入“深入生活、扎根人民”主题实践活动。12 月，派出剧院知名演员随文化部艺术家小分队赴陕西延安进行慰问演出；组织剧院艺术家赴广西开展帮扶，为广西戏剧院京剧团排演《红灯记》现场指导，合作示范演出，并由老艺术家刘长瑜讲座点评；张建国带队赴新疆结对帮扶乌鲁木齐京剧团，讲座指导，合作示范演出；赴河北为石家庄艺术学校学生进行京剧知识讲座；精心制定 2015 年“深入生活、扎根

人民”活动方案，深入基层采风创作、演出展览、结对帮扶。云南地震之后，剧院还派出知名艺术家参加文化部艺术家小分队赴鲁甸慰问演出。

完成建院60周年纪念活动的筹备工作，组织纪念叶盛兰诞辰100周年系列活动，全面承担文化部2015年新年戏曲晚会组织保障。建院60周年系列纪念活动包括优秀保留剧目展演、纪念大会、专家座谈会、系列展览、拍摄老艺术家口述史、出版经典剧目唱段选等。其中优秀保留剧目展演将于2015年1月1日至3月16日举行，为期75天，演出45场，创剧院历年演出先河；12月14日，剧院在人民大会堂举办京剧大师叶盛兰百年诞辰纪念大会，刘延东同志出席并讲话；完成《群英会》《柳荫记》《折子戏专场》《纪念演唱会》演出等叶盛兰诞辰百年系列纪念活动，刘奇葆同志出席观看纪念演唱会，并接见叶氏亲属及部分主演；全面承担2015年新年戏曲晚会的组织保障工作，晚会由中宣部、文化部主办，于2014年12月30日晚在国家大剧院举行，习近平等党和国家领导人出席观看。

【寻找动力，推进改革，确保发展】 以深化内部机制改革为动力，推进事业单位企业化改革，确保剧院持续稳定发展。

推动剧院制度建设，使剧院各项工作有章可循。加强预算管理和执行力度，完善并全面落实《预算管理办法》；完善固定资产管理制度，制定出台《固定资产清查实施方案》，对剧院固定资产进行全面彻底的清查；制定出台《商业演出营销管理试行办法》《演出营销奖励试行办法》《公益低票价惠民演出管理试行方案》。

加强人才培养，完善专业人才梯队建设，提高表演人员业务水平。组织全院40岁以下青年京剧表演专业业务考核，经刘长瑜等17位老艺术家组成的考核评委会审评，29名青年演员考核优秀。充分转化考核成果，将考核成绩作为青研班学员推荐、新老剧目排演、重点演出安排和专业职称评定等工作的重要依据。组织“优秀青年演员汇报演出”“历届优秀青年演员研究生班、流派班学员汇报演出”等专题系列演出。

关注和改善民生，增强剧院全体演职员的凝聚力。结合实际，调整演职员收入分配方案，提高工资待遇；对办公楼内外环境进行维修改造，完成消防、安防改造，创造安全的办公环境；配合六十年院庆，楼内布置展示剧院珍贵历史存照、优秀代表剧目照片、奖牌奖杯，增强集体荣誉感；改善员工用餐条件，提高午餐质量；充分发挥工会职能，组织演职员体检，开展运动会、健步走等文体活动，给全院演职员发放运动服、运动鞋；为困难职工申请补助，关心离退休老同志生活，组织保健知识讲座。

强化梅兰芳大剧院企业主体职能，探索人民剧场前景规划。2014年，梅兰芳大剧院全年用场251天（含装台），演出201场，其中剧院演出68场，营业收入1500万元。成立演出公司、礼品公司，以期形成新的经济增长点；以人民剧场为平台，以京剧数字电影拍摄、京剧艺术培训为抓手，探索艺术发展中心的前景规划。与朝阳实验小学携手开展京剧进课堂从一年级到四年级每周90分钟的艺术教育课。

（罗艳琳）

中国国家话剧院

【概况】 2014年，确立以“创作、演出、管理”为主导的创新工作机制，突出公益属性、强化服务功能，共演出剧目31部，其中新创剧目11部。国内外演出460场，演出收入近3195万元。

【坚持导向，推进创作】 牢固树立以人民为中心的创作导向，秉承“中国原创、世界经典”的创作方向。剧院新创剧目11部，创排了《枣树》《暴风雪》《山楂树之恋》《长夜》和《花心小丑》5部现实主义题材的剧目，剧院艺术生产的这一大亮点也在广大观众中产生了强烈反响；与此同时，剧院重视世界经典剧目的排演，《离去》《红色》《罗密欧与朱丽叶》《四川好人》在全国范围相继上演。《战马》中文版和《爱恋·契诃夫》作为跨年剧目正在创作排练中。

继续推行“保留剧目制”。剧院复排经典剧目《死无葬身之地》。复排经典剧目《萨勒姆的女巫》于2015年1月在国家大剧院演出。

合作项目《战马》中文版正式启动。4月，中国国家话剧院与英国国家剧院正式签署战略合作备忘录。9月，中国国家话剧院在北京和上海分别召开舞台剧《战马》中文版亚洲首演发布会——倒计时一周年启动仪式，并分别在北京、上海、乌镇举行系列推广宣传活动，中国国家话剧院与英国国家剧院的首个战略合作项目进入实施阶段。

建立“开门抓创作”新思路。剧院继续开展“春季笔会”和“秋季剧本朗读会”主题创作活动，并首次面向社会公开征集剧本。中国国家话剧院院刊《国话研究》正式更名为《国家话剧》，以利于更好地统领全院艺术家的创作方向。

【创新演出模式，推动公益演出】 首次成功举办“全国演出季”和“小剧场演出季”两大演出季。剧院首次推出“中国国家话剧院全国演出季”，分别在上海、重庆、杭州、新疆和台北举行，10部剧目相继上演，观众累计超过3万人。特别是“台北演出季”，成为中国国家话剧院成立以来，首次以演出季的形式整团建制在台北进行成规模演出和两岸文化交流活动。

4月，中国国家话剧院举办“国家话剧院小剧场演出季”，邀请15部优秀民营剧团话剧作品与中国国家话剧院剧目同登演出季舞台，为京城观众奉上70余场精彩演出，起到搭建戏剧交流平台、提升小剧场演出质量的积极作用。

全面做好支援西藏、新疆文化建设工作。9月，中国国家话剧院首次走进西藏拉萨，演出话剧《向上走、向下走》。剧组随后赶赴新疆生产建设兵团十三师，为庆祝新疆生产建设兵团成立60周年，进行专场慰问演出，均取得良好社会效果。

完成多项社会公益演出任务。春节期间，《向上走、向下走》剧组奔赴西柏坡，参加“我的中国梦”文化进万家公益活动，为老区观众演出。中国国家话剧院2006年至今积极投身“高雅艺术进校园”活动，《这是最后的斗争》和《哥本哈根》2014年在河北、陕西、安徽、福建、广西、广东、浙江7省（自治区）的27所高校演出27场。《伏生》作为“大地情深”公益演出项目，在上海、郑州演出，受到热烈欢迎。在新中国成立65周年之际，《红岩魂》在国家话剧院剧场公益演出。

积极落实“深入生活、扎根人民”主题实践活动。12月，中国国家话剧院组织新创剧目、反映农民工生活题材的话剧《长夜》剧组主创人员，深入北京地铁7号线工地，与施工工人进行交流，激发创作灵感。2015年元旦当天组织《长夜》农民工公益专场演出，取得良好收效。2014年中国国家话剧院全年公益演出场次和观众人数同创新高。

联合制作影视剧。中国国家话剧院影视

中心制作出品了《功夫婆媳》和《海岸线》两部电视剧，多名剧院青年演员出演重要角色。

【拓展对外合作渠道】 对外交流演出常态化。3月，《青蛇》和《理查三世》登台华盛顿和纽约的剧场，首次实现中国国家话剧院多剧目同一时段亮相美国舞台的盛况；《理查三世》《活着》《恋爱的犀牛》分别在罗马尼亚、丹麦、德国、意大利演出；中国国家话剧院与澳大利亚马尔特豪斯剧院合作创排《四川好人》在澳大利亚和中国演出。

成功举办"第六届国际戏剧季"。2014年9月至10月，剧院成功举办"中国国家话剧院第六届国际戏剧季"，进一步推动中外戏剧文化交流。

【健全管理，提供保障】 加强制度建设、做到有章可循。剧院加大制度建设力度，狠抓内部制度的"废、改、立"工作。全年制订10余部规章办法；在加强剧院惩防体系建设方面，相继出台多项制度和办法，促进各项工作有章可循，保障剧院有效运营。

调整职能部门架构，整合岗位间关联。年初，剧院优化调整相关部门设置，成立国家话剧院剧场运营中心、对外合作中心和制作协调中心，实现剧院资源的有效管理；成立预算部、国有资产管理部、审计办公室，完成企业化管理目标下的合理整合。同时，调整部分现任中层干部、专业技术人员及管理人员岗位，有效实现各项工作平稳过渡。

完善薪酬制度、加强人才队伍建设。剧院较大幅度地调整演职人员薪酬结构，切实提高舞台艺术人员收入，并进一步整合坐班及业务人员绩效考核体系，充分体现按劳取酬的公平原则。恢复应届毕业生招聘工作，以公开招聘的形式录用高素质、有能力的人才，在业务和管理岗位发挥出重要作用。

提升数字化、信息化工程建设力度。中国国家话剧院委托专业技术公司对包括原中国青年艺术剧院和中央实验话剧院在内的剧院艺术档案进行数字化处理，完成"中国国家话剧院艺术档案数字化信息库建设"项目。同时，剧院与文化部信息中心建立合作关系，构建剧院信息网络平台，完成对剧院官方网站改版升级。2014年年底，中国国家话剧院官方微信平台正式上线，借助新媒体，与观众形成深度互动，提高剧院对外宣传力度。

提高服务意识，改善职工福利。剧院在剧场后台设立"演出休息区"，为演职人员提供便利而温馨的人性化服务。剧院继续本着"围绕中心、服务大局"的原则，全力做好剧院老干部服务工作。剧院一年来努力改善和提高职工各项福利，为在职职工缴纳短期重大疾病保险；职工食堂改造完成并正式投入使用；完成东架松和芳草地宿舍区的暖气改造工程等工作，职工福利得到更好保障。

【推进党建，聚力增强】 不断加强党性学习。剧院党委组织全院演职员工深入学习习近平总书记在文艺工作座谈会上的讲话精神，以召开艺术家座谈会、全院学习大会等形式力求将讲话精神落实到实际工作之中。剧院党委组织党员赴福建古田会议遗址进行革命传统教育，强化剧院广大党员的党性修养，推进党员干部作风建设。

剧组成立临时党支部。剧院根据部门调整实际，优化剧院党支部结构。制定《中国国家话剧院剧组临时党支部工作规则》，将党建工作延伸至艺术生产一线，在《离去》《枣树》《暴风雪》《长夜》等剧组成立临时党支部。同时，剧院组建共青团支部，以党建带团建，积极搭建青年成长平台，凝聚助推剧院发展的正能量。

"剧院精神"正式发布。中国国家话剧院

在全院范围内开展“剧院精神”征集研讨活动，举办“剧院与我”征文摄影活动，凝聚共识，传承剧院优良传统，切实增强广大演职员工的凝聚力和向心力。经过半年的征集研讨，剧院精神“团结、担当、传承、创新”正式发布，全院职工将以此作为共同的价值追求和行为准则，不断增强纪律意识、责任意识、剧院意识和国家意识。

狠抓党风廉政建设。剧院纪委将党风廉政建设工作列为年度工作重点，严格落实中央“八项规定”，继续狠刹“四风”，力求从源头上有效预防和治理腐败，推动剧院党风廉政建设和反腐倡廉工作的纵深开展。剧院纪委组织全体支部书记、副书记及支部委员认真学习习近平、王岐山同志在十八届中央纪委第三次全会会议上的讲话精神；积极贯彻落实“两个责任”，深入学习研究，主动探索，逐步完善了事业体制院团企业化管理的十余项制度，有效管控各类风险行为的发生。

（孙　路）

中国歌剧舞剧院

【概况】 2014 年，认真学习贯彻习近平总书记系列讲话精神，遵照习总书记对文艺和文艺工作地位、作用和重大使命的深刻阐述，对文艺领域面临的新形势、新情况、新问题的科学分析，以及对在新的历史起点上推动文艺繁荣发展做出的全面部署，坚持以艺术创作为中心，在剧院建设、发展、管理等方面扎实推进并取得良好的成绩。

【坚持正确创作导向，推出优秀作品】 始终坚持以人民为中心的创作导向，紧扣创作这个中心环节，在边演出边提高的基础上，继续打磨舞剧《孔子》、歌剧《红河谷》两部经典作品；推出原创舞剧《恰同学少年》、音乐剧《焦裕禄》、交响音乐会《世纪之舞》、民族音乐会《侠肝义胆》、歌舞晚会《梦中的故乡》等一系列新创作品；集中精兵强将复排《白毛女》《伤逝》等歌剧，取得良好的社会反响。

重点创作剧目《恰同学少年》。多次组织召开专家研讨会，并邀请中央文献研究室、中央党史研究室以及军事研究专家和舞蹈界专家对该剧进行反复论证，得到专家们的高度评价，认为舞剧主题鲜明、青春飞扬、能够激励年轻人的斗志，是一部倡导社会主义核心价值观、弘扬社会正能量的作品，演出效果非常好，中国歌剧舞剧院完成这一作品体现国家院团的实力。舞剧《恰同学少年》参加“2014 年国家艺术院团演出季”，并作为舞剧及国家院团的唯一代表参加“庆祝中华人民共和国成立 65 周年优秀剧目展演”。

复排民族歌剧《白毛女》。在文化部的指导和支持下，将歌剧《白毛女》重新搬上舞台，历时半年多的满负荷排练，剧院已完成歌剧《白毛女》的复排工作，并参加第二届中国歌剧节的演出，获得广泛好评。

打造交响音乐会《世纪之舞》。交响音乐会《世纪之舞》是我国青年指挥家、中国歌剧舞剧院交响乐团艺术总监李飚携手剧院交响乐团联合打造的一台大型经典交响音乐会。并于“2014 年国家艺术院团演出季”期间在国家大剧院上演。音乐会将打击乐在交响乐里面运用得淋漓尽致，获得观众、专家的一致好评。荣获国家艺术院团演出季优秀演出奖。

打造民族管弦乐《侠肝艺胆》主题音乐会。中国歌剧舞剧院民族乐团经过多次研讨，慎重选择曲目，创排出具有独创性、开拓性的多媒体主题交响音乐会《侠肝艺胆》，广受好评。

新创歌舞晚会《梦中的故乡》。该剧是中

国歌剧舞剧院继《紫气祥云》《四季情韵》《一路风情嘉年华》后，全新打造的又一部主题情景歌舞晚会。《梦中的故乡》以中国的“母亲河”——黄河为主线，展现悠久的华夏文明，促进中国文化的传播，是“中国梦”精神的重要体现。

打磨提高优秀民族舞剧《孔子》。该剧是中国歌剧舞剧院2013年的重点剧目，为进一步精心打造好这部作品，2014年剧院进一步召开研讨会，对剧情、音乐、字幕和舞美等做修改。进一步提高思想深度与文化内涵，使之戏剧结构更符合逻辑，节奏紧凑，人物形象更加突出。舞剧《孔子》一年来反复演出修改，更趋成熟，再次参加“2014年国家艺术院团演出季”并作为开幕式剧目。迄今为止，舞剧《孔子》已在国内巡演共计60余场，并作为2014年教育部、文化部、财政部联合举办“2014年高雅艺术进校园”演出剧目，走进全国5个城市共20多所高校，广受师生赞誉。

进一步修改歌剧《红河谷》。该剧创作于2012年，同年参加国家艺术院团优秀剧目展演，获得优秀剧目奖。2013年，荣获第十四届文化艺术政府奖“文华大奖”。2014年，剧院继续对该剧进行进一步的打磨，并大胆启用优秀的青年演员担任主要角色，增添生力军。

【加大对外交流力度，推动国家舞台艺术走出去】 2014年，中国歌剧舞剧院大型艺术作品先后赴澳大利亚、新西兰、美国、韩国、印度尼西亚、阿塞拜疆等国演出；同时，剧院演职人员赴加拿大、新加坡、西班牙、丹麦等15个国家参与外事交流活动，创造中国歌剧舞剧院对外文化交流的历年之最。中国歌剧舞剧院以经典的舞台作品、精湛的表演艺术和一流的人才队伍，在国际舞台上赢得广泛好评和高度赞誉。

歌舞晚会《国色天香》赴美演出。9月12日，中国歌剧舞剧院赴美国洛杉矶圣盖博大剧院演出大型歌舞晚会《国色天香》，参加由美国华人联合总会主办的南加州侨界庆祝中华人民共和国成立65周年及中美建交35周年庆祝活动。中国驻洛杉矶总领事馆副总领事孙鲁山和总领事夫人观看演出。刘建总领事邀请剧院领导及演员代表赴官邸宴请并商讨2015年舞剧《孔子》赴洛杉矶演出事宜。

舞剧《孔子》、大型交响演唱会《再现邓丽君》赴澳演出。11月18日至19日，正值G20峰会在澳大利亚召开期间，中国歌剧舞剧院接到澳方邀请，舞剧《孔子》、大型交响演唱会《“我只在乎你”——再现邓丽君金曲演唱会》参加在悉尼举办的中华文化节系列演出活动。舞剧《孔子》作为此次文化节的开幕演出，在古老的悉尼州立剧院上演。现场一千多名观众报以雷鸣般的掌声、欢呼声。“惊艳问世”“东方亮色”“浓郁的中华文化气息”频繁出现在当地媒体中。此次演出是舞剧《孔子》首次走出国门，也是中国歌剧舞剧院舞剧作品首次登上国际舞台，为代表国家水准、中国特色的大型舞台艺术精品“走出去”增强了信心。

中国歌剧舞剧院参加中国东盟文化交流年闭幕式演出活动。12月12日至18日，中国歌剧舞剧院作为由国家副主席李源潮带队的中国文化代表团的成员，参加中国东盟文化交流年闭幕式演出活动，中国歌剧舞剧院的舞蹈《采薇》《茉莉花》获得各国嘉宾的高度赞扬。

中国歌剧舞剧院的大型演出还包括参加阿塞拜疆“丝绸之路”国际音乐节、印度尼西亚独立69周年、美中青少年国际文化节、中韩文化交流艺术节等活动，均取得很好的反响。

【扎实开展帮扶】 积极响应中央“深入生活、扎根人民”的号召，为支持地方舞台艺术事业的繁荣发展，加强在文化领域的交流与合作，与西藏、新疆、内蒙古、连云港、云南等地签署帮扶合作协议，积极开展帮扶合作，得到地方文艺团体和艺术工作者的高度欢迎。中国歌剧舞剧院为西藏自治区歌舞团庆祝西藏自治区成立 50 周年庆祝活动做了诸多帮扶工作。一年中，选派舞蹈、声乐、钢琴伴奏等专业人员多次进藏，对西藏自治区歌舞团演员进行业务培训；派出编剧、导演、舞美等创作人员进藏进行为期半年的采风，帮扶创作舞剧《太阳的女儿》。为西藏自治区歌舞团主要演员及编导提供来京培训的机会，与中国歌剧舞剧院舞剧团的演员们一起进行为期 40 天的培训排练。

【完成公益演出，普及高雅艺术】 积极参加“三下乡”“高雅艺术进校园”“大地情深”“打开音乐之门”等公益性演出活动，积极与地方政府合作完成低票价惠民公益演出，为普及高雅艺术，艺术服务于人民做出贡献。

*进一步做好高雅艺术进校园活动。*首次带着原创舞剧《孔子》，进入杭州、上海、天津、兰州、郑州五座城市的 20 所大专院校，观众人数达 4 万人。院领导亲自带队，120 人的最强阵容，严把艺术质量关，尽全力将国家艺术院团的最高水平展现给很少有机会接触高雅艺术的人们，让更多学子一睹“孔子”风采。同时，努力将高雅艺术呈现在舞台上，让高雅艺术走进学生，让传统文化得以传承，让正能量成为“新常态”。

*推出低票价惠民公益演出。*积极与地方政府合作，推出国家搭建平台、老百姓欣赏精品、分享优秀文化成果的低票价惠民公益演出。通过这种形式让歌剧、舞剧等殿堂级艺术作品深入民心。2014 年，中国歌剧舞剧院惠民低票价的公益性演出场次较往年明显增多，票价由原来的几千元下降到 300 元乃至几十元左右，更多的老百姓走进剧场，欣赏到真正的艺术作品。

*参加并完成国家重大政治演出任务。*参加“庆祝中华人民共和国成立 65 周年国庆音乐会”及 APEC 会议系列演出活动等重大政治演出任务，均出色完成任务。

【创新管理机制，推动剧院发展】 出台一系列措施、制度和章程，建立健全精品创作机制。剧院成立艺术委员会并出台《中国歌剧舞剧院艺术委员会章程》，确保艺术创作规律化，演出质量标准化；制定不同部门的目标考核绩效管理的工作方案等多项规章制度；制定《事业单位企业化管理改革方案》《中国歌剧舞剧院优秀剧目创作补助专项资金管理办法》《中国歌剧舞剧院会议、培训费用管理办法》《中国歌剧舞剧院工作人员绩效津贴补贴考核暂行办法》《剧院排练厅管理规定》等多项规章制度。

（杨　烁）

中国交响乐团

【概况】 2014 年，中国交响乐团（以下简称“国交”）全团上下继续坚持以艺术生产为中心，继续坚持“提高与普及并重，面向市场，面向大众，面向未来”的工作方针，继续坚持走“交响乐中国化，中国交响乐国际化”的发展道路，消减对耗资巨大的国际大师的邀请，杜绝自娱自乐性的不盈利出国演出，积极弘扬中国当代优秀原创音乐作品，深入全国二、三线城市惠民慧民两手抓，并加大商演力度，力促收入提高。顺利完成各项既定目标，以深入全国总演出 109 场、惠民超过 10 万人次的成绩深受各地观众好评。

【《木兰诗篇》十周年全国巡演】 2004年10月,《木兰诗篇》在北京保利剧院的成功首演拉开中国原创民族歌剧的新篇章;2005年9月,《木兰诗篇》应邀在纽约林肯艺术中心演出,"一代木兰"和作曲家荣获林肯艺术中心颁发的"最杰出艺术家"荣誉证书;2006年12月,在人民大会堂,德国著名指挥家米歇尔·海尔马斯与勃兰登堡国家交响乐团及中央歌剧院合唱团合作演出《木兰诗篇》,创下外国指挥家第一次在中国指挥中国歌剧全剧,欧洲一流交响乐团第一次在中国演出中国歌剧作品,以及外国歌唱家第一次在中国用中文演唱中国歌剧的纪录;2008年8月,维也纳国家歌剧院创立139年来第一次上演,并用中文演唱的中国歌剧是《木兰诗篇》;2009年11月,《木兰诗篇》出访日本;2010年9月,《木兰诗篇》受邀出访俄罗斯。《木兰诗篇》在国内外已经演出近200场。

2014年恰逢《木兰诗篇》首演十周年,国交特联合总政歌舞团举办《木兰诗篇》十周年全国巡演。自9月5日在国家大剧院音乐厅启动巡演起,《木兰诗篇》跨越7省、9市演出10场,在国家大剧院音乐厅、上海东方艺术中心、广州大剧院、山东省会大剧院、武汉琴台音乐厅、珠海华发中演大剧院、福建大剧院和厦门闽南大戏院,留下一路辉煌,平均上座率近八成,累积观赏人数17000余人,获得全国各地共50多家新闻媒体的争相报道。

【"美丽中国·光荣梦想"交响音乐会献礼祖国65岁华诞】 9月29日,为庆祝中华人民共和国成立65周年,中国交响乐团与多位独奏独唱音乐家演出"美丽中国·光荣梦想"音乐会。这是我国第一次采用交响音乐会的形式庆祝国庆佳节。在《祖国号角》嘹亮的乐曲声中,音乐会拉开帷幕。演出分为《祖国颂》《光荣路》《春潮曲》和《追梦行》4个乐章,激励人心,昂扬向上。参加演出的艺术家们用歌的激情、梦的交响,演奏了一曲美丽中国盛世华章。整场音乐会高潮迭起,气氛热烈。

【璀璨的音乐会:提高与普及并重,面向市场,面向观众】 近年来,中国交响乐团的乐季演出,尤其是"龙声华韵""聆赏经典"等品牌音乐会,已经凭实力获得业内口碑、媒体称赞和观众的热烈欢迎,并且收获良好票房。

《龙声华韵》系列——演奏推广中国交响乐原创作品。《龙声华韵》系列音乐会立意于弘扬民族音乐文化,扶持中国民族音乐家,传扬中国民族交响乐创作佳品,带动民族交响乐发展。该系列已经面向观众举办30多位海内外中国作曲家专场音乐会,累计推出200多部中国交响乐新作。

4月11日,《龙声华韵》"民族魂"大型交响音乐会由邵恩指挥,在北京音乐厅上演。邀请5位全球华人著名作曲家李滨扬、关峡、陈晓勇、郭小笛、赵石军创作体现中华民族精神的交响乐作品,以各民族音乐题材、中国传统人文艺术元素及各种交响乐体裁——协奏曲、交响组曲、交响诗、交响曲,凝聚中华各民族大团结的力量,实现交响乐的中国梦。

4月24日,《龙声华韵》高为杰作品专场音乐会在北京音乐厅举行。华人指挥家叶聪、笛箫大师张维良、高男高音歌唱家肖玛、单簧管演奏家尹波等艺术家助阵本场音乐会。笛箫大师张维良演奏高为杰为笛子与乐队而做的《别梦》,高男高音歌唱家肖玛演唱《元曲小唱三首》。音乐会上还演奏了双胡与乐队《白马印象》、双钢琴小协奏曲《童年回忆》等作品。

5月9日,《龙声华韵》——"新西城交响"暨龚晓婷作品音乐会由邵恩执棒,在北京音乐厅举行。指挥家邵恩携手女高音歌唱家么红和钢琴家孙颖迪联袂演出。整台音乐会由《半城春色》《丁香百合》《京城印迹》《中国梦——古都新梦》《悬浮的什刹海》和《王者之城》6 部作品组成，用音乐描述皇城根下古都人民的生活风貌。女高音么红参演声乐协奏曲《丁香百合》，钢琴家孙颖迪与国交合作钢琴协奏曲《中国梦——古都新梦》。

作为中国交响乐的旗舰乐团，国交擅长于演奏复杂及难度较大的新作品，完美地实现新作品的二次创作。《龙声华韵》系列音乐会相继得到部领导、作曲家、业内人士及广大观众的赞誉。其不仅能展现乐团的专业性，还对中国本土原创交响乐的普及有着重要的社会意义。这是让民族交响乐走向寻常百姓、让高端文化接地气的有效方式。

《聆赏经典》与《向经典致敬》系列——完美呈现西方经典作品。《聆赏经典》系列音乐会旨在通过乐团与国内外优秀音乐家的合作，策划、演绎以浪漫主义为主，古典和现代为辅的经典交响乐作品，力求满足广大观众对聆赏交响乐的文化需求。本年度，国交一如既往将西方经典作品呈现给国内外观众：

5 月 3 日，庆祝中法建交 50 周年《聆赏经典》交响音乐会由首席指挥米歇尔·普拉松执棒在国家大剧院音乐厅上演中法两国的多部经典交响乐作品，小提琴独奏吕思清和钢琴独奏吴牧野强强联手，为音乐会带来高品质的艺术享受。

6 月 28 日，《聆赏经典》交响音乐会，乐团再次与德国著名指挥家克劳斯·彼得·弗洛合作，演绎圣桑的第三交响曲"管风琴"作品 78 号和理查·施特劳斯的《阿尔卑斯山交响曲》。

7 月 6 日，国交《舞动霏弦》音乐会在国家大剧院音乐会上演，美女古典吉他演奏家杨雪霏演绎的史蒂芬·高斯《阿尔贝尼兹协奏曲》浪漫而灵动，风情万种。指挥家胡咏言执棒国交，引领全场观众尽情领略了西班牙音乐的细腻柔情与热情奔放。

为纪念理查·施特劳斯这位德国浪漫派晚期最后一位伟大作曲家诞辰 150 周年，国交与德国著名指挥家 Forster、美国堪萨斯交响乐团首席 Noah，于 11 月 16 日在国家大剧院音乐厅，合作了《向经典致敬》纪念音乐会，联袂演出大师的 3 首代表作：交响诗《唐璜》《玫瑰骑士》组曲和交响幻想曲《意大利》。此外，11 月 11 日，Noah 还与国交的紫禁城弦乐四重奏组合在广州大剧院进行了一次愉快的艺术会谈。

*2014 年国家艺术院团优秀剧目展演。*国交乐队肩负塑造和传播国家艺术形象的重要任务，而展演音乐会则充分展现国家艺术乐团所具有的"旗舰"风范。2014 年，国交以两台音乐会参加国家艺术院团优秀剧目展演，此次的展演音乐会在突出经典性的同时，还强调原创性、创新性。

9 月 3 日，由 5 位中国当代作曲家原创的交响乐作品《中国梦随想》组成的交响合唱音乐会，由邵恩执棒，女高音、男高音、男中音和大合唱，展示出豪华的演出阵容。《中国梦随想》交响合唱音乐会上演黄凯然、杨帆、温展力、郑阳、王丹红等青年作曲家的委约新创作品。

9 月 14 日，著名指挥邵恩指挥国交，为北京观众带来《莱茵回响》纪念理查·施特劳斯诞辰 150 周年系列音乐会。音乐会由邵恩执棒，携手小提琴演奏家宁峰演绎理查·施特劳斯的经典作品《蒂尔的恶作剧》《小提琴协奏曲》《查拉图斯特拉如是说》。

*艺术普及——"大地情深"与"打开音乐之门"系列音乐会。*中国交响乐团向来重视文化志愿服务工作，近年来开展一系列的文化志愿服务活动，其中与重庆的文化共建合作尤其成功。在重庆南岸区迎龙镇北斗村建立"国家艺术院团基层文化联系点"，连续 5

年开展形式多样、切合群众需求的“走基层”“种文化”活动，取得良好的社会效应与文化示范效应。

2014年“大地情深”国家艺术院团志愿服务走基层活动也完满完成，在活动的过程中，国交从选曲、编排节目到最后的演出，在部领导和公共文化司领导的支持与帮助下，在地方文化城区非常到位的组织安排和宣传下，使得每场演出都非常成功，受到众多观众的喜爱。

10月29日、30日，国交的30多位艺术家为烟台市民献上两场“文化大餐”。演出开场伊始，由此次的演出指挥、中国交响乐团首席客座指挥邵恩先为现场观众讲解与曲目和乐器相关的知识，语言幽默、风趣、通俗易懂，让观众更好地理解。音乐会上，除莫扎特的名曲，乐团还演奏韦伯大师的《歌剧魅影》主题集锦音乐，经过国家交响乐团各位艺术家们的现场演奏，观众能感受到《歌剧魅影》中的音乐震撼力。单簧管首席尹波演奏德国浪漫音乐集大成者——韦伯的《单簧管小协奏曲》，在保持传统音乐结构的基础上，用单簧管来体现其浪漫思想，在现场聆听该首作品时会感受到其浪漫的深刻影响。小提琴协奏曲《梁祝》更是激起全场观众热烈掌声。

11月1日，中国童话节组委会在文化部等相关部门的支持和鼓励下，特别邀请中国交响乐团以童话视听交响音乐会的独特形式为2014中国童话节奏响序曲。童话交响音乐会作为中国交响乐团“大地情深”走基层的项目，到深圳参加2014中国童话节开幕式，正是一种走近人民，走到基层，亲近少年儿童的体现。此次演出的剧目包括杜卡的交响诗《小巫师》，柴可夫斯基的芭蕾舞剧《胡桃夹子》组曲和普罗科菲耶夫的交响童话《彼得与狼》。音乐会开演前，国交的艺术家们带着孩子们在公园里近距离地聆听、学习并了解自己手中的乐器，为了激发孩子们的兴趣，艺术家们更是戴上了小动物的头套，与孩子们打成一片，现场欢声笑语、其乐融融。

公益音乐会——文化惠民　艺术惠民。

作为中国交响乐的旗舰乐团，国交常年来一直不遗余力的致力于公益性演出的组织和实施，在民众中广泛普及和推广交响乐，既立足于普及西方古典音乐，又积极推广中国交响乐的新作面世，讲中国故事，谱中华乐章。乐团自20世纪起，就率先开展送音乐到基层的艺术实践，将交响艺术送到学校、部队，甚至田间地头。时至今日，这一优良传统由一代代音乐家薪火相传，发扬光大。

3月3日，国交由胡咏言执棒，在国家大剧院音乐厅上演《音悟我心》2014全国“爱耳日”公益音乐会。3月3日是国际爱耳日，自2008年起，为增强公众爱耳护耳的意识，通过多种形式普及听力保健知识，由中国聋儿康复研究中心主办，在北京举办首届“爱耳日”公益音乐会，至今已成功举办五届，赢得热烈反响。国交也为“爱耳日”公益音乐会的举办付出艰辛努力，做出突出贡献。2014年为第15次全国“爱耳日”宣传教育活动，主题为爱耳护耳，健康听力——预防从初级耳科保健做起。音乐会还邀请《超级演说家》脱颖而出的失聪女孩曹青莞出演诗朗诵，讲述她不平凡的励志故事。

3月10日，国交系列公益音乐会之二《最好的未来·圆梦北京》在北京音乐厅上演。此次音乐会由中国交响乐团、重庆市特殊教育中心盲童管乐团与重庆市南岸区迎龙镇农民管乐团联合演出。《最好的未来·圆梦北京》音乐会上，北斗农民管乐队和中国国家交响乐团合奏《在希望的田野上》，独自演奏《走向复兴》《走在大路上》。扬帆管乐团演奏《生命的色彩》《勇往直前进行曲》等。

此外，中国交响乐团合唱团也以《五十六个民族，五十六朵花》大型合唱系列音乐会献礼 2014 公益系列。

【深入生活、扎根群众，音乐带来“最好的未来”】 近年来，中国交响乐团构建涵盖高、中、低三个层次的立体化演出体系——既有“走出去”音乐会、经典音乐会和重大国事任务，也有进校园、打开音乐之门等公益演出，还有“下基层、进乡村”等扎根基层的演出和实践活动。

自 2011 年以来，中国交响乐团连续 4 年到重庆市南岸区进行慰问演出及开展帮扶活动。2014 年 1 月 8 日至 10 日，国交一行第四次赴重庆市南岸区开展“我们的中国梦，文化进万家”活动。70 余位艺术家在团长关峡的带领下，首次到重庆市特殊教育中心，为学校的盲童扬帆管乐团进行交流指导服务。

3 月 10 日，两支管乐团被邀请到北京与国交同台演出《最好的未来 · 圆梦北京》公益音乐会。此后，12 月 6 日至 9 日，国交艺术家一行 6 人再次赴重庆南岸区迎龙镇北斗村，开展“深入生活、扎根人民”和辅导北斗村农民管乐队活动。

12 月 12 日至 17 日，北斗村村支书率北斗村农民铜管乐队来京培训，乐团为他们安排了详细的培训课程，并委派多位辅导员对各声部进行指导。

2014 年，中国交响乐团成功完成为习近平主席等出席博鳌论坛的元首们演出，以及为习近平主席接见到访外国元首演出等重大任务，并多次得到习主席亲切称赞，尤其是乐队杨颖等同志的室内乐组合，多次以精彩表现为国争光，也为国交赢得荣誉。

2014 年乐队、合唱团共完成进校园演出 20 场，走进南京、郑州、合肥、福州等地的 20 所大学，为近 5 万名师生举行校园音乐会，受到热烈欢迎。

【合唱团在提升，音乐厅在发展】 中国交响乐团“三位一体”，乐队、合唱团和北京音乐厅，都是一线艺术生产单位。

近年来，合唱团艺术水平提高很大，2013 年又在总团支持下，聘请维也纳国家歌剧院著名指挥瓦尔特 · 采恩来华排练演出，更上一层楼。在文化部组织的全国优秀剧目展演中，合唱团以一台《伏尔加之声》获得好评，而且还出色完成 12 场进校园演出任务，并于 10 月份两次赴韩国参加首尔合唱节和大田合唱节的演出。特别是大田合唱节闭幕式演出，反响十分热烈。

北京音乐厅继续秉承专业化经营理念，以质量求生存、以服务为核心、以创意走市场，经营效益继续保持稳定提升。2014 年与越来越多的国际机构及艺术家踊跃合作，节目更加多样化，内容不断创新，商业运作的压力也不断增加。2014 年共策划和组织几十场艺术水准高、风格多样、贴近观众又具有教育及推广古典音乐等题材的不同形式的音乐会，引起社会强烈反响。北京音乐厅“国际音乐季”主打室内乐，得到古典音乐迷的广泛好评；暑期“打开音乐之门”为青少年普及音乐知识，高质量低票价为大众喜闻乐见，赢得良好的口碑。

2014 年全年演出音乐会场次 259 场，全年总收入突破 1400 万元。在深化文化体制改革与创新方面，北京音乐厅探索建立事业单位现代文化企业管理体系，着手组建剧院管理有限公司、艺术测评中心、艺术培训基地、青年交响乐团等交响乐生态链。在安全生产方面，由于地理位置地处要冲，安全防范工作以预防为主，全方位地展开细致周到的保障措施。

中国交响乐团坚持走群众路线，最集中

体现在关心群众利益，而群众最根本的利益就是集体的稳定和发展。乐团自2004年以来，逐步地走出困境，走出低谷，从2004年上半年全团演出收入仅41万元，到2014乐队、合唱团完成各类演出109场，实现演出收入、经营收入与2013年相当。演出收入已经连续多年稳定在2000多万元，经营总收入也已经连续两年突破4000多万元，这些数字在全国交响乐团中遥遥领先。而且员工收入持续攀升，医疗保险（包括一份额外的商业保险），以及住房公积金等各项福利待遇也都得到有效保障。目前乐团生产经营持续向好，经济效益持续扩大。通过乐团努力争取，政府也不断加大投入。

【坚持改革创新，事业单位企业化管理制度已出台】 党的十八届三中全会绘就新时期全面深化改革的蓝图。根据文化部党组指示，中国交响乐团现阶段改革重点是“实行事业单位企业化管理”，乐团已经根据发展需求做出很多有益的探索并打下一些基础。例如，实行全员聘任制，全体员工签约上岗；完善音乐季演出制度；加强艺术行政办公室的职能作用；执行按预算管理的财务制度；尝试“项目制”运作模式，并在欧洲巡演和美国巡演经营实践中获得成功；中国交响乐团还建立乐团“荣誉董事会”制度，为社会筹融资拓宽渠道。

按照文化部统一部署，中国交响乐团已经成立企业化管理改革领导小组，制定《总体方案》，完善各项规章制度，以促进发展为目标，以转变观念为前提，以创新机制为内容，扎实稳妥地全面推进事业单位企业化管理，促进事业建设发展繁荣。

（刘　晰）

中国儿童艺术剧院

【概况】 2014年，以创作和演出为中心，以把中国儿童艺术剧院建设成为“国内一流、国际知名”的剧院为目标，以改革创新为动力，团结奋斗、开拓进取、勇于创新，使剧院在“出精品、出效益、出人才”上实现新跨越，取得令人振奋的新成果，实现社会效益和经济效益双丰收。

【挖掘与创新】 完成《宝船》《三个和尚》《天才小精灵》《小飞侠彼得潘》、系列组合剧《中国故事》之《成语魔方》（第一部）等5部戏的创作任务。这些作品的主题和体裁都体现中国儿艺在创作上的一贯追求和集体审美意识，即艺术的高品质与题材和表现形式多样性的统一，思想性、艺术性和观赏性的统一，传承和创新的统一。

在尊重老舍原著的基础上重新创排《宝船》，充分尊重戏剧本体，诠释老舍先生赋予该剧的意蕴，同时运用舞台科技手段和多媒体技术，让内容与形式达到尽可能完美结合，使其更具思想性、艺术性和观赏性。

积极向传统文化借故事、借思想，根据谚语“一个和尚挑水喝，两个和尚抬水喝，三个和尚没水喝”，打造肢体动漫剧《三个和尚》，呈现团结互助和“人心齐、泰山移”的主旨。《成语魔方》是系列组合剧《中国故事》的开篇之作，是从中华传统文化中发掘丰富的思想内涵和价值取向的一次积极尝试，力求将中华传统美德和智慧表达得更具时代感。

倾力打造现实题材儿童剧《天才小精灵》，形象展示关于穷孩子和富孩子在互相了解、理解的过程中，寻找和实现各自梦想的故事，是一部传递"中国梦"正能量的儿童剧。

改编自英国著名童话故事的《小飞侠彼得潘》是一个充满想象力的传奇故事，告诉孩子们如何在冒险中增长智慧、勇气和学会担当。用多种艺术手段营造出奇妙和梦幻的舞台景观，使小飞侠终于翱翔在中国儿艺的舞台上，使孩子们领略到世界经典的魅力。

【创作与演出】 全年共完成 40 台剧目 692 场演出（其中营业性演出 612 场，公益演出 54 场，国际交流演出 26 场），观众达 62 万人次。演出足迹遍布 17 个省、自治区、直辖市的 91 个市区县，还出访加拿大、哥伦比亚、蒙古国、法国、泰国、德国 6 个国家。在剧院最高票价不超过 180 元的情况下，商演收入 2210 万元，同比增长 10%。建成自主网络售票系统，实现互联网、手机、微信等 6 种售票方式，扩大剧院演出的影响力和覆盖面，实现社会效益与经济效益双丰收。

深入基层公益演出已经成为中国儿艺促进少年儿童健康成长的重要选择。中国儿艺在面向市场、努力开拓北京和经济相对发达地区商业演出的同时，始终不忘身为国家剧院的社会责任，坚持走向基层，走进西部，走进本市郊区，为老少边穷地区的少年儿童演出精彩的儿童剧。2014 年，共进行公益演出 54 场，低票价公益性演出 648 场，实现让更多的少年儿童走进剧场，观看儿童剧的目标。3 月 17 日至 21 日，《心愿》和《小卡车变变变》两个剧组到山西省大同市，5 天演出 24 场。10 月 13 日至 16 日，《特殊作业》和《小吉普·变变变》两个剧目在安阳公益演出 20 场。11 月 5 日至 6 日，《青蛙王子》剧组深入革命老区江西省黎川县，为当地 4000 多名儿童连续送上 5 场经典演出，将爱与希望的"种子"种进基层儿童心中，少年儿童观众首次在家门口享受到来自国家剧院高水平的文化大餐。

为落实文化部"深入生活、扎根人民"主题实践活动，12 月 9 日，中国儿艺慰问演出团及创作人员走进北京门头沟三家店铁路小学和潭柘寺小学，为孩子们奉上精彩的趣味益智儿童剧。12 月 17 日，慰问演出团走进北京市东城区特殊智力学校，为近百名孩子带去儿童剧《小吉普·变变变》的精彩演出。元旦刚过，剧院到河北邯郸峰峰矿务局进行 10 场公益演出，将"深入生活、扎根人民"主题实践活动引向深入。

为响应北京市教委发起的社会力量参与小学美育教育工作号召，7 月 10 日，中国儿艺参与小学体育美育发展工作正式启动，剧院与东城区灯市口小学、革新里小学、织染局小学等 6 所学校结成合作伙伴，共同推进小学生艺术素质的培育。

继续实施优秀剧目轮换上演制度。一是盘活资源，剧场、剧目得到充分利用，效益得到充分发挥。二是锻炼队伍，凝聚人心。多个剧目得以复排，演员有戏可演，收入增加，出现了纷纷争取上戏的局面，精神面貌发生了很大变化。三是促进营销，提高经营能力。四是带动用人制度和分配制度的改革，更加灵活的用人和分配机制得以实施。五是扩大影响，树立品牌。通过高质量的演出、广告宣传和口耳相传，"逛王府井、看儿童剧"，已成为首都儿童观众心中的文化品牌。

中国儿童戏剧节正在成为中国儿艺发挥国家剧院代表性、示范性、导向性作用的重要平台。2013 年举办的第四届"中国儿童戏剧节"，以"点亮童心　塑造未来——美丽中国梦"为主题，汇聚中国、美国、瑞典、西班牙、中国台湾等国家和地区 44 部风格迥异的优秀儿童剧，演出 219 场，组织 15 项各类活动，惠及 13 个省、区、市的 15 万观众，取得较好的社会效益和经济效益，赢得社会的广泛赞誉。儿年来，戏剧节的品牌效应和影响力日益扩大，已经成为促进中国儿童戏剧健康发展，加强中国与世界儿童戏剧界交流与合作的重要平台。

以国家院团演出季带动剧院艺术创作、人才培养和演出营销。共有《宝船》《卖火柴的小女孩》《天才小精灵》三部戏参加国家艺术院团演出季。展演集中展现剧院的创作实力，更多的创作人员和优秀青年人才得到锻炼，演出营销能力得到增强。展演不仅展示剧院的最新创作成果，还实现90%的上座率。

【交流与发展】 对外文化交流工作取得了突破性的进展，全年赴国外演出6次，出国交流访问4次，有8台剧目走出国门，共演出26场，出国人员达128人次，其次数、场次、人数均创历史新高。这是中国儿艺向实现“国内一流、国际知名”目标迈出的坚实步伐。

在文化部外联局的大力支持下，2月，《三只小猪·变变变》剧组赴加拿大参加“蒙特利尔中国文化月”交流演出，在蒙特利尔和多伦多共演出5场；4月上旬，《十二生肖》剧组赴哥伦比亚参加波哥大伊比利亚美洲戏剧节交流演出活动，5天内连续演出7场，创造5000人观剧的记录；6月初《伊索寓言》剧组赴蒙古国首都乌兰巴托演出两场；6月中旬中国儿艺演出团第一次踏上欧洲的土地，《小吉普·变变变》剧组赴法国巴黎参加“中法建交五十周年”系列活动，4天演出3场，第一次走进外国小学；10月下旬，《西游记》（第一部）剧组赴曼谷中国文化中心连续演出3场，实现该剧海外首演；11月，《三个和尚》《小吉普·变变变》和《三只小猪·变变变》三个剧组赴德国举办首届“中国儿童戏剧周”，在德国柏林市和白湖市共演出6场。所到之处都得到所在国少年儿童热烈欢迎，新华社、人民日报、国务院新闻办公室网站、中国文化报、所在国媒体都对演出进行热情报道。5月下旬，尹晓东院长代表阿西特基国际儿童青少年戏剧协会中国中心，赴波兰华沙参加阿西特基国际会议，报告中国儿童戏剧的发展概况；11月12日至24日，尹晓东院长赴罗马尼亚首都布加勒斯特参加“第十届国际儿童戏剧艺术节”，并担任评委会主席；10月底，制作部主任王建国代表中国儿艺赴俄罗斯莫斯科参加俄罗斯“中国文化节”舞台艺术对话论坛。12月27日至2015年1月19日，剧院派遣杨成、王堃赴美国蒙大拿州米苏拉儿童剧院进行学习培训，加入在当地举办的“儿童戏剧培训三周行”的计划。

【建章与管理】 按照文化部关于事业单位实行企业化管理的要求，剧院朝着把剧院建设成为中国儿童戏剧创作演出的最高殿堂、儿童戏剧艺术教育普及的重要基地、中国儿童戏剧对外交流首要窗口的目标和任务，探索进一步完善剧院决策、执行和监督相互统一、相互协调、相互制约的法人治理结构，建立健全企业化管理运行机制。

一是完善决策机制。剧院规章制度的修订和出台，业务计划、人事、财务、基本建设、设备设施采购添置等，特别是“三重一大”事项，都必须上院务会研究讨论。在议事决策过程中，院班子成员每个人都充分发表意见。剧院去年的各项决策，都有高度的共识。二是加强部门间的协作与沟通。坚持每月召开中层干部月度工作会，通过通报部门工作，加强协同配合，提高了执行力和工作效率。三是加强制度建设，积极调整、修订、完善剧院各项规章制度，并在严格执行、狠抓落实上下功夫，在推进工作制度化、规范化、科学化上下功夫。2014年新出台和修订了多项规章制度，主要有：《中国儿童艺术剧院合同签署管理规定》《中国儿童艺术剧院艺术档案管理办法》《中国儿童艺术剧院门户网站管理办法》《中国儿童艺术剧院职工工资收入分配办法》《中国儿童戏剧节组委会常设机构及分工细则》等。通过建章立制,使剧院各项工作有法可依,有章可循。

（崔勇波）

中央歌剧院

【概况】 2014 年,坚持稳中求进的工作基调,为实现中国梦做出不懈努力。全年共演出歌剧 9 部 44 场,音乐会 49 场,“三下乡”慰问演出及公益演出 9 场,高雅艺术进校园活动 26 场。共计 128 场。

【加强学习】 为学习贯彻党的十八大、十八届三中全会、四中全会和习近平总书记系列重要讲话精神、深入开展党的群众路线教育实践活动,中央歌剧院召开党政联席会议,研究决定在全院党员和中层干部中开展学习培训活动,召开全院演职员工学习报告会,召开理论学习中心组扩大会议,并开展形式多样的学习宣传贯彻活动,召开各支部学习会议,制作宣传板报,院报刊登学习专栏等,切实抓好全会精神的贯彻落实,推动剧院改革发展工作。在中央做出八项规定后,将规定贴在办公楼大厅最醒目的地方,建立风险防范机制和约束机制。通过教育实践活动,广大党员、干部受到深刻的思想政治洗礼,增强同党中央保持高度一致的自觉性和坚定性。

10 月,习近平总书记文艺工作座谈会重要讲话发表后,中央歌剧院宣传栏张贴“坚持以人民为中心的创作导向”的讲话内容,号召全体演职人员深入学习领会讲话精神,坚持以人民为中心,努力创作更多无愧于时代的优秀作品。中央歌剧院俞峰院长荣幸参加文艺座谈会,受到总书记的亲切接见。

【领导班子与作风建设】 剧院领导班子团结和谐、凝聚力强、作风民主、决策科学、勤政廉政,建立健全并严格执行各项规章制度,实行全员聘任制,签订事业单位全员聘任合同;继续进行严格的年度考核制度、招聘制度;坚持“两手抓、两手都要硬”的方针;坚持出作品、出人才、出效益;坚持艺术生产与文化产业双轮驱动,带领全院演职员工向建设一流国家歌剧院的既定目标努力奋进。

在干部队伍建设上,坚持标本兼治、惩防并举;坚持用制度管权、管人、管事、管财、管物;坚持每年举办党员干部培训,切实保障剧院各项工作健康有序进行。在关乎个人利益的职称评定、收入分配、人员调动、职务晋级等问题上,不断深化体制和机制改革,建立起一系列制度,确保公平公正公开,使演职人员倍感剧院这个艺术大家庭的温暖。

在庆祝中国共产党建党 93 周年大会上,根据中央歌剧院 60 年的历史改编的三幕大型情景话剧《剧院之路》,以严肃、活泼、幽默的方式再现剧院走过的种种坎坷与创造的辉煌成就。

每年党的生日是全院大会日,也是全院的表彰大会日,本年度共表彰集体艺术类奖项 3 项、集体荣誉奖项 4 项,嘉奖个人艺术类奖项 14 人;个人荣誉称号 3 人,优秀共产党员 12 人。

【艺术生产与艺术创作】 原创歌剧《红帮裁缝》获得中宣部“五个一工程”奖。为响应中央提出的构建公共文化服务体系的号召,创作舞台表演艺术精品,中央歌剧院主创人员深入乡村,多次到宁波地区采风,对当地红帮裁缝的素材仔细搜集和梳理,参观宁波服装博物馆，采访红帮裁缝后人，与宁波服装学院的专家进行座谈，召开由老中青裁缝参加的座谈会，阅读大量史料，数易其稿后写就《红帮裁缝》，用歌剧这一世界音乐语言来咏叹近代宁波人的海纳百川、敢为人先的精神，经过56场演出、改进、锤炼，喜获中宣部第十三届精神文明建设“五个一工程”优秀作品奖，填补文化部、中央歌剧院在此项目上的空白，为“央地合作”模式树立学习借鉴的典范。

第二届中国歌剧节荣获多个奖项。剧院排演的“全华班”阵容的瓦格纳经典巨作尼伯龙根指环之二《女武神》，在俞峰院长的指挥下于11月9日亮相武汉琴台大剧院参加文化部举办的第二届中国歌剧节的演出，获得最高奖项优秀演出奖及优秀指挥奖、优秀表演奖、表演奖、优秀舞美设计奖等多项个人奖项。剧院逐步成为国内一流、亚洲最强歌剧院，展示了国家艺术院团的示范性、引领性和代表性。

承办第二届中国歌剧节闭幕式演出，献上一台以民族歌剧为主题的精彩音乐会。

国家艺术院团演出季，新剧新人勇攀歌剧高峰。“2014年国家艺术院团演出季”中，剧院两部歌剧一台音乐会参演。《复兴之路》音乐会常演不衰，是弘扬中国精神、凝聚中国力量的“中国梦”。

歌剧《费德里奥》大胆培养起用新人，让年轻艺术家担当重任，指挥、导演、主演、舞美设计平均年龄35岁。探索借鉴西洋歌剧如何更好地被中国“民族化”的问题。该剧的导演施晶芙获得唯一的“优秀青年导演奖”。

挑战歌剧艺术巅峰之作——瓦格纳尼伯龙根指环之三《齐格弗里德》。无论是剧目难度、制作水准还是演出效果都显示出国家艺术院团的最高水准。此次演出力邀两名活跃在国际歌剧界的著名歌唱家同台演出，加快剧院迅速接轨国际水平、跻身世界知名歌剧院行列的步伐。文化部副部长董伟亲临国家大剧院观看首场演出，赞誉剧院的引领性和示范性作用。

录音唱片全球发行、展示实力。音乐会演出别具特色：10天两次上演贝多芬的不朽之作《D小调第九交响曲》；一天演出三场不同特色的音乐会；以交响曲《春天》《春之祭》的旋律渲染万物复苏的多彩春天；以马勒的《复活》清明节前夕思考人生；以理查·施特劳斯的《死与净化》《查拉图斯特拉如是说》《最后四首歌》《死与净化》4首交响曲纪念这位卓越的音乐奇才、伟大的作曲家诞辰150周年；《歌剧GALA音乐会》名家名段等。

以上经典音乐会的现场演出实况，均已录制成唱片专辑向全球出版发行，完美展示剧院演绎西方经典作品的最高水准。

精心打造中央歌剧院第六届国际歌剧季。2009年以来，剧院已连续举办6届国际歌剧季，2014年的歌剧季扩大成为演出季，第一次实施上、下两季，无论是演出剧目还是演出方式都有新的突破，提前制定出全年演出计划，不再受市场影响及经济影响，在演出策划和演出市场上取得巨大的进步，培养、锻炼、挖掘出一批优秀演出人才。

接轨世界、承办第六届中国国际声乐比赛（宁波）。中国国际声乐比赛创办于2000年，是文化部主办的三大国际音乐赛事之一，俞峰院长担任本次评委会主席，交响乐团担当决赛阶段的伴奏。为吸引市民参与、欣赏、享受赛事，剧院携德国伟大作曲家瓦格纳鸿篇巨制《女武神》、意大利著名作曲家威尔第的歌剧《茶花女》和中国第一部新歌剧《白毛女》三部大戏亮相“歌剧周”，受到世界各地评委和选手的高度赞扬，中央歌剧院交出一张与世界接轨的最优秀成绩单。

【文化惠民】 票价瘦身、文艺惠民、成效显著。作为国家艺术院团，率先以观众能接受的亲民票价推动演出市场的良性循环，剧院推出“123 中央歌剧院与您相约国家大剧院”文化惠民演出，由剧院自己出场租，租下国家大剧院的演出场地，再以 100 元、200 元、300 元的低票价，将观众请进艺术殿堂共享高雅艺术，得到社会各方面的广泛赞誉，观众购票率持续走高、出现多场“一票难求”的场面。

第四届年度歌剧公共免费开放日。2010 年剧院开始举办第一届年度歌剧公共免费开放日，2014 年 6 月在天桥剧场演出的歌剧《红帮裁缝》是第四届公共免费开放日观摩演出。数千观众通过互联网取得演出票，免费观看演出，赞誉剧院“文艺为大众服务”的做法深得民心。

《复兴之路》基层巡演。七一前夕，在中国共产党的诞生地上海，演出《复兴之路》音乐会；在河北省廊坊市委、廊坊市政府开展党的群众路线教育实践活动中演出《复兴之路》音乐会；在“5・23”延安文艺座谈会讲话发表 72 周年之际，赴鄂尔多斯市演出《复兴之路》音乐会；国庆节期间在四川成都演出《复兴之路》音乐会。

走基层、开设文化大讲堂。参加中国国际声乐比赛及第二届中国歌剧节期间，利用演出空隙开设多堂歌剧、交响乐文化大讲堂等艺术讲座，深入基层，扎根人民，打造中国艺术比赛品牌，推动中国艺术教育发展，为培养优秀的青年艺术人才提供舞台。

【进校园、“三下乡”】 参加教育部、文化部、财政部主办的“高雅艺术进校园”活动，先后赴宁夏、新疆、青海、福州、广州、海口、桂林、贺州、梧州等高校演出“歌剧经典音乐会”26 场，得到当地师生的高度赞扬。2006 年以来的 10 多年时间里，共完成近 300 场进校园演出，受益的大学师生达 40 多万人次。

高度重视深入基层“三下乡”活动，多年来坚持深入农村、厂矿、军营、校园等，开展普及高雅艺术活动。2014 年，与中国残奥委员会、北京市残联共同举办的“走基层，送文化”演出活动在顺义区北小营镇前礼务村的“温馨家园”举行。在北京昌平区小汤山中建八局工地，为工人兄弟们送去寒冬里的温暖慰问。团委组成的艺术家小组远赴山西娄烦县，完成“情系基层中国梦”文化青年走基层调研实践活动，开拓和丰富了当地文化生活。合唱团团员助唱朝阳区社区合唱团比赛，辅导驻三里屯武警部队军歌比赛，参加“党员进社区”慰问东直门敬老院活动。文艺支教志愿者赴房山区窦店镇小学，与小学生一起“听乐、学乐、唱乐”，致力于音乐支教的公益活动。

【重温经典、清华大学上演《卡门》】 1982 年首次由中央歌剧院用中文成功上演法国作曲家比才的歌剧《卡门》，2014 年在清华大学的新清华学堂，再次演出《卡门》，向中法建交 50 周年献礼。剧院已连续三年在清华大学演出经典歌剧，被誉为最受欢迎的演出团体。

【公益演出】 在我国第一个国家公祭日演出纪念音乐会《金陵祭》；在国家大剧院演出周末音乐会；在延庆水关长城演出“畅想绿色”第五届“北京长城森林艺术节”；在中国现代文学馆助阵第六届鲁迅文学奖颁奖典礼等。

歌剧《图兰朵》是中央歌剧院最先引进到国内的世界著名歌剧作品，已在世界多个国家和国内众多城市演出 100 余场。作为 2014 年国家大剧院歌剧节闭幕大戏，剧院制作的歌剧《图兰朵》连演两场。观众热情极高，剧场座无虚席，文化部副部长杨志今出席观看首场演出并给予极高评价。

上演伯恩斯坦经典名篇——音乐剧《西

区故事》，增加音乐剧演出剧种。

积极参加国家项目演出：录制“我的音乐厅”；APEC 会议，唱响水立方。

成立青年室内合唱团，鼓励举办独唱音乐会，为后备优秀人才提供机会。

【国际交流】 为庆祝中突建交 50 周年，8 月参加吉姆国际交响乐节、莫纳斯蒂尔国际艺术节、比塞大国际艺术节演出，突尼斯使馆多次致信感谢，对剧院高水平的演出赞不绝口，邀请剧院为突尼斯录制国歌，谱写中突文化交流和友谊的新篇章；9 月赴奥地利演出；10 月赴俄罗斯演出庆祝中俄建交 65 周年音乐会；11 月中旬赴韩国参加中韩建交 22 周年暨首尔中国文化中心成立十周年纪念音乐会演出；11 月下旬赴瑞士，在伯尔尼、日内瓦万国宫演出《黄河钢琴协奏曲》《梁祝》《欢乐颂》等中外名曲，纪念 2015 年世界反法西斯战争胜利 70 周年及联合国成立 70 周年，唱出世界和平的主题，增进与各国的文化交流合作及理解互信。

在国内，剧院参演《灵动法兰西——中法建交 50 周年音乐会暨相约北京开幕式》音乐会，为中法建交献礼；与美国“游子吟”合唱团一起参加第 12 届中国国际合唱节，演绎大型原创清唱剧音乐会《禹王治水》。

【文化产业】 进入市场扶持青岛恒德舞美基地推进国家“十二五”科技支撑计划项目，填补基地在系统研发方面的空白。

与新华社、清华大学、南沙区政府、明大公司 5 家单位共同签署基地落户广东南沙协议。

为完成两个国家级一个省部级科研项目聚合社会力量，完善产学研协同创新模式，力争优质完成项目。

《数字化舞台监督监控指挥调度系统》科技成果成功转化，填补国内外公共文化服务领域舞台科技装备市场空白。

推动《复兴之路》的外延产品进入产业市场，以及中央歌剧院《数字化城市景观科技工程》和《卫星数字文化工作站》项目进入产业市场。

【舞美工厂】 为了打破行业潜规则、破除高制作成本这块坚冰，2012 年，剧院白手起家自筹资金组建舞美工厂。3 年以来，完成歌剧《山林之梦》《辛亥风云》《鄞地九歌》3 部新创歌剧的舞美制作；承担原创歌剧《红帮裁缝》和瓦格纳歌剧《女武神》《齐格弗里德》、贝多芬歌剧《费德里奥》全部舞美和服装制作；对外承接西藏歌舞团大型歌舞剧《魅力西藏》的制景项目、歌舞演艺集团赴澳门演出服装制作项目和中央音乐学院《阿依达》的舞美项目，以及 APEC 会议民族服装项目。

经过几部大戏的磨炼，剧院已经拥有一流的舞美设计、舞美制作团队和一流的舞美制作工厂。

【基本建设】 1 月 19 日，中央歌剧院大剧场在蔡武部长的开工宣言中正式启动，蔡武部长、杨志今副部长及有关司局领导应邀出席并参加了开工仪式。日前，剧院剧场工程建设基础护坡桩施工、土方开挖等项目基本完成，正在优化设计方案及调整投资概算。预计将用 3 年时间建成国内专业化的歌剧艺术剧场，力争将其打造成为推动国家歌剧艺术发展的主阵地。这是几代歌剧人的共同期盼。

（李英华　武红文）

中央芭蕾舞团

【概况】 2014 年，以《红色娘子军》首演 50

周年和团庆 55 周年纪念演出为主线，通过“以演代庆”服务人民、服务社会；通过创新人才培养方式凝聚团队力量；通过多层次“走出去”文化交流弘扬中国精神；以愚公移山的精神，在艺术教育、剧团管理等方面摸索前行。经过一年充实、辛苦、几乎没有喘息休整的跋涉，中央芭蕾舞团在实现“中芭梦”“中国梦”的道路上迈出卓有实效的一大步。

【艺术创作】 坚持“传承、借鉴古典的，探索、开拓民族的，丰富、创新现代的”三足鼎立的艺术方针，丰富、完善“春、夏、秋、冬”“古、今、中、外”创作排演机制，将艺术创作统一到以人民为中心的创作导向，运用美学、哲学思维和现代科技手段，使创作题材、创作手法进一步与时代和国际接轨。全年共编创 5 部芭蕾新作，其中包括 1 部中芭版《吉赛尔》，1 部引进作品《蝙蝠》，3 部“WORKSHOP 芭蕾创意工作坊”中型舞剧《偃师》《香莲 · 赛莲》《哈姆雷特》。

《吉赛尔》被誉为浪漫主义芭蕾巅峰之作，艺术价值非常高，是世界几大顶尖芭蕾舞团的保留剧目。中央芭蕾舞团在吸收、借鉴世界各大名团改编经验的基础上，尊重剧目古典性，从布景、服装、灯光上进行创新，结合中国观众审美特点，增加时代性元素，既保证剧目的古典原味，又开创《吉赛尔》在当代中国的新风格。

值中法建交 50 年之际，引进法国罗兰 · 佩蒂先生传世名作《蝙蝠》，以诙谐、幽默的舞蹈词汇讲述男主人公在妻子努力下重归家庭、享受天伦之乐的故事，堪称经典芭蕾版家庭伦理喜剧。

WORKSHOP 芭蕾创意工作坊步入第 5 年之际，中央芭蕾舞团年轻编导创作 3 部中型舞剧，分别是取材于《穆天子传》的《偃师》，取材于作家冯骥才小说《三寸金莲》的《香莲 · 赛莲》，以及改编自莎士比亚经典巨作的《哈姆雷特》。

经过年轻编导和演员们的不断探索，将演员公开考核打造成《追梦 · 新人新作》晚会，不仅形成了新的创作品牌，而且有步骤地培养了编创人才梯队。

【演出推广】 全年共计演出 156 场，其中低票价公益性演出占总演出场次 48%。

为传承红色经典，发扬传统精神正能量，通过“50 年 · 50 场”系列演出隆重纪念《红色娘子军》首演 50 周年。2014 年年初，在海南冒着酷暑举办 3 场大型露天慰问演出，吸引当地群众、外地游客以及守备官兵在内的数万观众；9 月 23 日，精心筹备、举办人民大会堂大型纪念演出。还出版、发行纪念文集、首日封，在一定程度上摸索、实践文化艺术产业发展。

2014 年冬季演出季集中推出 10 台流派纷呈、风格各异的大戏，如：《红色娘子军》《吉赛尔》《蝙蝠》《过年》《新年芭蕾音乐会》等。

经过两年大力推广，创排于 2012 年的芭蕾舞剧《小美人鱼》经过不断打磨，已经成为中央芭蕾舞团各地巡演的重要拳头产品。在上海国际艺术节，《小美人鱼》打动近 5000 位观众。

中央芭蕾舞团作为国家院团一直以社会公益责任为己任。全年将近 40 场艺术普及教育演出，其中包括“高雅艺术进校园”“打开艺术之门”“教育音乐会”等多种形式；多场 50 元、100 元面向学生及普通大众的低票价演出；为地震灾区进行赈灾义演，为云南鲁甸小学的孩子们送去援款、援物和全团演职员工的温暖关怀。

【对外交流】 积极主动做好各项对外文化演出交流工作。在法国、美国、古巴，在中国澳门、台湾地区，切实将海内外文化推广做出特色、做出成效。

1月，随蔡武部长赴法国参加“巴黎大皇宫中国之夜”庆典演出，年轻编导张镇新编创的《天黑请闭眼》，中央芭蕾舞团首席张剑与巴黎歌剧院明星演员卡尔·帕奎特合作演出的《卡门》双人舞，为中法建交50周年增添新的佳话。

7月，配合习近平主席对古巴国事访问，与古巴国家芭蕾舞团合作演出两场“中国—古巴芭蕾友谊晚会”，国家主席习近平、古巴最高领导人劳尔·卡斯特罗亲临现场观看，并对中央芭蕾舞团演员进行了高度肯定。

9月，携《牡丹亭》首次亮相“纽约秋季舞蹈节”，独特的中国传统文化韵味，精湛、细腻的表演深深吸引美国主流观众。

11月，应台湾海峡两岸文教经贸交流协会邀请，中央芭蕾舞团一行103人为宝岛人民演出三场《吉赛尔》，并首次将《走进芭蕾》品牌带进台湾北中南三地四所高校，还以年轻时尚的“快闪”等交流方式在台湾掀起“芭蕾旋风”。

【人才培养】 正视芭蕾特殊性，建立“请进来”“走出去”相结合的人才培养机制，着力培养国际性、创新型人才，人才培养步入长效、可持续轨道。

“请进来”方面，先后邀请法国学派传承人约埃尔女士、俄罗斯马林斯基剧院功勋演员奈夫·甘尼、加拿大皇家芭蕾舞团资深芭蕾大师张卫强等8位国际知名教员和芭蕾大师来团为演员授课、培训，专家们以国际前沿眼光和多年从教经验，通过扎实的基训课和画龙点睛的指导排练，为剧团培养优秀演员、教员、芭蕾大师打下深厚基础。

“走出去”国际交流方面，选派年轻编导王琪，优秀演员邱芸庭、武思聪等近20位青年艺术家参加国际性舞蹈艺术节，通过与国外同行的深度合作或艺术交流，眼界得以开拓，国际竞争意识得到加强。在第22届“Benois de la Danse”国际芭蕾舞艺术节中，编导费波创作的中型舞剧《波莱罗》获提名奖。

【艺术教育】 一手牵北京五小学共建美学教育基地，一手牵北京戏曲艺术职业学院合作办学，以高度责任心承担艺术普及教育，以长远心态创设芭蕾事业接班人的专业教育平台。

大力配合国家教育综合改革总体要求，与北京精神文明办合作，在北京市宣武师范学校附属第一小学建立艺术教育培训基地，同时与北京市教委签署6年合作项目，对北京丰台区草桥小学等四所小学开展美育教育，派出有经验的教员为师生进行艺术课程培训，组织丰富多彩的观摩实践，让学生们在学习芭蕾的过程中得到高雅的美学教育。为中央芭蕾舞团泸州艺术教育基地建设无私奉献，泸州老师们在剧团免费进修、观摩，中央芭蕾舞团教员到泸州面对面为学生培训，并成功举办首届四川泸州艺术教育基地夏令营活动。

与北京舞蹈学院芭蕾舞系合作开展“2+2”办学模式以来，为从根本上解决剧团人才瓶颈问题，系统培养符合剧团艺术风格和实际工作需要的优秀生源，在各届部领导的大力支持下，剧团下定决心筹备建立全日制专业培训学校。在初期办学条件尚不成熟的情况下，拟在曾经与北京戏曲艺术职业学院合作的经验基础上，与该校开启全新的合作办学模式，发挥学校和剧团各自资源优势，探索、打造高水平的芭蕾专业人才培养基地。截至2014年年底，剧团已赴全国各地30多所地方学校进行招生。

【深化改革】 以习近平总书记文艺工作座谈

会讲话精神提升士气、凝聚力量，以自发的内部机制改革推动事业单位企业化管理，努力创建务实、高效、规范的科学管理型团队。

11 月 17 日，中央芭蕾舞团第一时间组织开展学习习近平总书记文艺工作座谈会讲话精神，得知习总书记座谈中两次提到中央芭蕾舞团，全团演职员更是难以抑制激动的心情。在习总书记讲话精神的感召下，中央芭蕾舞团将明确方向，坚守理想，为人民创作，为人民抒怀，在遵循艺术规律的前提下，以孜孜以求、精益求精的精神努力创作“高峰”作品，发挥每一位中央芭蕾舞团人在国家“两个实现”的道路上的作用。

在以管理换效益的今天，中央芭蕾舞团将思想上的升华落实到行动上的创新，尤其是管理举措的创新。2014 年，剧团建立“能进能出、能上能下”的用人机制，分两次进行部门主管、中层干部公开竞聘上岗，平等、公开、透明的测评机制，调动演职员工的积极性和创造性。继续实施、完善管理人员“季度绩效量化考核办法”，通过考核了解职工做了多少事情，完成质量如何，如何改进，把大的项目细化为每个月、每一天的效能考核。在财务管理上，力推现代企业“投入产出成本管理”理念，对艺术创作、人才培养、“走出去”海外推广演出、公益性演出场次等进行预、决算控制，探索建立符合表演艺术团体成本核算机制和不同效益目标的评估机制。

（尤玉芳）

中央民族乐团

【概况】 2014 年，继续坚持以创作演出为中心、以改革发展为目标，全年演出共计 162 场次，其中商业演出 85 场次，全年商业演出总收入为 2882.28 万元，比 2013 年演出收入 1844 万元增长 56%。观众总人数达近 16 万人次，新创大型主题性剧目 11 台，新创单曲体音乐作品 100 余首，全年创收总额资金为 4100 万元。这些创作和演出得到社会各界的广泛称赞，特别是乐团推出创作的这一系列新作品成为当代我国民族音乐文艺舞台的主流主打作品，这为国家艺术院团在海内外民族音乐行业的创作、表演起到领头雁作用，也是贯彻落实部领导多次强调提出的，要用我们优秀的文艺作品去引领和繁荣我们的文艺舞台的指示精神。

【完善内部机制】 继续贯彻落实文化体制改革实施方案以来，乐团不断调整内部管理机制，修订新条例，加大奖惩力度，以公平、公正、公开的原则树立演职人员的岗位意识。3 月，乐团举行 2014 年度业务考核，考核分别按“民族管弦乐队”和“合唱队”两大业务队进行，考核内容与工作实践紧密联系。通过考核，一方面促进演员的竞争意识、提高演员的业务能力；另一方面，为乐团进一步改进人员管理机制提供有力参照。

【推出经典】 乐团坚持以创作和演出为核心，用高雅的艺术作品引导市场、引导大众，创作出既有民族特色又体现时代精神的优秀作品。为此，乐团创作推出大型民族管弦乐《丝绸之路》《泱泱国风》民族声乐音乐会《国风绕梁》、纪念红军长征胜利 80 周年音乐会、海内外纪念民族音乐家刘文金先生大型音乐会、第十四届《相约北京国际艺术节》闭幕式——《舞动拉美》音乐会、《空谷幽兰》中央民族乐团青年筚篌演奏家吴琳独奏音乐会、《锦城丝管》中央民族乐团帮扶四川成都民族乐团音乐会、纪念世界反法西斯战争胜利 60 周年《和平颂》、亚太经合组织第二十二次领导人非正式会议文艺演出、《弦上狂想》青年作曲家王丹红作品音乐会。同时，参加了文化部举办的 2014 国家艺术院团演出季的展演。2014 年乐团在国家大剧院全年上演近 30 场次，这些剧目均得到了社会各界的充分肯定和广泛赞誉。在体现和反映“中国梦”主题的创作与表演中，中央民族乐团一直致力于民族音乐作品的可听性、意境性和旋律优美为特色，用当代人民大众的审美来创作作品，对那些经典的民族音乐作品，主要采用重新编配、移植、改编的形式推向舞台，使民族音乐传统更加符合时代、符合大众、符合人民的需求。为此，中央民族乐团在深化艺术创作、转变民族音乐创作以学术性来替代人民性的创作模式，深入挖掘、整理和创新了一大批优秀的新作品，为乐团在当代的演出市场与文化责任尽到了一个国家院团的使命。

“第十八届全国音乐作品（民乐）评选”活动。于 2014 年 1 月 15 日至 18 日在北京举行，其中收集参赛作品共计 287 部，为历届最高，其中中央民族乐团驻团作曲家姜莹创作的民族管弦乐《丝绸之路》被评为一等奖，《印象·国乐》被评为三等奖，这次评奖是文化部主办的全国性民族音乐作品评奖活动，不仅集中展示出我国民族管弦乐发展的丰硕成果，还发掘了民族器乐作品、发现了民族音乐人才，为我国民乐事业的繁荣发展起到了强有力的推动作用。

大型民族音乐会《丝绸之路》。作为国家艺术院团演出季的重要创作剧目，中央民族乐团创作推出的大型民族音乐会《丝绸之路》是一台集民族管弦乐、民族声乐、数字多媒体技术于一体的综合性舞台艺术。音乐会以“丝绸之路”的重要国家和音乐艺术为主线，由中央民族乐团 110 人的民族管弦乐队、合唱队，和新疆艺术剧院民族乐团少数民族乐队 30 人共同组成演出阵容。这也是中央民族乐团落实中央新疆工作会议精神，以文化援疆的形式，再一次携手新疆少数民族艺术家，中央院团与地方院团，汉族艺术家和维吾尔族艺术家的又一次盛会。演出获得了圆满成功并被评为文化部国家艺术院团优秀创作剧目奖。

大型民族交响音乐会《和平颂》。9 月 3 日，是由全国人大立法确定的中国人民抗日战争胜利纪念日。乐团上演的“大型民族交响音乐会《和平颂》”在国家大剧院上演，《和平颂》是作曲家、中国音乐家协会主席赵季平先生为纪念世界反法西斯战争胜利 60 周年、悼念侵华日军南京大屠杀遇难同胞 68 周年完成的作品，是第一部表现“南京大屠杀”重大历史题材、反对侵略战争、呼唤世界和平、书写时代主题的大型民族交响乐。乐团《和平颂》的演出体现了国家与人民，彰显了世界和平的国家意识，是以中国传统民族音乐向世界发出的和平之声。同时，乐团还将在南京大屠杀公祭日期间赴江苏南京再次上演《和平颂》。

民族乐剧《印象·国乐》在全国巡回演出。此台剧目由乐团艺术家携手著名导演王潮歌，作曲家姜莹、舞美设计高广健共同创作。是以创新为手段、大胆越界、突破国乐常规演出模式、第一次把演奏家引入剧情的时代化民族音乐会。该音乐会于 2013 年 8 月在国家大剧院首演，至今已上演 42 场。据不完全统计，关于该剧目的电视、广播、平面、网络及网络视频共计发布新闻 1000 余条，微博覆盖人群 2100 万人次，转发 18 万多次，评论 10 万多次。这台剧目的另一个亮点是，通过剧目的创作，一大批年轻的艺术家得益于这个舞台而得到锻炼和培养，并为乐团在市场经济的主导下完成近 2200 余万元资金创收，同时，这台剧目为当代民族音乐的普及和传承做出重大贡献。

【重要国事演出】 作为民族管弦乐体制中具有国家级代表性、示范性、导向性的表演团体，肩负着以独特风貌和典型形象展示当代中国文化的使命和任务。

“舞动拉美”，大型民族音乐会。为扩大拉美国家地区在中国的文化影响力，加深中国和拉美国家地区的文化之间的交流，5 月 25 日，“相约北京”活动期间，乐团在国家大剧院上演了“舞动拉美”大型民族音乐会。此台音乐会上演了拉美 18 个与中国建交的国家具有特色的经典音乐，所有曲目均经过乐团作曲家的改编，由中央民族乐团的民族管弦乐队与当地演奏家、演唱家们一起完整地呈现出来，来自阿根廷、秘鲁和墨西哥等国的艺术家们与乐团民族管弦乐队合作，表现出自己本国的独特的音乐色彩。

APEC 欢迎晚宴和文艺演出。11 月 10 日，亚太经合组织 APEC 第二十二次领导人非正式会议欢迎晚宴和文艺演出在北京水立方举行，乐团民族管弦乐队、民族合唱队共 140 余名演职人员全身心地投入到紧张的排练与演出中，从 10 月中旬到演出结束，所有演职人员都进行了高密度、高强度的排练，演职人员不辞辛苦，为了国家的荣誉，为了彰显中国文化的大国形象，中央民族乐团为此次 APEC 文艺晚会做出了卓越的贡献。

【践行“走转改”】 4 月 2 日至 3 日，为使年轻的党员艺术家深入基层、深入军营、奉献艺术、为兵服务，践行“走转改”，获取正能量，团党委带领乐团党员及入党积极分子一行 60 余人赴河北保定第 38 集团军 113 师“红军团” 338 团开展了“践行走转改、走进红军团”主题党日活动及慰问演出。2014 年团党委制作了 6 期宣传展板，分别是《践行“走转改”、走进“红军团——赴中国人民解放军 66131 部队开展主题党日活动及慰问演出”》《采风——乘着歌声的翅膀》《采风——踏着春天的足迹》《西藏春天——走进西藏》《西藏春天——拥抱西藏》《坚持以人民为重的创作导向，创作更多无愧于时代的优秀作品》。

【援疆、援藏活动】 为贯彻“关于支援边疆文化发展建设”的文件精神，响应文化部“春雨工程——全国文化志愿者边疆行”活动的号召，乐团积极开展了一系列帮扶活动。

9 月 26 日，在国家大剧院音乐厅上演的大型民族管弦乐《丝绸之路》音乐会中，乐团邀请了新疆艺术剧院民族乐团的 30 位维吾尔族演奏家(乐队首席、声部长)来京参加排练和演出，以提高和扶持新疆民族乐队的表演水平。

7 月 17 日至 28 日，由文化部、西藏自治区主办，中央民族乐团、西藏自治区文化厅及西藏自治区歌舞团承办的大型民族音乐会《西藏春天》赴藏慰问演出。此次赴藏慰问演出是践行中央五部委“我们的中国梦——文化进万家”活动，进一步强化“种文化、送文化”的具体措施，体现了中央民族乐团积极扶持西藏文化走向春天的赤诚之心。此次赴藏 120 位演职人员，历经 12 天，跨越拉萨、日喀则、山南、林芝 4 个藏区，演出 6 场，平均海拔 3600 米，行程 8000 多公里，让《西藏春天》这场发轫于西藏的音乐会能够寻根溯源，回到“家乡”。

音乐会通过汉、藏作曲家们的改编、加工、移植和重新创作，通过百余名汉藏知名指挥家、演奏家、歌唱家同台倾情演绎，彰显出藏族音乐在新时代焕发的崭新风采和无限魅力。中央民族乐团全体演职员坚定“缺氧不缺精神”信仰，团结一心、互帮互助，以极大的毅力与忍耐克服高原反应及舟车劳顿，他们以文化援藏的形式向人民交出一份合格的答卷，得到当地观众的热情赞扬与一致好评。

【践行“中国梦”主题艺术创作】 在开展艺术家们“深入生活、扎根人民”主题实践活动的艺术创作中，从3月份以来，中央民族乐团分别组织5个艺术家采风小组在广东、贵州、福建、陕西、河北，对广东音乐、贵州侗族大歌和苗族飞歌、福建南音、西安鼓乐、河北屈家营乐社进行民间音乐和民歌的采访学习，其目的就是让乐团的青年演奏家、歌唱家们了解传统，认识传统，使他(她)们在今后的艺术道路上多一份传承民族音乐的责任，并为开拓当代舞台艺术创作与表演积累丰富的经验，也是盘活民族音乐事业最有效的途径。这一活动已经成为乐团音乐工作者们艺术创作、表演常态化的内容之一。在体现“中国梦”主题的艺术创作中，由于艺术家们深入到基层、了解到了田间地头丰富多彩的民间文化素材，乐团创作推出的《国风绕梁》《泱泱国风》《丝绸之路》等剧目创作得到了市场的认可、赢得了观众的喜爱，特别是国内众多专家也给予了高度评价，并获得了文化部优秀剧目创作奖。

乐团设立的民族音乐采风帮扶基地，与贵州省黔东南州歌舞团共同创作的《仰欧桑》侗族民族歌舞剧2014年获得了中宣部“五个一工程”奖，这部剧先后在北京及贵州进行了巡演，产生了很好的社会和经济效益，同时，为了加大艺术采风和帮扶计划，乐团在2015年1月8日继续创作另一部以贵州苗族歌舞剧为题材的大型民族管弦乐音乐剧《行歌坐月》，该剧将在北京国家大剧院举行首场演出。

（肖文礼）

中国美术馆

【概况】 2014年，以科学发展观为指导，坚持先进文化的发展方向，进一步提高公共文化服务水平，促进专业建设，继续落实中央“八项规定”，积极转变工作作风。按照《2014年全馆工作要点》的安排，圆满完成各项重点任务，取得新的成绩。

【坚持导向，科学策展】 坚持以人民为中心的创作导向，用优秀的美术展览传递正能量，不断加强“中国精神”的表达，推动中国美术事业的繁荣发展。

办好展览是美术馆最为首要的工作任务，不断提高美术馆展览的策划水平是长期以来的主要工作方针。在策划国家大型纪念事件、重要节庆活动、展现中国美术界的最新创作成果、引进国外美术经典、引领中国美术的当代发展、叙述20世纪中国美术史等宏大主题的展览策划上，担当展示国家文化形象的使命。这些年已经形成一些展览品牌，比如春节贺岁大展、20世纪美术之旅、共和国美术之路等。从2014年年初的“春节贺岁系列”到“国庆65周年纪念活动”，自主策划“丹青贺岁——选自‘第十届中国艺术节全国优秀美术作品展览’”“丹青中国梦——庆祝中华人民共和国成立65周年美术作品展”“翰墨传承——中国美术馆当代书法邀请展(2014)”“人居艺境——吴良镛绘画、书法、建筑艺术展”等主题展览，形成精彩纷呈、好展不断的展览格局。全年共举办各类展览99个，其中自主策划展览16个。这些展览注重策划的学术性、展示的艺术性与社会主义核心价值观相结合，同时在展览的形式上强调设计与创意，运用高科技手段，不断扩大观感的体验维度，使观众有常进常新的感受，通过精彩的展览将中国美术馆努力打造成为高雅艺术的殿堂，人民精神的家园。

【创新品牌，推动艺教】 推动和创新公共教育活动的品牌建设，打造立体综合的艺术教育项目，拓展文化艺术的跨界，汇聚大师与大美，使美术馆真正成为公众终身学习的课堂。

进一步细化艺术教育的措施手段，创新“艺术讲堂”与“美术展览”相结合的内部机制，打好组合拳，一个精彩的展览对应一堂或数堂生动的讲座。进一步拓展审美教育的理念，通过举办“跨界”夏令营等活动，让不同门类的艺术实现衔接与互动，营造出“大美”的氛围，让观众在艺术陶冶心灵的同时体验思维的创新。积极参与“2014 年高雅艺术进校园”活动，让艺术影响青年人，让青年人走进大师，通过多种形式成功组织数场大学生参观专场。全年举办名家讲座、艺术沙龙、美术馆之夜等活动约 22 场。积极开展儿童及社区教育活动，策划主题儿童活动、教育机构活动、教师教研活动约 43 场。调查数据显示，系列活动的观众参与满意度高达 95% 以上，教育材料分发观众量近 8 万人，教育活动受益人数达 10 万人。深化“请进来、走出去”等多种工作机制，加强与社区的联系和互动，使艺术教育走出美术馆，走入人们的生活。美术馆拥有一支稳定的志愿者队伍，人数在 120 人左右。每年服务观众近万人。志愿者中还有来自海内外知名高校相关专业的本科生或研究生，高素质的志愿者队伍建设已经成为美术馆发展专业品牌。注重美术馆教育专业的国际交流与行业动态研究，积极邀请海内外专家展开学术讨论。

【完善体系，活化典藏】 继续完善收藏体系，加强藏品保护与利用，加大研究力度，实施“活化典藏”的系列计划，努力实现国家艺术典藏为社会服务，与人民共享。

藏品是美术馆的核心与基础，藏品的定位决定了一个美术馆的办馆质量。2014 年继续通过常规收藏和专项捐赠构建国家美术收藏序列，全年收藏作品共计 2998 套（4077 件），其中常规收藏并捐赠作品 605 件，专项捐赠作品 2395 套（3472 件）。落实陈澄波、冯法祀、胡善馀、王树村、高凤莲三代剪纸等专项捐赠项目并举办捐赠展 4 个。在扩展国际艺术品收藏方面国际摄影和达利雕塑等捐赠项目，其中香港收藏家黄建华先生捐赠的两件达利雕塑不仅填补馆藏达利艺术作品的空白，丰富国际艺术品馆藏序列，同时对于内地及港澳台地区及至海外的跨文化研究与交流也发挥重要的桥梁作用。

进一步做好藏品保存与修复工作，积极推进“国家美术藏品保存与修复示范中心”的建立，2014 年已完成保存科学实验室的组建，整理修复油画作品 227 件，中国书画作品 27 件，开展中德修复专家交流项目，进一步提升了专业领域的国际化水平。

以“学术立馆”的理念强化内功。加大研究力度，提高对藏品的研究能力，积极发挥馆藏作用，推动国家美术资源普遍惠民。自主策划了多个馆藏精品陈列展览：包括“脉脉之思：王悦之作品展”“青春万岁——中国美术馆藏经典作品展”“影像中国——20 世纪摄影名家系列”之“中国美术馆藏郎静山摄影作品陈列”“路德维希的艺术课”“吴冠中：超越与奉献”“大道传薪　金石为开——中国美术馆藏吴昌硕与二十世纪写意花鸟画名家展”“中国美术馆藏佩德罗·梅耶尔摄影作品选展”等，不断锤炼精品，打造品牌陈列。积极推动藏品“走出去”，策划赴黑龙江、四川等地馆藏精品全国巡展两次。进一步夯实典藏软硬件基础工作，建立健全规章制度，新租 4000 余平方米藏品库房以有效缓解空间严重不足的困境，同时完成了 2000 余件大型作品的移库工作。截至 2014 年 11 月份，各类别藏品出入库数量为 3230 件次（主要指藏品的使用情况，不包含新藏品入库）；藏品图片使用为 2543

张,新完成藏品图像采集4588张;接收入库新藏品为453件(套);严格遵循全国美术馆藏品普查的统一要求,扎实稳步、精益求精、保质保量完成藏品普查试点工作,完成3131件藏品的图像采集、信息著录、审核和上传。

【加强交流,提升声誉】 加强国际交流与合作,积极引进国外艺术精品展,注重优秀传统文化与当代人文精神的传播与推广,大力推动中国美术走出去,不断提升NOMOC的国际声誉。

作为国家对外美术交流的重要窗口,近些年在展示中国现当代优秀美术创作成果、打造国家馆专业形象、促进与国际重要艺术机构交流与合作等方面迅速发展,并通过引进和举办国际精品艺术展览,开展高层次学术研究和对话,在国内外产生影响。全年组织策划6个赴外展览,其中在波兰华沙国家民俗博物馆展出的“万相生辉——中国美术馆藏面具、木偶、皮影艺术珍品展”作为中波建交65周年的重要文化交流项目之一,引起当地媒体与观众的热烈反响。引进国外精品展5个,其中展览“迭戈·里维拉——墨西哥的骄傲”在墨西哥总统访华期间,还受到墨西哥总统的赞扬。与世界一流及最有特色的美术馆、博物馆开展交流合作和互办展览,并积极引进国际著名艺术大师的作品。使艺术展览不仅成为国家之间相互沟通与理解的重要文化外交,也为国内外观众打开欣赏国际艺术的新视域。

全年接待外事来访、业务洽谈等300余人次。包括俄罗斯总统文化代表、英国文化协会全球首席执行官、大众公司中国总裁、澳大利亚国家美术馆馆长、英国泰特美术馆馆长、挪威蒙克美术馆馆长、丹麦国家美术馆馆长、法国罗丹博物馆馆长等,积极开辟海外艺术交流主流平台。承接“中欧高级别人文交流对话机制第二次专题论坛”以及“中阿美术馆馆长论坛”,举办“第十二届全国美展”外国使节专场,利用多种形式积极扩大中国艺术的国际影响力,不断创新与拓展传播中国艺术的途径与渠道,进一步提升国际化水平与对外交流能力,为拓展国际影响,开展国际美术交流打下坚实的基础。

【深化改革,促进发展】 深化公益性文化事业单位机制改革,围绕中心大局与核心业务,有效推进各项保障,促进事业全面健康发展。

积极发挥综合行政、人事管理、财务分配、后勤服务、安全保卫等方面的职能,为确保顺利完成中心任务提供坚实的保障。稳步推进制度建设,统筹全馆各部门加快制度的完善与修订;事业发展的经费投入得到保障并取得新的增长;探索文化产业发展模式,拓展事业发展的新渠道;研究人才队伍建设,加大人才培训力度,为美术馆发展积蓄力量;档案管理工作有序推进;政务文书、会议组织及日常管理工作规范高效;数字美术馆建设夯实基础,突出亮点;新闻宣传工作紧锣密鼓,热点持续;国有资产管理更加规范,馆所维护及时有效、各项设备设施安全正常运转,无事故发生;关心离退人员、落实待遇,开展多样的工会活动,丰富职工文化生活;全年接待观众约105万人次,其中接待团体约310个,重大节日期间安保工作保障有力。

【深入学习,有效整改】 深入学习贯彻中央精神,加强学习型党组织建设,有效推进整改落实,扎实推进党风廉政建设。

以理论学习促进学习型党组织建设。坚持党委理论学习中心组学习制度,围绕学习贯彻党的十八届三中、四中全会和习近平总书记系列讲话以及在文艺工作座谈会上的重要讲话精神,组织召开“培育美、传播美、滋养美”为主题的干部学习会，将党员干部思想认识统一到中央精神上来，并结合工作实际交流学习体会，研究贯彻落实的具体措施。《光明日报》对此专题报道，此项活动受到中宣部的表扬。为全体党员购置《习近平总书记系列重要讲话读本》，举办“为实现中国梦增添正能量”的专题报告，组织观看电影《天上的菊美》和开展向全国优秀共产党员王胜、于海河、毕世祥、文朝荣学习等多种形式的活动抓党员思想素质提高，促学习型党组织建设。

不断探索党建工作新机制，推进基层组织建设。通过组织开展提炼“党组织建设法”评选活动，将支部建设的好做法好经验归纳总结，促进了基层组织建设。进一步做好党员发展、教育和管理工作。按照“坚持标准、保证质量、改善结构、慎重发展”的原则，积极稳妥地做好组织发展工作，加强对入党积极分子的培养，着重对业务人员、年轻同志的教育培养。

加强作风建设，提高拒腐防变和服务事业发展的能力。为确保事业健康发展，按照文化部 2014 年党风廉政建设工作的总体部署，紧密结合馆工作实际，抓好制度建设与整改方案落实，按照“八项规定”的要求，有效促进作风转变。2014 年，纪检参与全馆涉及人事、业务、经费开支、政府采购、工程建设等事项的监督工作近 20 项。

【新馆设计，深化优化】 有效推进新馆建设，积极推动新馆设计方案的深化优化。

新建国家美术馆是“十一五”重点文化设施建设项目，是美术界关切、建筑界关注，党中央、国务院高度重视的项目。该项目坚持以科学发展观为决策指导，经过 4 年的反复论证与修改，9 月在法国巴黎举行国家美术馆建筑设计方案招标中标发布仪式，中国美术馆馆长范迪安向中标的设计联合体法国让·努维尔事务所和中国北京市建筑设计研究院颁发中标通知书，刘延东副总理见证了这一时刻。10 月，根据中央领导和文化部的指示，美术馆与中法设计团队积极沟通，对设计方案做出进一步优化。为落实习近平总书记关于建筑方面的重要批示，加快推进项目进度，在文化部的领导下，加紧工作及时与设计联合体的中文设计单位北京建筑设计院进行工作沟通，使设计方案尽可能在保持中国文化理念不变的前提下，工整、厚重、大方、质朴地体现传统文化的时代特点。新馆建设前期工作扎实、项目选址、设计方案已初步获得国务院认可，为施工建设奠定了基础。目前正在抓紧时间力争完成可研报告的编制工作，使 2015 年的新馆建设迈出坚实的一步。

（陈　真）

中国国家画院

【概况】 2014 年，对 2013 年年底提出的各项工作设想和规划抓紧推进、实施，并确定 2014 年工作的关键词：创研、人才、基建、管理。在创作、研究、教学、收藏、交流、扩建、管理等多方面开展一系列工作。制定下一阶段国家画院的工作重点和工作中心，紧紧围绕“创研”这一核心工作，通过举办形式多样的学术活动，推出艺术家，打造精品力作，为中国当代文艺创作的繁荣贡献力量。

【“双扎根”活动】 围绕“扎根生活　扎根人民”开展学习实践活动。

习主席在文艺工作座谈会上的讲话强调，艺术创作要扎根生活，扎根人民。这解决了文艺创作为什么人的问题，也为文艺创作指明发展方向。11 月中旬，中宣部、文化部联合开展实践"扎根生活 扎根人民"系列活动的学习报告会，文化部还专门组织"双扎根"活动的启动仪式。画院在组织全院艺术家学习"双扎根"活动精神的基础上，制定下一阶段深入生活，三下乡三贴近工作的具体实施办法，包括与基层联系点的活动方案，元旦、春节期间开展"文化进万家"下基层活动等，将艺术创作、实践的成果带给广大人民群众，为人民群众精神文化生活的丰富开展切实地工作。

国家画院落实"双扎根"活动的工作重点集中在四川、广西和延安地区，主要内容有：

*在成都画院举办"大地情深志愿服务走基层——艺术大讲堂"活动。*12 月 21 日，杨晓阳院长、张江舟副院长、曾来德副院长受邀分三次来到四川成都画院，参与"大地情深志愿服务走基层——艺术大讲堂"活动。在成都画院领导的陪同下，参观成都画院美术馆，并与画家们进行互动交流。同时，杨晓阳院长还为来自成都及周边地区的美术工作者、爱好者举行题为"中华民族的写意精神"的主题讲座，并就听众提出的问题进行详细的回答。这是国家画院及成都画院举行的走基层系列活动中的一项，活动取得很好效果，对四川地区的美术发展具有推动作用。

*中国国家画院广西隆安县扶贫系列活动。*12 月 22 日，杨晓阳院长率队一行 20 余人，赶到广西南宁隆安县三卡屯村，参加由国家画院援建的"三卡屯新村竣工仪式"。2012 年，国家画院在扶贫慰问的过程中，发现三卡屯民居老旧、破损严重，乡亲们都住在重度危房中，为帮助村民改善住房条件，国家画院捐赠了 64 万元善款，与广西红会和当地政府联合进行新村改造。经过近 3 年的时间，新村建设及道路改造基本完成，村民们将于 2015 年年前完成整体搬迁，受益村民 36 户，100 余口人。

在竣工仪式现场，国家画院与广西红十字会还为乡亲们送去棉被、棉衣、米面油等生活物资，还送来艺术家撰写的春联、福字等。村民们向国家画院赠送锦旗"情系百姓 扶危济困"。

*中国国家画院"深入生活 扎根人民"在广西美术馆举行捐赠仪式。*12 月 23 日，杨晓阳院长率领院内的著名艺术家共 20 余人，来到新落成的广西美术馆，举行"深入生活 扎根人民"主题实践活动捐赠仪式。中国国家画院的艺术家向十余位广西三江农民画家捐赠宣纸、毛笔、颜料等画材，参观广西三江农民画展，并与农民画家们就农民画的创作等进行交流。仪式结束后，国家画院的艺术家们还现场合作一件巨幅绘画作品和多件书法作品，捐赠给广西美术馆作为收藏。

*在延安开展"大手拉小手"活动。*从 2013 年开始，中国国家画院在延安开展"大手拉小手"活动。这个活动起源于 2012 年中国国家画院为纪念毛泽东同志在延安文艺座谈会上的讲话，组织百名画家走进延安。参加活动的艺术家与当地困难家庭的留守儿童组成"大手拉小手"的帮扶对子，画院将负责 100 位留守儿童在中学以前的全部学费。

【"丝绸之路"创作项目】 研究丝绸之路，启动"丝绸之路"重大工程。

目前已经走过的省份有宁夏、青海、甘肃、陕西、内蒙古、四川、云南、广西、江西、贵州、福建等。

"丝绸之路"创作项目是画院创作研究的核心。"丝绸之路"作为"祖国"大型美术创作工程的重要组成部分，自启动以来，画院先后组织画家、理论家对"丝绸之路"的国内部分进行考察写生，并搜集整理大量的一手资料和素材，为下一阶段的创作打下良好基础。

画院已经围绕"丝绸之路"进行深入研

究,确定了"陆上丝绸之路""海上丝绸之路"和"北方丝绸之路"三条路线开展创作研究。并从"江山多娇""历史风云""丝路驼铃""艺文灿烂""欧亚风情""丝路新貌"6 个方面精选出近 500 个选题,在全国范围内邀请哲学、文化、民俗、历史等相关领域的权威学者对选题进行论证,为艺术家们的创作提供丰富的素材。同时,从 8 月开始,中国国家画院的画家、理论家兵分多路,对以西安、兰州、嘉峪关、武威、敦煌为重点的河西走廊地区,以及云南、四川的茶马古道,还有内蒙古的北方丝绸之路进行考察写生,留下大量珍贵的手稿、图片资料。力争将"丝绸之路"概念深刻、透彻梳理清楚,也为下一阶段的美术创作打下坚实基础。

【"中国国家美术发展战略研究"】 重视中国美术国家发展战略刻不容缓。中国国家画院始终将弘扬中国精神,研究中国标准,创造中国风格、中国气派的当代作品当作责任。提出"大美为真的写意精神"为中国国家画院的学术追求,在艺术创作上提倡"一人一品"。与此同时,作为国内美术创作、研究最高级别的专业机构,近几年都致力于"中国国家美术发展战略研究"。2014 年,中国国家画院围绕"中国国家美术发展战略研究"这一主题,着手在博士后工作站设立专题研究,以期以此研究建立中国美术的核心价值和当代评判体系,并按照艺术规律进行"中国国家美术战略研究"的全面推进。

【中国国家画院新格局】 1 部、8 院、5 个中心、10 个基地的画院建设格局已经形成,对原有规划有了突破。

1 部:创研部,主抓"创作、研究",将之前承担过多的事务性工作剥离,效果显著。

8 院:由著名艺术家担任院长、执行院长、副院长,组成国内一流的名家领导阵容,同时拥有专业人员 283 名,涵盖国内美术界的名家、大家,堪称当今中国美术界第一流的国家美术团队。8 个专业院通过各自院展的方式,在创研工作中发挥作用。

5 个中心:

1. 教学中心:承担画院的教学职能,提高底线、办好博士后工作站;

2. 艺术信息中心:落实《中国美术报》报纸、杂志、网站协同,将发挥更大作用;

3. 艺术交流中心:逐渐从创研部分离,承担大型展览,业务水平极大提高,力争发展成为国内一流展览实施团队,并逐步介入海外展览;

4. 艺术产业中心:与发改委配合,承担重大国家任务;

5. 当代艺术中心:重新认识现当代艺术的发展,对于西方艺术的研究以及在向外吸取有益的经验方面做出不断探索。整理中国当代艺术 20 年档案文献。

5 个中心对 8 个专业院各项功能延伸和补充,有交叉互补的作用。

10 个基地必将发挥重要作用:

1. 缓解办公条件的限制;

2. 提供完善的创作条件,树立对外形象;

3. 为大型创作、会议、展览提供条件;

4. 在经费、人员、展览筹备等方面提供帮助,进行全国巡回展览及海外展览。

【重要活动】 *召开 2014 年度工作会议。* 3 月 23 日,在盘龙谷创作基地召开"中国国家画院 2014 年度工作会议"。杨晓阳院长做主题为"全面加强实力、持续稳步发展"的主题报告,各专业院领导及各创作中心、基地的负责人也分别就各自工作向大会做报告,针对院领导及各部门的报告,大会进行分组讨论,对国家画院 2013 年的工作和 2014 年即将开展的系列活动和发展思路给予高度认可。

第四届"中国美术·长安论坛"丝绸之路·汉唐精神与中国美术发展战略峰会在西安开幕。由中国国家画院主办的"中国美术·长安论坛"丝绸之路·汉唐精神与中国美术发展战略峰会4月16日在西安举行。"中国美术·长安论坛"每两年举行一次,至今已历四届。自2009年第三届以来,中国美术在稳步推进的同时,也出现一些新的变化。值得注意的是,建设社会主义文化强国和社会主义核心价值体系是兴国之魂,这意味着从战略的高度思考中国美术的未来发展问题已刻不容缓。如何依据传统文化精神和资源,重塑中国当代美术,已成为重要的战略考量,这是中国美术在新形势下不可回避的重要课题。特别是近年来,习主席提出打造新丝绸之路的战略构想,为中国美术提供新的思考切入点。因此,本次论坛将以"丝绸之路·汉唐精神与中国国家美术发展战略"为总主题展开相关研讨,分为5个参考议题:"中国国家美术发展战略研究""汉唐精神与世界眼光""汉唐精神的当下意义""汉唐美术与对外交流""汉唐画家与画史研究"。本次论坛以其战略性的思考而为中国美术的未来发展提供理论思考和支撑。

先后举办"新中国美术家系列"浙江、陕西、贵州、广西4省(区)国画作品展。"新中国美术家系列"是中国国家画院策划主办的重要展览,由创作研究部和美术馆、美术研究院、中国国家画院信息研究中心具体承办,先后于3月21日、9月19日、12月18日、12月24日,分别与地方文化厅合作,在画院美术馆举办浙江省、陕西省、贵州省、广西壮族自治区国画作品展,评选出各省(区)新中国成立以后的代表性优秀艺术家的代表作品参加展览,获得美术界广泛好评。创研部负责展览的前期筹备,布展、撤展,以及展览接待、开幕式主持、画册的编辑、发放等工作。

联合举办"中国梦·翰墨缘——中国国家画院、天津画院、江苏省国画院、山东画院、甘肃画院美术作品展"。9月25日,"中国梦·翰墨缘——中国国家画院、天津画院、江苏省国画院、山东画院、甘肃画院美术作品展"在天津展出。创研部负责中国国家画院参展作者作品的征集、画家的邀请,以及作品拍片、作品集编辑出版工作。

教学成果10周年系列展览。2014年,恰逢中国国家画院教学培训中心成立10周年,在教学成果10周年系列活动中,将包括展览、论坛、出版论文集等相关活动,已经完成中国国家画院教学10周年系列展览,包括山水、花鸟、人物、书法以及教学成果精粹展等。集中展出国家画院教学10年来优秀学员的代表作品,也是中国国家画院教学成果的一次集中体现。

写意中国·2014中国国家画院美术作品(书法、版画)展在上海中华艺术宫举行。10月25日,由中国国家画院、中国上海国际艺术节中心、中华艺术宫主办,中国国家画院创作研究部、中国国家画院书法篆刻院、中国国家画院版画院、中国国家画院艺术交流中心承办的写意中国·2014中国国家画院美术作品(书法、版画)展在上海中华艺术宫盛大开幕。本次展览甄选出中国国家画院研究员书法和版画作品共200余幅,包括沈鹏、欧阳中石、李铎、李焕民、晁楣、徐匡、广军、阿鸽等国内美术界大家及诸多中青年创作力量的作品。自2010年始,中国国家画院与中国上海国际艺术节中心联合举办"写意中国"系列展览,迄今为止已是第五届。展览以"写意"为主题,展现出以中国国家画院画家为杰出代表的、体现中国当代艺术家们的艺术创作水平和整体风貌,以及"大美为真"的艺术追求。

联合举办"纪念邓小平同志诞辰110周

年全国书画名家作品邀请展”。由中国国家画院和四川省委宣传部、四川省文化厅联合主办，四川省诗书画院承办的“纪念邓小平同志诞辰110周年全国书画名家作品邀请展”于12月在四川中国书画美术馆举行，创研部负责展览的前期筹备、收稿、退稿、邀请艺术家、协助编辑画册等工作。

小型展览在各国巡回展出。由画院主办的中国画扇面展，继首展在美国获得成功后，2014年受邀先后在德国、法国、保加利亚、俄罗斯进行巡回展览。展览多在中国海外文化中心举行。独特的中国画艺术和扇面形式，在展出地获得好评。

参加组织、创作“第十届中国艺术节”“中华文明历史题材”“第十二届全国美展”等。

【院址东扩项目】 在发改委、文化部、北京市和海淀区政府的支持下，画院的院址东扩项目正按照相关程序和手续进行。已经完成与相关方面的5方协议，规定项目推进的时间和各方承担的责任。在10月底，首笔拆迁补偿款1.2亿元已经到位。同时取得建设用地规划许可证，取得了环保、维稳等各项评估的批复，扩建工程可行性研究报告也得到国家发改委的批复，四季青二手车交易市场搬迁工作提前完成，北京市自来水集团供水抢险中心建设项目海淀区发改委已核准，这些都为东扩项目工程的顺利实施提供坚实保障。

【收藏工作】 2014年，在画院收藏经费相对有限的情况下，创作研究部积极探索实行以展代藏、以捐代藏等多元收藏方式，完成预定收藏任务。1. 捐赠奖励收藏刘勃舒、周韶华、姜宝林、蔡超、于志学、杜大恺、苗重安、赵奇8位老画家的作品。2. 国家财政部专项资金收藏国画作品186幅（31人的扇面作品，每人6幅）。3. 根据“中国美术作品（小品）巡展计划”实施方案，收藏陶艺26件，书法90件，总计302件。

利用收藏资金编辑出版《沈鹏捐赠中国国家画院书法精品集》。

【教学培训工作】 由原来以创收为目的，全面提升为提高教育。2014新学年，刘大为、龙瑞、程大利3位导师招收访问学者，32个导师工作室开设高研班，开学典礼后，来自各地的26位导师分别与访问学者和各高研班学员见面，并布置本工作室全学年的教学计划，提出要求和期望。经过上半年的努力申请，全国博管办批准同意画院独立招收博士后。6月，画院向社会公布《2014年博士后招聘简章》。经画院博士后专家委员会的几次缜密的面试和筛选，后上报人力资源和社会保障部博士后工作站审核批准，首届国家画院博士后进站5人。

【外事工作】 年初，画院分别在柏林和杜塞尔多夫举办“美丽中国——中国国家画院扇面展”，并先后派艺术家代表在泰国出席曼谷中国文化中心、中国国家画院与泰国国家美术馆共同主办的“中国风格——中国国家画院国画作品展”，以及赴保加利亚、阿尔巴尼亚和俄罗斯参加与东欧国家建交65周年庆祝活动，举办画展，并与当地艺术家进行文化交流。杨晓阳院长、张晓凌副院长分别受聘为“俄罗斯艺术科学院”和“欧洲科学、艺术和人文学院”院士。3月，画院在国展美术中心举行外籍顾问、外聘研究员聘任仪式，聘请包括法兰西艺术院、美国大都会美术馆著名艺术家、学者为画院的顾问和研究员，目前画院已经聘请了9位外籍研究员。

【建章立制】 2014年，中国国家画院的重点工作之一就是要完善院内各项规章制度。院办和人事处在各职能部门的配合下，经过多轮的筛选、整理、修改，已经完成中国国家画院规章制度和相关条例的初稿，并在中国国家画院2014年度工作会议上下发和征求意见。针对这份初稿，在广泛征求意见基础上，经院长办公会讨论，通过一条执行一条，目前已经完成有关人事、财务等相关规章制定，力争在2014年完成全部制度的审议工作。

【其他工作】 财务管理迈上新台阶，每项工作账目清晰；后勤管理全面提升；美术馆展览更加学术化；艺术基金申报有3项获批。

根据2013年年底制定的2014年度工作计划，画院还积极推进《中国现代美术史》《中国画院史》和“古代画论翻译工程”等项目进展。

（董　雷）

中国对外文化集团公司

【建立现代企业管理制度，实现国有资产保值增值】 2014年，集团把制度建设当作企业治理之本。为完善现代企业法人治理结构，陆续制定企业人事和财务投资管理等数十个成系统的规章制度，并在工作中严格执行。根据文化部整改方案，重点对旨在保障集团“三重一大”决策机制的《党政联席会议暂行规定》《董事会议事规则》（制定于2009年）两个核心制度做进一步修改补充完善，两个制度的修改稿已向全体员工公示，并报部审定。

转企改制以来，在中宣部、文化部的坚强领导和关心支持下，经过集团上下的不懈努力，企业发展势头良好。近三年，集团合并营业总收入121653.12万元，实现净利润8646.54万元，上缴国家税费4238.30万元。截至2014年12月31日，集团合并资产总额116180.20万元，净资产78677.22万元，而2004年转制时的总资产仅为16360.84万元，净资产为7591.58万元，10年间企业资产和净资产增幅分别达610%和936%，有效地实现了国有资产的保值和增值。

集团已经由过去单纯的演展中介业务机构成长为一家综合性的对外文化企业集团，在服务国家外交大局、推动中国文化走出去、发挥文化央企引领示范作用等方面，做出积极贡献。

【全力服务国家外交大局】 集团近10年来，负责创意策划承办了中办、国办和外交部等交办的一系列国事活动演出展览任务，以文化之功塑造国家形象，凸显文化在中国大国外交中的独特功能与重要作用。

以2013年3月习近平主席、普京总统出席的中国旅游年克里姆林宫开幕式演出《美丽中国》为新的起点，集团近两年在国内外共策划承办国事活动和重大外交活动文艺演出21次，为美国、俄罗斯、法国、巴基斯坦、墨西哥等36个国家的元首和政府首脑安排了精彩的文艺演出。在上述活动中，习近平主席出席14次，李克强总理出席1次，党和国家其他领导人出席27人次。其中包括2014年11月北京APEC水立方文艺演出，和彭丽媛教授为美国第一夫人米歇尔组织安排的专场文艺演出。

在部党组和分管部长的领导下，集团以高度的责任感和使命感，认真对待每一次国事活动文艺演出，由一把手作为第一责任人，组成强有力的创意执行团队，精心策划，全力投入；整合国内优秀导演、表演、制作和技术团队，有针对性地精心挑选国家级优秀节目，反复打磨，以优秀的节目和完美的现场呈现，为国事活动创造良好氛围，多次受到党和国家领导人，中办、国办、外交部领导的肯定和表扬。

初步建立配合国事活动的表演艺术数据库(初稿)。集团会按照雒部长的批示要求,“不断充实完善、丰富内容,提高质量,打造精品,服务外交大局,推动中华文化走出去”,进一步提高国事活动文艺演出的创意策划和执行能力。

【积极推动中华文化走出去】 集团以商业演出为主,在海外举办大中小型各类演出和组派参与外方演出共计 5172 场,较好地发挥中国表演艺术海外观众对其形式乐于接受,对其语言易于理解的产品特色,有效起到对外文化桥梁纽带的作用。

*大力拓展海外市场渠道。*集团在长年工作中已经建立起稳定的合作渠道网络。据不完全统计,集团及各下属单位近年来合作过的国外主流文化机构、文化团体达 300 余家,分布在五大洲数十个国家,其中不少是多年的资深合作伙伴,包括各国官方、民间文化机构、大学、艺术节、演出交易会、文化艺术基金会、版权机构、演出公司、剧院、美术馆、博物馆、艺术院团、公关传媒公司等。

2013 年,通过集团与美国哥伦比亚演出经纪公司的合作,中国交响乐团在美 16 个州 30 座城市举办 30 场交响音乐会,上海芭蕾舞团在美国、加拿大两国的 22 座城市为北美观众献上 32 场《梁山伯与祝英台》及《仙女》的舞剧演出。

以中国杂技艺术和东方文化元素为主要内容的舞台剧《龙狮》,是加拿大太阳马戏团与集团长期合作的大型国际巡演项目,自 1999 年至 2014 年,先后在全球 150 多个城市演出,观众总量累计达到 1100 万人次。

集团还与美国国际艺术管理集团(IMGA)一起,策划推动著名艺术家张火丁携京剧《白蛇传》《锁麟囊》,中央民族乐团携大型音乐会《印象国乐》《泱泱国风》,分别于 9 月和 12 月赴纽约林肯中心和华盛顿肯尼迪中心两大剧院进行演出。

*打造面向国际市场的文化品牌。*集团 2009 年受有关部委委托,正式推出“中华风韵”系列对外演出品牌。6 年来,“中华风韵”的巡演已遍及美、加、澳、新、英、法、德、比、瑞等国 30 多座城市,推出《丝路花雨》《牡丹亭》《花木兰》《一把酸枣》《逐梦天涯》《梁祝》《清明上河图》《十里红妆》《鄂尔多斯婚礼》《绣娘》等十余部民族舞剧精品,累计演出近 400 场,走进纽约林肯中心、华盛顿肯尼迪中心、悉尼歌剧院、法兰克福世纪大厅、布鲁塞尔国家剧院等数十家主流剧院。正本清源,以艺术之美感染主流人心,以舞剧之美讲好中国故事。这些剧目全部通过当地主流票务网络进行市场化推广营销,并引起《纽约时报》《华尔街日报》《华盛顿邮报》、NBC 电视台、ABC 电视台等主流媒体的报道和反响。

*构筑双边与多边文化交流传播平台。*2014 年集团先后主办第 14 届威尼斯建筑双年展中国国家馆活动,承办第 14 届“相约北京”联欢活动,向北美、西欧、澳新派出“中华风韵”系列演出,策划举办 2014 港澳视觉艺术双年展,承办或主办了在华盛顿举行的第 48 届美国史密森民俗节中国主宾国活动、第 12 届中国国际合唱节、第 7 届中国国际青年艺术周、2014 中国艺术品产业博览交易会、第 6 届戏剧奥林匹克、加拿大“西藏文化周”等国际节庆和大型海外演展活动,并负责承办筹划尼日利亚、老挝两个海外文化中心开幕揭牌展览,张德江委员长、刘奇葆同志分别出席。

*积极发挥文化央企引领示范作用。*集团作为全国首批文化体制改革试点单位,从成立之日起,就按照中宣部、文化部的要求,努力在推动中国文化“走出去”和促进国内文化市场繁荣两方面,发挥文化央企的引领示范作用。

多年来，集团推动包括中直院团在内的众多国内院团走向海外市场，推动国内许多美术单位、艺术家参加著名国际艺术展览，有效提升我国表演艺术和造型艺术的国际影响力。2014 年，集团共派出全国 18 个省市、44 家院团的演员 1927 人次，赴 26 个国家和地区的 260 座城市举办演出。

在音乐剧制作营销领域，集团在包括港澳台地区在内的国内同行业中居领先地位。集团制作出品的世界经典音乐剧《妈妈咪呀!》中文版、《猫》中文版、原创音乐剧《寻找初恋》《公主的盛宴》等，连续运营三年，至 2014 年年底已累计在国内 24 座城市演出 1156 场，实现票房约 3.7 亿元，并与国际音乐剧各主流企业建立起了长期合作关系。

集团还与北京金融街集团合作，筹备运营管理天桥艺术中心，这座包括大中小四座剧场 3300 座席的新建大剧院，定于 2015 年 10 月正式开幕。天桥艺术中心将是国内首座以经典和原创音乐剧为主打内容的大剧院。

集团与上海方面共同出品的综艺舞台剧《时空之旅》，自 2005 年 9 月 27 日连续演出超过 9 年共演出 3000 余场，中外观众超过 300 万人次(国外观众占 70%，来自 30 多个国家和地区)，票房总收入近 5 亿元，并荣获“国家舞台艺术精品工程”和“文化部改革开放 30 年 18 台优秀保留剧目”两个大奖。近年来，集团还制作出品《茶》《图兰朵》等 5 部歌剧；《太极星云》《境界》等 3 部综艺舞台剧；儿童剧《冰雪奇缘》等；参与投资《肖邦》《青蛇》等 3 部话剧。

集团旗下“中演院线”现已拥有广州大剧院、上海大宁剧院、山东省会大剧院、北京天桥艺术中心等 9 家直营剧院，48 家加盟剧院，初步形成全国性的演出院线体系。集团现在直接经营管理的国有大剧院固定资产达 85 亿元以上，建筑总面积 43 万平方米以上，座席总数超过 20000 个。

在音乐剧、综艺舞台剧领域，一是投资创作生产“中国风格、中国题材；国际标准、观众喜爱”、拥有自主版权的系列原创产品；二是大力推动集团自有品牌剧目《武林时空》《太极星云》等的国际化商业巡演，延长产业链，开发衍生产品；三是继续引进国际音乐剧经典作品，积极吸收借鉴国外优秀文化成果；四是以 2015 年开业运营的北京天桥艺术中心为集团演艺产业发展基地，打造首都乃至全国第一个专业化的音乐剧剧场群，建设国家级音乐剧产业和人才培训基地。

进一步完善现代企业治理结构，建立专业化、国际化、复合型的人才队伍。现代企业的治理能力是公司业务不断成长的重要保障和支撑，集团将以制度建设为抓手，提升现代企业的治理能力，为企业的不断发展奠定坚实的制度基础。同时，推进人力资源建设，建立专业化、国际化、复合型的人才队伍，打造驱动事业发展的核心动力。

（王洪波）

中国数字文化集团有限公司

【概况】 2014 年，进一步明确企业发展战略定位，加强企业内部管理和经营团队建设，切实遵循文化产业发展的客观规律和市场经济发展的内在要求，强化市场意识，突出主营业务，提高盈利能力，扩张资产规模，各项工作取得突出成绩，完成年初确定的各项工作任务。截至 2014 年 12 月 23 日，中数集团资产总计 2.3 亿元，业务收入 1442 万元，净利润 22 万元，实现年初制定的目标。中录总社方面，资产总计 5577 万元，主营收入 116 万元，净利润 94 万元。

【理清思路,明确定位】 2月,部党组调整中数集团新一届领导班子,进一步优化班子结构,成立新一届董事会。中数集团领导班子和董事会组成人员,对企业发展目标、定位、经营思路以及集团发展面临的困难和问题做了深入的分析和研究,在吸收集团内外意见和建议基础上,确定中数集团未来发展战略规划和市场定位,明确以文化为核心,以科技为手段,以资本为纽带,推动产业融合的企业使命。

【健全制度,加强管理】 完善企业法人治理结构,进一步明确董事会、党委会、经理办公会及监事会权力边界,充分授权、充分授责,各司其职、各负其责;坚持"三重一大"事项集体决定制度,建立"责、权、利"相统一的考核管理机制。股东双方之间建立相互信任、相互支持的良性关系。

为了防范投资和运营风险,中数集团成立投资评审委员会,为集团投资决策提供前期的论证报告。与此相配套,制定和修改《投资评审委员会工作细则》《投资管理办法》《合同管理办法》及各项财务管理办法,规范集团投资管理和决策程序,完善监督制约机制。

先后制定《中层管理岗位竞聘方案》《公开招聘工作人员暂行办法》《薪酬管理制度暂行办法》《员工考勤和休假管理办法(试行)》,规范选人、用人、管人的制度体系。共面向社会招聘中层及以下员工9人,其中经理3人、主管4人、职员2人,有效改善员工结构,大大充实经营业务力量。通过缩减行政管理部门、强化业务部门、开展竞聘上岗,极大地激发员工工作热情。

【集中力量,项目落地】 集中各方面力量,成立"中国数字文化内容原创与集成基地"项目推进领导小组,由主要领导担任组长,定期开会研究项目推进情况,制定工作方案。该项目为2013年中央文化企业国有资本经营预算项目(其中,获得财政部资金5000万元,获得北京市财政扶持资金5000万元,共1亿元)。为了尽快使项目落地,集团积极主动与国家京剧院协商,向文化部汇报,争取项目在人民剧场落地。同时与朝阳区委、区政府、区教委沟通协调,力争与朝阳传媒影视技术服务中心合作,在原有基础上经过提升,实现《基地项目》视频部分的落地。与北京商务科技学校对接,尽快实现《网络音乐集成制播平台研究与示范项目》与《基地项目》音频部分的落地。

【培育主业,拓展项目】 数字出版业务一直是中数集团核心业务之一。截至2014年11月,集团共完成出版217个音像制品。其中录音制品106个,录像制品111个。按地区划分,国产音像制品41个,引进音像制品176个。

认真完成近年来向科技部等部委申请的文化科技项目,《基于地理信息系统的数字文化信息服务平台研究与示范》项目和《无线城市数字文化综合服务平台》项目统筹运行,项目平台已初步建成。

《中国文化产品数字化海外营销平台》(汇唐网)是中数集团充分利用数字化、网络化、信息化技术的一项重要项目。现已开始上线试运营,进入系统实施及推广阶段。

"欢乐春节交响乐征集"项目组织专门团队执行,共收到国内外优秀的交响乐作品数十份,12月16日,项目评选音乐会如期举行,并评选出10部优秀作品。

成功制作"欢乐春节"品牌形象影片,并于2014年春节期间在美、欧、亚、大洋洲等重点国家和地区进行"地毯式"品牌推广,已获得838家媒体覆盖,转载量达22万条。

策划、设计、研发 APP 应用《一百个汉字认识中国》和《触摸中国文化》电子书，经过市场推广，截至 2014 年 12 月，累计下载量分别达到 2 万余次和 4 万余次，涉及 60 个国家和地区。

【双轮驱动，搭建平台】 集团联合股东单位所属“首创投资发展有限公司”发起成立“中数(北京)投资发展有限公司”。对未来科技城、垡头工业园区改造项目、求实职业学校改造项目继续跟进和洽谈，做出详细的商业方案。

集团与国务院新闻办公室下属的“五洲传播中心”和国家新闻出版广电总局下属的“中广传播集团有限公司”建立强强联合、优势互补的战略合作伙伴关系，提出“文化产业投融资平台”的设立方案。

【超前谋划，申报项目】 经过充分研究、反复论证，2013—2014 年共申报新项目 9 个：《中数少儿益智互动游戏平台——少儿互动英语游戏》《“中数在线”数字出版发行平台建设》《相约中国文化系列全媒体多语种数字出版物》《国家文化产业数据库》《公共文化空间全视域虚拟体验展示技术研究与应用示范》《学习资源数字出版关键技术与应用示范》《中国连环画数字图书馆项目》《特色文化产业工程》《数字文化出版发行平台》。其中，《中国连环画数字图书馆项目》获得财政专项扶持资金 2100 万元，《数字文化出版发行平台》获得财政国有资本金 2300 万元。

北京首都创业集团有限公司以现金方式增加的注册资本 4800 万元人民币到位后，集团的注册资本金从 10200 万元人民币增加至 20000 万元人民币，现已完成章程修改及工商备案。

【以人为本，解决遗留】 中数集团加强中录资产办的力量配备，由董事长亲自挂帅成立应急小组，明确工作分工、严格工作纪律，制定时间表、路线图。工作人员改变工作方式，由过去的职工找上门“上访”，改变为工作人员主动“下访”，大大缓解双方之间的紧张气氛。截至 2014 年 12 月，已与文录激光有限公司 13 位员工签署《劳动关系终止协议书》与补偿协议，解决多年来不断上访的不安定局面。同时，与债权方保持顺畅的沟通，取得对方的理解与信任，共同探讨偿还巨额债务的可能方案。

（李满寅）

中国动漫集团有限公司

【概况】 2014 年是中国动漫集团取得重要突破的一年，是扭亏为盈的关键一年。年初，中国动漫集团成立新一届领导班子，在全体员工的共同努力下，中国动漫集团重修规章理结构，面向市场抓效益，各项工作取得一定的成绩，局面为之一新，人心为之一振，前景为之一亮，得到内外的一致认可。

【勤奋学习，务实求真，推动落实】 领导班子“想大事、议大事、干实事”，得到干部和员工的信任。在贯彻中央领导同志关于弘扬中华优秀传统文化塑造社会主义核心价值观重要指示精神的学习中，领导班子成员结合工作实际，一致认为，在认真继承弘扬优秀传统文化的同时，要和当代的思想、潮流、技术有机结合起来，只有借助被大众经常使用的文化载体才能广泛传播文化理念和社会价值观。班子成员表示，要本着实实在在的态度做好自己的本职工作，敢于抵制不良作风，从企业、产品、自律等方方面面来推动文化产业的发展,在弘扬中华优秀传统文化塑造社会主义核心价值观上贡献自己的力量。

动漫集团组织全体员工认真学习党的十八届三中、四中全会精神、习近平总书记在党的群众路线教育实践活动总结大会上的讲话以及在文艺工作座谈会上重要讲话的精神,围绕中央关于文化工作的新精神、新要求,结合工作实际,研究提出贯彻落实习近平总书记讲话精神的具体措施。

以抓学习、促团结为契机,以“一心一意谋发展,面向市场抓效益”为宗旨,2 月,调整集团领导班子分工,确定分管工作和经营指标,调整集团内设机构及负责人,组建、设置 4 个职能部门和 4 个综合业务部门,确定业务部门的任务指标。广大员工的精神面貌、精神状态都有了很大的改观,大家的积极性和主动性等正能量逐渐增加,抱怨、扯皮、推诿等负能量逐渐减少,都在积极主动想办法,跑市场,找项目,创效益,对外合作势头良好。有些业务部门已取得明显成果,如酷漫平台管理中心;有些部门在资源整合中稳步推进,比如品牌会展中心的网博会项目收入强于往年;有些业务部门虽然仍在开拓中前行,但也为下一年度的业务发展奠定了基础。

【加强管理,厘清结构,机制顺畅】 进一步加强内部管理,完善各项规章制度,调整部门设置,严格把控二级公司,实现集团的有序健康发展。通过制定完善《会议制度》《差旅费管理办法》《考勤制度》《文件管理制度》《员工休假管理制度》《印章管理制度》《二级公司财务管理办法》等一系列规章制度,使集团内部管理有章可循,有据可依;通过调整集团领导班子分工,确定分管工作和经营指标,调整内设机构及负责人,新晋提拔使用一批有担当、有能力的中层年轻干部,确定部门职责的任务指标,避免工作管理混乱、互相推诿扯皮等不良现象;加强对下属公司的规范和管理,尤其是进一步加强对下属公司的财务管理和业务指导;动漫集团有效处理历史遗留问题,尤其是劳动人事纠纷问题得到圆满解决,减轻了负担,减少了干扰。

【整合资源,激活品牌,开拓市场】 2014 年,全国经济进入新常态,动漫集团积极适应,及时调整,确定“一心一意谋发展,面向市场抓效益”的工作思路,通过整合内部资源、激活原有品牌、加强对外合作等一系列手段积极拓展集团业务。

集团承办“动漫北京 · 中国国际网络文化博览会(第 12 届)”,牵手“动漫北京”,两会合一,实现展会的优化整合,同时实现较好的经济效益。文化部部长蔡武在北京市政府副秘书长侯玉兰及北京市文化局副局长关宇、文化部有关领导的陪同下莅临展览现场,参观并指导工作。项兆伦副部长、刘玉珠部长助理也莅临展会指导。

作为历届网博会的重要内容,本届博览会论坛部分继续依托政府对网络文化产业发展的指导思想,紧紧围绕当前网络文化产业的热点问题打造一系列“专、精、实”的产业论坛,其中包括网络文化大数据高峰论坛、动漫游戏产业发展高峰论坛、移动游戏峰会和 TVGAME 峰会。

“中国数字娱乐竞技大赛”(ESCC 大赛)是中国动漫集团 2014 年启动的重点项目之一,包括巡回赛、表演赛、邀请赛等多种形式。数字娱乐竞技跨越电子竞技单纯的体育运动属性,凸显数字文化娱乐的特征。大赛举办期间吸引来自全国 11 个省市 100 多名业内人士与现场近万名观众参与,规范数字娱乐竞技产业标准,传播数字娱乐竞技文化,培育和推动数字娱乐竞技产业发展。

全国动漫游戏投资融资人才及国际合作高级研修班，为动漫业内人士提供专业的交流平台，得到广泛认可。研修班利用微信公众号和QQ群、微信群、线上媒体和线下交流相结合，加强品牌宣传和营销工作。研修期间，学员们还参加了中国动漫游戏产业联盟的成立仪式及随后的产业高峰论坛，参与企业和行业发展调查，提出产业政策、对外交流、人才培养等方面的意见和建议。

集团动漫创意研发中心完成《开心汤圆》第一集样片的制作，由于制作精良，市场前景可观，已有专业公司计划投资，并将该项目进行商业化研发、制作、发行，推向市场。

10月16日，由中国动漫集团牵头，完美世界、奥飞动漫、梦之城（阿狸）、土豆、优酷等国内48家动漫游戏产业相关企业和单位共同发起组建的“中国动漫游戏产业联盟”在北京成立，该联盟旨在积极发挥中国动漫产业国家队的作用，整合行业资源，规范行业管理，推动动漫游戏企业机构合作，加快动漫产业发展。

为进一步谋发展，集团与河北省石家庄市人民政府就建设动漫游戏产业聚集区、室内文化娱乐城等项目签署合作协议。

【调整思路，加强引导，改造升级】 动漫集团自组建以来，二级公司经营不善，严重亏损。2014年，集团通过市场手段、法律手段和财务手段，加大对二级公司的整改力度。

北京皇城艺术品交易中心有限公司启动深度挖潜，多管齐下的经营模式，通过文化艺术大讲堂这项公益性活动，增加专家和企业对皇城公司的了解，有效推动着展览、评估、交易、培训等各方面业务的开展与合作；本着合规、合法、合情、合理的原则，北京中文发集团下属公司的清算工作持续稳定，有效解决部分遗留问题。

中娱文化股份有限公司采取调整战略、理清思路、拓展市场、减员增效（减员近70人）、规范治理、强化管理、效益优先、突出主业等一系列措施，摆脱严重的困难局面。2014年度中娱公司实现盈亏基本平衡，略有盈利，目前正在积极进行项目制作及股权重组，该公司与韩国、加拿大等国际公司合作，总投资4000余万元研发制作的动画片《彩虹娃娃》已经取得良好的经济效益，并得到市场参与者的充分认可；中城乐（北京）文化产业投资管理有限公司坚持市场化运作原则和勤俭节约、规范治理原则，全面启动中国石家庄（正定）城市文化乐园项目，同时与南充、扬州、长沙、合肥等多家地方政府和投资商接洽，寻求进一步合作，2014年度中城乐公司实现盈利，并取得良好的社会效益；中国动漫游戏股权投资有限公司深化改革，在保证国有资产保值增值的条件下，进行股权多元、增资扩股的尝试，虽然出现波折，但从中积累经验，吸取教训，得到锻炼，增强市场风险意识。

【深入调研，多方论证，项目落地】 2011年12月，财政部批复“动漫内容集成分发系统”和“动漫游戏无线整合运营平台”两个国有资本金项目，财政预算总金额为2.2亿元，因种种原因该项目未能及时有效执行。集团班子调整后，高度重视，重新启动，积极推进项目建设。根据市场调研和专家论证，经请示文化部财务司，将两个项目对外合称为“国家动漫游戏综合服务平台”。为使该项目平稳安全落地，集团分别到上海、天津等地动漫公共技术服务平台实地调研，组织相关人员对现有项目软硬件配置进行梳理升级。8月6日，国家动漫游戏综合服务平台“酷漫网”正式上线试运行。目前，该网影响力在不断扩大，其网络排名已进到百度搜索首页首位，说明酷漫网的整体设计理念得到社会的认可。目前，平台运转正常，已具备动漫游戏产业资讯、专题、专访等新闻内容的采集、聚合、分享功能，发布动漫游戏相关企业机构的注册、认证、业务推介、互动交流功能，以及动漫游戏从业者、爱好者、学习者等个人用户作品展示、兴趣交流等社区互动功能。

【化解债务，开源节流，收入增加】 2014 年，集团搬入新的办公大楼，各项开支成本投入较高，集团通过化解债务负担、开源节流等积极增益创收，经营收入实现快速增长。一是及时处理 1.8 亿元的购楼贷款，化解潜在的债务负担。二是通过适当调整南小区租赁费用、争取减免办公地点物业费，为集团增加收入。三是积极申报“国家文化科技提升计划”“国家文化创新工程”、国有资本经营预算支出项目等专项资金和财政项目。四是层层分解，制定业务考核指标，努力完成创收任务。截至 2014 年年底，动漫集团营业收入较 2013 年增幅达 48.3%，与往年主要靠资产经营性收入相比，2014 年的生产经营性收入增加 537 万元，呈现出良好的发展态势。

2014 年，动漫集团经营收入显著提高，改变了严重亏损的局面，但要使动漫集团成为真正的动漫游戏领域的国家队，担当行业旗舰，引领产业发展，仍然任重而道远，必须按照三中全会要求，解放思想，深化改革，引入业内优质资源，与行业内新技术、新产业、新业态对接，创新体制机制，实现跨越式发展。

（范春莉）

文化部恭王府管理中心

【概况】 2014 年，坚持以特色博物馆建设和营造传承中华优秀传统文化的公共空间为工作重心，继续探索以事业带动产业发展，以产业促进事业繁荣的发展模式，充分履行文物保护、旅游开放、博物馆建设、文化空间营造和文化产业五大职能赋予的责任与担当，深入挖掘历史、文化、旅游、民俗四方面的特色资源，积极践行“和恭仁文”理念，不断加强管理、服务、业务和经营四项能力建设，各项工作步入科学化、规范化、常态化。全年共接待游客 300 万人次，实现全年无火灾事故、无刑事案件、无责任事故、无游客投诉的目标。

【博物馆事业】 坚持以业务建设为核心，博物馆事业发展步入快车道。

*深入挖掘博物馆建设内涵，展览体系进一步完善，文物藏品征集工作有序推进，学术研究工作蓬勃开展。*全年新办常设、恭王府艺术系列展、文物展、器物展、对外交流展、特展等各类展览 56 个。进一步完善展示空间规划，细化展览布局，确立展览思路，明确以王府生活场景、王府文化、恭王府历史人物展示为主体，红楼梦、福文化、家具、老照片展览为辅助，书画、文献、文物、图片、艺术品、园林艺术展览为补充，对外交流展览为纽带，增加收藏，挖掘资源的展览原则。坚持“精致、雅致、强化情境、突出内涵”的展览特色，推动恭王府的展览日趋常态化、规模化、系列化、高端化。形成文物展、艺术展、民俗展交相辉映的局面。不断加强展览业务制度建设，策展人负责制及展览图录制作规范进一步完善。

非遗展览项目扎实推进。非遗展览是恭王府打造“民俗牌”的重要组成部分。年初，中心专门成立综合业务处，负责非遗项目管理、展览展示、学术研究等工作。成立“中国非物质文化遗产生产性保护系列活动组委会”，并以此为平台积极开展非遗学术研究工作。在部非遗司指导下，拟定非遗展览、展演、培训、研究、出版等系列工作规划方案。

同时，先期在府邸东二区建设“中国非物质文化遗产——中华传统技艺精品馆”，用于中华传统技艺精品展示活动。已先后举办“中华传统技艺精品回顾展”“中华传统技艺——明氏家具传统制作技艺暨明式十六品高仿作品展”“中华传统技艺——四川雅安藏茶传统制作技艺精品展”等非遗展览。

文物藏品征集工作在逐步形成自身特色和优势的同时，征集渠道进一步拓展，征集程序更加规范。截至11月份，中心征集各类文物60件（套），包括明代黄花梨藤面美人榻、清代紫檀云石插屏、清代紫檀木药箱、清代八卦琮式瓶、清代光绪黄釉墨彩牡丹纹卷缸、清代唐卡、德化白瓷作品、范福安漆艺作品等。中心征集到恭王府旧藏文物“清代翡翠雕龙玉瓶”一件，由于搜集流失文物的线索十分艰难，因此这件文物的回归尤为珍贵，这是中心文物征集工作的重要收获，对中心业务发展及清代王府文化研究具有重大意义。

多渠道、全方位开展学术研究与交流。恭王府与中国社科院研究生院签署战略合作协议。双方商定利用各自资源与优势，在文物保护、王府文化研究、博物馆业务建设等方面开展合作。成立古典家具研究中心、古建园林研究中心等研究机构，为深入、全面、系统地研究恭王府及清代王府文化打造全新学术平台。启动《台北故宫博物院藏恭王府紫檀家具研究》课题，与台北故宫合作开展相关学术研究。完成2006年—2014年征集文献资料建档、编目工作。《和珅秘档》《奕訢秘档》句读、校对、数据化建档工作有序推进。中心孙旭光主任、公教部郝黎、文保部张壮相继出版《恭王府与溥心畬》《恭王府发展模式的探索与实践》《恭王府建筑文化沿革考》三部学术专著。

不断拓展博物馆建设外延。着力打造丰富多彩的公共文化空间。文化活动作为恭王府文化空间的组成部分，逐渐形成规模大、层次高、种类丰富、相对稳定的特点。2014年，恭王府相继举办“甲午马年恭王府福文化节”“第四届海棠雅集”“2014年端午诗会”“第七届非遗演出季”“中秋寄唱——龚琳娜音乐会”“中国唐卡文化研究论坛”等活动，在社会上引起较大反响。

【基础建设】 筑牢基础建设根基，为可持续发展提供有力保障。

“恭王府消防安防系统设备改造工程”项目正式启动。“两防”问题是长期以来制约恭王府事业发展的隐患和瓶颈，关系到恭王府的长治久安。依据中心工作安排和工程进度，现已完成设计招标工作，相关工作进展顺利。

信息化建设工作取得新突破。一是建成涵盖行政管理、综合服务、资源管理及综合安防的多个信息化平台。二是完善网络布局，在景区及办公区域铺设WIFI点位30余个，使游客在府内各个角落都可以享受到便捷的无线网络服务，同时大大提高了员工工作效率。三是推进文献资料及文物信息电子化工作，并通过资源管理平台实现了资源共享。四是完成恭王府网站的改版工作，英文版网站顺利上线。五是加强官方微博、微信建设，每年为公众提供千余条资讯、展览等信息，使微博、微信成为恭王府与公众参与交流互动的重要平台。六是“基于物联网和云计算技术的文物保护单位的管理系统研究与示范”课题成功入选2014年度国家文化科技提升计划项目。

整合专业机构优势，广泛开展合作，花园绿化项目效果显著。与林业大学、园林科学研究院达成合作协议，共同研究制定恭王府植物景观改造方案，方案以王府文化为背景，以福文化为特色，参考清代载滢《补题邸园二十景》诗文，逐步恢复王府的园林景观。与北京植物园签订战略合作协议，依托北京植物园在景区绿化方面的专业技术，为植物日常养护工作提供支持。

景区服务能力不断提升。全年接待各类免费参观人员 33200 人次，其中残疾人 22250 人次，为游客提供各类咨询服务 1000 余人次。春节、五一、十一期间，举办“文明参观，参观文明”的主题宣传活动，发放“做文明参观者，游无烟恭王府”“恭王府寻宝游”等宣传品。重点开展一线服务人员的服务礼仪、服务技能、职业道德培训，加强日常服务岗位的巡视与监督。增设游客丢失物品免费邮寄服务，将捡拾到的游客丢失的身份证、户口本、驾驶证、护照等证件，根据证件所提供信息用挂号信寄回。持续加大硬件设备和服务设施的投入力度。府邸公厕改造工程效果良好，达到五星级环境标准，引来游客驻足拍照。

注重发挥“志愿者工作”的名片作用。恭王府志愿服务工作除完成接待游客咨询、展厅讲解、情景剧演出、公益服务之外，还开辟“恭王府传拓技艺坊”，为游客普及传拓技艺，提供非遗文化教育平台。在北京市委社会工委、首都文明办、市民政局联合举办的“邻里守望——2014 年北京学雷锋志愿服务推动日”活动中，恭王府志愿者服务示范站获评首批“首都学雷锋志愿服务示范站”，全市旅游单位仅有两家获此殊荣。再次荣获“首都文明景区”称号。

【对外文化交流】 亮点不断，以实际行动践行习近平总书记提出的“中华文化走出去”战略。全年共参加、接待或承办重要外事交流活动 30 余次，与美国、英国、俄罗斯、法国等 20 余个国家或地区的政府、外交及文化界人士进行交流。成功举办“园林之光——王府祈福灯会”、2014 年“园林之光”第二次馆长会议等活动；参加“园林之光”国际联盟馆长会议、2014 两岸创意产业合作论坛等活动；与俄罗斯卡捷琳娜博物馆签署战略合作协议；圆满完成刘延东副总理在恭王府会晤中英高级别人文交流机制英方代表团一行接待工作。这些活动的顺利开展，是王府文化走出国门、走向世界的重要标志。

值中波建交 65 周年之际，由恭王府承建的“中国园”项目于 8 月在波兰华沙皇家瓦津基公园博物馆正式落成。8 月 2 日、9 月 18 日，中、波两国在波兰瓦津基公园分别举行“中国园”落成和开园仪式，同期还举办北京恭王府图片展和中国彩灯文化节开幕式，项兆伦副部长及波方高级官员出席开园仪式并致辞。“中国园”的落成，既丰富了中波两国文化合作与交流的内涵，增进两国人民的传统友谊；又为波兰古迹园林注入中国文化的活力，扮靓了波兰古老的皇家园林，将成为波兰人民了解中国文化的窗口。

【树立品牌意识】 为了加速推动恭王府文化产业发展、研发具有“恭王府”品牌特色的商品，提高恭王府品牌在公众中的知名度，专门成立“恭王府品牌运营中心”。参加第 9 届中国(义乌)文化产品交易会(文交会)，展示近年来恭王府研发的具有王府特点的旅游文化创意产品。在美国纽约时代广场、美国旧金山国际机场、英国伦敦希思罗机场、法国巴黎戴高乐机场、德国法兰克福国际机场，以“恭王府——北京最大的四合院”为主题，播放恭王府形象宣传片，成为国内首个登录国外联播大屏的博物馆。在全国高铁、动车组 1049 个动车组车次的《美丽中国》栏目中播放恭王府形象宣传片。不断加强与相关部门及媒体的协作，中央电视台、北京电视台、人民日报、新浪网等电视、平面、网络媒体对恭王府报道超过千次。通过一系列宣传推介活动，对有效打造恭王府的品牌优势，提升恭王府在国内外的影响力发挥积极作用。

【加强内部管理】 加强政治思想学习，有效改进工作作风。紧密联系恭王府工作实际，组织学习习近平总书记系列讲话精神，并着重学习总书记在文艺工作座谈会上的讲话，在中心内部兴起学习贯彻讲话精神的热潮，使党员干部思想上受到教育、启发和洗礼，进一步增强使命感和责任感。

重点开展党的群众路线教育实践活动总结阶段工作，征求党员和群众对整个活动的满意度、意见和建议，将前期确定各项整改工作落到实处，认真做好“回头看”，继续边查边改，边改边做，将教育实践活动转化为推动事业发展的动力，确保恭王府健康、可持续发展。坚持立足自身，努力为职工办实事、办好事，为解决一线职工用餐难的问题，新建房屋103平方米，一线职工再也不需要为吃不上热饭、无固定用餐地点而忧心，该工程作为一项为职工解决实际困难的民心工程，是中心在开展群众路线教育实践活动中的具体成果，得到大家的一致拥护。

完善制度建设，不断提升管理水平。制定并印发《公文格式规范》《督办工作暂行办法》《中心在编职工生活困难补助管理办法》《恭王府管理中心专业技术人员年度考核管理办法》《恭王府管理中心专家劳务费支付办法》。按照文化部有关通知要求，在北京APEC会议期间采取闭馆整修措施，通过对文物古建的有效保护，确保服务设施、基础设施的良好运行，为游客营造舒适优质的参观游览环境。自2014年旅游淡季起，实行周一全天闭馆整修，利用闭馆日建立文物古建、基础设施、服务设施的维护保养，场地环境的清洁整理，各种管线的检修调试，特别是安保设施的检测维修的机制。

内控机制建设日趋严格规范。坚持独立法律咨询、独立经济审计、独立项目监理、独立招投标和独立施工设计的“五独立”原则，防止违规违纪行为，堵塞工作漏洞。一是在合同审核监督执行中，严格按照合同法律条文规定，坚持对中心涉外的所有合同(协议)认真审核、严格把关。保证无违约合同发生，有效防范控制合同履行中的法律风险。二是成立监察审计室，加强内部审计及经济活动的监督管理职能，强化监察管理工作，专门对经济项目进行监督检查，保障内审工作的独立性，进一步完善监督和惩防体系，出台《内部审计工作暂行规定》《项目审核工作暂行办法》《招标项目管理暂行办法》《合同管理暂行办法》《工程监理单位管理暂行办法》，并聘请专业机构对中心进行经济审查。

重视培训工作，积极推动人才兴馆。坚持“旺季抓生产，淡季强素质”的培训方针，根据职工岗位调整情况开展青年干部轮岗锻炼及培训工作，组织28名2009年以后入职、40岁以下的青年干部到中心财务、公教、保卫、经营等部门的8个一线岗位进行岗位锻炼。开展为期三周的“应知、应会”——恭王府2014年度淡季培训活动，内容涉及法律、公文、业务工作等10余个专题，有效提高大家的综合素质和业务能力，增进部门、员工间的业务交流。举办2014年提职晋级人员和新入职人员培训班，使职工在知馆史、晓府情的基础上，切实领会“和恭仁文”核心价值理念的深刻含义，增强主人翁意识，提高工作积极性和主观能动性。举办“恭王府满文初级培训班”，完成满文语音、字母、词汇、日常用语的教学。

(李珊珊)

文化部文化艺术人才中心

【概况】 2014年，围绕“提高素质，规范管理，保持稳定，创新发展”的总体思路，按照“为文化人才服务，为用人单位服务，为社会文化发展服务”的宗旨，坚持把社会效益放在首位，强化公共服务职能，以加强人才队伍建设为己任，积极承担全国文化人才公共服务工作。通过全体工作人员的共同努力，中心全年业务建设实现新跨越，为中心的持续健康稳定发展打下坚实基础。

【职业技能鉴定与职业人才队伍】 中心完成文化行业职业技能鉴定6151人次，比2013年增长了100%，涉及文献修复、芭蕾舞、钢琴演奏、弦乐演奏等15个专业，遍布北京、浙江、湖北、上海、安徽等9省市。同时全年完成两期共128名文化行业考评员的培训工作。

通过对文化行业从业人员开展职业技能鉴定工作，利于提升从业人员职业工作能力，规范行业工作内容，促进艺术生产，培养出一批守纪律、懂业务、重操守的文化工作者，从而为文化事业、文化产业的发展提供坚实的人才保障。

【人事代理与人才派遣】 2014年度，中心新增人事代理集体委托存档立户单位18家，累计总数137家单位集体户，人事档案存档总量达到6982册，分别较2013年同期增长15%和121%。新增被派遣单位5家（总量达33家），派遣员工总量达到1439名。

海外中国文化中心文化交流人才储备派遣项目进展顺利，人才中心继续服务于文化部相关部门海外中国文化中心文化交流人才储备派遣，并建立对驻外人员的招聘、选拔、培训、储备、派出等配套的工作流程，初步形成了经考核评价后以派遣或借调的形式将优秀的文化艺术人才派至海外中国文化中心的工作模式。2014年新录用驻外员工9人（总量达到13人），其中已正式派驻国外10人，3人待签劳动合同。此项工作为扩大中外文化交流、提升中国国际文化形象创造了有利的人才条件。

【人才争议调解】 在人事争议调解方面，中心以真诚、务实的态度，认真履行人事争议和劳动争议的调解职能，严格按照法律法规及有关程序开展文化部人事争议调解及派遣员工劳动争议处理等工作，全年调解及处理各类争议51起，其中文化部直属单位人事争议调解48起、人才中心所属企业北京国文人力资源有限责任公司（以下简称国文公司）派遣员工劳动争议仲裁两起、国文公司民事诉讼（劳动争议）1起。

此外，通过一系列制度建设，加大对劳动者和用人单位合法权益的保护力度。起草文化部直属单位劳动人事争议情况调研报告及相关法律意见书，进一步为文化系统创造和谐稳定的用工环境，避免群体性集体劳动冲突的发生，加快劳动人事法律顾问业务建设进程，为服务单位提供专业咨询服务。举办劳务派遣新政新规专项培训，拟定人事争议调解工作办法。

【人力资源定制化服务】 2014年度，人才中心共完成包括国家博物馆应聘毕业生综合素质考试，文化部恭王府管理中心公开招聘考试、中国美术馆代理招聘、中央芭蕾舞团代理招聘、国家话剧院公开招聘考试、国家艺术基金管理中心全流程招聘、文化部海外设施建设管理中心公开招聘以及北京市劳动人民文化宫公开招聘考试等8个人力资源定制性服务项目，服务人数285人。

在维系好原有客户关系、完善好原有服务内容的基础上，在服务的深度和广度方面有所拓展，同时注重服务的整体性和规范性，全面实现以文化单位需求为主体，提供更优质、高效的定制化服务。

【中心网站与人才库】 在互联网高速发展的背景下，中心充分发挥互联网优势，完善信息资源的内部管理与外部使用全面建设。在线人才库系统新入库艺术家40余人，在库总人数达588人，求职招聘系统个人用户数量达到630余人。题库软件顺利投入使用，录入人力资源定制性服务项目试题1100多道。完善文化部职称考试报名信息化工作，考务系统正式上线。承接沿用社会艺术考级在线网站，实现了中心承接社会艺术考级中心工作后，艺术在线网站的平稳过渡。研发形象设计考试证书查询系统，目前更新3次共计596人的数据信息。此外，动漫高端人才库系统、工资查询系统和中心内部办公系统都已正式上线应用。

中心已运营网站及各类应用12个，在测试或实际使用中向开发公司提出数百条整改建议，从而确保各项工作的顺利进行。中国文化人才网在年度文化部网站绩效评估中得分83.7分，比上年增长了6.4分。网站与人才库建设在人力资源定制性服务中发挥重要作用，同时也为中心各项工作的顺利开展提供信息保障。

【职称评审】 根据部人事司的要求，2014年度文化部职称培训测试工作全部由中心组织实施，部人事司仅行使监督之职。为确保文化部职称培训测试工作顺利进行，中心针对工作中的考试出题、试卷印刷、试卷密封存放、考场安排、阅卷统分等细节问题制定出切实可行的解决方案及应急事件处置方案。全年参加培训测试的单位有29家，共计404人，分三次组织23个考场的考试，共对624人次进行培训和测试。截至8月底，证书全部发放完毕。

在文化部职称评审工作期间，中心加强业务培训，完善工作流程，对评审材料进行仔细审阅，严格把关，圆满完成了文化部职称评审工作，在事前事中事后都得到了部人事司有关领导的肯定和表扬。

【岗位培训】 新增合作培训项目16个，开设“书画、陶瓷、宝玉石艺术高级研修班”“文化企业人才高级研修班”和“艺术市场分析管理高级研修班”等。全年共组织进行艺术形象设计、演艺设备系统工程项目经理、艺术品鉴赏与执法培训、艺术资产管理规划高级研修等8个项目的培训及考试总计39余期（次），培训学员1035人次。

此外，人才中心培训中心作为北京市东城区教委评价的学校之一，出色完成2014年东城区教委、东城区民办教育协会、东城区华颂会计师事务所相关人员对培训中心6项一级评价指标、55项二级评价指标评价打分。在评价中，相关文书档案材料的收集、整理、装订工作，尤其是特色业务教学汇报板块受到东城教委评价组的高度好评，培训中心也被列为第一组首个一类院校。

人才中心培训业务的新突破得到业内的广泛关注和认可，标志着中心培训模式日臻成熟，为进一步完善中心培训体系建设，加强培训市场化运作积累丰富经验。

【全国社会艺术水平考级】 全国社会艺术水平考级中心（以下简称“考级中心”）是在文化部领导下的艺术考级工作承办服务机构，承担着全国社会艺术水平考级专家指导委员会办公室的工作任务。该项工作自2002年起，由中国艺术研究院的内设机构承担相应工作。2014年6月，经文化部文化科技司同意，考级中心承办单位由中国艺术研究院变更为文化部文化艺术人才中心，并于8月正式移交。

为保障社会艺术水平考级工作平稳有序地进行，中心在承担考级工作过程中，一手抓基础建设，一手抓制度管理。在基础建设方面，中心与部信息中心合作，开发新版“全国社会艺术水平考级管理系统”，保证考级考官、考生信息的完整性，事中事后监管的便捷性；在制度管理方面，着手起草社会艺术考级规定、考级收费标准、社会艺术考级考官管理规定等，加大规范力度。力争通过基础建设和制度管理两方面，将考级工作引上健康、有序、快速发展的轨道。

【广开渠道，挖掘潜力】 在原有主业的基础上，中心进一步拓宽工作渠道，与中央文献出版社新签订合作出版项目两个，出版《一代书画大师》《一代艺术大师》《70 年 7 大家》《永恒的丰碑》《共筑中国梦——当代文化艺术人物风采集》5 本特辑。

中心通过对优秀艺术作品收录并公开出版的方式，充分发挥文化引领风尚、教育人民、服务社会、推动发展的积极作用，用讴歌时代、诉说真善美的艺术作品来传播先进文化、倡导和谐理念、弘扬社会正气、塑造美好心灵、培育社会文明道德风尚。

【强化精品意识，提高办刊质量】 为进一步提高办刊质量，《中国京剧》杂志在坚持“开门办刊、专家办刊、市场办刊、规范办刊”理念的前提下，把丰富内容生产和调整经营模式作为重点，提升整体效益。在丰富内容生产方面，精炼稿件内容，提升文章质量，调整原有栏目，扩大约稿数量。在调整经营模式方面，注重开源节流，拓宽出版社合作渠道，加强与院团单位沟通，尤其在媒介融合和“互联网 +”的大背景下，注重借力新媒体平台，构建《中国京剧》杂志的官方微博和微信，运用 O2O 线上对线下经营模式，让互联网成为交易平台。

通过对内容生产的丰富以及对经营模式的调整，《中国京剧》圆满完成 12 期杂志出版发行工作，在满足广大戏迷票友阅读需求的基础上，实现经济效益最大化，进而推动社会效益与经济效益的统一。

（黄玉洋）

文化部离退休人员服务中心

【概况】 2014 年，对离退中心来说是不同寻常的一年，中心服务和管理的离退休人员达到了 2737 人。面对服务和管理工作的新形势、新情况、新问题，离退中心在部党组的正确领导下，在部有关司局和各院团的大力支持下，坚持“尊老、敬业、务实、奉献”的工作精神，求真务实、开拓创新，努力为老同志营造健康、幸福的晚年生活。

【加强学习，统一思想，凝聚共识】 以适合老同志的方式组织学习。一是以活动站为阵地，组织老同志就近开展读文件、座谈交流，举办“大家谈”等丰富多彩的学习教育活动。老同志围绕纪念建党 93 周年、纪念抗战胜利 69 周年、学习习近平同志在文艺工作座谈会上重要讲话等主题，畅谈自己的思想认识和学习体会。许多老同志还撰写文章、创作诗歌。第七党支部组织老同志参观抗日战争纪念馆。

二是定期组织离退休司局级党员干部、党委委员、纪委委员阅读文件，通报情况。让老同志及时了解中央有关精神和文化体制改革以及文化建设发展情况。

三是加强支部建设，夯实思想教育阵地。2014 年，离退中心的党员人数达到 1030 人。

对新接收的367名离退休党员,中心组建了7个新的离退休干部党支部。对人员老化严重的两个党支部进行了合并,完成了28个离退休干部党支部支委的增补和改选工作。许多党支部在接转工作完成后,立即组织开展了形式多样的学习、座谈等活动。中心为各党支部下发了《习近平总书记系列重要讲话读本》等学习材料。10月15日至16日,举办了党支部书记培训班,45名老同志参加学习。培训班恰逢中央召开文艺工作座谈会,习近平总书记在座谈会上的讲话,引起了老同志的热议。与会的老同志在学习交流中一致认为,习近平同志的讲话通俗易懂,非常深刻,说出了老文艺工作者的心声。会后,各离退休干部党支部纷纷组织老同志对讲话精神进行深入学习。第九支部邀请亲临座谈会的舞蹈家赵青为大家讲述座谈会上的情况和自己的体会。通过学习,离退休老同志思想上与时俱进,纷纷表示在思想上、行动上要始终与党中央保持一致,永远跟党走。

中心工作人员的学习始终坚持常抓不懈。重点学习党的十八届三中、四中全会精神和习近平同志系列重要讲话精神,以及文化部党组关于加强作风建设和培育、践行社会主义核心价值观的实施意见等内容,并结合实际工作进行了讨论。在学习交流中,中心领导班子成员带头做表率,工作人员发言踊跃。通过学习,同志们的政治意识、责任意识明显增强。大家表示,离退中心虽然不是文化工作的第一线,但服务和管理好老艺术家、老同志,维护好老干部队伍的稳定,事关大局,责任重大。做好老干部服务工作,为文化体制改革和文化大发展大繁荣提供服务保障。

【中直院团自管离退休人员接转及服务】 根据部党组的决定,从2014年起,文化部8个中直艺术院团和两个“中心”自管的离退休人员统一划归到离退中心集中管理和服务。为了做好接转工作,确保老同志实现平稳过渡,中心人事、财务、医疗、党办等相关部门,面对接转人数多、时间紧、任务重等不利因素,提前介入,首先给相关院团和单位发《关于做好离退休人员接转工作的函》,对接转工作涉及的档案整理、医疗保险、基础信息等必备材料事先予以明确,以便各院团提前做好准备。

中心医保部门克服困难,一次将900多位老同志的医保关系接转到位,保证了老同志看病报销的无缝衔接。中心人事、财务部门加班加点,仔细核算,按时为新接转的老同志发放离退休费。为了做好接转后的服务工作,中心给每一名新接转的老同志印发《离退中心服务工作须知》,公布中心各部门和各院团老干部办公室的电话,及时做好服务。

2014年,离退中心共接收离退休人员987人。接转工作的圆满完成,结束多年来各院团存在的一部分老同志由离退中心管理,一部分由团里自管的“一团两制”现象,老同志享受到一致的待遇和服务,同时也有利于各院团集中精力抓好艺术生产。

【开拓创新,深化服务】 积极协助有需求老同志考察、入住养老院。中心管理服务的老同志有近80%是空巢家庭,随着年龄的增长,生活中面临的困难和问题日渐增多,有的一日三餐都成为一种负担,入住养老院成为这些老同志的迫切愿望。离退中心将协助老同志入住养老院作为深化服务的一项重要内容。一是为有需求的老同志提供口碑好、环境好、收费适中的养老院信息,方便老同志咨询选择。二是组织老同志到北京诚通颐年山庄等5家性价比较高的养老院进行实地考察,近300位老同志参加考察、试住活动。三是与北京市平谷区子山福缘老年公寓等3家养老机构签订合作协议，对入住的老同志给予优惠。

走访慰问成为服务工作的新常态。中心管理服务的孤寡老人、高龄空巢老人、生活困难的老同志人数多、困难问题多，及时走访慰问成为中心常态化服务工作。中心看望住院老同志360多人（平均一天一人）；看望生活困难的老同志162人，发放困难补助50万元；看望了90岁以上的老同志，送去寿桃、贺卡；中心工作人员与39位孤寡老人结成对子，定期联系看望；为中国交响乐团、国家话剧院的老同志举办集体过生日活动。在春节前集中走访慰问了356位老艺术家、老同志。中心上报的走访慰问活动情况的汇报，得到了办公厅领导的肯定，并报送蔡武、杨志今、刘玉珠等部领导阅示。

开启"非物质文化遗产传承人暨老艺术家口述历史项目"。中心服务管理的老同志中，有许多知名艺术家和非物质文化遗产传承人。这些老同志都是我国各个历史阶段文化工作的参与者与见证人，非物质文化遗产传承人更是所属艺术门类的活载体（仅国家京剧院就有传承人15人）。把他们的所见、所闻以及经验教训保留下来，以备国史及文化史之阙，是这些老艺术家多年来的心愿。2014年启动该项目以来，中心已采访老艺术家42人次，录制影像资料近6000分钟，撰写文章十余篇，其中有两篇被全国政协《文史资料选辑》选用。

发挥网站和微信平台作用，适应时代发展。中心网站经过改版，内容更加及时丰富，服务功能更加完备，2014年获文化部快速发展奖。

中心《老年文化》与离退休干部局《老干部之友》两本刊物合刊，更名为《中国老年文化》，内容更加丰富，面向全国文化系统，惠及各省市文化厅的老同志。

【物质保障与丰富精神文化生活齐抓并举】 在国家京剧院西外活动站，中央芭蕾舞团活动站等地，为老同志举办4场不同内容健康讲座，120多位老同志到场聆听和咨询，部领导活动简报上做出批示，给予赞扬和肯定；组织1500多名老同志进行健康体检；为162位老同志安装一键通呼救系统。

开展春秋游活动。2300位老同志参观花卉大观园、北京农业嘉年华等景点。组织离休干部参观国防大学校史馆、雕塑园。举办钓鱼、台球、沙狐球、麻将比赛等活动。

与5部委老干部管理部门联合举办庆祝建党93周年文艺演出及台球、麻将比赛等联谊活动。

组织老同志参加"诚和敬杯"离退休干部书画摄影比赛，中心获组织奖，数位老同志获个人奖项。

【搭建老有所为平台】 七一前夕，中心老艺术家朗诵团带着精心编排的节目到北京武警总队雪豹突击队，开展迎接党的生日暨慰问子弟兵演出活动。在国庆节、重阳节前，到延庆天开瑞祥养老院、朝阳区朝外街道为400多位老人和社区居民演出。老艺术家书画院与玉渊潭公园联合举办以樱花为主题的书画联谊活动，创作的樱花作品受到游人好评。李光曦、王鹰等19位老艺术家被评为文化部老有所为标兵。

【加强干部队伍建设】 夯实为老同志服务的基础。中心的服务对象有2700多人，建设一支勇于吃苦、甘于奉献的老干部工作队伍是做好服务工作的基础和关键。工作中中心一是加强学习，不断提高工作人员的综合素质和业务能力。二是加强制度建设，做到有章可循、照章办事。中心将群众路线教育实践活动整改中修订的工作制度汇编成册。三是优化队伍结构，招聘工作人员8人，形成老中青梯次年龄结构。四是关心职工思想、生活，办实事、解难事，增强集体凝聚力。经过坚持不懈的努力，中心形成尊老爱老的良好风气，收到多封老同志发来的感谢信。例如，中心的年轻人张军，是孤寡老人李兴辉联络员，在得知老人摔伤后，立即到老人家中进行照料，陪同看病等，类似事例很多。中心人事保卫部等4个部门被评为文化部老干部工作先进集体，周岩等11名工作人员被评为先进个人，受到表彰。

（谭巨福）

文化部艺术发展中心

【概况】 2014年，进一步解放思想，开拓文化工作新思路、创新文化工作新理念，各项业务稳中求进，稳中有进，迈上一个新台阶。

【发挥品牌优势，拓展中心业务】 面对文化改革发展的新形势，中心按照以繁荣文艺为目的，以服务艺术为宗旨，以文化创新为重点的发展要求，秉承公益性文化事业与经营性文化产业双轮驱动、双向发展的思路，在加大公共文化服务工作的同时，逐步打造并形成良好的品牌，实现社会效益与经济效益相统一。

加快发展，做大做强优秀品牌业务。圆满完成《中国美术大事记》当代中国美术（年度）史料文献系列丛书的编辑出版工作，并成功入选2014年度“国家艺术基金”资助名单。《中国美术大事记》当代美术（年度）史料文献，全方位、多角度、真实、客观、公正地记录中国美术界每年度、每一天所发生的每一件大事要事，遴选记录具有专业性、代表性、学术性、权威性和探索精神的艺术家代表作品和艺术主张。《中国美术大事记》自出版发行以来，近10年的发展历程中，中国美术大事记编委会形成一套比较系统的编辑出版流程，出台与之相配套的《中国美术大事记——年度入刊手册》《中国美术大事记——资讯收集来源规范》《中国美术大事记——资讯收录规范》《中国美术大事记——条目编辑规范》《中国美术大事记——文字编审流程规范》《中国美术大事记——艺术家代表作品评审标准》等一系列出版制度，《中国美术大事记》编审体系涵盖从选题策划、书稿设计制作、编校、审定到图书印装等各个环节。编委会于2013年12月出台《中国美术大事记——年度编审出版时间进度规划》，为编辑流程指定了科学的“线路图”，明确各部门的职责分工，量化各项考核指标。2014年，中国美术大事记编委会对这些规章制度进行重新梳理、修订和发布，使其更加系统化、科学化、规范化。该系列丛书宣传范围覆盖世界55个主要国家的1579家图书馆、博物馆、国际著名大学、部分国家驻华大使馆和全国各省市（包括港、澳、台地区）图书馆、艺术研究机构、高等艺术院校，拥有直接或间接读者约3000多万人，在世界范围内，为中国文化艺术事业尤其是美术事业的发展培育土壤，并扎下根基。为中国艺术家及艺术作品走出国门创造机会，为国际艺术交流搭建高学术品质的广阔平台。

第四届中国国际文化艺术博览会成功举办。2014中国国际文化艺术博览会（以下简称“艺博会”，即Art China 2014）于9月19日至21日在北京全国农业展览馆（新馆）举办，为期3天。本届艺博会除来自中国大陆的知名画廊、机构、艺术家外，还邀请到来自法国、意大利、德国、奥地利、西班牙、俄罗斯、乌克兰、加拿大、韩国、叙利亚、朝鲜等10个国家以及中国台湾、香港地区共200余个知名机构和艺术家参展，展出7000余件艺术作品，其中近百件作品单品估价百万元以上。经统计，前来本届艺博会参观的买家和观众35000多人次，成交额约6000万元。本届艺博会与往届相比，无论在规模上、展品质量上，还是在社会反响上，均有所提升，得到各方面的肯定和好评。

【肩负社会责任，开展文化服务】 *艺术考级有序开展，壮大文化艺术人才队伍。*针对社会美术考级活动的实际，在全国十几家平面及网络媒体对文化部艺术发展中心的美术考级进行广泛宣传，从而推动美术考级活动的顺利进行。文化部艺术发展中心的美术考级官方微博、微信以及QQ群也为美术考级的开展起到很好的促进作用。自2013年“中国美术考级网”上线运行以来，作为中国美术考级的专业门户网站，除提供美术考级各专业的完全内容外，还涵盖书法、绘画、建筑、雕塑、工艺美术、摄影、设计、收藏空间、美术观察、美术资讯、艺术考级、艺术教育、政策法规等领域，并为美术教师和教学示范单位提供注册服务。“中国美术考级网”已然成为各大搜索引擎名列前茅的美术考级网站。

*着眼社会效益，影视制作产业化发展。*2014年，中心影视部创作、设置、发行若干部影视作品，取得经济和社会效益的双丰收。经外交部、广电总局和中央重大题材领导小组办公室审核批准，与东风悦达起亚集团合作拍摄的23集电视剧《将军外交家黄镇》投资3000万元，现已制作完成并通过重大办、外交部和央视的审看，由央视一套黄金时段播出；反腐题材电视连续剧《下访工作队》完成制作并通过中纪委、河北省纪委和央视的审看，计划于年底前在央视一套黄金时段播出。

【多措并举，促进艺术生产力提升】 成功举办“全国民间文学、传统音乐、传统舞蹈、传统戏剧、曲艺类非物质文化遗产灾害(难)预防与风险管理培训班”。

为配合建设优秀传统文化传承体系，中心广泛开展优秀传统文化教育普及活动以及各种形式交流活动，内部设立玲珑塔文化交流体验基地等机构，弘扬中华优秀传统文化。

【做好党群工作，提供坚强保证】 *党政文化建设。*中心党支部2014年度建立完善在职党员干部自学和集中学习制度，形成每周固定抽出半天时间进行集体学习的长效机制。每次学习安排都做到有动员、有部署、有要求，并对学习有阶段性书面总结。党支部集中购买多部政治理论书籍作为学习资料，每次学习的文件定期分发给广大党员干部。本年度中心党支部组织集中学习习近平、王岐山同志在第十八届中央纪委第三次全体会议上的重要讲话及深入学习贯彻习近平总书记在文艺工作座谈会上的重要讲话精神，广大党员及职工在每次学习后认真书写心得体会，进行交流沟通。

*精神文明建设。*本年度党支部组织支部党员于11月集体参观国家典籍博物馆，以此作为一堂生动的弘扬中华优秀传统文化，提高党员干部文化素养、文化自信、文化自觉实地参观党课；组织青年职工积极参加文化部举办的书法大赛、公文大赛等，有部分同志取得较好的成绩。

*作风建设。*党支部清醒而深刻地认识到反腐败斗争的长期性、复杂性、艰巨性，进一步严明支部的组织纪律，以零容忍态度惩治腐败。以领导班子成员为重点，切实加强党章和法纪教育，筑牢拒腐防变的思想道德防线。要求党员领导干部以身作则，带头廉洁自律。严格认真落实《廉政准则》《重大事项报告》等可操作、可量化的规章制度；及时做

好领导干部个人事项的填写、整理、上报工作，做到信息真实，内容准确；严格执行党风廉政建设责任制，讲实话、报实情、办实事、求实效，自觉抵制各种不正之风。实行廉政风险点分级管理，要求各分管领导对单位内部和管辖范围内的反腐倡廉建设具体抓落实，增强了廉洁自律意识。如各种公务接待中需报销的票据，必须是财政或税务部门监制的正规发票，报销人须在发票上写明用途并签名，经部门负责人和分管领导审查后，送主要领导审批后报销。

组织建设。中心党支部多年来注意对优秀积极分子的观察与培养工作，关怀青年思想成长，不断为党吸收新鲜血液。党员人数从中心最初成立时的 7 人，发展到 2014 年的 34 名，人数的发展客观地记录了党支部的成长与壮大。党员队伍的平均年龄降低了，学历水准普遍提高，这为党支部在今后的工作能力、创新能力，保持思维活跃，加强吸收先进知识与技能的能力，为更好地加强党建工作打下了坚实基础。

（李　静）

国家清史纂修领导小组办公室

【概况】 2014 年，清史纂修工作已经进入一个新的阶段。国家清史纂修领导小组办公室（清史办）以促进审改工作为中心，整合内部机构、调整岗位人员，充实编纂力量，严格把控质量，推动清史纂修工作不断向前发展。

【《清史》项目全程跟踪管理】 加大对《清史》项目全程跟踪管理，严把质量关，二审整修工作取得重要进展。

继续加快项目全程跟踪管理，对问题项目提出解决方案，加快项目文稿提交。进一步强化审改工作力度，努力推进二审工作，就二审后问题书稿进行修改提高，调整工作模式，将部分项目联系专家改为审改定稿专家，实行责任制，签订《审改定稿工作合同》，文稿质量和工作进度明显提高。成立篇目组和质检组，结合岗位实际需求，遴选专家，明确了岗位职责，逐步开展《清史》篇目统筹和定稿质量检测。根据《清史》各部类工作进度情况，将二审进度较快的 17 个史表项目提交人民出版社，先期进入编辑审稿流程。截至年底，《清史》144 个项目已全部提交，提交率 100%；有 142 个项目进入一审，其中完成一审项目 139 个，完成率 97%；有 137 个项目进入二审，其中完成二审项目 123 个，完成率 85%。

【基础业务工作稳步推进】 不断提高服务保障水平，进一步扩大清史工程影响力。

加强基辅类项目的整理、评审、出版工作力度。联合出版社及时解决编校疑难问题，严格出版质量，推进出版进度。进一步规范出版政府采购工作，全年完成出版项目采购 12 个，有 10 个项目已进入出版环节。出版《湘军》《近代史所藏清代名人稿本抄本》《清代稿抄本第六辑》《清代察合台文文献译注》《桐城派名家文集》《梵蒂冈图书馆藏明清文献》等图书 12 种，共计 315 册，其中一批重要的文献项目受到学界关注。

继续加强对档案图书的收集与管理，促进档案图书方便利用。开通图书自动化管理系统客户服务端，实现专家在办公室内就能完成图书馆藏图书检索及查找功能，提高图书流通速度和使用率。针对无数据馆藏图书，增加补充书目检索软件系统，配合客户服务端可实现馆藏全部书目检索。配合专家审改工作，对查阅率较高图书进行细目编制和数据补录，将已结项但未列入出版计划的《晚清日本驻华领事报告编译》等9个项目编制目录并上网链接供专家使用。经过查重剔除，完成清史工程纸质档案整理加工编目1325件，电子档案整理编目23837条。全年采购图书30种755册，接待读者阅览2012人次。

*进一步加强信息技术和中华文史网建设，为清史纂修工作提供技术保障。*进一步完善《清史·典志》文稿检索系统，为典志审稿提供技术支持。协助开发补充书目检索软件。紧密结合审改工作，针对编委会各业务部门对文稿整合、检索的需求，研究、制定"中华文史网"二次改造计划，拟开展全部清史文稿和长编、考异等的数据化处理和精确的跨文稿、跨部类检索，实现对现有数字化档案文献及相关史料资源的全面整合、利用。继续完善中华文史网，增加"清史百科""舆地图典"和"文史多媒体"等栏目，开通"中华文史网"微信公众平台。

*加强《清史参考》选题策划。*增加更多系列专题，针对时政热点、周年纪念、文化交流等贴近现实和工作的题材进行组稿。集中选择"故宫学十年学术研讨会""清代民族文化""纪念盛京定名380周年学术研讨会"等会议论文集相关内容，进行专题组稿，开发一批新作者。在文章布局上，安排"清代中外文化交流""清代吏治""甲午战争一百二十周年"三个系列，较大改善以往选题内容分散的状况。全年编发《清史参考》46期，约16万字。其中，《中国文化报》《中华魂》《红旗文稿》《地方文化研究》转载文章21篇。另外，部分文章被新浪、腾讯网等媒体转载，影响力不断提高。

【加强管理，提升效率】 班子成员带头在学术组织和管理工作中，不搞"花架子"，求真务实，在强化责任制与质量检查机制的同时，化繁就简，大幅度减少管理环节，提高审改工作效率。从清史纂修工作出发，不断总结经验，解决实际问题，勇于探求新思路和新方法，为编纂出经得起历史检验的精品而努力。

根据财政部批复的2014年预算和文化部财务司有关调整当年预算情况，按照厉行节约、从紧编制预算的要求完成预算编制工作。以年度经费预算工作为抓手，规范三公经费的使用。继续做好项目经费和经营性收入的管理，通过各部门的年度预算，建立月度预算明细，严格执行预算，加强资金管理和监督检查，保证专项资金安全、规范、有效使用。

提高服务水平，厉行勤俭节约，做好后勤保障工作。加强制度建设，为进一步规范管理，起草《国家清史纂修工程办公用房出租管理暂行办法》、修订《国家清史纂修工程固定资产管理办法》《国家清史纂修工程政府集中采购管理办法》《国家清史纂修工程会议管理办法》。为提高国有资产利用效率，做好固定资产管理工作和办公用房出租管理工作。开展2014年度固定资产清查，重点做好图书类资产的清查工作。

【完善机制，培训队伍】 完善机制，加强队伍建设，不断提高人员政治素质与业务水平。

以年度全员考核与聘用为契机，进一步完善各类人员的分类管理，规范编制人员、兼职专家、全日制外聘人员三类人员聘用工作，明确岗位职责和工作要求，坚持择优聘用。配合事业单位分类改革、人事司机构编制人员核查工作，完善岗位设置，将编制人员、外聘人员统一纳入岗位管理，完成全日制外聘人员15个专业技术岗位的认定。规范编制人员与全日制外聘人员人事档案管理与交接手续，按照干部人事档案接收标准，规范档案的装订、使用、管理。对先后参与清史工程工作的专家及工作人员1800余人次进行信息采集录入并编制信息库管理软件。设置内部审计岗位，配备兼职审计人员，制定《清史办内部审计岗位设置工作方案》。进一步完善考勤制度，建立以部门为主体的考勤机制，考勤与出勤津贴挂钩，同时对月度绩效进行考评，重点就完成的工作情况进行考核，自实施以来，奖惩结合，效果明显。

做好培训工作，紧密结合清史纂修工作实际，通过清史知识讲座和业务培训的形式，不断提高干部员工的理论素养和解决问题的能力。制定2014年人员培训计划，完成清史专题讲座《清朝边疆、民族与疆域版图的奠定》《以档证史——说慈禧》《光绪帝系砒霜中毒死亡说难以成立》《清帝的文化自信及其对汉化的抵制——从乾隆生母疑案谈起》等6讲，共计240余人次参加讲座。通过专题性学习、辅导和研讨，认真学习贯彻党的十八大、十八届三中、四中全会精神，开展时事政治学习4次，公文写作培训两次，安排财务、人事、档案图书等赴外培训8次，共计200余人次。通过培训工作，增长见识，拓宽了视野，大家受益良多，反响较好。注意干部梯队建设，通过组织考察、民主测评，有3名同志被提拔到部门正职的领导岗位。倡导岗位成才，职务评审工作稳步推进，共有4人通过相应的职称评定。

（高子淇）

中外文化交流中心

【概况】 根据《中外文化交流中心工作规则》，制度化、规范化、科学化运营和管理，中外文化交流中心（以下简称“中心”）全体员工忠于职守、甘于奉献、遵纪守法、廉洁奉公，视服务意识和服务质量为中心安身立命之本，中心各处室按照职能分工，各尽其职，相互配合，不断强化服务意识和服务质量，优质高效地完成年内各项任务。中心领导班子严格遵守民主集中制原则，人事、项目等重大事项决策依规则和程序进行，并推动员工参与、专家咨询和领导决策相结合的决策机制。

【服务海外中国文化中心】 组派4起“发现中国”讲座组、3起“短期培训”专家组赴各海外中心。为丹麦中国文化中心提供揭幕所需英语版《中国文化中心——连接中国与世界的桥梁》展览的内容调整、翻译校对、排版、制作包装工作，并发往丹麦中心。先后为斯里兰卡、老挝中国文化中心的揭牌采购相关用品。2014年“奖学之旅”各中心优秀学员来华的协调、接待工作。与首尔中国文化中心合作举办“2014 中外民乐交流大会 · 二胡比赛”。与曼谷中国文化中心合作举办“与京剧名作面对面”系列活动；改版海外中国文化中心网，做好网络媒体宣传工作。

【支持前沿文宣活动】 全年策划、制作、发运海外中国文化中心和驻外使（领）馆开展“欢乐春节”、国庆65周年等重大活动所需展览图片、饰品和礼品、影视片；做好日常外宣服务工作，及时为海外中国文化中心和驻外使（领）馆采购、发运小额援助物品和开展活动所需物品。策划制作大型主题展、国庆图片展和建交展等近300余项，大宗及小额援助采购等60余批次，编辑制作纪录片28部，故事片9部，发运图片展、小额文化援助物资和文化纪念品约2100余箱，配发物品总量超过20件（套），期刊35万余份。为进一步做好每年的大宗普发这一常态外宣服务工作，交流中心综合十余年的发运工作经验，就“大宗普发”工作提出提高时效性、节约经费等方面的建议。

【对外文化网站和期刊工作】 截至 12 月,文化传通网新闻性更新文字量 1400 多万字,编辑发布文章 14000 余篇,图片 13000 余幅。其中,编审前方使馆及文化中心稿件 2435 篇(文字 170 万字,图片 6360 幅),设计制作文通网专题(包括图片专题)41 个。在第 4 届“政府网站集约化建设与精品栏目管理经验交流大会”上,文化传通网获“2014 政府网站政务微信卓越奖”。《中外文化交流》杂志(中、英文)进行全面改版,对栏目、内容、版式进行调整,得到文化艺术领域国内外读者的认可。在按期出版基础上完成《汉学家与中外文化交流座谈会文集》(12 万字)、《中国文化中心 2013》《中国文化创意选萃》和《中国文化政策汇编》(70 万字)的校对工作。

【做好部、局交办的重点项目】 承办“2014 欢乐春节 · 中国风格:马年生肖珠宝设计发布暨展览”、“中国春节走向世界——欢乐春节 5 周年回顾展”、第四届中国文化产品国际营销年会、2014 年青年汉学家研修计划(一期)、2014 年青年汉学家研修计划(二期)暨中国当代作品译介研修对接计划、2014 汉学家与当代中国座谈会、中法建交 50 周年和中俄文化节系列文化活动等项目的组织协调、具体实施和后勤保障工作。

【积极开拓与直属单位、地方文化厅局及企业合作项目】 与常州合作举办第十一届常州国际动漫艺术周;与北京市教委合作组派学生艺术团参加国外艺术节;与国内外文化机构、金融机构及企业合作,举办“创新天地:中法工艺大师的巅峰对话”展览和“ChiFra 中法艺术交流展”“北外滩财富与文化论坛”“2014 泰山之尊——全国美术作品展”及“佳能影像发现丝路之美”丝绸之路文化保护公益项目与成果汇报会。

【谋求长远发展】 中心的长远发展是全体员工最为关心的问题,在学习领会党中央、国务院和部党组有关指导思想和文件精神的基础上,领导班子认真梳理出中心的发展方向,围绕为文化部外事工作及全国文化系统重点工作服务,对中心职能进行精确定位,制定符合中心长远可持续发展的思路和规划,把承担海外中国文化中心支持和保障基地职能作为中心发展方向。经与部有关职能司局不断沟通,于 2014 年 10 月正式上报中心职能增加的请示。

中心目前正对内设机构进行调整,在继续做好原有工作的同时,适应新职能带来的新工作、新要求,充分发挥支持和保障基地作用,促进海外中国文化中心建设,保障海外中国文化中心的运营,推动《海外中国文化中心发展规划(2012—2020 年)》的有效落实。待上级批准之后,中心也将拟定中长期发展规划。

(翟 璟)

文化部民族民间文艺发展中心

【概况】 2014 年,文化部民族民间文艺发展中心(以下简称中心)以抢救、保护、保存和宣传弘扬中华民族优秀传统文化为中心任务,推进国家民族民间文化艺术的发展,促进中心的全面发展。

中心顺应学术融合的发展要求,以国家文化艺术基础性建设工作为核心,以信息化时代国家文化治理和传承创新的需求为导向，在中华民族优秀传统文化的挖掘、整理、研究、保护、传播、应用方面取得全面进展。

代表国家水平的项目设计和组织实施能力得到广泛认可。中心设计和组织实施的各类科研项目得到国内外学术界广泛认同，学术交流合作日益增多，增强中华文化和政府相关文化工作的影响力。

文化与科技领域的跨学科研究与应用能力不断提高。系统的项目实施取得较好的示范与边际效应，与国内艺术研究院（所）、大学、教育系统（协同创新领域）、澳门基金会（“澳门记忆”文化资源管理发布系统应用）、香港中乐团（资料数字化建设及乐器改革）、台湾“中央研究院”（文化空间信息应用研究）等一批机构成为长期的项目合作伙伴。

开拓思路，各类社会文化工作稳步持续发展。中心充分利用文化研究资源优势，广泛开展社会合作，积极开展对外文化交流活动，在实践中积累了一定的经验，也与众多合作机构建立了持续良好的合作关系。

【组织实施科研项目，推进文化抢救、保护、研究】 中心以国家哲学社会科学及文化科技领域的重大科研项目的设计、申报、组织、实施为龙头，推进国家民族民间文化艺术领域在资源抢救、永久保存、数字化整备、理论研究、传播应用各领域的基础性、战略性的研究和实际工作。几个重大项目有220个子项目同时展开，这些子课题在立项评审、学术研讨、体例完善、中期检查、业务培训、结项终审、学术专著编纂出版、节日文化资源数字化建设及资源发布平台研发等诸环节全面展开工作。中心承担的国家哲学社会科学重大委托项目、全国艺术科学规划重大项目《中国节日志》《中国史诗百卷》是得到中央领导同志批准立项、周巍峙同志生前十分关心的科研项目，在各方面支持下，2014年取得新的成绩。

《中国节日志》全面展开，“节日志文本”立项工作已接近尾声，工作的重点转入中期检查、组织协调和结项、复审、出版方面。截至2014年年底，《中国节日志》文本已累计出版24卷，完成节日志文本复审19卷；《节日影像志》已进行55个节日的拍摄。在中国传统节日的历史文献数据库、文本编纂、影像志、资源数字化、理论研究5个方面也取得丰富成果。

《中国史诗百部工程》于2014年11月1日正式成立由有关方面专家组成的编委会；截至2014年年底，已完成《中国史诗百部工程》19个项目的委托立项，涵盖南北16个民族的史诗调查内容，涉及多部首次发现的、濒危的民族史诗，项目试点工作全面展开。

“十部文艺集成志书”香港卷、澳门卷编纂工作在港澳文化界、知识界的支持下全面展开。在澳门基金会的组织下，《中国民间歌曲集成·澳门卷》（1088页、约110万字）已提交初审稿，12月14日至16日在澳门召开审稿会；其余各卷均落实负责人，陆续进入编纂阶段。“十部文艺集成志书”香港卷、澳门卷的编纂，充分体现中华文化同根同源、和谐凝聚的巨大能力。

【文化与科技融合】 继续推进文化与科技融合，探索抢救、保护和宣传弘扬优秀传统文化的途径。

中心在促进传统文化与现代科技相融合、与文化产业相结合方面进行积极的探索，传统文化资源数字化研究与应用领域的国家项目全面展开，相关文化资源的数字化整理和标准化建设工作继续进行。

首批“音视频修复与评测文化部重点实验室”落户中心。这是对中心多年来积极致力于音视频修复与评测所取得成绩的肯定，是对一批常年潜心研究、攻坚克难科研人员的鼓励。该实验室由中心与深圳智骏数据科技有限公司、国家新闻出版广电总局广播科学研究院、海立方文化产业投资有限责任公司共建。

一批具有开创性的文化科技项目和课题在延续性、实用性、领先性、可行性的条件下陆续展开。项目均是结合中心工作基础和实际发展的需求，围绕国家民族民间文化资源在数字化抢救记录、永久保存、研究梳理、展示传播等环节展开，是国家文化资源基础性素材建设和应用领域的系统工程。

代表性项目包括：国家科技支撑计划课题"动态数字文化多维展示技术研究"；科技部基础研究项目"中国民族民间文艺资源抢救""中国传统乐器声学测量与频谱分析"；国家科技支撑计划"基于位置服务的文化旅游综合服务研究与应用示范"中的"文化与旅游信息资源融合的数据模型及典型地区数据库构建"。

利用科研优势，服务文化行政。中心研发的"全国艺术科研规划项目申报管理系统""港澳文化交流项目申报系统""国家节庆管理评估系统""澳门文化记忆数字平台建设"等，陆续开始建设和应用。

传统文化数据库建设继续推进。"中国民间文学数据库"120 万条数据基本整备完毕，内容涵盖民间故事 44 万个、谚语 55 万余条、歌谣 17 万个、节日文献 6 万条等。

一批国家文化科技项目立项展开，相关软硬件配置及实验空间布置基本完成，在具备完成国家项目条件的同时，初步具备在音乐声学、动作捕捉、光学及数字化情景再现、文化资源与空间信息融合利用、文化数字资源管理发布等方向建设国家级重点实验室的工作基础。

文化资源标准化建设稳步推进。

【文化活动】 开展多种形式的文化活动，宣传、弘扬中华民族优秀传统文化。

中心完成组织"第七届中国原生民歌大赛""第五届全国青少年民族乐器演奏比赛·少数民族特色乐器独奏及传统器乐合奏"两项全国赛事的组织工作。

"中国原生民歌大赛"。是中心在组织完成国家重大项目"十部文艺集成志书"的基础上，在传统音乐专家指导下，策划、组织的一项弘扬民族优秀传统文化的活动。该活动由文化部主办、中心承办，经过各方不断努力，现已列入"全国清理和规范庆典研讨会论坛活动工作领导小组"批复的文化部保留举办的十一项节庆活动名单之中（中国原生民歌节）。"第七届中国原生民歌大赛"于 2014 年 6 月在甘肃举办，得到各地文化主管部门和各相关艺术院校的支持和广大民间歌手的积极响应，也为当地老百姓献上一台精彩的民歌盛宴，进一步扩大赛事的影响力。

"全国青少年民族乐器演奏比赛"。是文化部为弘扬我国优秀民族音乐文化，促进我国民族器乐艺术的传承和发展，策划、组织的一项弘扬民族优秀传统文化的活动。2014 年，中心继续承办"第五届全国青少年民族乐器演奏比赛·少数民族特色乐器独奏及传统器乐合奏比赛"。与以往相比，本届赛事中各大院校参与度大幅提高，通过举办大赛，各地方各民族音乐教育人、音乐演奏人的努力得到肯定，同时促进我国民族器乐艺术的普及与发展，传承少数民族乐器与各民族乐种，发现和选拔一批优秀的民族乐器演奏人才。

【推进港澳与内地文化交流合作】 在部外联局的支持和指导下，2014 年中心与香港、澳门的文化交流与合作有了新的成果，进一步增强港澳与内地的文化交流与互信。

圆满完成"澳门内地春节习俗展演活动"。2014 年的习俗展，名为"和风瑞气贯南西——海南省、西藏自治区春节习俗展"，展出海南省、西藏自治区的春节习俗，海南的热带风情与西藏的雪岭风光，各领风骚。两省的年俗展品均是首次在澳门集体亮相，地域风情浓郁的展品及生动的民间技艺展示，获得了澳门各界人士以及中外游客的广泛关注，为澳门市民“奉上一份特别的节日礼物、一同感受新春的微风和瑞气”，从而进一步扩大“欢乐春节”项目的影响力。

实施“香港青少年民族文化研习计划”。5月，由文化部港澳台办公室、香港特别行政区政府教育局特别支持，中心主持的“香港青少年土家族文化艺术考察活动”在湖北省恩施土家族苗族自治州举办，香港孔圣堂中学的校董、校长、家教会主席及17名师生参与此次活动。通过安排专家讲座，赴彭家寨实地考察，与长梁乡民族小学交流，参观恩施州博物馆、文化馆非遗展厅、恩施土司城等环节，香港师生对土家族吊脚楼、摆手舞、西兰卡普织锦工艺等文化有了深刻认识。

【配合司局】 中心历来积极配合和支持部机关各司局的工作，除上述有关活动外，年内完成部有关司局的工作如下。

完成文化科技司委托的全国艺术科学规划管理事务性工作。包括：全国艺术科学规划申报、管理的数字化平台建设并在全国范围内使用；完成2014年国家社科基金艺术学项目的咨询、受理、资格审查、分类整理并协助通讯评审、会议评审；承办全国艺术科学规划课题指南论证会议、重大项目评审答辩会议；管理“全国艺术科研成果库”；承担完成科技司委托项目“艺术学二级分类”。

完成部办公厅委托的组建“国家节庆活动管理专家咨询办公室”，建设专家库并开展相关评估工作。

完成政策法规司委托的国家知识产权战略实施重点联系单位的相关工作和项目。与中南财经政法大学合作完成“中国民间文学数据库的知识产权解决方案”“国内外民间文学艺术登录制度研究”项目；承担“十三五规划招标课题——‘十三五’时期中华优秀传统文化传承体系建设研究”。

【广泛发动社会力量从事文化建设】 与相关单位合作，建立特色研究基地30余个，以科研项目共同带动2000余位硕博研究生，100余位博士生导师参与“中心”各项研究工作。

积极探索社会力量参与文化资源建设和开发利用的新机制，与文化企业合作解决办公及科研空间。

与北京市有关高校共同组织“中国民族艺术传承与传播协同创新”。

（邱邑洪）

中国艺术科技研究所

【概况】 2014年，中国艺术科技研究所（以下简称艺科所）以推动文化和科技融合、推动文化创新为主线，突出关键技术项目的研究，在实验室建设、科研项目实施、专利申报以及相关业务等多方面取得一些成果。

【CMA申报获得批准，拥有舞台设备检测国家资质】 艺科所舞台设备检测中心按照中国国家认证认可监督管理委员会和中国合格评定国家认可委员会的要求，于4月编写完成质量手册和相关记录表单，逐步建立起检测质量管理体系并基本保证其持续有效运行。9月2日，国家认监委颁发国家资质认定计量认证证书，舞台设备检测中心可以向社会出具具有证明作用的检测数据和结果，检测报告准许使用CMA徽标。检测能力涵盖舞台设备噪声、舞台机械、舞台调光设备、舞台照明设备、舞台声学特性等方面。艺科所是行业内第一个获得国家相关检测认证的单位，对促进该所今后的科研和发展具有非常重要的意义和作用。

【文化部重点实验室申报成功】 艺科所舞台科技部会同舞台设备检测中心、基础科研部、数字艺术中心共同完成“演艺装备系统技术文化部重点实验室”申报和评审准备各项工作，并最终通过文化部组织的各项审定，获得了批准。

【国家财政科研项目】 4 月，艺科所完成国家财政项目《国家文化消费需求基础性数据调研及统计评估建模》的项目结项，出版 8 万字图书《中国城镇居民文化消费基础性数据调研》，并利用本课题研究成果，已经在《光明日报》发表专稿 1 份，并在相关学术刊物上有两篇论文进入审稿阶段，即将发表。

《中国汉字历代字体检索数据库》项目经过研究，目前可以数字查询形式展现单字繁、简体共计 9500 个，以图片形式录入的重字约 12.3 万个，并进行项目衍生产品《中国汉字历代字体精选》的编辑及《数据库》单机版光盘的灌入。项目为了应用成果的进一步推广，拟出版全套四卷的工具书《中国汉字历代字体精选》。目前该项目已顺利通过验收。

国家财政项目《中国典型视觉文化符号特征量及数字化表达研究》，目前发表 SCI/EI 可检索论文 1 篇，国家发明专利申请 1 项，完成图片检索量 10 万张，整合历年研究成果，形成《图像的意味——中国文化元素的视觉表达及现代意义》的书籍草稿，成稿约 25 万字。

【文化科技提升计划项目】 “移动式公共文化方舱系统”是艺科所与总装工程设计研究总院合作的文化科技提升计划项目。在双方的共同努力下，到目前为止已完成“工程样舱”“初样舱”“正样舱”“准产品舱”的研制和测试工作。通过现场实地测试验证，“正样舱”所需实现的功能全部达到。9 月份之后，课题组共同研究决定在“正样舱”的基础上进行优化和改进，进行“准产品舱”的科研和试制工作，实现最理想的功能和目标。目前“准产品舱”已经完成全部的科研和试制，进入到结题的各项准备工作阶段。

文化科技提升计划项目“中国传统绘画材料关键技术研究与应用”于 4 月通过验收。该项目通过与中国画材料生产厂商合作，对中国传统绘画材料进行科学检测，在此基础上整理出研究报告《中国传统绘画颜料发展简史》。项目还研制出数种新型中国绘画颜料和添加剂。验收专家认为该项目以科学的方法在中国传统绘画材料（颜料）的历史演变、物质成分、绘画效果、安全等方向开展研究，科研思路和研究主旨具有一定的前瞻性，有助于提升中国传统绘画的活力。

【国家科技支撑计划和国家科技提升计划】 国家科技支撑计划“文化资源数字化关键技术及其应用示范”项目，全年完成文化资源的数字化采集数据和元数据共计 2000 余条，发表相关 SCI/EI 可检索国际论文两篇，撰写相关技术文档约 3 万字，基本完成艺科所所承担的子课题科研指标和任务要求。

国家科技支撑计划“立体视觉系统研发集成与内容服务”项目，目前完成元数据的语义格式、半自动智能编目、三维镜头分割等技术工作，正在展开智能编目、场景自动分割等技术的研发工作，发表 SCI/EI 可检索论文 1 篇，其余期刊论文 1 篇。

国家科技提升计划“中国传统视觉和听觉文化符号的表达与展示”项目，完成项目的中期考核，完成视觉符号的创新型表达、视觉表达网络平台架构设计和听觉符号的特征量提取工作，发表期刊论文1篇，即将进入视听觉联合表达和网络平台架构实现的研发第二阶段。

【国家专利申报】 由艺科所和总装备部工程设计研究院共同享有专利权的实用新型专利“一种可形成舞台的方舱”于4月申报，9月获得专利证书。

艺科所还向国家专利局申报艺术品科学检测及备案的两项专利：其中一项为艺术品科学检测备案的方法专利，另一项为与之相应的实用新型专利。目前实用新型专利已经获得专利局颁发的专利证书，方法专利也已被受理，正在审批过程中。

【舞台技术咨询和检测验收服务】 在舞台技术的研究之外，对外提供技术咨询服务是艺科所的一项长期业务，它既是舞台科技研究的重要实践战场，同时也发挥舞台科技研究成果在中国舞台建设发展方面的技术支撑作用。2014年是剧场咨询服务执行合同的高峰期，主要项目如下。

内蒙古演艺中心，于11月通过最终验收；南京青奥会议中心，在7月完成基本验收，同时两个剧场也由艺科所舞台设备检测中心进行全部的现场实际检测工作。宜兴大剧院，目前已经全部配合完成招投标及深化设计工作；黄冈大剧院，目前正在进入深化设计和全面实施阶段；玉树康巴大剧院，已建设完成进入咨询费结算阶段；国家大剧院合成剧场，已经全部完成深化设计进入建设过程；上海师范大学音乐学院，现已经进入设备安装阶段。

【服务司局】 受文化部财务司委托，艺科所进行“流动图书车车载装置通用技术条件”行业标准制标申请的各项工作。目前文件已上报文化部文化科技司和国标委图书标准秘书处，并已经获得批准，将进行相关的标准起草和制定工作。

此外还承担科技司委托课题《第二批国家文化与科技融合示范基地调研》的相关工作，组织由文化部文化科技司带队，艺科所协调的调研活动，对广州、福州、厦门等10家文化科技融合示范基地进行实地调研考察，发表报纸专稿两篇，目前正在撰写最终的《调研活动》报告。

【美术考级】 业务稳中有增。美术考级是艺科所自2004年以来的一项长期业务。2014年美术考级中心严格执行《社会艺术水平考级管理办法》，严格评审、规范考务，考级的科学性和权威性得到进一步加强，考级承办单位和考生人数也有进一步增加。2014年，美术考级承办单位由131家增加到155家，总考生人数达到11.3万人次，比2013年增长11%。同时考级中心也顺利举办一年一度的美术考级工作会议，组织美术考级优秀美术指导教师评选，为美术考级承办单位和指导教师搭建一个相互学习的平台，并且进一步提高了美术考级科学管理和规范考评的程度。

（宋　磊）

文化部全国公共文化发展中心

【概况】 2014年，文化部全国公共文化发展中心（以下简称“发展中心”）认真贯彻落实十八届三中、四中全会精神、习近平同志系列讲话精神和党中央关于“构建现代公共文化服务体系”决定精神，为促进基本公共文化服务达到均等化、标准化这一目标，以品牌化、专业化、社会化“三个转变”为发展思路，积极巩固党的群众路线教育成果，在公共文化数字平台建设、新媒体传播渠道拓展、数字资源产品化供给、推动文化馆行业发展等方面着重努力。

【国家公共文化数字支撑平台】 该平台是2012年经文化部、财政部批准立项建设的公共数字文化技术服务管理平台，旨在运用云计算、大数据、移动互联网等信息技术手段，构建国家级平台和省级平台，建设云管理、资源共享、网络分发、应用集成、评估管理5大基础系统，建立数字资源统一目录，集成各地特色应用，汇总分析服务数据，打通文化共享工程资源和服务渠道。截至2014年年底，国家级平台与省级平台建设均取得阶段性进展。国家级平台建设方面，研制、发布数字资源分类、标识、加工格式、元数据4大标准规范，完成支撑平台云管理、资源共享、应用集成三大基础软件系统研发并上线试运行。省级平台方面，完成北京、广西、湖北、黑龙江、浙江、陕西、上海第一批地区的督导与系统联调，指导内蒙古、安徽、福建、山东、重庆、四川、新疆兵团第二批地区的各项建设，向宁夏、海南、辽宁、河北、云南、山西、甘肃、湖南、江苏、江西第三批地区下达建设任务书并启动建设。10月26日至28日，发展中心联合湖北省文化厅召开“公共数字文化惠民活动月”全国现场会，交流支撑平台建设经验，发布建设成果，部署有关工作，举办“公共数字文化发展论坛”和“公共数字文化建设成果展”。

【公共文化新媒体传播渠道】 中国文化网络电视入站、入户、入手稳步推进。为拓宽公共文化资源传输渠道、提高文化共享工程入户率，2012年下半年，发展中心联合中国国际广播电台、中国网络电视台等多家单位，以文化共享工程数字资源为内容，依托IPTV、双向数字电视、互联网电视等新媒体渠道，推出“全国文化信息资源共享工程·中国文化网络电视”，以“入户”模式进入百姓家庭，以“入站”模式进入文化共享工程基层服务点、公共电子阅览室及各级文化馆站、街道社区文化活动中心、工人文化宫、妇女儿童活动中心等公共文化服务场所，以“入手”模式进入个人数字媒体终端。在2013年云南、江苏试点基础上，2014年“入户”模式进入北京东城、重庆、广西等6省区，累计入户数达到600万；“入站”模式进入新疆、内蒙古等14个省区，入站数达到4100个；“入手”模式开发了中国文化网络电视移动APP并上线试运行。

边疆万里数字文化长廊建设全面推进。2013年年底，发展中心在内蒙古、新疆、黑龙江、云南启动边疆万里数字文化长廊示范点建设。2014年，共建成9个乡镇示范点和18个数字文化驿站，形成良好的示范效应。在此基础上，发展中心会同有关省份，认真策划建设方案，中西部边疆偏远地区数字文化长廊建设获得中央财政专项资金支持，进一步提升内蒙古等10个省、区810个乡镇服务点设备配置，建设3104个数字文化驿站。5月，在内蒙古包头市召开边疆万里数字文化长廊建设试点现场工作会，杨志今同志到会并做重要讲话，要求积极探索边疆万里数字文化长廊建设与服务的有效模式，努力推进边疆万里数字文化长廊建设取得实效。6月24日至27日，中共中央政治局委员、中央书记处书记、中宣部部长刘奇葆同志在内蒙古调研时指出，要大力实施文化惠民工程，积极推进边疆万里数字文化长廊建设，推动农牧区的文化设施和文化服务实现跨越发展。

国家数字文化网影响力不断扩大。通过优化栏目与架构，形成资讯、资源、工作3大板块9个常设频道下属181个固定专栏及若干个活动专栏。网站发布新闻类稿件9767篇，配合群文活动、专题资源新设专栏8个，包括“大地情深——群星奖获奖作品全国巡展”“大年小戏闹新春”“我们的中国梦——文化进万家”“中国梦·文化情第二届文化共享杯全国群众摄影艺术作品征集大展”等系列专题活动。其中，“大年小戏闹新春”收到来自全国30个省(区、市)和新疆生产建设兵团共43家单位报送的239部参评作品，共705.6万人次通过网上观摩进行了投票，从作品提交、作品展示、公众投票、专家评审、数据统计、作品公示到最终结果公布，全程通过网络平台和数字技术实现，体现了国家数字文化网群众化、专业化、数字化的特色。

全军政工网“文化共享工程专栏”访问量突破百万人次。发展中心自从2012年与总政政工网合作以来，累计提供文化共享工程电子书1941部、视频资源1570余小时；全军政工网提供的《2011—2013年度新兵入伍教育电视系列授课》《第三届全军业余DV短片比赛获奖作品》等军旅资源服务文化共享工程系统。联合举办“文化强国强军知识网络竞答活动”，部队及社会民众共计21万人次参与竞答。

加强利用新媒体开展文化艺术培训。推出“文化共享大讲堂”，传播、弘扬具有当代价值和时代精神的中华优秀传统文化和传统美德，内容涵盖历史传奇、民风民俗、中国佛教、中国文学、诸子百家、中国戏剧、传统中医、饮食厨艺、古玩器物、儒家文化等，通过国家数字文化网、微信平台应用推广，目前已推出12期专题、200集讲座。

【数字文化资源】 系列产品健全资源征集、评审机制。发展中心针对本级资源采购、规范工作程序，制定《发展中心2014年资源采购方案》，严格按照政府采购程序公开透明开展资源采购，编订《资源建设项目管理办法》和《资源建设工作流程汇编》。

以用为主，建用结合。发展中心完成“心声·音频馆”二期建设，累计建设音频资源近3万小时、14.4万余集，页面浏览总量1970万，累计服务人次100多万。“大众美育馆”汇集名家美术作品13614幅和部分美术课程资源。“社区文化生活馆”以智慧城市为理念，两期建设十六大资源栏目，3500小时视频资源，定期推送精品资源系列。策划“中华优秀文化数字化建设与传承计划”，统筹文化共享工程各级中心资源建设项目，规划“十三五”资源建设内容。发展中心联合各省重点建设中的“戏曲动漫”和“文化中国微视频”项目，作为本项目的前期示范。

发展中心共征集建设数字资源8.1TB，主要包括音视频资源13920小时共58113部/集，电子书60000册，少数民族语言资源14484小时，中心累计资源量达到60.46TB。通过服务平台与光盘载体为基层提供音视频资源15049.2小时、49002部/集。

【中国文化馆协会成立】 召开中国文化馆协会成立大会暨第一届会员代表大会。通过协会章程、会费标准等文件，选举成立理事会、常务理事会和领导机构。设立理论研究专业委员会、数字化专业委员会、群众艺术创作专业委员会以及民间艺术交流专业委员会。发展会员731名。承办“引领风尚　美好生活——2014中国文化馆年会”。12月19日，来自全国文化厅局、各级文化馆和乡镇文化站工作者近2000人参加在浙江省宁波市召开的第一届中国文化馆年会。会上召开工作会议、主题论坛和艺术博览会，并对2014中国文化馆榜样人物、2014全国优秀文化馆(站)进行了颁奖。积极推动数字文化馆建设，依托国家公共数字文化支撑平台，搭建群众文化产品交流平台，并开通中国文化馆年会、文化馆协会门户网站。策划启动“首届全国群众广场舞大赛”，指导培育如四川的《中国（南充）嘉陵江合唱艺术节》、陕西的《中国西部民间刺绣艺术精品联展》等具有加大社会影响力的地方特色系列品牌活动。推动群众文化理论研究，出版《文化馆的创新与实践——2014 年中国文化馆年会征文获奖作品集》。

【公共文化科技创新专题研究】 围绕文化共享工程创新发展的重点主题和关键环节，联合高校、科研院所、企业开展专题研究。2014 年度国家社会科学基金艺术学重大项目《国家基本公共文化服务标准体系建设研究》、国家艺术基金 2014 年资助项目《中国数字美术馆虚拟化展览》、文化部 2014 年度国家文化创新工程项目《面向特定人群的数字音频公共文化服务平台》获得立项。加强合作，在科普设施社会动员、多媒体印刷读物技术的公共文化领域应用、公共文化服务体系建设中的科技支撑等方面开展系列研究。同时，主动适应新职能、新任务需要，调整组建了新一届文化共享工程专家委员会，充分发挥专家指导、咨询作用。

（张巍韡）

文化部海外文化建设管理中心

【概况】 近年来，在中央的关心支持和文化部的大力推动下，文化中心建设进入高峰期，特别是 2012 年年底国务院批准的《海外中国文化中心发展规划》提出，到 2020 年文化中心总数要达到 50 个，建设任务艰巨而紧迫。为了解决文化部、财务司建设力量严重不足的问题，更好、更快地推动文化中心建设，2013 年 8 月 27 日，经中编办批准，文化部印发《关于成立文化部海外文化设施建设管理中心的通知》（文人函〔2013〕1370 号），批准成立文化部海外文化设施建设管理中心（以下简称外管中心）。文件明确，外管中心主要负责海外中国文化中心、驻外甲类文化处的基本建设工作，承担相关制度和技术标准的拟订、海外设施建设及维修改造的组织管理、固定资产管理和运营维护，以及相关技术研究、咨询、交流与培训等工作；事业编制 26 名。

2014 年是文化部海外文化设施建设管理中心的开局之年，外管中心在部党组的正确领导下，在财务司的直接领导和外联局等相关司局的指导与支持下，扎实推进组建工作，积极承接建设任务，各项工作取得较大进展。

【完成组建工作】 在财务司、人事司指导帮助下，2014 年 4 月，外管中心正式取得法人证书，完成事业单位注册登记工作。随后完成印章刻制，组织机构代码及税务登记，单位基本账户、社会保险账户及住房公积金账户的登记和开立等各项手续，为外管中心各项工作的全面开展创造条件。8 月底，外管中心主任任职调整后，及时办理完成事业单位法人及组织机构代码、税务、社保等相关事项的变更手续。

在财务司、机关服务局的支持下，外管中心逐步落实办公场所和必要的办公家具、设备，具备基本办公条件。11 月，原基建中心结余资金的划转到位，保证了外管中心开办经费。通过编制外管中心财务预算，申报开立零余额账户，配合财务司起草《海外文化中心建设单位管理费财务管理办法》等，努力为外管中心运行经费的正常下达创造必要条件。

【推进自身建设】 外管中心深入分析建设发展所面临的形势和任务，存在的困难和问题，确立建设目标、定位和发展思路。制定外管中心《章程》《内设机构设置方案》，明确中心主要职责、内设处室职能及编制。着力加强办公室、工程建设处等主要处室的组织建设。建立党支部，选举支部书记、副书记，加强组织建设，增强党组织的活力和凝聚力。制定中心工作规则、印章使用、公文处理、财务管理、固定资产、差旅费、因公出国经费、请销假、员工考勤、考核及工资分配管理等多项内部运行管理制度，为构建中心工作规则和内部运行机制打下扎实基础。

继任命饶权同志兼任外管中心主任后（2014 年 5 月不再兼任），部党组又任命白国庆同志任中心主任，加强外管中心领导班子建设。根据国务院《事业单位人事管理条例》，外管中心进行公开招聘引进人才，充实办公室、财务和工程建设管理等关键岗位人员队伍。通过组织政策理论学习，参加部机关组织的新闻信息、综合治理、精神文明建设、外事、内部控制和审计培训班等，提高人才队伍素质。特别是为了保证文化中心建设管理工作质量和效率，提高科学化、规范化管理水平，外管中心通过与财务司、外联局、前方文化处组积极沟通；到商务部国际经济合作局、外交部行政司等机构单位，调研学习海外工程管理经验；参加驻外参赞会和文化中心主任会，了解文化中心建设现状等，使中心人员不断熟悉并介入相关业务工作，为顺利承接文化中心建设管理工作创造了有利条件。

【承接业务工作】 顺利完成与基建处的工作对接，迅速进入工作角色，承接丹麦哥本哈根中国文化中心装修改造工程、莫斯科六大会址修复工程、墨西哥中国文化中心/文化处改扩建工程等项目，外管中心业务工作取得实质性进展。

丹麦哥本哈根中国文化中心装修改造工程是外管中心承接的第一个项目。6 月份，中心会同财务司、中方设计单位赴丹麦进行现场考察、勘察测量、方案初步协调。组织二次专题会对方案进行审查、讨论、优化、完善，于 8 月份完成方案设计并报部里获得批准。组织完成项目外方设计单位招标工作。确认中标单位后，组织人员赴丹麦开展外方设计公司合同谈判及中外设计对接工作。

六大会址修复工程项目得到国家领导人高度关注，是中央交给文化部的政治任务。六大会址属于俄罗斯联邦级文化遗产，对其进行修复需要遵循极为复杂且严格的文物修复程序，同时对设计单位及施工单位也有特殊的资质要求，施工技术难度大、时间紧、任务重，涉及部门多，必须站在讲政治的高度，作为一项政治任务来完成。外管中心承接任务后开展大量、细致的工作：与外联局“专项六组”进行工作对接，对前期资料进行交接，分类整理并分析；会同财务司基建处领导赴满洲里、绥芬河、哈尔滨走访当地党史研究部门、六大会址纪念馆及其设计单位，收集六大会址相关历史资料及建筑图纸资料；积极协调前方完成莫斯科当地会址建筑外貌及结构相关的历史资料收集工作。通过对收集资料的整理、分析，基本明确六大会址修复项目建筑物的外貌和结构布局。同时，通过积极与莫斯科市文化遗产司（莫遗司）及政府相关管理机构进行沟通，了解俄文物修复工程相关政策法规和复杂的工作程序，理清工作思路，使得六大会址修复工程得以高效、有序推进。综合考虑六大会址修复工程时间紧、任务重、难度高、程序复杂的特点，经报部领导批准采用直接委托中国建筑股份有限公司以设计施工总承包模式实施六大会址修复工程。期间为推动工作进展，参加部内协调会、部际协调会，组织总承包单位召开工程协调会，随同财务司赴俄进一步推动工作进程。至 2014 年年底，中建驻俄公司已有序开展工作，联系到有丰富经验的俄古建修复专家与设计公司合作，并在莫斯科中国文化中心的协助下与莫遗司和相关政府机构沟通，基本明确报俄政府审批的设计预案中建筑物外立面及结构布局等环节。

墨西哥中国文化中心/文化处改扩建工程项目明确由外管中心承接后，外管中心立即开展前期资料收集、整理、分析工作，确定该项目性质为改扩建工程。通过研究当地的城市规划，明确对项目所在地块使用性质（土地用途及房屋建设）的具体要求，督促前方文化处完善补充建筑物部分现状资料，并由外管中心在国内开展中方方案设计招标工作，进行概念性方案设计。

（柳　柠）

2015

中国文化年鉴

Yearbook of Chinese Culture

地方文化发展

北京市

【概况】 认真落实文化部、北京市委、市政府和市委宣传部的决策部署和工作要求，立足首都城市战略定位，强化全国文化中心意识，在出政策、搭平台、建机制、树品牌、育人才上下功夫，抓落实，求创新，各项工作取得了新成效。

【发挥示范作用，完成重点工作】 发挥全国文化中心示范作用，圆满完成文化部、北京市委市政府部署的重点工作任务。

圆满完成重大政治活动中的文艺演出任务。高质量高水平完成庆祝新中国成立65周年首都国庆游园演出活动，组织中央、部队和北京市属的10个专业文艺团体以及群众文艺团体分别在东城区天坛公园、西城区陶然亭公园、朝阳区朝阳公园、海淀区玉渊潭公园、丰台区园博园各安排了3台文艺演出，并组织了丰富多彩的群众文化展演展示活动。十一当日，共演出32场，观演人数达13万人次。服务北京APEC会议，全力以赴做好APEC领导人配偶活动、工商领导人欢迎晚宴、外交贸易双部长会欢迎晚宴等重要外事活动的文艺演出工作。

主动融入京津冀一体化发展大局。积极推动签署京津冀三地文化领域协同发展战略框架协议，推出河北梆子、评剧、曲剧京津冀三地巡演计划。举办了“三地同唱盛世曲 携手共筑中国梦”——2014年京津冀河北梆子优秀剧目巡演（北京站），活动汇集了三地的4家河北梆子院团，演出了7台优秀剧目及1场名家名段演唱会。

成功举办第六届戏剧奥林匹克活动。第六届戏剧奥林匹克由北京市人民政府和戏剧奥林匹克国际委员会主办，北京市文化局承办，中国对外文化集团公司具体执行，实行了“政府部门—国际组织—执行机构—专家团队”四位一体、提供优质公共文化产品的新模式。来自22个国家1000余位艺术家在北京17个剧场共演出了46部作品，观众数超过11万人次。一些戏剧大师的剧目出现了全场爆满、一票难求的盛况。举办了多场高水准的学术研讨会以及近30场演后谈。戏剧奥林匹克国际委员会主席特尔佐布罗斯先生在活动闭幕之际专门致函给予高度评价。《光明日报》将这项活动列为2014年十大文化新闻，一些媒体将它列入2014年十大演出。

着力弘扬中华优秀传统文化。由北方昆曲剧院、上海昆剧团、江苏省演艺集团昆剧院、浙江省昆剧团、湖南省昆剧团、苏州昆剧院、浙江永嘉昆曲团联袂举办的“名家传戏——2014全国《牡丹亭》传承汇报演出”于12月13日至24日在北京上演。本次展演为首都市民奉献了8台不同版本的《牡丹亭》精彩大戏，是昆曲界新老艺术家的一次盛会。举办了第四届全国地方戏（北方片）优秀剧目展演，全国18个省市的24家地方戏重点院团推出的25台剧目轮番登场献艺，演出50场，票房收入75万元。此次展演是全国地方戏重点院团公布后的第一次大规模展示，也是地方戏优秀剧目的集体亮相。同时，通过实行低票价的惠民政策，吸引更多观众走近地方戏，共享戏曲艺术发展成果。

积极推进部市合作。与文化部合作建设的天竺国家对外文化贸易基地、国家文化产业创新实验区取得重大进展。运营天竺国家对外文化贸易基地是北京市贯彻落实习近平总书记重要讲话精神、强化全国文化中心功能的重要举措，下一步将在文化部等中央有关部门的指导和支持下，把基地建设成为集文化贸易口岸、协同创新平台、企业集群式发展于一体的国家级文化贸易示范区。启动建设国家文化产业创新实验区,这是全国首个也是唯一的国家级文化产业创新实验区,将建设成为文化产业改革探索区、文化经济政策先行区和产业融合发展示范区。

【深入推进文化体制改革】 不断推进从办文化向管文化的转变。牵头落实北京市文化体制改革重点任务 8 项。注重发挥政策杠杆作用,全年共制定、修订各类惠民、奖励扶持政策 10 余项。修改惠民低价票补贴专项资金管理办法,全年共补贴 768 场 12 万张,补贴金额 1480 万元。加大政府采购力度,出台基层公益性演出专项资金管理办法,400 余家专业和业余文艺团体参加"万场演出下基层"公益演出,演出 11000 余场,吸引观众 600 余万人次。深化国有文艺院团改革,修改完善局属文艺院团财政补助资金管理办法,研究起草市属地方戏曲院团发展专项扶持资金管理办法。推进国有文艺单位体制机制创新,北京京剧院探索完善项目制,北京交响乐团、北京画院、首都图书馆开展理事会法人治理结构建设调查研究。各文艺院团不断提升面向市场的能力,12 家市属文艺院团(含国家大剧院)共演出 9804 场,观众 481.3 万人次,演出收入 4.2557 亿元。推进落实简政放权,梳理职责范围内的行政许可事项和非行政许可事项,做好美术品进出口内容审查等 5 类审批事项下放后的衔接工作。注重文化安全,加强春节、"两会"等重要时点文化娱乐场所的安全监管工作,加强了对重点演出活动和小剧场的现场监管。

【加快构建现代公共文化服务体系】 坚持以人民为中心的工作导向,加强政策引导和阵地建设,着力保障文化民生。起草完成公共文化服务"1+3"政策,1 是《关于进一步加强基层公共文化建设的意见》,3 是服务设施建设标准、服务规范标准、首都示范区创建标准 3 个支撑文件。完善公共图书馆、文化馆、公益演出三大公共文化服务配送体系,启动第二批国家公共文化服务体系示范区(项目)创建工作。推进乡镇街道、行政村社区文化设施建设,全市四级文化设施建有率达到 98.35%,处于全国领先水平。首届首都市民系列文化活动贯穿全年,覆盖全市,共举办各类文化活动超过 2 万场,覆盖人群 3000 万人次。承办文化部"群星奖"北京行活动、中国图书馆年会等重点活动。

【着力推进文艺精品创作】 以党的十八大精神和习近平总书记在文艺工作座谈会上的讲话精神为指导,弘扬社会主义核心价值观,围绕"中国梦"主题,2014 年市属国有院团共新创剧目 30 余台,复排加工提高剧目 60 余台。北京京剧院新创京剧《屈原》参加第七届中国京剧艺术节;中国评剧院新创评剧《城邦恩仇》荣获第九届中国评剧艺术节优秀剧目奖第一名;北方昆曲剧院新创了昆曲《董小宛》《牡丹亭》《长生殿》《白兔记》,复排了传统剧目《五人义》;北京市曲剧团精心打磨了曲剧《骆驼祥子》,复排了《茶馆》;北京市河北梆子剧团新创河北梆子《北国佳人》,深度加工了《李慧娘》《忒拜城》;北京戏曲艺术职业学院京剧《少年马连良》获中国校园戏剧节金奖并参加中国京剧艺术节。值得称赞的是,北方昆曲剧院策划组织的大师版《牡丹亭》演出盛况空前,可以浓墨重彩地载入昆曲史册,也被媒体评为 2014 年十大演出之一;昆曲电影《红楼梦》在第 12 届摩纳哥国际电影节上获得电影节唯一最高荣誉"最佳影片"天使奖。

精心组织了"圆梦中国·春苗行动"少儿优秀剧目展演、"中国梦·北京故事"优秀小剧场展演、北京国际戏剧舞蹈季等活动。创办少儿戏剧场和北戏书馆，推出“中华美德故事汇”系列短剧。

【助推文化创意产业转型升级】 文化创新驱动作用不断增强。2014 年，北京市文化创意产业增加值超过 2700 亿元，占全市 GDP 的比重从 2008 年的 12.1% 提高到 13% 左右。北京市共有文艺表演团体 607 家，演出经纪机构 1571 家，互联网文化经营单位 1188 家。全市 130 家主要演出场所演出 24595 场，比上年增长 6.2%；演出收入 14.96 亿元，比上年增长 3.7%；观众人数 1012 万人。艺术品市场交易总额约为 450 亿元，约占全国市场份额的 60%。动漫游戏产业总产值约 372 亿元，比上年增长 69%，占全国总产值的三分之一。出口金额约 42.3 亿元，继续稳居全国第一。支持举办“艺术北京”博览会。承办第三届“动漫北京”活动。在“中国文化艺术政府奖第二届动漫奖”评选中，北京市 9 个项目获得 7 项大奖，获奖数居全国第一。

【提高文化对外开放水平】 增强中华文化影响力，巩固北京对外文化交流活动品牌。2014 年，共受理出访国外及中国港澳台地区文化交流项目 130 批 2542 人次；引进国外及中国港澳台地区文化交流项目共 58 批 799 人次。赴芬兰、爱尔兰等 6 国开展“欢乐春节”文化庙会、“北京之夜”等品牌活动，组派优秀艺术院团赴捷克等 4 国参加中国节活动。以中法建交 50 周年为契机，举办大型机械“龙马”巡游表演、北京非物质文化遗产展活动。推动局属院团“走出去”，北京京剧院赴美、俄、日等国开展梅兰芳“双甲之约”京剧巡演活动。建成北京市对外文化交流项目资源库，合作举办“第二届中非文化产业圆桌会议”。

【加强非物质文化遗产保护】 修订完善《北京市非物质文化遗产保护专项资金管理办法》。《北京市非物质文化遗产保护条例》已被列入立法规划。完成第四批国家级非物质文化遗产代表性项目推荐申报。推进传承人保护及生产性保护，王秀兰、葛凤麟荣获第三届“中华非物质文化遗产传承人薪传奖”，中国北京同仁堂（集团）有限责任公司入选第二批国家级非遗生产性保护示范基地。利用春节、清明、端午等传统节庆、文化遗产日等重要时间节点开展系列民俗文化活动，展示了深厚的传统文化底蕴。精选 31 个具有地域文化特色的非遗项目举办 APEC 非物质文化遗产展，组织北京风筝制作技艺、北京剪纸及京绣 3 个项目赴法国巴黎举办非物质文化遗产展。编制北京市《国家级文化生态保护实验区规划纲要》，拍摄制作大型纪录片《守望》，开展《北京市非物质文化遗产丛书》（十册）编撰工作。

【推进文化工作科学管理水平】 巩固党的群众路线教育实践活动成果，推动整改措施落实，“三公”经费、会议开支、文件数量大幅度减少，督查工作机制进一步完善，局属预算单位“三公”经费支出降低 12% 以上，市级节庆、论坛、展会活动的财政经费压缩 40% 以上。着力优化领导班子结构，培养选拔德才兼备的优秀年轻干部。加强高层次人才队伍建设，完成享受政府特殊津贴专家、优秀人才培养资助人员等高层次人才项目的选拔推荐工作。着力培养基层文化干部、群众文化组织员和文化志愿者三支公共文化服务队伍，完成三年培训 1000 名基层文化干部的培训工作。全面开展行政事业单位内部控制体系建设，完成年度财政支出绩效评价工作。推进部门集中采购工作，实施对外文化交流活动承办机构（货运、旅行社）部门集中采购。抓好文化法制宣传教育，建立完善法律文书合法性审查办理制度，建设并运行市民法制宣传教育基地，北京市文化局被评为全国“六五”普法先进单位。

各区县文委立足特色、发挥优势、积极探索，加强了市区两级联动，不断创新文化工作模式，不断丰富文化服务内涵，各项工作有声有色、卓有成效。

（北京市文化局　赵珊珊）

天津市

【概况】 认真落实市委、市政府部署要求，坚持以人民为中心的工作导向，把改革创新贯穿文化发展的各个方面，勇于担当，履职尽责，真抓实干，奋力拼搏，圆满完成了全年各项工作任务，开创了文化改革发展的新局面，为建设美丽天津创造了良好文化条件。

【艺术创作演出】 第七届中国京剧艺术节。来自全国22个省（区、市）、中直及中国台湾地区的33个京剧院团、3000余位艺术家和演职人员参加演出，26台参演剧目、5台祝贺演出剧目在全市10个剧场演出57场，是一次全国京剧艺术的盛会。艺术节剧目题材多样，传统戏、新编戏各呈千秋，内容丰富。天津市两台剧目分别承担开闭幕式演出任务，两台剧目参加祝贺演出。创新机制，以评代奖，邀请国内知名专家学者与主创人员进行面对面的“一剧一评”和“专题研讨会”，发挥了评论在创作中的积极作用。本届艺术节全面实行“低票价”惠民措施，40元以下票占60%。举办了“百场京剧进社区”“京剧名家讲座”等丰富多彩的京剧艺术普及活动，让人民群众共享京剧艺术的魅力，使本届艺术节真正成为京剧艺术的盛会、人民群众的节日。中央电视台《新闻联播》3次报道艺术节。天津成为全国首个两度举办中国京剧艺术节的城市，天津市文化广播影视局被文化部授予第七届中国京剧艺术节组织工作奖。

艺术创作。坚持以人民为中心的创作导向，积极开展社会主义核心价值观和“中国梦”主题文艺创作。创作排演了京剧《康熙大帝》《钦差林则徐》《墙头马上》、民族歌剧《中华儿女》、芭蕾舞剧《睡美人》、话剧《红旗谱》、评剧《追梦》等新作品。加工提高了京剧《洛阳宫》、评剧《剑魂》、杂技剧《爱丽丝漫游奇境》等剧目。评剧《赵锦棠》等作品荣获第十三届精神文明建设“五个一工程”奖。歌剧《中华儿女》荣获第二届中国歌剧节剧目奖、表演奖、作曲奖3个奖项。

文艺演出。举办“名家经典演出季”活动，推出剧目80余台、130余场，深入基层演出，8万多观众共享了艺术成果。“盛世辉煌——为祖国喝彩”2014年国庆优秀剧节目展演，演出50余场，营造了国庆文化氛围。天津市青年京剧团12场剧目通过中央电视台“空中剧院”节目面向全国直播，天津歌舞剧院原创舞剧《泥人的事》参加国家大剧院2014年夏季演出季及第六届戏剧奥林匹克展演，天津交响乐团参加2014年韩国釜山国际音乐节，进一步扩大了天津舞台艺术的影响力。天津大剧院举办“曹禺国际戏剧节”“国际歌剧舞剧节”等系列演出，全年演出350余场，观众35万人次。组织40多个优秀民营院团在群星剧院集中展演，搭建了“百姓大舞台”。圆满完成天津市春节军民联欢晚会、国庆65周年文艺晚会、天津夏季达沃斯论坛文化之夜等文艺演出任务。

艺术研究和评论工作。天津市艺术研究所出版文艺理论专著两部、论文集1部，7项课题获得国家艺术科学项目立项，论文《中国相声在当代社会环境下的发展取向》荣获中国文艺评论最高奖——第九届中国文联文艺评论奖一等奖,《京剧舞台大制作现象思考》荣获中国戏剧理论评论最高奖——第五届中国戏剧奖·理论评论奖。

【公共文化服务】 天津文化中心。打造公共文化服务主阵地,各文化场馆全年共举办展览70个、演出350场、文献外借270万册次。天津图书馆文化中心馆区延伸社会教育和服务功能,建成音乐图书馆残疾人文化艺术基地,数字资源服务区、视障读者服务区全面开放。天津大剧院举办首届天津曹禺国际戏剧节、首届天津国际歌剧舞剧节等系列演出350余场。天津自然博物馆2014年1月25日正式对外开放。天津市文化中心管理办公室举办"万名市民走进文化中心"活动56批,受益10150人次。扶持高雅艺术走在全国前列。天津市文化广播影视局、天津市财政局出台了《支持高端演出、高端展览和公益文化普及活动专项经费管理暂行办法(补充规定)》,政府支持高端演出、高端展览和公益文化普及活动,资金补贴数额在原有基础上再增加1000万元。高端演出的补助场次从原有不超过12场增至不超过32场,每年引进高端演出剧目不少于16个,增加引进具备国内外一流水平的话剧等艺术品种。加强专项经费管理,制定了《支持公益文化普及活动专项经费管理实施细则》,确保专款专用,提高财政资金使用效益。全年召开6场高端演出、高端展览专家评审会,引进《战争与和平》《耶德曼》《假面玛丽莲》等15项、32场政府补贴高端演出。推进民心工程建设。天津文化中心公益文化普及活动是2014年"天津市20项民心工程"子项目。各文化场馆开展公益文化普及活动890场,比原计划600场超出了48%,受益市民达60万人次,圆满完成民心工程任务。城市客厅作用进一步发挥。全年接待国内外宾客690万人次,政府参观考察团体850批、1.5万人次。

天津图书馆与市内六区图书馆开通通借通还服务。积极构建市馆(中心馆)、区县图书馆(分馆)共同参与的城市公共图书馆服务体系,实现了"统一系统平台、统一编目加工、统一业务规范、统一流通规则、统一物流配送",各区成员馆服务能力得到极大增强。市内六区成员馆的通借通还图书流通总量超过34万册次,单馆月平均流通量由3800册次上升至6200册次,增幅达到63%,规模效益逐步显现。

文化惠民工程。全面完成列入天津市20项民心工程的文化项目。农村数字公益电影放映4万余场,服务"三农"影片数量和室内放映数量不断提高。河西区创建公共文化服务示范区、宝坻区创建"挖掘传统文化促进公共文化发展"示范项目通过文化部中期督导检查。全面开展"文化志愿服务推进年"活动,天津市文化志愿服务总队全年下基层演出150余场,观众人数达75000人次;开展"春雨工程"文化志愿者边疆行活动,赴新疆、西藏、青海等地举办文化交流活动20余场次,捐赠文化器材总价值100余万元。全市8个项目被文化部评为2014年"文化志愿服务推进年"示范项目,天津市文化广播影视局被评为2014年"全国文化志愿服务工作优秀单位"。全年培训基层文艺团队176支、2260人次,历时3年的"千人百团"社区艺术团文艺骨干培训工作圆满完成。

公共文化设施网络。加强重点基础设施建设,发挥文化服务的载体功能。天津市群众艺术馆新馆启用,建筑面积8700平方米,拥有3座剧场、9个排练演出厅以及琴房、录音棚等多个现代化公共文化设施。天津市少年儿童图书馆完成搬迁并对外开放,建筑面积比老馆增加1倍,可借阅图书增加3倍。完成中国大戏院、鼓楼基础设施改造,红旗剧院改扩建主体土建施工完成,北疆博物院维修改造积极推进。建成46个区县级公共电子阅览室、13个街道公共电子阅览室和天津市公共电子阅览室管理平台,实现对外开放常态化。全市94个街镇文化站通过文化部评估定级。东丽区文化中心投入使用,武清区博物馆、图书馆开馆,和平区、红桥区等区县改造新建一批文化基础设施,河西区文化中心建设加快推进,全市公共文化服务设施网络进一步完善。

群众文化活动。第十二届"和平杯"中国京剧票友邀请赛吸引3000余名中外票友踊跃参加,创历届之最。第四届"天穆杯"全国小品展演,所有演出场次全部免费,惠及更多基层群众。第二十三届"东丽杯"全国梁斌小说奖文学评奖,共收到参赛作品1000余篇(部),参加单位数量、参赛城市数量均创历年新高。成功举办首届"银锄杯"全国漫画大赛、"美丽乡村"天津市第八届农民艺术节、第四届外来务工人员艺术节、"天津好童声"首届少儿歌手大赛、"书香津城"全民读书活动暨天津市第二届读书节等文化活动,更多群众共享了文化发展成果。深入开展"大地情深"——群星奖获奖作品巡演天津行活动,将全市重大群众文化活动同巡演有机结合,扩大了社会影响,天津市文化广播影视局被文化部评为优秀组织单位。华夏未来少儿艺术中心举办天津市特殊儿童艺术节,坚持举办双周免费音乐会,让更多少年儿童感受艺术魅力。滨海新区采用"群众点题"方式举办社区文化活动,和平区组织"津湾之夜"系列广场演出,西青区开展"文艺大舞台"系列演出,宝坻区吸引社会力量举办"百姓大舞台",进一步活跃了基层文化。和平区、河西区分别设立了规模为5000万元的文化发展专项资金,北辰区率先实行农村和社区文化管理员财政补贴制度,进一步调动了基层文化工作者的积极性。

【文化产业发展和文化市场管理】 *政策引导能力*。发挥产业政策的引导激励作用,促进文化产业提质升级。出台《天津市文化产业三年行动计划(2014—2016年)》和《天津市关于推进文化和旅游融合发展的实施意见》,优化了文化产业发展的政策环境。修订《天津市文化产业示范基地管理办法》,加强对示范基地的政策扶持和动态管理,促进文化产业示范基地健康发展。评选命名第三批天津市文化产业示范基地15家,两家文化企业入选第六批国家文化产业示范基地,37个项目入选文化部2014年中国文化产业重点项目。9家企业、3个项目入选国家文化出口重点企业和重点项目。

重点文化产业项目。大力促进文化与创意设计、科技、旅游等融合发展,中国天津3D影视创意园一期工程方特欢乐世界开园。成功举办第五届中国天津(滨海)文化创意展交会和2014中国(天津)动漫品牌峰会,展览面积2.5万平方米,参展企业400余家,达成意向及签约总额近11亿元。滨海新区推出第五批重点文化产业项目108项,计划总投资406.6亿元。东丽区推动文化与旅游融合发展,华侨城欢乐谷项目开业1年接待游客200万人次。蓟县《天下·情山》公演,总投资1.7亿元,填补了京津地区大型山水实景演出的空白。各区县大力促进文化与创意设计、科技、旅游等融合发展,推出了和平区民园文化广场、南开区民俗文化博览园、河东区棉三创意街区、河北区一宫文化广场等一批文化大项目好项目。

动漫产业发展。在第二届国家动漫政府奖评选中荣获4项大奖,居各省区市第二位;4

个项目入选2014年弘扬社会主义核心价值观动漫扶持计划。组织近30家园区、基地和重点动漫企业参加第十届中国国际动漫节,全面展示了天津动漫产业快速发展的良好态势,4部动漫作品荣获动漫节"金猴奖"。

文化市场规范化建设。推动天津创建中国自由贸易试验区文化市场开放工作,起草了文化市场开放项目实施细则。加快文化市场技术监管与服务平台建设,完成管理权限分配和信息采集、录入、审核等工作,共录入基础数据6405条,在线审批网络文化经营企业240次,进一步加强了文化市场事中事后监管。积极推进市场主体信用信息公示系统建设运行工作,提供市场主体信息350条、测试数据1000余条,实现了公示系统上线运行,为全市推进网上审批和监管奠定了基础。开展全市文化市场统计工作,共统计娱乐、演出、网络文化等经营单位1622家,进一步摸清了全市文化市场的底数。

【文化遗产传承】 大运河入选世界文化遗产名录。天津市境内大运河申遗河段71公里,面积975公顷,流经武清、北辰、河北、红桥、南开、西青6个区。各相关部门团结协作,完善"四有"基础工作,加强遗产本体及周边环境整治,建立大运河遗产"保护区"和"缓冲区",市有关部门和沿线各区奋战6年,为申遗成功做出了重要贡献。大运河成功入选世界文化遗产名录,成为继长城之后天津市拥有的第2项世界文化遗产。

不可移动文物保护工作。首次设立天津市重点文物保护专项补助资金2000万元,2014年文化系统外单位接受补助的维修项目占73%,逐步实现了市级文物保护单位管理全覆盖。指导各区县公布不可移动文物和文物保护单位名录,更多文物资源纳入依法保护范围。组织完成千像寺、石家大院等文物保护单位的保护规划设计,统筹实施天后宫、大悲院等文物本体修缮。建成《天津市重点文物保护工程项目库》和文物保护工程方案审核专家库。开通"文化遗产一点通"移动多媒体信息平台。完成蓟县小毛庄汉墓群等一批考古发掘项目,完成天津沿海海域水下文物调查。

天津市第一次全国可移动文物普查。完成全市8278个国有单位收藏保管文物的摸底排查工作,反馈收藏有文物/遗存的单位138个,文物/遗存数量约为165万件(套)。成立可移动文物认定专家库,启动藏品登录工作,共登录文物91332件/套,实际数量336348件,登录总量居全国前列。

博物馆管理。出台《天津市博物馆服务标准》,建立全市博物馆行业服务评价标准。制定《天津市博物馆、纪念馆绩效考评办法(试行)》,在全国率先对全市各级各类博物馆开展绩效考评并对行业和民办博物馆实行财政补贴,进一步提升了博物馆的社会服务水平。制定实施《天津市国有博物馆对口支援民办博物馆实施方案》,对民办博物馆给予支持。天津自然博物馆以新馆开馆为契机,精心打造"探索、生命、生态"三大主题展区,取得良好社会效果。

重要展览。市属各博物馆、纪念馆共举办《海上风华——"海派"绘画作品展》《永远的怀念——纪念邓颖超诞辰110周年书画展》等100余个特色展览,全年接待观众714万人次,观众增长较上年超过40%。《海上国门陈列》《空灵之约——中国沉香文化展》荣获第十一届全国博物馆陈列展览精品评选优胜奖。天津自然博物馆《生态文明——人与自然和谐的实践》和天津杨柳青木版年画博物馆《寓教于像——中国年画中的传统美德》入选全国"弘扬优秀传统文化、培育社会主义核心价值观"主题展览项目。

文物保护基础工作。编制完善了全国重点文物保护单位和天津市文物保护单位记录档案。编制《天津市境内国家级、市级文物保护单位保护区划》,划定保护范围和建设控制地带,经市政府批准实施。出台《天津市市属博物馆藏品征集经费管理办法》。完成三条石历史博物馆等一批区县博物馆的馆藏文物定级。举办天津市博物馆馆长培训班、讲解员培训班等活动,提高了博物馆从业人员的业务能力。

非物质文化遗产保护。全市 11 个项目入选第四批国家级非物质文化遗产代表性项目名录,为历年来最多的一次。在天津滨海国际机场 T2 航站楼设立“记忆天津”非物质文化遗产展示体验基地,突出“绘与作、服与饰、医与药、食与技、艺与赏”5 个核心内容,成为全国首个坐落于空港的“非遗展示体验基地”。国家级非物质文化遗产生产性保护示范基地落户天津杨柳青画社,“桂发祥十八街麻花博物馆”等 10 个单位被评为天津市第二批非物质文化遗产保护示范基地。

古籍保护。《天津图书馆古籍普查登记目录》收录古籍数据 31812 条,在国内率先编纂完成并正式出版,标志着全国古籍普查登记工作进入成果揭示阶段。天津图书馆荣获“国家级古籍修复技艺传习中心”和“国家级古籍保护人才培训基地”两项国家级荣誉,继续保持全国领先地位。

【对外文化交流】 *重点文化交流活动*。主动服务国家整体外交大局和全市工作大局,充分发挥天津文化的优势和特色,深入开展多渠道多层次多形式的对外文化交流。全年共办理引进和派出项目 99 项、2512 人次,审批大型涉外活动 15 项,接待文化考察交流团组 9 个。斯里兰卡中国文化中心成立,天津非物质文化遗产展览在当地反响热烈。完成庆祝中国与特立尼达和多巴哥、委内瑞拉两国建交 40 周年演出任务,认真开展“欢乐春节”文化交流活动,共派出 5 个艺术团和艺术小分队赴美国、南非、赞比亚、泰国等国家和中国台湾地区进行访问演出,共演出 20 场,观众近万人次,杂技、舞蹈、武术、民乐等具有中国特色的文艺表演和泥人张彩塑、剪纸、杨柳青年画等民间手工艺品深受当地民众喜爱,中国驻美国大使馆等多个驻外使领馆向天津市人民政府和天津市文化广播影视局发电致谢。天津京剧院赴法国参加“天津文化年”开幕式演出,天津市青年京剧团在法国 7 个城市进行巡演,传播了中华优秀传统文化。华夏未来少儿艺术团开展“中国梦 · 世界梦”全球巡演,成为传承中华文化、扩大天津影响的亮丽品牌。

文化交流渠道拓宽。落实中非合作计划,不断扩大和深化对非文化交流,成功举办首期“动漫及广播电视制作非洲学员培训班”,并与南非、尼日利亚签署服务外包、技术人员培训与技术咨询合作意向书,成为文化交流带动文化贸易发展的有益尝试,曹小红副市长做出批示,给予肯定;举办第二期“非洲武术学员培训班”,天津霍元甲文武学校被文化部授予“对非文化培训基地”;天津博物馆、天津图书馆分别与埃塞俄比亚和肯尼亚国家博物馆、图书馆签署了合作谅解备忘录。

【文化体制改革】 *依法行政*。加强组织领导,充实局依法行政工作领导小组;召开全局系统 2014 年依法行政工作会议,明确 6 类 24 项工作任务;健全规章制度,制定《天津市文化广播影视局重大事项决策程序规则》《天津市文化广播影视局规范性文件管理办法》和《天津市文化广播影视局政务公开工作实施办法》;强化过程管理,召开依法行政工作推动会和依法行政培训会,开展依法行政考核,局机关依法行政、依法办事的意识不断增强，运用法治思维和法治方式管理文化事务、促进文化发展的能力有了明显提高。

行政审批。深化行政审批制度改革，组建行政审批处，公布全系统行政许可权力清单，行政审批事项取消和下放近30%，是历年来力度最大的一次；将20个行政许可事项纳入现场审批，现场审批率达到54%；梳理初审上报事项26项，承接国家有关部委下放事项3项，行政审批与服务更加规范。

文化单位体制机制改革。事业单位分类改革进展顺利，制定《天津市文化广播影视局事业单位分类改革方案》，完成事业单位机构编制实名制管理统计和核查工作。积极稳妥地做好天津图书馆法人治理结构建设试点工作，制定《天津图书馆法人治理结构建设试点工作实施方案》《天津图书馆理事会组建方案》《天津图书馆理事会章程（草案）》。深化经营性文化单位改革，出台《天津北方文创产业集团有限公司管理意见》。

京津冀文化领域协同发展。市文化广播影视局分别与北京市、河北省文化和广播影视管理部门签订了《京津冀三地文化领域协同发展战略框架协议》《京津冀新闻出版广播影视协同创新战略框架协议》，制定了《落实京津冀文化广播影视协同发展战略框架协议工作分工方案》；和平区、河西区、津南区文化行政部门与北京市东城区、朝阳区和河北省唐山市共同签订了《京津冀三地部分地区文化合作战略协议》。举行“京津冀三地文化领域协同发展项目对接洽谈会”，对三地40余个重点文化产业项目予以集中展示推介；举办“三地同唱盛世曲，携手共筑中国梦”2014年京津冀河北梆子优秀剧目巡演、“京津冀河北梆子票友大赛”、“飞扬的旋律”京津沪渝四直辖市钢琴大赛等多项大型演出活动，京津冀地区的文化交流更加紧密。

文化人才队伍建设。修订《天津市舞台艺术拔尖人才奖励办法》，完善拔尖艺术人才激励机制，评选表彰10名舞台艺术拔尖人才，调动了文艺工作者的积极性。实施天津市宣传文化系统“五个一批”人才培养工程，完成第四批“五个一批”人才培养计划申报和人才轮训。制定《2014—2017年天津市文化广播影视局系统教育培训规划》，全年举办继续教育专题培训讲座12场，培训2312人次。完成第二期“名师教室”培养工作，内容涉及20个专业方向，培养文博专业人才45人。首次承办全国职业院校技能大赛艺术专业比赛，精心准备，周密安排，取得了3个一等奖、两个二等奖、3个三等奖的优异成绩，展示了良好的精神风貌和业务水平。天津艺术职业学院圆满完成西藏昌都地区60名委培特长生的招录及入学任务，在中央电视台第二届全国戏曲院校京剧学生电视大赛中摘得2金3银3铜，并荣获最佳组织奖。

（天津市文化广播影视局　王学增）

河北省

【概况】 坚持改革创新、稳中求进工作总基调，紧紧围绕文化强国、文化强省目标，以开展“传承保护和培育涵养文化生态”主题实践活动为突破口，抓住机遇，奋发进取，深入推进文化体制改革与机制创新，大力加强公共文化服务体系和现代文化市场体系建设，大力加强文艺精品生产和文化遗产传承保护，促进文化市场繁荣，活跃城乡文化生活，圆满完成年初确定的各项任务，全省文化工作亮点纷呈、成绩显著。

【文化体制改革与机制创新深入推进】 加快

从办文化向管文化转变。清理和规范行政审批，承诺所有行政审批事项比法定的 20 个工作日提前三分之一时间办结。积极构建社会参与文化服务机制，成立河北省文化志愿者协会。积极推行政府采购文化服务，投入 1000 多万元向社会招标服务项目。积极推进文化立法，《河北省非物质文化遗产条例》正式颁布实施。

继续深化国有文艺院团改革。河北省文化厅等 11 个部门联合印发《关于落实文化部等九部门〈关于支持转企改制国有文艺院团改革发展的指导意见〉的实施意见》。积极推动转企改制工作落实，省直文艺院团离退休人员和“5·30”人员政策待遇取得进展。健全河北演艺集团内部运营管理制度，精品生产、市场开拓、惠民演出和产业谋划方面都迈出了新步伐。进一步深化文化事业单位改革。厅直事业单位新进人员普遍实行公开招聘和聘用合同管理，建立和完善绩效工资分配制度。

【公共文化服务体系建设卓有成效】 文化设施建设稳步推进。制定了《2013 年度县城公益文化设施建设考核评价工作方案》，对河北省 135 个县进行了考核评审。河北博物院新馆建成并正式开馆，河北省图书馆运行良好，“两馆”同行形成全省文化窗口新亮点。河北省群艺馆建设即将开工，裴艳玲艺术中心建设项目正在立项，河北艺术中心维修改造工程已经启动。列入国家“十二五”规划的地市级“三馆”建设项目扎实推进，建成沧州博物馆，衡水市博物馆完成主体工程建设。文化信息资源共享、公共文化场馆免费开放、流动舞台车、送文化“五进”等文化惠民工程有序实施。向国家数字图书馆提供自建数字资源元数据 5000 条，向国家中心申报了 3 部共 90 集系列专题片建设项目。

公共文化服务体系示范区(项目)创建取得新成果。制定了河北省《创建国家公共文化服务体系示范区(项目)区域文化联动工作方案》，总结成功经验，提高第二批示范区质量水平，促进区域公共文化融合发展。完成对廊坊市和张北县、井陉县的创建中期督导工作。省级公共文化服务示范区、示范县和示范项目创建工作进展顺利，正定县等 20 个县(市、区)被列为省公共文化服务示范县(市、区)建设地区。起草《河北省现代公共文化服务体系建设的意见》。完成 1012 个上等级乡镇文化站的评估定级、1700 余个基层文艺辅导基地和 16000 余个文化广场的登记造册。完成全省文化广场建设情况调研。推荐井陉拉花等 22 个地区申报“中国民间文化艺术之乡”。

文化志愿者活动扎实开展。成立河北省文化志愿者协会，积极开展“春雨工程”——文化志愿者边疆行活动，全省 4 个活动项目获文化部批准，其中，秦皇岛市文广新局完成了到新疆巴州歌舞团的指导交流，省群艺馆承接了《边疆民族 12 省(区)地级市群艺馆舞台设计、灯光音响使用培训项目》，河北艺术职业学院承接了《30 个少数民族自治州文化馆舞蹈编创人员培训项目》。群众文艺创作十分活跃。组织了第十一届燕赵“群星奖”评审，共评出音乐类获奖作品 23 件、舞蹈类获奖作品 20 件、戏剧类获奖作品 20 件、曲艺类获奖作品 20 件、项目奖 15 个、群文之星奖 19 名，数量与质量都比 2013 年有大幅提高。

【舞台艺术精品和文化惠民活动】 文艺精品创作再创佳绩。河北梆子《六世班禅》入选中宣部“五个一工程”奖，大型声乐套曲《西柏坡组歌——人间正道是沧桑》作为国庆 65 周年全国优秀剧目展演剧目在国家大剧院成功演出，社会反响强烈。裴艳玲担纲主演的京剧

《赵佗》入选第七届中国京剧艺术节,赴天津演出受到观众欢迎和专家好评。《赵佗》《百合岭》两部大戏,《蔡和森的布里梦》《送驴记》《罗汉之门》三部小戏,《雾蒙山》传播交流推广项目、《“下次开船”港》太行山区百场公益巡演项目及滑稽表演人才培养项目获国家艺术基金立项资助。河北艺术职业学院在全国职业院校技能大赛中获得高职组8银2铜的好成绩。河北梆子《天竺传奇》《吕玉兰》《卧云岭》完成创排。新排校园剧《我们的D大调卡农》、儿童剧《白雪公主》、时尚民族音乐会《弦之舞》投入市场后实现了既叫好又叫座。

文化惠民活动更加活跃。加大政府购买文化服务力度,实行低票价惠民。省直院团完成“中国梦·赶考行——走进美丽乡村”全省农村面貌改造提升行动慰问演出150多场、“百场儿童剧圆梦进校园”演出100多场、河北省优秀剧目展演100场,全省各级举办彩色周末演出2000余场。首次承办第十二届全国美展综合材料绘画展览,评选34件进京作品。举办了第九届中国评剧艺术节、河北省首届民歌演唱大赛、京津冀河北梆子展演。组织开展了高雅艺术进校园、“唱响社会主义核心价值观 共跳百姓健康舞”推广、河北省首届青少年书画展、“燕赵少年读书系列活动”等品牌文化艺术活动。

【文化遗产保护取得新突破】 河北博物院推出了《北朝壁画》等8个精品展览,展出文物5000多件(套),有力宣传了河北的灿烂文化。中国大运河被列入世界遗产名录,河北段大运河河道位列其中,成为河北省第四项世界文化遗产。正定古城保护工程全面展开。承德避暑山庄及周围寺庙文化遗产保护工程、清东陵和清西陵文物保护工程有序推进。泥河湾遗址保护工作取得新进展。可移动文物普查信息采集和登录工作取得阶段性进展。文物安全工作得到加强,全省田野文物安全防范系统建成并投入使用。文物对外交流合作日益密切,河北省政府与故宫博物院签署了合作框架协议,省文物局与省建筑科学研究院签署了加强文物科技保护战略合作框架协议。成功举办了第二届中国(永年)吹歌节、第七届河北省民俗文化节。非遗保护工作进入依法保护新阶段,临漳县鬼谷子传说等16个项目入选第四批国家级非物质文化遗产项目名录,峰峰矿区大家陶艺有限公司等3家企业入选第二批国家级非物质文化遗产生产性保护示范基地,许荷英(河北梆子)、边树森(石家庄丝弦)荣获第三届“中华非物质文化遗产传承人薪传奖”。评选公布第四批省级非物质文化遗产项目代表性传承人。启动全国非遗数字化工程“河北试点(曲阳石雕、井陉拉花、石家庄丝弦)”工作。加强文化生态保护区建设,完成“冀中传统音乐文化生态保护区”申报“国际级文化生态保护实验区”的研究论证。

【文化产业发展加快推进】 招商推介和产业交流成果显著。成功举办第三届河北省特色文化产品博览交易会,交易额突破1500万元,同比增长15%。组织46家文化企业参加义乌文交会、湖南招商推介会,签约金额1000多万元。组织30余家文化企业参加西部文博会,意向签约500余万元,廊坊市文广新局荣获西部文博会优秀组织奖,大厂呈祥古典家具等4家企业荣获优秀创意产品奖。组织参加第九届中国北京国际文化创意产业博览会,河北展区以“区域协同、希望河北”为主题,展台设计造型新颖,展示内容突出河北特色文化产业,达成一批合作意向,精彩的展出赢得广泛好评,河北省文化厅荣获最佳组织奖和最佳展示奖。

文化产业园区建设进一步加强。评选首

批30家河北省文化产业示范园区，完成40家河北省第四批文化产业示范基地评选命名工作，河北乐海乐器有限公司、河北曲阳县荣杰雕刻石材有限公司入选第六批国家文化产业示范基地。全省74个重点项目进入国家文化产业公共服务平台，29个重点项目、两个特色项目被编入《2014中国文化产业重点项目手册》。

对文化企业扶持力度不断加大。签署《京津冀三地文化领域协同发展战略框架协议》，邀请文化部领导及京津文化部门召开《框架协议》落实推进会。按照河北省委宣传部《关于2014年河北省文化产业发展引导资金公开申报的通知》要求，组织省演艺集团等单位申报14个项目，金额达5800多万元。深入推进《国务院关于推进文化创意和设计服务与相关产业融合发展的若干意见》的落实，举办首届河北省文化创意设计大赛，组织开展青年设计人才优秀创意作品征集活动并有10件作品被文化部推荐入围。根据中国人民大学和文化部文化产业司最新发布的《中国省市文化产业发展指数(2014)》显示，河北省文化产业综合指数位列全国第八名。

【文化市场规范有序】 举办全省文化市场行政执法培训班，提升执法队伍素质。召开文化市场领域重点扶持培育对象座谈会，积极推动行业发展。扎实开展全国文化市场监管与服务平台推广应用工作，全面完成基础数据采集工作，各市级管理员全部参加了文化部组织的技术培训，做好了分批次上线准备。加强全省文化市场监管，强化暑期文化市场管理，重点加强中秋、国庆等节日和APEC会议期间文化市场管理，全省各级检查网吧、娱乐、演出等文化市场经营单位8万家次，责令改正1245家、停业整顿37家，规范了市场秩序，营造了公平有序的市场环境。

【对外文化交流与协作进一步扩大】 在西班牙举办曲阳雕塑展、唐山工艺瓷展以及河北民俗类非遗项目展演活动，在尼泊尔举办“河北文化周”暨河北吴桥杂技巡演活动，参加“2014香港·中国戏曲节”活动，参加波兰、匈牙利“河北文化周”活动，在中国台湾举办“河北文化宝岛行”活动，在德国举办“河北文化海外行”活动，进一步提升了河北文化在海内外的影响力和知名度，全年实现对外及中国港澳台文化交流项目20多批次、230多人次。积极开展省际文化交流活动，与湖南、江苏等省在演艺、书画等领域开展合作交流。

(河北省文化厅　刘　英)

山西省

【概况】 深入学习习近平总书记系列重要讲话精神和十八届三中、四中全会精神，认真贯彻省委、省政府的部署要求，落实《2014年全省宣传思想文化工作要点》要求，在“工作规范年”“重点工作创新年”“服务质量提升年”上下功夫，各项工作取得新成效。

【文化改革取得新进展】 经省政府常务会议审定，出台《山西省省级购买公共演出服务方案(试行)》，省文化厅出台《山西省省级政府购买公共演出服务实施细则》等办法，省文化厅、省财政厅建立省级购买公共演出服务联席会议。《文化部简报》专门予以介绍，《中国文化报》等多家媒体进行了专题报道。政府购买和补贴各类演出，培育了院团公平竞争的意识，搭建了公平竞争的平台，为院团转企改制注入了活力，向群众提供了更多更好的文艺演出。推进行政审批制度改革，做好国务院下放项目承接工作，整合审批项目和备案项目，从原有的20项缩减为省级9项、县区6项，制定首问负责制、一次性告知制、服务规范等制度，在厅门户网站公布了承担的全部9项行政审批与备案项目清单。推进事业单位人事制度改革，省直25个事业单位全部实行岗位聘用制和责任制，省直5院团完善法人治理结构，初步建立现代企业制度。深化国有文艺院团体制改革，会同省委宣传部等9部门出台《关于支持转企改制国有文艺院团改革发展的实施意见》，推动文艺院团提升自我发展能力。起草《山西省公共文化服务体系建设协调组成员单位职责任务分工》和《山西省公共文化服务体系建设协调组议事规则》，正在建立山西省公共文化服务体系协调机制。

【部省合作协议深入落实】 与文化部在国家级文化产业基地（园区）发展、国家级文化生态保护区建设、国家艺术基金申报、文化保税区建设、“文化金融扶持计划”项目等多个方面开展新的合作。舞剧《粉墨春秋》入选国家舞台艺术精品工程重点资助剧目，使山西省受资助剧目总数达到7部，名列全国第4位。在设施建设、维修改造、设备购置、免费开放、艺术创作、人才培养等方面安排的专项资金高于2013年。新选入朔州市为第二批“国家公共文化服务体系示范区”，大同市、晋中市为第二批“国家公共文化服务示范项目”。为纪念抗日战争暨世界反法西斯战争胜利70周年，艺术司、中国美协、国家画院支持山西省举办“中国梦 · 太行魂”——国画名家画太行，已启动写生活动，2015年二季度将在中国美术馆举办纪念抗战专题展览。指导山西省相关单位及个人申报国家艺术基金资助项目，经专家评审，山西省16个项目入选，位居全国第7。帮助山西省主办“情系三晋——两岸文化联谊行”活动。

【文化艺术事业日益繁荣】 围绕纪念中国共产党建党93周年、庆祝中华人民共和国成立65周年，会同省委宣传部、省演艺集团，以原创节目为主，创作音舞诗《晋善晋美中国梦》，综合展现了山西5000年灿烂文明和革命老区、能源基地的光荣传统，演出7场，受到广泛好评。全省各地从实际出发，创作了话剧《最美村官段爱平》、晋剧《托起明天的太阳》《守护夕阳》、左权小花戏《太行奶娘》、音乐会《歌从黄河来》、北路梆子《野史亭》、眉户《守望》等一系列反映“中国梦”的艺术作品。与保利集团合作打造河曲民歌，并在山西大剧院演出。会同省委宣传部开展“庆祝新中国成立65周年山西省优秀新创剧（节）目展演”活动，演出15个剧目、30余场次。组织优秀艺术作品参加第三届中国豫剧节、第十一届全国声乐比赛、第十二届全国美术作品展览、第七届中国京剧节等活动。围绕加强廉政文化建设进行调研，举办“推进廉政文化建设、创作廉政文化剧目”座谈会，研究制定加强廉政文化建设的实施意见。开展第十四届“杏花奖”评比，评选杏花大奖4个、特别奖1个、杏花优秀新剧目奖12个、杏花新剧目奖7个，推进地方戏曲传承发展。

【公共文化服务建设取得新成果】 研究制定《关于进一步提高公共文化服务水平的实施意见》及相关文件，促进公共文化服务标准化、均等化，保障广大人民群众基本文化权益。印发《山西省文化厅关于公布省级公共文化服务标准化试点地区等名单的通知》，积极推动基层综合性文化服务中心建设、公共文化机构法人治理结构试点工作。继续推进山西晋剧艺术中心建设，启动将省图书馆旧馆改造为山西省少儿图书馆和山西省古籍保护中心，进一步完善省级重点文化设施。省图书馆新馆自开馆以来，日均接待读者6600

余人次,成为名副其实的“城市书房”和省城一道文化景观;山西大剧院年演出 250 场以上,最多一个月演出 32 场,2014 年上半年考核在保利院线 38 个剧院中排名第二。编制《2014—2018 年县级文化设施改善规划》,《2014—2018 年中央补助地方文化体育与传媒事业发展专项资金支持县级文化设施改善项目规划》,对市级 7 个未达标公共图书馆、9 个未达标群众艺术馆和县级 37 个未达标公共图书馆、34 个未达标文化馆建设给予督导和支持。启动朔州市及大同市、晋中市第二批国家公共文化服务体系示范区(项目)创建工作,完成中期督导任务。

【文化惠民活动广泛深入开展】 以“文化惠民在三晋”系列活动为龙头,以开展“欢乐下基层、爱心接力、润物无声、快乐生活、美丽三晋、幸福使者”等 10 项活动和“阵地服务、流动服务、数字服务、优惠服务、共建服务”5 项服务为重点,扎实推进文化惠民。组织省直院团举办“送戏百场进老区”活动,深入全省 11 市 60 余乡镇演出 105 场,近 2000 名演职人员为老区群众面对面、零距离献上演出,密切了与老区群众的感情,弘扬了老区精神,展示了山西省近年来舞台艺术的新作品、新成就。山西大剧院的“长风之夜”和“周二剧场”成为惠民演出品牌。与总政歌舞团配合,完成“军民共筑中国梦 · 总政歌舞团山西老区行”演出周活动。加强文化共建,与武警山西总队政治部开展了“先进文化警地联建联谊联创”活动。省图书馆、省群艺馆开展公益讲座、志愿者服务、“三晋之春”合唱比赛、“山西戏曲人物”主题摄影展、山西省第六届网络摄影大赛“幸福在身边”优秀作品展等活动,参与人数达 200 余万人次。省图书馆设立党风廉政建设专区。关爱弱势群体,各级图书馆、文化馆(站)为盲人上门送书,举办无障碍优秀电影播放,为残疾人、老年人、低收入群体和特殊教育学校等进行免费培训,共 2 万多人次。组织省演艺集团、省群艺馆等省直院团赴部队、企业、农村、学校特别是基层贫困地区进行了慰问演出,不断满足广大人民群众的文化需求。

【文化产业发展迈上新台阶】 经省政府常务会议审定,出台了《关于支持文化产业加快发展的若干措施》《关于推进文化创意和设计服务与相关产业融合发展行动计划》。此外,与中国人民银行太原中心支行、省财政厅出台《关于深入推进文化金融合作的实施意见》。省政府设立山西省文化产业发展投资基金,省文化厅参加基金理事会工作,支持文化产业发展。推进山西文化保税区和山西文化产业园项目建设,山西省文化保税区完成公司注册、规划论证、招商引资等工作,择期奠基开工;山西省文化产业园选址太谷县,由山西投资集团有限公司、晋中市人民政府和省文化旅游产业投资促进会共同推进,产业园中的孟母文化园已动工建设。组织开展第五批国家级文化产业示范(试验)园区、第六批国家文化产业示范基地的申报,完成第三批山西省文化产业示范基地申报审定。与山西投资集团有限公司和山西省文化旅游产业投资促进会启动战略合作,推动资源型企业转型投资文化产业。与省旅游局共同签订《山西省文化厅　山西省旅游局　促进文化与旅游融合发展合作意向书》。承办第二届晋商大会文化产业项目恳谈会,推介项目 126 个,达成合作意向 10 余个。参加山西 · 珠三角民营企业对接恳谈会,推荐项目 20 余个。参加第九届中国北京国际文化创意产业博览会,30 余家企业参展,推荐项目 150 余个。筹备组建山西省民营文化企业协会,完成全省资源型企业转型投资文化产业调查,完成申报中国文化艺术政府奖第二届动漫奖推荐工作，完成国家动漫企业年审。举办文化产业发展培训班，对文化产业政策进行解读，召开“创新发展　转型发展　文化产业新担当”座谈会。

【对外文化交流打开新局面】　承办由文化部和省政府主办的“情系三晋——两岸文化联谊行”活动，来自中国台湾地区具有较高艺术造诣和社会影响的文化界、教育界、新闻界人士及文化机构、艺术团体负责人98人，先后赴太原市、运城市、大同市等6市20多个文物古迹和文化单位进行参访，举办三晋文化发展研讨会、两岸文化联谊座谈会、两岸书法家交流笔会、联欢会等深度交流活动，为晋台两地交流打开了一扇多彩的窗口，取得了良好效果。这是山西省历年来举办的规格最高、规模最大的对台文化交流活动，受到各方好评。配合省外办完成接待柬埔寨国王西哈莫尼来访任务，李小鹏省长陪同国王在山西大剧院观看舞剧《粉墨春秋》。完成接待墨西哥普埃布拉州文化艺术厅厅长和匈牙利索尔诺克州代表团来访任务。加强与周边省份合作，与陕西省文化厅、河南省文化厅签署《晋陕豫黄河金三角区域文化发展战略联盟合作框架协议》，并建立相关机制。推动文艺精品走出去，山西艺术职业学院组团赴法国参加2014年中法文化年开幕式演出，赴哈萨克斯坦参加“中国文化日”演出。全年全省对外文化交流共16批、486人次。推进文化援疆，举办“山西艺术精品新疆行”和“晋善晋美——山西非物质文化遗产精品展”活动，说唱剧《解放》演出8场，非遗项目展览举办3场。抓好昌吉州32名学生在山西戏剧职业学院的学习生活，圆满完成五家渠市10名同志在省直文化系统挂职锻炼。制定“晋疆文化交流行动”方案，共同创作反映晋疆人民深厚情谊和兵团建设，弘扬兵团精神和山西精神的话剧《高天厚土》。

【非遗保护水平有了新提高】　充分发挥国家级非物质文化遗产保护区示范带动作用，报请省政府出台《关于深入推进晋中文化生态保护实验区建设的意见》。起草《山西省非物质文化遗产项目保存工作规范和技术标准（试行）》和《山西省文化厅关于加强非物质文化遗产档案管理的指导意见》。为科学发掘、保护和利用遍布三晋大地的文化资源，研究制定乡村文化记忆工程实施方案，启动对乡村历史脉络、文化烙印、发展轨迹、历史街区、传统村落和乡风民俗等文化文脉进行原生态保护。参加北京“中国非物质文化遗产年俗文化展示周”、第十届深圳文博会非遗展、“爽爽的贵阳原生态音乐舞蹈季”非遗项目展演和第三届山东济南中国非物质文化遗产博览会。完成第四批国家级非物质文化遗产代表性项目名录申报。对全省105个国家级代表性名录保护项目保护单位名称进行审核，调整变更31家单位名称。组织推荐全省项目参加第二批国家级非物质文化遗产生产性保护基地评审。目前，全省有国家非遗名录项目116项、保护单位168个，居全国第三。

【文化市场管理进一步完善】　完善文化市场准入、运行、竞争、退出机制，完成全省文化市场监管与服务平台系统建设负责人、系统管理员培训班工作，推进数据采集和录入，为建立信用管理系统奠定基础。充分发挥行业协会作用，调动网吧行业协会积极性，完成网吧监管平台更新升级工作，引导网吧转型经营；成立全省演出行业协会和歌舞娱乐场所VOD点播系统曲库内容审查工作组，建立歌舞娱乐场所VOD点播系统备案和曲库审查制度；举办第四届演出经纪人培训班。把文化市场专项行动与日常监管相结合，截至11月份，全省共出动检查 25 万余人次，检查经营单位 12 余万家，有效规范全省文化市场经营秩序。配合省综治委开展“校园及周边安全隐患集中整治行动”，规范经营秩序，促进校园周边文化市场安全、有序、稳定。落实巡查制度，加强网络文化产品内容审核，杜绝含有宣扬低俗、赌博、暴力等内容。与江苏省对接，多次举办执法培训班，文化市场综合执法能力进一步提升。开展行政执法案卷评查工作，推动综合执法规范化建设。

【文化人才队伍进一步壮大】 与文化部、中央文化管理干部学院联合举办县级文化局局长专题研修班，与武汉大学举办文化体制改革与文化经济发展培训班，与北京舞蹈学院举办高级编导研修班，与中国戏曲学院举办灯光设计进修班，参加全国剧院经营管理人才培训，开展人力资源管理干部培训，进一步提升了干部的能力素质。开展调研活动，完成《创新文化改革发展体制机制研究》和《晋中文化生态保护区支撑体系构建研究》等课题任务；成功立项国家级艺术科学课题 3 项。山西省在中国戏曲学院举办的首个晋剧本科班毕业，在北京梅兰芳大剧院和山西大剧院进行汇报演出获得成功。通过向国家教育部咨询、赴浙江音乐学院调研、与省教育厅和太原市沟通，明确了山西艺术学院筹建路径，形成筹建方案。

【省直文化系统自身形象明显提升】 高度重视学习领会习近平总书记系列重要讲话精神，深入开展学习《读本》活动，进一步提高对建设文化强国、传承弘扬优秀传统文化、提升文化软实力等重要论述的认识。中央对山西省委班子做出重大调整后，深入学习习近平总书记、刘云山同志、王儒林书记、李小鹏省长重要讲话精神，统一思想，增强政治意识、责任意识、纪律意识，坚决拥护中央的各项决定。进一步巩固党的群众路线教育实践活动成果，完成整改任务 24 项，专项治理任务 17 项，制定制度规定 19 项，解决涉及 180 户职工切身利益、立项 8 年未竣工的并州路住房和涉及 120 户职工切身利益、立项 12 年未竣工的省晋剧院综合楼问题。落实中央八项规定，2014 年上半年与 2013 年同期相比，发文数量减少 7.5%、会议经费减少 33%、公务接待费下降 60.62%、公务用车购置运行费下降 62.8%，清理整顿各类节庆活动 13 项。认真履行党组主体责任和纪检监督责任，加强对省直文化单位监督管理，开展专项整治，进一步加强作风建设，提高了工作规范化和党风廉政建设水平。召开省直文化系统学习讨论落实活动动员会，印发《中共山西省文化厅党组关于深入开展学习讨论落实活动的实施方案》，迅速展开活动。

（山西省文化厅　杨　渊）

内蒙古自治区

【概况】 认真学习贯彻习总书记视察内蒙古重要讲话精神、自治区“8337”发展思路以及九届十一次全委会提出的“4635”中关于建设文化繁荣风景线的要求，找准工作定位，完善发展思路，认真落实文化改革发展的各项任务，推动文化事业和文化产业协调发展，各方面工作都取得了新进展，一些重要领域有了重要突破，为自治区经济社会发展发挥了积极作用。

【理清文化工作总体发展思路】 通过对中央和自治区重要会议，特别是十八大和十八届三中全会精神的不断学习和思考，以及几次集中的深入调研，厅党组分析了文化工作面临的形势任务，重新梳理和审视了文化发展定位，经过反复研究和讨论，提出今后一个时期文化工作的总体思路，主要是坚持“五个更加突出”，即更加突出公共文化服务体系的标准化、均等化建设，提高文化民生的保障水平；更加突出民族优秀传统文化的保护传承和利用发展，彰显草原文化的时代价值；更加突出舞台艺术精品的创作和演出，扩大草原文化的影响力；更加突出文化与旅游的深度融合，推动文化产业跨越式发展；更加突出文化交流和文化贸易的并重发展，提高民族文化对外开放水平。实现“四个加快”：就是加快改革创新步伐，着力增强文化创造活力；加快策划、落实一批工程、项目，发挥带动示范作用；加快创建文化品牌，提升文化工作的覆盖率、知晓率和影响力；加快培养各类文化人才，着力造就一批在全国有影响力的名家大师、专业领军人物。体现“三大作为”：就是在推进民族文化大区向民族文化强区的跨越中，体现作为；在落实自治区“8337”发展思路、打造文化亮丽风景线、为经济社会发展提供文化支撑方面，体现作为；在营造浓厚的人文氛围、提升干部群众文化素养方面，体现作为。这一发展思路得到了文化系统干部职工的广泛响应，并贯穿于全年各项工作中。

【公共文化服务体系】 大力推进公共文化服务体系建设，重点设施项目和服务进一步向基层延伸。

历时3年、投资4个多亿、建筑面积3.87万平方米的内蒙古演艺中心投入使用，设计和功能达到全国一流水平。筹资1900万元，启动建设38个贫困旗县农牧区小舞台工程。落实自治区“十个全覆盖”工程，制定了文化室3年建设规划，财政厅下拨5000万元设备购置经费已到位，全区3506个嘎查村文化室设备配备已完成。针对边远农牧区群众难以获取网络文化的状况，实施了“数字文化走进蒙古包”工程，利用无线WIFI、数字加油等科技手段，为农牧民提供不受时空限制的全天候公共数字文化服务，现已建成一二级数字加油站17个、移动数字加油站70个，覆盖14个旗县的10万多农牧民，打通服务群众的“最后一公里”，文化部在包头召开现场会向全国做了推广。狠抓公共文化示范区、示范项目创建工作。包头市作为第二批国家级公共文化示范区，创建工作取得实质性进展。开展首次文化站评估定级，达到三级以上标准的413个，占总数的近一半。

积极培育文化大院、文化户、业余剧团、业余乌兰牧骑等群众自办文化形式，开展基层和流动文化服务。全区农村牧区、城镇社区文化、老年文化、少年文化蓬勃发展。承办了2014年“春雨工程”——文化志愿者边疆行系列活动，在呼和浩特、包头、鄂尔多斯、乌海等地举行“大地情深——群星奖获奖作品全国巡演内蒙古行”“国图流动讲坛”等活动，内蒙古群艺馆阳光合唱团参加山东淄博16届中国老年合唱节荣获一等奖。开展民间艺术之乡评审推荐工作，呼伦贝尔市鄂伦春自治旗等9个地区被文化部命名为2014—2016年度中国民间艺术之乡。

【原创剧目和惠民演出扶持力度加大】 加强对舞台艺术创作的引导，坚持以人民为中心的创作导向，贯彻落实以“中国梦”为主题的文艺创作，以舞台剧作为创作重点，加强规划指导和扶持激励，彰显社会主义核心价值和草原文化核心理念。从全区筛选了蒙古剧《敖包相会》等8台剧目，13个蒙汉语小戏小品，参加第十一届草原文化节优秀剧目展演和专场演出。在库伦旗举办第六届内蒙古自治区乌兰牧骑艺术节，来自全区19个乌兰牧骑参加了文艺会演，评出金银奖各 9 名，惠民演出 50 多场，观众达 10 余万人次。在土右旗举办第三届内蒙古二人台艺术节，《北梁》等 6 台大型剧目和 48 个小型剧（节）目参加了艺术节演出。在满洲里成功举办了首届中国呼麦大赛暨首届中国·国际呼麦大赛，共有国内选手 255 人和 9 个国家的 68 名选手参加了比赛。一系列重大艺术活动的举办，为优秀作品和人才搭建展示平台。将美术工作纳入艺术工作之中，开展了全区美术馆普查，推荐作品参加第十二届全国美展。

探索驻场演出新模式，内蒙古民族艺术剧院创作演出的大型马文化全景式综艺演出《千古马颂》在锡林郭勒盟“中国马都”演出，开创了自治区首例演出与产业结合，马文化、马术竞技与舞台艺术结合的演出形式，共演出 22 场，观众近 4 万人次。《情动满洲里——梦幻之旅》杂技音舞秀在满洲里演出 42 场，取得良好社会效益和经济效益。舞剧《马可波罗传奇》在美国驻场演出 300 多场。组织国有和民营艺术院团、艺术院校申报国家艺术基金，《国家的孩子》等 9 个项目获得资助。召开了全区乌兰牧骑工作座谈会，针对存在问题研究部署了具体任务。推动自治区设立乌兰牧骑下乡惠民演出补贴资金，从根本上解决了多年来下乡演出缺乏经费保障的问题。组织开展“百团千场”下基层惠民演出，全区三级院团为农牧民演出 6000 多场。

【重点文物和非遗项目保护】 推进可移动文物普查工作，完成国有单位文物收藏调查的阶段性任务，系统内文物信息采集登录工作全面展开。积极争取国家投入，加大对文物大遗址、古建筑、长城、少数民族文物的保护力度，推动辽上京遗址、萨拉乌苏遗址进入国家考古遗址公园预备名单。与辽宁省开展红山文化申遗对接，赤峰市与朝阳市签署了联合申遗协议。开展对辽上京遗址等 5 项考古发掘项目。自治区政府公布全区第五批重点文物保护单位，共计 247 处。针对边境旗县文物保护薄弱的现状，与自治区公安边防总队共同实施“草原神鹰”工程。加强文物流动保护工作，刘延东副总理对锡林郭勒盟马背文物保护队做了批示，在全国推广。依法严厉打击文物犯罪活动，抓获文物犯罪嫌疑人 56 人，收缴文物 713 件（套）。制定全区国家二、三级博物馆评估方案及评分细则，已完成 25 家运行评估。采取措施改进博物馆陈列展览工作。成立内蒙古博物馆学会。

蒙古族图案等 11 个非遗项目、6 个拓展项目进入第四批国家级非遗代表性项目公示名单。评审公布了第四批自治区级非遗名录项目代表性传承人 165 名。全区国家级传承人莫德格、罗布生荣获第三届“中华非物质文化遗产传承人薪传奖”。实施非遗抢救性保护“双百工程”和内蒙古文化艺术长廊建设计划——《非物质文化遗产代表性传承人技艺技能抢救项目》，已完成 28 个项目 60 名传承人的采录工作。推动生产性保护，阿拉善左旗恒瑞翔地毯制作列为全国非物质文化遗产生产性保护基地。开展非遗保护“千校万户”推广计划，与近 100 所民族学校签订协议，投入资金，支持开展传习活动。编辑出版《蒙古族传统服饰典型样式》，促进蒙古族服饰的科学保护和传承。组织参加一系列国家非遗展览展示活动。

【以文化与旅游深度融合为切入点，推动文化产业加快发展】 编制并推动自治区政府出台《自治区文化产业中长期发展规划》，明确发展目标、战略布局和重点任务。研究制定《进一步促进文化与旅游融合发展的指导意见》。举办首届内蒙古文化与旅游融合发展系列主题活动。共有 181 个企事业单位展出民族服饰、工艺美术品、奇石字画、动漫产品等3000多件文化产品,65家文化演艺企业、工艺美术企业与旅游企业开展项目对接,共签约34个项目,协议金额566.67亿元。这一活动初步解决了文化与旅游融合不深、衔接不紧的问题。业内专家认为这次活动是对文化与旅游融合发展的一次有益尝试,在全国是首开先河的。自治区党委书记王君同志给予了高度评价。积极推进文化创意与农牧业融合,创建国家级文化休闲农业和乡村旅游示范县4个,示范点10个;自治区级示范旗县8个,示范点37个。

加强宣传推荐,组织特色创意文化企业15家、共1000多种文化创新产品参加2014年中国深圳国际文化产业博览交易会,一部作品获得文博会创意奖项,达成10多项合作协议,现场签约额近1800万元。岩画创意服饰展示、羊绒画、毛植画等产品广受好评,获得国内外订单若干。组织8家文化企业参加2014香港经贸文化活动周活动,动漫、羊绒画、民族工艺品等文化创意产品销售一空。组织18家文化创意企业参加第七届中国(西安)西部文博会,以文化旅游、文化创新、工艺美术、文艺演出等文化创意产业为重点的文化项目得到展示,促进了文化贸易。启动首批自治区级文化产业园区和第四批文化产业示范基地的评审命名工作。《中华德育教育》等8部弘扬社会主义核心价值观的民族动漫作品已列入文化部扶持计划。研究制定了《进一步推进文化与金融合作的具体实施意见》。

【文化市场宏观管理】 深化“文化市场北疆稳定工程”,加大日常巡查力度,做到70%的时间、70%的人员用于文化市场巡查,扩大检查覆盖面,及时发现和纠正违规经营行为。技术监管与服务平台建设不断完善,自治区本级和5个盟市提前上线运行。下放8项文化市场行政审批事项,制定下发审批流程、依据、条件,指导、培训各地做好衔接,加强事中事后监管。制定《全区文化市场管理与综合执法考评细则》,评比表彰全区文化市场管理与综合执法工作先进集体、个人和优秀处罚案卷,对各盟市文化市场管理与综合执法进行考评验收。启动“文化市场北疆流动辅导站”,先后派出35个辅导小组,对102个旗县区、3个开发区文化市场执法机构的525名审批和执法人员进行一对一、一对多培训,不断提高执法能力。拟定《深化盟市、旗县区文化市场综合执法改革,加快理顺自治区文化市场综合执法管理体制方案》,进行调研并征求了盟市意见。认真贯彻自治区政府《关于加强新形势下文化市场管理工作的意见》,推动各地落实执法机构人员编制、经费和设施设备,并将各盟市落实情况纳入年度考核体系。

【文化体制改革】 把改革作为头等重要工作,加强组织领导和督导落实,制定《文化厅文化体制改革方案》,成立领导小组和办公室。对由文化厅牵头的19项改革任务,加强与文化部、自治区有关部门对接,并深入基层调研听取建议意见,逐一制定了实施方案和办法、意见。已有12项改革方案上报自治区文化体制改革专项小组办公室,进一步修改完善后实施,年底前争取完成自治区公共文化目标服务体系建设协调机制等改革任务。积极推动试点单位开展试点工作。在全区两个盟市、4个旗县(区)和部分公共文化单位,开展公共文化服务标准化、基层综合性文化服务中心、公共文化机构法人治理结构3项改革试点工作。鄂尔多斯市成为国家公共文化服务标准化8个试点地级市之一。同时,召开改革试点地区和单位座谈会,下发《关于开展公共文化改革试点工作的通知》,对改革试点工作做了全面部署，提出了明确要求。目前，各试点地区和单位正在全面推进改革工作。特别是公共文化单位法人法理结构试点工作，已从内蒙古图书馆、内蒙古博物院率先开展。深入推进区直文艺院团改革，内蒙古民族艺术剧院组建工作基本到位，配齐了领导班子和各部门、各院团负责人，初步建立起了内部运行管理制度，艺术创作演出呈现出新气象。

【对外文化交流】 全年共派出文化艺术团组20多个200多人次，分赴俄罗斯、泰国、丹麦等10多个国家及中国港澳台地区开展文化交流。在澳大利亚举办“美丽的草原我的家——澳大利亚·内蒙古文化周”，主要包括蒙古族青年无伴奏合唱团演出、内蒙古风情摄影展、非物质文化遗产展示等系列文化活动，取得热烈反响，受到澳方和中国驻澳使馆的高度评价。派团赴泰国、埃及、土耳其参加2014年海外“欢乐春节”系列活动，受到文化部和驻外使馆的表扬。继续加强与非洲的文化交流。内蒙古博物院为毛里求斯国家博物馆数字化建设开办讲座，内蒙古图书馆向塞舌尔国家图书馆捐赠图书。与蒙古、俄罗斯等毗邻国家的合作不断加强。内蒙古民族艺术剧院赴蒙古国进行观摩、学习，参加蒙古国举办的第四届国际马头琴那达慕，内蒙古考古研究所与蒙古国联合开展“蒙古国游牧民族文化遗存考古调查与发掘”等。参加了“2014内蒙古(香港)经贸文化推广周”活动，文艺演出和民族工艺品展示为活动添了彩。拟定了《关于进一步加强与俄罗斯、蒙古国文化交流的意见》，在建立长效交流机制，开展交流活动，引导社会力量参与，开展文化贸易等方面进行了规范。

【文化建设保障】 一是认真落实党风廉政建设“两个责任”。厅党组与直属各单位党组织、机关各处室签订《党风廉政建设目标责任状》，出台《关于落实党风廉政建设党组主体责任和驻厅纪检组监督责任的实施办法》等4项制度，健全领导机制，加强风险防控，突出抓好选拔任用干部等5项工作。二是不断深化作风建设。深化教育实践活动后续整改，开展了“培育文化精神·尽责圆梦·实现文化惠民”主题实践活动，实行工作目标责任制，分解细化全年任务，使每项工作都有人管、有人做，强化对重点难点工作督导，确保务实落地、见到成效。三是加大对基层经费投入。积极争取中央和自治区专项资金8.87亿元，已转移支付各盟市6.89亿元，并加强对专项经费的督查，保证及时到位、用实用好。四是人才队伍建设迈出新步伐。党组调整两次干部，提任35人，平级交流轮岗20人，涉及范围广，人数较多，充分考虑了工作需要、人岗相适，兼顾了民族、年龄和性别等结构配备，解决了历史遗留的干部问题。制定《内蒙古文物博物馆人才培养“金鼎计划”(2015—2020年)》，在内蒙古博物院、赤峰学院、鄂尔多斯恩格贝建立了文博专业人才培养基地。“三区人才计划”文化工作者专项工作有序推进，全区共选派641名干部到57个贫困旗县及以下文化单位开展服务工作，100名基层管理和业务人才到上级部门学习锻炼。举办了一系列专业人才培训班，基层文化队伍素质不断提升。进一步加大帮扶力度，全年为安盟科右中旗和呼伦贝尔市鄂、莫两旗投入帮扶资金共计1000多万元，落实项目12个，深受基层好评。

(内蒙古自治区文化厅　王佐政)

辽宁省

【概况】 深入学习贯彻党的十八届三中、四中全会和习近平总书记系列讲话精神，认真落实省委、省政府关于文化工作的一系列重大部署，围绕建设文化强省的目标，以改善文化民生为根本任务，以转变文化发展方式为主线，抓住文化改革和文化发展这两个关键环节，努力多出精品，多出人才，多出效益，各项工作取得了新的进展。

【专业艺术】 辽宁省第九届艺术节成功举办。共有26台剧目在沈阳等9个城市演出50余场，观众5万余人。话剧《祖传秘方》、舞剧《梅兰芳》、歌剧《雪原》、芭蕾舞剧《乌斯浑河的回声》等12台剧目获优秀剧目奖，评剧《月清》获剧目奖，236人获优秀编剧等6项单项奖。举办第三届东北民歌展演、辽宁省首届民族舞蹈比赛、全省优秀美术作品展。"送戏到基层"等惠民演出活动全面开展。全省共完成"送戏到基层"演出5239场，观众达400余万人。开展元旦、春节惠民演出，省直艺术院团举办优秀剧目展演，辽宁交响乐团举办新年音乐会，辽宁歌舞团举办新春文艺晚会。开展高雅艺术进校园演出活动，省直艺术院团在全省40余家大专院校演出70场。精品剧目创作取得新成果。沈阳京剧院的京剧《将军道》入选中宣部第十三届精神文明建设"五个一工程"奖优秀剧目。辽宁歌剧院的歌剧《雪原》在第二届中国歌剧节上获得优秀剧目奖等6个奖项。在第九届话剧"金狮奖"评选活动中，辽宁人民艺术剧院的话剧《代理村官》获新剧目奖，辽宁儿童艺术剧院的儿童剧《西游后记》获儿童剧目奖；在第九届中国评剧艺术节上，沈阳评剧院的评剧《月清》获优秀剧目奖，锦州市评剧团的评剧《清水河畔》、朝阳县评剧团的评剧《凌水湾》获剧目奖。沈阳京剧院的京剧《苏秦》、沈阳评剧院的评剧《月清》参加全国展演活动。国家艺术基金项目申报取得新突破。省直艺术院团所申报的4台剧目，沈阳市、大连市申报的3台剧目及项目进入"国家艺术基金剧目交流推广、艺术人才培养等资助项目"。辽宁获大型舞台艺术创作资助项目数(5台剧目)位居全国第二，累计获资助额度近2000万元。艺术研究和评论及艺术档案工作切实推进。《辽宁艺术名家口述史研究》已申报国家社科基金艺术学项目，完成《艺品》系列丛书出版工作。加强艺术档案基础建设工作，整理立卷黑胶唱片档案3223盘。

【公共文化】 "血脉相连、心系百姓"群众文化宣传教育活动积极开展。举办文艺演唱、优秀图片展、优秀影片影视剧展映、百题征答、百场文艺演出、美术书法摄影展、文化志愿服务基层行7项活动。编辑下发《群众文艺辅导唱本》15000册，印制张贴宣传挂图15000套；举办群众文艺演唱培训班，完成示范演出16场；在辽宁共享工程频道播出优秀国产影片25部、50余场；举办"党的群众路线教育实践活动优秀图片展"，展出图片110幅，观众8万余人。组织《郭明义》《周恩义》在全省巡演150余场，观众达12万人次。全省开展宣传党的群众路线文艺演出近600场。公共文化流动服务取得突破性进展。在全省开展流动图书馆、流动博物馆、流动大舞台、流动传习所4项活动。"辽宁省图书馆百万图书万里行"活动服务总里程1.3万多公里，流动图书车开展服务646次，办理借书证2500多个，覆盖读者近20万人次，借、阅图书10万余册次。省群众艺术馆开展"百馆千站"

培训活动，培训群众文化骨干 1000 余人；“群众文化万村培训工程”培训农村地区业余文艺骨干 834 名。省非物质文化遗产保护中心围绕“欢乐节日、爱我中华”“文化惠民、为您服务”，组织协调相关活动 53 次。厅直属艺术院团在各地村镇、社区开展文艺演出活动 550 余场。各市完成各类流动服务 7000 余场。文化志愿服务向规范化常态化发展。举办“传递书香、见证成长”公共图书馆志愿服务活动、“精彩生活、幸福使者”文化馆（站）志愿服务活动、“共享历史、感受快乐”博物馆志愿服务活动、“文化惠民、为您服务”文化惠民工程志愿服务活动、“文化暖心、点亮生活”关爱特殊群体文化志愿服务活动、“欢乐节日、爱我中华”节日纪念日文化志愿服务活动和“关爱成长、快乐生活”、乡村学校 7 个主题活动，全省组织各类活动 2500 余场。组织“文化志愿者边疆行”活动，为新疆塔城地区培训文化馆馆长 20 余名。进一步规范文化志愿服务，制定下发《辽宁省文化厅文化志愿者常态化服务管理办法》，推广、使用“辽宁文化志愿者标识”。“七个一百”等基层文化创建活动初见成效。评出县区特色群众文化基地 33 个、基层文化活动示范广场 34 个、文艺下基层骨干队伍 34 个、群众文化辅导基地 35 个、群众自办文化典型 35 个、群众原创优秀文艺作品 34 个、“群文之星”35 人。命名辽宁省文化先进乡镇（街道）40 个、先进村（社区）99 个。“群星奖”评比圆满成功。评出表演类获奖作品 69 个、美术书法摄影类获奖作品 185 件、项目类“群星奖”22 个、“群文之星”35 名、优秀组织奖 14 个、特殊贡献奖 4 个。文化信息资源共享工程扎实有效推进。文化共享平台模拟频道每天播出 18 个小时节目，播出总时长 6570 小时。机顶盒频道每天更新 3 个小时新节目，全年 365 天不停播。增设《文化快递》和《文化博览》栏目，已播出 80 多期，报道文化新闻 1000 余条。资源建设取得成效，4 个项目顺利通过国家中心的验收，其中《辽宁满族文化多媒体资源库》和《古塔辽宁专题片》两个项目获得国家中心优秀项目奖。打造全民阅读活动平台，建设书香社会。在辽宁省第三届读书节期间，组织全省公共图书馆开展各类读书活动 480 余次，参与的读者及群众达 65 万人次。省图书馆和鞍山、丹东、营口、盘锦市图书馆联合开展“网络书香迎新年”数字阅读系列活动。举办“辽宁省全民学习中心”有奖阅读活动，全省各地近千名读者参加活动，在 5000 多位国内外知名专家学者 10 万余集的专题和课程视频以及 240 余万种中文电子图书中，通过投票选出自己喜爱的视频、图书、课程和名师。古籍保护成效显著。举办“清宫遗珍——‘天禄琳琅’、‘石渠宝笈’典籍书画展”，展出清宫遗珍“天禄琳琅”典籍 47 部、《石渠宝笈》手卷 12 件。省图书馆入选首批 12 家“国家古籍保护中心人才培训基地”，成立了国家级古籍修复技艺传习中心辽宁传习所。

【文物保护】 阜新万人坑保护工作稳步推进。编制完成《阜新万人坑文物保护规划调整》《阜新万人坑遗址抢救性保护设施设计方案》等 9 个方案上报国家文物局并获批准。《阜新万人坑文物保护规划》已由省政府正式批准公布实施，阜新万人坑岩土工程勘察及遗骨防潮、防腐工程已开工。全省抗战纪念设施、重要遗址的排查和调研工作全面完成。对旅顺监狱旧址、南子弹库旧址、抚顺战犯管理所旧址、本溪湖工业遗产群（肉丘坟）4 处全国重点文物保护单位，柳木桥抗联密营遗址、台吉万人坑、下五家子惨案遗址 3 处省级文物保护单位进行现场调研和考察，并形成文物本体保护展示工程可行性工作建议上报省委、省政府。第九批省级文物保护单位正式公布。经省政府第32次常务会议审议通过，第九批省级文物保护单位共251处正式公布，辽宁省级文物保护单位达472处。全国重点文物保护单位保护工程立项和工程方案编制工作成效突出。组织编制圣水寺、千山古建筑群等40余项全国重点文物保护单位的保护工程方案和立项报告，其中有30余项获得国家文物局审批；组织申报医巫闾山辽代遗址、东大杖子遗址、后山遗址等20余项考古发掘项目，其中13项得到国家文物局批准和资金补助。共争取国家重点文物保护专项补助资金1.1411亿元，国家文化和自然遗产保护设施资金2412万元。省市共建文物保护工程不断推进。葫芦岛市启动兴城城墙整体维修工程、核准连山区小虹螺山长城维修工程方案。营口市《西炮台遗址二期保护工程》等工程方案得到国家文物局批复。与抚顺市签订文物保护重点支持项目协议，将抚顺市10处省级以上文物保护单位的20项文物保护列为重点支持项目。第一次全国可移动文物普查有序推进。组建省第一次全国可移动文物普查专家库，收录专家84名。举办7期“辽宁省可移动文物信息登录平台培训班”，培训普查工作人员近600人。开展国有单位文物收藏情况复查工作，对国有文物收藏单位的疑似文物进行现场实物鉴定和定级。博物馆管理不断加强。完成全省博物馆年检，60家博物馆年检合格，33家博物馆基本合格。组织专家完成全省12家二、三级博物馆的运行评估。沈阳工业博物馆《铁西百年记忆》、大连现代博物馆《近代大连》入围第十一届（2013年度）全国博物馆十大陈列展览精品评选，并获得优秀奖。加强了对全省民办博物馆的管理。文物科技保护有效开展。编制完成《辽宁省锦州市博物馆藏青铜器保护修复方案》等3项保护修复方案、两项文物保护修复立项报告，并得到国家文物局批复。实施北票市喇嘛洞三燕墓地出土铁质文物、建昌县东大杖子战国墓地出土陶制彩绘文物保护修复等保护修复项目。

【非物质文化遗产保护】 非物质文化遗产代表项目名录体系建设积极推进。7个省级项目入选国家级非物质文化遗产代表性项目。两人获“中华非物质文化遗产薪传奖”。辽东文化（抚顺）生态保护区建设取得实质性进展。省政府召开业务会议，确定辽东文化生态区的区域范围，包括抚顺市全境及岫岩、本溪、桓仁、宽甸5个满族自治县和凤城市，共辖12个县（县级市、区）。编制《辽东文化生态保护区规划纲要》，并上报文化部。非物质文化遗产展示展演规模扩大。在全国第九个文化遗产日，省文化厅与抚顺市人民政府在抚顺市联合举办辽宁省非物质文化遗产展示展演活动，从全省选调85个项目、300多名传承人和艺人参加现场展演和展示，4万余人次到现场参观。举办“清风传韵”——辽宁省非物质文化遗产项目专场展演，选调20余个国家级和省级非物质文化遗产代表性项目，精心编导和排练成10个精彩节目，著名评书表演艺术家刘兰芳、评剧表演艺术家冯玉萍等国家级代表性传承人现场献艺。非物质文化遗产走出国门。根据文化部部署，组织两个非物质文化遗产展演团分赴塞舌尔、毛里求斯开展文化交流活动，具有浓郁东北特色的“花车”和海城高跷表演队伍表演赢得塞舌尔活动第一名，获得汤姆鲍尔斯黄金奖杯。非物质文化遗产生产性保护得到加强。阜新市细河区珏艺轩玛瑙素活制品厂被命名为第二批国家级非物质文化遗产生产性保护示范基地。抚顺煤精雕刻、锦州满族刺绣两个项目被国家发改委、文化部正式列入“十二五”期间国家非物质文化遗产保护利用设施建设规划。

【文化产业】 全省文化产业发展调研顺利完成。共召开座谈会、研讨会 5 个,实地考察文化企业 52 家。完成《关于加快全省文化产业发展的调研报告》,代省政府起草《关于加快全省文化产业发展的意见》。演出业继续繁荣。辽宁剧院联盟建设取得新成效,新增剧场 8 家,达到 30 家。完成"辽宁省第八届文化惠民演出季"低票价大型惠民演出 20 场、中小型演出 130 场的目标。全省 14 个市共打造 32 个常态化演出项目,成为各地常态化演出基地。"刘老根大舞台"快速发展,在全国开设 10 家连锁剧场。全省演出团体演出收入 6.9 亿余元,同比增长 23.2%。动漫游戏产业稳步发展。大连博涛多媒体有限公司等 3 家动漫企业入选"2013—2014 年度国家文化出口重点企业公示名单";沈阳四维数码科技有限公司、沈阳非凡创意动画制作有限公司的 52 级动画片《巴布豆》在央视和多个地方台热播。全省动漫游戏业产值达 55.6 亿元,同比增加 20.9%。工艺美术产业健康发展。鞍山岫玉、阜新玛瑙、本溪辽砚等产业得到进一步发展;沈阳古玩城、锦州古玩城等工艺美术市场交易日趋火爆。抚顺平天蜡工艺厂入选《2013—2014 年度国家文化出口重点企业公示名单》。评选出辽宁省首届"十佳文化创意设计人才"。全省工艺美术业实现销售额 44 亿元,同比增加 10%。文化会展业扎实推进。第三届辽宁精品文化节吸引省内外 220 家文化企业展出产品 2000 余种,现场交易额近 5000 万元;沈阳古玩文化节参展客户超过 1 万家,交易额突破 5000 万元;第九届中国·锦州古玩文化节参与人次达 20 万人次,交易额近 9 亿元;中国·本溪辽砚文化节实现交易额 7000 万元。全省文化会展业实现产值 25 亿元,同比增加 19.5%。文化产业园区、基地建设不断加强。大连市被科技部、中宣部、文化部、新闻出版广电总局认定为国家级文化和科技融合示范基地。全省全年实现文化产业增加值 411.4 亿元,比 2013 年增长 20.7%。

【文化市场管理】 转变职能,简政放权。取消连锁网吧认定及国家重点文物拍摄两项审批项目。开展审批人员培训工作,推动审批管理工作标准化、规范化。依法行政,规范管理。持续规范上网服务营业场所,保持全省上网服务营业场所总量稳中有降。创新网络文化市场管理,全面启动网络文化经营单位网上审批、变更、续延。推动艺术品市场发展,加强文化市场诚信建设。全面开展文化市场平台建设,完成全省基础数据采集工作。加强督察,保障安全稳定。春节与"两会"、国庆期间,组织督查两次;开展"净网 2014"专项行动。全省共出动执法人员 11.9 万人次,检查经营单位 6.8 万家次,立案调查 717 件,办结案件 590 家。加强队伍建设,提高执法水平。举办 1 次以案施训和两期执法培训班,培训全省综合执法骨干 100 余人。通过以案施训、以考代训、以研促训等方法,突出执法实务训练,提高培训效率。大力扶持民营演出。简化民营文艺表演团体从事演出活动审批手续;扶持骨干民营企业,甄选演出场次多、演出效益好的演出团体、演出场所 60 余家。全省民营演出团体共演出 6 万余场,演出收入 5.88 亿元。

【对外、对港澳台文化交流】 "走出去"文化交流活动全面推动。组团赴非洲的纳米比亚、毛里求斯、塞舌尔和欧洲的爱尔兰,开展"欢乐春节"访演交流活动 10 场。实施与毛里求斯中国文化中心、塞舌尔大使馆对口合作项目。辽宁芭蕾舞团参加巴林"中国文化周"交流活动。省博物馆赴韩国举办"大彩契丹——中国辽三彩文物特展"。"请进来"文化交流活动积极开展。与澳门有关部门联合主办“历史的跨越——纪念《澳门特别行政区基本法》颁布21周年暨澳门回归14周年”图片展览。举办俄罗斯艺术家演奏音乐会、美国全美女艺术家联盟“半边天——社会实践艺术的交叉点”展览、《难忘的岁月——苏联二十世纪20至40年代油画展》等活动。接待毛里求斯作家、画家和朝鲜文化工作者代表团来辽宁进行文化交流活动。全省全年共审核审批对外、对港澳台文化交流项目87项，交流人数为1180人次。其中，对外交流60项，交流人数1040人次，对港澳台交流27项，交流人数140人次。

【文化体制改革和文化立法】 课题调研广泛开展。围绕十八届三中全会《决定》提出的“完善文化管理体制、建立健全现代文化市场体系、构建现代公共文化服务体系、提高文化开放水平”改革课题，形成18篇调研报告；围绕“基本公共文化服务标准体系建设、健全文化产品评价体系、培育外向型文化企业”等课题，形成13篇调研报告；同时还完成“观念、体制、机制、融合、政策”等7个改革重大问题的调研报告。事业单位三项制度改革有序推进。全面实施人员聘用制、岗位设置管理、公开招聘；实行绩效工资制度改革，调整工资结构和工资层级，清理整顿各类不规范的津贴补贴；推进社会保险制度改革。开展全省国有文艺院团改革督查工作，深化国有文艺院团改革。简政放权加大力度。开展行政审批事项的精简和调整，对全厅30项行政审批事项进行全面清理，取消8项，下放3项。对保留的审批事项严格规范，优化审批流程、压缩审批时限、提高审批效率。组建辽宁演艺联盟。成立以辽宁演艺集团为龙头的辽宁演艺联盟，首批38家院团（包括民营院团）加入。文化立法积极推进。配合省人大、省政府开展非物质文化遗产保护调研工作，《辽宁非物质文化遗产保护条例》正式列入省人大2014年立法计划。

【文化政务保障和人才培养】 积极争取文化投入。省财政厅下达省文化厅2014年度预算经费4.8亿元；争取国家补助的项目资金近1.4亿元。全年争取资金总计6亿余元。机关内部管理得到加强。门户网站建设、电子政务云平台建设等工作取得阶段性成果。制度建设更加完善，出台《辽宁省文化厅工作规则》等11项管理制度。整治文山会海。共压缩会议5个，比例为71%；精简文件114个，比例为16%。严控“三公经费”。厅机关“三公”经费支出124万元，同比减少40%。全力推动文化艺术人才培养。辽宁省群众艺术馆田剑峰入选政府特殊津贴人选。辽宁歌剧院殷之声、辽宁歌舞团聂灵姝、辽宁芭蕾舞团赵媛入选2014年全省宣传文化系统“四个一批”人才。举办两期基层文博系统工作人员培训班，各市博物馆、纪念馆等80余人参加培训。

（辽宁省文化厅　肖明伟）

吉林省

【概况】 围绕中心、服务大局、开拓创新、务实进取，文化改革发展取得新成果。以吉剧振兴、公共文化服务体系建设、特色文化产业发展、历史文化遗产保护利用为重点的发展路径更加明晰。重大文艺演出、公共文化服务体系建设、文化交流活动和文化体制改革等重点工作成绩突出，文化遗产保护利用融入经济社会发展的效果更加明显。

【文艺创作演出】 吉剧振兴工程取得重要阶

段性成果。吉剧《站醒台》荣获中宣部“五个一工程”戏剧奖，吉剧《焦裕禄》荣登国家大剧院舞台，并在省内巡演百余场，巴音朝鲁书记给予高度评价。省里设立吉剧振兴引导资金，已扶持 12 个吉剧剧目。11 名吉剧青年演员进入中国戏曲学院深造，成立了吉林艺术学院戏曲学院。成功举办吉剧优秀剧目汇演和“吉林文化上海行活动”。吉剧电影《大唐女巡按》拍摄完成，吉剧《包公赔情》参加 2015 年新年戏曲晚会。11 卷《吉剧集成》出版发行。在加快吉剧振兴的同时，其他艺术门类竞相发展。吉林歌舞成功亮相北京 APEC 峰会，吉剧戏歌《骏马奔腾拜大年》入选 2014 央视戏曲春晚，话剧《大山里的红灯笼》赴京演出，改编传统京剧《孙安动本》入选国家舞台艺术精品工程资助剧目，大型现代京剧《杨靖宇》成功参加庆祝新中国成立 65 周年优秀剧目汇演和中国京剧艺术节。

【公共文化服务】 扶持建设 200 个农村文化大院小广场、400 个社区文化活动室和“送戏下乡”4000 场三项省政府年度民生实事项目按计划完成。省图书馆新馆正式开馆，大众剧场试运营，省文化活动中心、省美术馆、东北抗联纪念馆启动建设工作稳步推进。全省公共图书馆、博物馆、文化馆、美术馆和乡镇综合文化站免费开放服务效果进一步提升，文化共享工程、图书馆联盟、数字阅读网站、数字图书馆建设不断深化。省政府批准公布了第一批“吉林省珍贵古籍名录”851 部，第一批“吉林省古籍保护重点单位”11 家。农民文化节、市民文化节和“长白之声”合唱节等群众文化活动成功举办，以农村文化大院和城市社区文化活动室为阵地的基层文化活动异彩纷呈。四平市通过实行城市社区与农村村屯、城市文化艺术团体与农村文化大院“一对一”结对子形式，实现了城市对农村的文化反哺；梅河口市积极培育文化非营利组织，对丰富城乡群众文化生活起到了积极的推动作用。全省初步建立了省、市（州）、县（市、区）三级文化志愿者管理和服务网络。公主岭市积极开展文化志愿者下基层活动取得实效。长春市公共文化服务体系示范区建设项目、松原市农民自办文化示范项目通过国家验收，延边州、吉林市、白城市创建第二批国家公共文化服务体系示范区（项目）工作稳步推进。

【文化市场建设】 行政审批进一步规范，确立了全省文化市场行政审批权力清单，调整后的审批项目共 7 项，精简比例达 41.7%。文化市场综合执法队伍建设得到加强，综合执法改革成果进一步巩固。制定并组织实施《全省文化系统“四化融合”、“三位一体”安全监管防控体系建设实施方案》，集中开展了“夏季攻坚”“暑期校园整治”“娱乐场所专项整治”“文化市场管理和文化综合执法年度考评”系列专项工作，文化市场监管水平进一步提升，文化厅连续 6 年被省政府评为全省安全生产工作先进集体。

【文化产业发展】 政策扶持力度加大，在省文化产业发展引导资金中增设了文化产业示范园区和基地孵化引导资金，重点扶持动漫游戏、演艺娱乐、工艺美术等特色产业发展。建立文化产业综合数据管理平台，提高了对文化产业基地、园区及文化企业的管理和服务水平。传统歌舞演艺产业稳步发展。以吉林市歌舞团、延边歌舞团为代表的歌舞演艺产业，以东北风、刘老根、和平大戏院为代表的二人转演出市场，以琵琶、古筝、舞蹈为代表的艺术培训业走上品牌发展道路，“两个效益”稳步增长。新兴文化产业快速发展。一批重点动漫网游企业健康发展，在业内具有广泛的知名度。知合动漫集团年出口创汇达200万美元,风雷公司运营的游戏达40余款,注册用户达1000万,禹硕公司原创3D动画电影《青蛙王国》全国电影院线上映,荣获中宣部“五个一工程”动漫奖和中国文化艺术政府奖第二届动漫奖。特色文化产业发展势头良好。一批特色文化企业坚持走“专、精、尖、特”发展之路,逐渐形成比较优势。林田远达、宇平工艺产值超亿元,紫玉木兰公司年出口创汇近千万美元。东丰农民画与多产业融合发展,解决近2万名农民就业。松花石产业稳步发展,通化、白山两地松花石产品年销售额达2.5亿元。文化产业园区规模化发展。“东北亚文化创意科技园二期工程建设”和“东北亚文化城二期工程建设”两项省政府年度重点建设任务进展顺利。东北亚文化创意科技园等新兴文化产业园区,初步显现孵化器的功能。通化和白山的松花石(砚)产业园、宇平工艺品产业园、华联古玩城等工艺美术品产业园区成长性良好。长春市关东文化园、辽源市“扎兰芬围”满族风情原生态影视基地走特色发展之路,经济效益日益增长。目前全省已有国家级文化产业试验园区1家、示范基地11家,省级文化产业示范园区7家、试验园区4家、示范基地35家。

【文化遗产保护】 12处遗址列入全国重点大遗址保护利用名单。集安高句丽、和龙渤海中京遗址列入国家考古遗址公园名录,数量居全国第二位。第一次可移动文物普查工作稳步推进。长影旧址博物馆正式对外开放。积极探索实践抗战文物遗迹保护融入经济社会发展和城市建设改造中的新做法,辽源矿工墓列为全国文物系统抗战文物保护重点支持项目,长春、吉林、通化、辽源、白山、延边等地21处抗战遗迹对社会公众开放。抚松县漫江镇锦江木屋村被确定为东北三省唯一一个试点传统村落,以宝马古城遗址为核心的考古发掘项目取得重大发现,对提升长白山核心区的文化内涵起到了积极作用。

非物质文化遗产保护利用项目的影响力不断提升。6个项目列入第四批国家级非物质文化遗产名录。“朝鲜族民族乐器制作技艺”保护单位被评为第二批国家级非物质文化遗产生产性保护示范基地。两名国家级传承人荣获“第三届中华非物质文化遗产传承人薪传奖”。以中国朝鲜族非物质文化遗产展览馆、东丰农民画博物馆和东北二人转博物馆为代表的非物质文化遗产基础设施先后向社会开放,“长白山风韵”吉林省非物质文化遗产展首次在美国举办,展示了吉林省多姿多彩的文化魅力。

【对外文化交流】 圆满完成在蒙古国举办的“中国文化周”“第十六届东北亚地区美术作品展”,在加拿大、美国举办的“跨越太平洋·中国吉林文化周”相关活动和“央地合作”贝宁中国文化中心对口合作后续文化交流项目,受到当地民众、政要、新闻媒体好评。吉林省二人转艺术团赴新西兰参加文化交流和商业性演出活动效果良好。省戏曲剧院参加在台湾举办的“第四届海峡两岸民俗庙会”相关演出工作受到好评。积极发挥“东北亚文化艺术周”的平台作用,邀请俄罗斯国立小白桦歌舞团等国内外知名演出团组来吉林演出,受到观众欢迎。

【文化体制改革】 按照文化体制改革总体要求,由文化厅牵头,19个部门组成的省公共文化服务体系建设协调组正式成立,组织保障更加坚实。进一步健全了事业单位人事管理、收入分配、社会保障等规章制度,重新核定了文化厅所属事业单位的主要职责、机构编制、领导职数。进一步深化了省图书馆、省博物馆、省群众艺术馆等公益性文化事业单位内部“三项制度”改革。进一步优化了转企改制国有文艺院团、保留事业体制文艺院团的现代法人治理结构和内部管理机制。文化市场综合执法改革进一步深化。

（吉林省文化厅　赵　旭）

黑龙江省

【概况】　深入学习贯彻习近平总书记系列重要讲话精神，认真落实省委省政府全面深化改革的决策部署，以构建现代公共文化服务体系和建立健全现代文化市场体系为重点，以满足群众精神文化需求为根本任务，以解决制约文化发展突出问题为根本着力点，解放思想，真抓实干，全省文化事业整体推进，重点领域取得新突破。

【公共文化服务】　启动中心村文体设施建设工程，省级财政落实专项资金 3.9 亿元，分两年投入完善 2604 个中心村文化室设备配置和文化广场建设，2014 年投入 2.41 亿元，启动的 1432 个中心村已基本建成。争取中央和省级资金 5359 万元，装备社区文化中心（活动室）1109 个。大力推进公共数字文化建设工程。基本完成全省平台搭建任务，启动最后一批 5 个地市数字图书馆建设，全省 13 个地市数字图书馆软硬件平台全部建设完成。文化部总结推广黑龙江省“边疆数字文化服务长廊”建设经验，启动实施“全国边疆万里数字文化长廊”建设工程，并将黑龙江省确定为示范省，2014 年在边远边疆地区建设移动数字服务和远程数字服务点 132 个，其中 7 个被命名为全国示范点。《望奎皮影戏》《侵华日军细菌战揭秘》等 6 项地方特色数字资源建设项目获国家批准。完成大型数字资源库《黑龙江流域的自然与文明》制作和《渤海靺鞨绣》《江桥抗战》等 5 部专题片脚本。全省图书馆可免费共享数字资源总量达 124.5TB。创新公共文化服务方式，举办全省农民文化节，农民群众热烈欢迎、广泛参与，掀起农村文化活动的新高潮，中央主流媒体予以专题报道。下拨免费开放资金 1.57 亿元，奖励资金 425 万元，免费开放提升到新水平，全省 1336 个免费开放场所年接待群众 2000 万人次。继续开展“送欢笑到基层”“高雅艺术进校园”“城市之光”“金色田野”等文化惠民活动，各级文化部门全年为基层送演出、送培训、送辅导、送图书、送数字资源 3 万余场，惠及城乡群众 2600 万人次。木兰县吉兴乡文化站站长王向东被评为“2014 中国文化馆榜样人物”。

【艺术创作演出】　艺术生产走上良性发展轨道，两次召开全省舞台艺术精品创作题材规划会，组织文化系统深入学习习近平总书记在文艺工作座谈会上的重要讲话。通过调研讨论，统一思想、凝聚共识，进一步理清思路，明确方向，完善立项、投入保障等相关机制，全省上下形成主动抓创作生产的势头。组织“中国梦”主题文艺创作采风活动，创作弘扬中国精神和核心价值的剧（节）目近 30 个。组织开展全省优秀剧（节）目巡演和 2014 新剧目展演，收到文化惠民和推动创作双重效果。重点剧（节）目打造收获新成果，龙江剧《鲜儿》、评剧《八女投江》、京剧《月照塞北》等应邀参加全国展演，获专家一致好评，《鲜儿》获中宣部“五个一工程”奖。原创话剧《师爱芬芳》获第四届中国校园戏剧节最高奖。龙江剧《松江魂》和冰上杂技《惊美图》入选国家艺术基金扶持项目。抓美术创作生产迈出重要步伐，组织全省美术馆藏品普查，组织参加第十二届全国美展,有6件作品获奖。艺术人才培养取得新成效。再次送出48人到国家一流艺术院校集中培训和拜名师重点培养。在省内举办30人的舞蹈编导培训班,4年来已累计培养专业艺术人才298名,人才培养的良好效果已经显现。文化艺术科研和科技创新成果丰硕,8个项目获国家社科基金哲学和艺术学项目立项。

【文化产业发展】 政策引导扶持力度加大。制定出台《黑龙江省文化产业重点项目扶持资金管理办法(试行)》《关于深入推进文化金融合作的实施意见》,省政府首次设立1亿元文化产业扶持资金,奖励46家国家级园区基地和重点文化企业,支持13个建成投产的生产型和文化创意类重点产业项目。两家企业被命名为国家级文化产业示范基地,22个项目入选国家重点(特色)文化产业项目库,争取中央专项资金8270万元,为文化产业发展注入活力。文化与旅游、时尚产业深度融合发展。制发《关于促进文化旅游深度融合推进演艺市场繁荣发展的通知》,确定一批文化旅游项目予以重点推进,筹划推出哈尔滨旅游季驻场演出,打造哈尔滨国际油画交易中心,推出哈尔滨美术馆俄罗斯精品油画展,召开文化旅游时尚产业项目对接会,全省旅游文化时尚产业强劲发展。以重点项目带动文化产业整体发展。筛选确定2014年全省文化产业重点项目47个,总投资271.9亿元,全年完成投资45.3亿元,18个项目建成投产。组织文化企业项目合作对接会和银企对接会,大力推介文化产业项目和招商引资,促成北京演艺集团、工美集团等大型文化企业落户黑龙江。

【文化市场监管】 文化市场监管卓有成效。有针对性地组织全省专项整治行动,严厉查处违法案件,有力震慑违法行为,营造良好社会文化环境。加强涉外及涉港澳台营业性演出活动监管,确保演出市场繁荣有序。推进全省文化市场技术监管与服务平台建设,全面升级网吧计算机经营管理系统,按时完成平台上线应用任务,新增准入和执法业务均已通过平台统一办理。文化市场建设得到加强。制定《关于进一步明确文化市场审批工作权限促进全省文化市场公平竞争的指导意见》,取消对互联网上网服务营业场所和电子娱乐场所审批规定的限制要求,发挥市场在资源配置中的主体作用,实行宽进严管,激发文化市场主体活力。

【文化遗产保护和博物馆事业】 大遗址保护取得重要进展。落实习近平总书记等中央领导指示精神,侵华日军第七三一部队旧址为重点的各项保护工作整体启动运行,旧址考古、本体保护、展示和申报世界文化遗产等工作取得实质进展。启动中东铁路建筑群整体保护规划编制,渤海遗址国家考古遗址公园建设有序推进,金上京遗址保护取得积极进展。争取国家重点文物保护资金7211万元,启动实施一批重点保护项目。省政府正式公布第六批省级文物保护单位197处。非遗保护传承工作扎实推进。赫哲族伊玛堪和望奎皮影两个联合国项目履约工作进展顺利,《伊玛堪集成》正式出版,伊玛堪皮影戏完成创排,保护传承更加规范。满族刺绣等7个项目入选第四批国家级名录。《黑龙江省非物质文化遗产条例》基本完成地方立法前的准备工作。博物馆事业再上新台阶。高质量、高标准完成国有可移动文物普查阶段性任务,受到国家肯定。文物征集规范有序,成功实施黑龙江籍书画名家艺术典藏工程,著名画家于志学先生的100多件代表作品、王隽珠先生的300多件代表作品无偿捐赠省博物馆,开启了博物馆藏品征集新纪元。省博物馆《白山·黑水·海东青——纪念金中都建都 860 周年特展》和北安庆华军工遗址博物馆《共和国枪械的摇篮》展览双获全国博物馆十大陈列展览“精品奖”。

【对外文化交流】 充分发挥文化交流在对俄罗斯全方位交流合作中的重要作用,多次成功组织大型文化交流活动,收到良好效果。助力首届中俄博览会成功举办,圆满完成开幕式演出任务。博览会期间举办第四届黑龙江国际文化周,邀请俄罗斯、阿尔及利亚等国家多个优秀团组来访,共举办 65 场精品文化活动,有力配合了经贸活动开展。创新举办第五届中俄文化大集。作为中俄文化部关注的国家级项目,第五届中俄文化大集在原有基础上,内容更为丰富,活动又有创新,规模和层次进一步提升,成为国家和黑龙江省对俄文化交流与合作的高端平台和“边境地区文化交流与合作的示范项目”。成功举办首届中俄边境文化交流论坛。作为中俄两国文化部主办的中俄文化论坛的重要部分,中俄边境文化论坛由黑龙江省文化厅主办,黑龙江文化界代表与俄方代表就扩大边境文化合作进行深入交流,达成广泛共识。

【文化体制改革】 行政审批制度改革成效显著,主动下放权力,取消和下放审批权限 11 项,占比 33.3%,并全部实现网上运行,取消省级年检,前置审批改后置备案 6 项,圆满完成省政府确定的任务。分类推进事业单位改革取得实质进展。在编制机构从严把控的大形势下,文化部门在改革中机构、编制、处级干部职数都得到增加,厅直属事业单位改革方案顺利实施,各单位全部完成岗位设置和竞聘上岗任务,文化事业发展活力增强。省市京评剧院合并,省编委为两院增编 121 人。文化体制改革台账任务较好落实,进一步理清文化体制改革思路,明确改革任务,制定省文化厅改革台账,如期完成 2014 年改革任务,为 2015 年工作做好准备。完成建立公共文化服务体系协调机制的各项筹备工作。

(黑龙江省文化厅　李文娣)

(审订:马　军)

上海市

【概况】 以推动社会主义核心价值观落细落小落实为主线,抓住深化改革的历史性机遇,以创新发展为动力,以转变政府职能为要务,全面推进公共文化、文化市场与产业、文艺创作、重大活动、对外文化交流等各领域工作,圆满完成年初制订的工作目标和重点任务。

【推进文化领域社会主义核心价值体系建设】 召开践行社会主义核心价值观座谈会,明确通过舆论先导、艺术熏陶、服务引领、传统养成、活动感染、市场渗透、机制撬动 7 种方式,推动社会主义核心价值观在文化领域的构建,弘扬中华优秀传统文化。根据公共文化、市场产业、大型活动、文艺创作、广播影视、文博非遗等不同领域工作特点,按照落细落小落实的要求,在市民文化节、影视两节、国际博物馆日、文化遗产日、国际艺术节中设计安排相关板块,如举办“中华传统文化知识大赛”“中华传统经典诵读大赛”等,并举办大型现场展示活动。结合上海影视两节、上海书展、上海国际艺术节等重大节庆,开展“真善美”系列写作大赛。推进地方戏曲剧种保护与扶持。指导市区两级广播电视机构开设“践行社会主义核心价值观”“中国梦申城美”等宣传专栏,推出《唐宋明月》《我爱汉字美》

等一批弘扬、传承中华优秀传统文化的广播电视节目,开展“中国梦”“讲文明树新风”等主题公益广告展播。

【加快政府职能转变,推进文化开放创新】一是进一步简政放权。做好国务院审批事项调整的衔接工作,将市级可放、区县可接的审批事项下放,市级审批事项从91项减少为73项,减少20%。优化行政审批流程,6项市级审批启动实行告知承诺、当场办结等简易手续,美术品进出口审批等实现全流程无纸化。积极落实国产影片属地终审工作。加快推进行政审批标准化建设,完成制订全部市级审批项目的《办事指南》和《业务手册》。二是加快文化领域开放。与市工商局、自贸区管委会等联合发布《中国(上海)自由贸易试验区文化市场开放项目实施细则》,明确游戏游艺、演出经纪、娱乐场所等开放项目的准入标准,加强进口文化产品内容审核。在自贸区内设立受理窗口,为相关企业提供服务。推动国际顶级文物艺术品博览会、拍卖企业等落户上海,推动微软、索尼、寰亚、尼德伦环球娱乐、美国电影金融公司等一批国际一流企业入驻自贸区。三是深化文化体制改革。以解决改革与发展中的问题为导向,制订并推进“三会”制度建设工作总体方案,推动中华艺术宫、上海当代艺术博物馆、中国上海国际艺术节中心建立理事会制度,深化上海交响乐团体制机制改革。着力完善文化事业单位法人治理结构,完善“三会”制度下的管理架构,努力增强基层文化事业单位的活力与发展后劲。开展部分博物馆理事会建设试点。四是加大向社会力量购买服务力度。制订《市文广影视局向社会力量购买服务管理办法》,公布2014年版《服务目录》,共有18类、76项工作纳入购买服务正面清单,涵盖政府基本服务事项和辅助性、技术性事务。全年共有42个项目发布公开招标信息,一批企事业单位、行业协会、社团组织成为承接主体。

【加快建设现代公共文化服务体系】 一是健全全市公共文化资源三级配送体系。优化“东方系列”配送方案,配送经费按区县人口比例分配并向远郊和大居倾斜。上海市东方文化资源配送平台(一期)正式上线,实现市、区、街镇三级配送网络互联互通,逐步完善需求对接、主体征集、购买服务、绩效评估等机制。通过发布征集令、举办一系列具有针对性的采购专场等方式,面向社会征集公共服务资源,主体数量增加40%,一批各具特色的文化创意和服务项目进入社区。推出《公共文化配送资源手册》和《公共文化场馆手册》等惠民资料包。中华艺术宫等市级公共文化设施和上海影视两节、国际艺术节等重大文化活动探索“1+17”市区资源联动机制,举办一系列辐射各区县的公共文化活动。二是举办2014年上海市民文化节。3月23日,全市以“文化服务日”的形式启动2014年市民文化节,当天共举办超过1500场分类活动。全年全市共举办公共文化活动4.2万余项,吸引2700万市民参与,社区文化活动中心满载率显著提升。由各级各类主体主办的“听、说、读、写”四大市级赛事催生了百支(个)优秀市民乐队、市民诵读达人、市民演说家、市民沪语高手、优秀相声团队、市民阅读家庭、市民知识达人、市民作家等一批公共文化成果。全面培训提升首届“百强”优秀团队和个人,开展全市千场巡展巡演。三是推进公共文化数字化建设。完成“文化上海云”项目建设建议书,拟定《“文化上海云”建设三年行动计划(2014—2016)》,制订技术标准和数据规范。深化嘉定、闸北等区县公共文化数字化试点。推出“文化上海云”移动终端1.0版,中华艺术宫数字美术馆(二期)上线。完成80万户下一代互联网(NGB)建设和 60 万户郊区县有线电视数字化整体转换。

【建立现代文化市场体系,推动文化产业发展】 一是加强文化市场事中事后监管和行业管理。会同文化执法部门共同制定文化市场网格化管理实施标准,完善网格化管理模式,指导区县建立文化产业园区"四小"问题监管机制,确保亚信峰会期间和全年文化市场平安有序。在相关区实施营业性演出、娱乐场所等分类管理试点。推进区域文化市场一体化建设,制订《江浙沪文化市场一体化发展三年行动计划(2015—2017)》。加强行业管理,指导行业协会制订《上海市剧场管理标准》《上海市剧场服务标准》等。二是用好各类专项资金,培育合格主体。以聚焦和扶持重点为原则,修订和发布民营院团、民办博物馆、网络视听、网络游戏等 10 项专项资金管理办法和申报指南。指导各社会主体举办 2014 年优秀民营院团展演、民营美术馆论坛、长江迷笛音乐节、WDC 世界舞蹈锦标赛等品牌活动。三是推进重大文化项目建设。崧泽遗址博物馆于 5 月 18 日正式开馆;刘海粟美术馆新馆完成主体施工,进入展陈布展阶段;世博会博物馆展陈方案进一步深化;中国(上海)网络视听产业基地正式对外运营,在基地内设立政府行政事务受理服务窗口。上海市历史博物馆、西洋美术馆等选址立项正在推进。四是推进文化融合发展。文化与科技方面,制订广播影视、舞台音乐、数字新媒体、公共服务等 5 大类、22 个重大工程和项目清单,明确推进任务。完成下一代综合型数字媒体舞台、下一代大型 5D 剧场项目等重大项目前期论证。文化与金融方面,完成《上海金融支持文化产业发展课题报告》,配合市委宣传部等共同研究制订《关于深入推进文化与金融合作的实施意见》,提出适合上海文化产业发展的金融政策建议和金融创新模式。文化与教育方面,实施《文教结合三年行动计划》2014 年度项目。文化与旅游方面,继续实施《文化与旅游合作发展三年行动计划》,联合市旅游局等举办项目推介会,在国际博物馆日、上海旅游节期间推出文化特色旅游线路、徒步线路等,全市重要文化动态信息在每日 600 余架次进沪航班上播报。

【繁荣文艺创作,营造城市文化氛围】 一是推进"中国梦"主题创作。开展涉及音乐、舞蹈、美术、戏曲、戏剧、电视剧、电视纪录片、电视动画、网络微电影等各门类的"中国梦"主题创作、征集以及展播展演活动。举办以"中国梦"为主题的 2014 年上海市新剧目评选展演和庆祝新中国成立 65 周年美术作品展,沪剧《挑山女人》作为全国 11 台优秀剧目之一,进京参加"国庆 65 周年优秀剧目展演",19 件美术作品进京参加第十二届全国美术作品展。组织"中国梦"主题戏曲系列创排,"开心阿婆"鲍美利、"杨浦十佳好儿女"扈晓静、"感动上海十佳人物"严正等一批基层先进人物的事迹被搬上舞台。完成"拍摄京剧经典传统大戏电影工程"《霸王别姬》《萧何月下追韩信》2D、3D 版本的拍摄和后期制作。重大革命历史题材电视剧《领袖》《开国》等 12 部电视剧被推荐为"中国梦"播出参考剧目,推动策划制作重大题材纪录片《海上丝绸之路》《二战 · 东方战场》《飞天梦》等。二是指导办好全市重大文化节庆活动。圆满完成亚信第四次峰会系列文艺演出。推动 2015 年劳伦斯世界体育奖颁奖典礼落户上海并举办全球新闻发布会。创新第 20 届上海电视节、第 17 届上海国际电影节办节机制,影视两节在办节影响、主体质量、服务产业、公共服务、媒体宣传等方面取得突破。指导办好第 16 届中国上海国际艺术节、"上海之春"国际音乐节、上海夏季音乐节、中国国际动漫游戏博览会、上海艺博会等,各节庆活动与市民文化节、中国文化遗产日等打通资源、紧密结合,开展辐射17个区县的公共文化活动。三是继续实施营造城市文化氛围三年行动计划。广场类,根据中心城区、远郊等不同区域特点,在东方明珠城市广场举办大型多媒体表演《东方之光》,在陆家嘴中心绿地举办城市景观音乐会,在奉贤海湾森林公园举办生态音乐会,共吸引近30万市民和游客。地铁类,推进文化进地铁,在人民广场站建成上海地铁公共文化核心展示区,推出一批展览展示项目,开通"印象莫奈"等多列文化主题列车,举办200场"地铁音乐角"。街头艺人类,完成首批街头艺人选拔与培训,与相关部门共同制订管理办法,在静安区开展街头艺人持证试点。新媒体类,成立覆盖17个区县、23块户外大屏的"营造城市文化氛围播映联盟",在"上海之春"国际音乐节、国际艺术节和影视两节期间举办"影像艺术夜",滚动播出文化公益宣传片,并直播开闭幕式、重点演出等上百场次。电影类,坚持开展上海艺术电影联盟放映活动,全市105个电影院推出老年优惠低价公益场。机场类,浦东机场博物馆正式开馆,推出《东风西渐欧洲瓷器展》。此外,还与浦东新区共同启动服务和覆盖小陆家嘴地区"文化小陆家嘴"系列活动,初见成效。

【大力推动对外和对港澳台文化交流】 一是配合国家外交大局完成对外文化交流使命。围绕中国—中东欧十六国合作机制等国家战略,以及上海与澳大利亚昆士兰州结好25周年、与瓦努阿图维拉港结好20周年等重要节点,举办交流访问演出、互办电视周等。配合文化部办好首届中东欧艺术节、庆祝中法建交50周年系列活动等。作为"纪念中美建交35周年"主要文化项目之一,3D京剧电影《霸王别姬》赴洛杉矶举办全球首映式,在美国主流社会、媒体和高校引起较大反响。二是加强央地合作。推动布鲁塞尔中国文化中心部市共建,启动中心筹建工作。与文化部合作在德国举办"2014德国·中国上海文化节",组织各类主体举办类型多样、内容丰富的文化交流和体验活动。充分发挥民营院团和社会主体积极性,共有13个团组近500人分赴10个国家和地区举办文化部"欢乐春节"演展活动。三是推动对港澳台文化交流。落实文化入岛"南移下沉"要求,赴台举办"中华文化校园行"、上海—台北双城文化论坛、第四届海派文化艺术节等,在沪成功举办"星云法师一笔字书法展"等重要展览。推动上海国际艺术节与台北艺术节签署合作备忘录,与香港艺术节共同委约台湾当代传奇剧场创作剧目。积极推动区县和民营剧团参与对港澳地区文化交流。四是推动对外文化贸易。指导和支持国家对外文化贸易基地(上海)组织国内重点文化企业参加美国洛杉矶艺术展、美国国际演艺出品人年会、西班牙巴塞罗那国际漫画节、法国昂西国际动画电影节、德国科隆游戏展等各领域国际知名展会,并依托自贸区举办首次文化授权交易会,拓展对外文化贸易渠道。上海交响乐团、上海杂技团等与国际知名演出经纪公司合作,赴欧美开展商业巡演取得良好效果。

(上海市文化广播影视管理局　朱春霞)

江苏省

【概况】 坚持以人民为中心的工作导向,积极推进文化体制改革,深入实施文化建设工程,大力弘扬优秀传统文化,培育践行社会主义核心价值观,着力提升文化治理能力,各项工作取得了新的进展和成效。

【文化体制改革】 紧紧围绕江苏省委深化文化体制改革的工作部署，坚持正确的改革方向，积极稳妥地推进改革任务。成立省文化厅文化体制改革小组，分解落实14项牵头任务，明确具体的时间表、路线图和任务书。制订《江苏省公共文化服务体系建设协调机制工作方案》，并报省文化体制改革领导小组同意。积极开展改革试点，南京图书馆成立首届理事会、监事会，建立"四位一体"的法人治理结构，列为省政府和文化部改革试点。苏州市公共文化服务标准化建设和镇江市基层综合公共文化服务中心建设列入文化部试点。无锡市、连云港市公共文化服务标准化建设，泰州市基层综合性文化服务中心和盐城市盐都区文化馆法人治理结构列为省级试点。在常熟市、南通市通州区和大丰市开展村图书室纳入县级图书馆总分馆试点。探索文化遗产保护新机制，在镇江市、淮安市淮安区、徐州博物馆、南京市太平天国历史博物馆、镇江博物馆开展的首批文物安全综合管理实验区试点工作，进展顺利。省文化艺术研究院推行"开门办院"，与中国艺术研究院签订战略合作协议。深化行政审批制度改革，省文化厅取消审批项目9项，下放3项，承接文化部5项，保留行政许可项目7项；省文物局取消审批项目3项，下放1项，承接国家文物局两项，保留行政许可项目17项。加强"放管结合"，做好取消下放后的衔接工作和事中事后监管。加快文化类社会组织发展，成立江苏省文化产业协会、江苏省中国画学会、江苏省艺术品行业协会，调动更多社会力量参与文化建设。

【艺术创作】 把创作更多优秀文艺作品作为中心任务，加强文艺创作的生产引导。承办全国艺术创作工作会议。开展中国梦主题文艺创作和"深入生活、扎根人民"主题实践活动，各地涌现了一大批新创剧目，京剧、昆剧、话剧、舞剧、歌剧、锡剧、淮剧、扬剧、滑稽戏等各式剧种全面创作，呈现出人出戏的良好局面。《杨家碾坊》《小花旦当官》《探亲公寓》《紫薇树下》《如姬夫人》等剧目获得江苏省舞台艺术重点投入。《运之河》《丁香》在中国歌剧节、中国越剧艺术节等全国性赛事中获奖，京剧《镜海魂》《如姬夫人》入选中国京剧节。《乡村好人》等10台剧目被评为省舞台艺术精品工程资助剧目。扬剧《衣冠风流》等18个项目入选国家艺术基金资助名单。昆剧《南柯梦》等74个项目获省文化产业引导资金文化艺术精品补助。《柳琴姑娘》等11部作品获江苏省戏剧文学奖。承办全国地方戏（南方片）优秀剧目展演，15个省（市、自治区）的25台精品剧目集中参演。参与举办第二届中国·江苏文化艺术节，多侧面、全方位展示近年来江苏文化艺术创作生产成果。继续实施省重大主题美术创作精品工程，对二期入围作品进行修改加工。召开全省画院院长、美术馆馆长工作会议。完成全国美术馆普查任务，普查数量全国第一。举办"多彩中国梦——百家金陵画展""新中国美术家系列——江苏省中国画作品展""金陵风骨·其命惟新——江苏省国画院作品展""大匠踪迹——傅抱石绘画发展历程展""江南如画"油画展等美展，引导美术创作。发动组织美术工作者积极参加第十二届全国美展，取得了较好的成绩。连云港举办了首届"丝绸之路"全国艺术摄影大展。

【公共文化服务】 按照"推进立法、示范引领、提高效能、面向基层"的工作思路，不断完善公共文化服务体系。承办全省现代公共文化服务体系建设工作会议，起草《关于推进现代公共文化服务体系建设的实施意见》和《江苏省基本公共文化服务保障标准》。积极推进《江苏省公共文化服务促进条例》立法，目前已形成草案稿上报省政府。深入开展公共文化服务体系示范区和示范项目创建，南京、镇江两个省辖市，宜兴等12个县（市、区）和103个乡镇（街道）被命名为第二批江苏省公共文化服务体系示范区。积极开展民间文化艺术之乡申报工作，31个县乡被命名为中国民间文化艺术之乡，总数居全国第一。完成第一次全国乡镇综合文化站评估定级，884家文化站被评为等级文化站，其中国家一级文化站239家；两家单位和1名个人获得2014全国优秀文化馆（站）、榜样人物称号，占全国获奖总数的十分之一。常熟、张家港市图书馆被评为10个“2014全国最美基层图书馆”之一。推进文化信息资源共享工程、数字图书馆推广工程、公共电子阅览室建设计划三大文化惠民工程建设，启动江苏少儿数字图书馆建设。组织开展第十一届江苏省五星工程奖评奖活动，参赛项目、参赛作品和参赛人数创历史新高。举办全省文化馆（站）业务人员技能大赛活动。积极参加“春雨工程”——全国文化志愿者边疆行活动，省文化厅被文化部表彰为“2014年全国文化志愿服务工作”优秀单位。公共文化机构服务能力进一步提升，南京图书馆开辟《四库全书》专藏室；南京博物院举办“芳菲流年”“双城记”“庞莱臣虚斋名画合璧展”等特色展，获2014年度“最具创新力博物馆”称号；江苏省美术馆举办的“江山如此多娇——馆藏新金陵画派精品展”入选文化部馆藏精品展出季活动和国家艺术基金传播推广资助项目，组织的“文化使者·青春行动”青年志愿者活动获得首届中国青年志愿者服务项目大赛银奖；江苏省文化馆成立老年文化志愿团；苏州图书馆推出“网上借阅、社区投递”服务。开展文化惠民活动，组织“群星奖”获奖作品巡演和“精彩江苏”文化民生基层文艺巡演活动，省文化厅全年送书刊80万册、送戏下乡2830场、送展览40个，受益群众近百万人次。南通开展首届公共文化服务展示月活动，盐城“盐渎大舞台”向基层延伸，宿迁组织“文化广场周周乐”惠民活动。

【文化产业发展】 以实施园区基地提升工程为抓手，以全省文化创意工作座谈会为契机，进一步增强文化产业创新能力和整体竞争力。南京秦淮特色文化产业园被命名为第五批国家级文化产业试验园区，实现了江苏国家级文化产业园区零的突破；吴江静思园等3个园区被命名为第六批国家文化产业示范基地；常州恐龙园被评为最具影响力的国家文化产业示范基地。新命名7家省级文化产业示范园。2014年全省有32家文化类企业、18个文化类项目和9个文化出口项目获国家文化产业引导资金支持，资助金额比2013年分别增长81%、93%、47%，项目数和金额数连续三年居全国之首。省级文化产业引导资金对全省252个项目给予2.2亿元扶持。文化与金融合作取得积极进展，承办全国文化金融合作会议，3个项目获全国十大优秀文化金融合作创新成果，总数全国第一；无锡市成立了全省首家专业文化金融机构——无锡农村商业银行太湖文化支行。文博会、交易会影响进一步扩大，首次作为主宾省参加“2014海峡两岸文创展”，成功举办第三届苏州创博会、第十一届常州动漫艺术周、第四届中国（无锡）文博会，30多个国家和地区的1500多家企业参展，促进了文化产业转型发展。2014年全省文化产业增加值突破3000亿元，占GDP比重超过5%。

【文化市场管理】 坚持依法管理、依规执法，开展综合执法队伍业务培训，举办文化市场综合执法骨干培训班、文化市场技术监管培训班，开设网络视频培训课程，提高综合执法专业化、规范化水平。加强文化市场整治和大案要案督查，部署文化市场安全生产检查和暑期专项整治，开展暗访督查和交叉执法行动，全省综合执法共出动人员 393207 人次，检查各类经营场所 143945 家，责令整改 4414 家，受理举报 1282 件，立案调查 1650 件，办结案件 1484 件，罚款 960.9 万元，予以警告 3461 家，停业整顿 83 家。江苏省文化厅被江苏省全面推进依法行政工作领导小组评为依法行政优秀单位。开发文化市场移动办公、移动执法、场所视频监管系统，完成网吧、歌舞游艺娱乐、演出经纪机构等 12000 家文化市场经营单位数据导入，启用文化市场技术监管与服务平台，实现网上受理、动态监管、远程监控。依托江苏省艺术品行业协会，成立江苏省艺术品鉴定评估委员会和艺术品鉴定评估中心，开展艺术品经营十佳诚信单位评选，建立信用档案，加强文化市场诚信体系建设。

【文化遗产保护】 积极构建优秀传统文化传承体系，大力弘扬传承优秀传统文化。大运河申遗成功。江苏是大运河遗产的核心省份，扬州是申遗牵头城市，江苏段占运河总长的 1/3、遗产区总面积的 46%、遗产点总数的 40%，居全线各省（市）首位。2014 年江苏省又新增 8 个中国历史文化名镇、7 个中国历史文化名村。开展抗战文物资源状况调查，全省各级各类抗战文物保护单位现有 236 处。开展第一次全国可移动文物普查，全省有文物收藏的国有单位 771 家。完成第五批国家珍贵古籍名录和重点保护单位申报，江苏古籍保护中心入选国家古籍保护中心人才培训基地。加大文物违法案件督查力度，开展打击文物违法犯罪专项行动，依法严肃查处并曝光了一批文物违法案件。加强非物质文化遗产保护，新增 18 个国家级非遗代表性项目、两家国家级非遗生产性保护示范基地。3 个项目通过国家非遗数字化保护试点验收。完成 125 个国家级代表性项目 10 年保护规划编制。首次命名 21 家省级非遗传承示范基地、14 家省级非遗研究基地，新设 3 家省级文化生态保护实验区，新命名 14 家省级非遗生产性保护示范基地，公布 169 名第四批省级非遗代表性传承人。承办国家“5·18 国际博物馆日”主会场活动，组织博物馆馆藏文物巡回展。全省各地开展了“苏韵流芳·传统戏剧展”“国风苏韵·古琴音乐会”等 268 场“文化遗产日”重点活动，观众超过 160 万人次，营造了文化遗产保护的良好氛围。徐州深度挖掘汉画像石等汉文化资源，打造“舞动汉风”品牌。非遗项目宋锦和苏绣亮相北京 APEC 会议，彰显江苏传统文化魅力。

【对外文化交流】 借助国家对外文化交流平台，发挥江苏国际友城众多优势，推动江苏文化走出去。2014 年，江苏省共有 65 批文化团组 539 人次赴世界 19 个国家及中国港澳台地区实施 56 个文化交流项目，有 73 个国家及中国港澳台地区的 1051 批文化团组 2199 人次来江苏开展或参与 1054 个文化交流项目。苏州市入选联合国“全球创意城市网络联盟——手工艺和民间艺术之都”主题城市。6 个文化艺术团组参加了在荷兰、法国、比利时、葡萄牙等国家举办的“欢乐春节”活动，传递了“欢乐、和谐、共享”的文化理念。赴俄罗斯举办 2014 年“感知江苏”文化周活动，在韩国全罗北道、澳大利亚维多利亚州等国际友城开展周年庆文化活动，展示“精彩江苏”的文化魅力。南京博物院圆满完成南京青奥会各类外事接待，讲述江苏文明的精彩故事，精心设计活动主题；举办“文宴：美国博物馆的展览”暨中美博物馆高层论坛。对港澳台文化交流更加深入，苏州昆剧院在香港中文大学演出青春版《牡丹亭》；南京市博物馆在香港展示紫砂陶制作技艺；江苏省演艺集团民族乐团在澳门举办“江南丝竹”音乐会；江苏省文化联谊会在台北举办“‘精彩江苏’书画作品展”，促进了苏台两地艺术家的交流与合作。民间机构对外文化交流更加活跃，苏州金鸡湖美术馆在挪威、荷兰举办展览，南京布罗德文化投资有限公司举办的首届“南京国际美术展”，吸引20多万人次参观。

（江苏省文化厅　顾海军）

浙江省

【概况】 紧紧围绕省委省政府重大决策部署，以创建全国文化发展示范区域为目标，集中精力抓重点，深化改革求突破，真抓实干促发展，各项工作取得了明显进展，呈现出了亮点突显、整体推进的良好发展态势。

【文化服务大局】 一系列重大主题文艺活动有力配合省委省政府中心工作。紧扣省委省政府“五水共治”“三改一拆”等重大工作部署，组织举办“美丽浙江·水之韵”国庆文艺晚会、“五水共治”专场音乐会等一系列文艺晚会。紧扣“中国梦”“美丽浙江”等主题，组织举办“中国梦想·美丽浙江”优秀创作歌曲音乐会、“中国腔·中国梦”全国小戏精品邀请展演、“中国梦想·美丽浙江”浙江省第二届合唱节等一系列重要演出活动和“中国梦想·美丽浙江”传统手工艺主题创作展、“美丽浙江”浙江省视觉艺术创作群体优秀作品展等一系列展览活动；组织实施以“中国梦想·美丽浙江”为主题的全省文艺巡演和优秀剧目展演，累计完成演出379场，观众人数达20万多人，营造了团结奋进、昂扬向上的良好社会氛围。

全省“中国梦”主题文艺创作形成热潮。组织“中国梦”主题创作活动，全省共创作完成戏剧、音乐、舞蹈、曲艺、杂技等各艺术门类小作品480余件，推荐上报147件。浙江越剧团《我的娘姨我的娘》、浙江京剧团《少年中国梦》、浙江话剧团有限公司《我有一个梦想》、浙江曲艺杂技总团有限公司《这就是我的中国梦》等作品，用艺术的形式描摹“中国梦想”，讴歌“最美精神”。

【文艺精品创作】 深入学习贯彻习近平总书记在文艺工作座谈会上的重要讲话精神。通过召开全省学习贯彻专题座谈会、全省艺术创作题材规划会议等，强化抓导向、抓题材、抓剧目、抓采风、抓评论、抓队伍等一系列措施，有力地推动了全省文艺创作。据2015—2016年全省舞台艺术创作题材摸底调查，全省各地共申报近150个创作题材，聚焦时代和人民的创作题材不断增加，奠定了今后两年舞台艺术精品创作的“主基调”。

一批优秀文艺作品获得重大奖项。认真实施《浙江省舞台艺术精品创作生产五年行动计划》，越剧《二泉映月》《牡丹亭》、京剧《滚灯王》、昆剧《红梅记》《大将军韩信》、话剧《闲言碎语不多讲》、方言喜剧《生死之间》、原创歌曲《美丽浙江》《我在大潮之上》等一批新创作品搬上舞台。越剧《我的娘姨我的娘》、歌剧《红帮裁缝》等作品入选中宣部第十三届全国精神文明建设“五个一工程”奖。杂技《禅武·头顶技巧》获第十六届意大利拉蒂娜国际马戏节银奖，京剧《王者俄狄》获“土库曼斯坦国金质戏剧荣誉奖牌”。群舞《奋楫者》获第六届华东专业舞蹈比赛创作、表演双金奖。越剧《我的娘姨我的娘》、歌曲《谁是最美的人》《富春山居图》、电视纪录片《浙江戏剧名家》等一批作品入选浙江省第12届精神文明建设“五个一工程”奖，越剧《二泉映月》、交响乐《唐诗之路》、方言喜剧《生死之间》等一批作品入选省委宣传部第九批文化精品扶持工程。

第三届中国越剧艺术节、浙江省第九届音乐舞蹈节等重大艺术活动成功举办。第三届中国越剧艺术节邀请24台大戏参加比赛和展演，举办中国越剧票友节暨越迷演唱大赛、越剧名家走进校园和社区演出等一系列越剧艺术活动，集中展示近年来中国越剧艺术的最新成果。浙江省第九届音乐舞蹈节吸引了120个新作品、550多组（名）选手参加比赛，最终评出器乐、声乐、舞蹈三个大项表演奖176个、作品奖89个、单项奖33个，涌现了歌曲《富春山居图》、器乐曲《涌动》、舞蹈《奋楫者》等一批高水平的艺术新作。

美术工作进一步加强。大力实施“浙籍美术名家作品引聚展示工程”，浙江美术馆重点实施有重大社会影响的李震坚作品捐赠、张书旂藏品作品征集、贺友直作品征集等藏品征集项目，产生示范效应，带动了更多的主动捐赠。浙江美术馆全年共举办具有轰动效应的“煌煌大观——敦煌艺术展”等各类展览44个，学术活动20余场，公共教育活动190余场，观众达80余万人次。

【公共文化服务】 多项公共文化服务工作成为全国试点。开展基本公共文化服务标准化均等化课题研究，探索建立具有浙江特点、全国参考的公共文化服务标准化体系，推动以浙江农村文化礼堂为代表的基层文化综合体建设，浙江省被文化部确定为全国公共文化服务标准化、基层综合性文化服务中心建设、公共文化机构法人治理结构改革试点省份。成功承办全国基层公共文化服务工作现场经验交流会，浙江农村文化礼堂建设、流动文化加油站等经验得到了推广。全省新建农村文化礼堂1683个。全省文化系统联动推出包含1708项服务内容的《农村文化礼堂建设服务菜单》，受到普遍欢迎。

公共文化服务持续加强。组织全省文化系统开展送文化下乡活动，全省组织送戏下乡1.81万余场次，送书下乡214万余册次，送展览讲座5800余场次，开展“文化走亲”活动1150场次。组织开展全国“群星奖”获奖作品巡演、浙江省第五届乡村诗歌大赛、浙江省第二十五届戏剧小品邀请赛等活动。加快推进数字图书馆推广工程，目前全省所有市级图书馆已联通虚拟网，县级图书馆接通率达90%。推进公共图书馆城乡一体化建设，目前全省共有省、市、县级公共图书馆98个，建成乡镇（街道）分馆388个，村图书室基本实现全覆盖。

公共文化服务示范载体创建成效明显。杭州市江干区、龙泉市、玉环县、宁海县、瑞安市5个县（市、区）被评为全国文化先进县（市、区）。嵊州市等18个县（市、区）及乡镇被评为2014—2016年度“中国民间文化艺术之乡”。指导和推动第二批国家公共文化服务体系示范区（项目）创建工作，对嘉兴市创建示范区，绍兴市、杭州市余杭区创建示范项目进行中期督查，并开展公共文化服务体系示范区（项目）区域文化联动活动，推广第一批国家级和省级示范区（项目）建设经验，充分发挥示范区（项目）的辐射带动作用。

【文化遗产保护】 各类文化遗产重要名录申报工作成果丰硕。大运河成功列入《世界遗产名录》，大运河浙江段成为浙江第二处世界文化遗产。在国务院公布的第四批国家级非遗代表性项目名录中，浙江以30项的入选数，再次位列各省（区、市）第一，实现“四连冠”，现总入选数已达217项。湖州被国务院列为国家历史文化名城。向国家文物局推荐良渚遗址为中国申报世界文化遗产正式项目。会同江苏省文物局推进江南水乡古镇、中国明清城墙申遗工作，协调慈溪、龙泉、上虞等地开展浙江青瓷窑遗址申遗的前期研究。浙江有4个镇和14个村入选第六批中国历史文化名镇(村)，有86个传统村落入选第三批中国传统村落。

文物保护与利用工作扎实推进。浙江省第一次全国可移动文物普查工作取得重要阶段性成果，文物认定工作基本完成，登录藏品总数14万件(套)，超过了国家文物局要求完成10万件的目标，普查工作整体走在全国前列。加强文物考古工作，组织实施15项考古调查勘探项目和24项考古发掘项目，完成象山渔山小白礁清代沉船水下考古第二期项目——船体发掘与现场保护，启动实施“小白礁Ⅰ号”保护修复项目。启动文物平安工程。推进建德新叶村国家文物局古村落保护利用综合试点，启动实施全省国保省保集中成片的传统村落保护利用工作。对全省45家国家二、三级博物馆进行运行评估，扩大全省国有博物馆与民办博物馆的对口帮扶范围。完成国家文物局委托的“完善博物馆青少年教育功能试点”工作。古籍保护工作体系日趋完善。

非遗工作在创新中不断前进。制订全省56个传统戏剧项目分级保护措施，命名首批22个浙江省传统戏剧之乡。研究草拟《浙江省传统戏剧保护振兴计划》，推进濒危剧种守护行动，举办“浙江好腔调”传统戏剧10个专场展演，启动地方戏曲数据库建设，发动各地组织传统戏剧进校园、进文化礼堂活动，努力让传统戏剧活起来、传下去。持续打造“美丽非遗”品牌，组织开展2014浙江省非遗电视春节晚会、第九届浙江省非物质文化遗产节、浙江省“美丽非遗赶大集”等系列活动，举办第六届中国(浙江)非遗博览会，启动浙江省美丽非遗志愿服务行动，推动非遗走进群众、融入生活。进一步加强非遗生产性保护，下发《关于加强非物质文化遗产生产性保护的指导意见》，与省旅游局签订《促进文化与旅游融合发展的合作备忘录》。

【文化体制改革】 新一轮文化体制改革取得积极进展。制定实施《浙江省文化厅深化文化体制改革实施方案》和《浙江省文化厅深化文化体制改革主要措施、重点项目及工作分工》。积极推进事业单位法人治理结构改革，6家试点单位改革任务进展顺利，其中，浙江图书馆已制订了全国首个公共图书馆章程，温州市图书馆等5家试点单位的理事会已挂牌运行，浙江图书馆、温州市图书馆被列为全国试点单位。深化文艺院团改革，指导保留事业体制的文艺院团探索社会化改革和企业化管理。

“简政放权”全面推进。积极转变政府职能，不断减少和下放行政审批事项，建立“权力清单”和“责任清单”。清理后，“省级保留”的行政权力事项从109项减少至25项，精简比例达77%。为强化监督和责任追究，确保下放的权力规范运行，制定出台《加强事中事后监管制度》和《行政许可委托监督办法》。根据文化强省建设的新任务和政府职能转变的新需要，完成厅机关部分内设机构及职能调整工作。启动《浙江省文化发展“十三五”规划》编制相关工作。

【文化产业和文化市场】 文化产业在转型升级中实现新发展。推动义乌文交会等重点文化会展业转型发展，第9届义乌文交会实现洽谈交易额49.1亿元，转型升级后的展会市场化、专业化、国际化程度较往届有了明显提升;第十届杭州国际动漫节达成签约交易、意向合作项目 285 个,涉及金额 112. 4 亿元,现场实际成交和消费涉及金额 26. 2 亿元,总计 138. 6 亿元,办展规模、交易金额、节展效益都取得了新的突破。积极扶持重点文化项目和文化企业,推荐衢州儒学文化产业园入选第五批国家级文化产业示范(试验)园区,美盛文化创意股份有限公司等 3 家企业入选第六批国家文化产业示范基地,龙泉青瓷文化创意基地等两个项目被列为文化部特色重点项目。开展浙江省文化产业示范基地(园区)评选,评出示范园区 5 个、示范基地 15 个。与省科技厅签订合作备忘录,建立全国首个省级文化与科技协同创新合作机制。

文化市场培育与管理措施不断升级。全省各地已全面放开单体“网吧”审批,互联网上网服务行业进入市场机制自我调节时代。深化艺术品鉴定管理全国试点工作。全省艺术品拍卖交易继续保持活跃势头,2014 年举办拍卖会 56 场,成交额达 33 亿余元。在全国率先建立省级文化市场行业发展报告编制发布机制。成立浙江剧院联盟。加强对全省文化市场的执法指导监督,全省文化市场总体规范有序。全省共出动日常检查人员 12. 08 万人次,检查文化经营场所 17. 61 万家次,举报(督查)受理 1883 件,行政处罚立案调查 2692 件,办结案件 2743 件。

【对外及对港澳台工作】 *服务国家外交大局和省委省政府重大涉外活动高质高效*。配合习近平主席出访巴西,组派浙江交响乐团赴巴西参加庆祝中国和巴西建交 40 周年庆典系列活动,得到了习近平主席的高度评价。配合刘云山同志出访丹麦和葡萄牙,在哥本哈根和波尔图组织举办了杭州“融——工艺 · 设计 · 生活”创意设计展和“彩蝶女乐”演出,得到了中外嘉宾好评。为庆祝中国和巴林建交 25 周年,组派中国丝绸博物馆“丝国之路——中国丝绸艺术的历史和时尚”展参加了两国文化部共同举办的“中国文化周”活动,得到中国驻巴林使馆的高度评价。配合夏宝龙书记出访印度,在印度组织举办“天工遗风 · 浙江非物质文化遗产展”。还与新加坡、缅甸等东盟成员国进行文化交流与合作。

对外文化交流品牌项目不断彰显效应。优化浙江文化节的举办形式、输出渠道和辐射地域,赴美国、泰国举办“浙江文化节”,“浙江文化节”首次走进东南亚;赴台举办第八届“台湾 · 浙江文化节”,推动两岸文化交流合作,增强两岸中华文化认同。提升海外“欢乐春节”活动规模质量,2014 年浙江参与海外“欢乐春节”活动涉及欧洲、美洲、亚洲、大洋洲 10 个国家和地区的 20 个城市。着力落实“2014 年对非文化工作部省对口合作计划”,组织文化艺术团体与莫桑比克、马达加斯加、马拉维等国文化机构开展文化交流和合作项目,积极参与对非文化领域人力资源培训。2014 年度,共执行对外、对港澳台文化交流项目 1239 起,9174 人次直接参与交流。其中,引进项目 1106 起,7060 人次;派出项目 133 起,2114 人次。

【文化人才培养】 *艺术教育体系建设全面启动*。分高等艺术院校、高职艺术院校和艺术学校三个层面构建层次清晰、各具特色的艺术教育体系。加速文化人才培养基地——浙江音乐学院筹建工作,获教育部批准筹建。深化浙江艺术职业学院教育教学改革实践,支持浙江艺术职业学院与文艺院团开展“订单式”合作办学,教学成果“校团合作培养戏曲演员的‘现代学徒制’探索与实践”获职业教育类 2014 年国家级教学成果二等奖,这是国内唯一获得过国家级教学成果奖的高职艺术院校。

各类文化人才培养不断推进。持续加强艺术人才培养,举办全省青年话剧演员大赛、第9期全省青年戏曲表演人才(老生)高级研修班、第1期全省中青年创作人才(舞台美术)高级研修班,启动全省中青年编剧扶持计划,确定第二批省属舞台艺术拔尖人才培养对象。深入实施基层文化队伍素质提升工程,全省培训基层文化队伍20万余人次。大力扶持民营文艺表演团体人才培养,在全省首次举办浙江省民营文艺表演团体中青年演员戏曲大赛,组织开展全省民营文艺表演团体千人大培训活动,分7期对民营文艺表演从业人员进行专业培训。

【重大文化设施建设】 省重大文化设施项目进展总体顺利。浙江音乐学院(筹)校区建设工程进入施工高峰期,浙江音乐学院15个建筑单体及两个地下车库的主体结构比预定目标提前两个月结顶。浙江小百花艺术中心项目完成规划许可证、施工许可证审批,已开展基础施工。浙江自然博物园核心馆区项目获省发改委立项批复,已委托设计。中国丝绸博物馆改扩建工程正在开展建筑方案深化设计等工作。深化之江文化中心项目前期工作,提出项目推进工作建议。

省级文化设施提升改造项目协调推进。浙江京剧团莫干山路地块项目已与省广电集团达成初步合作意愿。浙江昆剧团剧场项目正在进行原地改建的多方案测算。浙江话剧团有限公司剧院加层改造项目、省文化馆维修改造项目、省文物考古所业务用房项目已获省发改委批复并进行设计。西湖文化广场中心剧院招商工作已达成初步合作意向。完成全省国有剧院(场)基本情况调研,研究草拟了《关于加强国有剧院运营管理的实施方案》。

(浙江省文化厅　陈如福)

安徽省

【概况】 围绕中心、服务大局,坚持抓主抓重,坚持问题导向,坚持研究创新,强化项目意识,实施目标管理,强力推进,务求实效,整体工作全面推进,重点工作创新突破,打造了新亮点,取得了新成效。

【农民文化乐园试点扩面提速】 针对农村公共文化服务资源分散、保障不足、利用率低等问题,为打通公共文化服务体系的“最后一公里”,推进乡村公共文化服务标准化、均等化,在2013年创新开展20个农民文化乐园试点建设基础上,2014年扩大试点至100个,同时启动1296个美好乡村示范村文化活动中心的规划和建设。坚持以农民为建设主体,以群众需求为导向,以标准化建设为抓手,整合资源、因地制宜,按照“一场两堂三室四墙”的标准进行建设。组织编写《农民文化乐园操作手册》《关于村级基本公共文化服务标准化建设的指导意见》,设计农民文化乐园形象标识。组建日常管理、文化志愿服务、文艺演出队伍,建立运行维护机制,由农民唱主角开展活动,功能效用充分发挥。农民普遍反映,文化乐园是建在家门口,用得上、玩得转、喜欢去的快乐家园。安徽被列为全国两个基层综合文化服务中心试点省之一。

【乡镇综合文化服务中心试点探索前行】 在全省选择了30个乡镇,整合好乡镇文化、科技、教育等资源,进行综合文化服务中心试点建设。充分利用现有场地、项目和资金,在功能布局、开展活动、服务能力上进行整合、挖潜增效,实现功能整合、设施整合、队伍整合、经费整合。

【公共文化服务体系示范区加快创建】 安庆市和宣城市、蚌埠市积极创建第二批国家公共文化服务体系建设示范区和示范项目，首批确定 12 个县（市）进行省级公共文化服务体系示范区创建，通过县域整体推进，打造一批设施齐备、机制创新、保障有力、管理规范、服务高效的省级公共文化服务体系示范区，发挥示范引领、典型带动作用，以创促建、以点促面，加快全省公共文化服务体系建设的速度，提升整体建设水平。马鞍山市被列为全国公共文化服务标准化建设试点。

【文化民生工程及基础设施扎实推进】 省美术馆已进入主体工程施工。列入省政府民生工程的 139 家博物馆、纪念馆、107 个公共图书馆，120 个文化馆，14 个美术馆，1437 个乡镇综合文化站等公共文化场馆全部免费开放；339 个公共电子阅览室建设全部完成。国家“十二五”重点扶持项目黄山市图书馆、池州市博物馆已竣工开馆。

【全省“三馆联盟”创新组建】 为促进公共文化资源在区域和城乡之间的合理配置、有序流动、重心下移，安徽省文化厅坚持问题导向，突破行政区划和体制分割，不分公办与民办，组织全省 107 家公共图书馆、120 家文化馆、67 家公办博物馆和 10 家民办博物馆，分别组建了全省公共图书馆阅读推广联盟、全省文化馆活动联盟、全省博物馆陈列展览联盟等三大联盟。以省级三馆为龙头，省、市、县三级联动，整合全省公共文化服务馆藏、人才、信息、技术等资源，统筹全省公共文化服务品牌活动，丰富基层馆文化服务内容，增强基层馆专业人才队伍服务能力。三馆联盟成立后推出了系列活动，受到基层馆和群众的欢迎，显示出蓬勃生机和活力。文化部领导对安徽省的做法给予了充分肯定。

【群众文化辅导工作大力开展】 针对基层群众文化需求不断增长，基层专业人才队伍相对匮乏、能力水平整体不高、文化活动开展相对不足等问题，部署开展了百馆（站）千村文化结对活动，组织 100 个文化馆（站）与 1000 个美好乡村中心村结成帮扶“对子”，通过示范服务、业务培训、现场观摩、交流学习，组织送演出、送讲座、送展览、送培训，上下联动，以强带弱，推动文化馆（站）资源向基层流转、向农村倾斜，提升基层尤其是村级公共文化服务水平。坚持“送”文化与“种”文化结合，举办群众文化辅导员业务培训班，全省文化辅导员队伍发展至 9300 人，引导群众文化辅导员深入乡村，开展常态化文化志愿辅导服务，培育留得下、能扎根的群众文化骨干人才，提高群众自主组织开展文化活动的能力，使乡村文化设施不仅“建起来”，更能“转起来”。

【农村公共图书服务一体化试点】 针对基层图书藏书不足、更新不快，难以满足基层群众尤其是农民读者的阅读需要，为提高农村地区公共图书馆服务效能，提高现有公共文化设施和图书资源利用率，选择金寨县等 6 个县为试点，建立以县级公共图书馆为总馆、乡镇综合文化站为分馆、村农家书屋为服务点的县域图书资源建设、流通、服务网络，推进农村公共图书服务一体化，探索县图书馆总分馆制新路子。

【政府采购“送戏进万村”活动】 为解决送戏资金不够、操作不规范、农民看不上戏等问题，通过积极争取，省政府提高补助标准，将每个行政村演出活动经费由 2400 元增加到 4400 元，确保每个村能看到一场戏。为将好事做好，及时出台政府采购办法，对演出标准、节目内容、活动评议提出明确要求。规定节目要体现乡土特色、内容健康向上、农民喜闻乐见，每场演出不低于100分钟；规定把群众满意度作为检验标准，从“群众看单点戏”开始，到“收集群众意见”收官，由群众对送戏演出进行评议打分；规定由县级文化主管部门面向国有、民营艺术表演团体集中采购，实行公平竞争，有效推动“送戏进万村”活动健康发展。各市、县主动加大投入，增加场次，送戏到村。全年“送戏进万村”已演出21722场，实现全省15539个行政村全覆盖。

【艺术精品创作扎实推进】 以创作文艺精品力作、丰富文化展演展示为抓手，全力推进艺术创作生产。安徽省重大历史题材美术创作工程圆满收官，历时3年创作生产的53幅作品，集中在安徽博物院对外展出，体现了安徽美术创新新高度。创作完成《中国故事》《妈妈和我》等“中国梦”主题原创歌曲，并在中央人民广播电台和央视三套播出。黄梅戏《惊天一兰》成功在国家大剧院公演。原创精品儿童剧《青蛙王子》等4部作品进入保利院线全国巡演。黄梅戏《小乔初嫁》进京参加“庆祝中华人民共和国成立65周年优秀剧目展演”，在北京天桥剧院演出。大型黄梅戏《寂寞汉卿》《靠善升官》和大型花鼓歌舞剧《珠城的传说》成功上演。抢抓国家首次设立艺术基金转变投入方式的机遇，召开国家艺术基金申报工作动员会、业务培训会、选题征集座谈会，全省申报162个项目，共17个项目获得国家艺术基金扶持，位列全国第五。

【首届安徽文化惠民消费季】 自9月中旬开始至2015年1月，创新推出“大戏小戏看过瘾、我们精彩我们展示、群星璀璨耀江淮、美术走进生活”四大板块共58项、212场系列展演展示活动。搭建演艺平台，让国有、民营文艺院团和受邀省外优秀剧目集中展演展示；演出实行低票价，送戏进农村农民文化乐园、进城市社区、进学校；诚邀农民工、环卫工人、先进模范人物等进剧场看戏，突出惠民乐民，做到城乡联动、专业表演和群众文艺争妍、国有和民营剧团联合献艺、省内和省外剧团共襄盛举。

【群众文艺创作演出势头良好】 组织开展全省“群星奖”评选活动，各地踊跃参赛，精心创作编排声乐、舞蹈、戏曲、曲艺4个门类、283个作品参加初赛，130个作品进入决赛，参赛参评节目数量质量都较往年大幅度提升，推出一批优秀群众文艺作品。成功举办全省“六一”少儿文艺调演。“校园大舞台——徽风皖韵进高校活动”组织13家省、市院团走进25所高校倾情演出50场，受到广大高校师生的欢迎和好评。

【大运河保护申遗成功】 6月22日，中国大运河项目正式被联合国教科文组织列入《世界遗产名录》，淮北、宿州两处大运河遗址成功申报为世界文化遗产，历时8年的大运河申遗工作圆满成功。至此，安徽世界文化遗产总数达到3处。

【重点文物工程扎实推进】 黄山呈坎村、泾县黄田村两个全国文物保护样板工程加快建设。含山凌家滩、凤阳明中都皇故城大遗址公园建设全面启动，实现了安徽大遗址公园建设“零”的突破。徽州区呈坎村、歙县许村、泾县查济村3个传统村落整体保护利用项目全面实施。泾县桃花潭镇、绩溪县龙川村等10个镇村入选第六批中国历史文化名镇名村名单。省政府公布全省首批传统村落228个。完成第一阶段全省可移动文物收藏情况摸底排查认定工作，调查国有单位 3 万多家，初步统计文物数量 75 万多件(套)，165 家收藏单位开始可移动文物信息数据录入。全国首家省级好人馆建成开馆，展示 829 位入选“中国好人榜”的安徽好人事迹，成为爱国主义教育的重要基地和生动课堂。

【非遗保护工作力度加强】 8 月 21 日，省人大常委会第十三次会议全票通过《安徽省非物质文化遗产条例》，10 月 1 日起施行。非遗系列专题片《文房四宝》拍摄完成并在中央电视台黄金时段播出。全省 4 个新项目、8 个扩展项目入选第四批国家级非遗代表性项目名录。积极推进非遗濒危项目抢救工程，完成 15 项省级非遗项目的采录。开展第二批省级非遗传习基地和第五批省级非遗传承人评审工作。徽州文化生态保护区建设继续整体推进。编撰出版《安徽非遗乡土读本》(皖北卷)。

【文化产业发展提质增效】 积极组织申报第五批国家级文化产业示范园区和第六批国家文化产业示范基地，蚌埠市成功创建国家级文化产业示范区，实现安徽省国家级文化产业示范区“零”的突破。组织申报 63 个项目入选国家重点文化产业项目库、文化金融合作项目库。建立全省文化直接融资企业后备库，建成省一级的文化直接融资后备企业资源库，全省 128 家企业 145 个项目入库。与建行安徽省分行签署战略合作协议，建行对安徽文化产业发展提供 20 亿元的意向性信用额度。

【文化市场管理规范有序】 坚持管建并重，加强文化市场监管，规范市场秩序，营造良好发展环境。完善准入政策，促进公平竞争。取消上网服务场所问题和布局要求，降低准入门槛，实行先照后证管理，推动上网服务行业转型升级。转变职能简政放权力度加大。推动文化部门从“办文化”向“管文化”转变，省文化厅减少审批事项 63.3%，压缩办理时限 60%；清理行政权力 205 项，精简 137 项，精简率 67%。文化市场环境不断优化。加强网吧、娱乐、演出等市场监管，深入开展重点时段文化市场专项检查、2014 净网行动、公共娱乐场所“清剿火患”等专项行动。全面推广应用文化市场综合执法技术监管与服务平台。建立演出市场黑名单制度。民营艺术院团发展强劲。实施民营艺术院团“四个十”工程，建立动态管理长效机制，3 家民营院团被评为第二批“十大名团”，3 台剧目被评为第二批“十大名剧”。召开民营艺术院团发展座谈会，开展民营院团优秀剧目展演，鼓励民营院团树立自信、提升形象、扩大影响，帮助民营院团提升水平、练就内功、打出品牌。

【文化交流活动有声有色】 唐代文物佛塔回乡、欧豪年美术馆开馆、孙多慈艺术展开幕仪式 3 项皖台文化交流活动，在安徽博物院隆重举行，彰显两岸文化认同、文化连心。参加省文化经贸宝岛行活动，开展“亲情之旅、文化之旅”文化交流。先后组织参加泰国“欢乐春节”、中国香港“元宵彩灯会”等演出活动。圆满完成部省对口合作项目——乌兰巴托中国文化中心文化交流互访活动及纪念中蒙建交 65 周年演出活动。参与中俄“两江地区”交流活动，赴俄罗斯参加第 22 届“俄罗斯之源”艺术节活动。成功承办中国——意大利博物馆联盟 2014 年年会。举办“绿色六安 · 山水江原”中韩文化交流活动，并首次将文化交流活动从城市走向农村，在六安市金寨县南溪村农民文化乐园等乡村先后演出 4 场，8000 多名农民在家门口看到国外专业艺术表演，实现了文化交流与文化惠民的有效结合。

【文化行业作风建设扎实推进】 积极落实深化文化体制改革要求，对省文化厅牵头实施的15项、参加实施的46项改革任务，精心制订方案，认真研究措施，定期进行调度，狠抓跟踪落实。深入推进党的群众路线教育实践活动，制定《安徽省文化系统调研工作指导意见》，从机制上推动调研工作常态化、长效化，厅党组确定15项调研课题，深入基层，进村入户，问计问需于民。各市县调研活动形式多样、富有成效。加大重点工作推进力度，省厅确定了59项重大活动、项目（工程），实行月调度制，确保工作落到实处、取得实效。在第二批教育实践活动中，各级文化行政管理部门领导班子带头整改，列出问题清单，上下联动，推进全省文化系统作风转变。

（安徽省文化厅　李一兵）

福建省

【文化体制机制改革】 积极稳妥推进国有文艺院团改革。继续采取“事业单位、市场机制”的办法深化省属文艺院团改革，对省属文艺院团绩效工资推行演出收入部分“上不封顶、下有兜底”的政策，调动广大演职人员创作、演出积极性。省委、省政府同意实施省文化厅牵头省直6部门拟定的《关于积极稳妥推进省属国有文艺院团改革发展的意见》。

深化文化市场行政审批和文物保护工程审核制度改革。文化部批复同意福建省文化市场领域对台实行先行先试政策（允许台湾地区投资者在福州、厦门、平潭三地设立独资、合资、合作经营的娱乐场所，允许台湾地区投资者在福建省设立由内地方控股或占主导地位的合资、合作的文艺表演团体，允许台湾地区投资者在福建省设立独资经营的演出经纪机构和演出场所经营单位）。

推进“央地合作”文化共建机制建设。省文化厅与国家大剧院、中国戏曲学院分别签订合作协议，双方在艺术创作与展演、人才培养等方面加强合作。中国戏曲学院与省芳华越剧团、省实验闽剧院，北京大学歌剧研究院、香港歌剧院与省歌舞剧院签订了合作协议。

【艺术创作生产与展演】 精心创排大型舞剧《丝海梦寻》并巡演。2014年亚洲相互协作与信任措施会议第四次峰会在上海举办前，习近平总书记提议，选送福建省歌舞剧院20世纪90年代初创作演出的舞剧《丝海箫音》片段在“亚信峰会”专场文艺晚会上表演。省委、省政府高度重视并大力支持，立即指示省文化厅遵照习近平总书记指示，按照“亚信峰会”组委会安排，认真做好排演的各项工作。5月20日，省文化厅组织省歌舞剧院根据舞剧《丝海箫音》精选片段重新改编、创作而成的舞蹈节目《丝路梦寻·海》，在“亚信峰会”专场文艺晚会上精彩献演，得到“亚信峰会”组委会的高度评价与肯定。上海“亚信峰会”后，省文化厅随即全面启动在舞剧《丝海箫音》基础上以海上丝绸之路为主题的全新创作和排演，并将舞剧定名为《丝海梦寻》。

8月24日晚，《丝海梦寻》舞剧首次在国家大剧院成功献演，贾庆林、贺国强、刘延东、刘奇葆、尤权等领导与首都观众一同观看了演出，得到文化部和省委、省政府的充分肯定，引起全国热烈反响。《丝海梦寻》舞剧还应邀赴西安首届丝绸之路国际艺术节、澳门世界旅游论坛、厦门第九届全球孔子学院大会等重大外事活动演出十几场，有力服务了国家“一带一路”战略和外交大局。

组织举办“福建戏剧优秀剧目晋京展演”。8至9月份举办“庆祝新中国65华诞·

同圆中国梦——福建戏剧优秀剧目晋京展演”活动,集中闽剧《贬官记》《兰花赋》、莆仙戏《叶李娘》、芗剧(歌仔戏)《保婴记》、高甲戏《阿搭嫂》、梨园戏《皂隶与女贼》、木偶剧《赵氏孤儿》7 台福建优秀地方戏在国家大剧院、中央党校和北京梅兰芳大剧院联袂上演,其中以反腐倡廉为题材的闽剧《兰花赋》进中央党校礼堂演出。展演期间在中国艺术研究院举办“福建地方戏剧继承与发展学术研讨会”。福建地方戏曲在北京引起轰动,得到广大观众和专家学者的高度评价,反响热烈,好评如潮。也得到《人民日报》、新华社、中央电视台等主流媒体的高度关注和深入报道。

2014 年,福建省还举办了第八届青年演员比赛、第 12 届音乐舞蹈节、第 26 届戏剧会演剧本征文、第 12 届华东六省一市戏剧小品大赛、首届“海峡杯”闽台两岸少儿歌手赛、高雅艺术进校园、“八闽清风”廉政文艺走基层等活动。6 家省属文艺院团公益性惠民演出 928 场,极大繁荣了全省文艺市场,也得到人民群众的广泛赞誉。芗剧《保婴记》荣获第十三届“五个一工程”优秀剧目奖。

【公共文化服务体系建设】 推进公共文化服务基础设施建设。文化部批准实施《闽南文化生态保护区总体规划》,根据规划组织了 9 个示范园区和 41 个示范点建设。实施“新建 500 个乡镇综合文化站文化信息共享服务点”为民办实事项目。开展第二批国家公共文化服务体系建设示范区(三明)和示范项目(福州市激情广场大家唱)建设。完成全国文化先进单位复查和新一轮推荐工作。“福建艺术扶贫工程”“村级文化协管员队伍建设”两个国家文化创新项目通过文化部验收。完成第一次全国乡镇综合文化站评估定级工作,推荐上报 491 个乡镇综合文化站为全国乡镇综合文化站等级站。向文化部推荐 23 个项目参评 2014—2016 年度“中国民间文化艺术之乡”。完成《福建文化记忆》数据库群建设规划和《闽南文化》(第一期)、《客家文化》(第一期)数据库建设。推进海峡演艺中心、海峡文化广场、省图书馆改扩建、省歌舞剧院业务综合楼等重点项目建设。

大力开展公共文化服务活动。成功举办“大漆艺术——2014 海峡漆艺术大展”。本次展览从海峡两岸 1500 多位艺术家征集的 1800 多件作品中精选 280 件漆艺作品,于 11 月 29 日至 12 月 11 日晋京在中国美术馆举办,是迄今国内规模最大、规格最高、展品最多、品类最全并首次由海峡两岸漆艺术界共同参与的漆艺术大展,集中展示了两岸漆艺术创作发展的优秀成果,弘扬了中华优秀传统文化,推进海峡两岸文化艺术交流合作,在海峡两岸漆艺界及美术界引起轰动。展览期间,还举办了主题为“漆与艺术、漆与生活”学术研讨会,来自海峡两岸的美术批评家、漆艺术家聚集一起,共商漆艺术发展之道。

实施“扶持 32 个非物质文化遗产地方剧种剧团公益性演出”为民办实事项目。挖掘整理并推广与党的要求一致的“乡规民约”“祖训家规”等传统美德文化。组织开展全省宗祠文化普查和资源采集平台建设。编辑出版《福建历代乡规民约》《历代家训家书选粹》。

【文化市场与文化产业】 文化市场规范有序。加大简政放权力度,做好文化部下放审批事项的承接工作,全面清理现有审批事项。推进互联网上网服务经营场所审慎开放和转型升级。引导演艺市场繁荣发展,全年共受理审批(核)来自美国、德国、俄罗斯等国家以及中国香港、台湾等地区的演出活动 311 批(次)、参演艺员 2773 人(次)。新审批设立演出经纪机构 17 家,开展首批高级演出经纪人资质评定推荐工作。启动演艺中介机构扶持计划，通过以奖代补方式调动演艺中介机构创作、生产、营销面向市场、服务群众的优秀演艺产品的积极性。印发《福建省文化厅关于进一步加强演出市场服务和监管工作的通知》，加强对演出市场监管。与云南省开展文化市场综合执法对口交流工作。开展文化市场整治行动，福建省查办的5个典型案件被评为全国文化市场重大案件，名列全国第二。

文化产业加速发展。举办第七届海峡两岸文博会。本届文博会共有21个省区市和8个海外国家参展；台湾参展商657家，参展企业覆盖台湾所有县市，成为大陆吸引最多台湾企业参展的文化展会；本届文博会产业投资签约项目140个、签约金额387.7亿元，现场总交易额7.77亿元。加强文化产业园区（示范基地）建设。推进闽台（福州、厦门）文化产业园建设并积极争取政策支持。组织第五批国家级文化产业示范（试验）园区和第六批国家文化产业示范基地的申报评选，华昌珠宝等3家企业被评为国家文化产业示范基地。12家企业被评为第八批省级文化产业示范基地。积极发展以数字化生产、网络化传播为主要特征的动漫、游戏、网络文化、数字文化服务等新兴文化产业。组织申报弘扬社会主义核心价值观动漫扶持计划。联合中国人民银行福州支行、省财政厅共同提出三部门深化文化、金融、旅游合作及扶持文化企业发展的措施。联合相关部门制定《福建省文化出口重点培育企业认定办法》。

【非物质文化遗产保护传承】 完成第四批国家级非物质文化遗产代表性项目名录申报工作，全省新增国家级项目17项；完成第三批省级传承人评审并经省政府公布传承人共141人。组织2014年春节元宵期间的民俗活动和第九个文化遗产日系列活动。部署实施《闽南文化生态保护区总体规划》，初步建立闽南文化生态保护区非物质文化遗产名录体系。落实省领导有关加强宗祠文化建设、弘扬乡规民约和祖训家规等优秀传统文化的指示，对福建省现存的各类宗祠、宗祠文化和地方文献保存单位收藏的有关宗祠文化及文献资料等进行普查，组织编撰《福建非物质文化遗产传承人图典》。推动“武夷岩茶（大红袍）制作技艺”申报联合国教科文组织《人类非物质文化遗产代表作名录》工作。

【对台对外文化交流】 深化对台文化交流。赴台湾举办“福建优秀舞台剧（节）目巡演”，6月21日至7月7日，组织省属六院团462人赴台湾桃园、新竹、台南、高雄等地，演出12台福建优秀舞台剧，观演人数达3万多人次。参与第六届“海峡论坛”文化交流活动。举办妈祖文化活动周、第8届闽台对渡文化节暨蚶江海上泼水节、第12届河洛文化研讨会、陈靖姑文化节、郑成功文化节、闽台同宗同名村对接联谊等系列文化活动。继续发挥“祖地文化”和“小三通”优势，巩固对台湾南部地区和金马澎的文化交流。厦门、泉州、漳州等地组织文艺院团赴台湾南部地区交流演出；省杂技团春节第5次到澎湖上演杂技专场；省实验闽剧院元宵节第14次到马祖演出，5月赴台湾10所院校开展“福建文化宝岛校园行”交流活动；福建民族乐团6月赴金门举办“国乐闽韵海峡情”专场音乐会。2014年，首次在台湾举办海峡两岸民间艺术节，并首次有台湾县市参与主办，期间组织了厦门、漳州等5个团组入台交流演出29场次。台湾佛光山寺星云大师在闽台缘博物馆举行“一笔字书法展”。

拓展对外文化交流。完成文化部确定福建省与中国驻塞内加尔、佛得角、赤道几内亚使馆开展对口合作交流年的任务。省政府代表团访问佛得角，双方就文化交流项目等达成共识；落实“中非文化合作伙伴计划”，受文化部委派，福建艺术团赴埃塞俄比亚、塞内加尔访演；成功举办第二届“中非文化产业圆桌会议论坛”福建分会场活动。贯彻国家“一带一路”建设战略，文化部、省政府共同主办“首届海上丝绸之路国际艺术节”以及“东亚文化之都·2014 泉州”系列活动；参与第三届阿拉伯艺术节系列活动。

【图书馆】 全省有各级公共图书馆 90 个（其中少儿馆 6 个），馆舍面积 37.50 万平方米。总藏量 2660.20 万册（件），其中图书 2064.551 万册，古籍 47.80 万册（件）[含善本 4.39 万册（件）]，视听文献与缩微制品 61.60 万件，报刊 217.07 万件；电子图书 1660.48 万册。新增藏量 343.20 万册，其中新增图书 205.66 万册，新增电子图书 137.54 万册。总流通 2051.91 万人次，外借书刊 2117.51 万册次。为读者举办讲座、展览、培训班 3855 场次，参加读者 172.14 万人次。2014 年，全省公共图书馆共建有分馆 589 个，流动服务书刊借阅 194.436 万人次，实现书刊借阅 347.379 万册次；深入乡镇、农村、社区、部队、学校等开展图书延伸服务。2014 年，福建省向文化部申请资源建设专项经费 385 万元，用于《福建春节》《福建工艺美术 3》《海上丝绸之路（福建段一期）专题资源数据库》等地方特色专题资源项目建设。全省已建成文化共享工程省级分中心 1 个，地市级支中心 9 个，县级支中心 83 个，乡镇基层服务网点 929 个，村级基层服务网点 15003 个（其中 14990 个依托农村党员现代远程教育工程建立）。

【文物、博物事业】 全省共登记不可移动文物 33251 处。其中，全国重点文物保护单位 137 处 291 个点，省级文物保护单位 674 处，市、县（区）级文物保护单位约 5000 处，形成了国家、省和市、县（区）三级文物保护的有效保护体系。全省登记涉台文物 1515 处。全省有文物保护工程勘察设计、施工、监理单位 110 家。

全省共有 112 个博物馆。其中国有博物馆 97 个，民办博物馆 15 个。97 个国有博物馆中，归口文化文物系统管理的博物馆、纪念馆共 93 个，行业博物馆 4 个（福建省革命历史纪念馆、华侨博物院、陈嘉庚纪念馆、泉州华侨历史博物馆）。国家一级博物馆 4 个（福建博物院、福建·中国闽台缘博物馆、泉州海外交通史博物馆、古田会议纪念馆）、二级博物馆 10 个、三级博物馆 17 个。省属博物馆有福建博物院、福建·中国闽台缘博物馆、福建省昙石山遗址博物馆、福建闽越王城博物馆、福建民俗博物馆和福建省革命历史纪念馆 6 个。全省归口文化文物系统管理的博物馆、纪念馆馆藏文物总量 38 万多件（套），其中珍贵文物 87823 件（套），包括一级文物 1029 件（套）、二级文物 2466 件（套）、三级文物 84328 件（套）。全省国有博物馆、纪念馆全部实行免费开放。

【文物保护】 开展文物资源调查。在全省范围开展朱子文物、林则徐文物、严复文物、革命文物、“海丝”文物、闽南红砖建筑、“万里茶道”文物等专题调查，加强福建特色文物的保护与利用。

推进涉台文物保护工作。实施一批重要涉台文物保护工程，其中泉州天后宫正殿保护工程荣获首批全国十佳文物保护工程称号。在国家文物局的支持下，启动实施第二期（2014 年—2020 年）涉台文物保护工程项目。

加强世界文化遗产保护与管理。加强福建土楼和武夷山世界遗产的保护管理，开展世界文化遗产巡视督查工作，组织实施一批世界文化遗产保护工程。推动厦门鼓浪屿、海上丝绸之路申报世界文化遗产工作。

加强历史文化名城名镇名村保护和传统村落整体保护利用。起草《福建省历史文化名城名镇名村保护条例》,并列入省政府2015年立法计划。组织编制《福建省历史文化名镇名村保护与整治导则》《福建省历史文化名镇名村保护与发展规划(2014—2030)》。省政府审定并颁布实施《福州历史文化名城保护规划》《漳州历史文化名城保护规划》以及一批省级以上历史文化名镇、名村保护规划。开展连城培田村和永安吉山村、海沧村等国保省保集中成片的传统村落整体保护利用工作。省政府公布了福州三坊七巷等9个省级历史文化街区。

【文物考古科研】 推进考古及遗址公园建设。开展城村汉城、万寿岩国家考古遗址公园建设和大遗址保护展示工作,组织两处遗址保护工程项目立项和技术方案的编制及项目实施。开展汀江流域、闽江下游考古学专题调查,以及武夷山葫芦山遗址、霞浦屏风山遗址、闽清窑下岗窑址、将乐岩子洞遗址、福州文儒坊西段唐宋遗址的考古发掘。配合国家文物局水下文化遗产保护中心开展“福建平潭海域(以海坛海峡为中心)水下考古区域调查”和漳州海域水下文化遗产重点调查。

【博物馆建设和文博惠民】 全省新(改、扩)建博物馆9个,其中新建5个(莆田市博物馆、永定县福建土楼博物馆、尤溪县博物馆、长泰县博物馆、松溪县博物馆),改扩建4个(连城县博物馆、上杭县博物馆、上杭县客家族谱博物馆、武夷山市博物馆),建筑面积72480平方米,投入金额6.76亿元。对全省27家国家二、三级博物馆运行情况进行评估,并将运行评估推广到全省所有博物馆。完成全省109个博物馆年检工作。争取国家免费开放陈列展览专项补助经费1300万元。全省博物馆共举办各类专题展览663场,参观人数2183.7万人次。

福建省被国家文物局确定为全国“完善博物馆青少年教育功能”试点省份,福建省文物局确定福建博物院、泉州海外交通史博物馆和陈嘉庚纪念馆为试点单位,分别就博物馆青少年教育课程项目开发、配套教材教具研发、教师培训、实施教育体验活动、流动展览进校园等开展试点工作,通过国家文物局组织的结项验收。

省文化厅会同省民政、财政、国土资源、住房和城乡建设、旅游、国税、地税等部门出台《关于进一步推动我省民办博物馆建设与发展的意见(试行)》。2014年新审批设立4个民办博物馆。

组织全省33个博物馆参加“2014博物馆及相关产品与技术博览会”,福建省文物局获最佳组织奖,福建博物院获最佳展示奖、最佳组织奖、十佳文创产品奖、最佳博物馆商店奖。

【重要陈列展览】 4至7月,由国家文物局、福建省政府、北京市政府联合主办,福建省文化厅、北京市文物局共同承办的“直挂云帆济沧海——海上丝绸之路特展”在首都博物馆进行为期3个月的展出,并在有关省市巡展;12月,“海上丝绸之路文物精品图片展”受邀前往联合国总部展出,受到了联合国总部的肯定。漳州、泉州市先后举办“海上丝绸之路九市文物精品联展”。

福建·中国闽台缘博物馆“指掌春秋——闽台木偶艺术展”、中国船政文化博物馆“深层脉动——船政文化对台湾近现代文化的影响”到台湾展出,福建·中国闽台缘博物馆引进“星云大师一笔字书法展”。

福建博物院举办的“丝路帆远——海上丝绸之路文物精品七省联展”获得2014年第

十一届全国博物馆十大陈列展览精品奖；福建博物院“绿叶对根的情谊——华侨华人爱国奉献展”列入国家文物局“弘扬优秀传统文化、培育社会主义核心价值观”主题展览项目全国推广计划。

【第一次全国可移动文物普查】 完成福建省文物系统外 160 余家国有单位 8 万多件(套)收藏文物的认定工作，共完成 274 家收藏单位在全国可移动文物信息登录平台的信息注册，80 家收藏单位(其中文物系统单位 54 家，文物系统外单位 26 家)在全国可移动文物信息登录平台登录上报了文物信息，全省登录文物藏品总数计 55090 件。对泉州、三明、南平、宁德四个设区市可移动文物普查工作进展情况开展了专项督查。

编制完成馆藏文物保存环境建设方案两个、馆藏文物保护修复方案两个，并获国家文物局立项审批。2014 年，争取国家可移动文物保护专项经费 1059 万元。

(福建省文化厅 江建国)

江西省

【概况】 认真贯彻落实党中央和省委的决策部署，以改革为动力，积极适应日益变化的文化发展条件和环境，提升发展理念，转变发展方式，文艺创作、公共文化服务、文化产业发展、优秀文化传承、对外文化交流等各项工作开创了新局面，为全省“发展升级、小康提速、绿色崛起、实干兴赣”凝聚了正能量。

【文化体制改革】 一是管准入。降低文化准入门槛，鼓励和引导社会资本、社会力量进入文化领域，先后取消行政审批事项两项，下放管理事项 12 项，取消和下放率达 46%，与此同时，减少和规范行政审批程序，社会资本进入文化领域的活力不断激发，参与公共文化建设、进入文化市场的社会资本越来越多。二是定政策。推动江西省政府出台加快发展文化创意产业的若干政策措施，联合有关部门制定出台深入推进文化金融合作意见、支持文化赣商回乡创业的政策、公益性演出服务项目政府购买服务试点办法、加快江西省美术事业发展意见等。三是突出重点。公共文化服务标准化均等化试点是 2014 年文化体制改革的重点与难点，为此江西省文化厅制定了《江西省县(市、区)基本公共文化服务标准化、均等化实施意见(试行)》，先后启动两批试点，试点县(区)达 32 个，并在 2014 年下半年在新干县组织召开全省基本公共文化服务标准化均等化试点工作现场经验交流会。四是建平台，抓监管。江西省文化厅积极举办、承办和组织参与各类文化展会、交易会等，搭建文化交流展示平台。为促进演艺繁荣，整合院团、剧场、院线等资源，“团场线”联盟成员单位发展至 20 家。认真履行管导向、管阵地职能，切实抓好文化领域的秩序治理、安全管控。

【公共文化服务】 一是建设公共文化服务设施。全省公共图书馆达 112 家，全年购书经费达 2200 万元，比上年增长 12%，藏书达 2030 万册；文化馆达 114 家，二级以上馆达 65 家；非遗展示馆达 98 家，新增 12 家；博物馆达 140 家，新增 7 家，其中上等级馆达 31 家；美术馆达 33 家，新增 3 家；城市社区文化活动室(中心)达 855 个，新增 145 个；基层公共文化电子阅览室达 1993 个，覆盖全省所有乡镇。

二是建设文博场馆。省图书馆和 11 家设区市图书馆数字虚拟网并入国家数字图书馆“推广工程”网络体系，全部共享国家图书馆

影剧艺术中心等设施，株洲将新建市图书馆等，湘潭推进市博物馆展陈工作，邵阳市文化艺术中心即将竣工，岳阳积极推进市图书馆新馆等建设，常德实施“美丽乡村、完美社区”建设，推进市博物馆改扩建等，张家界加快市博物馆建设，益阳筹建市图书馆新建工程，郴州推进市文化艺术中心项目建设，永州市正在推进市文化艺术中心项目，怀化市抓紧“两馆一中心”建设，娄底市文化中心竣工，湘西加快推进州博物馆、州非遗馆建设。

加快建设现代公共文化服务体系。推进示范区创建，持续推进湖南省长沙第一批国家公共文化服务体系示范区提质提效和第二批岳阳国家公共文化服务体系示范区的创建工作，长沙市被确定为国家 10 个公共文化服务标准化试点之一。

推进免费开放，全省 91 家免费开放的博物馆纪念馆接待观众 3500 余万人次。扎实推进湖南省乡镇综合文化站评估工作，评出一级站 253 个、二级站 348 个、三级站 444 个。

加强文化志愿者活动。组织实施文化部、中央文明办开展的全国“春雨工程”文化志愿者服务边疆行系列活动、十艺节“群星奖”全国巡演活动，成效显著，湖南省文化厅获文化部两项组织工作奖。全省组织开展文化志愿服务活动达 27265 人次，志愿者注册人数达 71047 人。

实施文化惠民工程。与省委宣传部等联合主办的“欢乐潇湘”大型群众文艺汇演顺利开展，据不完全统计，全省城乡参演的文艺团队达 3 万多个，演出 38485 场，推出新创文艺节目 10243 个，参与群众观众 3000 余万人次，包括各级财政、社会民间投入资金达 3.2 亿元。由湖南省文化厅与省委宣传部等联合主办的“雅韵三湘”高雅艺术普及计划活动，已演出 238 场。全省已完成“送戏下乡、演艺惠民”演出 11577 场。

各市州加大文化惠民力度，如长沙的百佳群众文艺团队评选、乡村社区好戏天天送、城区剧场好戏天天演。包括：衡阳的周末百姓剧场、广场旬旬演、社区周周乐，株洲的周末剧场、社区大舞台，湘潭的文化进万家、莲城周末大戏台，邵阳的宝庆大戏台，岳阳的高雅艺术惠民演出、一元周末剧场，常德的群众文艺演出百团大赛、沅水鼓王擂台赛，张家界的土家“六月六”民俗文化节，益阳的花鼓戏汇演和首届花鼓艺术节，郴州的广场舞大赛、首届民歌大赛、“小桃红·满庭芳”美丽郴州赏昆曲，永州的“雅韵三湘”音乐会，怀化的中国侗族大戊梁歌会、靖州飞山文化节，娄底的社区艺术节、少儿艺术节、广场舞大赛，湘西的吉首国际鼓文化节。

【文化产业发展】 加强园区和基地建设。天心文化产业园荣膺“2014 年度中国文化创意产业最受关注的十大园区”榜首；新增张家界天门狐仙文化旅游产业有限公司和湖南华凯文化创意股份有限公司两家国家级文化产业示范基地，全省国家级示范基地已达 11 家。在区域合作上，推介长株潭文化产业招商项目共 63 个，招商合作金额达 107 亿元。

推进特色品牌和项目。3 个项目入选 2014 年度国家级特色文化产业重点项目库，两个项目入选 2014 年弘扬社会主义核心价值观动漫扶持计划，71 个重点文化产业项目被收录至文化部《中国文化产业 2014 年投融资项目手册》。为 60 余家企业和项目争取中央、省级文化产业引导资金 8780 万元。湖南华人时代文化传播有限公司等 5 家企业获文化部认定，全省已有重点动漫企业 6 家，动漫企业 29 家。在中国文化艺术政府奖第二届动漫奖的评选中，湖南有 1 个项目获奖、7 个项目入围，湖南动漫获奖数继续保持全国领先地位。成功举办了 2014 长沙(国际)动漫游戏展和第九届中国原创手机动漫大赛启动式以及 2014 中国(长沙)手机文化产业博览会。

市州文化产业有新发展。长沙 2014 年文化产业年产值预计达 1600 亿元,占 GDP 总量预计达 8.9%。衡阳 25 个项目与银行实现实时对接,授信额达 38.56 亿元。株洲在全市打造"一县一品",每个县区挖掘一个重点发展的文化产业。湘潭推进昭山文化产业示范区、湘潭"798"艺术区,九华漫淘酷动漫城、湘乡吉昌动漫(玩具)产业园等文化产业项目。邵阳全市小微文化企业共有 1816 家,年收入 4.5 亿元。岳阳重点帮扶屈子文化园屈子书院等 6 个文化旅游产业项目。常德农村演艺产业健康快速发展,全市现有农村演艺团体 2000 多家,年演出收入约 8 亿元。张家界《魅力湘西》入选《中国文化品牌发展报告(2014)》,成为国内唯一获此殊荣的旅游演艺品牌。益阳发挥文博龙头作用,提升"文博现象"。郴州打造大型文化旅游节目"南国丽都秀"、大型实景演出剧《苏仙传奇》,投资 12 亿元的飞天·苏仙国际文化创意产业园项目签约落地,预计 2014 年度文化产业增加值占 GDP 比重 5% 以上。永州引进广州九恒条码有限公司、建设异蛇酒文化产业基地、潇湘文化古玩城、蘋岛文化生态园等文化项目。怀化 2014 年文化产业总产值预计突破 90 亿元,实现增加值超过 35 亿元,同比增长 15%。娄底加强小微文化企业发展。湘西突出文化旅游业、民族演艺和民间工艺业等重点文化产业发展,《烟雨凤凰》等旅游演艺晚会接待游客 50 万人次,土家织锦和苗族银饰等文化企业实现产值 3 亿元。

【文化市场管理】 切实转变政府职能,简政放权。市场审批项目由原来的 18 项缩减为 9 项,审批时间由 12 个工作日缩减为 5 个工作日,实现网络化审批,提高了行政效率。

大力开展各类文化市场专项整治行动。排除安全生产隐患,领导、群众关注问题得到有效整治,文化市场保持平安稳定态势。完成文化市场技术监控与服务平台基础信息采集,共录入文化市场经营单位信息 14661 家。加强艺术品市场诚信建设,启动艺术品市场备案登记工作,评出首批 7 家"湖南诚信画廊"。组织查处了一系列大要案件,其中永州、岳阳和衡阳查处的 3 起案件被文化部评为 2014 年度全国文化市场重大案件。据统计,全省各级文化市场综合执法机构共出动检查 49 万余人次,检查经营单位近 19 万家次,责令改正 6071 家次,受理举报 1523 件,立案调查 5139 件,移交案件 188 件,办结案件 4160 件,行政警告处罚 6247 家次,确保了全省文化市场平安稳定繁荣。

【文化遗产保护】 加强文物保护。永顺老司城土司遗址申遗完成文物本体保护、环境整治、遗址价值研究等工作,顺利通过国际文化遗产专家现场考察评估,2015 年 6 至 7 月,将提交世界遗产大会表决通过。第一次全国可移动文物普查、文化遗产保护园区建设扎实推进。28 个传统村落入选国家文物局全国重点文物保护单位和省级文物保护单位集中成片村落整体保护利用村落名录,数量占全国十分之一。韶山毛泽东同志纪念馆《中国出了个毛泽东》基本陈列被评为"第十一届全国博物馆十大陈列展览精品"。益阳兔子山遗址入选 2013 年度全国十大考古新发现。完成海外流失文物青铜皿方罍器身的洽购,2014 年 6 月 12 日顺利归国回湘,6 月 28 日实现盖身合体,在国内创造海外流失文物回归的新途径、新模式。湖南省第十二届文物(国际)博览会参展人数逾 2 万人,总成交额达 4.3 亿元,创历史新高。

加强非遗保护。新增 19 项国家级非遗项目、95位省级传承人、两个国家级非物质文化遗产生产性保护示范基地，现有国家级项目118项。有220个国家、省、市州、县级非遗项目在140所大、中、小学等开展非遗进校园活动。从220个省级非物质文化遗产项目中遴选20个代表性项目进行数字化记录保护试点工作。《武陵山区(湘西)土家苗族文化生态保护区》整体保护规划获国家批准，是全国15个生态保护实验区中通过评审的6个规划之一。全省组织2014年“文化遗产日”活动约150场，参与人数近千万人，又声部长、友志副省长出席在长沙主办的湖湘记忆——2014文化遗产日湖南非物质文化遗产展演系列活动。组织参加中华巧艺——中国(深圳)非物质文化遗产百项技艺联展、中国第三届非物质文化遗产博览会，非遗项目走进沪洽周、走进泰国等活动。在全国非遗数字化保护(首批)试点工作中，全省两个国家非遗项目数字化采集3个单项指标中，两个全国第2名，一个第3名。

【对外文化交流】 文化系统出国(境)交流33批次，383人次，来湘交流109批次，931人次，比2013年有较大增幅。

2014年春节期间，先后派出了6批访演团队共计149人，赴亚洲、欧洲、大洋洲共7个国家14个城市参加海外“欢乐春节”活动，共完成演出52场，观众达33.6万人次，生动传递了浓郁的湖湘文化情怀，成功传播了当代湖南形象。文化部在全国推介湖南对外文化交流经验。与贝宁中国文化中心文化合作项目、与喀麦隆的文化艺术交流圆满成功，得到好评。

【文化体制改革】 深化文化体制改革。全面部署，重新调整省文化厅文化体制改革领导小组成员；对涉及省文化厅牵头的13项、参与的29项改革任务全面梳理，明确责任分工。湖南图书馆、湖南省博物馆事业单位法人治理结构试点工作基本完成。启动基本公共文化服务相关标准的制定和实施。积极履行行业指导职责，支持完成转企改制的国有经营性文化事业单位健康发展，鼓励社会力量和社会资本参与公共文化服务。

推进文化立法。推进《湖南省公共文化服务保障条例》立法工作，《湖南省实施〈中华人民共和国非物质文化遗产法〉办法》被列为省人大2015年立法审议项目。

【文化发展保障】 加强党的建设和党风廉政建设。始终把学习贯彻习近平总书记系列重要讲话精神作为一项贯穿全年的重要政治任务来抓。习近平总书记在文艺工作座谈会上发表重要讲话后，厅党组学习中心组带头学，多次组织专题研讨、专题调研，迅速印发通知，制定贯彻落实方案，在全省文化系统掀起了学习贯彻的热潮。通过学习型党组织建设、创先争优活动等，增强了系统党组织的创造力、凝聚力和战斗力。认真执行中央八项规定、省委九项规定和省纪委“八条禁令”，进一步巩固和深化党的群众路线教育实践活动成果，认真做好“回头看”等专项行动。坚持把调查研究作为一项经常性、基础性工作，注重把工作重点向基层倾斜。

认真抓好党风廉政建设责任制的落实，认真遵守干部廉洁自律的各项规定，扎实开展专项整治，加强重大工程建设项目、政府采购招标事项的监督，认真做好群众诉求事项和信访办案工作，始终保持廉洁自律和优良的作风。

加强文化人才队伍建设。与省委组织部联合举办首次全省县市区分管文化工作领导参加的文化建设专题培训班，友志副省长出席并授课，此次培训班规格高、影响大、效果好。完成为期两个月的三区人才支持计划文化馆长培训班。全年选送人员参加文化部、中央文干院等各类培训班共计 52 批次，共计 345 人次。全省共有 4 个县市区被评为全国文化工作先进单位（县），6 个单位被评为全国文化工作先进单位、10 名同志被评为全国文化工作先进个人。

提高经费保障水平。2014 年争取中央补助地方专项资金共 9.85 亿元，同比增加 2.9 亿元，增幅为 39%。争取省级专项资金共 2.55 亿元，同比增加 0.56 亿元，增幅为 27%。湖南省文化厅预算拨款从 2.08 亿元增加至 2.69 亿元，增幅为 29%，高于全省同期财政收入增长幅度。为 19 个县级图书馆配送了 19 辆流动图书车。筹措 2870 万元，为全省 115 个基层国有院团统一配送流动演出通勤车，已完成政府采购工作。

（湖南省文化厅　何作利）

广东省

【概况】 紧紧围绕广东发展“三个定位、两个率先”总目标，全面落实中央和广东省的决策部署，深化文化领域各项改革，锐意进取，扎实工作，推动文化强省建设再上新台阶。

【公共文化】 现有县级以上公共图书馆 140 座、文化馆 147 座、国有博物馆（纪念馆）176 座（据各市上报数据统计），国有美术馆 16 座，乡镇（街道）综合文化站 1599 个，全省每万人拥有公共文化设施面积 1112 平方米。

省文化厅积极落实“奖补扶持”工作，完善基层公共文化设施建设。全年分两批共计奖补扶持欠发达地区新建、改扩建或完善设施设备县级公共图书馆、文化馆、博物馆 50 个，乡镇（街道）综合文化站 122 个，乡镇（街道）综合文化站公共电子阅览室 170 个，行政村（社区）文化室 7578 个，下达资金 2.1 亿元。扩大“三馆一站”免费开放范围，落实省财政对经济欠发达地区三馆一站免费开放补助经费的工作，全年共计补助欠发达地区免费开放的县（市、区）级图书馆 85 个、文化馆 90 个、美术馆两个，乡镇（街道）综合文化站 1156 个，下达资金 7811 万元。

实施“基层文化馆站效能提升计划”。省文化厅组织 30 多位省内图书馆和群文专家，集中对经济欠发达地区 180 多个县级公共图书馆、文化馆，采取巡回指导的方式，通过“实地考察、集体会诊、限期整改”，对馆站建设和开放情况、功能布局、业务开展、服务规范等方面进行手把手的现场指导和培训，推动基层文化馆站达标升级，提升基层文化馆站服务效能。

推进公共文化改革试点。省文化厅重点推进理事会制度改革试点、基层综合性文化服务中心建设和公共文化服务标准化工作。完成《广东省公共文化事业单位理事会建设试点工作方案》《广东省综合性文化服务中心建设试点工作方案》《广东省基本公共文化服务标准化建设工作方案》等文件的起草，并经报请省委文化体制改革领导小组批准，确定了公共文化事业单位理事会改革、综合性文化服务中心和公共文化服务标准化建设三类改革省级试点 17 个。

启动省级公共文化服务体系示范区（项目）创建工作。省文化厅制定了《广东省公共文化服务体系示范区（项目）创建方案》《广东省公共文化服务体系示范区创建标准》《广东省公共文化服务体系示范项目创建标准》，经报请省政府同意，印发了《广东省文化厅　广东省财政厅关于开展广东省公共文化服务体系示范区（项目）创建工作的通知》，正式开展

省级公共文化服务体系示范区(项目)创建工作。计划从2014年起至2020年,分三批创建20个左右省级公共文化服务体系示范区,培育50个左右省级公共文化服务体系示范项目。通过组织申报、专家评审、结果公示等环节,2014年确定了第一批省级示范区创建名额8个、示范项目名额14个。

文化惠民巡演活动。1月,省文化厅组织“群星奖”优秀节目及近年在群众艺术花会等重要赛事中获得奖项的精品群文节目,在中山市、东莞市清溪镇、河源市、广州增城、云浮云安五地举行了5场演出。6至11月,开展了以“我们的中国梦”为主题的2014年广东省群众文化精品巡演活动,为粤东、粤西、粤北等15个经济欠发达地市的县市以下地区的偏远村庄、农民工子弟学校、监狱等送去精品演出83场,观众达10多万人次。11月开始,联合广州市文广新局、广东中华民族文化促进会在广州、佛山、江门、肇庆、湛江等地的社区广场和学校举办广东音乐演出活动,计划用7个月的时间巡演100场,截至2014年年底,共演出14场。

“同饮一江水”2014广东打工者歌唱大赛。7至10月,由文化部全国公共文化发展中心、广东省文化厅、东莞市人民政府共同主办的“同饮一江水”2014广东打工者歌唱大赛在广州增城、佛山南海、惠州、东莞、江门、阳江、肇庆、清远等8个地市(区)同时举行,117场比赛吸引了4100多名打工者报名参加,受惠群众达46万人次。

“春雨工程”——2014广东文化志愿者边疆行活动。10月13至17日,由广东省文化厅、省文明办、省支援新疆工作前方指挥部、新疆维吾尔自治区文化厅联合主办,省文化馆、新疆喀什地区文化体育新闻出版局承办的“春雨工程”——2014年广东省文化志愿者边疆行活动,共有66名广东省文化志愿者远赴新疆喀什,以“大舞台”“大展台”“大讲堂”的方式,献演3台文艺演出、1场粤喀两地书法美术作品联展、两场专题讲座,向喀什地区、疏附县、伽师县以及新疆生产建设兵团第三师的公共文化服务单位赠送了8台钢琴和一批重要广东地方文献,为当地少数民族群众送上精彩的岭南文化大餐。

广东省第六届群众音乐舞蹈花会。12月5至9日,由广东省文化厅、肇庆市人民政府联合主办,省文化馆、肇庆市委宣传部、肇庆市文化广电新闻出版局共同承办的广东省第六届群众音乐舞蹈花会在肇庆市举办,共组织了6个专场比赛、3场展演,1500多名演职人员参加了123个节目演出,评出金奖节目32个,银奖节目38个,铜奖节目53个,优秀组织奖9个和特别贡献奖1个。

创建2014—2016年度“中国民间文化艺术之乡”。2014年,按照《文化部办公厅关于组织开展2014—2016年度“中国民间文化艺术之乡”评审命名工作的通知》要求,广东省文化厅积极开展广东省的选拔评选申报工作。经组织专家评审,择优评选出佛山市顺德区人民政府粤剧曲艺等30个申报“中国民间文化艺术之乡”。12月,文化部命名“中国民间文化艺术之乡”442个,潮州市潮安区金石镇等29个县(市、区)和乡镇(街道)被命名,数量名列全国第一。

【专业艺术】 第十二届广东省艺术节圆满举行。11月11日至23日,第十二届广东省艺术节认真贯彻落实习近平总书记在文艺工作座谈会的重要讲话精神,探索创新办节模式,扩大参与范围,丰富活动内容,亮点纷呈,广接地气,推出了一批具有岭南特色的新人力作,彰显了中国精神、广东气派,集中展示了近年来广东省舞台艺术领域的优秀成果。本届省艺术节“节中套节”,主体活动为期13

天,是历届省艺术节规模最大的一次。共有84台剧目151场演出在主会场广州及分会场佛山、惠州上演,并特邀境外优秀演出团体参演,吸引了超过7万名观众观看,充分凸显了“艺术的盛会,人民的节日”的办节理念。艺术节涌现了舞剧《沙湾往事》、粤剧《梦红船》、音乐剧《妈妈再爱我一次》、潮剧《古城风雷》、山歌剧《客魂·家风》、话剧《康有为与梁启超》等一批聚焦广东历史文化、刻画广东名人、关注现实生活、艺术表现形式新颖活泼的本土优秀剧目,以及一批年轻优秀艺术人才。

*艺术惠民活动丰富多彩。*全省优秀舞台艺术作品巡演。6至12月,广东省文化厅组织开展全省优秀舞台艺术作品巡演。24台剧目分别到13个地市共进行126场演出,主要在基层地区进行巡演,约10多万名观众观看演出。本次巡演的作品形式丰富多样,涵盖全省主要的艺术品种和具有一定实力的国有、民营艺术表演团体,适应不同层次观众的审美需求,受到观众欢迎。

2014二沙岛户外音乐季。9月27日至12月6日,“二沙音乐岛·律动五羊城——2014年二沙岛户外音乐季”共进行了12场演出,几乎场场爆满,惠及观众总人数近12000人次。

第二届粤港澳台魔术节。8月30日至9月3日,第二届粤港澳台魔术节在广州中山纪念堂举行。期间举办舞台魔术比赛、近景魔术比赛、魔术沙龙、魔术道具展、颁奖盛典等活动。为让更多的大众欣赏到高水平的杂技魔术,最低惠民票只卖80元一张。组委会还每场拿出100张,总计500张票,送给老人院、福利院、荣军医院等需要关爱的特殊群体。

省直艺术院团优秀作品展演。9月30日至10月9日,省文化厅组织举办“庆祝新中国成立65周年广东省直艺术院团优秀作品展演”,集中展示省直艺术院团的最新风貌,为庆祝新中国成立65周年营造浓厚文化氛围。本次活动共包括等5部剧(节)目,采取低票价演出方式,吸引大批观众观看。

*艺术创作工作扎实推进。*音乐剧《西关小姐》获中宣部第十三届精神文明建设“五个一工程”优秀作品奖;舞剧《沙湾往事》入选2014年度国家艺术基金资助项目;音乐剧《妈妈再爱我一次》获韩国大邱国际音乐剧节“评委会大奖”。组织举办广东省文化艺术界贯彻学习习近平总书记重要讲话精神座谈会,启动“省直艺术院团与基层艺术团体结对共建活动”,由省直艺术院团向全省文艺院团发出开展“深入生活,扎根人民”的主题实践活动倡议书,使广大文艺工作者受到了一次心灵和精神上的重要洗礼,极大地激发了创作热情。坚持以人民为中心的创作导向,组织、指导和加强“中国梦”题材作品创作,积极吸纳传统的优秀题材,发挥名人效应,重点关注韩愈、包拯、惠能等在广东的重要活动,讲好“历史故事”“名人传奇”,推出音乐剧《六祖惠能》、潮剧《韩愈治潮》等作品。以地区特色文化为创作基础,以侨家的分合、为官的取舍、迁徙的融合为题材,推出了粤剧《碉楼》、潮剧《古城风雷》、山歌剧《客魂·家风》,展示了广府、潮汕、客家三大鲜明的地方文化风情。组织剧作家进行广泛采风,以重大历史事件和文物遗产为线索,搜集、整理、提炼“海上丝绸之路”等重点题材进行重点创作,集合国内优秀作曲家参与的大型民族交响乐套曲《海上丝绸之路》正在加紧创作,一批相关的文艺作品也将陆续推出。鼓励艺术家写艺术家的故事,舞剧《沙湾往事》、粤剧《梦·红船》以艺术家活动为横线,以重大历史节点为纵线,融入唯美的广东音乐、粤剧、古镇、水乡等广东文化元素,淋漓尽致地刻画了艺术家为攀登艺术高峰而执着“追梦”“寻梦”的历程和爱国、家天下的高尚情怀。积极探索创作机制的创

新发展，打造论证、创作、修改、排演、打磨、提高的艺术生产加工链条。启动“青年创作计划”，调动年轻作者的创作积极性，为他们的创作想象和思考空间提供搬上舞台的展示的平台，以“双向选择”的方式，构建剧团与剧本、作者之间联结的桥梁。

艺术教育与文化科技工作。省文化厅受理全国艺术科学规划项目申报 96 项，获得国家立项 1 个、文化部立项 4 个。按文化部的要求，对全省艺术科学规划项目进行年度检查，做好项目监管工作。广东舞蹈戏剧职业学院教学工作顺利开展，在全校教职工的共同努力下，学院艺术教育的水平正在逐年提高，首届大专毕业生已顺利毕业。

【文化产业】 文化与金融融合发展。开展文化与金融融合发展试点，是省委、省政府深化改革的重点工作任务之一。省文化厅作为落实此项工作的牵头部门，在推进文化金融融合发展方面，积极会同中国人民银行广州分行、省财政厅、省委宣传部、省金融办等部门扎实推进。6 月 20 日，在第三届广州金交会开幕当天，省文化厅与人民银行广州分行、省财政厅、省金融办联合召开文化金融合作对接会议。成功达成广东各金融机构累计对文化企业授信 345 亿元，行业涉及文化旅游、新闻出版、文化教育、演艺娱乐等领域，实现了文化与金融互利共赢。8 月，经省政府批准，省文化厅联合有关部门制定出台《关于贯彻落实深入推进文化金融合作的实施意见》和《文化金融合作事项清单》，推动广东省文化金融融合发展落到实处，实现产业政策指导、财政政策支持、金融政策放大的协同效应；同时，会同省相关部门建立了省文化金融合作部门会商机制，形成合力共促发展。

文化与旅游融合发展。9 月 17 日至 10 月 28 日，为落实广东省委、省政府深化改革重点任务——“推进文化与旅游融合发展”，广东省文化厅与省旅游局就省内文化旅游融合发展情况联合开展专题调研，对清远、韶关、河源、惠州、江门、肇庆及东莞 7 市进行实地调研，形成《广东省文化旅游融合发展情况的调研报告》和《关于促进文化旅游融合发展的意见》。

第十届深圳文博会。5 月，第十届中国（深圳）国际文化产业博览交易会在深圳会展中心举办。广东团动员组织省内 21 个地级以上市全部参展，首次实现“满堂红”。由省文化厅牵头负责的广东团主展位以“推动文化走出去”为主题，突出展示文化产业各领域“走出去”的丰硕成果。本届文博会以 2324.99 亿元人民币的总成交额创历届新高，比上届增加 659.97 亿元，同比增长 39.64%，其中，广东团总成交达 1135.96 亿元。

中国（云浮）石文化节、中国（中山）国际游戏游艺博览交易会、艺术广东·国际收藏品及艺术品博览会等各类文化展会精彩纷呈。其中，“艺术广东”吸引了来自法国、德国、奥地利、美国、澳大利亚及中国台湾等 7 个国家和地区的艺术机构参展，有 19 个国家使领馆的文化官员前来观展。

动漫产业。省文化厅开展动漫企业认定及年审、中国文化艺术政府奖第二届动漫奖、弘扬社会主义核心价值观动漫扶持计划等项目的组织、初审、推荐工作。全省有 10 家企业通过国家动漫企业认定。深圳华强数字动漫有限公司的《熊出没之夺宝熊兵》获得中国文化艺术政府奖第二届动漫奖最佳动画电影奖、广州漫友文化科技发展有限公司的《向日葵男孩》获得最佳漫画作品奖、广东原创动力文化传播有限公司的喜羊羊与灰太狼系列获得最佳动漫国际市场开拓奖。广东省动漫企业创作的动画片《孔子》《海龙号——海上丝绸之路历险记》《太极鼠》《中国梦·我的梦系列——焦裕禄》入选文化部首次开展的2014年弘扬社会主义核心价值观动漫扶持计划。

国家文化产业示范基地。12月，佛山市新石湾美术陶瓷厂有限公司、广东长城集团股份有限公司、广州励丰文化科技股份有限公司、广州市浩洋电子有限公司、深圳市创意投资集团有限公司5家企业被文化部命名为第六批国家文化产业示范基地，此次广东省通过企业数量居全国首位。至2014年，广东省被文化部评定的国家文化产业示范基地达26家，数量规模和产值效益均位居全国前列，有效地发挥了示范、辐射作用。

粤港澳区域合作。省文化厅积极配合广东省自由贸易试验园区和粤港澳服务贸易自由化的申报工作，以广州南沙、深圳前海、珠海横琴等地为合作重点区域，将文化产业作为区域产业创新发展的重要内容，积极争取政策，开展"先行先试"探索，推进自贸区建设，以期粤港澳三地能够充分利用规模优势、范围优势，实现强强联合，优势互补，整合珠三角城市群，拓宽粤港澳未来发展空间。加强三地政府部门与行业协会的交流合作，推动三地文化产业优势互补、互利共赢。

【文化市场】 省文化市场行政执法部门共出动行政执法力量约91万人次，检查各类文化市场经营场所约32.3万家次；受理举报2390件，立案调查各类违法违规案件2475宗，移交案件66宗，办结案件1945宗；行政处罚违法违规文化经营单位2288家次，其中责令停业整顿136家次、吊销经营许可证9家，罚没人民币约1197.4万元。全省文化市场健康、有序、平稳发展。

积极推进行政审批制度改革。省文化厅着力清理文化市场行政审批事项，按2015年、2017年、2020年向省编办提交了逐步下放事权的计划清单。至2014年年底，省文化厅保留的文化市场与文化产业事权包括行政许可9项、非行政许可2项、行政检查3项、行政指导5项、行政确认4项。

优质高效做好行政审批。截至2014年年底，省文化厅共办理经营性互联网文化单位审批事项825宗（其中设立393宗、变更345宗、延续79宗、注销8宗），办理涉外涉台营业性演出审批事项479宗，办理美术品进出口经营活动审批事项23宗、涉外商业性美术品展览活动审批事项两宗，"游戏游艺机市场准入机型机种内容审核"通过了54款游戏游艺机机型机种。

上网服务行业转型升级试点。根据文化部统一部署，省文化厅印发《广东省文化厅转发文化部关于推动互联网上网服务行业转型升级的意见的通知》，确定广州、深圳、汕头、惠州、东莞5市为试点地区，每个试点地区挑选20家不同类型的场所，开展上网服务场所转型升级试点。

推进全国文化市场技术监管与服务平台应用。根据文化部要求，省文化厅印发了《广东省文化厅关于开展全国文化市场技术监管与服务平台应用工作的通知》等一系列文件，在全省范围内部署平台应用推广。截至12月31日，全省共录入存量经营单位51611个，其中文化类存量经营单位18795家，非文化类存量经营单位32816家；除茂名市外，全省各地级以上市和顺德区已上线，共应用平台办理准入业务4218件，激活数据3171条，激活率为17.36%。

推进行业协会建设。省文化厅新增对广东演艺设备行业商会、广东省动漫协会的业务指导工作，倡导筹建成立广东游戏产业协会。同时，注意发挥社会组织参与社会管理的作用，委托广东省文化产业促进会参与文博会广东团主展位的布展工作，省演出业协会承办中南六省（区）的演出工作座谈会，中

山、番禺市(区)游戏游艺协会参与游戏游艺机型机种内容审核的初审,聘请省动漫协会专家参与动漫节目评选等。

“平安文化市场”创建工作。省文化厅会同省公安厅、省工商行政管理局联合印发《广东省平安文化市场创建工作方案》,部署开展“平安文化市场”创建工作。全省文化市场综合行政执法机构以法定节假日、双休日、寒暑假、特殊敏感时期等为重点时段,以繁华街区、旅游景点、交通枢纽、学校周边、城乡接合部等为重点区域,重点打击制售政治性非法出版物、侵权盗版出版物等行为,重点清理含有国家法律法规禁止内容的文化产品和有害信息,重点查处演出、娱乐、网吧等文化市场违法违规经营行为,重点整治非法文化产品生产制作源头、复制印刷环节、流通传播渠道和集中经营场所。通过采取联合、错时、暗访、交叉检查等多种方式,持续开展了文化市场“双打”“净网”“清源”等一系列专项整治行动。

网络文化市场“以案施训”活动。省文化市场综合执法局创新培训形式,组织开展网络文化市场“以案施训”,先后在广州、深圳、东莞和中山市组织查办了东莞市网际电信科技有限公司未经批准擅自从事经营性互联网文化活动案、手游“三国志威力加强版”涉嫌赌博案、腾讯涉嫌提供含有渲染色情活动内容的视听节目案和广东途乐科技有限公司涉嫌运营含有赌博内容的网络游戏案等案件,通过网络文化市场巡查,选择典型案件,组织各地文化执法业务骨干参与办案,以案带训,在案件办理实践中抓基础理论学习、抓证据固定、抓现场查处、抓文书制作和经验交流,共同培训、整体提高。

畅通“12318”文化市场群众举报监督渠道。省各级文化市场综合执法机构充分利用12318文化市场举报电话和网上举报等有效载体,及时受理社会各界和广大人民群众对文化市场违法违规经营行为的举报,认真核实举报内容,充分掌握案件线索。全年全省文化市场行政执法部门共受理群众举报2390件,立案调查各类违法违规案件2475宗,移交案件66宗,办结案件1945宗。

【文化遗产保护】 全省有国家级历史文化名城7座、省级历史文化名城16座,各级历史文化名镇名村91处,国家级传统村落91处,省级历史文化街区16处。经第三次全国文物普查,广东省核定公布不可移动文物2.5万多处,其中全国重点文物保护单位98处,省级文物保护单位475处,市县级文物保护单位4000多处。此外,广东省开平碉楼与村落于2007年列入了世界文化遗产,广州市的南越国遗迹和海上丝绸之路也已进入世界文化遗产申报预备名单,相关工作正在加紧推进中。

至2014年,广东省入选联合国教科文组织“人类非物质文化遗产代表作名录”项目4项、国家级非物质文化遗产代表性名录项目147项、省级非物质文化遗产代表性名录项目525项、市级非物质文化遗产代表性名录项目1100项、县(市、区)级非物质文化遗产代表性名录项目1888项。省非物质文化遗产项目代表性传承人总数增加到618人。

加快文物系统综合改革。行政审批制度改革。1月,省文物局将广州、深圳辖区内除国家、省发展改革委立项外的大型基本建设工程文物考古调查与勘探工作下放给广州、深圳市文物行政部门;7月,将文物保护工程勘察设计乙级以下(含乙级)、施工二级以下(含二级)、监理乙级以下(含乙级)资质审批职能转移至广东省古迹保护协会;将全国重点文物保护单位和省级文物保护单位文物保护工程方案审核、保护规划审核、文物保护工程技术初验收和验收工作转移给省文物考古研究所;报请省编办批准,取消文物保护单位与馆藏文物拍摄审批权,制定相关标准与规范,交由文物保护管理机构或使用者自行确定。

制定权责清单。按照省政府的统一部署,省文物局经梳理和调整,共确认行政许可事项 19 项、非行政许可事项 16 项、行政检查事项 7 项、行政指导事项 12 项、行政确认事项 1 项、其他事项 53 项,报省编办审核。省文物局所有行政许可和非行政许可事项在广东省网上办事大厅公共审批平台开通网上申报,实现网上办理。

审批与监管方式改革。省文物局以专项经费管理为切入点,改革审批与监管方式。分别印发了“广东省重点文物保护专项资金”和“广东省鼓励民办博物馆建设专项资金”《管理办法》和《申报指南》,明确规定专项资金实行网络平台统一申报,公开专项资金申请受理情况和分配情况。

推进海上丝绸之路申遗工作。省文化厅重点推进汕头、江门、阳江、湛江 4 地加入“海上丝绸之路”世界文化遗产预备名单各项准备工作,目前 4 个城市已制定“海上丝绸之路”申报世界文化遗产工作方案,成立领导小组,正委托科研单位抓紧编制申报文本和保护管理规划。

开展“南海Ⅰ号”全面保护发掘工作。2013 年 9 月至 2014 年 9 月,国家文物局水下文化遗产保护中心、省文物考古研究所、省博物馆、广东海上丝绸之路博物馆等单位共同开展“南海Ⅰ号”沉船的保护发掘工作,保护发掘项目已完成第一阶段工作任务,建设完成保护发掘辅助系统,完成上表面淤泥的发掘任务,出土文物 400 余件。2014 年 10 月,“南海Ⅰ号”全面启动第二阶段发掘与保护工作。

《关于加强历史建筑保护意见的通知》出台。10 月 23 日,省人民政府办公厅审议并印发了由省住建厅、省文化厅联合起草的《关于加强历史建筑保护意见的通知》,这是广东省首个关于加强历史建筑保护的文件,明确了在推进新型城市化建设、建设文化强省中,历史建筑的保护和利用工作。

开展“三旧”改造中的文化遗产保护项目。10 月,省文化厅与省住建厅、省国土厅联合印发了《关于开展“三旧”改造用地范围内历史文化遗产普查的通知》,要求各地摸清历史风貌区、历史建筑和文物建筑信息,并建立信息库,城乡规划、文物、国土部门要形成保护机制,推动“三旧”改造中的历史文化保护利用工作。12 月,省国土厅出台《广东省“三旧”改造重点项目督导工作方案》,省文物局将参与联合检查,对“三旧”改造中的项目进行督查,做好历史建筑和文物建筑保护工作。

考古工作。省文物局积极配合全省大型基本建设工程进行文物考古调查、勘探和发掘工作。省文物考古研究所重点发掘的郁南磨刀山遗址,是广东省首次进行科学考古发掘的旧石器遗址,把广东人类活动的历史由已知的距今 13 万年左右大幅提前至数十万年前,是广东史前考古的重大突破。

文物安全保护。“共同守护南粤遗存”十项行动。省文化厅加强文物保护工作,开展“共同守护南粤遗存”十项行动,包括开展文物巡查行动、开展文物安全防范试点行动、规范文物保护管理行动、开展文物保护管理协同行动、开展“文物保护大家谈”活动、组建“义务文物保护管理员”行动、扩大文物保护宣传行动、举办全省文物安全与执法培训班、构建舆情监控平台和开展先进示范带动行动。

妥善处理突发事件。2014 年,广东省文物安全形势依然严峻,文物破坏案仍有发生。河源市洋溪桥被破坏事件,经省领导批示和媒体聚焦,引起社会广泛关注,在短时间内形成社会热点。在往年应对文物安全突发事件积累经验的基础上，省文化厅行动迅速，及时协调相关各方，发布有关信息，妥善处理相关事件。

构建舆情监控平台。7月，省文物局与中国文物信息咨询中心合作，开展24小时文物安全事件网络舆情追踪，同时利用微博、广东文物网等网络渠道发布政策信息，并利用社会力量监督安全事件，努力做到及时处理应对。

"文物保护大家谈"。6月，为加强社会公众文物保护法律意识，扩大文物保护宣传力度，构建政府、专家学者、社会组织和媒体相互沟通平台，省文物局与华南理工大学研究生团委、研究生会联合邀请主流媒体，组织"文物保护大家谈"活动，取得良好的社会反响。

文物安全防范试点。5月，江门市开平碉楼、佛山市东华里古建筑群、潮州市老城古民居建筑群和韶关市长围村围屋等被列为国家文物消防安全百项工程试点，潮州老城古民居建筑群被列为国家文物消防安全专项规划编制试点。

省级非物质文化遗产项目代表性传承人认定与管理暂行办法。9月，省文化厅在充分调查研究、广泛征求意见、听取专家学者建议的基础上，制定《广东省文化厅关于省级非物质文化遗产项目代表性传承人认定与管理暂行办法》(简称《暂行办法》)，经省政府法制办公室审议通过正式公布实施。《暂行办法》是对国家《非物质文化遗产法》和《广东省非物质文化遗产条例》的补充和完善，进一步明确了省级非物质文化遗产项目代表性传承人的申报条件与要求，明确了省级非物质文化遗产项目代表性传承人的权利、责任、义务及日常管理工作，进一步加强广东省非物质文化遗产项目代表性传承人保护，为推动广东省优秀非物质文化遗产项目有效传承提供重要保障。

第四批国家级非物质文化遗产名录项目。1至11月，省文化厅组织开展第四批国家级非物质文化遗产名录项目的推荐申报工作，精选"乳源瑶歌"等44个项目申报第四批国家级非物质文化遗产名录项目。12月，文化部公布第四批国家级非物质文化遗产名录项目，广东省入选18项，全省国家级非物质文化遗产代表性名录项目总数增至147项，广东省四级名录体系进一步丰富。

2014"中国文化遗产日"广东分会场系列活动。6月14日，在广州市举行。活动在广东粤剧院剧场内举办了"百姓与非遗"——广东省非物质文化遗产代表性传承人手工技艺展和文物免费鉴定日、"地道中华"——广东省非物质文化遗产图文展、"守望岭南"——广东省非物质文化遗产专场惠民演出等。此外，还在省博物馆举办了13期非物质文化遗产系列专题讲座；在省南方文化产权交易所举办了"精品·卖点"——广东省非物质文化遗产精品拍卖会；在广州市图书馆举办"社会参与非物质文化遗产保护的不同模式"研讨会。

2014广东省非物质文化遗产——"守望岭南"专场惠民巡回演出。7至9月，结合2014年文化遗产日图文展和专场惠民演出，省文化厅启动"2014广东省非物质文化遗产——守望岭南专场惠民巡回演出"，在广州、深圳、汕头、梅州、东莞、中山、湛江、揭阳、顺德等地演出12场次，原生态传统表演风格与精湛的表演技艺相融合，广受好评，受益观众达2万余人次。同期，省文化厅还启动了"地道中华"——广东省非物质文化遗产图文展巡回展，在广州、深圳、东莞等地展示广东省非遗保护成果。

非物质文化遗产展演及宣传展示活动。

9 月,省文化厅举办了 2014 客家山歌(东莞·凤岗)邀请赛。10 月,由省文化厅、省侨联和东莞市人民政府主办的“开心广场·百姓舞台”——2014“中国大陆与港澳台地区”客家山歌邀请赛在东莞市凤冈镇举行,活动吸引了国内、港澳、台湾及东南亚地区 126 个节目 1000 多人参赛。10 月,省文化厅组织 13 个国家级、省级非物质文化遗产传统技艺、传统美术类项目的 26 名项目传承(艺)人参加 2014 年广东 21 世纪海上丝绸之路经贸合作交流会活动,在“旅游文化合作展区”进行非物质文化遗产展示。11 月,在省委宣传部指导下,省文化厅与省文联主办的“世纪传承——广东省民间工艺大师精品展”在北京中华世纪坛举行,精品展汇集了广东省 41 位民间工艺大师近 200 件工艺精品,涵盖了牙雕、玉雕、木雕、陶瓷、刺绣、砖雕、手拉泥壶、端砚等 8 大种类的非遗项目。12 月至 2015 年 1 月,省文化厅与羊城晚报社联合举办广东省非物质文化遗产“珍稀剧种”汇演,精选各剧种精彩部分向广州市民展演,期间举办“广东省珍稀剧种学术研讨会”。

《广东省非物质文化遗产名录图典(二)》编辑出版。1 月,《广东省非物质文化遗产名录图典(二)》正式出版发行,全书 348 页约 30 多万字,收录精美图片 1000 多幅,详细介绍了 234 项省级非物质文化遗产名录项目和 261 位省级非物质文化遗产名录项目代表性传承人。

《探寻·传承》非物质文化遗产相关项目纪录片。4 月,省文化厅与省文化艺术信息中心联合主办、广州品瑞文化传播有限公司承办制作的《探寻·传承》启动拍摄,这是广东省乃至全国首部系统完整整理记录省级以上非物质文化遗产项目的纪录片,录制内容涵盖民间文学,传统音乐,传统舞蹈,传统戏剧,曲艺,传统体育、游艺与杂技,传统技艺,传统美术,传统医药,民俗等十大门类。

【对外和对港澳台文化交流】 省双向文化交流共 818 批 13594 人次,其中来访 511 批、8475 人次,出访 307 批、5479 人次,名列全国前茅。

大型文化交流。积极推进部省合作项目,主动与文化部海外文化中心开展共建工作。加大力度开展对欧洲、北美国家文化交流,加强与海上丝绸之路沿线国家的文化合作,组织有关国家文化机构参与首届广东 21 世纪海上丝绸之路国际博览会。注重对东盟地区开展文化交流,在新加坡、马来西亚、缅甸等国举办“2014 东盟—中国广东文化周”巡演,组派广东艺术团赴菲律宾参加当地华人社团庆祝新中国成立 65 周年演出活动,汕头潮剧院大型潮剧《红头船》赴泰国演出,受到当地政府和民众特别是广大华人华侨的欢迎。配合省主要领导出访组织广州交响乐团、广东文化展览团赴澳大利亚举办“悉尼·中国广东文化周”系列展演活动。通过“广东文化周”这个品牌,有效增强了岭南文化在海外的辐射力和影响力。加强粤港澳台文化交流合作,签订了《粤港澳文化交流合作发展规划(2014—2018)》,商定 50 个合作项目;首次举办了“情系青春——两岸大学生岭南行”活动,邀请台北市立国乐团来粤参加第十二届广东艺术节演出,对台文化交流进一步拓展。推动深圳对外文化贸易基地建设。

2014 海外“欢乐春节”。春节期间,广东省组派 38 批文化团组 1147 人次分别赴美国、法国、德国、加拿大、英国、留尼旺、毛里求斯、巴拿马、格林纳达、新加坡、泰国、马来西亚、日本、韩国、南非、津巴布韦、赞比亚、智利、波利尼西亚、越南、柬埔寨等国家和中国港澳特区、中国台湾地区开展“欢乐春节”活动。结合了 11 个地级市的演出力量,参与的文化单位40多个，包括省市直属文艺院团、演艺公司、民间艺术团体、企业文艺演出队伍、大学生艺术团队等。活动内容包括粤剧、潮剧、歌舞、音乐、杂技、魔术、武术、飘色等，多渠道、宽领域、全方位地向世界人民展示中华文化，进一步提升国家文化软实力和扩大国际影响力。

与各国驻穗总领事馆交流。省文化厅协助各国驻穗总领事馆举办馆外文化交流活动24项，涉及美国、加拿大、俄罗斯、英国、法国、德国、意大利、瑞士、波兰、日本、印度、印度尼西亚、以色列、墨西哥、新西兰、厄瓜多尔等16个国家。

（广东省文化厅　冯雅琳）

广西壮族自治区

【概况】　高举宣传旗帜，围绕大局，服务人民，积极推进民族文化强区建设，着力打造桂风壮韵文化精品，截至2014年年底，全区公共文化服务体系建设扎实推进，村级公共服务中心总数达到5579个，全区112个公共图书馆、两个美术馆、123个文化馆、1126个乡镇综合文化站和79个博物馆、纪念馆全部实现免费开放；具有桂风壮韵的舞台艺术精品不断涌现，其中桂剧《七步吟》荣获第十三届精神文明建设"五个一工程"奖，以"南国之声"周末音乐会和"民族戏苑"驻场演出为重点着力打造了一批常态性演出活动品牌，现代壮剧《第一书记》全区巡演得到广大群众的欢迎；文化产业发展增速，文化对经济增长的贡献逐年加大；文化遗产保护开创新局面，左江花山岩画文化景观已被确定列为2016年中国申报世界文化遗产唯一项目，新增12项国家级、133项自治区级非物质文化遗产代表性项目；打造"美丽中国·美丽广西"等对外文化交流品牌，举办第九届中国—东盟文化论坛，在悉尼、莫斯科和马耳他成功举办"广西文化日"活动；文化市场扎实开展管理工作，确保安全平稳运行。

【文化体制改革】　根据中央和自治区关于文化体制改革的部署要求，广西壮族自治区文化厅认真贯彻落实，积极稳妥地推进文化体制改革的各项工作，分类推进事业单位改革和文化厅职能转变等改革工作取得实质性进展。

完成事业单位改革的分类。根据自治区编委《关于印发广西壮族自治区直属事业单位分类方案的通知》（桂编发〔2013〕2号）精神，严格分类标准，准确把握中央和自治区关于分类的政策要求，科学划分自治区文化厅所属事业单位类别，并按时报送分类意见。12月，经自治区编委审核并报自治区分类推进事业单位改革工作领导小组同意，自治区文化厅所属事业单位分类意见获得了正式批复。从事生产经营活动的事业单位包括广西壮族自治区舞台设备技术研究所和广西壮族自治区文物商店。从事公益服务的事业单位分为公益一类事业单位和公益二类事业单位，其中公益一类的事业单位12个，公益二类的事业单位4个。

制定自治区文化厅职能转变方案。根据自治区党委、自治区人民政府关于政府职能转变的工作部署，制定自治区文化厅职能转变方案，并获得自治区人民政府审定同意。方案分为指导思想和工作目标、2014—2017年职能转变的主要任务、承担自治区人民政府职能转变工作任务分工工作方案和抓好职能转变工作的组织实施等4个部分。

继续深化国有文艺院团体制改革。根据文化部等9部门《关于支持转企改制国有文艺院团改革发展的指导意见》(文政法发〔2013〕28号)精神,为继续深化广西国有文艺院团体制改革提供科学的决策依据,9月,自治区党委宣传部和自治区文化厅联合在北海市和柳州市召开全区国有文艺院团改革发展专题调研座谈会,研讨交流广西国有文艺院团改革发展相关问题,走访有关单位,形成调研报告。

【公共文化服务】 广西壮族自治区扎实推进公共文化基础设施建设,加大村级公共文化服务中心建设力度,打造基层文化活动新模式,截至2014年,广西壮族自治区共有省级公共图书馆两个,群众艺术馆1个,市级公共图书馆16个,群众艺术馆14个,县级公共图书馆94个,县级文化馆108个,乡镇(街道)文化站1167个,村级公共服务中心5579个,社区公共服务中心204个(含社区文化活动中心和文化活动室123个)。

构建现代公共文化服务体系机制。自治区党委全面深化改革领导小组将构建现代公共文化服务体系作为2014年重点改革任务之一,文化厅牵头组织,协调自治区党委组织部、自治区党委宣传部、自治区科学技术协会、自治区发展与改革委员会、自治区科技厅、自治区财政厅、自治区新闻出版广电局、自治区体育局于10月联合出台了《广西壮族自治区构建现代公共文化服务体系工作方案》。

公共文化服务体系示范区(项目)。按照文化部统一部署,由广西文化厅公共文化处牵头与广东省和海南省联合开展区域文化联动活动,被文化部评为2014年度全国创建国家公共文化示范区(项目)区域文化联动活动优秀组织单位,成为获此殊荣的全国10个省级文化部门之一。10月29日至31日,文化部、财政部对广西创建国家公共文化服务体系示范区(项目)督查工作,来宾市、罗城县创建提升获肯定;玉林市、柳州市鱼峰区和桂林市临桂县等第二批国家公共文化服务体系示范区(项目)创建工作顺利通过文化部中期督查验收。

国家公共文化服务标准化试点。根据《文化部办公厅关于公布国家公共文化服务标准化试点地区等名单的通知》(办公共发〔2014〕21号),10月17日,来宾市成为10个国家级基层综合性文化服务中心建设试点城市之一,临桂县文化馆是全国5000多家县级三馆中唯一入选公共文化机构法人治理结构试点的县级文化单位。

"中国民间文化艺术之乡"。12月19日,文化部举行了2014—2016年度"中国民间文化艺术之乡"命名颁牌仪式,广西有13个县被文化部命名为2014—2016年度"中国民间文化艺术之乡"。在全国总量比上一轮减少了81个的情况下,广西获命名的数量比上轮增加了1个。

村级公共服务中心。自治区投入3亿元建成1500个村级公共服务中心,全区村级公共服务中心总数达到5579个,占行政村总数的38.9%。得到文化部蔡武部长高度肯定,黄宇厅长在2014年5月浙江瞿洲市召开的"全国基层公共文化服务工作现场经验交流会"上发言,是全国5个先进经验交流单位之一。

公共文化设施场所免费开放。2014年中央、自治区和地方三级财政投入16336万元,补助全区112个公共图书馆、123个文化馆、1128个乡镇文化站向社会实施免费开放,文化惠民深入扎实。

"春雨工程"——全国文化志愿者边疆行。10月,文化部、中央文明办2014年"春雨工程"——全国文化志愿者广西边疆行活动取得圆满成功,来自湖南、海南、天津和广西的文化志愿者先后赴钦州、玉林、桂林、柳州4市和三江县侗寨等地区开展活动，广西文化厅被评为全国文化志愿服务工作优秀单位。

公共文化服务多元供给模式。流动文化服务能力不断加强。广西首批15台流动图书车于10月底全部配送到15个国贫县并投入使用。数字文化服务设施建设和资源建设同步推进。2014年广西公共文化方面获国家转移支付3185万元。主要用于区图书馆和桂林图书馆文化信息资源建设、数字图书馆推广工程、区图书馆公共电子阅览室管理信息平台建设和边境121个乡镇、414个行政村的数字文化长廊建设提供经费设备支持。

第一次广西乡镇综合文化站评估定级。文化部于2013年至2014年在全国开展了第一次全国乡镇综合文化站评估定级工作。广西有118个综合文化站荣获全国乡镇综合文化站评估定级“一级文化站”称号；193个文化站荣获全国乡镇综合文化站评估定级“二级文化站”称号；282个文化站荣获全国乡镇综合文化站评估定级“三级文化站”称号。

“群星奖”获奖作品巡演。广西采取“走出去，请进来”的做法，与湖南省、海南省和天津市共同组织部分“群星奖”获奖节目进行省（区、市）际交流巡演，走基层、接地气，把18场精彩演出送到群众最需要的地方，观众达3.1万余人次。广西因此被文化部评为“群星奖”获奖作品全国巡演优秀组织单位。

基层文艺会演。广西举行第三届基层群众文艺会演。12月下旬，全区共有239个音乐、舞蹈、戏剧小品类节目参加了13场会演决赛，为2015年第十七届“八桂群星奖”比赛奠定了较好的基础。

【文艺创作】 组织创作排演了一批彰显桂风壮韵的新作佳作。现代壮剧《第一书记》、动漫音乐剧《跟斗小子》、音乐舞蹈诗剧《花山》、音乐剧《幸福不等待》、奇幻儿童剧《魔豆》、京剧《独钓寒江雪》、粤剧《璎珞传》、杂技剧《百鸟衣》、桂剧《冯子材》、音乐报告剧《青春答卷》、民族经典名曲音乐会《灿烂广西》、交响乐音乐会《美丽广西》等作品相继在首府和各地文艺舞台献演。新编历史桂剧《七步吟》荣获中宣部第十三届精神文明建设“五个一工程”奖、广西第十三届精神文明建设“五个一工程”特别奖，童话杂技剧《小雪猫与独耳鼠》和歌曲《月亮湾》获广西第十三届精神文明建设“五个一工程”优秀作品奖。大型历史舞剧《碧海丝路》受邀参加由文化部和陕西省人民政府主办的首届丝绸之路国际艺术节获优秀演出奖，获优秀组织奖。原创音乐剧《幸福不等待》荣获国家话剧最高奖项第九届话剧金狮奖编剧奖。群舞《骆越先歌》获第九届中国舞蹈“荷花奖”当代舞、现代舞银奖。双人舞《火塘情》、群舞《暖》和《长桌长》获由国家民委、文化部和内蒙古自治区人民政府主办的首届全国少数民族优秀舞蹈作品展演铜奖，群舞《心琴》获优秀奖。广西文场《莲花雨》荣获第八届中国曲艺牡丹奖全国曲艺大赛（余杭赛区）节目提名奖。

驻场演出。“南国之声”周末音乐会、“民族戏苑”周周演、“南国炫技”快乐星期六等演出已经形成驻场演出品牌。2014年，“南国之声”周末音乐会共举办了庆祝新中国成立65周年专题音乐会《祝福祖国》、“欢庆壮族三月三”南国之声周年音乐会《春暖花开》、庆祝建党93周年交响音乐会《永远跟党走》等114场，观众达50000余人次。

惠民演出。广西演艺集团、广西戏剧院和广西群众艺术馆开展“同心共圆中国梦”惠民演出300场，未成年人流动剧场暨优秀儿童剧目进校园演出45场。精心组织2014年“欢庆壮族三月三”系列演出活动，全区大小活动多达100多场次，参与活动人员累计达500万人次。

彩调艺术节。第四届广西彩调艺术节于10月29日至11月1日在桂林市永福县举行。共有来自全区6个地级市的57个剧目参演,其中专业组19个,业余戏26个,展演剧目12个,荟萃了广西彩调艺术精品佳作。本届彩调艺术节呈现出城乡联动、专业和业余并重、传承与创新兼顾、实验和理论相结合等4大特点。

【文化产业】 调结构,转方式,积极探索文化产业发展新模式,重点文化产业项目培育建设取得新突破,原创动漫首获国家艺术政府奖,圆满完成重点展会参展任务。

促进文化产业升级。广西在全国率先研究制订促进文化产业转型升级文件,出台了《关于促进文化创意和设计服务与相关产业融合发展的实施意见》,为稳增长调结构做好服务。

重点项目培育取得新突破。广西三诺智慧产业园等31个项目入选文化部2014年文化产业重点项目库。五通农民画旅游休闲产业项目和钦州坭兴陶特色工艺品联合开发项目入选文化部2014年度全国特色文化产业重点项目。桂林愚自乐园艺术园、《印象·刘三姐》大型山水实景演出、钦州市千年古陶文化产业项目3个项目入选财政部、文化部2014年度文化金融合作项目库。

动漫产业迅猛发展。广西原创漫画作品《踮脚张望》获中国文化艺术政府奖第二届动漫奖最佳漫画奖,广西艺术学院入围最佳动漫教育机构奖,实现广西在中国文化艺术政府奖动漫奖上"零"的突破。桂林坤鹤文化传播公司研发的《可可小爱》社会主义核心价值观系列公益剧2014年登陆中央电视台12个频道,入选文化部"弘扬社会主义核心价值观动漫扶持计划"。

参展工作圆满完成。完成第十届中国(深圳)国际文化产业博览交易会、第七届中国西部文化产业博览会、第七届海峡两岸(厦门)文化产业博览交易会、第九届北京文化创意产业博览会4个重点展会的参会参展任务,宣传推介了广西创意文化产品,较好地宣传了广西的文化品牌,与兄弟省市交流了经验和工作。

【文化遗产保护】 2014年是广西文化遗产保护工作实现跨越式发展的一年,申报文化遗产项目取得重大进展,重点文物保护工程取得新突破,文物行政审批改革初见成效,非物质文化遗产各级名录体系逐步完善,非物质文化遗产展演活动丰富多彩,文化生态保护区建设有序推进。

花山申遗。左江花山岩画文化景观项目成为2016年中国申报世界文化遗产唯一项目,于2014年11月通过世界遗产中心预审,标志着广西申遗工作取得突破性进展。同时花山岩画项目宣传、研究、环境整治等工作也在稳步推进中。

重点文物保护工程。2014年获得国家发改委、财政部、国家文物局安排广西重点文物保护项目60项,补助资金3.1亿多元,为历年之最。配合完成国家"21世纪海上丝绸之路"建设有关项目。花山岩画本体开裂加固保护工程通过验收。兴安灵渠秦堤防渗加固、灵川长岗岭和江头村古建筑群保护一期工程、靖江王陵第十代王陵等一批重点保护工程顺利完成。桂林甑皮岩遗址保护工程和新展示中心建设基本完工,成为华南地区唯一的国家考古遗址公园。兴安、全州、灌阳3县的湘江战役旧址保护项目已顺利启动。中国传统村落保护项目顺利推进,2014年广西有20个村落列入中国传统村落名单,目前总数已达89个。

非物质文化遗产名录体系建设。2014年，广西共有12个项目列入第四批国家级非物质文化遗产代表性项目名录。11月25日，自治区人民政府公布了第五批自治区级非物质文化遗产代表性项目名录共133项。至此，广西共有国家级非物质文化遗产代表性项目49项，自治区（省）级代表性项目424项和22个扩展项目，进一步完善了非遗名录体系。

探索传承保护新机制。2014年广西制定了《广西国家级非物质文化遗产代表性项目传承人（传统戏剧类）抢救性保护记录工程标准》。开展完成国家级非遗桂剧、壮剧、彩调代表性传承人秦彩霞、罗桂霞、张琴音、闭克坚、覃明德的抢救性记录工作。开展系列广西地方戏进校园、非遗产展示展演进校园、与学校共建非遗传承基地等活动，将广西戏曲艺术、传统技艺等民族文化引进校园。国家级非遗项目名录钦州坭兴陶烧制技艺生产性保护示范基地（钦州坭兴陶有限公司）入选"第二批国家级非物质文化遗产生产性保护示范基地"；国家级非遗项目侗族大歌传承人吴光祖、京族哈节传承人罗周文荣获第三届"中华非物质文化遗产传承人薪传奖"。

非物质文化遗产保护传承活动丰富多彩。成功组织开展广西首个"三月三"公众假日系列文化活动，组织欢庆壮族"三月三"——《桂风壮韵》非遗展演活动，"三月三"期间，仅南宁主会场参加活动人数已超过30万人次。全区各地也相应组织了叠彩纷呈的民俗活动；组织自治区级、国家级非遗代表性项目，参加2014年中国—东盟文化展示展演活动，获得社会各界热烈反响；积极开展第九个全国"文化遗产日"系列活动，举办了"城镇化进程中非物质文化遗产保护"专家研讨会和民族戏曲进校园、进社区活动。

文化生态保护区建设。对国家级文化生态保护实验区河池市铜鼓文化（河池）生态保护区建设进行调研，推进完成规划文本招标工作；组织对瑶族文化（金秀）生态保护区规划纲要、桂林桂派戏曲曲艺艺术文化生态保护区规划纲要进行评审，并建议同意将其设立为"自治区级文化生态保护区"；协调推进"壮族文化（百色）生态保护区"申报国家级文化生态保护区的前期工作。

【对外文化交流】 2014年，广西壮族自治区文化厅共牵头举办演出、展览、研讨、人员互访等各类文化交流项目11个，来访、出访总人数245人次（其中出访203人次，来访42人次），办理审批项目38项（其中来访申请9起59人次，出访申请29起308人次），圆满完成预期各项工作任务。

中国—东盟文化交流年。"中国—东盟文化交流年"由习近平主席于2013年访问印尼期间提出，2014年4月7日于北京正式启动。活动贯穿整个2014年，涉及会议、演出、展览、人员培训与交流、新闻、影视、出版、体育、旅游、宗教、青年交流等层面。广西圆满举办了中国—东盟博览会文化展、中国—东盟文化论坛、庆祝中国马来西亚建交40周年"美丽中国·美丽广西"中国文化周展演活动、第十届"红铜鼓"中国—东盟艺术教育成果展演、"文化走亲"东盟行活动、第二届中国—东盟戏剧周等一系列活动。

第九届中国—东盟文化论坛。第九届中国—东盟文化论坛由中国文化部和广西壮族自治区人民政府共同主办，广西壮族自治区文化厅承办，以"国际性艺术节的管理与实践"为主题，于2014年9月15日至16日在南宁举办。论坛吸引了中国和东盟10国文化部、知名国际性艺术节，以及东盟秘书处、东盟基金会、中国—东盟中心等31个中外嘉宾代表团共近300名代表参会。自治区副主席李康，文化部部长助理刘玉珠，新加坡总理公署兼文化、社区及青年部政务部长陈振泉，东盟基金会执行主任陈伊莲等出席了论坛并发言。论坛大会学术性强，日程紧凑，共举办了开幕致辞、主旨发言、主题发言、圆桌讨论和会议总结等多模块会议内容，确保中外嘉宾能在论坛大会上各抒己见，深入交流。论坛还出版了《中国—东盟主要国际性艺术节名录》，作为今后中国与东盟国家加强文化资源共享的重要依据。

*“美丽中国·美丽广西”中国文化周展演活动。*2014 年是中国与马来西亚建交 40 周年，是双方政府商定的“中马友好交流年”，同时也是中国—东盟文化交流年。作为文化交流年和中马友好交流年重点文化活动，广西文化厅受文化部委派，组织广西文化代表团一行 62 人赴马来西亚参与中马建交 40 周年庆祝活动，在吉隆坡、马六甲两地举办文艺演出并在吉隆坡举办民族文化展。活动取得圆满成功。马来西亚旅游文化部中国事务官戴子豪等嘉宾出席文化周，并观看了展览和广西少数民族服饰走秀。中国驻马来西亚大使黄惠康及夫人、马来西亚前上议院议长丹斯里曾永森、马来西亚剧艺研究会会长余金艾及各界人士共 1300 多名观众观看了文化周在马来西亚国家大剧院的文艺演出。

*海外“欢乐春节”活动。*2 月，广西桂林艺术团和广西杂技艺术团，分赴毛里塔尼亚、突尼斯、印度、不丹、举办“欢乐春节”暨突尼斯建交 50 周年、“中印友好交流年”启动仪式和中国与不丹首次文化交流等重大演出活动，广西木偶艺术团赴泰国参加“欢乐春节”活动，3 个团组 54 人，共演出 14 场，吸引观众 4 万余人。演出现场热烈，欢呼声和掌声每场多达 100 余次。不丹王室、印度副总理、泰国前总理、5 国文化部部长及其政要、文化界名流均出席活动现场。

*海外中国文化中心合作共建。*5 月 3 日至 10 日，在悉尼中国文化中心圆满完成举办“2014 悉尼·广西文化周”任务，7 月 28 日至 8 月 4 日，在莫斯科中国文化中心和马耳他中国文化中心圆满完成举办“2014 莫斯科·广西文化日”和“2014 马耳他·广西文化日”活动。这一系列“广西文化周(日)”活动是近年来广西对外文化交流的又一亮点。

*“中国大陆与港澳台地区”文化交流。*为配合 2014 年桂台经贸文化合作论坛工作，根据自治区人民政府部署，广西文化厅组派了广西文化交流团一行 29 人于 2 月 20 日至 27 日赴台湾花莲举办文艺演出交流活动，为 2014 年桂台经贸文化合作论坛增添了艺术色彩，为广西和中国台湾搭起了文化桥梁，很好地服务了论坛工作。7 月 16 日至 9 月 15 日，作为 2014 年度对港澳文化交流重点项目之一，由广西壮族自治区文化厅、中国香港特别行政区政府康乐及文化事务署主办，广西壮族自治区文物局、广西文物保护与考古研究所、中国香港历史博物馆承办的“瓯骆汉风：广西古代陶制明器”展览在香港历史博物馆举办。中央人民政府驻香港特别行政区联络办公室副主任杨健、香港特别行政区政府民政事务局局长曾德成、广西壮族自治区副主席李康、外交部驻香港特别行政区特派员公署副特派员胡建中出席开幕式。7 月 16 日至 9 月 15 日，共有 13 万多名观众参观了展览。9 月 21 日，为迎接新中国成立 65 周年，外交部驻港公署举办了建署以来规模最大的一次公共开放日，广西应邀组派 12 人的演出团赴中国香港参加文艺演出。来自广西的原生态民歌、民族舞蹈、器乐演奏等节目丰富了公众开放日活动内容，进一步加强与香港民众的交流，为增进广西与香港两地人民的深厚情谊做出了积极的贡献。10 月，台湾佛光山星云大师应广西壮族自治区党委常委、副主席唐仁健邀请赴广西参访，并在广西民族博物

馆举办了一笔字书法展。同时广西文化厅与星云大师为首的财团法人人间文教基金会签订了《广西文化厅与台湾财团法人人间文教基金会文化交流合作初步意向书》,注明中国台湾财团法人人间文教基金会将邀请广西文化厅派出展演团队赴台湾佛光山举办文化展演交流活动,进一步加深广西与台湾文化交流。

友城文化交流。11 月 1 日至 5 日,为增进中美两国人民之间的了解和情谊,根据广西文化厅与美国蒙大拿州落基山芭蕾舞团文化交流合作协议,经中国驻美国使馆文化处联系,应广西文化厅邀请,蒙大拿州落基山芭蕾舞团来到广西访问演出。该团在南宁剧场、柳州文化艺术中心和融安县文体中心共演出 3 场,吸引当地观众 3000 多人。2014 年是广西与美国蒙大拿州缔结为友好区、州 15 周年,此次访演交流活动的成功举办,为两地人民之间的美好情谊增添了一抹亮色。

【文化市场管理】 认真贯彻全国文化市场工作会议精神,组织部署并扎实开展文化市场管理工作,在维护文化市场繁荣稳定、行政审批制度改革、推进文化娱乐场所转型升级、确保演出市场安全稳定等方面开展了卓有成效的工作。

维护文化市场安全稳定。组织全区各级文化行政部门、文化市场综合执法机构在重点时间段加强重点领域市场监管,开展一系列专项保障行动和网络巡查,掌握网络舆情和查处违法违规经营,加大安全排查力度,全年全区文化市场无一例安全事故,确保了 2014 年度文化市场平稳安定。

行政审批制度改革。根据广西壮族自治区人民政府要求,广西文化厅积极推进行政审批制度改革,认真实施文化行政审批事项“接、放、管”工作,对文化(文物)行政审批事项进行了全面摸底统计,结合改革工作实际,研究、制定了更加贴近广西实际情况的行政审批清理调整方案上报自治区政府批准实施。根据桂政发〔2014〕69 号《自治区人民政府关于取消下放调整一批行政审批项目的决定》,调整后,对厅本级 37 项文化行政审批事项,取消 6 项审批事项并同时转变管理方式,合并 7 项文化市场审批事项。2014 年广西还承接国务院、文化部、国家文物局下放省级实施的 7 项行政审批项目。对国发〔2014〕27 号、国发〔2014〕50 号文件决定由前置审批调整为后置审批的 13 项文化(文物)行政审批事项的审批程序,在自治区行政审批目录库文化行政审批项目及时进行调整,更新了相关的审批操作规范和审批流程图。优化了办事流程,把规范服务、便利服务、亲切服务融入审批事项办理的全过程。

推进文化娱乐场所转型升级。全面贯彻落实文化部项兆伦副部长关于互联网上网服务营业场所转型升级的讲话精神和文化部的部署,以“加强引导,强化服务,典型引路,促进转型”的总体思路,积极推进上网服务营业场所转型升级、建设阳光文化活动场所并取得实质成效。通过行政指导、试点引路、现场观摩、经验交流、专题培训、经验推广等多种方式,鼓励支持和推动上网服务营业场所的转型升级工作。年底,广西完成多业态经营转型升级的上网服务营业场所和完成单独升级环境的上网服务营业场所为 274 家。广西各地上网服务场所转型升级正稳步向前推进。文化娱乐场所一改过去的负面形象,逐步树立起阳光、健康的正面行业形象。

确保演出市场安全稳定。逐步建立起演出应急管理机制,加强了对大型商业性演出的应急管理。自治区文化厅与南宁市行政部门、公安部门对建立和完善自治区、南宁市两级联合管理及应急机制,加强首府涉外涉港

澳台大型商业性演出应急管理工作形成一致意见。自治区文化厅印发了《南宁市涉外涉港澳台大型商业性演出应急管理协调会会议纪要》,建立健全了自治区、南宁市两级联合管理及应急机制,提出了从审批到活动举办全过程的事中事后监管和应急措施,进一步加强了首府涉外涉港澳台大型商业性演出应急管理工作。

(广西壮族自治区文化厅　陆　遥)

海南省

【概况】 以国际旅游岛建设为总抓手,改革创新,砥砺奋进,文化事业产业在争创中国特色社会主义实践范例,谱写美丽中国海南篇章的进程中取得显著成绩。

【公共文化体系服务能力建设】 公共文化服务网络进一步完善。海南省已有乡镇综合文化站204个,行政村文化室近1000家,农家书屋2695家。立足乡镇综合文化站和全国文化信息资源共享工程,全省又新建300个行政村文化活动室,新增60个公共电子阅览室和50台中国文化网络电视多媒体文化互动播出终端。为建立更加丰富、更加便捷的公共文化服务体系,海南省文化广电出版体育厅深入调查研究,着手制定《海南省公共文化服务标准化、均等化先行区建设方案》,启动并积极推进全省公共文化服务标准化、均等化先行区建设。

公共文化示范载体创建整体推进。海南省积极推动国家级和省级公共文化服务体系示范区(项目)创建工作,首批创建的1个国家级公共文化服务体系示范区和1个国家级示范项目通过验收,及时召开全省基层公共文化建设现场经验交流会,推广第一批国家级公共文化服务体系示范区(项目)创建工作经验。第二批国家级公共文化服务体系示范区(项目)创建工作按计划推进,澄迈、保亭、三亚、琼中、陵水等创建单位参加了粤桂琼公共文化服务体系示范区(项目)区域交流,在澄迈县、保亭县开展的省级公共文化标准化试点工作取得明显成效。

文化活动突出惠民特点。以文化进社区、文化下乡、广场文化活动等品牌活动为抓手,以“群艺大舞台”“文化惠民直通车”等品牌示范活动为龙头,带动城乡文化活动广泛开展,成功组织了第13届“东西南北中”广场文艺会演、首届海南省群众美术书法摄影大赛、海南群众文化大讲坛等多项大型群众文化活动,配合中央芭蕾舞团举办纪念芭蕾舞剧《红色娘子军》首演50周年暨海南慰问惠民演出活动。组织省外舞剧《水月洛神》、彩调剧《刘三姐》、歌剧《江姐》以及深圳交响乐团等剧目进行惠民演出。组织省内国有文艺院团文化惠民演出共计589场,惠及观众达90万人次。命名15个市县、乡镇为2014—2016年度海南省民间文化艺术之乡。

基层文化志愿服务活动受到好评。组织“大地情深”国家艺术院团志愿服务走基层惠民演出走进保亭县。组织省群艺馆、琼中县歌舞团参加黑龙江省黑河市第五届中俄文化大集文艺演出暨“春雨工程”文化志愿服务活动。组织保亭县民族歌舞团参加第六届“魅力北部湾”群众文化活动,并到玉林、柳州、桂林开展“春雨工程”文化志愿服务活动,把具有浓郁海南黎苗风情的文艺节目呈献给当地基层群众,深受好评和欢迎。

【重点公共文化设施建设】 重大文化基本建设项目持续推进。海南省博物馆二期项目建设取得重大进展,累计完成投资17795万元,主体建筑全部完成。省民族博物馆一期工程作为省委、省政府2014年为民办实事十大事项之一，自6月30日移交省文化广电出版体育厅负责以来，已完成了项目方案设计调整和报建等前期工作，年底完成基本土木建设。国家南海博物馆筹建工作顺利进行，已成立筹建领导和工作机构，并编制《国家南海博物馆项目可行性研究报告》和项目相关评估报告。

大型文化设施服务效益增强。省博物馆、图书馆等公益性文化单位，丰富免费开放服务的方式和内容，较好地发挥了大型公共文化设施的服务集聚效应。省博物馆2014年重点文物展从题材选择到策展制作，都力求突破，其中精品文物展览《回望大明——海瑞生活的时代》《朔地长歌——宁夏岩画特展》《笔墨纸砚——安徽文房四宝特展》《家在紫禁城——开封市博物馆藏宫廷用品展》《大千世界——张大千临摹敦煌壁画作品展》吸引了大批观众参观，全年接待参观群众约60万人次。省民族博物馆免费接待参观群众已达6万人次，组织筹划的《衣被天下——黎族织锦艺术展》《锦绣天成——黎族树皮服饰展》受邀在全国各地巡展。省图书馆始终把为读者提供优质服务作为工作的出发点和立足点，图书入藏量53625种175589册，全年共接待读者近100万人次，办理各类图书证12338张，书刊借阅量近92万册次，书刊外借人次28万人次，馆外流动服务5187人次，馆外流动图书服务10581册次。省歌舞剧院管理使用权移交工作顺利完成，为进一步发挥大型公共文化设施公益性、服务性的惠民作用，收回剧场及相关配套物业管理，交由省歌舞团接管运营。

【文艺精品创作】 舞台艺术佳作成果丰硕。组织召开“中国梦”主题艺术创作工作会议，深入研究部署全省艺术创作工作，制定并组织实施海南省文化艺术精品创作生产行动计划（2014—2015）。重点剧目琼剧《王国兴进京》、原创大型舞剧《秋菊传奇》创作推进有序。省琼剧院、海口市艺术团等单位创作排演了《村长赶鸭》《寻找最美海南人》《青春旗帜》等10个小戏。三亚艺术团话剧《焦裕禄》、歌舞音画《歌海梦·儋州情》等顺利排演。

艺术评奖评优有所斩获。新编历史琼剧《海瑞》剧组获邀参加文化部2014年全国地方戏（南北片）优秀剧目展演，并获全国第二十一届曹禺剧本奖提名。省琼剧院梁家梁荣获第三届中华非物质文化遗产传承人“薪传奖”。全省艺术科研单位申报国家社科基金艺术学项目和文化部科技创新项目有关课题10个，其中海南黎族旅游音乐资源开发研究获得国家资金资助。

【优秀传统文化传承体系建设】 文物研究与保护扎实有效。与三沙市人民政府共同主办“南海丝绸之路文化遗产保护研讨会”，并发布《南海丝绸之路文化遗产保护共同宣言》。开展海上丝绸之路沿海水下文化遗产调查，新发现3处水下文化遗存。完成西沙珊瑚岛一号沉船遗址重点调查。完成斗柄塔、崖城学宫等7处全国重点文物保护单位保护规划、方案编制工作。完成全国重点文物保护单位美榔双塔石坝、石坊等维修及绿化、保护设施工程。开展第三批省级文物保护单位申报工作。完成秀英炮台修缮工程并对外开放、丘浚墓修缮和环境整治工程，开展东坡书院修缮工程、蔡家宅维修保护及安防工程。对10处省级文物保护单位开展了保护修缮工程，对10处市、县级文物保护单位实施了修缮和环境整治工程。

考古发掘与研究有序推进。陵水黎安镇

莲子湾遗址发掘、新村镇桥山遗址考古发掘、昌江乌烈镇乌烈村遗址考古发掘、东方荣村遗址考古发掘等主要考古发掘项目已获得国家文物局批准，其中陵水黎安镇莲子湾遗址考古发掘工作已完成，其他 3 个项目正在开展。

非遗保护工作亮点纷呈。黎族传统纺染织绣技艺 4 年工作情况报告通过文化部审核，准备报联合国教科文组织验收。开展非遗传承人首次考核及第三批省级传承人评审命名工作。举办黎锦技艺原材料种植现场经验交流会。完成三沙市非物质文化遗产普查工作，取得预期成果。举办文化遗产日宣传推广活动，全省文化部门举办各类活动 30 多场。在省博物馆举办第五届海南省黎族织锦大赛、黎族传统纺染织绣技艺保护成果展，并编印展览配套画册，对 4 年保护成果进行了集中展示。举办琼粤桂非物质文化遗产保护研讨会，组织参加第三届中国非物质文化遗产博览会。海南合田旅业有限公司、海南锦绣织贝实业有限公司入选第二批国家级非物质文化遗产生产性保护示范基地，填补了海南省的空白。海口市吴名驹的椰雕蓝牙音箱被评为联合国教科文组织“徽章”认证产品，实现了海南省零的突破。

促进文化与旅游融合发展。遵循“巩固西部、发展中部、调研东部”的原则，有计划地推进海南文化与旅游的融合发展，加大对全省各地文化资源挖掘、推介，促进旅游产业升级。完成三个西部文化旅游景点景观升级改造示范工程项目的图纸设计和工程预算的审核工作，对西部文化资源保护与利用进行阶段性总结，《省文体厅出实招推动西部文化旅游融合发展着力破解我省旅游“东热西冷”难题》一文被海南省委办公厅专报省领导阅示。开展中、东部文化旅游融合发展调研工作，完成《中部文化旅游融合发展调研报告》，制定中部文化旅游融合发展工作方案。

【产业发展、交流互信和市场规范】 推进文化产业园区和项目建设。完成海南省首批两个文化产业示范园区和 9 个文化产业示范基地命名、授牌工作，并推荐 1 家省级文化产业示范园区和 5 家省级示范基地申报国家级文化产业示范园区（基地）。“海口骑楼建筑历史文化街区保护与综合整治项目”获文化部首批“特色文化产业项目”，并获国家文化产业发展专项资金贴息贷款支持。积极组织省内文化企业参与国家级会展，完成第十届深圳文博会参展工作，组织 37 个文化产业项目进行推介，现场签约 8 个文化产业招商重点项目，资金总额达 33 亿元。对外文化贸易大幅拓展，网络游戏原创和演艺产品出口创汇总计 389.19 万美元。其中，三亚太阳鸟文化产业有限公司演艺产品出口到美国、加拿大、泰国、老挝等国家，海南英立科技开发有限公司出口手机游戏创汇 28.7 万美元，签约额超 200 万美元，海南动网先锋的原创网络游戏出口到美国、韩国、日本、马来西亚等国家，创汇 64 万美元。

文化交流不断拓展。全年海南省对外对港澳台文化交流和营业性演展共 152 项，728 人次。其中，文化交流项目出访 28 项 208 人次，来访 8 项 49 人次。涉外营业性演出 116 项，471 人次。海南省与日本、美国、加拿大、俄罗斯、新加坡、中国港澳台等多个国家和地区进行了文化交流和贸易往来。执行了与东京中国文化中心部省对口年度合作项目；继续发挥琼剧、黎苗族歌舞等海南传统文化在东南亚各国和中国港澳台地区的作用；培育了海南省歌海演出有限公司、海南采艺文化传播有限公司、海南高唐文化传播有限公司等一批活跃的涉外营业性演出经纪机构，引进了一些外国和中国港澳台演出团体。落实

"泛珠"合作意向,与广东星海音乐学院签订《海南音乐文化传承与传播合作框架协议》。完成琼粤桂非遗保护论坛和琼桂舞台艺术交流海南演出活动。

文化市场规范有序。全省共出动执法检查人员1.5万多人次,检查文化经营单位及店档摊点1.3万多家(次),文化市场秩序进一步规范。积极调整文化市场审批项目准入条件,简化审批程序、开放单体网吧审批、完善备案制度。海南省文化市场技术监管与服务平台推广应用工作全面展开,已完成培训系统管理员95人。

【文化体制机制改革】 *重点领域改革持续推进*。在全面完成国有文艺院团转企改制阶段性任务的基础上,海南省改制文艺院团强化市场理念,推进内部管理体制和运行机制改革,改革成效逐步显现。截至10月底,已改制的省歌舞团演出17场,收入270万元,观众人数9万人次;省民族歌舞团演出18场,收入137万元,观众人数3.5万人次。

行政审批制度改革不断深化。积极推进政府职能转变取得积极成效,大力清理、减少、调整、下放行政审批事项,共取消4项行政审批项目,调整为行政管理服务类项目8项,利用特区立法权停止实施行政审批项目7项,确定为上报行政审批项目3项,共精减调整22个事项,承接国家下放审批项目17项。研究制定涉及文化经营相关产业的投资负面清单,允许外资合作参与影视节目制作和影院建设经营等项目被列为现代服务业扩大开放具体改革措施。全年受理行政审批事项2175件,办结率100%,平均办件提速79%。

【"人才兴文"战略】 *艺术教育工作呈现新格局*。海南省艺术学校紧紧围绕和遵循艺术职业教育发展规律,坚持提高教学质量第一要务的思想,全面深化教育教学各项改革,办学特色更加鲜明,教学实训工作成效显著,实验琼剧团先后组织毕业生参加琼剧文化下乡实训演出90场(次),观众18万人次,76名考生顺利完成琼剧、声乐、器乐、形象设计等7个专业的技能鉴定培训,2014年完成招生216名,在校生达到800多名,有69名毕业生考取中央民族大学、中国戏曲学院等高等院校。

基层文体工作者培养工作取得积极进展。海南省文化广电出版体育厅委托文化部基层文化干部培训基地举办了4期全省基层文化干部培训班,累计培训市县图书馆、文化馆、乡镇综合文化站干部920人,经过4期高质量、高强度的培训,全省乡镇以上基层文化干部全部通过考核,在全国率先完成"十二五"基层文化骨干培训任务。省群众艺术馆积极帮助市县文化馆站业务骨干增强和提高业务技能,2014年分别举办音乐、舞蹈、戏曲、美术、书法、摄影、艺术创作、非遗8个门类共25个专业培训班,受训人数达1100余人,促进和提高了全省群众文化艺术辅导工作水平。

(*海南省文化广电出版体育厅　王　鑫*)

重庆市

【概况】 紧紧围绕文化强市奋斗目标,全面深化文化改革,加快推动文化发展,圆满完成各项目标任务,为重庆经济社会发展提供了强有力的思想保证、精神动力、舆论支持和文化条件。

【全面深化文化体制改革】 *一是重大改革加快推进*。文化系统全行业"十三五"规划编制正式启动。共印发各类改革实施方案27个,推进各个改革事项的快速落实。全年启动7件立法项目,《重庆市公共文化服务条例》等5件形成文本;《重庆市文化产业促进条例》开展立法调研;修订完善《重庆市非物质文化遗产项目代表性传承人认定与管理办法》等7项规范性文件。完成市文化委组建工作,实现文化广电、新闻出版所有工作合表并轨。注重推进职能转变,强化规划、政策、服务、调控、监督等职能,将评审、评奖、比赛、办活动等事务性工作分离。建立起大文化统计工作平台和文化产业季报制度。积极推进重庆有线网络公司人员身份转换和安置工作。

二是审批改革进展顺利。进一步简政放权,推动行政权力清理,取消审批项目4项,下放审批项目两项,保留市级终审审批事项59项,重新建立项目库,逐项编制审批项目流程图表,并全部公开,接受社会监督。

三是文艺院团改革力度加大。拟制完成《市京剧团、市话剧团、市歌舞团划转工作方案》,形成了配套的低票补贴方案、演出院线方案、剧场和院团整合方案,着力解决院团演出少、效益差、核心竞争力不强等问题,3个院团划转工作推进顺利,已完成人员身份核实、资产划转,工商注册登记工作即将完成。

四是文化市场改革取得突破。推动市委办公厅、市政府办公厅出台《关于推进全市文化市场改革加快文化产业发展的意见》,着眼市场配置文化资源的积极作用,建立健全文化市场准入和退出机制,促进企业在文化市场中平等参与、公平竞争、依法经营、自我发展,资源高效合理配置。出台实施网吧管理新政,全面放开网吧市场。与此同时,始终坚持行业自律和依法监管并举,市场秩序更加良好,市场发展更加健康。文化市场"净网""清源""秋风""平安""护苗"5个专项行动效果明显。

【不断完善城乡文化基础设施】 一是城市文化功能更加完善。在建大型文化设施5个,总投资16.5亿元,总建筑面积达13.1万平方米;规划建设项目6个,预计投资18.6亿元,总建筑面积达20.1万平方米。4个文艺院团团场置换进展顺利。打造了"重庆工业设计走廊"。原创动漫游戏制作及版权交易有序推进,书报刊社全面启动数字化转型,中国出版发行交易云平台一期建成,重庆网络广播电视台正式上线,IPTV集成播控平台工程建成投入使用,三网融合深入推进。

二是基层文化阵地更加夯实。建成13个区县中心书城,10个区县博物馆建设有序推进,完成主城区180个社区文化室标准化建设。新建影院19家,在西部率先实现数字电影院全覆盖。全市8个文化共享工程资源库、22个街道和222个社区电子阅览室、7个数字文化馆建设快速推进。首批建设的10个高山无线发射台站即将投入使用,全面启动第二批9个建设任务。完成渝西地面数字电视单频网项目建设,建成9个主城区公路隧道调频广播补点覆盖工程。

【加快构建公共文化服务体系】 一是创新管理体系。深入推进国家公共文化服务体系示范区(项目)创建工作。吸引社会力量参与公共文化服务,推进"三馆一站"免费开放绩效评价工作,实施50万面直播卫星"户户通"、1.2万场公益电影进社区和8349个农家书屋续配工程。在5个区县启动政府向社会力量购买文艺演出服务试点,8个区县启动公共文化服务物联网建设试点。开展中国文化网络电视试点,覆盖全市40余万IPTV用户。沙坪坝区被确定为全国十个公共文化服务体系标准化试点地区之一,重庆图书馆被确定为全国十个公共文化服务单位法人治理结构试点单位之一。

二是创新服务方式。公共文化设施免费开放服务总人次达3100万，博物馆、文化馆、图书馆总分馆制全面展开，图书馆展览和讲座联盟以及“一卡通”延伸工作实质性推进，市群众艺术馆在开县等地启动市馆带区县馆工作试点。129处抗战遗址实现对外开放；举办抗战岁月、红岩精神与中国梦等博物专题展览100个，参观人数达1911万人次，巡展931场次，接待观众184万人次；惠民电影率先实现全覆盖，完成近10万场公益电影放映，送戏下乡1000场。

三是创新活动开展。第三届社区文化节、第十六届乡村文艺会演、“美丽乡村”重庆市首届原创歌曲大赛、全民阅读活动暨第七届读书月活动、第五届文化遗产宣传月、“渝州大舞台”城乡文化互动、“群星奖”作品全国巡演、文化志愿服务年活动、图书馆宣传服务周及三峡文博大讲堂、红岩精神巡展、重图讲座、群星剧场、“红岩少年读书活动”等文化活动丰富了城乡群众精神文化生活。积极开展文化志愿服务和区域文化联动，荣获两项文化部先进集体称号。

【整体提升文艺创作生产】 一是在舞台艺术创作方面。成功举办重庆市舞台艺术之星选拔和第四届重庆市舞蹈比赛，全面启动歌剧《妙善公主》、川剧《白露为霜》、话剧《朝天门》、京剧《辛弃疾》、魔术主题晚会《梦幻奇观》等一批新剧目的创作工作，深度打磨《追寻香格里拉》等5个优秀原创剧目。话剧《幸存者》荣获中宣部第十三届精神文明建设“五个一工程”优秀作品奖，歌剧《钓鱼城》、京剧《金锁记》分别入选歌剧节、京剧节参评剧目。7个项目入选国家艺术基金2014年度资助项目。

二是在美术创作方面。成功举办“回响——重庆美术60年”美术展览，共展出作品265件，全面展示了60年来重庆美术创作取得的优秀成果。顺利完成第十二届全国美术作品展览的创作和选送。

三是在群众文艺方面。成功举办第四届重庆市戏剧暨曲艺大赛、第三届社区文化节和第十六届重庆市乡村文艺会演、“美丽乡村”重庆市首届原创歌曲大赛。南岸区老年合唱团参加第十六届中国老年合唱节，荣获金奖第一名。

【切实加强文化遗产保护与利用】 一是文化遗产保护再上新台阶。编制完成《重庆五大功能区文化遗产保护与利用总体规划》。《重庆市历史文化名城保护规划》通过市政府审议。大足石刻千手观音抢救修复等重点工程推进顺利，基本完成7个全国重点文物保护单位和18个市级文物保护单位维修项目，新储备国家重点文物保护项目160个，实施重点文物保护工程29个。三峡后续文物保护开展扎实，成功申报年度项目46个。47个村落列入第三批中国传统村落名录。开县温泉镇、黔江区濯水镇和涪陵区安镇村成功申报为第六批中国历史文化名镇（名村）。启动主城区文物保护与城市规划“一张图”管理，419处文保单位和314处抗战遗址实现与城市规划结合管理。加大文物保护监察，与38个区县（自治县）和6个直属文博单位签订安全目标责任书，打击文物犯罪专项行动效果明显。

二是文博事业建设呈现新景象。扎实开展全国第一次可移动文物普查，95家国有文物收藏单位采集上报74001件，认定文物20623件（套）。全年共征集文物10910件（套），修复文物2683件（套）。完成75家31655件文物系统外国有文物收藏单位文物认定工作。工业博物馆建成正式启动，文物保护装备产业基地建设推进顺利，重庆被国家文物局纳入“完善博物馆青少年教育功能”

全国15个试点省市之一。红岩连线《红岩精神　千秋楷模》入选国家文物局“弘扬优秀传统文化,培育社会主义核心价值观”12个主题展览之一。大足区被确定为2015年中国文化遗产日活动主场城市。

三是非物质文化遗产保护更加科学规范。成功入围5项国家级非遗项目,国家级非遗项目总数达44项;新增市级非遗项目110项,市级非遗项目达388项;评审命名126名市级非遗代表性传承人、28个市级非遗教育传承基地和15个市级非遗生产性保护示范基地。武陵山区(渝东南)土家族苗族文化生态保护实验区获批为国家级文化生态保护实验区,成为重庆区域规划调整实施以来获批的第一个国家级生态保护区;永川豆豉食品有限公司被评为第二批国家级生产性保护示范基地,“刘氏刺熨疗法”传承人刘光瑞荣获第三届“中华非物质文化遗产传承人薪传奖”。参加中国第三届非物质文化遗产博览会,荣获组织奖和优秀衍生品展示奖、优秀传承人展示奖等多个奖项。推出介绍重庆市国家级非遗项目的电视专辑《巴渝寻宝》,截至2014年年底已播出11期。

【不断优化文化产业结构】 一是产业平台稳步搭建。引进完美世界、神州数码、百度爱奇艺等知名数字出版企业。“北部新区移动游戏创业孵化园”开园,首批20家企业签约入驻。“数字出版公共服务云平台”完成一期建设。软件产业中心、软件外包国际培训学院和相关配套设施投入建设。出版传媒创意中心建成投入使用。举办重庆市第三届文化产业博览会印刷产业成果展,吸引20余万市民参观。西部唯一国家级纸包装基地——中国西包生态产业园落户璧山开建。壹秋堂文化传播有限公司入选第六批国家文化产业示范基地。

二是主体市场逐步强大。先后引进华侨城集团、万达集团、银泰集团等全国知名企业落户重庆。全市注册文化企业59344家,同比增29.66%;其中公有制及其控股企业2765家,同比增3.99%,民营企业56579家,同比增31.25%;注册资本金总额1329.59亿元,同比增83.49%;其中公有制及其控股企业注册资本金总额276.32亿元,同比增33.6%,民营企业注册资本金总额1053.26亿元,同比增103.41%,创历史新高。全市印企达到4105家,顶正包材、重报传媒、华林印务等连续多年进入中国印企100强榜单。22家印刷企业通过“绿色印刷”环保认证,绿色印刷企业占比率名列全国前茅。

三是产业效益稳步增长。文化产业实现增加值487.61亿元,同比增14.59%。新闻出版、广播影视、文化艺术三大传统门类合计增加值140.53亿元。文化信息传输、文化创意设计、文化休闲娱乐、工艺美术品生产四大新兴门类合计增加值125.73亿元。文化产品辅助生产、文化用品生产、文化专用设备生产三大衍生门类增加值85.93亿元。成功举办第六届中国西部动漫文化节,参展参会单位、观众总数均创历届新高,签约总额达到21亿元。举办第七届万石博览会,现场销售额8000余万元。

【有效推动文化交流与外贸工作】 一是文化交流影响扩大。组团赴德国、汤加、蒙古等17个国家开展文化交流19批291人次,“欢乐春节”组团访美、法、俄等7个国家,举办文艺演出、巡游、非遗展示等活动30余场。贝宁、加蓬、摩洛哥、布隆迪、突尼斯等16个非洲国家的21名媒体主管来渝交流考察。本土电影《黄连有点甜》《小题大做》首次参加香港国际影视节。对台文化交流取得实质进展,重庆文化艺术职业学院与台湾戏曲学院缔结为姊妹院校，第六届重庆台湾周在渝成功举行，重庆话剧团《大刺客》赴台演出，台湾自然博物馆科普舞台剧《哈雷与刘顿：从黑暗到光明》来渝商演；与韩国、泰国达成双边文化交流协议，釜山博物馆与三峡博物馆建立姊妹馆关系。三峡博物馆书画精品展赴法国、匈牙利展出，重庆自然博物馆《巨龙传奇》赴香港展出。

二是文化贸易逐步繁荣。2014 年，全市对外文化贸易出口额达到 135 亿元，增长迅速。引进涉外营业性演出 181 台，10214 场，演出收益 13710 万元，较上年增长 47.1%。重庆演艺集团在西班牙组建的文化公司正式运营，运作重庆杂技商演 28 场，实现产值 600 万元。重庆演艺集团等 5 家企业被认定为 2013—2014 年度国家文化贸易出口重点企业。华龙网 6 大外语国际传播服务出口平台和杂技剧《花木兰》被认定为重点出口产品。

（重庆市文化委员会（重庆市版权局）　王禹麟）

四川省

【艺术创作】　四川文化艺术工作坚持以科学发展观为统领，以传承和弘扬中华优秀传统文化为导向，以满足人民群众日益增长的精神文化需求为出发点和落脚点，进一步深化院团体制改革，紧紧围绕“中国梦”主题艺术创作这个工作重点，坚持实施精品战略，抓好全省艺术创作生产。紧扣新中国成立 65 周年、邓小平同志诞辰 110 周年等重大历史节点，办好第四届中国诗歌节、四川省第二届青年川剧演员比赛、四川省庆祝中华人民共和国成立 65 周年“我们的中国梦·优秀新剧目演出季”、四川省第三届文华奖评选等重要赛事活动，加大文化惠民力度，全省艺术事业呈现出健康发展、全面繁荣的良好局面。

完善艺术管理机制。为进一步加强规范管理，促进艺术创作生产，出台了《舞台艺术剧目创作生产论证评估办法》《四川省省级艺术创作生产扶持专项资金管理办法》《四川省送文化下基层项目管理暂行办法》3 个制度。

深化院团体制改革。进一步深化院团体制改革，总结前期改革经验，继续完善改革政策，发挥好规划制定、政策引导、平台搭建的作用，为院团发展营造一个良好的氛围。通过深化文化体制改革，四川国有文艺院团的艺术资源得到了有效整合，院团的艺术生产力得到解放与发展，演出的数量和质量实现了新突破，发挥了精品示范和市场引领作用。

艺术创作精品战略。全省舞台艺术创作生产继续保持普遍繁荣的良好势头，省市各级院团积极参与精品创作，创作题材丰富多样，涵盖歌曲、舞蹈、舞剧、话剧、川剧、曲艺、木偶杂技、小品小戏等多种艺术形式。新创大型剧目 15 台，包括省川剧院川剧《辉映羌山》、四川交响乐团舞台音画《国乐丹青》、省人艺与内江市合作的话剧《毕世祥》、川剧《尘埃落定》、达州市方言话剧《村官杨帮武》、凉山州民族歌剧《彝红》、乐山的音乐剧《沫若少年》、广元的豫剧《父亲》、南充的神话木偶剧《龙门传说》等；复排提升剧目 10 余台，包括川剧《卧虎令》、话剧《第二十九棵树》、话剧《活在阳光下》、交响乐《中国梦》等。

文化惠民活动新成效。加大政府采购力度，充分调动院团积极性，进一步完善考核机制，采购省直院团优秀节目下基层，坚持实施文艺惠民战略，丰富城乡舞台。省直院团和各市（州）积极组织送文化下乡文艺演出，演出 3300 余场，观众 150 余万人次。

继续办好每年政府主办的送文化下乡常规活动。

坚持传承与弘扬中华优秀传统文化，文

化惠民，文化乐民。实施“百县戏剧普及”“千校传统戏曲教育”工程，各省直文艺院团、各市（州）专业文艺院团携带优秀传统剧目如川剧《卧虎令》《易胆大》，曲艺传统节目等深入到社区、厂矿、学校等基层演出，让地方艺术真正还戏于民，满足了基层群众的精神文化生活需求。

承办专业赛事与文化惠民相结合，开门办赛事。成功举办四川省第二届青年川剧演员比赛、第四届全国新农村文化艺术展演暨四川省首届农民艺术节开闭幕式演出及“群星奖”音乐、舞蹈、戏剧小品和曲艺比赛、四川省庆祝中华人民共和国成立 65 周年“我们的中国梦 · 优秀新剧目演出季”暨第三届四川省文华奖评选活动。

美术创作新成果。围绕省委、省政府打造“巴蜀画派”的战略部署，狠抓美术场馆和人才队伍建设。全省共有 22 个美术馆实行免费开放，年度展览总量 200 多场，参观人次不少于 200 万人次，同时积极组织开展一系列重要美术活动。

参加全国重要赛事新突破。积极参加全国重要赛事活动，取得优异成绩。四川曲艺研究院的谐剧《麻将人生》（叮当表演）和四川扬琴《活捉三郎》（唐瑜蔓演唱）夺得了曲艺最高奖“第八届中国曲艺牡丹奖”表演奖和新人奖，这是自 2010 年以来“省曲”连续三次登顶，也是此届大赛唯一获得两项以上大奖的院团，四川的曲艺艺术发展已位于全国前列。由四川省豫剧团、广元市蜀道文化研究院创演的豫剧《父亲》在第三届中国豫剧节上荣获剧目奖、“父亲”扮演者张松晓荣获优秀表演奖、“女儿”扮演者范彦格荣获优秀青年演员表演奖，成为继四川豫剧团 2011 年参加第二届中国豫剧节作品《娘》之后的又一部重点现实题材的豫剧作品。省川剧院的国家舞台艺术精品工程经典川剧《易胆大》参加文化部组织的第四届全国优秀地方戏展演，在南京前线大剧院精彩亮相，“就似一枚辣劲十足、回味无穷的七星朝天椒”，全场近千名观众被这部最能代表巴蜀文化的舞台精品所折服。在第 38 届蒙特卡洛国际马戏节上，遂宁市杂技团表演的《倒立双人技巧》节目获得银小丑奖，向世界展现了中国杂技的高超水平。乐山市的舞蹈《拨动你的心弦》入围国家民委、文化部举办的全国少数民族优秀舞蹈作品展演。资中县木偶剧团经典传统杖头木偶剧《梦蝶》获得金狮奖——第五届全国木偶皮影中青年技艺大赛优秀表演奖（银奖）。同时，组织推选的四川音乐学院的 5 名选手入围文化部第十一届全国声乐比赛复赛；推荐了《第 29 棵树》等 10 部作品参加四川省第十三届精神文化建设“五个一工程”评选。

圆满完成承办的国家级重点项目。成功举办第四届嘉陵江合唱艺术节、第四届中国诗歌节、国际木偶艺术周项目等重大节庆。

【公共文化】 围绕“构建现代公共文化服务体系”总目标，以“完善体系、提升效能、促进均等”为重点，着力加强标准化、均等化建设，创新服务方式和手段，推动公共文化服务体系创新发展。

公共文化制度设计研究。依托高等院校和科研院所，省文化厅启动了《四川省鼓励社会力量社会资本参与公共文化服务体系建设的意见》《四川省基本公共文化服务标准化、均等化、社会化和协调机制建设等方面的调研报告》《加强基层公共文化服务能力建设，推进公共文化服务标准化均等化》等课题的调研；指导达州市、郫县和电子科技大学开展 2013—2014 年度国家公共文化服务体系制度设计课题研究任务；完成了文化部公共文化司调研课题《四川省贫困地区公共文化建设调研》和《四川省构建公共文化服务体系调

研》；与省人大教科文卫委员会深入内江、资阳、江安等市县乡镇，与基层文化工作者就《公共文化服务保障法（草案稿）》进行座谈交流，征求意见建议，为完善公共文化服务体系建设长效机制，构建现代公共文化服务体系奠定了理论基础。

城乡群众文化活动。4月23日至24日，由文化部公共文化司主办，四川省文化厅、文化部全国公共文化发展中心、成都市文化局、成都市金牛区人民政府等承办的“大地情深”——“群星奖”获奖作品全国示范巡演第二站在四川省成都市举行。2014年元旦春节期间，省文化厅在全省广泛开展“我们的中国梦·文化进万家”元旦春节群众文化活动。全省188个图书馆、205个文化馆、89个博物馆、4595个文化站、5万余个村文化室等公共文化阵地免费开放“开门”办节。全省各级文艺院团、文化志愿服务协会、文化志愿者开展“五进”（进社区、进农村、进牧区、进寺庙、进工地）文化活动。据统计，全省新春惠民演出达12600余场（次），各类群众文化活动达31000余场（次），受惠群众达3500万人（次），全省各地群众在家门口就能体验到免费“文化大餐”。

公共文化服务体系工程项目。为整合各部门公共文化资源，提高公共文化服务的覆盖水平和服务供给能力，省文化厅牵头拟定了《四川省公共文化服务体系建设协调机制工作方案》《四川省公共文化服务体系建设协调组议事规则》和《四川省公共文化服务体系建设协调组成员单位职责任务分工》。

公共文化人才建设。人才队伍是基层文化工作的组织者，也是文化工作的基础。针对基层人才队伍力量薄弱、专业知识贫乏等问题，四川实施了一系列文化队伍提升工作。

公共文化服务标准化均等化。根据文化部办公厅《关于开展第二批创建国家公共文化服务体系示范区（项目）中期督查暨第一批示范区后续建设督查工作通知》（部办公函〔2014〕321号）精神，省文化厅高度重视此次中期督查工作，拟制下发了《四川省文化厅关于开展第二批创建国家公共文化服务体系示范区（项目）中期督查暨第一批示范区后续建设督查工作的通知》（川文办发〔2014〕180号），制定了《关于开展第二批创建国家公共文化服务体系示范区（项目）和第一批国家公共文化服务体系示范区后续建设中期督查方案》，委托电子科技大学组织第三方调查人员就第二批示范区创建城市（南充市）进行了公共文化服务情况抽样调查，了解群众知晓度和满意度。

关爱农民工留守儿童工作。四川农民工和留守学生（儿童）数量为全国之最。为切实保障农民工和留守儿童基本文化权益，省文化厅于年初下发了《关于开展“情系农民工·关爱留守儿童”系列文化活动的通知》，在全省广泛开展“情系农民工·关爱留守儿童”系列文化活动。成都、资阳、德阳等地建设了一批“农民工文化驿站”“留守学生（儿童）文化之家”“乡村文化院坝”等新型文化阵地；开设“农民工网（夜）校”“留守儿童绿色网吧”“农民工读书会”“农民工和留守儿童文艺学校”“农民工合唱团”“留守儿童艺术团”，举办“农民工日（周）、留守儿童日（周）”等专项活动。全省各级公共文化服务机构采取上门服务、网络服务和流动服务等形式，为农民工、留守学生（儿童）提供“关爱农民工‘八个一’文化免费套餐”。

基层公共文化服务体系建设提档升级。开展文化站评估定级。为加强基层公共文化服务体系建设，促进乡镇综合文化站规范化建设和管理，提高乡镇综合文化站的服务效能，省文化厅在全省开展了第一次乡镇综合文化站评估定级工作，1614个乡镇综合文化站、87 个街道社区文化中心迈入国家等级站(中心)行列,数量位居全国第一,“县管站用,站管村用,项目申报,据实拨付,绩效追踪”的免费服务资金管理模式在全省得到推广。为激励地方政府更加重视文化工作,在各市(州)申报的基础上,省文化厅对成都市锦江区、广汉市、阆中市、泸县、青川县、大英县 6 个“全国文化先进单位(文化先进县、市、区)”申报对象进行了实地核查,各申报对象与当地各级有关部门密切协作,狠抓落实,文化建设抓出了亮点、特色和成效。

开展国家级和省级“民间文化艺术之乡”评审命名工作。为进一步推动四川民间文化艺术的发展和繁荣,充分发挥其在公共文化服务体系建设中的重要作用,省文化厅 7 月至 8 月组织开展了 2014—2016 年度“中国民间文化艺术之乡”和“四川省民间文化艺术之乡”评审命名工作。在市州、区县广泛推荐的基础上,经组织专家评审,共评选出 206 个“四川省民间文化艺术之乡”,并在此基础上遴选出 33 个单位向文化部推荐申报“中国民间文化艺术之乡”。

基层公共文化单位创新服务模式。组织“天府群星快车 · 送欢乐下基层”演出活动。1 月,由省文化厅主办、省文化馆承办的“天府群星快车 · 送欢乐下基层”演出活动正式启动,活动先后深入成都、绵阳、广元、巴中、内江、泸州、宜宾等市的县城和乡镇。组织开展文化志愿服务推进年系列活动。组织举办四川省首届农民艺术节。组织开展示范区(项目)区域文化联动活动。成都市承办“大地情深”——国家艺术院团(馆)志愿服务走基层活动。

【文化产业】 坚持进一步实施重大文化产业项目带动战略,做大做强特色文化产业,重点培育文化创意和设计服务等新型文化产业,发展壮大龙头和骨干企业,搭建文化产业公共服务平台,积极支持中小微文化企业发展和特色文化创意产品宣传推广,努力推动文化产业成为四川国民经济支柱性产业。

产业规模与园区基地。据统计,2013 年年末四川共有文化及相关产业法人单位 28581 户,比 2012 年增长 23.3%,产业活动单位 1411 个,文化产业个体户 157964 户。2014 年全省文化系统文化产业实现总收入逾 2000 亿元,实现增加值 550 亿元,比 2013 年增长 28%。全省共有国家级文化产业示范园区 1 个,国家级文化和科技融合示范基地两个(成都市、绵阳市),国家级动漫游戏基地 1 个,国家级文化产业示范基地 13 个,省级文化产业示范园区 3 个,省级文化产业试验园区两个,省级文化产业示范基地 44 个。

完善项目平台建设。积极开展重点文化产业项目征集工作,将文化产业服务平台与国家文化产业公共服务平台进行有效对接。全年共有 59 个项目被纳入国家重点文化产业项目库。

积极参加各类会展。组织参加了第 10 届深圳文博会、第 10 届中国国际动漫游戏博览会、第 7 届中国西部文化产业博览会、第 15 届中国西部国际博览会、第 9 届北京文博会、第 68 届“台北国际礼品暨文具展”和第 3 届“台湾伴手礼名品展”等会展活动。

加快藏羌彝项目进展。通过争取纳入国家重点文化产业项目库获取支持。四川着重梳理了包括区域内重点民族文化产业项目 22 个,已有“跑马溜溜的城(灌顶雪泉 · 康定之珠旅游文化产业园)”等 8 个项目被纳入国家藏羌彝文化产业走廊重点项目库(全国共 36 个,四川占比 22.2%)。通过承办藏羌彝文化产业走廊专题会扩大藏区文化产业影响力。

优化企业融资环境。为给四川重点项目提供更好的融资服务,在推进文化与金融深

度融合的过程中，省文化厅积极协调重点项目企业主体与金融机构之间的对接，阆中古城、成都东区音乐公园、《藏迷》等项目均被纳入国家文化金融合作重点项目库。

加快灾后项目建设。为加快落实芦山地震灾后恢复重建总体规划中文化产业项目建设的指示，省文化厅积极对接研究，多次赴灾区实地督查文化产业项目进展情况。已完成芦山地震重点文化产业中期调整工作，芦山乌木根雕艺术城、中国·雅安熊猫（发现地）文化产业核心区、宝兴县东拉山房车营地等项目已完成项目规划并开工。10个重点文化产业项目前期共争取国家灾后重建专项资金15510万元，并在灾后重建文化旅游产业专项发展基金争取到2亿元配套资金。

文化产业理论研究。为进一步贯彻落实《国务院关于推进文化创意和设计服务与相关产业融合发展的若干意见》，省文化厅与电子科技大学中国文化产业战略研究中心对四川文化创意和设计服务与相关产业融合发展现状进行了研究，根据全方位、深层次、宽领域的融合发展格局要求，着重探寻四川相关产业融合发展与项目运作过程中所呈现出的问题和困境，给予针对性政策建议。

文化产业重点亮点。创新举措加快藏羌彝文化产业走廊项目进展。省文化厅除了编制项目册、召开项目论证会等，还积极探索新方式新举措促推四川藏羌彝文化产业走廊区域项目发展。编制《藏羌彝文化产业走廊（四川区域）文化资源分布丛书》。

进一步完善公共服务平台优化产业发展环境。四川在立足优化文化产业发展环境、提升文化企业服务效能的基础上，以方便企业、讲求时效、整合资源、精细服务、规范管理为目标，打造集信息咨询、项目推广、电子商务、财税支持、金融服务、统计分析、人才培训、产权交易、技术支撑等为一体的省级文化企业重要平台，以最大限度地为文化企业单位提供各种服务，搭建成为密切文化企业和政府之间的联系与沟通的纽带和桥梁。

【文化市场】 按照简政放权，推动市场健康发展的总体要求，着力培育市场主体，优化发展环境、完善城乡文化市场服务体系，坚持寓服务于管理，营造良好文化市场发展环境，促进全省文化市场繁荣发展。据统计，全省文化市场经营单位18584家，新增835家，经营收入230余亿元。其中，营业性演出经营单位1092家，新增160家，举办各类演出近5.5万余场次，票房收入5.4亿元；娱乐场所7560家，新增201家，新增面积10.7万平方米，新增投资2.4亿元，营业收入142亿元；原创网络文化产品日趋丰富，新增原创网络游戏产品23款，网络游戏出口12款；网络文化经营单位9932家，新增474家，网络文化市场经营收入达到85亿元；备案艺术品经营机构达400余家，各艺术品机构举办专业艺术展览近200场（次），举办文物艺术品拍卖13场，成交额6000余万元。全省文化市场发展有升有降，总体平稳。

深入调研科学发展。根据《国务院关于印发注册资本登记制度改革方案的通知》（国发〔2014〕7号）和《四川省人民政府关于印发四川省工商登记制度改革实施方案的通知》（川府发〔2014〕42号）文件精神，为认真落实文化市场管理体制改革工作要求，扎实有序推进四川文化市场行政审批改革试点地区工作，开展了对成都市、遂宁市、南充市和泸州市等文化市场行政审批改革试点地区的文化市场管理工作调研。

针对网吧行业拓展经营业务，增加服务项目，进行经营管理提档升级的现状，强化市场研究，提供发展导向。委托专业机构撰写网吧市场、演出市场、艺术品市场和娱乐市场年度发展报告，对四川文化市场服务业发展进行分析总结，提供市场发展全局性和导向性意见，增强决策的科学性和前瞻性，促进文化市场服务业转型升级。

强化管理推动市场繁荣。为进一步宣传推广四川优秀文化产品和活动，扩大文化消费信息发布渠道，拉动文化消费，省文化厅和四川汇智文化传播有限责任公司合作，成立文化产品新媒体信息发布平台。

随着文化体制改革的深入，全省转企改制国有文艺院团 22 家，划转 23 家，撤销 34 家，保留三州院团 3 家，形成以企业为主体、事业为补充的新型演艺市场体制格局。在节庆演出活动减少情况下，市场发展回归本源，向市场求生存，改变了大型演唱会主导的单一局面，小话剧、儿童剧、交响乐等演出形式的消费群在不断扩大，四川商业演出场次和收入较上一年度有明显增多。同时，旅游演出市场持续升温，原有精品剧目继续经营，甘孜州稻城县正打造的《地平线上·亚丁》和乐山市正在打造的《佛乐乐山》。鼓励演出机构、文艺团体、演出场所经营单位广开渠道，降低票价，推出更多惠民低票价演艺品牌。四川省锦城艺术宫联合成都商报社继续共同推出“10 元周末音乐会”，使更多的普通群众走进剧场，接受艺术熏陶；四川交响乐团在东郊记忆园区剧场推出“音乐之家”演出，依申请对普通群众发放“四川惠民卡”，每周二、五、六、日实行免费演出。2014 年，四川交响乐团累计演出百余场，培育更大艺术消费群体，共享文化市场发展成果，实现经济效益和社会效益双赢。

文化市场管理规范建设。认真贯彻《文化部关于做好取消和下放营业性演出审批项目工作的通知》《文化部关于下放一批行政审批项目的通知》和《四川省人民政府关于公布第四批取消调整行政审批项目和省本级行政许可项目清单的决定》精神，下发了《关于做好中外合资经营合作经营娱乐场所行政许可工作的通知》和《关于做好港澳台投资者在内地设立演出场所经营单位的行政许可工作的通知》。

为全面推进全国文化市场技术监管与服务平台在四川上线应用，进一步提高全省文化市场行政审批人员业务水平，以专家指导，现场上机操作考试的形式，于 4—5 月和 8 月共举办了七期全省文化市场管理和平台上线使用操作培训会，对全省 21 个市（州），183 个县（市、区）文化市场科室负责人、审批工作人员共计 921 人次进行了两轮系统性的培训。

在全省各级文化部门共同努力下，四川基础数据采集和平台上线激活、换证工作基本完成。截至 10 月，文化部市场司通报《2014 年 4 月全国文化市场技术监管与服务平台基础数据采集情况通报》（市函〔2014〕21 号）显示，全国用户设立量为 5909 户，四川 977 户，占全国总数的 16.5%。基础数据采集全国共 16452 家，四川为 14973 家，占全国的 91%，全国经营单位激活 11707 家，四川 7621 家，占全国总数 65%，用户设立数、基础数据采集和经营单位激活数均为全国第一。

【深化文化体制改革】 起草改革项目《“降低社会资本进入门槛，支持非公有制文化企业和小微文化企业发展”专项改革方案》。按照省文化体制改革专项小组分工，牵头改革项目《“降低社会资本进入门槛，支持非公有制文化企业和小微文化企业发展”专项改革方案》（研究类）已在征求相关部门和厅相关处室意见后做了修改，并提交厅长办公会议审议。会议议定：要继续加强改革调研，充实改革措施，待文化部相关政策出台后，认真贯彻落实，切实深化改革。

推进相关单位改制工作。四川文艺音像

出版社职工社保经费补缴问题，已由省财政厅报省政府批准。在推进四川博文文化产业集团组建的工作中，正待省委确定博文集团主要领导，以完善工商设立登记手续，挂牌运行。针对四川大剧院项目建设方案改动而出现的14779.66万元资金缺口，及时上报省发改委相关情况，申请省政府予以解决。

【文化行政执法】 坚决贯彻中共四川省委、省人民政府和文化部文化市场综合执法工作精神，以主题活动全力推动行政执法队伍能力素质提升，严厉查处打击文化市场违法经营，全力推进技术监管体系建设和完善，各项工作取得了显著成效。

*以大活动带动执法队伍能力大提升。*在全面总结、认真分析四川综合执法队伍建设现状与薄弱环节的基础上，确定继续以大型主题活动推动执法队伍能力素质整体提升，在全省组织开展执法案卷评比，借活动为载体，进一步加大力度，着力解决执法机构和执法人员基础工作差、办案能力弱、监管效能低等突出问题。要求各级执法机构按照文化部中西部执法能力提升三年计划和省文化厅“五年培训规划”，结合新进执法人员逐步增多的实际，紧紧围绕培训和办案两大核心任务开展活动，以文书制作、立卷归档和市场监管执法为重点，多形式组织专业培训，将理论教学、案例分析、以战施训、评查考核贯穿培训全过程，务实开展培训活动。至11月，省市县三级执法机构通过各种形式举办执法机构领导能力提升、新兴执法业务、新进执法人员、技术平台应用、文化市场委托协管等各类大小培训会200余场次，培训执法人员和协管员11000余人次。

*以大整治促进文化经营秩序大规范。*在全年的执法工作中，准确把握文化市场内在规律，着力内容健康、安全生产、有序经营三个重点，将“清源2014”“秋风2014”“净网2014”、禁毒、保护知识产权、校园周边出版物市场整治等专项整治行动打包，在全省开展了对安全生产排查一遍、对文化内容清理一遍、对文化秩序规范一遍的文化市场“三个一遍”整治行动，对文化市场进行大规范。省文化厅加强过程监督，每月派出督导组下基层，覆盖全省21个市（州），明察暗访70余个县（区），注重从工作实效检验各级执法机构和执法人员的执行力，促进了执法效能的全面提升。截至10月，全省共出动检查48万余人次，检查文化经营场所73万余家次，办理案件近4000件，罚款477万余元，停业整顿近300家次，排除安全隐患7000余处，省文化厅共处理群众举报投诉48件，满意率达到100%。文化市场经营秩序持续好转，经营内容不断得到净化，总体保持了平稳发展的良好势头。

*以大数据推进技术监管资源大整合。*四川整合建立了集文化市场视频实时监管系统、网吧智能监察系统、全省文化市场指挥调度系统、文化市场执法数据报送平台、文化市场技术监管与服务平台等技术监管资源为一体的文化市场技术监管大平台。通过招标比对，审定通过了有关公司设计的四川“12318”举报热线平台、文化执法舆情监测系统，进一步完善了文化市场技术监管体系。全省各地各级积极采集完善各类监管数据，以大数据建立激活大平台功能，整合监管资源，最大化发挥技术监管的作用。截至11月，共核对录入文化存量数据18590条、非文化存量数据15704条，全省技术监管与服务的数据采集录入工作走在全国前列。

【非物质文化遗产保护】 切实把握非物质文化遗产传承发展的规律，加强非遗保护的基础性、根本性工作，采取一系列行之有效的措施抓好非物质文化遗产保护、传承发展，非遗保护各项工作进入依法保护、科学保护、全民保护的新阶段，为实现文化工作的大发展大繁荣做出了不可替代的贡献。

超前谋略，规划先行。始终坚持"保护为主、抢救第一、合理利用、传承发展"的工作方针，以羌族文化生态保护试验区《规划纲要》《总体规划》为科学依据和建设指南，加强国家级羌族文化生态保护试验区建设，使大部分羌族文化重放异彩，实现了四川羌族文化生态保护试验区建设与区域经济社会的协调发展。在第三届中国非物质文化遗产博览会——城镇化进程中文化生态整体性保护论坛上，省厅交流了四川省在羌族文化生态保护试验区建设工作中取得的成就和经验。按照部、省相关要求，与省建设厅、财政厅积极协调，参与了全国传统村落保护规划及实施、四川省《摩梭家园建设和摩梭文化保护总体规划》《摩梭家园控制性详细规划》等。

完善体系，强化保护。开展了第四批国家级非物质文化遗产项目的评审和申报工作，在国务院公布的第四批国家级非遗项目名录名单中，四川多声部民歌等 19 项非遗名录名列其中，数量位居全国前茅。同时，充分挖掘省内丰富的非遗资源，提请省政府公布了 62 项具有突出历史价值、文化价值和科学价值的项目列入第四批省级名录，进一步充实完善了省级非遗名录项目。在文化部公布的第二批国家级非遗生产性保护示范基地名单中，四川有 4 个单位榜上有名，加上第一批的单位，四川国家级非遗生产性保护示范基地已达 7 个，数量位居全国第一。2014 年文化遗产日期间，省文化厅公布了四川省首批省级非遗传习基地、第二批省级非遗生产性保护示范基地名单，文殊坊经营管理公司、自贡市龚扇竹编工艺厂等 23 家企业（单位）被评为首批省级非遗传习基地，成都荣龙帽业有限公司、成都三邑园艺绿化工程有限责任公司等 16 家企业（单位）被评为第二批省级非遗生产性保护示范基地，进一步完善了非遗保护机制，积极推动非遗保护工作向纵深发展。

多方聚力，丰富活动。坚持政府主导，社会参与的理念，充分发挥民间组织、社团的作用。成立了省非遗保护协会，为民间非遗保护人士、保护单位充分发挥自身优势，主动承担非遗保护课题，开展非遗保护活动、交流非遗保护经验提供了有利平台。评选四川省非遗"两基地"并颁牌命名，进一步拓展了整体性保护的范围。开展形式多样的主题活动，普及非遗知识，扩大非遗影响。

创新方式，固本强基。为进一步提升全省非遗保护工作者能力素质，推进非物质文化遗产保护工作，坚持以人为本，加强人才队伍建设，结合全省非遗保护实际，创新培训方式，多次举办非遗保护培训活动。先后实施了与文化部人事司、非遗司共同主办的"西部非遗保护干部培训班""四川省'三区'基层非物质文化遗产保护干部培训班""全国文化厅（局）长非物质文化遗产保护高级研修班"。

【对外文化交流】 多渠道、多方式搭建四川文化"走出去"的平台，政府推动、民间参与，突出文化交流重点，促进文化贸易发展。

全省对外和对港澳台文化交流演展项目 275 项，参与文化交流人数 3049 人；在境外举办 706 场（天）展演活动，海外观众 1521 万人次；在省内举办涉外和港澳台文化展演 7410 场（天）。

国家级重大交流活动。参与"中俄两河流域合作"计划，制订了四川省与俄罗斯伏尔加河流域文化交流方案；选派省川剧院、四川交响乐团、四川艺术职业学院、成都市文化艺术学校等 6 名青年艺术工作者赴俄罗斯参加俄中青年论坛。完成中共中央总书记、国家

主席习近平访韩期间确定的“中韩2014年度有关人文纽带项目”，省文化厅和韩国驻成都总领事馆共同推动省川剧院赴韩国参加安东国际面具舞节，并邀请韩国面具艺术代表团来川在省川剧院和四川艺术职业学院开展“韩中传统（面具）文化交流活动”。推动列入文化部“纪念中法建交50周年文化活动”框架内的3个重点项目顺利实施：四川人民艺术剧院参加戏剧界著名的阿维尼翁戏剧节，四川博物院举办法国知名艺术家沃尔蒂雕塑展，世界一流的马赛国家芭蕾舞团来四川锦城艺术宫交流演出。促成四川艺术职业学院、成都艺术剧院、乐山歌舞剧院等9个院团参与文化部重点品牌——“欢乐春节”活动，分赴美国、加拿大、英国、法国、澳大利亚、新西兰、泰国、卡塔尔等国及中国香港和台湾地区，集中展示四川优秀文化艺术。圆满完成省政府接待美国总统夫人米歇尔、德国总理默克尔、韩国首尔市长朴元淳等来川交流及四川——广岛结好30周年庆典等涉及的文化展示任务。

推动重点交流项目。省文化厅组织赴美国加利福尼亚州宝尔博物馆举办“神秘的古蜀文化”文物展，展出来自三星堆博物馆和金沙遗址博物馆的120余件展品。四川博物院分别在本院和台北历史博物馆牵头举办“万里江山频入梦——两岸张大千辞世三十周年纪念展”，该展集中国内地及港澳台地区的张大千画藏于一处，是迄今为止海峡两岸举办的规模最大、档次最高的张大千画作展览。与国际友好省市开展文化艺术互访交流活动，指导省内相关市（州）成功举办“首届南充国际木偶艺术周”、成都国际青年音乐周、四川（南充）法国周等国际文化交流活动，国外演艺团组走入学校走进社区开展互动交流。自贡杂技团杂技节目在西班牙国际马戏节上荣获金奖。

文化贸易。加大政策扶持。按照《国务院关于加快发展对外文化贸易的意见》（国发〔2014〕13号）精神，与省商务厅、省外侨办配合协作，参与制定《四川省人民政府关于加快发展对外文化贸易的实施意见》（川府发〔2014〕37号），制定《四川省文化厅贯彻落实〈省政府关于加快发展对外文化贸易的实施意见〉工作方案》。搭建推广平台。作为第15届中国西部国际博览会的重要内容之一，省文化厅和香港世界旅游文化总会、香港国际华商联合会共同在川举办“藏羌彝文化产业走廊：四川——香港文化产业项目投融资洽谈会”，10余家藏羌彝文化产业走廊重要项目负责人同来自香港的文化产业人士面对面交流洽谈，香港国际华商联合会和四川天府文化产业促进中心发起成立川港文化产业基金会和川港文化产业交流协会。省文化厅和四川天府文化产业发展促进中心应香港贸易发展局邀请，首次组织省内23家文化创意企业、动漫游戏企业、文博场馆、高校研究机构赴香港观摩学习第12届香港国际授权展，并出席亚洲授权业系列会议，助推文化创意企业接轨国际市场。四川天府文化产业发展促进中心组织10余家四川文化企业赴台湾观摩“台北国际礼品展”，借鉴学习台湾文化创意企业先进经验。邀请德国、新加坡等驻成都总领事馆文化官员参加“2014诚信画廊艺术精品展”，推动省内11家获评“诚信画廊”的艺术品经纪机构与各国文化领事直接沟通，促进四川艺术品“走出去”。

【文化人才队伍建设】 实施人才兴文战略。认真抓好中央新修订的《党政领导干部选拔任用工作条例》《事业单位人事管理条例》及《四川省文化厅干部选拔任用工作规程》《四川省文化厅干部交流工作暂行办法》《四川省文化厅“十二五”文化人才发展规划纲要》

《2011—2015 全省文化系统干部教育培训规划》等制度文件的落实，完善文化干部的选拔任用制度化建设，积极探索符合厅直系统实际的各级干部选拔任用方式和干部交流培养成长办法。

强化文化人才的培养。充分发挥“全国文化干部培训基地”四川艺术职业学院的作用，牵头实施了 24 期全省“三区”基层文化干部培训班，共有 2100 余人参训，为全省基层文化人才队伍建设打下坚实基础。积极承办文化部主办、四川省文化厅承办的专题研修班、培训班，相继圆满完成第二期文化强国建设与地区文化竞争力专题研修班，17 名全国各省地市文化局局长参加了培训；圆满完成全国文化厅局长非物质文化遗产保护高级研修班，27 名全国文化厅（局）分管厅（局）长、22 名全省各市（州）文化局局长参加了培训；圆满完成五省藏区文化管理干部培训班，70 名藏、甘、青、川、滇五省藏区地州、县级文化管理干部参加了培训。按照省委省政府、文化部等的要求，分批选派了 24 批共 60 人参加上级部门培训。

三区文化人才支持计划。为促进实现基本公共文化服务均等化、推动区域文化科学发展，深入开展“三区”文化人才支持计划专项。选派 501 名文化工作者到边远贫困地区、民族地区和革命老区基层开展文化服务，为“三区”基层培养急需的文化人才 180 名，成效显著。

文化体制改革。完成新的三定方案的制定报批工作，按照文化厅三定方案，完成省文化厅（四川省文物局）内设机构整合、人员划分、流程规范等工作，完成行政编制实名制管理工作。做好事业单位分类改革相关工作，研究报送厅直系统事业单位分类管理方案，深化事业单位岗位管理、绩效工资制度等相关工作。积极推动省文化馆、四川博物院开展事业单位法人治理结构工作的开展工作。

（四川省文化厅　向仕富）

贵州省

【概况】 深入贯彻落实党的十八大、十八届三中、四中全会和习近平总书记系列重要讲话精神，按照省第十一次党代会及省委十一届四次、五次全会部署，在省委省政府的领导和文化部的指导下，全面推进文化改革发展，全省文化事业和文化产业工作取得了新进展。

【文化体制改革】 推进“政企分开、政事分开”。推进公共图书馆、博物馆、文化馆完善法人治理结构试点改革，省文化馆成立了法人治理结构工作领导小组，在黔西县召开全省“文化馆法人治理结构”研讨会，拟定《贵州省文化馆章程（草案）》；省博物馆召开会议明确法人治理结构试点工作总体思路，起草试点工作方案和《贵州省博物馆章程（草案）》；省图书馆拟制《下放四项机构编制管理权限的实施办法（暂行）》。贵州文化演艺集团不断健全完善现代企业法人治理结构，制定系列规范性、指导性文件，完成 6 家子公司的资产评估并正在办理资产划转手续。

推进简政放权和试点改革等工作。行政许可事项合并两项、下放 1 项、取消 1 项，承接文化部下放事项 6 项；降低准入门槛、激发市场活力，制定下发《关于调整互联网上网服务营业场所准入政策的通知》，将互联网上网服务营业场所总量及布局规划、设立标准等下放至市（州）级、省直管试点县（市）文化部门，并明确由县级文化部门审批。公共文化服务体系建设方面展开 5 项试点改革；全省实现参公管理的市（州）文化综合执法机构达到 8 个。

【公共文化服务】 公共文化服务体系建设大力推进。贵阳市创建国家公共文化服务体系示范区工作全面展开，结合创建在中心城区打造“图书馆小站”项目；黔南州的“幸福进万家——文化精品乡村行”、六盘水市的“公共文化服务机构的队伍拓展模式”两个国家级公共文化服务体系示范项目创建积极推进；创建工作接受了文化部中期督查。为27个街道文化站、54个乡镇综合文化站、78个社区文化活动室配置了文化信息资源共享设备和灯光音响、乐器等设备，为448个乡镇综合文化站、27个社区文化活动中心、141个社区文化活动室配置了公共电子阅览室设备。及时分配下达中央免费开放专项补助经费9328万元，补助地级“两馆”18个、县级“两馆”176个、乡镇综合文化站1448个。中央下达六盘水市、安顺市、黔东南州、黔西南州4个数字图书馆建设专项资金共计480万元（每馆120万元），项目建设正在积极推进。由全国文化共享工程贵州省分中心承担建设的“贵州仡佬毛龙节”“贵州少数民族村寨——堂安侗寨”等6个多媒体资源库通过文化共享工程国家中心验收。参加文化部组织的全国“文化志愿服务推进年”系列活动，贵州省文化厅、贵阳市文化广播电影电视局被评为“2014年全国文化志愿服务组织工作优秀单位”，贵阳市乌当区图书馆副馆长彭炜、贵州省文化馆干部蒋丹、天柱县文化馆馆长蒋家林被评为“2014年全国文化志愿服务组织工作优秀个人”，六盘水市文体广电新闻出版局组织的“精彩生活·幸福使者”文化馆（站）志愿服务活动被评为“基层文化志愿服务示范项目”，贵州师范学院学生付鹏、铜仁市地心艺术团歌手周勇被评为“2014年优秀文化志愿者”。组织了2014—2016年度“中国民间文化艺术之乡”和“贵州省民间文化艺术之乡”评选推荐，共评出73个项目拟命名“贵州省民间文化艺术之乡”，推荐19个项目申报“中国民间文化艺术之乡”。开展了2014年度图书馆服务宣传周系列活动。

群众文化活动取得不俗成绩。贵州省老年大学合唱团和遵义市山之韵合唱团参加文化部举办的第十六届中国老年合唱节，分获齐韵杯第一名、第三名；选送的9名歌手参加在宁夏举办的第十二届中国西部民歌（花儿）歌会，获得1金、2银、6铜好成绩。省文化馆举办了首届“群文杯”剪纸艺术大赛，深入龙里县、白云区和湄潭县基层，开展“群星奖”获奖作品巡演活动，群众反响热烈；组织省级专业文艺院团赴丹寨、德江等县开展送文化下乡活动，累计演出50余场（次）。

【艺术创作生产】 着重抓好精品剧目创作。成立了省文化厅舞台精品剧目工作小组，广邀省内外专家讨论创作，制定了5年艺术精品创作生产规划。采取向社会征稿和向专家约稿相结合的方式，征集、遴选出了一批剧本及创意，为未来5年艺术生产做储备，并从中确定一部作品作为2014—2015年重点精品剧目筹排。

组织公益性演出和文艺作品参加展演。以贵州文化演艺集团及其所辖文艺院团为基本创作和演出力量，挂牌成立了公益性的孔学堂艺术团，年内新编排节目30余个、演出70多场，其中在孔学堂定点演出12场、观众逾5万人次。元旦春节期间开展的“多彩贵州·策马扬鞭”文化进万家活动，在贵阳、惠水、遵义等地演出多场，丰富了群众节日文化生活。贵州省话剧团以文朝荣先进事迹为素材创作的话剧《文朝荣》，在贵阳及全省各地巡演产生良好反响。贵州省黔剧院创排的《风华黔韵》在国家大剧院、中央民族乐团音乐厅、中国财经学院音乐厅举行3场音乐会，是近年来贵州专业民族乐团第一次在国内高端表演场所亮相；贵州省花灯剧院《高原·乌蒙回旋》获2014中国（国际）民族器乐艺术节综合类青年组金奖；大型花灯剧《枫染秋渡》参加了在江苏举办的第四届全国地方戏（南方片）优秀剧目展演、第四届广州艺术节展演，并应邀赴深圳展演；贵州京剧院创排的剧目《黔人端菜》正式入选第七届中国京剧艺术节；贵州美术作品参加第十二届全国美术作品展，获得优秀奖1个，入选作品16幅；组织10人89幅作品参加了国家画院举办的“新中国美术家系列·贵州国画作品展”；全年申报国家艺术基金项目28个，《嘎老》获得国家艺术基金支持。

【文物保护工作】 实施重点文物保护及考古工作。启动实施了海龙屯文物保护、基础设施建设和环境整治，接受国家文物局对海龙屯土司遗址申报世界文化遗产工作的4次检查，接受联合国教科文组织专家组现场考察评估获得好评。省文物局组织、指导了53个全国重点文物保护单位保护修缮方案和71个全国重点文物保护单位修缮保护规划编制立项报告的编制审查，并报国家文物局；对省内20处全国重点文物保护单位和省级文物保护单位的维修设计、工程质量和施工安全等进行了评审验收；启动了第五批省级文物保护单位的评审，确定初步推荐名单94处；组织进行了省级文物保护单位龙里冠山、王伯群故居保护范围的调整；抓好全国重点文物保护单位“三防”（消防、防雷、安全技术防范）项目建设，向国家文物局呈报立项报告和设计方案80多个，6个项目入选全国文物消防安全百项工程。省考古研究所开展了35个文物考古项目调查及保护，编制了赫章可乐遗址、万山汞矿遗址和贵州夜郎考古专题调查计划。

博物馆服务能力大幅提升。省博物馆新馆、遵义会议纪念馆新陈列馆建成；湄潭茶文化生态博物馆、贵州财经大学票据博物馆完成登记注册并向社会开放；印江合水传统造纸生态博物馆建成；三都水族文化博物馆基本建成；省博物馆在贵阳孔学堂设计制作了介绍孔子生平的大型展览《斯文在兹》；完成了雷山西江苗族博物馆、湄潭浙大西迁陈列馆、瓮安猴场会议会址纪念馆等展陈提升并向社会开放。推进全国第一次可移动文物普查，全面开展非文博系统单位收藏文物的认定及文物信息采集录入工作，省博物馆采集了上万件文物信息。

实施民族村寨整体保护。开阳马头村、安顺云山村、石阡楼上村、锦屏隆里所村、雷山上郎德村、榕江大利村、肇兴中寨村、黎平地扪村、台江旧州村、丹寨石桥村等10个传统村落成功申报为国保、省保单位集中成片传统村落整体保护利用实施项目，其中安顺云山村、榕江大利村、黎平地扪村被列入国家首批传统村落保护试点；核报贵州省2014年第一批中国传统村落中央补助资金项目52个，获批16个；拟核查上报第二批中国传统村落中央补助资金项目68个；向国家4部局申报第三批传统村落404个。生态博物馆建设以点带面取得初步成绩，国家文物局在贵州组织召开全国生态博物馆示范点项目评审会，重点对生态博物馆建设探索与实践以及示范点转型提升进行评估与推广。

【非物质文化遗产传承保护】 落地实施非物质文化遗产保护发展规划。编制《贵州省非物质文化遗产保护发展规划（2014—2020年）》，以省委省政府两办名义正式发布施行；以省非遗工作领导小组名义制定下发《“多彩贵州”侗族大歌保护发展行动计划》；制定下发《贵州省省级非物质文化遗产项目代表性传承人认定与管理办法》，与省财政厅共同制定下发《贵州省非物质文化遗产保护专项资金管理办法》。由省文化厅、省民族宗教事务委员会和黔东南州委、州人民政府联合主办，从江县委、县人民政府承办的首届"侗族大歌传承保护发展百村歌唱大赛"11 月在从江举行，来自黎平、从江、榕江三县及广西三江、湖南通道共 101 支歌队 2020 人参加决赛。将侗族大歌传承保护骨干人才培训纳入"三区"文化人才支持计划，在黎平组织了首期侗族大歌保护发展骨干人才培训班，集中 30 天培训侗歌传承骨干人才 100 余人。贵州 15 个项目列入第四批国家级非物质文化遗产代表性项目名单；组织评审出第四批省级非物质文化遗产代表性项目 134 项。台江芳佤银饰刺绣有限公司（苗绣）、贵州丹寨宁航蜡染有限公司（苗族蜡染技艺）获评为第二批国家级非物质文化遗产生产性保护示范基地。国家级非物质文化遗产保护项目水族马尾绣传承人宋水仙获得第三届中华非物质文化遗产传承人薪传奖。对省内传统（古法）造纸实施了深度普查。组织有关非遗项目参加 2014 年"中国非物质文化遗产年俗文化展示周""中华巧艺——中国（深圳）非物质文化遗产百项技艺联展"、第 20 届鲁台经贸会"海峡两岸非物质文化遗产联展""第三届中国非物质文化遗产博览会"；举办了第九个文化遗产日系列活动。

承办"多彩贵州"国际原生态文化大汇主题活动。"爽爽的贵阳 · 原生态音乐之夏"由文化部、联合国教科文组织支持，省委省政府主办，省文化厅和贵州文化演艺集团承办。经过半年筹备，于 7 月 4 日至 8 月 3 日在贵阳登场，邀请了来自亚洲、非洲、欧洲、美洲和大洋洲的 13 个国家 15 支团队、18 个兄弟省份 30 支团队、省内 17 支团队，参演人数 700 余人，组织了 5 台 70 余个原生态艺术节目，举办剧场演出 15 场、"六个走进"活动 7 场，观众达 5 万余人次。侗族原生态音诗《嘎老》，自 3 月下旬开始，历时 3 个多月，300 余名演职人员参演，7 月初作为"爽爽的贵阳 · 原生态音乐之夏"的第一场演出在贵州国际会议中心上演，7 月 10 日在生态文明贵阳国际论坛 2014 年年会做了精彩的展示，以其独特的文化内涵和艺术魅力受到国家副主席李源潮等领导和与会人员的高度评价。

【文化产业发展】 积极搭建平台、搞好服务。开展县域文化产业发展"三个一工程"第一批项目巡检；评选出第二批文化产业示范村 5 个、优秀演出团 3 家、特色文化产品 8 项。参与国家藏羌彝文化产业走廊规划建设，启动编制《贵州彝族文化产业走廊建设规划》；贯彻落实国务院关于文化创意和设计服务方面的政策意见，与省发改委共同编制《贵州省文化创意和设计服务与相关产业融合发展行动计划（2014 年—2020 年）》，完成大纲起草，征求有关部门意见。与省财政厅、中国人民银行贵阳中心支行共同组织召开全省文化金融合作座谈会，推动文化产业与金融深度对接、融合发展。推动成立行业协会，贵州省民营文化产业协会 2014 年 12 月正式成立。

推动项目申报、建设等工作。20 个项目入选《2014 中国文化产业重点项目手册》，"民族服饰传承、旅游商品研发及推广（贵州晶晶民族文化旅游产品开发有限公司）""施秉县苗绣旅游产品开发项目（贵州省施秉县舞水云台旅游商品开发有限责任公司）"入选文化部特色文化产业重点项目，"大型彝族歌舞音画诗《古彝雄风》"入选藏羌彝文化产业走廊项目，遵义红色旅游集团和大方幕俄格古城管理中心获得国家文化产业基地称号。贵州文化广场项目总图及单体方案通过评审，项目启动至今累计完成投资约 14.25 亿元。

【文化市场管理】 提升文化市场服务监管能力和水平。积极推进全省文化市场技术监管与服务平台建设，组织市、县两级文化市场行政管理部门和综合执法机构人员 200 余人次进行基础数据采集及应用系统培训；完成文化类、非文化类存量经营单位的基本信息和省市县三级文化市场行政管理和综合执法部门的机构、人员、装备等数据采集，共采集文化类存量经营单位 5461 个、非文化类存量经营单位 6538 个、省市县三级文化市场行政管理和综合执法部门的机构、人员、装备等信息 816 户；制定了 2014—2016 年省市县技术监管与服务平台上线运行时间表。加强文化市场行政审批规范化建设，进一步明确了行政审批事项的实施条件、程序和时限要求等，编撰印发了《贵州省文化市场行政许可办事指南及业务手册》。开展了 2014 年艺术品市场法制宣传周活动。

加强文化市场执法。全省文化市场综合执法机构共出动检查 11 万余人次，检查场所 3.7 万余家次，办结各类文化市场违法案件 343 起，做到人员密集文化场所检查全覆盖，确保全省文化市场平安稳定。组织开展春节、“两会”期间文化市场专项检查、文化市场经营场所“清剿火患”战役工作和“除大隐患、防大事故”为主要内容的安全生产大检查。开展文化市场综合执法培训，选派第一批 10 名文化执法骨干赴北京市文化市场稽查总队驻场学习。开展经营性互联网文化单位上线运行管理、无照网吧专项整治行动和互联网上网服务营业场所专项整治行动；组织进行全省文化市场综合执法案卷评查。

【文化交流与合作】 以部省合作项目为牵引，加强对外和对港澳台文化交流与合作。全年对外及对港澳台文化交流共 30 次，471 人次，涉及澳、西、俄、美等国和中国香港、台湾地区；其中出访 20 次 331 人次，来访 10 次 140 人次，均较上年有较大幅度增加。贵州省与文化部年度对口合作项目，省文化厅与马德里中国文化中心共同承办的“西班牙中国文化年·多彩贵州文化节”，为贵州近年规模最大的一次对外文化交流活动。系列活动于 3 月份启动并贯穿全年，贵州非物质文化遗产展览展示从 3 月延续至 6 月，其后又相继举办了遵义市文化展示周、贵阳市文化展示周等市、州文化展示；9 月，作为文化节重要活动项目之一，贵州京剧院的 40 名演职人员赴西班牙巴塞罗那，用京剧成功演绎西班牙世界名著《堂吉诃德》，跨越中西文化隔阂传递给西方观众艺术上的美感，获得极大成功。

抓好其他文化交流项目。3 月，贵州省黔剧院应邀赴澳大利亚参加“2014 墨尔本中国戏剧节”，在戏剧节主场演出了黔剧经典保留剧目和中国民乐节目。6 月，省文化厅与省友协共同组织贵州省歌舞剧院有限责任公司演出团队赴俄罗斯楚瓦什共和国第 22 届“俄罗斯同胞”全俄民间创作艺术节，参加社区巡演及艺术节演出，共演出 6 场，受到观众的热烈欢迎。

（贵州省文化厅　刘伟明）

云南省

【概况】 在省委省政府的领导下，深入贯彻落实党的十八届三中、四中全会精神，按照“突破难点、抓住重点、打造亮点”的工作思路，狠抓工作落实，较好地完成了各项工作任务。

【深化文化体制改革，激发创新发展内在动力】 一是深入调研。厅领导分别率 9 个调研组赴外省及各州市深入开展文化体制机制创新、公共文化服务体系建立、政府职能转变、国有文艺院团改革、文化产业发展及事业单位法人治理结构组建等专题调研，并形成《调研报告》。二是编制方案。印发《云南省文化厅推进文化体制机制创新意见》，参与省委《云南省深化文化体制改革实施方案》编制工作，制定《云南省文化厅深化文化体制改革实施方案》《云南省文化厅深化文化体制改革实施方案及重要改革举措工作项目分工》《云南省文化厅2014年文化体制改革和发展工作要点》《云南省文化厅文化体制改革工作运行机制》。三是完成试点。基本完成云南省博物馆法人治理结构改革，初步形成由省博物馆理事会行使决策权和监督权、博物馆管理层负责执行和管理的法人治理运行模式。四是精简审批。先后4次对行政审批项目进行清理、规范、归并和下放，由以前的31项减少到25项，简化审批流程，审批时限均在第4轮审批制度改革的基础上压缩了1/3。

【加强公共文化建设，提升服务能力水平】
第二批国家公共文化服务体系示范区（项目）创建工作进展顺利，启动第二批创建国家公共文化服务体系示范区（项目）中期督查暨第一批示范区后续建设督查工作；组织保山、大理、楚雄3个州市开展国家公共文化服务标准化试点申报工作。积极推广基层文化建设“云南经验”，在保山市组织召开云南省公共文化服务体系建设现场工作会议；编发《春风化雨·文化惠民——云南公共文化服务体系建设的实践与探索》一书；召集有关部门就基层“两馆一站”错时服务和规范广场舞进行专题研究，初步拟定《云南省文化厅关于公共图书馆、文化馆（站）、文化活动室（中心）“错时服务”工作方案》；完成省图书馆和6个州市公共图书馆的数字图书馆推广工程；下达“三馆一站”免费开放资金13618.6万元。指导德宏州陇川县启动“边疆万里数字文化长廊建设”试点工作，在“全国边疆万里数字文化长廊建设”试点工作会议上交流经验，得到文化部领导的肯定。组织开展“大地情深”——第十六届“群星奖”云南获奖作品到楚雄等地巡演。恢复两年一届的云南省“彩云奖”评选，组织开展2014年群众文化“彩云奖”评选活动。组队参加第十六届中国老年合唱节“永远的辉煌”，获金、银奖各1个；参加第十二届中国西部民歌（花儿）歌会，获得1金3银3铜的好成绩。组织开展农民工子女艺术培训系列文化活动。完成全省16个州市19个品牌文化活动、基层文化队伍培训情况及公共文化服务社会化发展调查统计并上报文化部。对全省行政村群众文化活动小广场进行统计，目前有小广场5415个，为开展“小广场·大喇叭”建设奠定基础。完成全省1384个乡镇文化站评估定级结果确认工作；组织各州市认真做好2014年全国基层文化队伍远程培训工作，完成全省16个“公共文化空中大课堂”接收教学点的申报工作，并先后组织16个州市和滇中产业新区所辖基层文化干部参加文化部举办的两次远程培训。深入地震灾区调研和走访慰问，向文化部上报《昭通地震灾区需要国家文化部协调解决的公共文化设施项目及设备》材料，国家图书馆为昭通地震灾区捐赠30000册图书，文化部全国公共文化发展中心为灾区拨款50万元用于数字文化建设。深化沪滇合作，组织全省32名文化干部分批次到上海参加“上海市公共文化从业人员三年万人培训”。

【着力打造精品力作，促进文化艺术繁荣】
一是继续实施“云南省舞台艺术精品工程”，佤族原生态歌舞《佤部落》在国家大剧院成功首演；在曲靖市宣威举办了2014年云南省花灯艺术周；与中国歌剧舞剧院合作的歌剧《号角》创作进展顺利。二是完成第七届中国原生态民歌大赛、第十一届全国声乐比赛、第二届中国歌剧节、2014 年全国少数民族优秀舞蹈作品展演的组织推荐工作；完成云南省第十届青年演员比赛的复评工作。三是在石林举办“首届中华情歌大集·2014 中国石林七夕情歌大汇”。四是与云南省民委共同组织推荐 5 家单位参加首届全国少数民族优秀舞蹈作品展演，共获 6 个银奖、1 个铜奖。五是举办《非遗画忆——第四届云南非物质文化艺术作品展》，花灯剧《走婚》完成第四届全国地方戏（南北片）优秀剧目展演的演出活动。六是成功举办“首届红河哈尼梯田世界文化遗产国际摄影双年展”。七是组织优秀剧目《红烛魂》《水莽草》《情暖春秋》开展以“中国梦·云南情”为主题基层公益巡演活动，组织“双拥潮涌彩云南”综艺节目慰问在马龙驻训的部队官兵，制定《中国梦·云南情——“文化大篷车·千乡万里行”惠民演出项目五年计划》，2014 年全省文艺院团完成惠民演出万余场；协调文化部抗震救灾、重建家园慰问演出团赴鲁甸灾区慰问演出；组织文艺院团到鲁甸灾区慰问演出。八是“艺术客厅”项目稳步推进，话剧《疯狂的谎言》在贵州和云南成功上演。

【采取有力举措，加强文化遗产保护】 一是文物保护。景迈山古茶园申遗扎实推进，完成申遗文本编制和保护管理规划及糯干村、翁基村村落整治等 77 个国家重点文物保护项目专项经费的申报工作，普洱市成立了景迈山古茶林保护管理局。成功举办哈尼梯田入选世界文化遗产一周年纪念暨庆祝第九届中国文化遗产日活动，组织召开哈尼梯田可持续发展国际学术研讨会，组织制订《红河哈尼梯田世界遗产地生态旅游发展规划》《红河哈尼梯田世界遗产解说与展示系统规划》及《元阳县哈尼梯田农耕文化保护与传承方案》；完成省级文物保护专项经费和项目的审核、下拨等工作，启动 101 项省级文物保护单位抢救维修、考古发掘项目；完成滇西抗战文物和滇缅公路文物资源调查工作，安排经费保护维修滇西重要抗战文物；落实永胜他留山等 13 个项目文化与自然遗产基础设施保护经费、普洱市民族团结碑等 3 个红色旅游经典景区项目基础设施建设经费；落实文物维修、保护等建设项目 68 个；与云南省住建厅一起做好国家级历史文化名村镇申报工作，建水团山民居和普洱澜沧景迈山的糯干村、翁基村被列为 2014 年国家实施总体保护村落，并争取到保护经费 3700 万元；及时统计鲁甸“8·3”地震文物受损情况并上报国家文物局，争取支持。二是非遗保护。新认定 250 名省级非物质文化遗产项目代表性传承人，目前共认定省级传承人 1016 名。批准命名 5 个省级非物质文化遗产保护传承基地。报请文化部批准白族扎染、剑川木雕等两个非遗企业为第二批国家级非物质文化遗产生产性保护示范基地。腾冲皮影戏、彝族烟盒舞和海菜腔已通过文化部、发改委组织的专家评审，进入项目建设库。完成傣族手工造纸、孔雀舞两项非遗保护利用设施项目方案上报工作，初步确定了建设选址及投资规模等事宜。配合省财政厅对 2014 年省财政支出非遗保护资金开展绩效跟踪问效。开展项目和传承人的抢救性拍摄记录工作。组织部分项目及传承人赴墨西哥、泰国、西安等地参加展演、展示活动，参加“爽爽的贵阳——非物质文化遗产展示活动”。组织迪庆、大理国家级文化生态保护区及有关项目、传承人参加第三届中国非物质遗产博览会展览。配合完成文化部、国家税务总局工作组到大理进行非遗生产性保护税收政策调研，实地调研个旧锡器制作技艺国家级项目和传承人保护与传承情况；赴弥勒、武定、石林三地调研文化体制改革中“非遗保护与利用”等工作。协调文化部审批《大理文化生态保护实验区总体规划》，召开第四、五次省级民族传统文化生态保护区专项保护规划专家论证会，组织对7个省级传统文化生态保护区保护规划进行评审，对《云南省民族传统文化生态保护区专项保护规划编制的指导意见》及规划大纲进行修改和完善。配合省委农村工作领导小组办公室完成《关于云南农耕文化保护与传承的调研报告》，代起草《中共云南省委云南省人民政府关于加强农耕文化保护工作的意见》。三是文博工作。完成全省33167个国有单位100余万件可移动文物普查。制定下发云南省第一个博物馆免费开放管理办法《云南省免费开放博物馆绩效考评管理办法》，完成2014年度全省中央补助免费开放、展览、奖补经费的下拨；完成巍山、晋宁博物馆规划和大纲审定工作；配合发改委完成德宏、临沧、怒江等博物馆十二五规划立项审批和方案论证工作；开始进行云南省二、三级博物馆的考评和审定工作；完成2013年度博物馆的年检和注册博物馆申报备案工作，新增博物馆7家，提前完成省政府“2014年国民经济与社会发展计划主要指标”规定的发展任务；完成云南省全省博物馆大型资料丛书《云南省博物馆概览》资料收集工作；完成26次文物司法鉴定，15次拍卖标的鉴定，共鉴定文物5000多件；完成昆明海关历年查扣文物移交工作，指定昆明市博物馆接受移交文物200多件。

【加强市场监管，净化文化市场环境】 全面检查2013年以来文化市场行政审批情况；对全省11642个五类文化市场经营主体进行调查；制定社会信用体系建设工作方案、时间表、路线图、考核方式，加强对市场主体的信用监管。继续推进连锁网吧及单体网吧的准入与管理制度；与云南省公安厅联合印发《关于进一步加强网吧实名登记上网管理工作的通知》。在全省范围内开展文化市场消防安全“打非治违”和安全生产大检查、打击侵权假冒工作考核、查办网络游戏和网络音乐等工作，排查火灾隐患19118家次，发现隐患565家次，整改549家次；与其他成员单位一道赴迪庆、丽江等地督导检查《云南省2014年艾滋病防治工作责任目标书》执行情况，发放《防治艾滋病知识图册》200册、宣传折页1500册、宣传光碟50碟、安全套6000只；参与《营业性演出管理条例》《娱乐场所管理条例》《互联网上网服务营业场所管理条例》的修改工作。截至2014年9月，受理行政许可审批事项15件、非行政许可审批事项13件、便民服务事项10件，均全部按时办结；参加满意度测评15人次，满意率为100%。闽滇文化市场综合执法合作交流帮扶工作向纵深发展。全省文化市场综合行政执法队伍出动检查人数13万人次，检查经营单位7.3万家，受理举报340件，办结案件475件，责令改正1721家，警告795家，罚款162.9万元，责令停业整顿109家，吊销许可证1家，没收违法所得8.3万元。现场检查云南艺术学院考级培训中心等7家考级活动。起草并下发《2014年全省文化市场综合执法考评细则》。受理文化部市场司12318网络举报8件，办结并回复文化部市场司处理情况报告5件；巡查检查新闻路图书批发市场，对6个经营户现场批评教育，移交市、区立案调查两起。

【加大扶持力度，壮大文化产业】 大力推进全省文化惠民示范村建设，宣传推广芒团文化惠民示范村建设经验，并接受省人大检查组的巡视检查；开展全省第六批文化惠民示范村和首批文化惠民示范社区建设工作，全省共推出文化惠民示范村、文化惠民示范社区 100 个,下达建设资金 1500 万元,建设工作全面推开;按照财政资金项目绩效评估管理办法,委托云南玺正资产评估有限公司对全省第五批 60 个文化惠民示范村进行绩效评估。积极创建国家级文化产业示范基地,开展 2014 年国家文化产业示范基地年检;对云南杨丽萍文化产业发展有限公司等 8 家国家文化产业示范基地进行年检,示范基地全部实现盈利并保持增长势头,发挥显著的示范带动作用。组织开展第五批国家级文化产业试验园区和第六批国家文化产业示范基地申报工作,推荐昆明金鼎山泛亚文化创意产业试验园区申报国家级文化产业试验区;丽江玉龙雪山印象旅游文化产业发展有限公司等 5 家公司申报国家文化产业示范基地。全省 8 家国家动漫企业参加年检,全部合格。确定新一届"云南省动漫企业认定领导小组"成员及其办公室成员。9 家动漫企业通过国家认证。从迪庆、大理、丽江、楚雄等藏羌彝文化产业走廊核心和辐射地区择优 16 个项目申报"国家藏羌彝文化产业走廊项目和国家特色文化产业项目"。研究制定云南省藏羌彝文化产业走廊实施方案。与省财政厅一起组织开展"国家重点文化产业项目申报"活动,推荐申报 14 家。继续推进云南汇滇宝(原"家乡宝")文化惠民电子交易平台建设,为"汇滇宝"文化惠民电子商城项目争取到省文化产业专项扶持资金 50 万元,调整原"家乡宝"商城产品目录、经营项目等,并更名为云南省"汇滇宝"文化惠民电子商城,扩展、丰富了商城农村文化产品的内容;依托汇滇宝网站开展全省文化惠民示范村宣传培训班,培训 400 余人次。圆满完成"创意云南 2014 文化产业博览会"和"文化部国家原创动漫边疆推广计划走进云南"系列活动。完成省属文化类社会组织年检。剧院联盟建设扎实推进,为剧院联盟争取到省文化产业专项扶持资金 100 万元,推出原生态歌舞剧《佤部落》到全国巡演;继续推进金融支持文化产业服务平台建设,与平安保险云南省分公司达成部分合作构想;向文化企业宣传国家中小企业股权转让系统("新三板"),并发动企业积极申报上市。

【加强对外交流,扩大文化影响】 受文化部委托,组派云南艺术团赴非洲加蓬、坦桑尼亚访问演出,参加中加建交 40 周年、中坦建交 50 周年庆祝活动,为增进中坦、中加友谊做出了贡献,圆满完成了国家交给的任务。与墨西哥中国文化中心年度省部合作项目顺利实施,先后派出云南非物质文化遗产代表团、武术培训组、民乐团、文物讲座团、文艺演出团等 5 个团组赴墨西哥开展交流活动,向墨西哥民众展示了云南文化发展成果和当代中国的整体形象。推动周边交流,组织云南文化艺术团赴缅甸开展为期 7 天的"文化中国 · 七彩云南"缅甸行文化交流活动,组派专业表演团队赴老挝开展为期 5 天的文化交流活动,演出具有云南民族特色的优秀节目,并举办西双版纳非物质文化遗产产品展。组织云南省滇剧院"滇韵彩云南"演出团赴新加坡参加 2014 年"春到河畔"迎春活动,新加坡总理李显龙等要员出席观看演出并给予高度评价。组织文山歌舞团赴澳大利亚参加第 12 届布里斯班文化艺术节,充分展示了云南民族歌舞的魅力。云南省滇剧院应邀参加香港"2014 中国戏剧节",滇剧第一次登上香港舞台。以云南杨丽萍文化传播有限公司为代表的云南知名文化品牌努力开拓国(境)外市场,大型舞剧《孔雀》到中国香港文化中心大剧院、日本演出大获成功,实现了社会效益、经济效益双丰收。由云南省海外交流协会组织的 2014 共庆元宵佳节慰侨访问团赴缅甸曼德勒和彬乌伦(即眉苗)两市进行慰侨访问演出,并走访了当地的侨团、侨校,开展了对缅侨情调研工作,受到当地侨胞的热烈欢迎。

【改进工作作风,加强自身建设】 一是落实规定。云南省文化厅上半年发文同比减少12%,会议同比减少10%,取消各类简报3份,组织编制《云南省文化厅工作制度汇编》;接受省委第九巡视组巡视,积极配合工作,认真抓好整改,得到了巡视组的充分肯定。二是文化扶贫。在永胜县、营山村召开现场办公会专题研究“四群”教育及扶贫工作,确定了营山村“个十百千”文化扶贫计划。与上海市农业科学院开展滇沪文化与科技战略合作。三是志愿服务。全面实施“三区”人才计划,全省16个州市选派到岗开展服务共计1367人,首期“三区”文化人才培训班培训“县乡基层文化骨干”156人。四是清理整治。完成了省文化厅奢华浪费建设的清理整治工作,对云南文化艺术职业学院改扩建项目、云南省博物馆新馆建设项目、云南省话剧院迁建项目3个项目进行了清理,并形成专项报告上报省委党的群众路线教育实践活动领导小组办公室。五是业绩收获。云南省文化厅在2013年度省直单位综合考评政府口51个单位中位列第21名;景迈山古茶林在全国各申报项目中名列第一;云南省文化厅获第七届中国原生民歌大赛优秀组织奖;2013年云南省直机关党建目标责任制工作考评获优秀等次,被评为全省消防工作先进单位、省老干部工作目标管理优秀单位、全省行政事业资产管理优秀单位,厅团委获云南省直机关共青团工作特别贡献奖。

(云南省文化厅　陈森泉)

西藏自治区

【概况】 紧紧围绕年初确定的文化改革创新年、公共文化服务体系推进年、优秀文艺作品创作年、特色文化企业培育年、优秀传统文化合理利用年、文化市场监管年的总体思路和主要任务,不断改进作风、锐意开拓创新,各项工作取得了新成绩,积累了很多有益经验。

【围绕中心、服务大局,文化作用进一步彰显】 紧紧围绕党和政府中心工作,服从服务稳定和发展大局,大力唱响主旋律、提振精气神、激发正能量,为全区经济社会发展提供了有力的精神动力、智力支持和文化条件。开展“中国梦”文艺创作,培育和弘扬社会主义核心价值观。创作“中国梦”主题原创歌曲近400首、小戏小品40余件、群众文艺作品140余件。举办歌曲展播月、小戏小品展演周、“3·28”演出等“中国梦”主题文艺活动80余场。创作并排演原创民族舞剧《太阳的女儿》,推出驻村题材话剧《守望左旋柳》,完成现实题材藏戏《朵雄的春天》、革命历史题材话剧《共同的家园》剧本创作。《太阳的女儿》《朵雄的春天》《解放,解放》入围国家艺术基金2014年度资助项目。改编推出传统藏戏《诺桑王子》。一年来,以“中国梦”为主题的优秀文艺作品不断涌现、文艺活动丰富多样,推动了“中国梦”在各族群众中入脑入心。完成“藏博会”各项文化活动,有力宣传新西藏。首届藏博会是2014年区党委、政府的一项重大工作。经过全区文化系统共同努力,文化产业和非遗展、文物精品展、开幕式演出、藏戏展演等各项活动取得圆满成功,仅文化展览展示活动观众达6万余人次,产品销售额突破400万元。加强文化市场监管,有效维护国家文化安全。积极推进文化市场技术监管和服务平台建设,设置区、地、县三级平台用户72个。加大监管查处力度,取缔10家非法游艺娱乐经营场所,屏蔽1款侵害民族风俗的游戏。加强了文化娱乐市场演出人员管理和各类商业演出内容审查,监管水平进一步提高。拉萨市文化市场技术监管与服务平台激活率达到100%,为下一步在线运行奠定了有利基础。积极配合国家外交大局,广泛传播"西藏故事"。先后组团10个120余人次,赴加拿大、瑞士、印度、中国台湾等国家和地区进行文化交流,举办演出和展览近30场,学术交流23场,广泛宣传了自治区新发展新变化。在毛里求斯、津巴布韦开展的首次对非洲的文化交流,开辟了对外文化交流新渠道。全年接待国外两个团组33人次,举办"尼泊尔—中国唐卡艺术展"等文化交流活动。加快文化产业发展,提升文化对经济的贡献率。命名9个自治区级文化产业示范基地和1个自治区级文化产业示范园区,国家和自治区级示范基地增至17个。两个项目列入文化部弘扬社会主义核心价值观动漫扶持计划。举办第四届唐卡艺术博览会,组织19个文化企业,先后参加西部文化产业博览会和北京国际文化创意产业博览会,现场销售额达1200多万元。拉萨、林芝、昌都纳入《藏羌彝文化产业走廊总体规划》核心区,山南、那曲纳入辐射区,18个项目列入国家重点扶持计划,其中5个项目列入2014年度国家特色文化产业重点项目。2014年,全区文化产业年产值27亿元,占GDP的3%,助推了经济发展。

【坚持改革创新,文化发展机制不断完善】 深入贯彻落实自治区全面深化改革的重要部署,积极推进文化体制改革,为文化事业和产业发展注入了强大动力。加快职能转变,积极推进行政审批改革,取消4项文化市场行政审批事项,划清了区地县三级审批职责和权限,实现就近办证和年审。在山南召开全区公共文化服务体系建设现场会,山南被列入国家基层综合性文化服务中心建设试点地区。开展"十三五"规划思路和政策研究,初步形成和衔接了一批新政策和项目。完善工作机制,自治区成立20个部门参与的公共文化服务体系建设协调小组。自治区人大常委会第11次会议专题听取和审议公共文化建设情况。联合人行西藏分行、财政厅出台《深入推进文化金融合作的实施意见》;联合自治区教育厅、财政厅出台《非物质文化遗产进校园工作意见》;联合自治区质监局制定《西藏唐卡地方标准》。多部门共同参与、合力推进文化改革发展的良性协调机制初步形成。健全法规体系,《西藏自治区实施〈中华人民共和国非物质文化遗产法〉办法》正式颁布施行,非遗保护迈上新台阶。出台《娱乐场所演出人员管理办法》《文化市场监管人员"五不准"》,统一了文化市场监管文书,规范了经营行为和行政管理。为确保文化工作政治导向,出台《文艺作品和文艺演出活动政审制度》《关于在文物展陈、讲解宣传、拍照拍摄、学术文章、项目工程等过程中提高大局意识确保政治安全的实施意见》等制度和措施。出台《公共文化设施管理服务标准化建设指标》《文化产业示范基地评选命名管理办法》,推动公共文化服务标准化和骨干文化企业发展。提升保障水平,积极完善资金和人才保障机制,全年对公共文化建设的投入达2.75亿元。经过积极落实,县综合文化活动中心专职人员达到216名,乡镇文化站人员达到2608名,实现"县县有民间艺术团"。山南地区发展村级文化指导员568人、文化志愿者700余人。落实资金2900多万元,启动"三区"人才支持计划,自治区和各地市集中培训基层文化工作者2000余人次。林芝地委行署将文化工作任务化作15项具体指标,纳入对各县的年终考评内容,且在考评中文化工作所占比例达5%。昌都市着眼公共文化事业发展,启动"个十百千万"工程,对各类文艺活动开展、文艺队伍组建和民间艺人培养等方面提出了量化目标。

【贴近基层、服务群众,进一步保障群众基本文化权益】 不断巩固和发展党的群众路线教育实践活动成果,坚持眼睛向下、重心下移,积极改善文化民生,有力丰富了群众文化生活。各地市按照全区公共文化服务体系建设现场会精神,认真学习借鉴山南地区经验,公共文化建设得到了应有重视、有效推进。基础设施显著改善,总投资5亿余元的543个乡镇综合文化站和39个民间艺术团排练场建设项目陆续收尾,基本实现"乡乡有文化站"。692个文化站和74支民间艺术团内部设备资金全部落实,为38个县配备流动图书车。完成那曲、山南图书馆建设,山南、昌都博物馆开工,自治区图书馆、群艺馆改扩建项目即将开工。公共文化设施总量比2013年增加192个。山南完成485个村级共享工程服务点建设,完成所有县综合文化活动中心和乡镇文化站的标准化建设,县乡村文化设施功能有效完善、服务能力显著提高,管理使用成效明显。林芝启动以完善设施、完善制度、完善管理、落实人员、落实经费、常有活动为重点的乡镇文化站提升工作,计划建设7个示范站。惠民活动丰富多样,全区专业文艺团体和县民间艺术团下乡演出场次突破4000场,县民间艺术团创作推出文艺节目800余个。全区公共文化设施开展免费开放活动近1.3万场次,受益群众超过300万人次。向基层免费发放近年来翻译的500小时优秀数字文化资源。开展跨省、跨地区的文化联动活动480余场,依托"春雨工程",邀请国家文艺院团和相关省市文化志愿者,开展演出展览培训等活动30余场。林芝开展广场文化活动9000场,参与群众达80余万人次,活动数量和参与人数比2013年增加36%和45%。

【加强保护、加快传承,推动特色文化保护地建设】 正确处理文化遗产保护传承和合理利用的关系,积极推进优秀传统文化传承体系建设,有力推动了中华民族特色文化保护地建设。文物保护全面加强,"十二五"46项重点保护工程累计完成投资4.12亿元,完成或开工项目占总项目的85%。组织实施了10处抢救性保护项目。全国第一次可移动文物普查进展顺利,自治区进入全国5个普查先进省区之一。区直文博单位窗口服务能力不断提高,受众满意率显著提升。非遗保护成果显著,13个非遗项目入选国家级名录,自治区国家级项目达到89个。123人入选自治区级传承人名录,自治区级传承人达到350人。自治区政府命名65个民间文化艺术之乡,4个乡入选中国民间文化艺术之乡。参加中国年俗文化展示周、海峡两岸非遗联展等重大展示活动,举办"指尖神韵"系列唐卡精品展、第三届藏戏大赛等展示展演活动。《格萨尔》多媒体资源库通过国家验收。对4名国家级传承人进行了抢救性记录。新增两个国家级生产性保护示范基地,全区国家级示范基地达到4家。命名首批自治区级生产性保护示范基地12家。昌都市积极争取相关部门支持,在全区率先单设非遗保护中心,核定人员编制9人。拉萨市在全区率先设立每人每年3000元的市级传承人补助资金。日喀则市开展系统介绍后藏历史文化的《魅力后藏》书系编撰工作,19本图书基本成型。那曲地区建立94名格萨尔艺人的档案和口述史,修建格萨尔广场和博物馆,出版系列图书,积极打造

“格萨尔”品牌。古籍普查保护有序推进。启动日喀则、昌都市和布达拉宫等6家重点古籍收藏单位普查工作,成立自治区古籍修复中心,实施了4个古籍保护单位收藏条件改善项目,将色昭古籍整理室纳入古籍保护中心管理序列,完成第五批珍贵古籍名录申报工作。拉萨市在开展面上普查的基础上,出版《拉萨珍贵古籍目录》。阿里地区成立象雄文化保护挖掘和传承工作领导小组和象雄文化保护协会,不断加强对文化遗产保护工作的领导、组织和研究。

2014年,全区文化工作呈现出重点突破、亮点纷呈、整体推进的喜人景象。特别是在事关文化长远发展的体制机制创新、基层队伍发展、设施网络建设等方面取得了显著成果。全区文化系统17个单位、37名个人、15个剧(节)目荣获省部级以上奖项,成果丰硕,可喜可贺,经验值得持续发扬。但是,当前自治区文化工作还面临许多困难和问题,存在很多不足和差距。突出体现在:各地市和县抓工作、求发展的主动性和创造性还未有效激发,重视程度和工作成效不平衡的问题更加显现;体制机制改革和创新能力仍不足,制约发展的瓶颈问题还未得到有效缓解;公共文化设施的管理和使用工作仍比较薄弱,一些地方的文化设施利用率不高、服务能力有限,发挥作用不大;县综合文化活动中心人员编制落实和队伍轮训工作急需加快步伐;地市专业文艺团体和县民间艺术团业务能力和水平总体不高;文化产业发展速度亟待加快,等等。这些认识性、基础性和全区共性的问题,在很大程度上影响和制约了自治区文化工作全面发展,必须引起高度重视,全力以赴加以解决。

(西藏自治区文化厅　李川州)

陕西省

【概况】 紧密围绕全省中心工作,深入推进文化体制改革,以文化强省为目标,以业务建设为中心,以制度建设为保障,以目标考核为抓手,以人才培养为动力,改进作风、创新实干,传承弘扬中华优秀传统文化,努力践行社会主义核心价值观,推动各项民生文化工作迈上新台阶,为陕西地方经济社会发展营造了良好的文化氛围。

【第十一届艺术节筹备工作】 在舞台艺术创作方面,召开了陕西省艺术创作会议并制定了《2014—2016年艺术创作规划》、《陕西省艺术精品创作奖励办法》、《陕西省剧作家签约制度和资助奖励办法》等,增加了省级艺术创作专项资金,已拨付4000万元艺术创作经费。成立了陕西省艺术创作专家指导委员会,多次召开专家论证会和研讨会,向全国征集剧本100多部。在群众文艺创作方面,召开了陕西省群众文艺创作工作会议,成立了“群星奖”创作工作领导小组,印发了《全省群众文艺创作暨第十七届“群星奖”参赛工作方案》和《全省群众文艺创作暨参赛“群星奖”扶持办法(2014—2016年度)》,全面启动“群星奖”四个门类创作工作。在美术创作方面,以今日丝绸之路美术作品展等为载体,开展经常性的美术家采风活动,采取与优秀画家签订创作责任书等形式加大美术创作力度。在艺术人才队伍建设方面,制定了陕西省艺术人才培养规划,开展陕西省终身艺术成就奖系列展演活动,继续搞好戏曲名家授徒、新秀拜师、苗子培养活动,向国内外引进一批高水平编剧、导演和其他专业人才。在场馆建设方面，召开了陕西省场馆建设和维修改造专题会议，制定印发了第十一届中华人民共和国艺术节（以下简称“十一艺节”）场馆建设和维修改造《参考标准》《总体方案》《专家组工作职责》《奖励补助方案》等文件，与 14 家场馆签订了协议，确定 2015 年全省安排场馆改扩建资金和补贴资金 1.58 亿元。

【首届丝绸之路国际艺术节文化先行工作】 9 月 12 日至 27 日首届丝绸之路国际艺术节在陕西省举办，这是全国首个有关丝路文化的国家级综合性艺术盛会，包括舞台表演、展览、论坛和惠民巡演四大版块，意大利、法国、俄罗斯等 30 个“一带一路”沿线和关联国家（地区）参加。全国人大常委会副委员长严隽琪、陕西省委书记赵正永、省长娄勤俭、文化部副部长董伟、13 个国家的政府文化代表团和 11 位文化部长及驻华使节分别出席了艺术节相关活动。艺术节期间，国内外 23 部优秀剧（节）目进行了 40 场演出，举办了 4 场丝路文化长安论坛和 6 场展览，并由多国艺术家组成团队赴社区、厂矿、学校、企业进行了 10 场惠民巡演和多场研讨会，惠及国内外观众 15 万人次。5 月 23—29 日，举办了“纪念延安文艺座谈会讲话暨丝绸之路文化周”系列活动，牵头签署框架协议发起成立了丝绸之路经济带西北五省区、晋陕豫黄河金三角区域文化发展战略联盟并开展相关文化交流活动。陕西省文化厅还策划了“从长安到罗马”系列创作工程，指导陕西各级艺术院团先后新创作了民族管弦乐《丝路长安》、交响乐《丝路新交响》、商洛花鼓戏《带灯》杂技剧《丝路彩虹》等，继续打造歌剧《大汉苏武》《张骞》等。

【第七届陕西省艺术节】 陕西省艺术节每三年举办一次，是陕西省最具艺术性、群众性的文化艺术节日。10 月 9 日—29 日举办了第七届陕西省艺术节，以“艺术的盛会、人民的节日”为宗旨，组织参演剧目 71 台。同时举办了第三届陕西省群众文化节（社区文化节）群星奖演出、庆祝新中国成立 65 周年暨第七届陕西省艺术节优秀美术书法作品展等系列文化活动，充分体现了陕西省近年来艺术创作的最新成果和最高水平，共有 14 万名观众现场观看了各项活动。本届陕西省艺术节创新办节模式，体现了“节俭办节、文化惠民”的原则，首次在省会城市之外——渭南市举办艺术节开幕式，各项演出活动在全省 12 个市（区）全面展开。从下一届开始，陕西省艺术节将由以往在省会城市集中展演，转变为全省各市申请、轮流举办，第八届陕西省艺术节的主会场将设在榆林。同时，以艺术演出和评选活动为载体，先后主办陕南民歌大赛、陕西省少儿钢琴大赛、陕西省少儿才艺大赛、陕西省第二届民族器乐新作品征集评奖活动、中国儿童戏剧节西安分会场、陕西省庆“六·一”欢乐与你成长经典儿童剧展演活动，积极推动文艺创作生产。

【保护传承弘扬陕西优秀传统文化】 《陕西省非物质文化遗产条例》于 1 月 10 日经陕西省第十二届人大常务委员会第七次会议通过，于 5 月 1 日起正式施行。推进非遗名录体系和代表性传承人队伍建设，12 个项目入选第四批国家级非物质文化遗产项目，评审命名了第四批省级非遗项目 67 位代表性传承人和第二批省级非遗 27 个代表性传承单位。国家级文化生态保护实验区建设取得重要突破，《陕北国家级文化生态保护区总体建设规划纲要》于 2 月 19 日经文化部评审通过，陕北、羌族两个国家级文化生态保护区建设将有效促进陕北、陕南地区文化、经济、社会的全面协调和可持续发展。4 月，主办了第五届西部非物质文化遗产展演系列活动。6 月 14 日第九个“国家文化遗产日”，在西安大唐西市、大明宫遗址公园、大唐芙蓉园三地举办主会场活动及“第八届西安鼓乐艺术节”。9 月 28 日,启动了首届“陕西·中华传统文化周”,包括传统音乐系列演出、传统文化论坛和第二届陕西省阅读文化节等。11 月 1 日,在北京启动了“国风·秦韵”陕西传统文化(晋京)展演活动,包括民族音乐会、陕西民间美术精品展、大型原创杂技剧《丝路彩虹》以及以秦腔为代表的地方稀有剧种中青年演员优秀折子戏展演等系列活动。在咸阳、渭南等地试点实施村镇文化示范点项目,规划建设美丽乡村舞台(礼堂式)、讲堂、展厅、文体活动场所于一体的文化阵地综合体。保护振兴秦腔等传统剧种,组织首届陕西“文华奖”秦腔大赛获奖演员巡演,在各市县已演出三十余场,观众近五万人次。

【积极构建现代公共文化服务体系】 7 月初,省文化厅牵头与陕西省委宣传部、陕西省文明办、陕西省发改委等 20 个部门成立陕西省公共文化服务体系建设协调组,负责公共文化服务体系建设重大事项的协商和部署工作。稳步推进公共文化立法工作,《陕西省公共文化服务促进条例(草案)》已起草完成并列入 2015 年陕西省人大常委会立法调研计划。积极推进陕西省图书馆新馆、陕西省艺术馆、西京剧院、陕西文化艺术博物院等重点文化设施和重点镇综合文体中心建设项目。为 2000 个行政村文化活动室、350 个城市社区文化中心(室)配送了文化活动器材,为 21 个国家级连片特困地区的县级图书馆配送了流动图书车。全省 1742 个公共图书馆、美术馆、文化馆(站)向社会实施了免费开放工作,26791 个行政村实施了每村年补助 1 万元的文化活动资金。基本实现了“县有图书馆、文化馆,乡有综合文化站”的建设目标和一定的文化活动经费保障。

【加快推动文化产业发展壮大】 做好陕西动漫产业基地建设工作,落实建立动漫产业发展基金工作。编制《丝绸之路经济带陕西省文化产业发展规划》、《藏羌彝文化产业走廊陕西省发展规划》。国家级动漫公共技术研发服务平台、游戏软件评测与认证平台、手机动漫公共服务平台、动漫版权保护与交易运营平台等投入运营。指导西安市承办了第七届中国西部文化产业博览会并新增藏羌彝文化产业走廊专题展览推介活动、丝绸之路经济带文化产业专题论坛、文化创意大赛获奖作品展览与人才交流等专项活动;承办第四届陕粤港澳经济合作活动周陕西文化旅游产品推介洽谈会,征集筛选了 130 个针对性强、对优势产业带动明显的对外合作项目。促进对外文化贸易发展,大力加强文化产品对外营销网络建设,以西安高新区综合保税区为依托,规划建设西安高新国家级对外文化贸易基地。

【加大监管力度,规范文化市场】 召开 2014 年度文化市场管理工作会议,加快文化市场技术监管与服务平台的建设工作,举办文化部西北片区文化市场综合执法标准规范培训班等。制定《陕西省文化市场综合执法培训证书使用管理办法》《陕西省文化市场综合执法考评细则》,促进综合执法队伍规范化建设。8 月 27 日,印发《关于在全省范围内开展歌舞娱乐场所专项整治工作的通知》,成立文化、公安、工商联合检查组赴 12 个市(区)开展检查验收工作。共出动文化市场执法人员 317764 人(次),检查文化市场经营单位 112059 家(次),责令改正 5534 家(次)。

【积极推动陕西文化“走出去”】 选派优秀节目赴蒙古、新加坡、意大利、澳大利亚等国家和台湾地区进行“欢乐春节”演出,连续第 10

年在境外开展陕西春节文化品牌的宣传活动。11月12日—17日,陕西省与中国上海国际艺术节组委会、上海市共同主办第十六届中国上海国际艺术节陕西文化周,陕北秧歌剧《米脂婆姨绥德汉》、世界非遗《西安鼓乐》专场音乐会、专家研讨会等活动集中展示陕西民俗特色、非遗底蕴和厚重的历史文脉,把陕西特色文化推向全国、推向国际。

【深化拓展群众路线教育实践活动】 严格贯彻落实中央八项规定和陕西省《实施意见》,按照中央和陕西省召开民主生活会的有关要求,班子成员带头对照需要明示的事项进行了认真自查。省文化厅领导班子成员下基层时能够做到轻车简从,不增加基层负担,不讲排场,自觉带头遏制"职务消费""人情消费"和"车轮上的腐败"现象。省文化厅领导班子成员带头改进作风,结合教育实践活动进行大调研,分别带队深入到榆林、汉中、宝鸡等9个市、21个县(区)、12个厅直单位、46个基层文化单位和社区进行实地调研,每名成员均提交了至少一篇调研报告。加强廉洁自律,严格执行领导干部党风廉政建设责任制和廉洁从政若干准则,自觉履行"一岗双责"。制定了《陕西省文化厅党组密切联系群众、改进工作作风实施细则》《陕西省文化厅审核督查工作暂行规则》《陕西省文化厅关于进一步精简会议文件简报十一条措施》《陕西省文化厅公务出差审批制度》《陕西省文化厅政府采购管理暂行办法》《公共图书馆、美术馆、文化馆(站)免费开放专项资金管理暂行办法》《省级文化艺术类社会组织管理办法》等一批规章制度。与陕西省纪委、省监察厅联合举办了"廉政文化三秦行"巡演活动,在陕西全省12个市(区)、107个县(市、区)巡演119场,现场观众30多万人,成为廉政文化品牌活动。

(陕西省文化厅　凡显峰)

甘肃省

【概况】 坚持以社会主义先进文化为引领,以华夏文明传承创新区建设为平台,紧紧围绕文化大省、戏剧大省建设目标,创新工作体制机制,形成上心、负责、落实的作风,圆满完成年初既定的工作计划和省委、省政府交办的各项任务,有力推动全省文化工作快速发展,为建设"经济发展、山川秀美、民族团结、社会和谐"的幸福美好新甘肃提供了强有力的文化支撑。

【华夏文明传承创新区建设】 文物保护板块。文物资源普查成效显著,基本摸清了全省文物家底。重要文物保护维修和考古力度不断加大,莫高窟崖体加固工程被评为首届全国十佳文物保护工程,张掖大佛寺、天水玉泉观、武山水帘洞石窟群等18项文物保护工程竣工,夏河拉卜楞寺、榆中青城古民居等20余项文物保护工程开工实施。敦煌莫高窟保护利用设施全面建成并投入使用,莫高窟数字展示中心正式运行。配合基本建设开展了近40项考古调查与发掘项目,早期秦文化、河西走廊冶金遗址等考古项目取得重大成果。

大遗址保护板块。大地湾遗址、锁阳城遗址等10处大遗址被列入国家大遗址保护"十二五"专项规划;大地湾国家考古遗址公园获准立项,建设工作全面启动。甘肃境内重点区段长城保护工程分期分批实施;敦煌、山丹、凉州等7市(县、区)境内重点区段长城保护及防洪工程开工实施。积极推进陇东南先秦文化保护利用工作,甘谷毛家坪遗址考古发掘工作、马家塬战国墓地随葬车辆发掘和解剖工作有序开展。丝绸之路申遗历时八年圆满收官，麦积山石窟、炳灵寺石窟、锁阳城遗址、悬泉置遗址、玉门关遗址成功列入《世界遗产名录》，全省世界文化遗产总数增至 7 处，成为全国世界文化遗产大省。总投资 20 多亿的嘉峪关文化遗产保护工程进展顺利，文物本体保护工作共投入 3 亿多元，已完成工程总量的 85%，全面建成后将成为国家世界遗产地保护监测的典范。

*公共文化设施服务网络进一步完善。*建成 8 个市州数字图书馆，13 个市州级图书馆、文化馆、博物馆开工建设。完成了 5 个市级数字图书馆、667 个乡镇综合文化站、201 个城市社区和街道文化中心设备配备及调试。建设完成乡镇（街道、社区）电子阅览室 1429 个，实现了乡镇全覆盖。争取国家“四馆一站”免费开放补助 2.5954 亿，全省 112 个博物馆，所有的图书馆、文化馆、美术馆和乡镇综合文化站实行了免费开放。积极争取将 58 个贫困县纳入了文化部、财政部流动图书车配送工程，首批 29 辆流动图书车，7 月份配送到位。争取公共电子阅览室配套资金 292 万元，出资 3000 万元购买公益性演出服务，落实文艺院团演出补贴资金 1200 万元，推动公共文化服务均等化。全面启动“乡村舞台”建设，召开四次工作推进会督查落实建设任务，撬动各类资金 16.88 亿元，建成“乡村舞台”6625 个，受到中宣部、文化部和省委、省政府充分肯定；在城市社区开展了“文化广场”惠民演出活动；争取公共电子阅览室配套资金 292 万元，政府出资 3000 万元购买公益性演出服务，落实文艺院团演出补贴资金 1200 万元，推动公共文化服务均等化。

*公共文化服务示范区和示范项目创建整体推进。*金昌市创建第一批示范区已经顺利通过国家验收。张掖市创建第二批示范区，酒泉市“图书漂流志愿服务活动”、定西市“百姓舞台”示范项目创建正在全面推进。10 月底，文化部党组副书记、副部长杨志今带领专家组对张掖市创建国家第二批公共文化服务体系示范区，酒泉市、定西市创建示范项目进行了中期督查，对金昌市示范区后续管理工作进行了指导，对省创建公共文化服务体系示范区（项目）工作给予了充分肯定和高度评价。文化部督查组反馈了督查意见，认为张掖市创建工作定位高、措施扎实、计划周密，已取得显著成果，在 25 项督导检查重点指标中，23 项优、2 项良，优秀率达 92%。

*文化惠民活动持续开展。*全省上下联动，开展以“千台大戏送农村”“精品剧目惠民演出年”“百姓文化广场惠民演出日”“文化下乡”、流动图书车等为主要内容的流动文化服务，形成了深受城乡群众欢迎的文化艺术流动服务品牌。紧紧围绕“9 个主题”，以“大讲堂”“大舞台”“大展台”为载体，大力开展文化志愿服务活动。全省共举办志愿文艺演出 900 余场次，赠送书籍光盘、书画作品 1 万余册（幅），举办知识讲座、实用技术培训 160 余课时，开展群众文化自娱组织培训 100 余场次，受益群众达到 100 万人次，有效推动了公共文化服务的均等化发展。

*非物质文化遗产名录项目保护不断加强。*完成了第四批国家级非物质文化遗产项目的申报工作，天水丝毯织造技艺、定西通渭影子腔等 7 个项目入选第四批国家级非遗代表性项目。全省各市州相继公布了一批市级非遗名录项目，为评审省级非遗名录项目奠定了良好的基础。争取 2014 年度国家非遗保护专项资金 2210 万元，省级非遗保护专项资金 1100 万元，已全部安排下达到各项目保护单位，使省级项目保护和省级传承人的传承得到有效资金保障。

*非遗展演展示活动丰富多彩。*组织参加了第三届中国非物质文化遗产博览会、中国非物质文化遗产年俗文化展示周、丝绸之路

经济带沿线国家旅游文化展等多项全国性非遗展示展演活动，举办了第七届“中国原生民歌大赛”。在“文化遗产日”期间，举办各类非遗展演活动，对省非物质文化遗产进行了全方位的介绍和展示，在全社会进一步营造了非遗保护的氛围，提高了群众积极参与非遗保护的意识。

【文化产业】 全省文化系统文化产业增加值增幅30%以上的目标顺利实现。

文化产业项目建设步伐加快。全省69个重点项目入选《2014中国文化产业重点项目手册》。兰州创意文化产业园扩建项目、庆阳民俗香包刺绣生产基地建设两个特色项目和甘南州藏族文化千幅唐卡建设、夏河藏文化产业园、卓尼“老坑洮砚”创意文化产业园等8个项目入选2014年度全国文化产业重点项目库。兰州创意文化产业园等7个项目入选国家文化产业示范基地，南特数码等3家动漫企业被认定为国家动漫认证企业。敦煌申报第五批国家文化产业示范园区已经通过文化部组织的现场评估考评。通过组织参加深圳文博会、兰洽会、西部文博会、甘肃文博会，全省共签约项目442个，签约资金达8400亿元。敦煌国际文化旅游名城、金昌华夏骊靬影视城、张掖祁连玉文化产业园、临夏砖雕文化艺术产业园、临洮卧龙湾水镇文化休闲旅游综合体、天水文化博览城等一大批签约项目将陆续开建。按计划实施的文化产业项目370个，其中重点项目147个。

园区基地聚集示范作用初见成效。全省7个国家文化产业示范基地、3家国家认定动漫企业、3个省级文化产业示范园、25个省级文化产业示范基地，涵盖了文化旅游、文化创意、工艺品、民俗文化等众多文化产业领域。兰州创意文化产业园、敦煌文化产业园、张掖祁连玉文化产业园等园区和基地，进入宣传部评选的文化企业30强，成为各地小微文化企业孵化、创业、成长的摇篮，在当地文化产业发展中发挥了示范带动作用，取得了较好成效。敦煌文化产业示范园区申报国家级示范园区，文化部已经组织专家进行实地验收，创建成效得到了专家组的充分肯定。

文化与相关产业融合发展进一步推进。制定了《关于推进文化创意和设计服务与相关产业融合发展的实施意见》和《关于加快对外文化贸易的实施意见》，进一步细化了贯彻落实的举措，明确了目标，分解了任务，制定了促进融合发展和对外文化贸易的税务、土地、海关、环保等方面的政策措施。积极协调建立促进文化创意和设计服务与相关产业融合发展及对外文化贸易省级部门联席会议制度。南特数码生产的原创动漫产品《敦煌传奇》，在省内外部分城市电视台首映成功，同时在马来西亚、新加坡等国华语频道播放，填补了省原创动漫作品的空白。手机游戏、网络游戏、创意设计等新型文化产业经营业态开始在甘肃落户。互联网上网营业场所正在进行转型升级，努力创建健康绿色上网环境，改善行业形象，提升服务水平。有效推动文化旅游融合，杂技剧《博鳌传奇》《敦煌神女》，情景剧《天下雄关》在旅游景点驻点演出。“敦煌行·丝绸之路国际旅游节”节会搭台、文化唱戏，带动了社会的文化消费，激活了地方文化产业，形成了一批有影响力的文化活动品牌。

文化产业的引导与扶持力度持续加大。文化部拟定《丝绸之路“一带一路”建设文化产业发展规划》《藏羌彝文化产业走廊建设规划》，并在沿线省市征集上报文化产业项目。整理上报各类文化产业项目207个，并积极汇报衔接，争取文化部给予倾斜支持。积极落实文化部、财政部、工信部、中国人民银行制定的促进文化金融合作、支持特色文化产业发展、鼓励小微文化企业发展的政策，为文化产业发展提供政策保障。结合市场登记事权制度改革，调整了文化市场行政审批制度，把涉及文化部门审批的4类、23个事项，全部由前置审批改为后置审批，降低了市场准入门槛，简化了审批手续和环节，有利促进了文化产业的发展。积极组织动漫企业参加文化部、财政部动漫产品评奖扶持计划，引导动漫企业创新发展。2014年，全省文化系统文化产业完成总产出97.02亿元，实现增加值60.53亿元，增幅30%。

【文化精品艺术】 舞台艺术精品创作演出成效明显。话剧《天下第一桥》获国家舞台艺术精品工程重点资助剧目，陇剧《西狭长歌》荣获“五个一工程”奖，秦腔《麦积圣歌》、话剧《天下第一桥》获文华奖剧目奖。歌剧《貂蝉》参加第二届中国歌剧节，获剧目奖、表演奖、优秀舞台奖等6个奖项。秦腔《大秦文公》获第七届西北五省区秦腔艺术节优秀剧目奖、优秀表演奖，秦腔《轩辕大帝》获优秀剧目特别奖。召开了加快戏剧大省建设工作会议，讨论制定了戏剧大省建设五年规划，表彰奖励了在戏剧大省建设中取得突出成绩的优秀剧目和优秀人才。积极开拓演出市场，省直八大院团前三季度演出1687场，其中公益性演出175场。

大型活动成功举办。组织了赴岷县、漳县灾区慰问演出、“我们的中国梦”文化进万家惠民演出、走进社区军营等演出活动。举办了甘肃省第二届“梅馨杯”百姓小品艺术节、“甘肃省第三届声乐比赛”。银艺合作，文化惠民演出年活动正在有声有色开展，省直院团共演出优秀剧目55台、演出126场。承办了公祭伏羲大典，来自海内外的2万多人参加，进一步提升了甘肃文化影响力。

专业美术创作显成效。“敦煌画派”创作工程和“朝圣敦煌”系列活动深入实施，推出了一批艺术特色鲜明的美术作品。组织创作人员在敦煌进行考察、临摹、写生及专业讲座，共完成临摹写生作品200余幅，艺术感想、文章20余篇。成功举办了“朝圣敦煌”全国美术大展、张芝奖全国书法大赛等美术书法展览。

【文化市场监管】 文化市场监管机制进一步完善。梳理市场主体准入的审批权限、条件、标准和程序，先后制定下发了设立文艺表演团体、演出经纪机构、演出场所、娱乐场所、美术品经营场所、互联网文化单位及经营性服务场所和各类营业性演出等13类审批事项的审批规范流程和办事指南，取消了资金证明等申报材料。截至三季度末，全省受理行政审批事项385件，省上受理涉外审批事项57件，引进了大批国内外文艺精品和优秀节目，丰富了省内演出市场，活跃了群众文化生活。

行政执法规范化水平进一步提高。举办了全省文化市场综合执法骨干能力提升培训班，开展了文化市场综合执法大练兵、大比武活动，举办了行政执法工作经验交流研讨会。举办了全省文化市场技术监管与服务平台基础数据采集培训班，深入推进文化市场技术监管与服务平台应用推广工作。各市州也先后开展了各类执法骨干培训工作，人员培训率达到了60%以上，进一步强化了执法队伍建设。截至2014年11月底，全省各级文化市场综合执法机构共出动人员16.6万人次，检查各类文化市场经营场所8.2万家次，警告3086家次，责令整改2300家，责令停业整顿171家次。受理各类举报301件，立案调查213件，办结案件208件，移交案件47件，案件办结率为97.6%，推动了文化市场规范发展。

【对外文化交流】 贯彻落实习总书记提出的"一路一带"的战略构想,以部省合作为契机,大力推介甘肃省独特的丝路文化、敦煌文化、多民族文化及民间民俗文化,着力实施文化走出去战略。全年组织实施对外对港澳文化交流出访项目63起,人员266人次,来访7起,198人次。

*"欢乐春节"活动欧亚并进。*2014春节期间,组织大型舞剧《丝路花雨》赴欧洲进行"中华风韵"文化交流活动,先后在英国伦敦、法国巴黎、德国法兰克福三地成功商演7场,1万余名观众观看了演出;组织张掖市肃南裕固族歌舞团赴泰国参加了第十届泰国"欢乐春节"活动;甘南藏族歌舞团赴日本名古屋市参加了"第八届中国春节祭"和首尔欢乐春节活动;精选"甘南藏文化千幅唐卡"中的部分作品和反映甘南生态、文化、民俗、宗教等内容的甘南风情图片赴韩国举办了展览。

*部省合作项目深入持久。*2014年,甘肃省与首尔中国文化中心开展了一系列部省合作文化交流活动。以"丝路文化""民俗文化"为主轴,在韩国成功举办了"影像丝绸之路·中国甘肃摄影展"、"丝绸之路"学术讲座、敦煌舞教学、"2014甘肃文化周暨朝圣敦煌美术作品交流展"系列活动,吸引了大批韩国观众,让韩国观众多角度、深层次了解了甘肃丰富的文化资源。同时,部省合作为张掖、平凉、甘南等市州文化旅游宣传搭建了平台。12月初,韩国国会议员崔载千将率中心伙伴团来甘参访,进一步洽谈友好合作事宜。

*伊斯兰文化再展风姿。*中国《论语》陈坤阿拉伯书法展在首届丝绸之路国际艺术节暨第三届阿拉伯艺术节分会场西安、银川、泉州及兰州分别举办,并应邀赴阿尔及利亚参加国际阿拉伯艺术节、马来西亚参加2014·中国马来西亚伊斯兰文化交流会暨中国伊斯兰文化展。

*文物博物展览交流快速增长。*在日本秋田县举办的《秋田县·甘肃省缔结友好关系30周年纪念文化交流展》,展出甘肃省文物110件(套),让秋田县广大市民近距离了解和感受了作为世界艺术瑰宝的敦煌壁画的独特魅力。在蒙古国乌兰巴托举办的"中国文化周"活动中,甘肃省承办的《丝路拾珍—中国敦煌文化艺术展》受到热烈欢迎,得到到访国及国家领导人的高度赞誉。为庆祝中法建交50周年,在法国举办了《中国汉代文物展》,甘肃省共有22件(套)文物参展。在台湾高雄、台中举办的《光照大千—丝绸之路的佛教艺术特展》,展示文物35件(套)。2014年11月27日至2015年3月16日,在香港文化博物馆举办《敦煌·说不完的故事》,共展出文物118件(套),展览展期达100多天。联合主办了《丝绸之路展》《大西北遗珍展》《西北五省区珍贵古籍展》《秦与戎——早期秦文化考古十年成果展》等专题展览;由甘肃省文化厅提议,在西安发起成立了西北五省区文化发展战略联盟、西北五省(区)京剧院团联盟,对推进甘肃省文化艺术交流、发展、普及、繁荣具有推动作用。

*来访活动积极活跃。*第二届国际鼓文化艺术周、第三届国际文化产业大会成功举办。韩国"奖学之旅"、韩国艺术家采风、荷兰汉学家伊维德先生等应邀来甘肃省考察,对甘肃悠久的历史文化给予了高度的赞誉;2014古遗址保护国际学术研讨会、敦煌石窟研究国际学术研讨会、文物的生物退化与防护国际学术研讨会成功举办,共有来自20多个国家,100多人次的专家学者参加了会议。第四届文化财产返还国际专家会议在敦煌召开,来自20多个国家的政府官员和专家共商文物保护与返还的法律和技术难题,并讨论通过了旨在促进文化财产保护与归还为主题的《敦煌宣言》。

【文化人才队伍建设】 采取多种措施、通过多种渠道加大文化人才的培养。先后选送 50 多人参加了文化部、省委党校、行政学院等的各类培训。推荐选配 40 多名动漫人才赴北京、上海、重庆、厦门等地参加文化部举办的各类创意和动漫设计人才培训班，培养他们使用新型媒体、手机游戏设计等方面的能力。积极做好全省领军文化人才队伍建设，加大了省直院团精品剧目领衔主演 B、C 角色培养项目和省农村实用文化人才高级职称津贴奖励项目培养经费支持力度，组织省直文化系统 1500 多名专业技术人员完成了年度继续教育任务。做好 2014 年国家百千万人才工程人选、享受政府特殊津贴、甘肃省领军人才选拔推荐工作，激励拔尖人才脱颖而出。

积极做好"三区"人才招聘选派。大力实施中央"三区"人才支持计划，加大对少数民族地区、贫困地区、革命老区文化人才队伍建设的倾斜支持力度，按照《甘肃省文化系统人才队伍建设规划（2011—2015 年）》和《关于进一步推进文化人才工程建设的意见》，组织实施了全省"三区"人才支持文化工作者专项。争取"三区"文化工作者专项经费 5938 万元，已全部下发使用。2014 年选派 1218 名文化工作者服务基层文化单位，并组织对"三区"县乡基层文化单位的 116 名文化干部分三期、每期两个月时间进行培训。

【文化体制改革和政策保障机制】 制定并下发《转发文化部关于贯彻落实〈2014 年文化系统体制改革工作要点〉及其〈分工实施方案〉的通知》《省文化厅 2014 年深化文化体制改革工作要点的通知》和《省文化厅分解落实 2014 年文化体制改革相关工作任务的通知》，分解了工作任务，明确了责任要求，文化体制改革工作有序推进。

深化推进省直国有文艺院团改革。积极协调落实改革政策，先后办理了提前退休人员退休费核定、人事档案移交集中管理和到达国家法定退休年龄按照事业标准办理正常退休手续等工作。解决省直 5 家剧场同等享受转制院团人员安置政策待遇问题、演艺集团没有经费来源问题、集团领导班子成员待遇无法落实等问题，并积极争取增加演出场次补贴、争取政府购买公益性演出服务和政府投入资金开展惠民演出，协调省设立优秀舞台艺术精品奖励资金等。推进演艺集团和所属转企文艺院团（公司）完善公司《章程》和法人治理结构，依法办理各种证照。研究制定了《股份制改革方案》，积极稳妥地推动和支持改制院团进行股份制改造。

认真推进事业单位分类改革。对省直文化事业单位按照社会功能定位分别提出了公益一类、公益二类的具体分类意见建议，向省编办上报了《省直文化事业单位分类改革实施意见》。拟订了《省直经营性文化事业单位分类改革实施意见》，积极推动兰州飞天剧院等经营性文化事业单位转企改制。

文化法规政策体系进一步完善。《甘肃省非物质文化遗产保护条例》列入省人大立法计划"地方性法规"制定出台项目，已经完成了条例起草、反复征求意见修改等所有前期工作。

【党风廉政建设】 党风廉政建设扎实推进。研究制定《2014 年党风廉政建设重点工作》《中共甘肃省文化厅党组落实党风廉政建设主体责任实施办法》等，采取知识考试、法规竞赛、观看廉政电影，编发《纪检监察简报》和《警示教育材料》等多种形式，引导各级党员干部对案反思、吸取教训、举一反三、警钟长鸣。细化完善《"三公"经费管理办法》《机关公务接待规定》等规章制度，严控公务接待标准和经费开支。将信访问题作为发现违纪线索的重要渠道，全年共受理案件和群众来信15件，立案查处3件。

效能风暴行动成效显著。制定《中共甘肃省文化厅党组2014年效能风暴行动工作方案》，积极参加省纪委和省广电总台举办的“阳光在线”节目和“在线回音”栏目，接受社会监督。选聘了5名民评代表，采取独立工作、不打招呼、不定时间、不定路线的方式，组织“明察暗访”活动，有力推动了民主评议工作深入开展。以先进典型为引领，组织省直文化系统学习借鉴“五看五评议活动”14个典型经验，进一步营造了加强作风建设和效能建设深厚氛围。

（甘肃省文化厅　刘　聪）

青海省

【概况】 认真贯彻青海省十二次党代会和省十二届六次、七次全会精神，以建设文化名省为目标，以有序推进“十二五”文化发展规划和文化建设“八大工程”为重点，以深化文化体制改革为抓手，以项目工作为载体，加快构建现代公共文化服务体系、现代文化市场体系和优秀文化传承保护体系，全省文化事业取得显著成效。

【公共文化服务体系建设】 累计投资4.25亿元，实施了8项公共文化设施建设和文化民生项目。完成青海省图书馆和西宁等7个市州的数字图书馆建设项目，实施了404个行政村文化“进村入户”工程，为21个县级公共图书馆配发流动图书车，实施藏区28个县级文化馆、图书馆建设改造项目及藏区530个行政村文化活动室建设项目。省级“三馆”建设累计完成投资1.1亿元，主体已经封顶。落实“三馆一站”免费开放资金3614万元，全面开展免费开放绩效考评工作。西宁市国家公共文化服务体系示范区创建工作有序推进，格尔木市创建后续建设进展顺利。“我们的中国梦——文化进万家”原创文艺作品征集活动、送戏下乡、新春音乐会、社火、元宵灯会、广场歌舞、欢乐乡村行等一系列群众文化活动，让全省各族人民群众共享文化改革发展成果。以“大舞台”“大讲堂”“大展台”形式开展了2014年“春雨工程”——全国文化志愿者边疆行活动。刚察县等7个县、乡（镇）被文化部命名为2014——2016年度“中国民间文化艺术之乡”。

【艺术创作及群众文化生活】 全年创作大型剧目7台，青海省演艺集团新创反映青藏公路建设的现代京剧《七个月零四天》弘扬主旋律、宣传正能量，参加第七届中国京剧艺术节演出获专家及观众高度好评；改编复排《中国撒拉尔》在全国巡演；平弦戏《未婚妈妈》获首届丝绸之路国际艺术节优秀演出奖和西北五省区秦腔艺术节优秀剧目奖。西宁艺术剧院有限公司新排文旅融合剧目《古道传奇》演出67场。海北州民族歌舞团以尕布龙副省长为原型创作的歌舞话剧《草原之子》树立典型、讴歌先进，在省内外演出反响良好。玉树州民族歌舞团创编的《爱情的证悟》在上海、北京成功演出。省演艺集团与青海大剧院在学生寒暑假期联手举办“打开音乐之门——儿童互动音乐会”，深受广大少年儿童的青睐。全年，全省各专业艺术院团共完成演出1237场，观众202万人次。各级艺术院团提升演出质量，推动“三下乡”“四进社区”“送欢乐下基层”活动经常化，推进机关、广场、校园、社区、村镇、企业、军营文化建设，引导群众开展健康向上、丰富多彩的文化活动。深入开展全民阅读活动。

【特色文化产业】 下达省级文化产业专项资金4500万元,10个产业项目获中央3610万元资金支持。全省国家文化产业示范基地达到10家,年产值千万元以上的文化企业达25家,提前实现"十二五"规划目标。全省实现文化及相关产业增加值43亿元,增速高于GDP增速3.9个百分点,占全省生产总值的比重为2.07%。在2014年中国省市文化产业发展指数及中国文化消费评价指标体系中,我省文化产业驱动力指数居全国第三位,文化消费环境、文化消费满意度分别列全国第八位和第十位。完成投资36亿元,"十二五"规划建设的27个文化产业园区全部开工建设,9个园区建成并投入运营。组织211家文化企业参加深圳文博会、海峡两岸文交会、中国(武汉)刊博会及"中国·青海绿色发展投资贸易洽谈会"等10个展会,实现销售收入1046万元,订货1814万元,意向性签约资金6000万元。中国工艺美术协会命名海南州为"中国藏绣艺术之乡"、贵南县为"中国藏绣生产基地"。原创藏汉双语动漫《藏羚羊》获第27届中国电视金鹰奖三等奖,这是青海动漫作品获得的第一个政府最高奖项。

【文化市场监管】 进一步规范了网吧、网络文化、娱乐、营业性演出等经营秩序。加强综合执法队伍建设,稳步推进中西部能力提升"三年计划",全面提升全省文化综合执法队伍业务能力。推进文化市场技术监管与服务平台建设,完成了全省4187家文化经营单位的数据采集及西宁市城中区、城西区平台试点上线工作,上线地区能够运用平台开展行政审批与综合执法工作。2014年,全省共出动文化市场综合执法人员47782人(次),查处违规经营单位545家(次),删除网络有害信息1.1万条。

【文化遗产保护】 落实国家文物保护资金2.25亿元,创历史新高,全年投入"非遗"保护资金4087万元。喇家国家考古遗址公园建设顺利开展,考古发掘成效显著。第一次可移动文物普查工作扎实推进。玉树4处全国重点文物保护单位灾后抢救保护修缮工程验收并交付地方管理。新寨嘉那嘛呢震后总体抢险修缮工程荣获全国十佳文物保护工程"特别荣誉奖"。完成热水墓群考古发掘、唐蕃古道考古调查、玉树田野考古试发掘工作,实施塔尔寺等全国重点文物保护单位维修、安消防工程。我省9个项目入选第四批国家级非物质文化遗产代表性项目名录。文化部批准设立格萨尔文化(果洛)生态保护实验区。评选公布第三批省级非物质文化遗产项目代表性传承人99人。与文化部非遗司联合举办青海花儿论坛,组织参加中国"非遗"年俗文化展示周等6项活动,累计参观人数10余万人次。

【对外文化交流】 受文化部委派,全年连续组团出访美国、日本、韩国、法国和阿尔及利亚等5个国家,圆满完成青海藏族歌舞团赴美国"欢乐春节"演出任务,受到我驻旧金山总领馆的充分肯定和省领导的高度赞扬。在日本举办中国文化日《印象青海——唐卡艺术展》,演出民族歌舞6场。在法国举办《大美青海·美丽玉树图片展》和青海藏族歌舞演出活动。举办韩国"2014多彩民族风——中韩缘文化节"青海特色文化产品展。在阿尔及利亚3个城市巡回演出5场,慰问驻阿使馆和在阿中资企业。青海藏羊地毯(集团)有限公司、伊佳民族服饰有限公司、循化博艺旅游文化有限公司等文化企业的产品出口英国等10余个国家,出口额达3154万美元。

【文化体制改革】 上报《青海省文化和新闻

出版厅厅属事业单位分类改革实施方案》。深化经营性文化单位改革，加强对已改制经营性文化单位的宏观指导，进一步深化内部机制改革，完善法人治理结构。省文化馆和互助县文化馆组建理事会，标志着我省文化事业单位法人治理结构试点工作迈出实质性步伐。推进行政审批制度改革，依法取消21项、下放9项、修改1项、承接国家部委审批项目13项，目前，确认保留的省级文化行政审批事项26项。

【文化旅游体育深度融合】 结合青海省实际，青海省文化和新闻出版厅积极拓展文化与旅游体育融合的深度和广度，做好演艺剧目、“非遗”展演进景区工作。巩固、提高、扩大已进入景区的“非遗”项目和民间艺人展示成果。建设8个旅游演艺小舞台，在青海湖、塔尔寺、贵德、坎布拉等重点景区和西宁、格尔木市编排原创品牌性精品剧目，提供常态化演出，督促具备条件的景区推出特色鲜明的小型演出。引导、支持文化企业策划、研发和生产青海特色文化产品，提升产品内容、包装创意水平。

【人才队伍建设】 全年举办各类培训班145期，培训行政管理人员、专业技术人员、农牧民文化人才9983人（次）。完成2013年度“三区”（建设国家级循环经济发展先进区、创建全国生态文明先行区、创建民族团结进步先进区）人才支持计划，选派893名文化人才赴全省县乡开展帮扶、培训工作，培训县乡文化管理干部、专业技术人员、农牧民文化人才36期1818人次，受到文化部肯定和表扬。争取到2014年度“三区”人才支持计划文化工作者专项经费2309万元。评定第三届青海工艺美术大师5名，民间工艺大师18名，民间工艺师138名。8人被评为省级“四个一批”拔尖和优秀人才，1人被评为青海省优秀专业技术人才，1人被评为青海省优秀专家。

（青海省文化和新闻出版厅　祈鑫　岳霄雁）

宁夏回族自治区

【概况】 紧紧围绕“四个宁夏”建设，以深化改革揽全局，以创新制度添动力，转作风、抓发展、惠民生，文化工作亮点频现，文化强区建设迈出新步伐。秦腔现代戏《花儿声声》入选中宣部“五个一工程”奖、国家舞台艺术精品工程重点资助剧目。组织西夏区成功创建全国文化先进单位（文化先进县、市、区），青铜峡市等8个县区经文化部复查合格，保留全国文化先进单位称号；兴庆区、隆德县荣登2014—2016年度“中国民间文化艺术之乡”榜单；吴忠市文化馆获评全国优秀文化馆。举办“欢乐宁夏”全区群众文艺会演掀起热潮，演出节目256个，惠及城乡观众20多万人次。成功举办第七届西北五省区秦腔艺术节、第十二届中国西部民歌（花儿）歌会和第三届阿拉伯艺术节（宁夏分会场）“三大节会”，进一步提升了宁夏知名度和影响力。组织宁夏志辉实业集团公司等2家企业获评第六批国家文化产业示范基地，动漫创意项目《银川忠烈传》入选文化部2014年弘扬社会主义核心价值观动漫扶持计划。全国文物局长座谈会在宁召开，宁夏文化文物工作得到文化部和国家文物局充分肯定。宁夏演艺集团加入中国国际演出剧院联盟。宁夏回族民间故事、宁夏小曲等8个非遗项目（扩展项目）入选第四批国家级非遗代表性项目（扩展项目）名录，隆德杨氏彩塑文物艺术公司入选第二批国家级非遗生产性保护示范基地。组织申报宁夏演艺集团秦腔剧院有限公司等2个单位和3

名个人获评全国文化系统先进集体、先进工作者和劳动模范。

【文艺创作】 精品剧(节)目创演。出台《宁夏回族自治区舞台艺术精品创作项目管理办法》,推动出作品、出人才、出效益。创排话剧《丝路天歌》、秦腔《狗儿爷涅槃》、交响乐《美丽宁夏》、话剧《宁夏好人》、音乐剧《我要大声唱》和第三届阿拉伯艺术节宁夏分会场文艺晚会《丝路彩虹》、新中国成立 65 周年文艺晚会《十月的畅想》等 7 部(台)优秀剧(节)目。打磨提升秦腔《花儿声声》、歌舞剧《九州花儿美》、话剧《回民干娘》、话剧《铁肩》、《喊叫水移民纪事》的原优秀剧目,复排京剧《杨门女将》。电视剧《歌海情天》在央视八套播出。秦腔《花儿声声》荣获中宣部第十三届精神文明建设“五个一工程”奖,秦腔《狗儿爷涅槃》摘得第七届西北五省区秦腔艺术节优秀剧目奖第一名、优秀编剧奖等 4 个奖项;回族舞蹈《金色汤瓶》《花儿漫漫》《萨米尔的成长》分别获得首届全国少数民族优秀舞蹈作品展演银奖、铜奖和优秀作品奖。《九州花儿美》和回族舞剧《花儿》被列入上海戏剧学院教学剧目。宁夏秦腔剧院入选“全国地方戏创作演出重点院团”。组织宁夏精品剧目参加第七届中国京剧艺术节、第四届全国地方戏优秀剧目展演、全国少数民族优秀舞蹈作品展演等重大艺术活动。宁夏回族民间工艺美术品传承交流拓展项目、秦腔《花儿声声》传播交流推广项目、舞剧《月上贺兰》传播交流推广项目等 3 个项目入选国家艺术基金扶持项目。

“回族音乐汇宁夏”项目。邀请国内名家,完成了回族歌曲整理开发、回族音乐研究工作,在《中国音乐学院学报》刊发研究成果;在北京召开“回族音乐汇宁夏”研讨会,就回族民歌特色音调、回族音乐历史发展、回族新音乐等进行了深入研讨。开展全国回族歌曲创作征集活动,面向全国征集歌词 322 首,歌曲 195 首,组织国内名家进行了评审,并约请音乐家创作了回族歌曲,为创作体现时代精神、具有民族地域特色、群众喜闻乐见的回族歌曲奠定了基础。

宁夏美术馆收藏计划。实施宁夏美术馆收藏计划,征集收藏国内知名画家作品。宁夏与上海、江苏等地签署美术书法创作交流合作协议,上海美术名家、江苏省国画院捐赠宁夏美术精品。举办了金陵风骨 · 其命唯新——江苏省国画院书画作品展、上海美术家捐赠作品展、宁夏书画院美术作品展等 16 场各类美术展览。

【公共文化服务】 国家公共文化服务体系示范区(项目)创建。石嘴山市创建第二批国家公共文化服务体系示范区,重点实施了 43 个电子阅览室、30 个乡镇(街道)文化站改造提升和 246 个社区文化活动室建设,完善基层公共文化活动场所功能,下派文化辅导员包片定点开展文化辅导。吴忠市“公共文化服务进慈善产业园区”项目建成综合文化活动室 9 个、电子阅览室 12 个,设立 2 个流动图书室,开展文化定制服务,丰富职工业余文化生活。贺兰县、大武口区、青铜峡市、彭阳县、中宁县 5 个县(区)创建自治区级公共文化服务体系示范县(区)。

文化民生实事。2014 年自治区十项民生计划为民办 30 件实事确定由文化厅牵头负责的两项共 5 件实事,全部超额完成。其中:建成标准化乡镇文化站 13 个,每个配套建设 3000 平方米的文化广场和 1 个群众文化大舞台;扶持移民新村等建成示范文化室、文化大院、优秀农民文艺团队 200 个;送戏进农村、进社区、进校园、进军营、进工地演出 1760 场;开展“清凉宁夏”“湖城之夏”等广场文化演出 1530 场;图书馆、博物馆等公共文化场馆全年免费开放服务群众102万人次。

群众文化活动。开展"欢乐宁夏"全区群众文艺会演,组织广大群众和各类群众文艺组织、基层文化馆、民间文艺团体积极参与。会演注重民族和地方特色,鼓励创作农村题材作品,群众演、演群众、演给群众看。宁夏全区文艺会演共新编创256个舞蹈、音乐、戏剧、曲艺、合唱、广场等节目,演出96场,惠及城乡观众20多万人次。组织开展了"欢乐下基层"、送戏下乡惠民演艺、广场文艺演出、精品剧目巡回演出、广场舞展演、年俗文化大集、非遗展示、民间社火巡演、秦腔展演周、新春花灯展示、元宵猜谜大会、优秀爱国主义影片展演及农村电影放映等活动,丰富群众的精神文化生活,营造向上向善的良好社会风尚。搭建群众文化活动大平台,"清凉宁夏"广场文化演出、银川市"文化银川·花开四季"、石嘴山市"我为乡亲送戏来"、吴忠市"滨河回乡大舞台"、固原市"唱响中国梦　建设新固原"等品牌群众文化活动广泛开展,深受群众喜爱。宁夏举办百姓健康舞、音乐、美术等免费艺术培训200余场,培训近2万人次。

文化设施建设。推进区、市、县、乡(镇)、村(社区)五级公共文化服务设施网络建设,宁夏共实施文化基础设施建设项目1114个。宁夏大剧院建筑主体完工,宁夏艺术职业学院新校区投入使用;银川市文化艺术馆新馆完成主体工程,中心图书馆完成立项选址。红寺堡区、同心县图书馆建成。银川市同城内图书馆总分馆制试点加快推进,完成总馆数字化建设、网络管理中心网络及硬件设备建设,搭建起Dlibs系统数字图书馆技术与服务平台,实现通借通还。

【文化产业发展】 规划编制。组成考察组赴区外考察文化产业发展情况,对宁夏文化产业发展情况进行深入调研,形成2个考察调研报告。邀请清华大学国家文化产业研究中心启动了《宁夏丝绸之路文化产业带发展总体规划》和《宁夏贺兰山东麓葡萄文化长廊文化发展规划》编制,对宁夏文化产业发展进行项目扶持和统一规划布局。

政策服务。出台《文化产业示范户评选命名管理办法》《关于鼓励和引导民间资本进入文化领域的实施意见》,完善《文化产业示范基地管理办法》,建立宁夏文化产业重点项目库和宁夏文化产业企业库,储备重点文化产业项目50个,入库企业201家。评选命名自治区级文化产业示范基地13家、示范园区4家、示范户37家,扶持中小微文化企业发展。宁夏志辉实业集团有限公司、宁夏盛天彩数字科技股份有限公司获评第六批国家文化产业示范基地。建立宁夏动漫企业认定工作机制,认定国家动漫企业2家,帮助新科动漫公司获得进口动漫开发生产用品免征进口税收资格。宁夏演艺集团有限公司《宁夏花儿美》演艺大舞台、宁夏新科动漫产业有限公司丝绸之路文化产业带——中阿数字文化中心项目、宁夏回乡实业有限公司中华回乡文化园开发建设项目获得中央文化产业发展专项资金2440万元支持。

园区建设。扶持宁夏贺兰山东麓葡萄文化长廊、永宁三沙源国际生态文化旅游新城、吴忠回乡文化产业园、海原回族文化产业园等市县区文化产业园建设,培育壮大大型文化企业,促进文化产业规模化、集约化、专业化。

服务平台。搭建融资担保平台,宁夏文化旅游产业种子基金为回乡文化实业公司等40家文化企业担保和委托贷款9.1亿元,支持民族特色文化产品研发和市县区发展特色文化产业。搭建产品展示平台,先后组织文化企业参加第十届中国(深圳)文博会、第七届西部文博会、第九届北京国际创意设计产业博览会、香港(宁夏)经贸文化周等文博会,推出50个文化产品和10个民族歌舞表演团队进行展演展示,宁夏代表团荣获第七届西部文博会优秀组织奖和最佳展示奖。搭建人才培训平台,举办宁夏文化产业管理人员培训班和宁夏文化产业示范户培训班,培养各类文化产业人才200多人。

【品牌文化活动】 *第三届阿拉伯艺术节宁夏分会场活动*。由文化部、外交部、阿拉伯国家联盟秘书处、自治区人民政府共同于9月在银川市举办。本届艺术节是为庆祝“中阿合作论坛”成立10周年,落实中央“一带一路”战略部署,进一步促进我国与阿拉伯国家及丝绸之路沿线国家的文化交流与合作而举办的综合性文化艺术活动,艺术节宁夏分会场活动是宁夏迄今为止举办的最大规模、最高层次的与阿拉伯国家的文化交流活动。活动涵盖文艺晚会、文艺展演、非遗展示、艺术展览等众多领域,包括阿拉伯国家文化部长代表团来宁访问、第三届阿拉伯艺术节(宁夏分会场)开幕式暨《丝路彩虹》综艺展演、“异域风·回乡情”阿拉伯风情展演、中阿书法绘画摄影作品展、宁夏书画院书画作品展、中阿非物质文化遗产大展(宁夏分会场)等多个文化项目,共有约旦、苏丹、索马里、也门、摩洛哥等11个阿拉伯国家政府文化代表团、5位文化部长、2位驻华大使来宁访问,5支阿拉伯国家文艺团体来宁演出,进一步扩大了中阿交流合作、密切了中阿人民的友好感情,展示了宁夏深厚的文化底蕴和塞上独特的文化魅力。

第十二届中国西部民歌(花儿)歌会。由文化部及西部12个省区文化部门共同举办。9月12日至14日在宁夏永宁中华回乡文化园唱响,由开幕式、歌手比赛、展演、论坛、闭幕式暨颁奖晚会5部分组成。来自西部十二省(区)和新疆生产建设兵团20多个民族的130位歌手参赛。本届歌会评出金奖13个,银奖26个,铜奖34个,民歌传唱特别贡献奖1个,花儿传唱特别奖2个,花儿传唱新人奖2个,有13个单位获得组织工作奖。宁夏代表队共获得1个金奖、6个银奖、6个铜奖、2个花儿传唱特别奖、2个花儿传唱新人奖和组织工作奖共18个奖项,成为所有参赛队伍中获奖最多的队伍。闭幕式上,参加第三届阿拉伯艺术节宁夏分会场活动的阿拉伯国家政府文化代表团成员出席并观看大型歌舞晚会《丝路飞歌》。中国宁夏国际文化艺术博览会与本届歌会同期在中华回乡文化园举行,奇品、奇石、玉器、水晶、陶瓷、书画艺术品、清真食品、3D墙体秀、非物质文化遗产等精彩展示,让宁夏及区外百姓听民歌、赏民俗、看奇观、淘奇品、享美食、游美园,产生了良好的社会效益和经济效益。

第七届西北五省区秦腔艺术节。由中国戏剧家协会、自治区文化厅于8月下旬在银川举办。本届秦腔艺术节以“艺术的盛会　人民的节日”为主题,荟萃西北五省区11支代表队的13台参演剧目。期间,参演名家名角走进社区、走进广场、走进群众、走进票友,使广大群众欣赏到了艺术精品。剧目展演中,宁夏演艺集团秦腔剧院参演的秦腔现代剧《狗儿爷涅槃》、陕西商洛市剧团的商洛花鼓现代剧《带灯》、陕西戏曲研究院青年团的秦腔改编传统剧《王宝钏》、陕西渭南市秦腔剧团的秦腔现代戏《天国的百合花》、甘肃省天水市秦腔剧团有限公司的历史秦剧《大秦文公》、兰州戏曲学院、演艺集团的传统秦腔《夏雪》、青海省演艺集团平弦剧团的平弦现代戏《未婚妈妈》、新疆生产建设兵团猛进秦剧团的秦腔现代戏《军垦之家》8部剧目获优秀剧目奖;甘肃清水的《轩辕大帝》获优秀剧目特别奖,甘肃静宁的《汉关飞将》、新疆乌鲁木齐

市秦剧团的《军医庄仕华》获剧目奖。本届秦腔艺术节共评出单项奖31名(个),其中:优秀表演奖特别奖7名,优秀表演奖11名,优秀编剧奖5名,优秀导演奖4名,优秀音乐奖3个,优秀舞美奖1个。宁夏演艺集团秦腔剧院参演的秦腔现代剧《狗儿爷涅槃》在本届秦腔艺术节上获优秀剧目奖第一名,剧中演员李小雄、柳萍获单项奖中的优秀表演奖特别奖,韦小兵获优秀表演奖,刘锦云获优秀编剧奖,张曼君获优秀导演奖,徐志远、罗新昌获优秀音乐奖。

【文化遗产保护传承】 文物保护。推进宁夏国有可移动文物普查工作,完成5431家国有单位的文物调查和127194件(套)文物藏品、古籍认定,在线向国家文物局报送文物30159件(套)。完成第七批全国重点文物保护单位保护范围和建设控制地带划定。《宁夏古城考古调查测绘方案》通过国家文物局审定。加快推进西夏陵申遗工作,完成世界文化遗产相关申报工作,指导完成《西夏陵5、7、8、9号陵加固保护工程设计方案》《西夏陵安全技术防范工程设计方案》编制并报送国家文物局审定通过,完成西夏陵1号陵和93号陪葬墓加固保护工程,陵区环境整治工作取得实质进展。加快推进丝绸之路固原段申遗工作,编制完成《北朝隋唐墓地保护管理规划》,开展固原—北朝隋唐墓地南塬墓葬考古发掘,须弥山石窟子孙宫考古调查测绘工作;指导完成《固原古城墙抢险加固保护工程设计方案》《须弥山石窟抢险加固保护工程立项报告》编制并报送国家文物局审定通过;举办了第二届丝绸之路国际学术研讨会,加强丝绸之路学术研究交流。开展银川三关口段、水洞沟段明长城、贺兰口岩画加固修缮工程和石嘴山岩画田野调查。

博物馆事业。加强博物馆体系建设,固原博物馆展览提升大纲通过专家评审。举办《丝绸之路——大西北遗珍》《朔地恋歌——宁夏岩画特展》《回乡漫步——宁夏回族民俗文物特展》《海南水下文物展》《中阿书法绘画作品展》等展览17个。

【对外文化交流】 组织宁夏文化馆舞狮小组赴贝宁执行海外"欢乐春节"访演任务;组织宁夏演艺集团杂技团、歌舞剧院赴台湾演出26场,赴沙特阿拉伯演出30场;宁夏秦腔剧院参加了第四届全国地方戏(北方片)优秀剧目展演,歌舞剧院参加了第十届中国(深圳)文博会艺术节展演,拓展了宁夏对外文化交流途径。举办第三届阿拉伯艺术节(宁夏分会场)活动,共有约旦、苏丹、索马里、也门、摩洛哥等11个阿拉伯国家政府文化代表团参加宁夏分会场活动,其中有5个国家的文化部长亲自率团参加,进一步扩大了中阿交流合作、密切了中阿人民的友好感情,展示了宁夏深厚的文化底蕴和塞上独特的文化魅力。宁夏舞蹈《金色的汤瓶》《阿色俩目》在京参加第三届阿拉伯艺术节开幕式文艺晚会《丝路梦想》演出,得到了中央领导和自治区领导及中外嘉宾的高度赞扬。第十二届中国西部民歌(花儿)歌会邀请也门、摩洛哥、毛里塔尼亚、哈萨克斯坦等4个丝绸之路沿线国家的艺术家参演,促进了歌会向丝绸之路国际民歌歌会的转变。

【文化市场监管与繁荣】 文化市场规范化建设。下放互联网上网服务营业场所审批权,完善市场准入政策,加强文化市场重点领域监督执法,宁夏新批准互联网上网服务营业场所113家,市场活力得到激发。推进文化经营场所标准化建设,规范文化市场经营秩序,积极推进文化市场技术监管与服务平台应用。落实文化部《中西部地区文化市场综合执法能力提升三年(2014—2016)行动计划》,加强执法队伍建设,提高文化市场综合执法能力。

专项整治行动。组织开展节日期间文化市场专项整治、"扫黄打非"和校园周边、网吧、娱乐场所专项整治行动,全年共出动执法人员 43350 人次,检查各类文化经营场所 32820 家次,受理群众举报 140 件,立案调查 242 件,结案 219 件,警告 222 家次,责令停业整改、整顿 453 家次,吊销网络文化经营许可证 2 家,取缔非法出版物经营单位 70 家,收缴非法出版物 2.1 万册(张),有效地规范了文化市场经营秩序。

【文化体制改革】 宁夏演艺集团加入中国国际演出剧院联盟,开辟了宁夏演艺业走向国际的新途径。深化行政审批制度改革,下放 1 项、调整合并 14 项行政审批事项;将 3 项行政审批事项由前置审批改为后置审批,实行"先照后证",加快由办文化向管文化转变。改革公共文化服务方式,宁夏全区图书馆实现延时错时服务;银川市制定出台《公共文化服务体系建设目标责任制考核办法》,建立公共文化长效保障机制,开展了公共文化事业单位法人治理结构改革试点和同城内图书馆总分馆制试点,图书馆总分馆制试点已完成统一的服务平台、服务标准、服务规范建设,基本实现同城内通借通还;石嘴山市建立文化辅导员下派制度,包片定点"种文化"。成立了宁夏互联网服务营业场所行业协会,促进文化市场繁荣。

(宁夏回族自治区文化厅　郭建广)

新疆维吾尔自治区

【概况】 坚决贯彻落实自治区党委一系列重要决策部署,紧紧围绕社会稳定和长治久安的总目标,按照"到人管用有效"的要求,坚持以现代文化为引领,以"去极端化"为重点,努力推动文化改革发展取得新进展新成效,呈现出许多新亮点。

【文化体制改革】 根据新疆维吾尔自治区党委全面深化改革领导小组及自治区文化体制发展领导小组部署要求,文化厅组织成立了由厅主要领导任组长、副组长的文化体制改革发展工作领导小组,组建了领导小组办公室,制定印发了《自治区文化厅 2014 年文化体制改革发展工作要点细化方案》,形成了《文化厅 2014 年文化体制改革发展工作任务台账》,确定了 2014 年文化体制改革发展的时间表、路线图、任务书。

全面完成了自治区文化系统牵头或参与的 15 项改革工作任务,政府职能进一步转变,行政审批事项大幅减少,文化资源整合力度加大,公共文化服务体系建设平台初步形成,文化产业发展政策体系不断完善。全年共举办各类培训班 45 个,累计培训 2180 人次。完成了 24 所内地高校新疆定向就业培养招生工作,选派 185 人赴内地知名院校进行定向培训,完成 2014 年"新疆文化工作者专项计划"人才培训 136 人。

【公共文化服务】 新疆维吾尔自治区南疆三地州行政村(社区)4151 个文化室项目建设任务全面完成。新疆艺术中心项目、自治区图书馆二期改扩建等重点文化工程稳步推进。地级三馆建设项目有序推进,各地文化建设投入不断加大,一批图书馆、文化馆、博物馆、文化中心建成开放。完成了吐鲁番、和田等 5 个地级数字图书馆推广项目。在哈巴河县、伊吾县开展的边疆万里数字文化长廊示范点项目顺利通过文化部验收。实现了流动舞台车地县全覆盖。启动了县级流动图书车配送工程,首批12辆配发给南疆三地州。各级博物馆、图书馆、文化馆积极开展免费开放服务,并不断向基层延伸。在哈密市召开了自治区基层公共文化建设服务工作现场会,总结了经验,树立了榜样,推动了工作。喀什市、布尔津县等8个县(乡)被文化部评为“中国民间文化艺术之乡”。18个全国文化先进县(市)全部通过复查,富蕴县、库尔勒市、奇台县荣获2014年全国文化先进单位称号。

【文艺创作】 全年文艺新创剧目有新疆艺术剧院歌舞团情景音乐剧《歌声使我迷了路》;新疆艺术剧院歌剧团音乐剧《阿拉木汗的传说》,音乐话剧《温倩姆》、话剧《网络爱情》;新疆艺术剧院话剧团话剧《霸王歌行》《特殊作业》;喀什地区歌舞剧团话剧《被净化了的灵魂》;阿克苏地区塔里木歌舞团话剧《风雨人生》。3月9日至5月2日,自治区文化厅组织7个直属文艺院团先后两轮赴南疆四地州及克拉玛依市等18个县市完成文化惠民演出282场,并对基层的艺术创作、表演人员以及文化骨干进行了面对面的辅导,观众人数逾20万人次。第三、四轮演出也分别自7月、10月起进行。2014年,全疆地县两级文艺院团惠民场次共计8000余场,观众600万人次。同时,各艺术表演团体积极开展了恢复一批和新创一批的工作,全年恢复剧目4台、舞蹈作品9个、歌曲39个、小品4个、交响曲目10个、杂技作品4个;新创剧目1个、舞蹈作品5个、歌曲3个、交响曲目4个、杂技作品7个。

【文化产业发展】 完成了第二批新疆维吾尔自治区文化产业示范基地命名授牌工作。为积极培育文化产业市场主体,利用先进文化企业的示范、辐射和带动作用,引导和促进自治区文化产业持续健康快速发展,不断提高我区文化产业总体实力和竞争力,发挥了巨大的作用。完成了文化部特色文化产业重点项目推荐申报工作。自治区推荐的8个文化产业项目中有《新疆博物馆、美术馆艺术衍生品创意设计、研发生产基地项目》和《和田玉文化产业创意研究推广中心》两个项目被评为2014年文化部特色文化产业重点项目。为推动自治区艺术品产业的发展,从2013年开始已连续两年举办迎新春书画作品交流展。1月18日至2月28日,在新疆奥生文化村军垦美术馆、七坊街新疆当代美术馆、新疆华夏艺术馆、野马美术馆和冀宝斋画廊等五个场馆同时举办“2014年迎新春书画作品交流展”,共展出书法作品、油画作品、国画作品、水彩画作品、版画作品、泼彩作品等745幅,极大地丰富了首府各族群众春季期间精神文化生活,也为全疆各族艺术家提供了一个学习交流、展示宣传的平台。圆满完成了自治区参展第十届中国(深圳)国际文化产业博览交易会工作。确定了以“丝绸之路经济带上的璀璨明珠”为参展主题,遴选东疆代表哈密地区、南疆代表阿克苏地区和北疆代表昌吉回族自治州三个地州作为主参展单位,通过文化产业走出去成果展、地州文化产品展示交易展、和田玉特色文化产品展示交易展、新疆民族歌舞与非物质文化遗产展演四个板块,展出民族传统歌舞、民族乐器、民族服饰、民族地毯与刺绣、木器、铜器、玉石、奇石、玛瑙、丝绸制品和新疆创意礼品系列等30多个门类5000余件展品来展示自治区文化产业发展新成果。组织各文化企业和单位参加文博会,实现销售收入581万元,荣获第十届中国深圳国际文化产业博览交易会“优秀组织奖”和“优秀展示奖”两项大奖。拟定《新疆维吾尔自治区文化产业示范园区评选命名管理办法》,《新疆维吾尔自治区文化产业特色街区评选命名管理办法》,《新疆维吾尔自治区关于贯彻落实〈国务院关于推进文化创意和设计服务与相关产业融合发展的若干意见〉的实施意见(送审稿)》,《新疆维吾尔自治区贯彻落实〈国务院关于加快发展对外文化贸易的意见〉的实施意见(征求意见稿)》,《新疆维吾尔自治区贯彻落实〈文化部　中国人民银行　财政部关于深入推进文化金融合作的意见〉的实施意见(征求意见稿)》并广泛征求各有关单位意见后报自治区人民政府审议,这一系列政策的出台对落实国家文化产业的相关政策,助推我区文化企业发展、文化金融合作提供强大支持。

【文化市场管理】　行政审批事项进一步精简,文化类由 12 项减少为 7 项,文物类由 23 项减少为 8 项。完成了全国文化市场技术监管服务平台上线准备工作和市场存量数据采集工作。完成了文化部委托的"边疆文化市场监管(中亚地区)"研究课题。各级文化市场行政执法机构以"三非"治理为重点,加大对重点区域、重点场所和重要节点的监管力度,全年共出动检查 30 余万人次,检查经营场所 20 万余家次,责令停业整顿 300 余家,吊销许可证 2 家。其中,查办的"百老汇娱乐会所播放含有禁止内容曲目案"和"图某擅自制作、批发非法出版物案"被列为 2014 年度全国文化市场重大案件。2014 年共审批演出 12 项,引进演员 151 人次,演出 378 场次。指导协会举办"新疆区全国演出经纪人培训班",共计培训学员 135 人,其中 96 名学员成绩合格,顺利拿到"全国经纪人资格证",合格率达到 70% 以上。

【文化遗产保护】　根据联合国教科文组织专家组考察评估报告的反馈意见,自治区文物局组织开展了文本资料的补充工作,补充了丝绸之路交通、文化传播线路及水系变迁研究,补充了线路体系的相关遗存清单,筛选出丝绸之路中期申遗的扩展名单。完善了丝绸之路各遗产地间协同管理的管理系统建设要求,形成了《4 省文物局、11 地市人民政府关于合作保护丝绸之路遗产的协定》,完成了"丝绸之路遗产保护联盟"成立的准备工作。当地时间 2014 年 6 月 22 日 10 时 49 分,在卡塔尔首都多哈召开的第 38 届世界遗产大会上,中国、哈萨克斯坦、吉尔吉斯斯坦三国联合申报的丝绸之路项目成功入选"世界文化遗产名录"。新疆维吾尔自治区北庭故城遗址、交河故城、高昌故城、苏巴什佛寺遗址、克孜尔石窟、克孜尔尕哈烽燧等六个遗产地成为新疆首批世界文化遗产。完成自治区第一次全国可移动文物普查第一阶段各项工作,全面开展自治区第一次全国可移动文物普查第二阶段文物信息登录工作,初步完成 3000 件馆藏文物的登录工作。举办 2014 年自治区第一次全国可移动文物普查办公室主任工作会议暨可移动文物信息登录平台骨干培训班。新疆维吾尔自治区人民政府公布了我区第七批自治区级文物保护单位(共 259 处),公布了尼雅遗址、克孜尔千佛洞、石头城遗址、安迪尔古城遗址、伊犁将军府、麻扎塔格戍堡、苏巴什佛寺遗址、森木塞姆千佛洞等 8 处全国重点文物保护单位的规划。完成孔雀河烽燧群等 19 处国保单位的规划立项申报工作。完成策勒县达玛沟区域佛寺遗址群 2015 年考古、东天山地区古代游牧民族大型聚落遗址考古与文物保护等 23 项考古调查、发掘及报告出版项目的审核及上报工作。实施了东黑沟、哈巴河托干拜墓地、新和县通古斯巴西古城、石棚古墓群及阿敦乔鲁岩画群、三道海子墓葬及鹿石等主动性考古调查项目。

开展第四批国家级非物质文化遗产名录项目申报工作。按照文化部要求,根据各地、各单位上报的推荐申报书,以新疆各民族具有影响力和代表性的非物质文化遗产为重点，兼顾人口较少民族项目为工作原则，经过多次认证讨论，遴选出40个项目，其中13个项目入选公示名录，其中入选的13个项目中新入选项目10个，位居全国第4位。根据文化部申报2014年国家非物质文化遗产保护专项资金的部署，对申报2014年国家级非物质文化遗产名录及国家级代表性传承人专项资金工作进行了认真研究，从自治区70个国家级非遗名录项目(涉及110个保护单位)中，遴选出42个国家级非遗名录项目，申请2014年国家非物质文化遗产保护专项资金，落实资金3149万元。由麦西热甫项目各相关保护单位配合，在充分调研的基础上，向联合国教科文组织提交《麦西热甫履约报告》。在全疆组织开展了新疆非物质文化遗产保护传承基地的申报工作。命名呼图壁县文化馆等91个单位为新疆非物质文化遗产保护传承基地，认定第四批自治区级非物质文化遗产名录97个保护单位，目前自治区级名录项目保护单位共520个。确定了第四批自治区级非物质文化遗产项目代表性传承人85人，目前新疆维吾尔自治区级代表性传承人521位。积极开展国家级非物质文化遗产生产性保护示范基地申报工作，和田托提瓦柯桑皮纸国家贸易有限公司、洛浦县时代地毯厂入选第二批国家级非物质文化遗产生产性保护示范基地。新疆已有3个国家级非物质文化遗产生产性保护示范基地，疏附县吾库萨克乡热合曼·阿布都拉传习所传统技艺入选第一批国家级非物质文化遗产生产性保护示范基地。举办首届“天山南北贺新春”新疆非物质文化遗产春节习俗展。活动以“我们的梦想——新年新传承”为主题，活动突出中华民族传统节日文化内涵，在为期23天的活动中，参观、参与的群众近2万余人，在享受欢乐之余受到了传统文化的熏陶，得到了群众和新闻媒体的广泛赞誉，活动取得圆满成功。参加了中国第三届非物质文化遗产博览会，维吾尔族乐器制作技艺、剪纸、锡伯族弓箭制作技艺、金银错技艺(玉器金银错)、布偶、哈萨克族骨雕技艺、锡伯文书法、维吾尔医药等10个非遗项目赴山东省济南市参加第三届中国非物质文化遗产博览会。文化部副部长项兆伦、中国艺术研究院院长王文章、文化部非遗司司长李雄以及中国非物质文化遗产保护中心的领导参观并指导了新疆的非遗参展项目。

【对外文化交流】 全年共完成对外文化交流项目56项，参与人员共计857人，其中出访项目35项，来访项目21项。2014年1月25日至2月9日，应中国驻泰国使馆邀请，由厅党组副书记、厅长穆合塔尔·买合苏提同志率新疆杂技团、吐鲁番地区歌舞团一行60人分别赴泰国曼谷、苏攀府执行文化部第十届“欢乐春节”文化活动任务。2014年2月22日至27日，新疆艺术剧院副院长艾尼瓦尔·赛买提一行3人，应哈萨克斯坦共和国“欧亚服务中心”有限责任公司的邀请，赴哈萨克斯坦共和国进行演出创作等工作交流活动。2014年7月1日至4日，应哈萨克斯坦共和国国家博物馆的邀请自治区博物馆党委副书记、馆长侯世新赴哈萨克斯坦阿斯塔纳参加哈萨克斯坦共和国国立博物馆开馆典礼活动。于2014年8月6日至15日，根据《文化部关于在突尼斯举办中阿丝绸之路文化之旅—突尼斯“中国文化周”的通知》(文外函〔2014〕690号)及《文化部外联局关于组派新疆木卡姆艺术团赴突尼斯慰问演出的函》，为庆祝中国和突尼斯建交50周年，应突尼斯文化部的邀请，由自治区文化厅党组副书记、厅长穆合塔尔·买合苏提同志率新疆木卡姆艺术团一行60人，赴突尼斯带队参加中阿丝绸之路文化之旅—突尼斯“中国文化周”及突迦太基国际艺术节成立50周年活动。2014年8月2日至10日，应哈萨克斯坦共和国维吾尔文化中心的邀请，文化厅党组成员、新疆艺术剧院党委书记张建新率新疆艺术团一行47人赴哈萨克斯坦，参加在哈萨克斯坦举办的“维吾尔文化日”庆祝活动。2014年9月6日至26日，根据国家文化部外联出〔2014〕239号出国任务批件、文化部外联通〔2014〕100号出国任务通知书、文化部外征字〔2014〕100号出国征求意见函，经国家外专局批准，应美国加利福尼亚大学戴维斯分校的邀请，我厅副厅长徐锐军随国家文化部团，赴美国执行参加文化科技创新发展与管理培训班任务。2014年9月25日至10月9日，根据自治区外办《关于选派演职人员赴哈萨克斯坦等三国慰侨演出事》，文化厅党组成员、新疆艺术剧院党委书记张建新率新疆艺术剧院演职人员一行27人，随国务院侨办、自治区外办团组赴哈萨克斯坦、俄罗斯、格鲁吉亚三国进行慰侨演出。

（新疆维吾尔自治区文化厅
魏援、阿不都斯木·阿不力木）

新疆生产建设兵团

【概况】 为认真贯彻落实党的十八大、十八届三中、四中全会、第二次中央新疆工作座谈会精神，以及习近平总书记系列重要讲话精神，大力宣传党中央治国安邦的战略布局和强化边疆治理的重要方略，弘扬中华文化、传播先进文化，为庆祝兵团成立60周年营造良好的文化氛围，新疆生产建设兵团文化系统在国家文化部的领导和关心支持下，根据兵团党委的统一安排部署，有效推进兵团文化事业，文化活动亮点多、内容丰富，取得了良好成效。

【兵团成立60年主题文化活动】 系列文化援疆活动取得了良好的效果。按照文化部年初关于开展2014年“我们的中国梦·文化志愿服务基层行”活动安排，国家艺术院团和兄弟省市走进兵团，为兵团广大干部职工群众送来文化大餐。一是8月4日，上海交响乐团与中国人民解放军总政治部歌舞团在乌鲁木齐市联袂上演了“情满天山　心系兵团”庆祝兵团成立60周年大型交响合唱音乐会；二是9月25日至10月1日，中央芭蕾舞团赴兵团慰问演出。在二师铁门关市、八师石河子市举办了《走进芭蕾》演出活动，教授芭蕾舞基础知识，并在乌鲁木齐市为兵团干部职工专场演出经典芭蕾舞剧《红色娘子军》；三是8月20日至26日，天津市文化志愿者服务团赴兵团基层七师、八师、九师6个团场，开展慰问演出、书法交流、文化培训并赠送电脑等活动；四是9月16日至22日，山西省文化厅组织说唱剧《解放》在六师慰问演出6场。

“中国梦　军垦魂”新疆生产建设兵团成立60周年历史文物展圆满成功。文化部将“中国梦·军垦魂”—新疆生产建设兵团成立60周年历史文物展列入援疆项目。国家博物馆认真贯彻落实文化部要求，对展览给予了大力支持、无私帮助，确保展览取得了圆满成功。在一个月的展期内，党和国家领导人俞正声、刘延东、艾力更·依明巴海、王正伟、张庆黎等与250多家中央国家机关及企事业单位1.44万名干部职工观展。所有观展观众达18万人次，留言近千条，40余家中央和地方媒体刊发报道400余篇（条）。此次展览产生了良好的社会反响，得到了社会各界的普遍认可和赞誉。

海政文工团和中央电视台在兵团举办慰问演出。结合兵团成立60周年契机，中央电视台和海政文工团也把关心和慰问送到了兵团，丰富了职工群众的精神文化生活。一是8

月 17 日至 20 日，中国人民解放军海军副政委王森泰中将率慰问团一行赴兵团司令部、四师、五师、六师、八师开展慰问演出，宋祖英、吕继宏等海政文工团的艺术家们表演了精彩的节目，受到了兵团职工群众的热烈欢迎和广泛好评。二是 9 月 7 日至 8 日，中央电视台“心连心”艺术团分别在十师北屯市和六师五家渠市演出，兵团有关领导干部及各行业劳动模范、科技工作者和老干部代表约 8800 人观看演出。10 月 7 日晚，演出在央视综艺频道播出，平均收视率达 1%，在全社会产生了良好反响。

*兵团文化战线积极打造文艺精品，为兵团成立 60 周年献礼。*经过数年的筹备和积累，兵团文化战线于今年打造推出了一批文艺精品，推动了兵团文艺事业的发展。一是 10 月 6 日，兵团歌舞剧创排的舞剧《戈壁青春》在乌鲁木齐市首演，中央代表团全体成员及兵团劳动模范、各系统代表共 1500 人观看了演出，文化部部长蔡武同志亲自到场观看指导。二是 10 月 17 日至 22 日，由央视新影集团和兵团广播电视台历时两年联合拍摄制作的六集高清电视纪录片《新军垦战歌》在中央电视台纪录片频道播出。三是兵团组织开展了精神文明建设“五个一工程奖”评选推荐活动，向中宣部申报 10 部（首）作品，歌曲《屯垦爹娘》获得第十三届全国精神文明建设“五个一工程奖”。

*兵团第八届文艺汇演助推兵团群众文化活动蓬勃开展。*11 月 10 日至 21 日，兵团 14 个师和石河子大学、塔里木大学共组织 16 支队伍 1439 名演职人员参加此次汇演，在 12 天时间里先后分成北疆、南疆两个片区奉献了 16 台各具特色的文艺节目。这次汇演是兵团群众文艺成果的大展示、大交流，对传播先进文化、弘扬中华文化，繁荣兵团群众文化，带动基层群众文化深入开展，加强基层群众文艺队伍建设，产生了积极影响和重要推动作用。

【公共文化服务体系】 为认真贯彻落实习近平总书记关于把兵团建设成为安边固疆的稳定器、凝聚各族群众的大熔炉、先进生产力和先进文化的示范区的指示精神，丰富兵团公共文化体系建设内容，保障广大职工群众的文化权益，为新疆社会稳定和长治久安做出新贡献、展现大作为，兵团在文化建设各方面创新思路、注重实效，为全面推进公共文化服务体系建设奠定了较好的基础。

*以实施“两大工程”为契机，展现兵团文化基础设施建设新面貌。*今年，兵团文化传媒发展基地在十二师五一农场正式奠基动工；投资建设了 17 个团场综合文化活动中心；着力推进八师石河子市和六师五家渠市的公共文化服务示范区（项目）建设。近期，兵团党委常委会正式研究讨论通过“环塔里木文化传播共享工程”和“边境文化长廊工程”两大工程实施方案，将在兵团辖区布局建设一批弘扬中华文化、体现兵团特色的文化项目，着力改善南疆团场和边境团场的文化基础设施面貌，进一步提升传播先进文化和保护、传承、弘扬中华优秀传统文化的能力和实力。

*认真贯彻落实习近平总书记在文艺工作座谈会上的讲话精神，推进兵团文艺事业取得新成果。*兵团专业文艺团体推出了一批优秀舞台作品，如歌舞剧《戈壁青春》、杂技剧《在那遥远的地方》、豫剧《天山人家》《大漠胡杨》《我的娘，我的根》、秦剧《军垦人家》、话剧《兵团记忆》等；兵团文艺舞台艺术作品在第十一届武汉光谷国际杂技节、全国秦腔艺术节、第三届中国豫剧节等国内外大赛上斩获颇丰；兵团专业文艺团体在春节期间赴新加坡、中国台湾等地演出，获得当地群众的热捧和赞誉；继续开展“送文化下基层”慰问演出

活动,全年下基层演出 200 余场,丰富了职工群众的精神文化生活。

文化遗产保护工作取得新突破。兵师两级陆续建立完善了文物工作机构,兵团和 12 个师(市)分别在党委宣传部(文广局)挂牌成立兵、师文物局。部分师市配备了人员、编制和经费,部分团场也成立了文管所,为做好兵团文物保护工作奠定了基础;兵团第一次全国可移动文物普查工作有效推进,落实完成了普查骨干人员首次培训、督查落实专项经费配套情况及国有单位文物收藏情况调查工作;国家文物局不断加大项目和资金支持,划拨兵团可移动文物预防性保护经费 2155 万元;兵团各级各类博物馆、纪念馆坚持发挥爱国主义教育、民族团结教育、国防教育和屯垦戍边教育的特殊功能,全年共接待观众 200 多万人次;公布了兵团第三批非物质文化遗产保护项目名录,兵团参加全国非遗展览取得较好效果。

援疆工作为兵团文化打下了新基础。今年以来,国家文化部、文物局、国家文化文博单位及各省为兵团文化文博事业发展提供了无私帮助和大力支持。文化部和文物局将兵团成立 60 周年历史文物展及相关慰问演出活动纳入援疆项目予以支持。国家博物馆免去兵团文物展 240 万元展厅经费,为举办展览投入了大量人力、物力和财力;多个"国字号"文艺团体走进兵团,为广大干部职工奉献了一道道精神文化大餐;各省市分别赴对口支援师市,提供了项目、资金、人才、文化产业、文艺作品等多方面的援助和支持,促进了先进文化的传播和中华文化的弘扬,为促进兵团文化事业繁荣发展打下了新的基础。

推动兵团文化干部培养培训工作取得新实效。认真落实"三区"人才扶持计划,共选派文化干部到基层开展扶持工作 164 人次,外出培训及挂职岗位培养 139 人次,外请专家赴兵团进行艺术创作辅导 54 人次;组织安排兵团文化系统干部职工参加中央文干院各类示范性培训班、重庆艺术培训学院培训班、国家文物局县级文物管理培训班及文化部、文物局举办的其他培训班 60 余人次;与上海文化广播影视管理局于 6 月下旬在上海共同举办兵团文化系统干部培训班,参加人数 39 人。安排兵团文化中心举办两期基层文化干部及文艺骨干培训班,培训人数 67 人。文化人才培训培养工作的不断加强,初步缓解了基层文化人才紧缺的现状,为兵团文化文博工作的良好开展提供了条件。

【当前主要困难和问题】 兵团文化文博事业有了长足发展,但在发展过程中还有很多困难和问题,主要表现在:

现代公共文化服务体系尚不健全。长期以来,兵团宣传文化阵地建设欠账较多,投入不足、数量不够、设施滞后等问题还比较突出,与新疆反分裂反渗透的斗争形势、任务要求不相适应,与兵团履行使命,发挥稳定器、大熔炉、示范区特殊作用的要求不相适应,与职工群众日益增长的精神文化需求不相适应。

兵团专业文艺团体发展困难。兵团直属 4 个及师市 5 个专业文艺团体没有专门演出场所,现有的设施设备十分简陋,且严重不足。没有艺术生产和创作专项费用。由于地域广、战线长,兵团专业文艺团体下基层演出经费不足。由于工作生活条件相对较差,演职人员待遇相对偏低,人才流失严重。

兵团文博事业起步较晚,需要更多的支持帮助。尽管兵、师、团博物馆、纪念馆规模不大,但在弘扬兵团精神、传播先进文化、弘扬中华文化、进行爱国主义教育、促进"四个认同"等方面意义却十分重大,亟须得到多方面的支持。

文化人才短缺的问题非常突出。兵团文

化人才队伍(包括专业文艺团体)存在着知识结构不合理、专业人才缺乏、人才梯次断层、人才流失严重等问题,推进兵团文化繁荣发展缺乏人才支撑。

南疆师、团文化建设需要得到高度重视和支持。兵团南疆师、团地处新疆反分裂、反渗透、反暴恐斗争的最前沿,尤其是兵团第三师、第十四师维护新疆社会稳定和长治久安任务更加艰巨。而目前南疆各师、团文化工作整体状况还不足以充分发挥应有功能,还需进一步加强和完善。

(新疆生产建设兵团文化广播电视局
安战国、蹇娅婷)

法律法规及政策性文件

非物质文化遗产保护

国家发展改革委办公厅　文化部办公厅关于印发国家非物质文化遗产保护利用设施建设实施方案的通知

发改办社会〔2014〕949号

各有关省、自治区、直辖市、新疆生产建设兵团和计划单列市发展改革委、文化厅(局):

为加强我国非物质文化遗产保护工作,根据国家发展改革委会同有关部门联合印发的《国家"十二五"文化和自然遗产保护设施建设规划》(发改社会(2012)1549号),国家发展改革委、文化部联合编制了《国家非物质文化遗产保护利用设施建设实施方案》。现印发你们,请认真贯彻实施。

各地发展改革部门和文化部门要加强协调合作,扎实组织、实施好非物质文化遗产保护利用设施建设项目。要根据当地财力条件,因地制宜,量力而行,合理确定各项工程内容和规模,并切实落实好配套资金,加强后期运营管理,确保按规划要求顺利实施,切实发挥效益。

附件:《国家非物质文化遗产保护利用设施建设实施方案》

国家发展改革委办公厅

文化部办公厅

2014年5月4日

附件

国家非物质文化遗产保护利用设施建设实施方案

为进一步改善我国非物质文化遗产传承所必需的设施条件，根据《中华人民共和国非物质文化遗产法》、《国务院关于加强文化遗产保护的通知》、《国务院办公厅关于加强我国非物质文化遗产保护工作的意见》和《国家"十二五"文化和自然遗产保护设施建设规划》(以下简称《遗产保护规划》)等相关法律法规和政策文件要求，制定本方案。

一、总体思路

坚持"保护为主、抢救第一、合理利用、传承发展"的指导方针，坚持以人为本，开拓创新，遵循非物质文化遗产传承、演化规律，选择一批具有较好传承潜力、与当地经济社会发展结合紧密、但目前面临一定突出困难的国家级非物质文化遗产，支持其改善保护、传承、利用的设施条件，促使其在保护传承的同时，带动当地经济发展，有效拉动就业，同时在传承和弘扬优秀传统文化、推动文化大发展大繁荣、提高国家文化软实力等方面发挥应有的积极作用。

二、建设内容

根据非物质文化遗产的不同特点，非物质文化遗产保护利用设施建设主要分为以下三种类型：

(一)传统表演艺术类非物质文化遗产保护利用设施

适用于具有表演性质的非物质文化遗产项目，如传统音乐、传统舞蹈、传统戏剧、曲艺、传统体育、游艺与杂技类等项目。主要建设内容包括排演场所及相关辅助用房等。

(二)传统手工技艺类非物质文化遗产保护利用设施

适用于主要依靠手工技艺进行制作、生产、传承的非物质文化遗产项目，如传统美术、传统技艺、传统医药药物炮制类等项目。主要建设内容包括生产传习用房、技艺展示厅和相关辅助用房等。

(三)传统民俗活动类非物质文化遗产保护利用设施

适用于特别强调当地民众广泛参与、共同传承的非物质文化遗产项目，如岁时节令、社祭庙会等民俗类项目。主要建设内容包括室外展演活动场地、小型室内展示空间、库房等。

三、建设规模

根据非物质文化遗产保护利用设施的不同类型和主要功能，综合考虑我国经济社会发展水平，建设规模按照以下标准控制：传统表演艺术类非物质文化遗产保护利用设施总建筑面积原则上不超过3000平方米；传统手工技艺类非物质文化遗产保护利用设施总建筑面积原则上不超过2000平方米；传统民俗活动类非物质文化遗产保护利用设施总建筑面积原则上不超过1000平方米。

四、投资安排和资金来源

非物质文化遗产保护利用设施建设资金由中央专项补助投资、地方配套资金、企业自筹资金等多渠道投入组成。非物质文化遗产保护利用设施建设项目所需的中央补助投资，从《遗产保护规划》确定的80亿元中央预算内投资中统筹安排。东、中、西部地区按照以下标准进行补助：

1. 东部地区项目，中央补助投资不超过核定总投资的30%。

2. 中部地区（含享受中部政策的区域）项目，中央补助投资不超过核定总投资的60%。

3. 西部地区（含享受西部政策的区域）项目，中央补助投资不超过核定总投资的75%。

4. 西藏自治区、四省藏区和南疆三地州项目，可适当提高补助比例。

中央专项主要支持以公益性展演、展示为主的基础设施建设，对于专门销售用房、营利性培训用房等具有经营性质的建设内容，不纳入支持范围内，各地可根据实际需要配套建设，但不作为中央专项支持内容。研究机构业务用房、报告厅、会议室等设施，主要通过文化馆（站）解决，不纳入支持范围内。支持固化在建筑内的展演、展示等设备，其他的设备不纳入支持范围内。监理费、预备费、购地费等不纳入支持范围内。

五、项目储备库建设

为加强项目管理，国家发展改革委、文化部联合建立非物质文化遗产保护利用设施项目储备库，入库项目根据年度资金安排情况和项目前期工作进展情况，滚动执行。

（一）项目筛选标准

1. 在已公布的国家级非物质文化遗产名录中，选择艺术性、观赏性较强或具备一定生产性保护条件的非物质文化遗产项目。

2. 在非物质文化遗产项目原生地建设，与当地劳动力就业和文化旅游等产业相结合。

3. 建设内容和建设规模符合非物质文化遗产类型特点，满足非物质文化遗产保护传承的基本需要，规划合理，规模适度。

4. 已明确非物质文化遗产保护利用设施建设项目的产权单位和使用者。使用者应具有独立法人资格，且是直接从事非物质文化遗产保护传承的单位或企业，非物质文化遗产项目保护单位或国家级代表性传承人优先。

5. 具有持续、稳定的运行经费保障，确保项目能够自行良性运转，有利于可持续保护和有效传承。

（二）入库程序

1. 项目申报。由省级发展改革部门会同文化部门按项目筛选标准联合上报国家发展改革委和文化部。

2. 专家评审。在各地申报基础上，由国家发展改革委和文化部组织专家对申报项目进行严格审核。

3. 项目入库。专家审核符合要求的项目，经全国统筹平衡后纳入国家“十二五”非物质文化遗产保护利用设施建设项目储备库。

六、管理方式

（一）资产管理

非物质文化遗产保护利用设施是提供给直接从事非物质文化遗产保护利用的单位或企业使用、以非物质文化遗产传习、展示、表演、宣传为主要职能的公益性文化设施。所在地县级以上文化行政主管部门（文化资产管理部门）是非物质文化遗产保护利用设施的项目第一责任人，负责履行业主职责，承担申请立项、筹措资金、组织建设和验收、交付固定资产等管理责任，并对设施使用情况进行监管。

由中央资金补助、地方政府配套的建设项目，其产权归所在地县级以上文化行政主管部门（文化资产管理部门）所有，并按有关程序办理国有资产登记手续。保护利用设施要优先提供给国家级非物质文化遗产项目保护单位或传承人免费使用，设施运行费用主要由使用者承担，地方政府可视财力状况予以适当补贴或购买服务。所在地县级以上文化行政主管部门（文化资产管理部门）需与使用单位或企业签订协议，确定设施的基本功能、主要用途、服务内容、监督检查、违约责任以及使用者履行相关义务的承诺等，制定使用效益指标，引导使用单位或企业合理使用非物质文化遗产保护利用设施。对改变保护利用设施用途的，县级以上文化行政主管部门（文化资产管理部门）应将设施予以收回。

由中央资金补助、单位或企业配套的建设项目，所在地县级以上文化行政主管部门（文化资产管理部门）应与使用者签订协议，确定设施的主要用途、提供公益性服务的内容和数量、监督检查、违约责任以及使用者履行相关义务的承诺等，制定使用效益指标，引导使用单位或企业合理使用非物质文化遗产保护利用设施。对违反协议或改变保护利用设施用途的，县级以上文化行政主管部门（文化资产管理部门）可全额收回中央投资。

（二）资金申请

年度所需安排的具体项目和补助投资，由省级发展改革部门和文化部门从项目储备库中筛选前期条件完备的项目，提出年度资金申请报告，经国家发展改革委会同文化部审核平衡后，编制年度投资计划并按规定下达。

非物质文化遗产保护利用设施建设资金申请报告应当包括以下主要内容：

1. 项目单位的基本情况；

2. 项目的基本情况，包括建设内容、总投资及资金来源、建设条件落实情况、今后运营方式及运营资金来源等；

3. 申请投资补助的主要理由和政策依据。

资金申请报告应当附具以下文件或复印件：

1. 项目的可行性研究报告批复文件的复印件；

2. 所在地县级以上文化行政主管部门（文化资产管理部门）与使用者签订的使用协议副本，其中应包含提供公益服务的具体任务量等内容；

3. 地方政府或有关单位（企业）出具的运行经费承诺。

（三）资金下达和管理

各级发展改革部门和文化部门要统筹规划，整合相关资源，认真做好资金使用和工程质量的管理工作，采取各项措施确保工程质量和建设进度。要严格保证中央投资专款专用，确保资金安全，严禁挤占挪用。地方政府要保证各方面配套资金按时足额到位。

（四）项目建设管理和监督检查

各级发展改革部门和文化部门要加强项目建设全过程的监督检查，及时掌握项目进展和资金落实情况，按时向国家发展改革委和文化部报送规划执行情况。要进一步督促落实项目法人责任制、招标投标制、工程监理制和合同管理制，加强对工程建设项目招标投标工作的指导和监管，加强施工现场质量监督检查和审计等工作。年度建设项目完成后，各省级发展改革部门和文化部门对项目进行验收，并将有关情况报送国家发展改革委和文化部。

非物质文化遗产保护利用设施所在地县级以上文化行政主管部门（文化资产管理部门）是非物质文化遗产保护利用设施的管理部门，负责对使用单位或企业所开展的非物质文化遗产传习、展示、表演、宣传等工作进行业务指导和监督检查。建立年度考核制度，禁止使用单位或企业将其用作生活用房、单纯卖场以及其他无关用途。国家发展改革委、文化部将适时组织专项稽查，对将设施挪作他用、闲置、运营管理不善等情况将严格查处，同时追究管理部门的管理责任。

文化部　中央文明办　民政部关于认真组织2014年文化遗产日活动的通知

各省、自治区、直辖市文化厅(局)、文明办、民政厅(局),新疆生产建设兵团文化广播电视局、文明办、民政局,各计划单列市文化局、文明办、民政局:

党的十八大以来,习近平总书记一系列重要讲话中多次指出,要加强对中华传统文化的挖掘和阐发,使中华民族最基本的文化基因与当代文化相适应,与现代社会相协调;城镇建设要融入现代元素,更要保护和弘扬传统优秀文化,延续城市历史文脉。2014年6月14日是我国的第九个文化遗产日,文化部、中央文明办、民政部(以下简称"三部委"),将共同举办。此次活动的主题为"非遗保护与城镇化同行",主题口号为"非遗保护,人人有责"。

一、举办系列活动

(一)6月15日至16日在中国艺术研究院举办"城镇化进程中的非物质文化遗产保护"论坛,对城镇化进程中受影响较大的部分非遗项目的存续状况、保护措施和老街古镇保护中的原居民生活保护等进行深入研讨;

(二)6月14日上午,三部委在北京市西城区西单文化广场举办文化遗产日活动启动仪式和展演活动;

(三)6月14日至7月14日在国家图书馆举办为期一个月的中国非物质文化遗产出版成果展;

(四)6月14日开始,在国家图书馆举办非物质文化遗产讲座月(每个周末举行讲座),邀请专家学者围绕《中华人民共和国非物质文化遗产法》和非遗保护工作取得的经验进行讲解;

(五)4月至11月,由中国昆曲古琴研究会举办古琴艺术进社区、学校展演交流活动。

以上活动,需要各地参与、支持的事项将另发通知。

二、全面开展非物质文化遗产宣传展示活动

在全国所有城乡社区进行非物质文化遗产宣传展示,并由各省、市、县、乡镇确定若干重点社区,开展非物质文化遗产展演活动:

(一)通过报刊、电视、网络、手机报等多种渠道,广泛宣传非物质文化遗产及保护工作;

(二)在社区通过宣传墙、宣传栏、海报、横幅、展板、宣传册、宣传片、广播等形式进行广泛宣传,做到宣传全覆盖,人人了解非物质文化遗产;

(三)组织邀请代表性传承人到社区广场、公园、步行街等公共场所和文化站、活动室等文化场所,现场展示非物质文化遗产;

(四)邀请专家、代表性传承人、社区代表召开小型座谈会、讲座,解读非物质文化遗产知识;

(五)有条件的地方,可组织社区居民到周边非物质文化遗产保护单位参观了解非物质文化遗产。

三、工作要求

(一)高度重视,加强协调

2014年文化遗产日活动,要求在全国所

有城乡社区进行非物质文化遗产宣传，弘扬中华传统文化，实现中华传统美德创造性转化、创新性发展。各级文化行政部门、文明办、民政部门一定要高度重视，加强协作，发挥各自优势，资源共享。要认真筹划组织，开展形式多样的宣传展示活动，确保社区宣传全覆盖。

（二）广泛动员，加强宣传

加强与新闻媒体的合作，充分运用各类媒体的力量和传播途径，加大宣传力度和声势。采取多种形式，充分发挥民众作为非物质文化遗产传承发展主体的作用，积极动员志愿者、协会、博物馆、研究机构、企业等社会力量参与，营造在城镇化进程中传承历史文脉、弘扬传统文化的浓厚氛围。

各部门要协调部署，建立机制，畅通渠道，通过非物质文化遗产保护中心、文化馆、图书馆等公共文化单位和社会组织及社区，广泛招募非遗保护志愿者，充分发挥其作用。

（三）创新思路，办出成效

2014 年的文化遗产日活动，由多部门多系统协调组织，一定要创新思路，办出成效和影响，成为在广大社区加强优秀传统文化宣传展示、加强社区文化建设的典范。同时，探索在社区宣传展示非物质文化遗产的长效机制，让非物质文化遗产成为满足人民群众精神文化生活的重要文化资源。

（四）注重节俭，确保安全

举办文化遗产日活动要讲实际、重实效，严禁铺张浪费。增强安全防范意识，认真筹划并落实各项安全保卫措施，确保各项文化遗产日活动安全顺利开展。

请各省（区、市）文化厅（局）于 2014 年 7 月底以前将各省文化遗产日活动情况、亮点和经验反馈至文化部非遗司，文化部将择时召开经验交流会。

地址：北京市海淀区中关村南大街 1 号友谊宾馆迎宾楼文化部非遗司管理处

邮编：100873

邮箱：feiyichu@ sina. com。

附件：1. 2014 年文化遗产日活动组织机构

2. 非遗保护，人人参与——关于参与非物质文化遗产保护的倡议书

文化部　中央文明办　民政部

2014 年 5 月 22 日

附件 1

2014 年文化遗产日活动组织机构

一、主办机构

主办单位：

文化部

中央文明办

民政部

承办单位：

中央文明办志愿服务工作组

民政部基层政权和社区建设司

文化部非物质文化遗产司

文化部公共文化司

中国非物质文化遗产保护中心

中国非物质文化遗产保护协会

二、组织机构

为加强活动领导和组织工作，成立 2014 年文化遗产日活动组委会及其执行委员会，由文化部、中央文明办、民政部及相关部门领导组成。

（一）组委会：

主　任：项兆伦　（文化部副部长）

徐令义　（中央文明办副主任）

窦玉沛　（民政部副部长）

副主任：马文辉　（文化部非物质文化遗产司司长）

陈瑞峰　（中央文明办志愿服务工作组组长）

蒋昆生　（民政部基层政权和社区建设司司长）

（二）组委会执行委员会：

主　任：王福州　（文化部非物质文化遗产司副司长）

周广莲　（文化部公共文化司副司长）

崔海教　（中央文明办志愿服务工作组副组长）

刘　勇　（民政部基层政权和社区建设司副司长）

罗　微　（中国非物质文化遗产保护中心常务副主任）

副主任：荣书琴　（文化部非物质文化遗产司管理处处长）

关红雯　（文化部公共文化司权益保障处处长）

邓丽娟　（中央文明办志愿服务工作组处长）

李永新　（民政部基层政权和社区建设司城市社区建设处处长）

高洪山　（民政部基层政权和社区建设司农村社区建设处副处长）

附件 2

非遗保护，人人参与

——保护非物质文化遗产倡议书

朋友们：

中国是历史悠久的文明古国，我们勤劳、智慧的祖先，创造了瑰丽多彩、蔚为大观的非物质文化遗产。

非物质文化遗产是各族人民世代相传并视为其文化遗产组成部分的各种传统文化表现形式及其相关的实物和场所，包括：传统口头文学以及作为其载体的语言；传统美术、书法、音乐、舞蹈、戏剧、曲艺和杂技；传统技艺、医药和历法；传统礼仪、节庆等民俗；传统体育和游艺；其他非物质文化遗产。

为了担当历史赋予我们的重任，维护全人类文化的多样性，我国在建立国家、省、市、县四级非物质文化遗产名录体系的同时，还主动与周边国家合作，为跨境的非物质文化遗产共有资源建立联合保护的工作机制。

作为传统文化的重要组成部分，非物质文化遗产是广大民众知识和智慧的结晶，是中华民族卓越创造力和思想情感的体现，是我们取之不尽、用之不竭的精神宝库。在广大民众适应周围环境以及与自然和历史的互动中，非物质文化遗产被不断地再创造，为我们提供认同感和持续感，增强了对文化多样性和民族创造力的尊重。

党和国家高度重视弘扬优秀传统文化，十八大以来习近平总书记在一系列重要讲话中多次指出，要加强对优秀传统文化的保护，像爱惜自己的生命一样保护好城市历史文化遗产；城镇建设要融入现代元素，更要保护和弘扬传统优秀文化，延续城市历史文脉。

在 2014 年文化遗产日（每年 6 月第二个星期六，2014 年为 6 月 14 日）期间，文化部、中央文明办、民政部将以“非遗保护与城镇化同行”为主题，在全国所有城乡社区进行非物质文化遗产宣传，让广大民众更方便、近距离地了解非遗，参与保护。在此，文化部、中央文明办、民政部共同向全国发出倡议：非遗传承，人人参与！

非物质文化遗产来自民众，民众是非物质文化遗产的创造者，同时也是非物质文化遗产保护、传承和发展的主体。人人参与是对非物质文化遗产最好的传承保护。

我们相信，有您的参与，那些祖辈们唱过的歌、跳过的舞、扮过的戏、做过的手工以及传统的民间实践活动和高度智慧的思维方式将重放异彩，为社会发展注入强劲的活力。而您，将获得参与非遗实践活动的教益和快乐；在与祖先、与今人的精神共鸣中，加深对传统文化的理解和热爱，获得丰厚的人生滋养。

文化传统是一条丰沛的河，源自远古，流向未来。关爱它、保护它，让它川流不息，奔涌向前，是我们每一个中华儿女的历史责任。今天，这份责任传递到你我之手，为了使文化遗产与时代同行，为了实现民族复兴、文化复兴的共同愿望，让我们从我做起，从今天做起，传承非遗，弘扬传统，美丽人生！

文化部　中央文明办　民政部

2014 年 5 月 22 日

住房城乡建设部　文化部　国家文物局　财政部 关于切实加强中国传统村落保护的指导意见

各省、自治区、直辖市住房城乡建设厅(建委,北京市农委)、文化厅(局)、文物局、财政厅(局):

传统村落传承着中华民族的历史记忆、生产生活智慧、文化艺术结晶和民族地域特色,维系着中华文明的根,寄托着中华各族儿女的乡愁。但是,近一个时期以来,传统村落遭到破坏的状况日益严峻,加强传统村落保护迫在眉睫。为贯彻落实党中央、国务院关于保护和弘扬优秀传统文化的精神,加大传统村落保护力度,现提出以下意见:

一、指导思想、基本原则和主要目标

(一)指导思想。以党的十八大、十八届三中全会精神为指导,深入贯彻落实中央城镇化工作会议、中央农村工作会议、全国改善农村人居环境工作会议精神,遵循科学规划、整体保护、传承发展、注重民生、稳步推进、重在管理的方针,加强传统村落保护,改善人居环境,实现传统村落的可持续发展。

(二)基本原则。坚持因地制宜,防止千篇一律;坚持规划先行,禁止无序建设;坚持保护优先,禁止过度开发;坚持民生为本,反对形式主义;坚持精工细作,严防粗制滥造;坚持民主决策,避免大包大揽。

(三)主要目标。通过中央、地方、村民和社会的共同努力,用3年时间,使列入中国传统村落名录的村落(以下简称中国传统村落)文化遗产得到基本保护,具备基本的生产生活条件、基本的防灾安全保障、基本的保护管理机制,逐步增强传统村落保护发展的综合能力。

二、主要任务

(一)保护文化遗产。保护村落的传统选址、格局、风貌以及自然和田园景观等整体空间形态与环境。全面保护文物古迹、历史建筑、传统民居等传统建筑,重点修复传统建筑集中连片区。保护古路桥涵垣、古井塘树藤等历史环境要素。保护非物质文化遗产以及与其相关的实物和场所。

(二)改善基础设施和公共环境。整治和完善村内道路、供水、垃圾和污水治理等基础设施。完善消防、防灾避险等必要的安全设施。整治文化遗产周边、公共场地、河塘沟渠等公共环境。

(三)合理利用文化遗产。挖掘社会、情感价值,延续和拓展使用功能。挖掘历史科学艺术价值,开展研究和教育实践活动。挖掘经济价值,发展传统特色产业和旅游。

(四)建立保护管理机制。建立健全法律法规,落实责任义务,制定保护发展规划,出台支持政策,鼓励村民和公众参与,建立档案和信息管理系统,实施预警和退出机制。

三、基本要求

(一)保持传统村落的完整性。注重村落空间的完整性,保持建筑、村落以及周边环境的整体空间形态和内在关系,避免"插花"混建和新旧村不协调。注重村落历史的完整性,保护各个时期的历史记忆,防止盲目塑造特定时期的风貌。注重村落价值的完整性,挖掘和保护传统村落的历史、文化、艺术、科学、经济、社会等价值，防止片面追求经济价值。

（二）保持传统村落的真实性。注重文化遗产存在的真实性，杜绝无中生有、照搬抄袭。注重文化遗产形态的真实性，避免填塘、拉直道路等改变历史格局和风貌的行为，禁止没有依据的重建和仿制。注重文化遗产内涵的真实性，防止一味娱乐化等现象。注重村民生产生活的真实性，合理控制商业开发面积比例，严禁以保护利用为由将村民全部迁出。

（三）保持传统村落的延续性。注重经济发展的延续性，提高村民收入，让村民享受现代文明成果，实现安居乐业。注重传统文化的延续性，传承优秀的传统价值观、传统习俗和传统技艺。注重生态环境的延续性，尊重人与自然和谐相处的生产生活方式，严禁以牺牲生态环境为代价过度开发。

四、保护措施

（一）完善名录。继续开展补充调查，摸清传统村落底数，抓紧将有重要价值的村落列入中国传统村落名录。做好村落文化遗产详细调查，按照"一村一档"要求建立中国传统村落档案。统一设置中国传统村落的保护标志，实行挂牌保护。

（二）制定保护发展规划。各地要按照《城乡规划法》以及《传统村落保护发展规划编制基本要求》（建村〔2013〕130 号）抓紧编制和审批传统村落保护发展规划。规划审批前应通过住房城乡建设部、文化部、国家文物局、财政部（以下简称四部局）组织的技术审查。涉及文物保护单位的，要编制文物保护规划并履行相关程序后纳入保护发展规划。涉及非物质文化遗产代表性项目保护单位的，要由保护单位制定保护措施，报经评定该项目的文化主管部门同意后，纳入保护发展规划。

（三）加强建设管理。规划区内新建、修缮和改造等建设活动，要经乡镇人民政府初审后报县级住房城乡建设部门同意，并取得乡村建设规划许可，涉及文物保护单位的应征得文物行政部门的同意。严禁拆并中国传统村落。保护发展规划未经批准前，影响整体风貌和传统建筑的建设活动一律暂停。涉及文物保护单位区划内相关建设及文物迁移的，应依法履行报批手续。传统建筑工匠应持证上岗，修缮文物建筑的应同时取得文物保护工程施工专业人员资格证书。

（四）加大资金投入。中央财政考虑传统村落的保护紧迫性、现有条件和规模等差异，在明确各级政府事权和支出责任的基础上，统筹农村环境保护、"一事一议"财政奖补及美丽乡村建设、国家重点文物保护、中央补助地方文化体育与传媒事业发展、非物质文化遗产保护等专项资金，分年度支持中国传统村落保护发展。支持范围包括传统建筑保护利用示范、防灾减灾设施建设、历史环境要素修复、卫生等基础设施完善和公共环境整治、文物保护、国家级非物质文化遗产代表性项目保护。调动中央和地方两个积极性，鼓励地方各级财政在中央补助基础上加大投入力度。引导社会力量通过捐资捐赠、投资、入股、租赁等方式参与保护。探索建立传统建筑认领保护制度。

（五）做好技术指导。四部局制定全国传统村落保护发展规划，组织保护技术开发研究、示范和技术指南编制工作，组织培训和宣传教育。省级住房城乡建设、文化、文物、财政部门（以下简称省级四部门）做好本地区的技术指导工作，成立省级专家组并报四部局备案。每个中国传统村落要确定一名省级专家组成员，参与村内建设项目决策，现场指导传统建筑保护修缮等。

五、组织领导和监督管理

（一）明确责任义务。四部局按照职责分工共同开展传统村落保护工作，公布中国传统村落名录，制定保护发展政策和支持措施，组织、指导和监督保护发展规划的编制和实施、非物质文化遗产保护和传承、文物保护和利用，会同有关部门审核、下达中央财政补助资金。

省级四部门负责本地区的传统村落保护发展工作，编制本地区传统村落保护发展规划，制定支持措施。地市级人民政府负责编制本地区传统村落保护整体实施方案，制定支持措施，建立健全项目库。县级人民政府对本地区的传统村落保护发展负主要责任，负责传统村落保护项目的具体实施。乡镇人民政府要配备专门工作人员，配合做好监督管理。

村集体要根据保护发展规划，将保护要求纳入村规民约，发挥村民民主参与、民主决策、民主管理、民主监督的主体作用。村两委主要负责人要承担村落保护管理的具体工作，应成为保护发展规划编制组主要成员。传统建筑所有者和使用者应当按规划要求进行维护和修缮。

（二）建立保护管理信息系统。四部局建立中国传统村落保护管理信息系统，登记村落各类文化遗产的数量、分布、现状等情况，记录文化遗产保护利用、村内基础设施整治等项目的实施情况。推动建立健全项目库，为传统村落保护项目选择、组织实施、考核验收和监督管理奠定基础。

（三）加强监督检查。四部局组织保护工作的年度检查和不定期抽查，通报检查结果并抄送省级人民政府。省级四部门要组织开展本地区的检查，并于每年2月底前将上年度检查报告报送四部局。四部局将利用中国传统村落保护管理信息系统和中国传统村落网站公开重要信息，鼓励社会监督。项目实施主体应公开项目内容、合同和投资额等，保障村民参与规划、建设、管理和监督的权利。

（四）建立退出机制。村落文化遗产发生较严重破坏时，省级四部门应向村落所在县级人民政府提出濒危警示通报。破坏情况严重并经四部局认定不再符合中国传统村落入选条件的，四部局将该村落从中国传统村落名录予以除名并进行通报。

六、中央补助资金申请、核定与拨付

中央补助资金申请原则上以地级市为单位。省级四部门汇总初审后向四部局提供如下申请材料：申请文件、各地级市整体实施方案（编制要求见附件1）、本地区项目需求汇总表（格式见附件2）、传统村落保护发展规划。相关专项资金管理办法有明确要求的，应当同时按照要求另行上报。2014年申请中央补助的地区，省级四部门应于5月20日前完成报送工作。

四部局根据各地申请材料，研究确定纳入支持的村落范围，结合有关专项资金年度预算安排和项目库的情况，核定各地补助资金额度，并按照原专项资金管理办法下达资金。各地要按照资金原支持方向使用资金，将中央补助资金用好用实用出成效。

附件：1. 地级市传统村落保护整体实施方案编制要求

2. 项目需求表格式

中华人民共和国住房和城乡建设部

中华人民共和国文化部

国家文物局

中华人民共和国财政部

2014年4月25日

附件 1

地级市传统村落保护整体实施方案编制要求

1. 整体实施方案要根据本地区自身条件，结合中央财政支持范围和方向，实事求是确定本地区 3 年中国传统村落保护的目标、任务，不提过高要求。

2. 整体实施方案要在各村落提交的保护发展规划基础上，汇总本地区项目需求，主要汇总各村落提出的传统建筑修缮示范、基础设施和公共环境改善、历史环境要素修复、防灾安全保障、文物和非物质文化遗产保护利用等方面可实施的具体项目，要包括项目内容、任务总量以及预算等。

3. 整体实施方案要提出组织实施方式和支持措施，明确保护责任主体以及各级责任与分工，提出地方政府财政资金安排。

4. 整体实施方案要提出保护监督管理制度，包括保护发展规划实施的监督管理办法、项目实施情况检查制度等。

5. 整体实施方案要图文并茂，文字要准确、简练。

附件 2

项目需求表格式

2－1　××村项目需求表格式

主要任务类型	项目序号	项目名称	三年总任务	分年度任务			三年资金筹措方案（单位：万元）				
				2014	2015	2016	合计	中央补助资金申请额	各级地方政府投入	村集体和村民投入	其他社会投入
传统建筑保护利用示范	1－1										
	……										
防灾安全保障	2－1										
	……										
历史环境要素修复	3－1										
	……										
基础设施和环境改善	4－1										
	……										
文物和非物质文化遗产保护利用	5－1										
	……										
村级合计	——	——	——	——	——	——					

村级联系人：　　单位：　　固定电话：　　手机：　　E－mail：　　QQ：

注：1. 三年总任务和分年度任务要包括任务内容、规模、数量等关键信息，描述要清晰简练。

2. 主要任务参考项目说明。其中，传统建筑保护利用示范项目：包括历史建筑、未列入各级文物保护单位的公共建筑及代表性传统民居的修缮示范，每个村落选择 1—3 处代表性传统民居开展室内现代化改造和外立面整治示范；防灾安全保障项目：包括消防、防洪、地质灾害防治等防灾减灾设施建设；历史环境要素修复项目，包括未列入各级文物保护单位的历史环境要素的修缮；基础设施和公共环境改善项目：村内道路、村庄供水、公共照明、垃圾污水治理等市政公用设施建设，重要文化遗产周边、公共空间、坑塘河道等公共环境整治；文物和非物质文化遗产保护利用项目：包括各级文物保护单位的修缮与陈列展示，非物质文化遗产保护与传承。

3. 此表加盖村委会公章。

2－2　××县(市、区、旗)项目需求汇总表格式

××县(市、区)	主要任务类型	项目序号	项目名称	项目总任务	三年资金筹措方案(单位:万元)				
					合计	中央补助资金申请额	各级地方政府投入	村集体和村民投入	其他社会投入
××村	传统建筑保护利用示范	1－1							
		……							
	防灾安全保障	2－1							
		……							
	……	……							
村级小计	——	——	——	——					
××村	传统建筑保护利用示范	1－1							
		……							
	防灾安全保障	2－1							
		……							
	……	……							
村级小计	——	——	——	——					
县级合计	——	——	——	——					

县级联系人：　　单位：　　固定电话：　　手机：　　E－mail：　　QQ：

注：此表经县级住房城乡建设、文化、文物、财政部门同意后，作为县级四部门申请文件的附件。

2-3　××市(地、州、盟)项目需求汇总表格式

名称	主要任务类型	项目序号	项目名称	项目总任务	三年资金筹措方案(单位:万元)				
					合计	中央补助资金申请额	各级地方政府投入	村集体和村民投入	其他社会投入
××县(市、区)									
××村	传统建筑保护利用示范	1-1							
	防灾安全保障	2-1							
	……	……							
××村	传统建筑保护利用示范	1-1							
	防灾安全保障	2-1							
	……	……							
县级小计	——	——	——	——					
××县(市、区)									
××村	传统建筑保护利用示范	1-1							
	防灾安全保障	2-1							
	……	……							
××村	传统建筑保护利用示范	1-1							
	防灾安全保障	2-1							
	……	……							
县级小计	——	——	——	——					
地级合计	——	——	——	——					

地级市联系人:　　　　单位:　　　　固定电话:　　　　手机:　　　　E-mail:　　　　QQ:

注:此表经地级市住房城乡建设、文化、文物、财政部门同意后,作为地级市四部门申请文件的附件。

2-4　××省(自治区、直辖市)项目需求汇总表格式

城市名称	村落名称	主要任务名称	项目序号	项目名称	项目总任务	三年资金筹措方案(单位:万元)				
						合计	中央补助资金申请额	各级地方政府投入	村集体和村民投入	其他社会投入
××市(州、盟)										
××县(市、区)	××村	传统建筑保护利用示范	1-1							
		防灾安全保障	2-1							
		……	……							
××县(市、区)	××村	传统建筑保护利用示范	1-1							
		防灾安全保障	2-1							
		……	……							
地级小计	——	——	——	——	——					
××市(州、盟)										
××县(市、区)	××村	传统建筑保护利用示范	1-1							
		防灾安全保障	2-1							
		……	……							
××县(市、区)	××村	传统建筑保护利用示范	1-1							
		防灾安全保障	2-1							
		……	……							
地级小计	——	——	——	——	——					
省级合计	——	——	——	——	——					

省级联系人:　　单位:　　固定电话:　　手机:　　E-mail:　　QQ:

注:此表经省级住房城乡建设、文化、文物、财政部门同意后,作为省级四部门申请文件的附件。

文化市场

文化部 工商总局 公安部 工业和信息化部 关于加强执法监督 完善管理政策 促进互联网上网服务行业健康有序发展的通知

文市发〔2014〕41号

各省、自治区、直辖市文化厅(局)、工商行政管理局、公安厅(局)、通信管理局,新疆生产建设兵团文化广播电视局、公安局,西藏自治区、北京市、天津市、上海市、重庆市文化市场(综合)行政执法总队:

多年来,各地各部门依法加强管理和执法,积极促进互联网上网服务行业(以下称上网服务行业)规范有序发展,大中城市互联网上网服务营业场所(以下称上网服务场所)经营秩序普遍好转,接纳未成年人现象得到有效遏制。但也存在行政干预过多、市场机制扭曲、行业缺乏竞争和活力、部分地区无证照经营场所屡禁屡现等问题。为营造公平竞争、优胜劣汰的市场环境,规范市场秩序,改善行业形象,促进上网服务行业转型升级,现就有关事项通知如下:

一、加强执法监督,规范市场秩序

(一)依法查处无证照经营行为

各地各部门要加强分工协作,以城乡结合部、城中村、农村乡镇为重点,加大对无证照经营上网服务场所的查处力度。

文化行政部门和文化市场综合执法机构要树立全领域监管的理念,实行对上网服务场所的全覆盖走访巡查。要会同相关部门积极发动社会力量全面排查、及时发现无证照经营场所分布情况。文化、公安、电信主管等部门对在排查中发现的无证照经营场所,要以书面形式通报工商部门,由工商部门依法予以取缔。各地文化、工商、公安等部门要建立信息沟通反馈机制,文化行政部门对取得营业执照后未通过审批即擅自开展上网服务经营活动的场所,要及时向工商部门通报,工商部门要按照《互联网上网服务营业场所管理条例》(以下称《条例》)的相关规定依法处理。对以暴力、胁迫、恐吓等手段阻碍文化、工商、电信主管等部门执法的,由公安部门依法予以查处;构成犯罪的,依法追究刑事责任。

电信主管部门要规范互联网接入服务行为,督促互联网接入服务企业积极履行社会责任,与用户签订服务合同时,明确约定用户从事上网服务场所经营活动必须取得相应法定许可,并在安装服务中进行核实。对工商、文化、公安等部门提供的无证照经营场所及其互联网接入服务提供者名单,通知并监督相关互联网接入服务企业停止为其提供接入服务。对于知道或应当知道是无证照经营场所而为其提供互联网接入服务的,由工商部门按照《无照经营查处取缔办法》第 15 条的规定予以查处。

各地各部门在查处无证照经营场所过程中，要做到严格执法与人性化服务相结合、依法取缔与政策疏导相结合，对具备设立条件的无证照经营场所，应当责令其立即停止经营活动，并指导其限期依法办理各项手续，完善经营资质；对缺乏基本设立条件，尤其是安全状况恶劣的，要坚决取缔，并跟踪停止接入互联网服务等措施的落实情况。

（二）依法查处接纳未成年人行为

各地文化行政部门和文化市场综合执法机构要进一步加强对上网服务场所的巡查，重点查处锁闭门窗接纳未成年人、多次接纳未成年人、为未成年人提供公卡公号或他人身份证件以及接纳未成年人长时间连续上网等行为。要公布 12318 等举报电话，广泛发动群众、行业协会、上网服务企业及义务监督员，加强对接纳未成年人行为的监督举报。

（三）改善上网服务场所环境

目前，各地不同程度存在的上网服务场所环境昏暗、脏乱差、违规吸烟等问题，既是严重安全隐患，也损害消费者身心健康和行业形象。各级文化行政部门和文化市场综合执法机构要提高认识，积极会同有关部门，建立营业环境脏乱差的上网服务场所台账，督导环境整治，确保上网服务场所敞亮、开放、整洁。要商请有关部门，主动将上网服务场所环境卫生情况纳入地方文明创建考核评价体系。公安部门要加强对上网服务场所违规用火用电、消防通道堆放杂物等安全问题的巡查，依法查处消防安全违法行为；对未悬挂禁烟标志或者发现吸烟不予制止的，依照《条例》的规定予以查处。

（四）健全重点地区督查制度

文化部将根据举报平台提供的数据，不定期公布重点督办地区名单。各地文化行政部门和文化市场综合执法机构也要根据市场状况，层层公布重点督办地区名单，直到乡镇一级。对市场秩序混乱、监管不力的地区，文化部将通报批评；对市场秩序严重混乱的地区要限期整改，必要时约谈有关部门主要负责人。

二、完善准入政策，促进公平竞争

（一）取消总量限制，降低准入门槛

自本文件印发之日起，取消各级文化行政部门对上网服务场所的总量和布局要求；取消对上网服务场所计算机数量的限制；场所最低营业面积调整为不低于 20 平方米，计算机单机面积不低于 2 平方米。

凡是符合设立条件的申请，县级以上文化行政部门应当依法受理、审批。

（二）实行先照后证管理

国家对上网服务场所的经营活动实行许可制度。上网服务场所从事互联网上网服务经营活动的，应当向县级以上地方人民政府文化行政部门提出申请，提交营业执照、法定代表人或者主要负责人身份证明材料、资金信用证明、营业场所产权证明或者租赁意向书、公安部门信息网络安全和消防安全批准文件等材料。文化行政部门应当自收到申请之日起 15 个工作日内作出决定；经实地检查并审核合格的，发给《网络文化经营许可证》；经审核不合格的，应当向申请人书面说明理由。申请人依法取得《网络文化经营许可证》后，方可营业。

（三）鼓励多元化和连锁经营

鼓励上网服务场所丰富经营业态。上网服务场所兼营其他服务项目，应依法依规办理相关手续。鼓励上网服务场所发展连锁经营，以连锁推动规范化经营管理，以连锁促进行业的转型升级。取消各级文化行政部门对连锁企业设立的认定，连锁规模、连锁方式由上网服务场所自主决定。

(四)扩大长效机制试点范围

2005年8月,全国上网服务场所管理工作协调小组确定北京、上海、长沙、成都等城市为上网服务场所管理长效机制试点。现决定扩大试点范围,新增试点地区由省级文化行政部门确定,报文化部备案。试点地区可不对上网服务场所营业时间做统一规定;上网服务场所距中学、小学校园出入口最低交通行走距离不低于200米。允许试点地区上网服务场所经营非网络游戏。允许试点地区将上网服务场所不得在居民住宅楼(院)内设立,调整为不得在居民住宅楼内设立。农村地区依法取得消防安全手续的合法用房可以设立。

三、推动上网服务行业转型升级

推动上网服务行业转型升级,既是提高行业经营效益、提升行业整体水平、改善行业形象的迫切需要,也是降低政府监管成本、提高监管效率、促进社会与行业良性互动、从根本上解决上网服务行业深层次问题的重要举措。各地各部门要切实提高认识,积极转变思路,把推动上网服务行业转型升级作为文化市场管理的重点工作,充分发挥市场在资源配置中的作用,尊重、保护市场主体的自尊和自主创造性,为转型升级做好政策服务。

推动上网服务场所创新经营业态,提高管理水平。鼓励上网服务场所发挥遍布城乡、靠近社区的优势,参与城市社区和农村地区公共文化服务体系建设,为居民提供多方面的网络文化服务,拓展公共文化服务范围,提升上网服务行业形象,将上网服务场所纳入社会公众和基层组织的监管视线,努力把上网服务场所改造成为适合不同人群,兼具上网服务、社交休闲、竞技娱乐、电子课堂、远程服务、电子商务等功能,在文化消费中起积极引领作用的社区信息服务平台和多功能文化活动场所。

特此通知。

2014年11月16日

文化部关于推动互联网上网服务行业转型升级的意见

文市发〔2014〕42 号

各省、自治区、直辖市文化厅(局),新疆生产建设兵团文化广播电视局,西藏自治区、北京市、天津市、上海市、重庆市文化市场(综合)行政执法总队:

为贯彻党的十八届三中全会精神,落实《国务院关于促进信息消费扩大内需的若干意见》的要求,从根本上促进互联网上网服务行业(以下称“上网服务行业”)的健康发展,2013 年 12 月以来,北京、上海、河南、湖南等地开展了互联网上网服务营业场所(以下称“上网服务场所”)转型升级试点工作,现已取得初步成效。试点场所营业环境敞亮整洁,服务水平明显提高,多元经营效益开始显现,社会和行业形象大幅度改善,开始成为独具特色的现代文化休闲场所和社区信息服务平台。为在全国推广试点经验,进一步探索上网服务行业转型升级的路径和模式,现提出如下意见:

一、重要意义和指导原则

上网服务行业是诞生于信息化时代、体现科技进步的现代服务业,在缩小城乡信息差距、解决流动人口和低收入群体上网问题、丰富人民群众精神文化生活等方面发挥了积极作用;为上百万人提供了就业岗位、为一亿多消费者提供了公共上网空间,庞大的设备更新和软件应用需求也促进了相关产业的发展壮大。在互联网日益成为人们的生活方式和社会日常运行必要条件的形势下,上网服务行业仍有广阔的市场需求和创新潜力。

同时也要看到,上网服务行业在发展中也存在不少问题。行业缺乏优胜劣汰的竞争环境,活力严重不足,不少场所营业环境差、管理水平低,无证照场所屡禁屡现。推动上网服务行业转型升级,既是提高行业经营效益、提升行业整体水平、改善行业形象的迫切需要,也是降低政府监管成本、提高监管效能、从根本上解决上网服务行业深层次问题的重要举措。

推动上网服务行业转型升级,要坚持以市场为导向,充分发挥市场在资源配置中的重要作用,着力解决市场体系不完善的问题;坚持监管与服务并重的原则,实现有效监管,主动服务,良性互动;注重保护企业的自尊、自信,激发企业提高经营服务水平的内生动力,维护企业合法权益,鼓励创新,促进发展。

二、工作目标

以“转型升级、提升形象”为目标,完善管理政策,鼓励上网服务场所探索多种业态和经营方式,改善环境,优化服务,提升行业整体形象。努力把上网服务场所改造成为适合不同消费群体,兼具上网服务、社交休闲、竞技娱乐、电子课堂、远程服务、电子商务等功能,在公众文化生活中起积极引领作用的社区信息服务平台和多功能文化活动场所。推动上网服务行业发展成为具有现代管理水平的服务业。

三、主要内容

(一)改善上网服务场所环境

灯光昏暗、环境脏乱是上网服务行业带有普遍性的问题,既损害消费者身心健康,也易造成安全隐患,严重影响行业形象。要把改善上网服务场所环境作为推动行业转型升级的重要内容,引导和支持上网服务场所改造上网环境,使之成为敞亮、开放、整洁的公众文化场所。各地文化市场监管部门要积极会同有关部门,建立脏乱差上网服务场所台账,加强监督指导,彻底改变其光线昏暗、环境不佳的状况。

(二)提高上网服务行业管理和服务水平

鼓励发展连锁经营,以连锁促进规范管理,以连锁促进服务提升,以连锁促进转型升级。推动上网服务企业与知名网络文化企业开展多种形式合作,引入先进管理理念和运行规范。发挥品牌效应,树立品牌企业良好的管理服务形象,增强品牌企业的影响力和辐射力,带动上网服务行业提升管理和服务水平。

(三)鼓励上网服务场所丰富经营业态

鼓励上网服务企业拓展经营范围,改变以“机时费”收入为主的单一盈利模式,丰富场所功能。支持上网服务场所组织电子竞技、棋牌比赛等活动,开设观影、观赛、体感游戏等功能区,扩大消费人群,尤其是吸引中老年人参与活动,改善用户结构。上网服务场所兼营其他服务项目,应依法依规办理相关手续。

(四)鼓励上网服务场所参与公共文化服务

鼓励把符合条件并积极参与公共文化服务的上网服务场所,纳入政府采购范围,实行购买服务。鼓励上网服务场所发挥遍布城乡、靠近社区、贴近居民、信息装备水平较高等优势,积极开展社区电子课堂、网络代购、远程健康咨询等便民服务,参与文化下乡、科技下乡等活动。鼓励农村地区有一定经营管理水平的上网服务场所参与农村公共文化服务,设立并逐步增加公共文化服务项目和内容,将上网服务场所纳入社会公众和基层组织的监管视线。

四、工作要求

(一)推动上网服务行业转型升级是今后一段时间上网服务行业管理工作的重点。各级文化行政部门要勇于面对问题,增强责任意识,积极转变管理理念、方式和手段,努力解决上网服务行业发展中的深层次问题,帮助其提升发展水平,改善社会形象,形成政府监管与行业发展的良性互动。

(二)认真贯彻落实《文化部　工商总局　公安部　工业和信息化部　关于加强执法监督　完善管理政策　促进互联网上网服务行业健康有序发展的通知》,依法加强监管,加强指导,减少不必要的行政干预,消除制约行业发展的政策限制和制度壁垒,激发市场主体通过市场竞争、优胜劣汰,实现行业的转型升级和良性发展。

(三)各级文化行政部门要协同多方力量,主动作为,积极作为,通过试点引导、现场观摩、论坛交流、行业培训、发布案例、推广经验、行政奖励等多种方式,鼓励、支持和推动上网服务行业转型升级。把互联网上网服务企业纳入支持小微文化企业发展的工作范围,积极利用各类产业扶持政策和资金,推动上网服务企业规范经营、做大做强;推动银企合作,为企业融资发展提供服务和支持,为上网服务行业转型升级创造良好环境。

(四)积极发挥行业协会的引导和服务功能。推动各地行业协会落实中国互联网上网服务营业场所行业协会发布的《让上网服务营业场所明亮整洁起来》倡议书和《互联网上网服务营业场所服务环境规范》，开展场所服务环境星级评定工作，加强场所环境建设，提高规范化管理水平。支持行业协会依法维护行业权益，推动解决行业发展中面临的困难；支持行业协会组织企业参与社会公益活动和社区建设，提升行业形象。

（五）加强对上网服务行业从业人员的培训，提高从业人员经营管理水平。各级文化行政部门、行业协会要制定行业培训规划，明确年度培训任务，承担培训的主体责任，以现场授课、远程教育等多种形式，力争通过三年时间，基本对全国上网服务企业主要负责人培训一轮。

（六）高度重视转型升级的舆论宣传工作。加强对上网服务行业转型升级、提升形象工作的舆论宣传工作，为政策调整、转型升级营造良好社会环境。鼓励各地邀请当地主要新闻媒体对转型升级工作进行跟踪报道、专题报道；定期召开新闻通气会，通报转型升级工作进展。建立转型升级试点场所工作档案，利用试点场所的新旧变化进行典型宣传、示范引导。

（七）北京、上海、河南、湖南等已经开展试点的地区，要将转型升级工作在全省（市）范围内推开；其他省（自治区、直辖市）要选取不少于 5 个地、市、区（其中省会市和首府市必选），每个地、市、区在城区、乡镇选择不少于 20 个不同类型的场所，开展试点工作，并适时推广。

（八）请各省级文化行政部门于 2014 年 12 月 25 日前将本地区推动上网服务行业转型升级的实施方案（包括试点地区和试点场所名单、地址、联系人和联系方式）报送文化部文化市场司，并每个季度末将试点工作实施进度、主要成效、存在问题等情况报送文化部文化市场司。文化部将适时对试点工作进行调研督导，并自 2015 年起对工作突出的地区、协会、场所予以表彰奖励。

2014 年 11 月 16 日

文化部关于印发《中西部地区文化市场综合执法能力提升三年(2014—2016)行动计划》的通知

各省、自治区、直辖市文化厅(局),新疆生产建设兵团文化广播电视局,北京市、天津市、上海市、重庆市文化市场行政执法总队,西藏自治区文化市场综合执法总队:

为深入贯彻落实党的十八届三中全会精神,加快推进文化市场综合执法专业化、规范化、信息化建设,全面提升中西部地区文化市场综合执法能力,我部制定了《中西部地区文化市场综合执法能力提升三年(2014—2016)行动计划》,现印发给你们,请结合当地实际,认真贯彻执行。

特此通知。

文化部

2014年3月17日

中西部地区文化市场综合执法能力提升三年(2014—2016)行动计划

为贯彻落实党的十八届三中全会精神,加快实施文化市场监管能力提升工程和文化市场技术监管与服务平台建设工程,全面推进文化市场综合执法专业化、规范化、信息化建设,切实提升全国尤其是中西部地区文化市场综合执法能力,构建统一开放、竞争有序的现代文化市场监管体系,制定本行动计划。

一、工作目标

(一)总体目标

到 2016 年,中西部地区文化市场综合执法人员业务素质和专业技能普遍提高,基本掌握综合性、专业性文化市场管理政策法规,熟练掌握日常检查、文书制作、立卷归档、执法取证等综合执法标准规范,熟练使用全国文化市场技术监管与服务平台提供的应用系统;对娱乐、演出、互联网上网服务等市场的执法力度进一步加大,监管能力进一步提升。

(二)年度目标

1. 到 2014 年底,为中西部地区培训 50 名文化市场技术监管与服务平台系统管理员、100 名综合执法业务骨干、1000 名综合执法人员。

2. 到 2015 年底,为中西部地区培训 100 名文化市场技术监管与服务平台系统管理员、300 名综合执法业务骨干及 3000 名综合执法人员。

3. 到 2016 年底,为中西部地区培训 200 名文化市场技术监管与服务平台系统管理员、500 名综合执法业务骨干及 5000 名综合执法人员。

4. 到 2016 年底,中部地区 100%、西部地区 60% 以上的综合执法机构启用全国文化市场技术监管与服务平台处理日常执法办案业务。

二、主要内容

(一)实施中西部地区综合执法人员培训扶持项目

2014 年至 2016 年,文化部重点扶持中西部地区开展文化市场综合执法业务培训。具体安排如下:

1. 文化部负责事项

(1)统筹协调中西部地区综合执法人员培训扶持项目。其中,2014 年主要针对西部地区安排培训项目,2015 年、2016 年扩大到整个中西部地区。相关省份每年可申报 1—2 个培训项目,每期培训时间 4—6 天,参训人员原则上控制在 100 人以内。文化部将统筹确定其中部分项目予以重点扶持。

(2)监督指导重点培训扶持项目组织实施,确定培训内容,协调培训师资,精选典型案例,组织业务考试,对培训效果进行考核评估。

(3)结合年度综合执法工作,分片分类、分批分期组织骨干培训,重点培养中西部地区省级及地市级系统管理人员、综合执法业务骨干。

2. 中西部地区省份负责事项

(1)按年度拟定培训计划,申报培训项目,提出具体的培训需求。

(2)落实重点培训扶持项目,联系培训地点,组织培训人员,提交评查案卷,按照计划分期分批开展综合执法标准规范及娱乐、演出、互联网上网服务等市场基础执法业务培训,重点培养地市级综合执法人员及县区级综合执法业务骨干。

(3)按照中央组织部、文化部、财政部、人力资源和社会保障部、国务院扶贫办《关于印发〈边远贫困地区、边疆民族地区、革命老区人才支持计划文化工作者专项实施方案〉的通知》(文人发〔2013〕1号)要求,争取将所属边远贫困地区、边疆民族地区和革命老区(以下简称"三区")综合执法人员培训申报纳入专项实施方案,同等享受"三区"人才支持计划文化工作者专项相关政策和经费补助。

(4)按照《文化部关于印发〈全国文化市场综合执法队伍培训规划(2011—2015年)〉的通知》(文市发〔2010〕41号),结合本省(区、市)执法队伍现状,有针对性地组织开展其它各类培训活动,分批次落实全员培训要求。

3. 培训要求

(1)统一采取自主选择、案例教学、分析研讨与业务考试相结合的形式进行,注重实用性及操作性。

(2)师资优先从全国文化市场综合执法培训师资库中选择。

(3)参训人员均须参加由文化部统一组织的业务考试,考试成绩与下一年度该省(区、市)培训项目申报挂钩。

(4)培训内容主要包括:行政处罚法、行政复议法、行政诉讼法、行政强制法等综合性法规;举报办理、日常检查、调查取证、文书制作、立卷归档等标准规范;娱乐、演出、互联网上网服务、互联网文化等市场执法实务;执法办公、举报处理、数据报送、信息报送等应用系统操作规程。重点培训文书制作、立卷归档、执法取证及系统应用等基础执法业务。

(二)实施东部与中西部地区综合执法对口交流协作项目

结合文化对口援藏、援疆、援青计划,东西部扶贫协作,文化建设"春雨工程"及"三区"人才支持计划等项目,探索建立东部与中西部地区综合执法对口交流协作机制,通过"请进来、走出去,省对省、机构对机构,一对一结对帮扶"的形式,发挥机构参与、地区协作的积极性,加强东部地区与中西部地区省份、综合执法机构及执法人员之间的对口帮扶。具体安排如下:

1. 时间安排

对口交流协作期限初步确定为2014年至2016年。其中,2014年仅安排东部地区与西部地区省份、机构对接,2015年至2016年扩大到与整个中西部地区省份、机构对接,2016年以后根据实施情况另行研究。2014年,中部地区省份可以自行与东部、西部地区省份协商对口交流协作事宜。

2. 结对原则

对口交流协作省份结对安排由文化部统筹确定,机构由相关省份自行协商。原则上,每年每个东部地区省份对口1—3个中西部地区省份、中西部地区省份对口1个东部地区省份,相关省份可以分别确定3—4个地市级综合执法机构作为对口单位。有条件的中部地区省份也可以选择西部地区省份作为对口单位,经济条件较好的西部地区省份也可以不参与对口项目。东部地区的河北、辽宁和海南参照中部地区省份对待;新疆兵团参照西部地区省份对待。

3. 协作形式

(1)文化部统筹协调、监督指导对口交流协作工作,确定年度对口安排及主要对口交流协作项目。

(2)东部地区省份或综合执法机构为对口的中西部地区省份或综合执法机构提供培训经费、执法设备、培训师资、骨干培养等方面的支持及案件办理、文书制作、立卷归档、产品识别、系统应用等方面的业务培训或现场指导,所需经费由东部地区省份或综合执法机构按照当地相关财务管理规定依法合规承担。北京、天津、上海、广州、深圳、南京、杭州、福州、青岛、厦门、宁波、苏州、烟台等东部地区城市要将对口交流协作纳入当地支持西部地区人才培训的整体规划，做好与当地发展改革部门的有效衔接。提供培训支持必须制定周密的培训计划，选配高水平师资，创新培训形式，保证培训质量。

（3）中西部地区省份选派综合执法业务骨干参加东部地区省份组织的挂职锻炼、以案施训、短期培训、驻场学习等，人员数量由双方协商确定，食宿费用由东部地区省份或综合执法机构按照当地相关财务管理规定依法合规承担。选派人员必须与培训主题相匹配，严禁以参加培训为由变相旅游。

（4）确定对口交流协作省份或机构后，相关省份之间可以就具体事项进行沟通，相关机构可以在所属省份的统一协调下开展对口交流协作，所有项目由省级文化行政部门或综合执法机构汇总上报文化部备案。

（三）实施中西部地区全国文化市场技术监管与服务平台建设扶持项目

2014 年至 2016 年，文化部重点支持中西部地区推进全国文化市场技术监管与服务平台建设。具体安排如下：

1. 文化部负责事项

（1）统一开发全国文化市场技术监管与服务平台所需应用软件，在四川、山东分别建设西部分中心、北方分中心，提供基础应用环境，供中西部地区综合执法机构使用。

（2）支持中西部地区省份开展全国文化市场技术监管与服务平台基础数据采集、应用系统培训，提供技术支持，给予部分经费补助，并对系统推广应用工作进行考核评估。

2. 中西部地区省份负责事项

（1）按照要求制定本省（区、市）全国文化市场技术监管与服务平台推广应用方案，提交应用系统培训计划、需求，并具体组织实施纳入扶持计划的重点培训项目，重点培养省、市、县三级系统管理员及地市级业务人员。有条件的地市或试点地市可以优先纳入整体培训规划。

（2）督促检查本省（区、市）全国文化市场技术监管与服务平台推广应用情况，重点是存量执法数据录入与验证、网络举报处理及综合执法办公等业务办理。

三、组织实施

（一）组织领导

东部地区省份要把对口交流协作尤其是支持中西部地区人才培训工作当作参与和支持西部大开发、中部崛起战略的具体任务，纳入年度工作计划，切实履行职责，发挥对口支持作用。中西部地区省份要将落实三年行动计划作为推进本地综合执法队伍专业化、规范化、信息化的抓手，积极争取地方党委政府的支持，将其纳入当地改革发展或接受对口支援的总体规划，申请配套资金或专项补助；同时，要围绕总体目标进一步细化和实化实施方案，明确年度目标和任务，力争每年取得实质性进展，三年完成全员培训任务，从而形成中央与地方相互对接、各有侧重、优势互补、共同促进的工作局面。

（二）项目申报

2014 年纳入扶持计划的重点培训项目及对口安排已经确定。2015 年、2016 年的《培训项目申报表》，请分别于 2014 年、2015 年 12 月 31 日前上报，对口安排及重点培训项目将根据实际情况确定。

（三）考核评估

对纳入行动计划的重点培训扶持项目，文化部将对其组织实施效果进行督导检查和考核评估。对参训人员成绩合格率不到 60% 的中西部地区省份，将考虑停止次年项目申报及其他经费补助；对参训人员合格率达到 90% 以上的中西部地区省份，将在次年的执法考评、项目申报及经费补助等方面予以优先考虑；对参训人员平均成绩排名靠前且在执法办案、市场监管等方面取得明显进展的中西部地区省份及提供对口交流协作的东部地区省份予以表扬奖励。

（四）协调联络

各省（区、市）及相关综合执法机构要分别确定一名综合执法机构的负责人，具体负责行动计划的联络协调及重点项目的组织实施工作。人员如有变动，请及时上报我部文化市场司。邮箱：whzf@163.com；传真：010－59881010。

附件：1. 2014年对口交流协作结对安排

2. 2014年中西部地区重点扶持培训项目

3. 各省（区、市）联络人员名单（略）

4. 项目申报表（略）

文化部办公厅关于开展全国文化市场综合执法师资巡讲活动的通知

办市函〔2014〕67 号

各省、自治区、直辖市文化厅(局),新疆生产建设兵团文化广播电视局、北京、天津、上海、重庆市文化市场行政执法总队,西藏自治区文化市场综合执法总队:

为落实《全国文化市场综合执法队伍培训规划(2011—2015)》,进一步加强对全国文化市场综合执法队伍建设和人员培训的指导与扶持,充分发挥全国文化市场综合执法师资作用,文化部决定于 2014 年 4 月至 5 月开展全国文化市场综合执法师资集中巡讲活动。现将有关事项通知如下:

一、方式

经考核推荐,文化部从第二届全国文化市场综合执法师资库中挑选出一批业务能力强、授课经验丰富的师资(名单及授课题目见附件 1)组成巡讲团。各省(区、市)可结合本辖区省级或地市级的培训计划,根据课程设置和培训重点,选择巡讲团成员前往授课,原则上各省份不超过 5 人次。文化部负责协调师资授课任务,并承担师资的差旅和劳务费用。

二、步骤

(一)各省级文化行政部门或者综合执法机构要统筹考虑,选定 4 月、5 月的培训期次及授课师资,填写师资需求表(附件 2),并于 3 月 21 日 17 时前上报文化部。

(二)文化部将根据各地上报的需求及师资的工作安排进行统筹协调,尽量满足各地需求。

(三)培训组织方与师资双向确定后,可就授课形式、内容、时长等具体事项进行沟通。

(四)师资填写回执单(附件 3)并上报文化部;文化部负责订购机票或者火车票。

(五)集中巡讲活动结束后,由文化部统一支付师资劳务费用。

三、要求

(一)各省级文化行政部门或者综合执法机构要高度重视并充分利用此次集中巡讲活动,加强组织协调工作,保证培训活动取得实效。

(二)各全国文化市场综合执法师资库组长要切实担负起责任,在本组师资授课前审定、把关演示文稿及文本内容,点拨授课技巧,为其圆满完成授课任务提供必要的帮助和指导。

(三)授课师资要以积极的态度认真对待巡讲活动,做好充分的授课准备工作,保质保量完成授课任务;严格遵守“八项规定”等有关要求,紧凑安排行程,严禁借巡讲之名变相旅游,如有违反,取消其师资资格;授课任务结束后 3 日内及时将火车票快递至文化部,以便报销。

(四)授课所在单位要将此次巡讲活动作为加强异地交流、互相学习提高的良好机会,在巡讲活动期间,合理安排师资工作,为其外出授课提供支持。

联系人：文化部文化市场司综合执法办公室　廖　芸　李林蔚

联系方式：010－59881896　59881898（传真）

邮箱：822991877@qq.com

联系地址：北京市海淀区中关村南大街1号友谊宾馆3号楼

特此通知。

附件：1：巡讲团师资及授课题目列表（略）

2：培训需求表（略）

3：回执单（略）

文化部办公厅

2014年3月7日

文化部办公厅关于开展涉外营业性演出审批公示工作的通知

办市函〔2014〕544 号

根据《国务院关于取消和下放一批行政审批项目等事项的决定》(国发〔2013〕19号),文化部于 2013 年 6 月印发了《文化部关于做好取消和下放营业性演出审批项目工作的通知》(文市发〔2013〕27 号)(以下简称《通知》),将外国文艺表演团体、个人来华在非歌舞娱乐场所进行营业性演出的审批,下放至省级文化行政部门。2014 年,人力资源社会保障部、外交部、公安部、文化部联合印发了《关于印发〈外国人入境完成短期工作任务的相关办理程序(试行)〉的通知》(人社部发〔2014〕78 号),要求文化行政部门在审批涉外演出的同时,对于入境从事短期(不超过 90日)营业性演出的外国文艺表演团体、个人开具短期工作证明。

为做好简政放权的工作衔接,解决各省级文化行政部门间获取其他地区审批信息困难的问题,履行文化行政部门行政审批公示职责,根据《中华人民共和国政府信息公开条例》,文化部拟对全国涉外营业性演出审批信息实行统一管理、统一公示,具体事宜通知如下:

一、公示方式

文化部门户网站专设文化部涉外营业性演出审批信息公示系统。

二、公示事项

(一)涉外营业性演出审批事项的设立依据、审批条件和程序;

(二)经文化行政部门许可的涉外营业性演出项目。包括涉外营业性演出许可的批复文号、批复标题、演出名称、演出举办单位、演出地、演出场所、演出日期、批复时间、审批监督电话。

三、公示信息采集

各省级文化行政部门应确定专人负责涉外营业性演出审批信息采集、上报和核对工作,请将人员名单于 2014 年 12 月 20 日前报文化部文化市场司。各省级文化行政部门应当采集但不限于以下内容的信息:

(一)审批项目基本信息

批复文号、批复标题、批复时间;演出举办单位、演出名称、演出日期、主要表演团体/个人的国家(地区)、演出剧(节)目名称、演出地、演出场所、演出场次;演出形式、项目负责人/联络人(姓名、联系方式、演出经纪人员资格证号)。

(二)参演人员主要信息

姓名、性别、出生日期、国家(地区)、入境证件类型、入境证件号码、入境证件有效期、短期工作证明编号、工作日期、工作期限。

四、公示信息上报

(一)上报系统

各省级文化行政部门通过文化部涉外营业性演出审批信息公示系统上报并公示信息。点击文化部门户网站(www.mcprc.gov.cn)首页在线办事栏目中“文化部涉外营业性演出审批信息公示系统”,或直接输入 http://114.255.59.60:8080/credit/admin.jsp 进入公示页面和登录界面。系统为信息公示负责人员开通登录账号。已依托全国文化市场技术监管与服务平台开展涉外营业性演出审批的省级文化行政部门,可通过平台直接将审批信息交换到公示系统。

(二)上报及公示时限。各省级文化行政部门应在审批完成后 5 日内上报文化部并公示信息,审批完成时间距离演出不足 5 日的,应在演出前及时上报并公示信息。

2014 年度审批的涉外营业性演出信息,上报内容为本通知第二条“公示事项”第二款所列信息项。2015 年的公示信息请列明审批项目基本信息和参演人员主要信息。

五、公示信息使用

(一)已经文化行政部门批准的涉外营业性演出活动,在演出举办单位、参演文艺表演团体及个人、演出内容不变的情况下,自批准演出活动举办日期起 6 个月内增加演出地的,实行事前备案管理。备案单位可在全国文化市场技术监管与服务平台中直接检索相关信息,重复事项可在线下载。

(二)各省级文化行政部门应当对其公示信息的真实性、及时性负责。发现所公示信息不准确的,应当及时更正。公民、法人或者其他组织有证据证明公示信息不准确的,有权要求文化行政部门予以更正。

(三)公示系统与人力资源社会保障部、外交部、公安部的外国人入境管理信息库对接,信息互联共享。

涉外营业性演出审批信息统一公示工作将于 2015 年 1 月 1 日起正式启动,请各省级文化行政部门自收到通知之日起,做好相关准备工作,确保公示工作顺利开展。

特此通知。

附件:1. 关于部分信息项的说明

2. 涉外营业性演出审批信息公示负责人员报名表

文化部办公厅

2014 年 12 月 15 日

文化部关于进一步开展全国文化市场技术监管与服务平台应用工作的通知

文市发〔2014〕10号

各省、自治区、直辖市文化厅(局)、新疆生产建设兵团文化广播电视局,北京市、天津市、上海市、重庆市、西藏自治区文化市场综合执法总队:

根据《文化部关于全国文化市场技术监管与服务平台建设的实施意见》(文市发〔2013〕11号,以下简称《意见》),文化部启动了全国文化市场技术监管与服务平台(以下简称平台)项目建设,并于2013年9月至2014年2月在黑龙江、上海、浙江、江苏、安徽、山东、四川等7个省(市)进行了试点,取得了良好效果。为进一步开展平台应用工作,文化部决定在总结试点工作经验的基础上,自2014年3月10日起在全国范围内推进平台应用,现就有关事项通知如下:

一、工作目标

力争至2015年6月,省级文化行政部门和综合执法机构使用率达100%,地市级文化行政部门和综合执法机构使用率分别为东部省份70%以上、中部省份50%以上、西部省份30%以上。

二、工作任务

(一)全面采集基础数据。

1. 采集全国省、市、县三级覆盖文化市场全领域的经营单位主体、产品等信息。

2. 采集全国省、市、县三级文化市场行政管理部门的机构、人员等信息。

3. 采集全国省、市、县三级综合执法机构的机构、人员、装备等信息。

(二)成立建设领导小组。各地要按照《意见》的要求,建立健全由省级文化行政部门或者综合执法机构主管领导任组长、相关部门参与的建设领导小组,确立实施部门和人员;已经成立相应机构的,要切实发挥作用,做好统筹协调和组织实施工作。

(三)制定推广工作方案。各省级文化行政部门或者综合执法机构要秉承“成熟一个,上线一个”的总体原则,综合考虑当地市场现状与管理需求,研究平台接入方式,确定平台拟上线地区,制定本地区推广工作方案。

(四)有序开展平台应用。各地要按照工作方案,认真做好存量数据的初始化、上线地区的全员培训、上线条件检验等上线前的准备工作;平台上线或对接后,要在规定时限内完成账号分配与权限设置、存量数据激活与核对等工作,有序推进平台应用,实现审批、执法业务的规范化。

三、工作步骤

(一)启动阶段。各省(区、市)要确定1名处级负责同志,作为本地区平台应用推广责任人和接口人,指定2名业务能力强、计算机操作熟练的人员作为联络员(市场管理人员和执法人员各1名),填写《全国文化市场技术监管与服务平台应用推广联系人员登记表》(附件1),并于3月15日前上报文化部。

(二)数据采集阶段。各地要于6月1日

前，按照文化部《全国文化市场技术监管与服务平台基础数据采集工作流程》（附件2）完成经营单位主体信息以及管理部门与执法机构相关数据的采集；于9月1日前完成经营单位产品信息数据采集（具体事项另行通知）。

（三）上线准备阶段。

1. 制定工作方案。各地要科学制定本地区平台推广应用工作方案，并于4月30日前上报文化部。自建省级中心及直接使用部级平台的地区要对照《全国文化市场技术监管与服务平台上线标准》（附件3），确定拟上线地区，规划实施步骤；使用服务接口与平台对接的地区要拟定对现有平台系统的修改和调整方案。

2. 存量数据初始化及校验。拟上线地区要在采集数据导入平台后30日内完成复核工作，力求数据的完整真实。

3. 业务流程确认。拟上线地区要对照《全国文化市场技术监管与服务平台业务流程规范》（附件4）梳理业务流程，并于平台上线前15个工作日将经省级文化行政部门确认后的业务流程上报文化部。

4. 人员培训。文化部将于4月底前完成省级平台管理员的培训；并对拟上线地区平台管理员、骨干人员的培训工作给予人员及技术支持。各地要统筹安排，在上线应用前30日内完成拟上线地区各级文化行政部门和综合执法机构的全员培训。

5. 建立技术服务保障体系。文化部将通过编撰使用教材、建立省级管理员qq工作群、开通省级管理员专线服务电话等方式为上线地区的平台应用提供技术支持和指导。各地要建立相应的技术服务保障体系，及时反馈并迅速解决问题。

（四）上线运行阶段。

文化部根据拟上线地区的准备情况，于5月20日起启动上线应用条件的检验工作。具备上线条件的地区，由文化部根据整体安排分批上线。上线地区，要自上线运行15个工作日内，完成账号分配、流程调整、权限设置等工作；60日内完成经营单位主体数据的激活和核对等工作，经营单位主体激活率达到80%并核对无误后，正式使用平台办理业务工作。平台运行期间，文化部将做好系统监控、数据备份、平台运维等平台运行保障工作；遇平台系统故障时，文化部将视具体情况把备用系统转换为生产系统，保证业务的连续性和数据的安全性。

四、工作要求

（一）加强组织领导。各级文化行政部门和综合执法机构要高度重视，统一思想，积极争取当地党委政府的大力支持，充分发挥建设领导小组作用，扎实有效推进平台应用工作，以信息化建设促进文化市场管理与执法工作的规范化。

（二）明确任务分工。文化部将安排技术人员提供软硬件技术支持，并根据平台建设工作时序，协助各地开展业务培训；省级文化行政部门和综合执法机构要加强统筹协调，细化任务分工，组织业务培训，监督指导下级的平台应用；各平台上线地区要端正态度，积极运用，及时反馈问题。

各级文化行政部门要以真实性、完整性为判定标准，将上线应用前所有的主体数据纳入平台，建立完备的存量市场信息数据库；自平台上线应用之日起，所有新增业务工作必须通过平台办理，所有证照、文书经平台打印方可生效。各级综合执法机构要对纳入平台的经营主体数据认真进行核准和校验，日常检查、案件办理等业务工作必须通过平台办理，执法文书经平台打印方可生效。

（三）建立考核机制。文化部将把平台应用情况列为文化市场综合行政执法考评内容，并在以案施训项目补助、十大案件和重大案件评选工作中，优先考虑经平台办理的案件。同时，文化部将建立平台应用情况通报机制，定期通报平台应用情况（月度通报项目见附件 5），评估、检验各地的使用情况；各省级建设领导小组要建立相应的考核机制，采取切实有效的措施确保平台应用工作的顺利进行。

（四）注重运行管理。各地要在文化部的统一指导下建立平台运行管理制度，对平台系统管理、权限、用户账号等制定明确的管理办法，确保平台操作安全。除依据《政府信息公开条例》规定必须公开的事项外，平台所收集的其他信息仅限于文化行政部门和综合执法机构履行管理职能，不得擅自向社会公开或向无关人员提供。

（五）强化沟通协作。各地在平台应用过程中要加强与文化部的沟通联系，加强文化市场管理部门与综合执法机构之间的配合协作，相互支持，总结经验，在实际应用过程中不断完善平台功能。

联系人：文化部文化市场司综合执法办公室　黄　卓

联系方式：010 – 59881898　2313640112@qq.com

技术联系人：王　博

联系方式：13520845529　wangbo@mail.taiji.com.cn

特此通知。

附件：1. 全国文化市场技术监管与服务平台应用推广联系人员登记表（略）

2. 全国文化市场技术监管与服务平台基础数据采集工作流程（略）

3. 全国文化市场技术监管与服务平台上线标准（略）

4. 全国文化市场技术监管与服务平台业务流程规范（略）

5. 全国文化市场技术监管与服务平台应用情况月度通报项目（略）

文化部

2014 年 2 月 28 日

文化产业

文化部　财政部关于印发《藏羌彝文化产业走廊总体规划》的通知

文产发〔2014〕11号

四川省、贵州省、云南省、西藏自治区、陕西省、甘肃省、青海省文化厅、财政厅：

为推动实施《国家“十二五”时期文化改革发展规划纲要》，加快发展特色文化产业，加大对西部地区、民族地区文化产业发展的支持力度，文化部、财政部制定了《藏羌彝文化产业走廊总体规划》，现印发给你们，请结合实际认真贯彻执行。

特此通知。

文化部　财政部

2014年3月3日

藏羌彝文化产业走廊总体规划

目　录

序 言

藏羌彝文化产业走廊位于中国西部腹心，自古以来就是众多民族南来北往、繁衍迁徙和沟通交流的重要廊道，区域内自然生态独特，文化形态多样，文化资源富集，是我国重要的历史文化沉积带，在我国区域发展和文化建设格局中具有特殊地位。

近年来，藏羌彝文化产业走廊相关地区各级政府充分发挥得天独厚的文化和自然资源优势，在特色文化产业发展、文化设施建设、文化生态保护等方面取得积极进展。为落实《国家"十二五"时期文化改革发展规划纲要》实施重大文化产业项目、发展特色文化产业等战略部署，加快建设具备引领示范效应的特色文化产业带，进一步促进西部地区、民族地区特色文化产业发展，把文化产业培育成为区域经济支柱性产业，保护文化生态，传承民族文化，增强国家认同，促进民族团结，文化部、财政部共同制定《藏羌彝文化产业走廊总体规划》。

一、规划范围

（一）核心区域

藏羌彝文化产业走廊的核心区域位于四川省、贵州省、云南省、西藏自治区、陕西省、甘肃省、青海省等七省（区）交汇处，包括四川省甘孜藏族自治州、阿坝藏族羌族自治州、凉山彝族自治州，贵州省毕节市，云南省楚雄彝族自治州、迪庆藏族自治州，西藏自治区拉萨市、昌都地区、林芝地区，甘肃省甘南藏族自治州，青海省黄南藏族自治州等 7 个省（区）的 11 个市（州、地区）。该区域覆盖面积超过 68 万平方公里，藏、羌、彝等少数民族人口超过 760 万。

（二）辐射区域

上述核心区域直接辐射的区域包括：四川省绵阳市、乐山市、雅安市、攀枝花市，贵州省六盘水市，云南省丽江市、大理白族自治州，西藏自治区山南地区、那曲地区，陕西省宝鸡市、汉中市，甘肃省临夏回族自治州、武威市、张掖市、陇南市，青海省海北藏族自治州、海南藏族自治州、海西蒙古族藏族自治州、果洛藏族自治州、玉树藏族自治州，以及与上述区域紧密相连的西部省（区、市）藏、羌、彝、纳西、苗等少数民族聚居区域。

（三）城市枢纽

藏羌彝文化产业走廊依托的城市枢纽包括：四川省成都市、贵州省贵阳市、云南省昆明市、西藏自治区拉萨市、陕西省西安市、甘肃省兰州市和青海省西宁市。

（四）规划时间

本规划期限为 2014 年—2020 年，其中 2014 年—2016 年为近期规划，2017 年—2020 年为中期规划。

二、指导思想

以邓小平理论、"三个代表"重要思想、科学发展观为指导，深入贯彻落实党的十七届六中全会和十八大精神，按照西部大开发战略和建设社会主义文化强国的总体要求，以优秀地方和民族特色文化资源保护传承和合理开发利用为核心，以创意创新为动力，尊重当地各民族的风俗习惯和宗教信仰，充分发挥市场机制作用，优化发展环境，强化人才支撑，培育知名品牌，促进文化与旅游等产业深度融合，推动特色文化产业成为藏羌彝文化产业走廊支柱型产业，建设具有较强影响力、传播力和竞争力的西部地区特色文化产业带。

三、发展目标

合理利用地方和民族特色文化资源，在与产业和市场的结合中实现民族文化的有效传承和保护，培育各具特色的民族文化产业品牌；以改善民生为出发点，加快发展特色文化产业，实现文化富民；推进文化与生态、旅游的融合发展，把藏羌彝文化产业走廊建设成为世界级文化旅游目的地；推动文化产业成为区域经济支柱性产业，为西部和民族地区的振兴繁荣提供强大动力。

（一）近期目标

2014—2016 年，初期建设阶段。引导实施一批文化资源有效保护与产业转化项目，支持建设一批重点文化产业生产基地，藏羌彝文化产业走廊产品生产和品牌推广取得明显成效，基本形成立足国内、面向世界的文化旅游目的地。

（二）中期目标

2017—2020 年，全面建成阶段。建成一批具有重要影响力的文化产业示范项目，形成完善的文化旅游产品生产体系和旺盛的文化消费市场，文化产业普遍成为区域经济支柱性产业，藏羌彝文化产业走廊成为世界级精品旅游区和我国文化产业发展新亮点。

四、主要任务

（一）发展重点领域

1. 文化旅游

推进文化资源向旅游产品转化，培育一批具有藏羌彝特色的文化旅游景区景点，布局一批民族文化体验消费场所，鼓励发展自驾游、自助游等新兴文化旅游业态。重视历史文化名城名镇名村和传统村落保护，支持建设民族风情休闲街区、特色村镇、旅游度假区，鼓励特色旅游餐饮和主题酒店发展，延伸文化旅游产业链。

2. 演艺娱乐

整合文化与旅游资源，在知名旅游景区培育高品质、有地方特色和民族特色的演艺精品和演艺娱乐场所，积极发展集演艺、休闲、旅游、餐饮、购物、健身于一体的综合性娱乐设施，提高藏羌彝文化产业走廊旅游业的人文内涵和文化吸引力，促进演艺娱乐与旅游业良性互动、有机结合。积极挖掘旅游演艺的巨大市场潜力，形成若干演艺精品汇集、聚集效应明显的旅游演艺特色产业群。加强舞美设计、舞台布景创意和舞台技术装备创新，创作具有深厚民族文化内涵的实景演出和具有较强参与性、互动性的体验情景剧目。

3. 工艺美术

发掘藏羌彝等民族文化元素，突出地域特色，强化品牌意识，在保护多样性和独特性的基础上，促进工艺美术产业集约化、规模化发展。坚持保护传承和创新发展相结合，加快工艺美术产品与创意设计、现代科技和时代元素融合，增加文化含量和科技含量，提高产品附加值。支持开发具有地域特色和民族风情的特色文化用品、工艺品和旅游商品。鼓励发展“公司 + 农户”经营模式，促进民族民间手工艺品生产和销售，鼓励农民通过手工技艺增收致富。

4. 文化创意等新兴业态

促进民族文化元素与高新技术、音乐制作、时尚设计、广告设计、家居装饰设计相结合，大力推进文化创意和设计服务与相关产业融合发展。营造创意设计氛围，不断提高创意设计能力，提高特色文化产品的创意设计水平。鼓励具备条件的地区挖掘优秀地方和民族特色文化，推进文化科技融合创新，发展动漫游戏、网络音乐、网络演艺、网络广告、文化电子商务和增值服务等新兴业态。依托藏羌彝文化产业走廊人文、自然资源，开展国际性摄影活动，建设世界级摄影基地。

（二）优化空间布局

1. 构建核心区域

充分发挥核心区域资源优势和辐射作用，促进文化资源合理流动，提高生产要素集中度，建设藏羌彝民族文化特色最为凸显、文化旅游服务能力突出的特色文化产业发展核心区和文化旅游目的地。依托唐蕃古道、茶马古道、南方丝绸之路及古驿道、古栈道等古代交通道路和线性文化遗产资源，发挥高速公路、铁路等现代交通线路在要素聚集和流通中的通道效益，促进区域内特色文化产业带状聚集，形成以线路串联文化生产与服务的独特方式。

2. 完善梯度布局

保护和弘扬优秀传统文化，延续城市历史文脉，承载乡愁和文化记忆，建设特色文化城镇和乡村。支持枢纽城市发挥技术、人才、资金密集优势，建设具有辐射带动效应的文化创意中心城市和游客集散中心，为藏羌彝文化产业走廊发展提供基础保障。鼓励中小城市加强基础设施和配套服务设施建设，加强文化资源创意策划和转化，完善各类生产服务网络，满足多样化文化消费需求。鼓励发展农村手工艺品、民间演出和乡村文化旅游，培育一批特色文化产业乡镇和文化产业特色村，扩大农村就业，增加农民收入。坚持特色化、差异化发展，突出不同地区、不同民族文化特色，发挥各自优势，促进形成布局合理、分工协作、相互促进的藏羌彝文化产业走廊发展格局。

（三）加强文化产品生产

1. 推动骨干企业和园区基地发展

推动区域内国有文化企业根据各自的功能定位进行公司制和股份制改造，完善现代企业制度，健全协调运转、有效制衡的公司法人治理结构，在藏羌彝文化产业走廊建设中发挥重要作用。降低社会资本进入门槛，鼓励各类非公有资本参与藏羌彝文化产业走廊建设，鼓励各类市场主体公平竞争、优胜劣汰，提高文化产业活力和竞争力。充分发挥各级文化产业园区基地的产业集聚优势，形成区域性创新中心和成果转化中心，发展立足西部、面向全国、具有较强引领示范效应的特色文化产业集群。

2. 扶持小微文化企业（机构）

通过政府采购、信贷支持、加强服务等多种形式扶持小微文化企业发展，提高藏羌彝区域内文化产业活力和创意创新水平。简化创办手续，降低准入门槛，鼓励各类工艺美术师、非物质文化遗产传承人等具有特殊技艺的文化人才通过多种形式进入文化产业，支持个体创作者、工作室、民办非企业文化机构、文化产业专业合作社发展。鼓励各类小微文化企业（机构）向“专、精、特、新”方向发展，强化特色经营，提供特色产品和特色服务。

3. 培育知名文化品牌

推动自主品牌建设，坚持以市场为导向，通过市场竞争、优胜劣汰，培育拥有较高知名度和美誉度的文化品牌。完善传统工艺、技艺的认定保护机制，鼓励挖掘、保护、发展中华老字号等民间特色传统技艺和服务理念，加大知识产权的创造、运用、保护和管理力度。鼓励各地培育、发展“一地（县、镇、村）一品”，在文化旅游、演艺娱乐、工艺美术等领域，形成一批藏羌彝文化产品知名品牌。鼓励各地依托民族传统节庆，规范举办主题文化周、文化月、电影周、旅游节等，形成具有产业优势、艺术优势和创新优势的新兴文化活动品牌。建立健全品牌授权机制，建立文化品牌营销推广平台，扩大优秀品牌产品生产销售。支持区域内文化企业在境外开展宣传推介、投资合作，创建国际化营销网络和知名品牌。

五、保障措施

（一）加大财税扶持

充分发挥财政资金杠杆作用，加大公共财政对藏羌彝文化产业走廊建设的支持力度，把藏羌彝文化产业走廊作为重大项目纳入中央财政文化产业发展专项资金扶持范围。重点支持具有地域特色和民族风情的文化旅游开发、民族工艺品创意设计以及相关衍生产品生产、特色文化资源向现代文化产品转化和品牌推广等。推动落实文化创意和设计服务与相关产业融合发展、《西部地区鼓励类产业目录》等税收优惠政策。

(二)支持重点项目

依托国家文化产业项目服务平台，建立藏羌彝文化产业走廊重点项目库，制定《藏羌彝文化产业走廊重点项目管理办法》，征集并发布年度《藏羌彝文化产业走廊重点项目》，加强对重点项目宣传推介、招商引资、交易合作等方面服务。文化部、财政部建立相应工作机制，优先支持符合条件的重点项目，享受中央财政文化产业发展专项资金项目补助、保费补贴、绩效奖励等扶持。充分利用文化部与相关金融机构部行合作机制、文化产业投融资公共服务平台，加大对重点项目的投融资服务，中央财政对符合支持条件的项目予以贷款贴息扶持。鼓励和支持有条件的地方设立藏羌彝文化产业走廊投资引导基金，吸引社会资本广泛参与，加大对重点项目的投入力度。

(三)注重科学发展

坚持生态文明、传承文化，着力推进绿色发展、循环发展、低碳发展，尽可能减少对自然生态和传统文化的干扰和损害，节约集约利用土地、森林等资源。在产业发展尤其是特色街区、特色村镇、园区基地建设中，尊重自然，顺应自然，保护自然生态和乡村原始风貌，突出传统特点，不搞大拆大建，不拆真建假，不毁坏古迹和历史记忆，不强行撤并村庄。

(四)搭建服务平台

支持建设一批政府引导、企事业单位承建、市场化运作，集创意研发、技术支撑、信息咨询、人才培养、统计调查等功能于一体的综合服务平台。完善区域信息咨询、中介服务、招商引资等措施，加大对重点文化企业、各类文化产业人才和战略投资者的服务力度。依托区域内各级文化产业示范园区基地，建设中小文化企业创业孵化基地。成立藏羌彝文化产业走廊建设专家委员会，加强对区域内文化产业发展的行业指导、咨询服务、评估考核。

(五)强化人才支撑

完善人才培养、引进和激励机制，引进培养一批领军人才、创意人才和高技能人才。支持区域内文化企业与高等院校、职业教育培训机构建立产学研合作的人才培养机制，建设一批文化产业人才培养基地。办好各类文化产业人才培训班，加大对藏羌彝文化产业走廊建设的人才支持力度。在文化产业创业创意人才扶持计划、重点文化设施经营管理人才培养计划等项目中，对民族地区创业创意人才和经营管理人才予以重点支持。通过“走出去、请进来”的方式，加强与文化产业发达地区和各国文化产业界的交流，培养国际化人才。

(六)优化发展环境

充分利用中国西部文化产业博览会等交易平台，促进藏羌彝文化产业走廊文化产品和服务交易。提升各类交易平台的信息化和网络化水平，加强文化产品营销渠道和传播体系建设。支持在境外举办项目推介和产品展销活动，扶持藏羌彝文化精品进入国际市场。建立健全现代文化市场体系，发展县、镇(乡)、村文化旅游和文化产品销售市场网点，加强市场监管和创意知识产权保护，营造统一开放、竞争有序的文化市场环境。

(七)加强组织实施

藏羌彝文化产业走廊相关地区各级文化行政部门、财政部门要在党委政府的统一领导下，结合本地实际制定本区域藏羌彝文化产业走廊建设规划和实施方案，加强对重点文化产业项目的扶持、服务与督查。要主动加强与当地发展改革、税务、旅游、民族、宗教、金融等部门的沟通协调，充分发挥各类文化产业协会在信息服务、国际交流、人才培训、行业自律等方面的重要作用，形成各部门共同支持、全社会积极参与藏羌彝文化产业走廊建设的良好氛围。

附图　藏羌彝文化产业走廊区位示意图

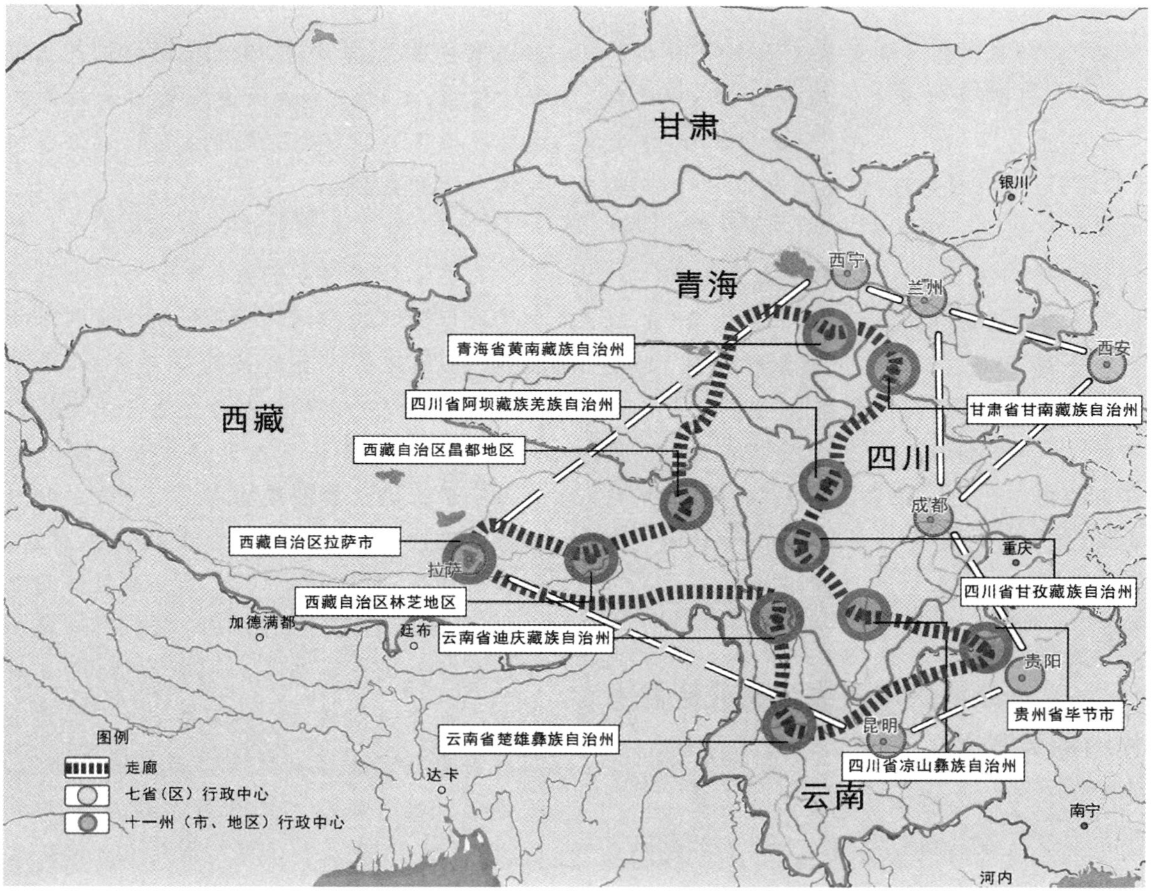

文化部　中国人民银行　财政部
关于深入推进文化金融合作的意见

文产发〔2014〕14号

各省、自治区、直辖市文化厅（局）、财政厅（局），各计划单列市文化局、财政局；中国人民银行上海总部，各分行、营业管理部，省会（首府）城市中心支行，副省级城市中心支行；国家开发银行、各政策性银行、国有商业银行、股份制商业银行、中国邮政储蓄银行：

为贯彻落实党的十八届三中全会"鼓励金融资本、社会资本、文化资源相结合"的要求，巩固扩大中国人民银行、财政部、文化部等部门《关于金融支持文化产业振兴和发展繁荣的指导意见》（银发〔2010〕94号）的实施成果，深入推进文化与金融合作，推动文化产业成为国民经济支柱性产业，特提出以下意见：

一、充分认识深入推进文化金融合作的重要意义

（一）文化金融合作已经成为我国文化产业发展的显著特点和重要成果，成为我国文化产业持续快速健康发展的重要动力。《关于金融支持文化产业振兴和发展繁荣的指导意见》实施以来，各级政府部门发挥政策指引和组织协调优势，推动文化产业与金融业全面对接；金融机构积极开拓文化产业市场，创新文化金融服务，金融支持文化产业取得显著成效，为文化产业发展提供了有力的资金支持；文化企业积极主动运用金融手段实现自身发展，完善了现代企业制度，提升了公司治理水平；各类社会资本积极投入文化产业，形成了多层次、多渠道、多元化的文化产业投融资体系；文化产业的快速发展为金融业的发展提供了新空间，已经成为金融业业务拓展转型的重要方向。

（二）文化产业在经济社会发展和文化建设中的重要作用日益凸显，与相关产业融合发展的步伐加快，对国民经济的贡献率不断提升。当前经济社会发展的新趋势、人民精神文化生活需求的新变化对文化产业发展提出了新要求，全面深化改革为文化金融合作提供了新机遇。要继续深入落实《关于金融支持文化产业振兴和发展繁荣的指导意见》的各项措施，坚持创新驱动，加强政策协同配合，按照差异化、精细化、科学化原则，继续加大对重点文化产业项目的金融支持，完善对文化产业薄弱领域的金融服务，引导文化企业科学投资经营，优化文化产业投融资结构，缓解金融服务供给与文化发展需求间的矛盾，促进文化产业规模化、集约化、专业化发展。

二、创新文化金融体制机制

（三）创新文化金融服务组织形式。鼓励金融机构建立专门服务文化产业的专营机构、特色支行和文化金融专业服务团队，并在财务资源、人力资源等方面给予适当倾斜，扩大业务授权，科学确定经济资本占用比例，加大信贷从业人员的绩效激励，提高文化金融服务专业化水平。支持发展文化类小额贷款

公司，充分发挥小额贷款公司在经营决策和内部管理方面的优势，探索支持小微文化企业发展和文化创意人才创业的金融服务新模式。在加强监管的前提下，支持具备条件的民间资本依法发起设立中小型银行，为文化产业发展提供专业化的金融服务。

（四）建立完善文化金融中介服务体系。支持有条件的地区建设文化金融服务中心，通过政策引导、项目对接、信息服务、业务培训、信用增进、资金支持等方式，服务于文化企业和金融机构，促进文化与金融对接，扶持骨干文化企业和小微文化企业，搭建文化金融中介服务平台。推动文化产业知识产权评估与交易，加强著作权、专利权、商标权等文化类无形资产的评估、登记、托管、流转服务。鼓励法律、会计、审计、资产评估、信用评级等中介机构为文化金融合作提供专业服务。在清理整顿各类交易场所基础上，引导文化产权交易所参与文化金融合作。建立完善多层次、多领域、差别化的融资性担保体系，促进银行业金融机构与融资性担保机构加强规范合作，为文化企业融资提供增信服务。

（五）探索创建文化金融合作试验区。为探索金融资源与文化资源对接的新机制，引导和促进各类资本参与文化金融创新，建立文化金融合作发展的长效机制，文化部、中国人民银行择机选择部分文化产业发展成熟、金融服务基础较好的地区创建文化金融合作试验区，探索建立地方政府、文化、金融等多部门沟通协作机制，通过创新地方政府资金投入方式，引导和促进金融机构创新金融产品和服务模式，搭建文化金融服务平台，完善文化金融发展政策环境，集中优质资源先行先试，探索符合本地区特点的文化金融创新模式。

三、创新符合文化产业发展需求特点的金融产品与服务

（六）加快推动适合文化企业特点的信贷产品和服务方式创新。鼓励银行业金融机构发挥各自比较优势打造适合文化企业特点的金融服务特色产品。在有效控制风险的前提下，逐步扩大融资租赁贷款、应收账款质押融资、产业链融资、股权质押贷款等适合文化企业特点的信贷创新产品的规模，探索开展无形资产抵质押贷款业务，拓宽文化企业贷款抵质押物的范围。全面推动文化金融服务模式创新，支持银行业金融机构根据文化企业的不同发展阶段和金融需求，有效衔接信贷业务与结算业务、国际业务、投行业务，有效整合银行公司业务、零售业务、资产负债业务与中间业务。综合运用统贷平台、集合授信等方式，加大对小微文化企业的融资支持。鼓励银行、保险、投资基金等机构联合采取投资企业股权、债券、资产支持计划等多种形式为文化企业提供综合性金融服务。

（七）完善文化企业信贷管理机制。鼓励银行业金融机构建立和完善针对文化企业或文化项目融资的信用评级制度，充分借鉴外部评级报告，提升对文化企业或文化项目贷款的信用评级效率。完善文化贷款利率定价机制和风险管理机制，针对文化企业或文化项目的资金流特点和风险特征，实施差别化定价，合理确定贷款期限和还贷方式。

（八）加快推进文化企业直接融资。鼓励大中型文化企业采取短期融资券、中期票据、资产支持票据等债务融资工具优化融资结构。支持具备高成长性的中小文化企业通过发行集合债券、区域集优债券、行业集优债券、中小企业私募债等拓宽融资渠道。引导私募股权投资基金、创业投资基金等各类投资机构投资文化产业。支持文化企业通过资本市场上市融资、再融资和并购重组。加强对文化企业上市的辅导培育，探索建立文化企业上市资源储备库，研究分类指导不同类型文化企业与资本市场对接。鼓励文化企业

并购重组，实现文化资本跨地区、跨行业、跨所有制整合。支持文化企业通过全国中小企业股份转让系统和区域性股权交易市场实现股权融资。

（九）开发推广适合对外文化贸易特点的金融产品及服务。积极支持文化企业海外并购、境外投资，推进文化贸易投资的外汇管理和结算便利化，完善金融机构为境外文化企业提供融资的规定，探索个人资产抵质押等对外担保的模式，提高文化企业外汇资金使用效率，防范汇率风险。积极发挥文化金融在自由贸易区、丝绸之路经济带、海上丝绸之路等建设中的作用。

（十）加大金融支持文化消费的力度。鼓励金融机构开发演出院线、动漫游戏、艺术品互联网交易等支付结算系统，鼓励第三方支付机构发挥贴近市场、支付便利的优势，提升文化消费便利水平，完善演艺娱乐、文化旅游、艺术品交易等行业的银行卡刷卡消费环境。探索开展艺术品、工艺品资产托管，鼓励发展文化消费信贷。鼓励文化类电子商务平台与互联网金融相结合，促进文化领域的信息消费。

（十一）推进文化产业与相关产业融合发展。认真研究中国特色新型工业化、信息化、城镇化、农业现代化为文化产业发展带来的新机遇，结合文化产业与信息业、建筑业、旅游业、制造业等相关产业融合发展的趋势和融资特点，研究项目融资的行业标准。推动互联网金融业务与文化产业融合发展，鼓励电子商务平台类机构发挥技术、信息、资金优势为文化创业创意人才、小微文化企业提供特色金融服务。

（十二）创新文化资产管理方式。推进符合条件的文化信贷项目资产证券化，释放信贷资源，缓解金融机构资本充足率压力，盘活存量资产，形成文化财富管理。鼓励资产管理机构和金融机构市场化处置改制文化企业资产。提高文化类不良资产的处置效率。

四、加强组织实施与配套保障

（十三）文化部、中国人民银行、财政部建立文化金融合作部际会商机制，共同推动文化产业政策与金融政策、财政政策的制定和实施。地方文化行政部门、人民银行分支机构、财政部门要按照本意见的要求，根据本地区实际，加强对文化金融工作的组织领导，制定和完善本地区文化金融工作的具体措施，面向文化企业和金融机构加强宣传和组织协调，密切政银合作，加强银企对接，抓好贯彻实施。文化行政部门要积极与金融机构开展合作，发挥政府部门的组织协调优势和金融机构的融资、融智优势，在合作形式、内容、规模等方面不断探索实践。金融机构要不断提升文化金融服务专业化水平，加大文化金融服务专营机构的建设、管理和资源配置力度，建立和完善文化金融工作的工作机制，不断开拓创新。文化企业要提高自身经营管理和财务运行水平，积极与金融机构搞好对接，提升文化企业与金融机构的议价能力。

（十四）加强文化金融公共服务。研究开展文化产业融资规模统计，探索制定文化金融服务标准。发挥“文化部文化产业投融资公共服务平台”的功能和作用。编制文化产业重点融资项目目录，完善融资项目的推荐机制，制定文化产业投融资领域负面清单，支持各地建立文化企业融资项目库，发挥重点项目的示范引导作用。加强文化企业信用体系建设，依托人民银行征信系统、文化市场监管与服务平台等，推动部行信用信息基础数据互联互通，弥补市场缺失，促进文化企业与金融机构之间的信息联通。进一步完善文化部与金融机构的部行合作机制，同时推进与保险、债券、证券、投资等机构之间的合作。

宣传和推广文化金融合作的政策、经验和成效，普及文化金融知识，加大文化金融人才培训力度，提高文化系统、文化企业利用金融市场和金融工具的能力，营造文化金融发展的良好氛围。探索建设文化金融社会化组织，发挥其桥梁纽带作用。

（十五）加强财政对文化金融合作的支持。中央财政在文化产业发展专项资金中安排专门资金，不断加大对文化金融合作的扶持力度。实施“文化金融扶持计划”，支持文化企业在项目实施中更多运用金融资本，实现财政政策、产业政策与文化企业需求有机衔接。建立财政贴息信息共享机制，推动文化金融合作信贷项目库建设，完善项目准入、退出机制，确保入库项目质量。充分发挥财政政策引导示范和带动作用，完善和落实贷款贴息、保费补贴等政策措施，引导金融资本投向文化产业，逐步建立文化产业贷款风险分担补偿机制，为文化企业融资提供风险屏障。

文化部　中国人民银行　财政部

2014 年 3 月 17 日

文化部关于贯彻落实《国务院关于推进文化创意和设计服务与相关产业融合发展的若干意见》的实施意见

文产发〔2014〕15 号

各省、自治区、直辖市文化厅(局),新疆生产建设兵团文化广播电视局,各计划单列市文化局:

为深入贯彻落实《国务院关于推进文化创意和设计服务与相关产业融合发展的若干意见》(国发〔2014〕10 号,以下简称《若干意见》),提高文化产业创意水平和整体实力,推动文化创意和设计服务与相关产业深度融合,制定本实施意见。

一、深刻领会、准确把握推进文化创意和设计服务与相关产业融合发展的重大意义和工作思路

《若干意见》的发布,体现了中央在新形势下对文化产业战略地位和重大作用的准确把握,标志着文化创意和设计服务与相关产业融合发展已经成为国家战略,对促进经济结构调整和发展方式转变、提升产业竞争力、满足多样化消费需求、提高人民生活质量具有重要意义,对提升全民文化素质、增强文化整体实力和竞争力、提高国家文化软实力有着重要的促进作用。各级文化行政部门要主动把文化产业融入经济社会发展全局,认真研判、准确把握产业融合发展新趋势,打破部门行业区域藩篱,创新理念方式手段,抓好政策措施落实,在切实提升文化产业的创意水平和整体实力的基础上,更加积极主动地发挥文化创意和设计服务对相关产业发展的支持作用,以文化提升相关产业产品和服务的附加值,以融合发展拓展文化产业发展空间,实现文化产业与相关产业相互促进、共同发展。

二、提升文化产业的创意水平和整体实力

(一)创意设计业。坚持注重创意创新、淡化行业界限、强调交互融合的大设计理念,不断提高创意设计能力,充分发挥创意设计对实体经济相关领域的促进作用。推动民族文化元素与现代设计有机结合,形成有中国文化特色的创意设计发展路径。促进创意设计与现代生产生活和消费需求对接,拓展大众消费市场,探索个性化定制服务。支持建设数个有国际影响力的"设计之都"。优化提升北京国际设计周、中国苏州文化创意设计产业交易博览会等专业会展,为创意设计推广、交易和交流合作提供平台。

(二)动漫、游戏业。扶持内容健康向上、富有创意的优秀原创动漫产品的创作、生产、传播和消费。组织评选好中国文化艺术政府奖动漫奖,继续实施国家动漫品牌建设和保护计划,加大对优秀动漫创意人才的扶持力度。推广手机(移动终端)动漫行业标准,鼓励面向新媒体渠道的动漫游戏创作。提高游戏产品的文化内涵,培育国产游戏知名品牌,增强游戏产业核心竞争力和国际影响力。加强网络游戏规范管理,积极引导行业和企业自律。办好中国国际动漫游戏博览会,建设

最具影响力的专业化、国际化动漫游戏会展交易平台。

（三）演艺、娱乐业。通过政府购买服务、原创剧目补贴、以奖代补等方式，扶持演艺企业创作生产，增强面向市场服务群众的能力。加强舞美设计、舞台布景创意和舞台技术装备创新，丰富舞台艺术表现形式。鼓励演艺企业创作开发体现中华优秀文化、面向国际市场的演艺精品。加快演艺基础设施建设改造和文艺演出院线建设。支持开发具有民族文化特色、健康向上的原创娱乐产品和新兴娱乐方式，促进娱乐业与休闲产业结合。鼓励娱乐企业连锁经营，促进娱乐产品传播消费。

（四）艺术品业。支持多种艺术形式、艺术风格、艺术流派创新发展，鼓励创作更多思想性艺术性观赏性俱佳的艺术品。加强艺术品市场需求和消费趋势预测研究，促进艺术创作与市场需求对接、与生活结合。推动画廊业健康发展，扶持经纪代理制画廊等市场主体，引导、培育和建设艺术品一级市场。鼓励原创新媒体艺术发展。鼓励开发艺术衍生品和艺术授权产品，培育艺术品市场新增长点。鼓励有实力的艺术家积极开拓境外市场。加强对优秀青年艺术家的培育、宣传、推广服务。办好中国（北京）艺术品产业博览会，搭建全国性、专业化、品牌化的艺术品产业交易交流平台。

（五）工艺美术业。坚持保护传承和创新发展相结合，发掘民族文化元素，突出地域特色，在保护多样性和独特性的基础上，促进工艺美术业全面健康发展。保护传承传统技艺，推动传统工艺美术产品融入现当代生活。在保护传承的基础上，支持开发新技术、新工艺、新产品，增加艺术含量和科技含量，提高产品附加值。强化品牌意识，培育一批有较高知名度的工艺美术品牌。

三、充分发挥文化创意和设计服务对相关产业发展的支持作用

（六）加强文化创意和设计服务与装备制造业、消费品工业对接。提升文化创意和设计服务企业服务装备制造的能力，支持基于新技术、新工艺、新设备、新材料的应用设计和文化内涵开发，进一步提升实用功能和审美性。推动在生活消费品制造中引入创意设计元素，提高附加值，引导消费升级。鼓励文化企业与制造企业深度合作，通过形象授权、限量复制、加盟制造、委托代理等形式开发文化衍生产品，推动文化创意和设计服务渗透到制造业产品生产、销售流通、宣传推广全过程。

（七）注重文化建设与人居环境相协调。鼓励文化创意和设计服务单位参与新型城镇化和新农村建设，强化创意设计理念，丰富文化元素，提升村镇规划和农村住宅、居民点建设水平，提升城乡居民宜居水平。强化文化传承创新，有效保护历史文化街区和历史建筑，提高城市公共空间和公共艺术的规划水平和设计品质，合理发展各类艺术园区，完善图书馆、文化馆、美术馆、博物馆等公共文化设施功能，提高展陈水平，努力使城市成为历史底蕴厚重、时代特色鲜明的人文空间。推进文化生态保护区建设，保持乡村原始风貌、文化特色和自然生态，保护有历史、艺术价值的传统村落和民居，建设各具特色的美丽乡村。鼓励装饰设计创新，突出文化内涵，创造舒适优美的个性化家居环境。

（八）加快文化与科技融合。促进文化与科技双向深度融合，依托高新技术增强文化产品的表现力、感染力、传播力，强化文化对信息产业的内容支撑和创意提升。通过国家文化科技提升计划和文化科技创新项目，研发一批具有自主知识产权的核心技术，推广

一批高新技术成果，提升文化行业技术与装备水平。推动高新技术成果向文化领域的转化应用，加强对传统文化产业的技术改造，培育新兴文化业态。鼓励对舞台剧目、音乐、美术、文化遗产的数字化转化，支持开发适宜互联网、移动终端的数字文化产品。加强多媒体、动漫游戏软件开发，推动动漫游戏与虚拟仿真技术在相关产业中的集成应用。

（九）促进文化旅游融合发展。鼓励文化创意和设计服务进入旅游业，提升文化旅游产品开发和服务设计水平，促进发展特色文化旅游，促进发展参与式、体验式等新型业态。鼓励文化创意、演艺、工艺美术与旅游资源整合，开发具有地域特色和民族风情的旅游演艺精品和旅游商品。支持建设富有文化特色与内涵的休闲街区、特色村镇、旅游度假区，加快培育文化旅游精品。

（十）推动文化与特色农业有机结合。充分发挥文化在服务“三农”中的作用，鼓励文化创意和设计服务企业及个人工作室为乡村集体经济组织、专业合作社、农户开展多种形式的创意设计，提升农产品文化附加值，提高农业品牌的知名度。加强休闲农业与乡村旅游经营场所的创意设计，支持建设集农耕体验、田园观光、教育展示、文化创意于一体的休闲农业创意园。促进农业文化遗产的保护。

（十一）促进文化与体育产业融合发展。鼓励文化企业向体育领域拓展，支持发展体育竞赛表演、电子竞技、体育动漫等新业态。加强创意设计，提升体育用品及衍生产品附加值。丰富传统节庆活动内容，支持各地依托自然人文资源举办特色体育活动。

四、实施重要文化产业促进计划与工程

（十二）文化产业创业创意人才扶持计划。适应创业创意人才成果转化、市场推广的需要，通过加大资金投入、提供展示机会、扩大品牌影响，鼓励各类文化人才大胆创意、创造和创新，促进融合发展。制订人才选拔条件，5 年内重点扶持 5000 名青年创业创意人才，建设创业创意人才库。以文化会展、画廊、竞技比赛等为平台，通过提供展示交易机会、奖励、补助等形式对创意人才予以支持。依托文化产业园区基地和各类支持平台，建设文化产业创业创意人才扶持计划实践基地。

（十三）成长型小微文化企业扶持计划。落实国家关于扶持小微企业发展的政策措施，引导和帮助各类小微文化企业增强盈利能力和发展后劲。发挥文化产业园区基地的孵化、服务功能，培育具有地方特色的小微文化企业和个人工作室，支持文化创意和设计服务企业向专、精、特、新发展，重点培育一批具有较强创意创新能力和发展潜力的中小微文化企业。

（十四）特色文化产业发展工程。以特色文化资源保护和合理利用为基础，鼓励各地不断推出特色鲜明的文化产品和服务，引导特色文化产业与建筑、园林、农业、体育、餐饮、服装、生活日用品等领域融合发展。合理规划、引导实施一批特色文化产业项目，支持建设一批文化特色鲜明、产业优势突出的特色文化产业示范区。建设有历史记忆、地域特色、民族特点的特色文化城镇和乡村。持续推进藏羌彝文化产业走廊建设，突出民族文化特色，推进文化与生态、旅游的融合发展，建成国际知名的文化旅游目的地和有示范效应的特色文化产业带。

（十五）数字文化产业发展工程。强化创新驱动，积极支持科研机构和企业加强数字文化产业关键技术研发、产业融合、商业模式创新和品牌培育。推动建立高技术服务业专项支持数字内容动漫游戏领域项目的长效机制。支持建立数字内容生产、转换、加工、投

送平台,加强网络文化信息内容建设。加强数字文化产业人才培养和趋势研究工作。

(十六)文化产业投融资体系推进工程。发挥文化产业、金融、财政政策协同作用,深化文化金融合作,引导金融资本支持文化创意和设计服务发展。根据文化创意和设计服务企业特点和资产特性,创新文化金融服务体制机制,创新文化金融产品和服务。加大文化金融人才培训力度,提升文化创意和设计服务企业的投融资能力。推进文化金融合作改革试点工作,探索创建文化金融合作试验区。实施"文化金融扶持计划",发挥财政对文化金融合作的引导带动作用。

(十七)文化产业园区基地提升工程。支持文化产业园区基地更好地发挥促进创意孵化、加强人才培养、推进产业融合、建设服务平台、培育文化品牌等功能,促其转型升级。依托国家级新区、现代服务业合作区、综合实验区、自由贸易区等,推进资源整合,支持建设数个高起点、规模化、代表国家水准和未来发展方向的文化产业园区。推进动态管理,完善退出机制,严格控制园区基地数量,提高发展水平。

五、落实支持政策和保障措施

(十八)落实相关经济政策。加快推进文化创意和设计服务企业认定标准制定和认定试点工作,确定企业创意设计费用税前扣除范围和标准,将《若干意见》提出的税收、土地、价格等优惠政策落到实处。经认定的文化创意和设计服务企业减按15%税率征收企业所得税,发生的职工教育经费支出不超过工资薪金总额8%的部分,准予在计算应纳税所得额时扣除。企业发生的符合条件的创意和设计费用执行税前加计扣除政策。推动落实文化创意和设计服务出口营业税免税政策。推动营业税改增值税试点有关政策在文化创意和设计服务领域落实。支持以划拨方式取得土地的单位利用存量房产、原有土地兴办文化创意和设计服务,并享受相关政策。推动落实文化创意和设计服务企业用水、用电、用气、用热与工业同价。推动落实对非物质文化遗产项目经营实行税收优惠政策。用好各类文化产业发展专项资金、投资基金,发挥财政资金杠杆作用,吸引社会资本广泛参与,促进文化创意和设计服务蓬勃发展。将文化创意和设计服务与相关产业融合纳入文化部文化金融合作工作框架、文化产业投融资服务体系的重点支持与服务范围。推动建立完善文化创意和设计服务企业无形资产评估体系,提高文化保险产品开发力度和服务水平。

(十九)营造创意创新环境。加强文化类知识产权运用和保护,促进知识产权转化和合理有效流通,加大对侵权行为的打击力度,健全创新创意激励保障机制。营造鼓励创新、宽容失败的文化创造环境,支持企业和个人加强产品研发和内容原创,推动文化内容、形式、手段创新。提高政府公共文化服务水平,发挥各类公共文化机构功能,培育公众文化创新创造意识。搭建各类文化交流平台,为文艺创作者、创意设计人才深入生活提供条件。积极推动创意社区建设。

(二十)加大人才培养力度。发挥高校院所、文化企业、园区基地、创业创意孵化器等各自优势,推进产学研用合作培养人才。实施重点文化设施经营管理人才培养计划,有效提升剧院、图书馆、博物馆、文化产业园区基地等各类文化设施经营管理水平。办好国家数字文化产业高级研修班、国家原创动漫高级研修班、西部文化产业经营管理人才培训班、文化产业投融资实务系列研修班,组织全国演艺企业经营管理人才进行分批次系统化轮训。鼓励依托工作室、文化名人、艺术大师，培养具有较强创意创新能力和国际视野的文化创意和设计服务人才。推动将非物质文化遗产传承人培养纳入职业教育体系，推动将学艺者纳入免费中等职业教育范畴，并提供资金补助、免费培训等扶持。规范和鼓励举办国际化、专业化的创意和设计竞赛活动，促进创意和设计人才创新成果展示交易。

（二十一）扩大市场需求。加强全民文化艺术教育，提高人文素养，提升文化消费水平。积极推进与相关部门对文化消费现状和发展规律研究，发布文化消费指数，引导文化消费。鼓励实施文化消费补贴制度，开展文化惠民活动，培育文化消费需求，扩大文化消费规模。结合公共文化服务体系建设，继续扩大各类文化产品和服务的政府采购。支持有条件的地区建设有特色、专业化的文化创意产品和设计服务的交易市场。鼓励文化创意和设计服务企业利用电子商务平台开展网络销售。

（二十二）加强公共服务。加强对文化创意和设计服务与相关产业融合发展的支撑，提高公共技术、资源信息、投资融资、交易展示、人才培养、交流合作等服务能力。完善创意创业服务体系，支持各类创意创业孵化器发展，促进创意成果转化和创业团队孵化。建设一批布局合理、功能完善、运营高效的文化产业技术服务平台。引导各类文化产业展会转型升级，提升其市场化、专业化、国际化水平。

（二十三）鼓励开拓境外市场。综合运用多种政策手段，对文化服务出口、境外投资、营销渠道建设、市场开拓、公共服务平台建设、文化贸易人才培养等方面给予支持。减少对文化出口的行政审批事项，简化手续，缩短时限。支持有条件的企业通过海外并购、联合经营、设立分支机构等方式开拓境外市场。加强对外文化贸易公共信息服务，及时发布国际文化市场动态和国际文化产业政策信息。在重点出口地区建立和完善创意设计产品出口服务平台，推动中国原创设计产品走入国际市场。支持文化创意和设计服务企业参加国际知名展会和文化活动。鼓励发展设计服务外包。鼓励文化创意和设计服务企业通过文化交流、项目合作等方式，积极参与国际交流合作。

六、加强组织实施

各级文化行政部门要认真学习、深刻认识《若干意见》的重大意义，领会精神实质，按照本实施意见要求，在党委、政府的领导下，统一思想，提高认识，把文化创意和设计服务与相关产业融合发展列入重要议事日程，结合本地区实际制定配套政策措施，创造性地抓好组织实施。要主动加强与发展改革、财政、教育、科技、土地、税务、金融等部门的沟通协调，把各项政策措施落到实处。推进文化产业促进立法进程。充分发挥各级各类文化产业协（学、商）会、中介组织、研究机构等在提供政策咨询、加强行业自律、促进行业发展、维护企业合法权益、制定行业标准等方面的重要作用。

文化部

2014 年 3 月 20 日

文化部　工业和信息化部　财政部
关于大力支持小微文化企业发展的实施意见

文产发〔2014〕27号

各省、自治区、直辖市文化厅(局)、中小企业主管部门、财政厅(局),新疆生产建设兵团文化广播电视局、中小企业主管部门、财务局,各计划单列市文化局、中小企业主管部门、财政局:

近年来,我国小微文化企业迅猛发展,在活跃文化市场、激发产业活力、促进文化创新、增加社会就业、丰富文化供给、满足人民精神文化需求等方面发挥了积极作用,成为推动我国文化发展的重要力量。但小微文化企业在经营、成本、融资、人才、市场环境等方面仍面临许多困难。为深入贯彻落实党的十八届三中全会关于"支持各种形式小微文化企业发展"的要求,根据《国务院关于进一步支持小型微型企业健康发展的意见》(国发〔2012〕14号),结合当前发展实际,制定本意见。

一、高度重视小微文化企业发展

(一)支持小微文化企业发展,是全面深化改革战略部署的一项具体任务,是实现文化产业成为国民经济支柱性产业战略目标的重要举措和促进小微企业健康发展战略任务的重要组成部分。本意见支持的小微文化企业,是指演艺业、娱乐业、动漫业、游戏业、文化旅游业、艺术品业、工艺美术业、文化会展业、创意设计业、网络文化业、数字文化服务业等行业及从事非物质文化遗产生产性保护的企业中符合《中小企业划型标准规定》(工信部联企业〔2011〕300号)的小型和微型企业。要充分认识发展小微文化企业的重要意义,积极营造有利于提高小微文化企业创新能力、扩大发展规模、促进企业可持续发展的良好环境,进一步解放文化生产力,激发全社会文化创造活力。

二、增强创新发展能力

(二)培育企业发展优势。指导小微文化企业以满足人民多层次多样化文化需求为导向,以创意创新为驱动,走"专、精、特、新"和与大企业协作配套发展的道路,在开展特色经营、创新产品特色和服务、提升科技含量和原创水平等方面形成竞争优势。制定贯彻落实国家关于推进文化创意和设计服务与相关产业融合发展政策的配套措施,支持小微文化企业拓展与装备制造业、消费品工业、建筑业、信息业、旅游业、体育和特色农业等产业的融合发展空间。

(三)激发企业创新意识。鼓励小微文化企业把握传统文化与现代元素结合、文化与科技融合的发展趋势,催生新技术、新工艺、新产品、新服务。加快培育产权、版权、技术、信息等要素市场,为企业提升文化创意成果转化和市场化运用水平创造条件。加强文化品牌建设,促进小微文化企业向专业化、品牌化方向发展。加强知识产权保护法律法规、典型案例的宣传和培训,增强小微文化企业知识产权保护意识,提高知识产权保护和运用水平。

（四）提升经营管理水平。通过业务培训、树立典型、总结模式、推广经验等形式，帮助和引导小微文化企业建立与发展阶段和发展目标相适应的管理制度，创新管理手段，提高信息化管理水平，提升企业发展活力。鼓励小微文化企业运用电子商务、第三方支付平台等拓展经营领域，降低企业经营成本，提高资源使用效率。推动文化行业标准化建设，制定并推广一批文化产品、服务、管理等标准，支持小微文化企业提高管理水平。支持创业服务机构、管理咨询机构面向小微文化企业提供管理咨询服务。

三、打造良好发展环境

（五）优化文化市场环境。贯彻落实鼓励和引导民间资本进入文化领域的政策，鼓励社会资本投资、兴办小微文化企业。简化和减少文化市场行政审批事项，做好已取消和下放行政审批项目的落实工作。进一步完善文化市场行政审批信息公开制度，不断提高行政审批效率和查询、办理文化市场行政审批事项的便利程度。建立健全文化市场信用体系，完善失信惩戒和守信激励机制，引导小微文化企业诚实、自律、守信、互信经营。健全 12318 文化市场举报体系，畅通维权投诉渠道，严厉打击各种违法违规经营活动，切实保护小微文化企业合法权益。

（六）推进创业载体建设。引导现有文化产业园区、基地创新运营管理模式，提升服务小微文化企业发展的水平，将服务效果作为认定国家级文化产业示范园区、试验园区的一项重要条件。支持合理利用闲置厂房、场地和废弃工业设施等，将其改造建设成为具有较强创业辅导服务功能，运作规范、业绩突出的小微文化企业创业基地。对小微文化企业自发集聚形成的特色文化产业集群，要加强规范和引导，完善基础设施建设，提供相应配套服务，改善企业集聚发展环境。鼓励互联网创业平台、交易平台等新兴创业载体的发展，拓宽小微文化企业的互联网创业发展渠道。实施“成长型小微文化企业扶持计划”，培育一批具有发展潜力的小微文化企业和孵化效果显著的小微文化企业创业发展载体。

（七）加快人才培育步伐。将小微文化企业培训工作纳入“国家中小企业银河培训工程”扶持范围，加强对小微文化企业经营管理能力的培养。鼓励高等院校、职业院校、行业协会、小微文化企业创业载体和社会教育服务机构对小微文化企业经营者和创业者开展有针对性的知识教育和技能培训。推进网络课堂建设，创新人才培养模式，不断扩大小微文化企业培训工作覆盖范围。打破文化人才职称评定的体制壁垒，逐步建立面向社会文化艺术人才开放的职称评定制度。实施“文化产业创业创意人才扶持计划”，适应创业创意人才成果转化、市场推广的需要，运用市场化办法，体现普惠性原则，通过合适的平台，加大资金投入、提供展示机会、扩大品牌影响，促进创意成果转化和创业团队孵化。

（八）拓展企业营销途径。鼓励各类文化产业展会、中小企业展会、电子商务平台等面向小微文化企业提供有针对性的服务。政府部门组织企业参加境内外文化展览展销活动，在名额、费用等方面可向小微文化企业适当倾斜。培育一批服务小微文化企业的文化产品和服务经纪、代理机构。充分发挥驻外使领馆文化处（组）、海外中国文化中心等的作用，帮助小微文化企业了解和分析海外文化市场动态、建立和拓展海外营销网络。研究制定文化产品和服务出口的扶持措施，支持小微文化企业开拓国际文化市场。

（九）鼓励参与公共文化服务。鼓励小微

文化企业根据政府向社会力量购买服务的相关规定参与公共文化服务，支持有条件的地区探索制定项目补贴、定向资助等具体措施。在政府采购过程中，各级文化行政部门对小微文化企业及小微文化企业份额达到30%的联合体有自主知识产权的投标产品和服务，可在价格扣除优惠政策规定范围内按较高标准执行。

四、健全金融服务体系

（十）创新金融服务方式。巩固和深化文化行政部门、中小企业主管部门与金融机构的合作，鼓励银行业金融机构加大对小微文化企业的信贷投放力度，开展小微文化企业财务咨询、项目对接、贷前辅导等服务，支持保险机构开发适合小微文化企业特点的保险险种，探索开展保证保险、信用保险等业务。引导金融机构不断提升小微文化企业金融服务的便捷化、规模化、个性化水平。鼓励各级政府搭建的中小融资担保平台为小微文化企业提供担保。实施“文化金融扶持计划”，提升面向小微文化企业的金融服务规模与水平。

（十一）拓宽企业融资渠道。大力推广小微文化企业集合债券、集合信托、短期融资券和行业集优债券等。支持小额贷款公司等机构为小微文化企业融资提供相关服务。鼓励符合条件的小微文化企业通过在全国中小企业股份转让系统和区域性股权交易市场进行股权融资。积极引导各类型私募股权投资基金、创业投资企业投资小微文化企业。在清理整顿各类交易场所基础上，鼓励文化产权交易场所为小微文化企业发展提供服务。支持有条件的地方依托文化金融服务中心为小微文化企业提供中介服务。

五、完善财税支持政策

（十二）加大财政支持力度。充分发挥财政政策引导示范作用，着力改善小微文化企业发展环境，促进小微文化企业创业发展。加大中央财政文化产业发展专项资金支持力度，完善和落实项目补助、贷款贴息、保费补贴等措施，实现财政政策、产业政策与企业需求的有机衔接。支持小微文化企业在项目实施中更多运用金融资本、社会资本，符合条件的可通过“文化金融扶持计划”给予支持。各级财政部门要结合本地区实际，切实加强对小微文化企业发展的促进引导，鼓励有条件的地区制定和实施小微文化企业孵化培育专项计划，并探索建立小微文化企业融资风险补偿机制。

（十三）落实税费优惠政策。落实提高增值税和营业税起征点、暂免征收部分小微企业增值税和营业税、小型微利企业所得税减半征收，以及免征部分小微文化企业文化事业建设费、部分艺术品进口关税减免等各项已出台的税费优惠政策。按照有关规定有序推进动漫企业认定工作，落实支持动漫企业发展的相关税收优惠政策。研究完善有利于非物质文化遗产生产性保护企业发展的税收政策。结合营业税改征增值税改革试点，逐步将文化服务行业纳入“营改增”试点范围。

六、提高公共服务水平

（十四）构建公共服务网络。进一步完善文化产业投融资公共服务平台功能，不断丰富信息发布、政策查询、融资指导、人才培训等服务内容。加快全国文化市场技术监管与服务平台建设，提供政策指导、信息交流、项目与产品查询等公共服务。继续推动中小企业公共服务平台网络建设，有条件的地区，可探索开发面向小微文化企业的特色专业服务产品，发挥平台网络辐射作用，逐步提高服务水平，扩大服务范围。支持建立小微文化企业服务平台，符合条件的可作为国家中小企业公共服务示范平台予以重点培育。积极开展小微文化企业信用体系建设,并对信用好的小微文化企业给予重点支持。

(十五)发挥社会组织作用。鼓励文化行业协会、商会吸收小微文化企业入会,充分发挥行业协会、商会在规范市场秩序、开展行业自律、制定行业标准、调解贸易纠纷等方面的积极作用,切实维护小微文化企业权益。支持行业协会、商会与各类小微文化企业载体在发展规划、信息交流、市场推介、创意转化、投资融资、人才培训等方面开展合作,加强对小微文化企业创业发展的指导和服务。

(十六)营造良好舆论氛围。加强与新闻媒体的协调合作,发挥新闻媒体优势,广泛报道小微文化企业发展形势和扶持政策,深入挖掘和宣传成功企业的典型经验,激发全社会的创新创业精神,形成有利于小微文化企业创业和发展的舆论环境,进一步坚定小微文化企业的发展信心。

(十七)强化指导协调机制。各级文化行政部门、中小企业主管部门、财政部门要将支持小微文化企业发展工作作为一项长期任务来落实,并纳入本地区、本部门落实全面深化改革和文化建设的整体工作部署中。充分发挥本地区促进中小企业、小微企业发展工作领导小组作用,将文化行政部门纳入领导小组,做好小微文化企业发展的指导协调工作,形成政策叠加优势。加强对小微文化企业发展的调查研究,逐步建立起对小微文化企业发展情况定期抽样调查和常态化监测分析机制。

各级文化行政部门要结合本地区发展实际,会同中小企业主管部门、财政部门抓紧研究制订支持小微文化企业发展的具体办法,明确工作目标,细化工作任务,推动各项政策措施落到实处。

文化部　工业和信息化部　财政部

2014 年 7 月 11 日

文化部　财政部关于推动特色文化产业发展的指导意见

文产发〔2014〕28号

各省、自治区、直辖市文化厅(局)、财政厅(局),新疆生产建设兵团文化广播电视局、财务局,各计划单列市文化局、财政局:

特色文化产业是指依托各地独特的文化资源,通过创意转化、科技提升和市场运作,提供具有鲜明区域特点和民族特色的文化产品和服务的产业形态。发展特色文化产业对深入挖掘和阐发中华优秀传统文化的时代价值、培育和弘扬社会主义核心价值观、优化文化产业布局、推动区域经济社会发展、促进社会和谐、加快经济转型升级和新型城镇化建设,发挥文化育民、乐民、富民作用,具有重要意义。近年来,我国特色文化产业发展势头良好,但还存在产业基础薄弱、市场化程度不高、知名品牌较少、高端创意和管理人才不足等问题。为贯彻落实党的十七届六中全会关于发展特色文化产业、国务院关于推进文化创意和设计服务与相关产业融合发展的精神,加快实施《国家"十二五"时期文化改革发展规划纲要》,推动特色文化产业健康快速发展,特制定本意见。

一、总体要求

(一)基本原则

传承文化,科学发展。坚持古为今用、推陈出新,努力实现中华优秀传统文化的创造性转化、创新性发展。在产业发展尤其是特色街区、特色村镇、园区基地建设中,注重保护乡村原始风貌、文化特色和自然生态,突出传统特点,不搞大拆大建,不拆真建假,不毁坏古迹和历史记忆。

因地制宜,突出特色。立足各地特色文化资源和区域功能定位,发挥比较优势,明确发展重点,把文化资源优势转变为产业优势,构建具有鲜明区域和民族特色的文化产业体系,促进多样化、差异化发展。

创意引领,跨界融合。加强创意设计,打破行业和地区壁垒,促进特色文化资源与现代消费需求有效对接,加快特色文化产业与旅游等相关产业融合发展,提升产品品质,丰富产品形态,延伸产业链条,拓展特色文化产业发展空间。

市场运作,政府扶持。坚持企业主体、市场运作,更好地发挥政府的引导、扶持职能,完善政策措施,健全市场体系,优化发展环境,提升特色文化产业创新能力和发展活力。

(二)主要目标

到2020年,基本建立特色鲜明、重点突出、布局合理、链条完整、效益显著的特色文化产业发展格局,形成若干在全国有重要影响力的特色文化产业带,建设一批典型带动作用明显的特色文化产业示范区和示范乡镇,培育一大批充满活力的各类特色文化市场主体,形成一批具有核心竞争力的特色文化企业、产品和品牌。特色文化资源得到有效保护和合理利用,特色文化产业产值明显增加,吸纳就业能力大幅提高,产品和服务更加丰富,在促进地方经济发展、推动城镇化建设、提高生活品质、复兴优秀传统文化、提升文化软实力等方面作用更加凸显。

二、主要任务

（一）发展重点领域。鼓励各地发展工艺品、演艺娱乐、文化旅游、特色节庆、特色展览等特色文化产业。工艺品业要在保护多样性和独特性的基础上，坚持继承和创新相结合，促进特色文化元素、传统工艺技艺与创意设计、现代科技、时代元素相结合。演艺娱乐业要鼓励内容和形式创新，创作文化内涵丰富、适应市场需求的地域和民族特色演艺精品，支持发展集演艺、休闲、旅游、餐饮、购物等于一体的综合娱乐设施。文化旅游业要开发具有地域特色和民族风情的旅游产品，促进由单纯观光型向参与式、体验式等新型业态转变。特色节庆业要发掘各地传统节庆文化内涵，提升新兴节庆文化品质，形成一批参与度高、影响力大、社会效益和经济效益好的节庆品牌。特色展览业要依托各地文化资源，突出本地特色，实现市场化、专业化、品牌化发展。引导特色文化产业与建筑、园林、农业、体育、餐饮、服装、生活日用品等领域融合发展，培育新的产品类型和新兴业态。

（二）发展区域性特色文化产业带。加强对地缘相近、文脉相承区域的统筹协调，鼓励发展优势互补、相互促进的特色文化产业带。发挥现有区域合作框架作用，建立和完善特色文化产业区域合作机制，加强整体规划，围绕重点产业和重点项目，推动产业要素有效配置，促进区域特色文化产业协同发展。按照国家建设“丝绸之路经济带”总体部署，依托丝绸之路沿线丰富的文化资源，调动各方力量，推动丝绸之路文化产业带建设。持续推进藏羌彝文化产业走廊建设，合理规划、引导实施一批特色文化产业项目，突出民族文化特色，推进文化与生态、旅游的融合发展，建成国际知名的文化旅游目的地和有示范效应的特色文化产业带。促进南水北调工程景观与周边生态、文化、旅游资源有机融合，加快建设南水北调工程文化旅游产业带。

（三）建设特色文化产业示范区。加强规划引导、典型示范，鼓励各地结合当地文化特色不断推出优秀文化产品和服务，形成各具特色的文化产业发展格局，建设一批文化特色鲜明、产业优势突出的特色文化产业示范区。对投入力度大、工作取得明显成效的示范区予以重点扶持，充分调动地方政府积极性，引导各地深入研究评估当地可供产业开发的特色文化资源，提出资源利用和转化规划，推动特色文化产业有序集聚，形成一批集聚效应明显、孵化功能突出的特色文化产业基地、园区和集群。通过特色文化产业示范区的示范辐射作用，带动全国范围内特色文化产业创新发展，不断增强区域文化产业发展的核心竞争力，提升区域文化品格，打造地方文化名片。

（四）打造特色文化城镇和乡村。将特色文化产业发展纳入新型城镇化建设规划，延续城市历史文脉，承载文化记忆和乡愁，建设有历史记忆、地域特色、民族特点的特色文化城镇和乡村。明确城市文化定位和文化产业发展重点，把特色文化产业项目与城市景观风貌、功能布局紧密融合，形成地域特色，避免千城一面。突出传统特点，彰显文化特色，保护历史文化名镇名村和乡村原始风貌、自然生态，鼓励文化资源丰富的村镇因地制宜发展特色文化产业，建设一批文化特点鲜明和主导产业突出的特色文化产业示范乡镇、特色文化街区、特色文化乡村，促进城镇居民、农业转移人口和农民就业增收。

（五）健全各类特色文化市场主体。培育和引进特色文化骨干企业，发挥其在创意研发、品牌培育、渠道建设、市场推广等方面的龙头作用，带动区域特色文化产业发展。打破地区、行业分割，主动开放市场，鼓励外地企业到本地投资发展特色文化产业，鼓励其他行业企业和民间资本通过多种形式进入特色文化产业，把引入外部资源和做强做优本地企业有机结合。鼓励各类合作社、协作体和产业联盟在整合资源、搭建平台等方面发挥积极作用。扶持各类小微特色文化企业和创业个人，支持个体创作者、工作室等特色文化产业主体发展。

（六）培育特色文化品牌。支持各地实施“一地（县、镇、村）一品”战略，形成一批具有较强影响力和市场竞争力的产品品牌。发挥有代表性的民间手工艺人、工艺美术大师和文化名人在培育特色文化品牌中的作用。建立特色文化品牌认证和发布机制，加强宣传推广，完善传统工艺、技艺的认定保护机制，鼓励挖掘、保护、发展中华老字号等民间特色传统技艺和服务理念，鼓励特色文化企业申报原产地标记，加大知识产权的保护利用力度。

（七）促进特色文化产品交易。完善特色文化产品营销体系，创新营销理念，发展电子商务、物流配送、连锁经营等现代流通组织和流通形式，依托社交媒体等网络平台，拓展大众消费市场，探索个性化定制服务。支持特色文化产品参加各类文化产业展会，鼓励有条件的展会设立特色文化产品展示专区，支持西部地区、民族地区特色文化产品和服务参展。鼓励“公司＋农户”经营模式发展，引导一家一户式的传统销售向代理、品牌授权等现代营销转变。借助社会组织、专业机构的营销渠道与营销经验，扩大特色文化产品销售。提升各类交易平台的信息化和网络化水平，促进特色文化产品和服务交易。

三、保障措施

（一）加大财税金融扶持。加大财政对特色文化产业发展的支持力度，把特色文化产业发展工程纳入中央财政文化产业发展专项资金扶持范围，分步实施、逐年推进。充分发挥财政资金杠杆作用，重点支持具有地域特色和民族风情的民族工艺品创意设计、文化旅游开发、演艺剧目制作、特色文化资源向现代文化产品转化和特色文化品牌推广，支持丝绸之路文化产业带、藏羌彝文化产业走廊建设。认真落实国家扶持文化产业发展的各项税收政策，加强税收政策跟踪问效。利用文化部与相关金融机构部行合作机制、文化产业投融资公共服务平台，加强对特色文化企业的投融资支持与服务。

（二）强化人才支撑。以培养高技能人才和高端文化创意、经营管理人才为重点，加大对特色文化产业人才的培养和扶持。探索与知名培训机构、专业院校、科研院所建立人才共同培养机制，办好西部文化产业经营管理人才培训班、文化产业投融资实务系列研修班。通过资金补助、师资支持等多种形式，支持各地开展特色文化产业人才培训。依托工作室、文化名人、艺术大师，促进人才培养和传统技艺传承。加强对非物质文化遗产传承人和学艺者的培训，着重提高其创新创意能力。积极将特色文化产业人才培养纳入各级政府人才发展规划和工作计划。

（三）建立重点项目库。按照自愿申报、动态管理、重点扶持的原则，依托国家文化产业项目服务平台，面向全国征集具有示范性和带动性的特色文化产业重点项目，加强对重点项目的组织、管理、协调、支持和服务。广泛吸引社会资本参与建设，拓宽特色文化产业重点项目投融资、交易、合作渠道。优先支持符合条件的重点项目享受中央财政文化产业发展专项资金项目补助、保费补贴、贷款贴息、绩效奖励等扶持。

（四）支持拓展境外市场。综合运用多种政策手段，对特色文化产品和服务出口、境外投资、营销渠道建设、市场开拓等方面给予支持。加强对外文化贸易公共信息服务，及时发布国际文化市场动态和国际文化产业政策信息。支持特色文化企业参加境外展会和文化活动，鼓励在境外开展项目推介、产品展销、投资合作，扶持特色文化精品进入国际市场。加强对外文化贸易信息服务，充分发挥驻外使领馆文化处（组）、海外中国文化中心等的作用，协助特色文化企业了解和分析境外文化市场动态，拓展境外营销网络和渠道。

（五）建立完善交流合作机制。鼓励高等学校、科研院所、骨干企业与地方加强合作，促进资源整合和有效配置，发挥各自优势，带动地方特色文化产业发展。鼓励建立产学研合作联盟，加快建设以企业为主体、高等学校和科研院所为依托的创意设计和产品研发中心，引导创意创新要素向企业集聚。支持举办相关交流研讨活动，为拓展特色文化产业交流合作提供平台。

（六）加强组织实施。各级文化行政部门、财政部门要按照本意见要求，对本地文化资源进行充分的摸底调查，根据本地区实际情况，因地制宜，科学研究制定特色文化产业发展规划，研究制定鼓励本地特色文化产业发展的财政、金融、土地等多方面扶持政策。要主动加强与发展改革、民族、宗教、旅游、金融等部门的沟通协调，加强跨地区、跨部门协作，确保各项任务措施落到实处。强化文化市场监管和执法，创造良好市场环境。加强宣传，积极营造全社会支持特色文化产业发展的良好氛围。充分发挥各级各类文化产业协会（商会、学会）在信息服务、行业自律、人才培训、制定标准、国际交流等方面的重要作用。

文化部　财政部

2014 年 8 月 8 日

文化部办公厅关于修订印发《国家文化产业示范基地管理办法》的通知

办产发〔2014〕13 号

各省、自治区、直辖市文化厅(局),新疆生产建设兵团文化广播电视局:

为进一步加强国家文化产业示范基地的建设管理,引导和支持国家文化产业示范基地做实做强做出特色,结合近几年基地建设的实际情况,我部对原《国家文化产业示范基地评选命名管理办法》进行了修订。现将修订后的《国家文化产业示范基地管理办法》印发给你们,请遵照执行。

特此通知。

文化部办公厅

2014 年 4 月 16 日

国家文化产业示范基地管理办法

第一章 总 则

第一条 为加强国家文化产业示范基地(以下简称示范基地)建设管理工作,促进示范基地做实做强做出特色,提高我国文化产业规模化、集约化、专业化发展水平,增强文化产业总体实力和竞争力,特制定本办法。

第二条 示范基地是指由文化部命名,主要提供文化产品和服务,在全国同行业中具有引领和辐射作用的优秀企业。

第三条 演艺业、娱乐业、动漫业、游戏业、文化旅游业、艺术品业、工艺美术业、文化会展业、创意设计业、网络文化业、数字文化服务业、文化创意和设计服务与相关产业融合等领域的各类所有制企业,均可根据本办法申报示范基地。

第四条 示范基地建设遵循内容优先、特色突出、品牌引领、创新发展的原则。重点支持文化内容创意、特色文化产品生产、文化科技融合、业态模式创新、文化创意和设计服务与相关产业融合类的企业申报、建设示范基地。

第五条 文化部负责示范基地的申报、命名、管理、服务和支持,文化部文化产业司是示范基地的具体管理机构。省级文化行政部门负责本辖区内示范基地的申报材料初审、实地考察、日常管理和政策支持。

第六条 文化部每2年组织一次示范基地申报命名和巡检工作,申报命名和巡检工作隔年交替进行。

第二章 申报与命名

第七条 申报企业应符合以下基本条件:

1. 企业发展符合社会主义先进文化前进方向,符合国家有关法律法规和产业政策的规定,符合国家相关产业规划要求;

2. 在中华人民共和国境内注册,具有独立法人资格且运营2年(含)以上;

3. 以生产经营文化产品、提供文化及相关配套服务、推进文化创意和设计服务与相关产业融合为主营业务,且上述主营业务收入占企业总收入的60%(含)以上;

4. 在发展文化产业方面成效显著,社会效益和经济效益良好,最近2年连续盈利;

5. 在内容、技术、模式、业态、体制机制等方面创新具有明显的典型示范和引领意义,在全国或省级区域同行业中有较高的知名度;

6. 社会责任感较强,在依法纳税、吸纳就业、促进大学生创业、提供公益服务等方面表现较好;

7. 产权明晰,制度健全,管理规范,会计信用、纳税信用和银行信用良好;

8. 企业近2年内未受刑事处罚或行政处罚;

9. 申报通知规定的其他条件。

第八条 示范基地评审依照公开、公平、公正的原则进行,注重少而精,并兼顾地域平衡和行业平衡。

第九条 示范基地评审办公室(以下简称评审办公室)设在文化部文化产业司,具体负责审核和评审的组织工作。

第十条 申报企业提交材料须包括以下内容:

1. 企业的基本概况,包括成立时间、发展历程、主营业务、主要产品和服务、从业人数、社会效益和经济效益等方面的综合情况;

2. 企业在本行业或本领域内的地位、示范带动作用及品牌影响力情况;

3. 企业在内容、技术、模式、业态、体制机制创新等方面的业绩;

4. 企业承担社会责任的情况；

5. 企业中长期发展战略和发展规划；

6. 企业营业执照、组织机构代码证及税务登记证的复印件；

7. 企业最近2年经会计师事务所审计的年度财务报表；

8. 开户银行开具的有关企业信用状况的资信证明；

9. 税务部门提供的完税证明；

10. 企业近5年来(成立不足5年的自成立之日起)所获国家级和省级奖励、荣誉和扶持情况；

11. 申报通知规定的其他内容。

第十一条 申报材料必须实事求是,如发现有弄虚作假行为,取消申报资格。

第十二条 示范基地申报命名程序如下：

1. 省级文化行政部门负责组织本辖区的企业申报,并对申报企业的材料进行初审,确定推荐企业名单,上报评审办公室审核；

2. 中央企业及其所属企业可经主管部门推荐直接向评审办公室提出申请；

3. 评审办公室组织专家评审组对通过初审的申报材料进行评议审查,提出评审意见；评审组未达成统一意见的,评审办公室可另行组织专家进行复评；

4. 评审办公室根据专家评审组提出的评审意见确定拟命名示范基地名单经文化部部务会审议通过后,在文化部政府门户网站和相关媒体上予以公示；

5. 经公示无异议或异议不成立的,由文化部命名为示范基地。

第三章 管理与巡检

第十三条 示范基地应于每年4月30日前以书面形式经省级文化行政部门向文化部文化产业司报送上一年度发展情况。

第十四条 示范基地变更企业名称,应在工商部门核准变更之日起3个月内提交保留示范基地称号的书面申请报告,经所在地省级文化行政部门报文化部文化产业司核准。

第十五条 文化部以直接考察和委托省级文化行政部门考察相结合的方式,定期开展巡检工作,对示范基地的建设情况进行评估,实现动态管理,优胜劣汰。

第十六条 示范基地有下列行为之一者,文化部文化产业司对其予以警示：

1. 因管理失当或产品和服务内容给社会造成不良影响；

2. 未履行法定义务,但未造成严重后果；

3. 因管理不当连续2年严重亏损；

4. 未按规定要求上报统计数据或者上报数据不真实；

5. 企业变更名称,未在规定时间内报请核准保留称号。

第十七条 示范基地有下列行为之一者,文化部对其示范基地称号予以撤销：

1. 申报时提供虚假材料或采取其他手段骗取示范基地称号；

2. 主营业务发生变更,在文化产业领域不再具备示范作用；

3. 所提供的文化产品和服务或企业行为对社会造成重大不良影响和严重后果；

4. 无特殊理由连续停止经营1年以上；

5. 有重大违法、违规行为；

6. 有本办法第十六条规定行为,累计受到2次警示。

第四章 支持与服务

第十八条 支持示范基地不断推动文化内容形式、传播手段创新,推进文化与科技融合发展,提高产品研发和原创能力。鼓励示范基地申报各类扶持计划、荣誉奖励和专项资金。加强对示范基地的知识产权保护。

第十九条 支持示范基地合理利用区域独有文化资源,发展特色文化产业。鼓励示范基地建设特色文化产业项目,符合条件的可申请纳入国家特色文化产业重点项目库支持范围。

第二十条 鼓励示范基地内的优秀人才依照有关规定申报国家级人才工程、计划或有关资格评定，参加文化部组织的各类人才扶持计划或培训活动。

第二十一条 支持示范基地积极拓展国外市场，符合条件的示范基地及其项目可申请纳入《国家文化出口重点企业目录》和《国家文化出口重点项目目录》。

第二十二条 支持示范基地打造知名品牌。通过建立完善品牌认定和发布机制、开展影响力评价等工作，激励示范基地争创一流、扩大影响。鼓励示范基地参加文化部主办（支持）的各类文化产业展会、品牌建设和市场推介活动。

第二十三条 鼓励省级文化行政部门对示范基地提供多种形式的支持与服务，推动辖区内示范基地加快发展。

第二十四条 鼓励并支持各类文化产业协会或行业组织搭建信息桥梁，加强行业自律，积极发挥中介作用，引导示范基地持续、健康发展。

第五章 附 则

第二十五条 省级文化行政部门可结合本地区实际，参照本办法，制定相应管理办法和配套政策，开展省（区、市）级文化产业示范基地命名和建设工作。

第二十六条 本办法由文化部负责解释。

第二十七条 本办法自发布之日起施行。2006 年 2 月 13 日发布的《国家文化产业示范基地命名管理办法》同时废止。

文化人才队伍建设

文化部关于印发《2014—2018 年全国文化干部教育培训规划》的通知

文人发〔2014〕17 号

各省、自治区、直辖市文化厅(局),新疆生产建设兵团文化广播电视局,本部各司局、各直属单位:

现将《2014—2018 年全国文化干部教育培训规划》印发给你们,请结合实际,认真贯彻执行。

特此通知。

文化部

2014 年 4 月 1 日

2014—2018 年全国文化干部教育培训规划

为全面贯彻落实党的十八大精神,进一步提高全国文化干部教育培训质量和管理工作水平,培养造就高素质文化干部队伍,根据中共中央《2013—2017 年全国干部教育培训规划》和文化部《全国文化系统人才发展规划(2010—2020 年)》,结合文化干部教育培训工作实际,制定本规划。

一、指导思想、基本原则和总体目标

(一)指导思想

高举中国特色社会主义伟大旗帜,以马克思列宁主义、毛泽东思想、邓小平理论、“三个代表”重要思想和科学发展观为指导,深入贯彻落实党的十八大精神,紧密围绕文化工作的中心任务和重点工作,以能力建设为主线,进一步深化干部教育培训改革,全面提升干部教育培训质量,持续推进大规模培训干部、大幅度提高干部素质的战略任务,为深入实施“文化强国”战略提供智力支持,为推动实现社会主义文化大发展大繁荣提供人才保障。

(二)基本原则

按需培训,突出特色。遵循干部成长规律和教育培训规律,尊重干部在学习培训中的主体地位,激发干部学习热情和潜能,突出文化行业特点,符合文化工作岗位实际,增强工作针对性,形成独有特色品牌。

加强统筹,突出重点。对干部教育培训工作要统一筹划,整体规划,通盘谋划,既要把干部对教育培训的普遍要求及短期需求和特殊要求及长期需求结合起来,把全员培训和分级分类分层分岗培训结合起来,又要针对当前干部教育培训的薄弱环节和难点问题,突出重点,务求实效。

深化改革,提升质量。不断深化干部教

育培训体制、运行机制和内容方式的改革创新，把影响干部教育培训质量的主要因素作为深化改革的着力点，以重点难点问题的突破带动培训质量的不断提高，实现干部教育培训规模与质量相统一。

立足实际，着眼问题。以问题为导向、以当前重点工作为中心开展干部教育培训，引导干部增强问题意识，加强对实际问题的思考和研究，注重学习培训成果的运用和转化，提高干部学以致用的能力。

（三）总体目标

按照中央提出的加强中国特色社会主义理论体系学习和全面推进理论武装、党性教育、能力培训和知识更新的总体要求，争取5年内把全国文化系统干部整体轮训一遍，使广大干部各方面的素质和能力得到大幅提高。以重点培训工程、示范性培训项目和系列培训项目为抓手，建设规模宏大、结构合理、素质优良的文化干部队伍。继续推进文化干部教育培训改革，以平台载体建设和培训资源整合为契入点，进一步完善文化干部现代教育培训体系，健全运行机制，创新培训模式，拓展办学渠道，优化分工明确、分级负责、分类实施的培训管理体制。

二、重点培训内容

（一）政治理论培训

深入开展马克思主义基本原理学习培训，突出抓好邓小平理论、“三个代表”重要思想、科学发展观和习近平同志系列重要讲话精神学习培训，引导干部准确领会和全面把握其深刻内涵、丰富蕴义、精神实质和思想精髓，树立科学的世界观和方法论，提高战略思维、辩证思维、创新思维和底线思维能力。深入开展社会主义核心价值观教育，增强中国特色社会主义道路自信、理论自信和制度自信。大力加强党性党风党纪和党史国史教育，加强党性修养，自觉维护中央权威，引导干部树立正确权力观和事业观，增强宗旨使命意识、公仆责任意识、忧患担当意识。

（二）政策法规培训

系统学习党和国家方针政策，深入了解党和国家重大部署，熟悉我国基本法律制度、文化领域重要法规和文化政策，准确把握深化文化体制改革和实施“人才兴文”战略的重要意义，提高政策理论水平和依法行政能力，不断增强宪法意识、文化权益保障意识、知识产权和非物质文化遗产保护意识。

（三）文化科学发展能力培训

开展深化文化体制改革、增强文化整体实力和竞争力、提升国家文化软实力等方面的培训，提高干部推进社会主义文化强国建设水平，提高文化干部的群众工作能力和推进社会主义和谐社会建设的本领。

（四）创新思维与管理能力培训

将创新思维培养贯穿到干部教育培训全过程，着力提高文化专业人才的策划、创意和设计水平，帮助文化管理干部掌握现代管理知识、方法和技巧，进一步推动理论创新、制度创新、技术创新和管理创新，全面提升文化管理能力。

（五）各种知识教育

着眼于提高干部的履职素质和能力，通过开展经济、政治、社会、生态和哲学、历史、科技、法律、民族、宗教、安全、健康等方面的知识教育，帮助干部开阔视野，创新思维，改善知识结构，提高科学人文素养。

（六）技能培训和继续教育

着眼于提高干部的综合素质和能力，通过开展就业培训和继续教育，帮助全国文化系统特殊艺术门类专业人员掌握再就业技能，提升教育水平，增强综合素质，适应角色变化，实现顺利转岗或转型。

三、培训任务及措施

（一）党政管理培训

1. 领导班子成员培训。着眼于培养造就

一支政治坚定、能力过硬、作风优良、锐意改革的党政骨干队伍，以思想政治素质和精神品行教育为根本，以党性修养和道德涵养为核心，以能力提升和工作创新为主线，加强县处级以上文化部门领导班子成员特别是党政主要负责人及中青年领导干部的培训。

主要措施：(1)文化部每年举办2—3期文化部领导班子思想政治建设和能力作风建设高级研修班，研修对象为文化部机关及直属单位领导班子成员。(2)文化部每年举办1期全国文化厅(局)长专题研修班，研修对象为省(区、市)文化厅(局)长及副省级城市文化局主要负责人。(3)文化部每年举办1期全国地市文化局长培训班，培训对象为全国地市文化局长、副省级城市文化局领导班子其他成员。(4)省级及以下文化行政部门负责组织辖区内文化部门领导班子成员轮训和调训。

2. 文化行政部门内设机构公务员培训。着眼于培养造就一支政治坚定、业务精湛、作风优良、群众满意的机关公务员队伍，以加强思想政治建设和业务能力建设为重点，加强文化行政部门内设机构公务员培训。

主要措施：(1)各级文化行政部门每年均要面向全体机关干部开展形式多样、内容丰富的全员培训。(2)各级文化行政部门每年均要对新录用公务员进行初任培训。(3)各级文化行政部门每年均要通过各种形式和渠道，对新任职的中层领导干部至少进行1次培训。(4)文化部每年采取调训或联训方式，举办1期全国文化系统青年公务员培训班。(5)文化部每年举办党群工作培训，分别对党务干部、纪检干部、工会干部、团干部、妇女干部进行轮训，对新党员、新任党支部书记、工会负责人等进行培训。(6)省级及以下文化行政部门负责组织辖区内文化行政部门内设机构公务员轮训和调训。

3. 全国文化系统人事干部队伍培训。着眼于培养造就一支政策水平高、管理能力强、形象作风好的人事干部队伍，以提高人事管理工作的科学化、规范化和制度化为重点，加强全国文化系统人事干部队伍培训。

主要措施：(1)文化部每年举办1期全国文化系统人事干部培训班。(2)文化部每年举办1期全国文化艺术机构人力资源管理境外培训班。(3)省级及以下文化行政部门负责组织辖区内各级人事管理干部轮训和调训。

4. 全国文化系统企事业单位管理干部培训。着眼于培养造就一支政治素质好、管理能力强、具有强烈事业心和创新精神的新型管理干部队伍，以提高思想政治素质和推动企事业科学发展能力为重点，加强全国文化系统国有企事业单位管理干部培训。

主要措施：(1)文化部每年举办1期全国文化系统企事业单位青年管理干部培训班。(2)文化部每年举办1期全国艺术院团经营管理人才研修班。(3)文化部每年分类举办全国艺术管理工作培训班，分别对创作、美术、音乐、表演等专业单位或机构的负责人进行艺术管理工作培训。(4)省级及以下文化部门负责组织辖区内各级文化管理干部轮训和调训。

5. 西部地区文化管理干部培训。着眼于培养造就一支政治立场坚定、民族团结意识强烈、管理能力突出、作风踏实朴素的管理干部队伍，以提升履职尽责能力和维护民族团结意识为重点，加强西部地区文化管理干部培训。

主要措施：(1)文化部每年举办新疆、西藏等西部地区文化管理干部示范培训班。(2)文化部对西部地区文化干部教育培训在师资使用、资金投入、人数场次等方面继续予以适当倾斜。(3)西部地区文化行政部门通过积极联络协调，可采取自我培训、外派挂职和进修交流等多种方式，对辖区内各级文化管理干部进行分期分批培训。（4）支持东中部地区采取对口支援、结对帮扶、双向挂职等多种形式，为西部地区培训文化管理干部。

（二）艺术专业培训

着眼于培养造就一支掌握现代艺术发展规律和特点、具有丰富艺术管理经验和强烈开拓创新精神的艺术管理干部队伍和一支业务精湛、德艺双馨、成就突出的艺术专业技术人才队伍，以专业素养、业务水平和创新能力为核心，以高层次人才和紧缺急需人才为重点，加强艺术管理工作和艺术专业人才培训。

主要措施：（1）依托全国文化干部素质能力提升等重要培训工程，文化部继续举办全国艺术专业人员示范培训班，对创作、美术、音乐、表演等专业机构业务骨干进行分期培训。（2）依托全国文化干部培训基地、国家级专业技术人员继续教育基地和国家重点高等艺术院校，文化部继续举办戏剧（戏曲）、音乐、美术、舞蹈以及艺术评论等培训班，对全国具有一定基础的艺术专业人员进行培训。（3）文化部每年举办1期三区计划文化工作者专项工作人员培训班，对边远贫困地区、边疆民族地区和革命老区的文化工作者专项计划工作人员进行培训。（4）省级及以下文化部门负责组织辖区内各类艺术专业人员轮训和调训。

（三）文化科教培训

着眼于培养造就一支掌握现代科技知识、具有自主研发能力、善于运用科技手段推动文化繁荣发展的文化科教队伍，以提升科教水平和创新能力为核心，以高层次创新人才为重点，加强文化科教人才培训。

主要措施：（1）继续分类举办全国艺术职业教育师资培训班，加强与全国文化干部培训基地和全国重点艺术院校的培训合作，进一步提升艺术职业教育师资理论水平、业务能力和教学质量。（2）加强与国家文化创新研究中心、科技重点实验室等基地的联系交流，通过合作培训加大文化科教人才培训力度。（3）进一步加强与教育部门的交流合作，探索建立文化科教学科体系和艺术行业准入制度，开展艺术行业职业资格培训试点工作。（4）加强与国家级艺术研究机构合作，在全国31所艺术研究院所选拔科研骨干进行系统规范专业培训，提升科研能力和创新水平。（5）省级及以下文化行政部门负责组织辖区内文化科教人员轮训和调训。

（四）文化市场管理及综合执法培训

着眼于培养造就一支政治强、业务精、纪律严、作风正、形象好的文化市场综合执法队伍，以提高文化市场综合执法工作规范化、信息化、专业化水平为主线，以提高依法行政能力和思想道德素质为重点，加强文化市场综合执法队伍培训。

主要措施：（1）文化部继续分类举办文化市场综合执法培训班，对全国文化市场综合执法机构负责人和业务骨干进行培训。（2）文化部加快建立文化市场综合执法远程教育平台，加大全国文化市场技术监管与服务平台及相关应用系统培训力度，支持中西部地区推进文化市场技术监管与服务平台建设。（3）文化部启动西部地区文化市场综合执法能力提升计划，重点扶持中西部地区文化市场综合执法人员及平台系统管理员轮训。（4）进一步优化完善文化市场综合执法师资库，制定《文化市场综合执法师资考核管理办法》，开展文化市场综合执法师资集中巡讲活动。（5）编写《文化市场综合执法手册》，《文化市场综合执法训练大纲》，制作文化市场综合执法培训标准化课件，建立完善文化市场综合执法培训课件体系。（6）开展文化市场管理人员培训，特别要加强文化市场经营主体事中事后重点环节监管内容的培训，制定《文化市场行政审批管理人员培训纲要》、《文化市场行政审批管理人员培训教材》和在线教程,推行在线教育。(7)省级及以下文化行政部门负责组织辖区内文化市场综合执法队伍轮训和调训。

(五)文化产业经营管理培训

着眼于培养造就一支懂经营、会管理、掌握文化产业发展规律、了解国内外文化市场规则、熟悉现代企业制度、具有宽阔国际视野和较强组织协调与创意创新能力的文化产业经营管理人才队伍,以提高战略思维能力、预见分析能力、决策管理能力、经营开发能力为核心,以企业家和职业经理人为重点,加强文化产业经营管理培训。

主要措施:(1)文化部争取中央财政文化产业发展专项资金支持,持续推进重点文化设施经营管理人才培训。(2)文化部每年举办1期西部文化产业经营管理人才培训班,培训对象为西部地区文化企业中高级经营管理人员和文化产业行政管理人员,培训内容为文化产业经营管理与行政管理。(3)文化部每年举办1—2期文化产业投融资实务研修班,对文化企业经营和财务负责人进行投融资实务培训。(4)文化部继续与动漫领域重点院校、企业、科研机构、行业协会进行合作,每年举办国家原创动漫高级研修班,对动漫游戏从业人员进行培训。(5)文化部每年举办1期文化产业信息通讯员培训班。(6)省级及以下文化行政部门负责组织辖区内文化产业经营管理人员轮训和调训。

(六)公共文化服务培训

着眼于培养造就一支专兼结合、素质全面、结构合理、规模宏大的公共文化服务人才队伍,以增强政治思想素养和公共文化服务能力为核心,以提高政策执行、管理组织、业务知识、文化素质、服务水平为重点,继续加强公共文化队伍培训。

主要措施:(1)依托全国文化干部培训基地、全国基层文化队伍培训基地开展全国基层文化队伍示范性培训,重点为地方培养师资和业务骨干。(2)开展公共文化巡讲活动,遴选国内公共文化领域专家,分赴全国各省(区、市)进行巡讲,培训基层公共文化管理者、业务骨干。(3)建设全国基层文化队伍远程培训网,举办公共文化空中大讲堂系列活动,为全国基层专兼职文化工作者提供在线学习的远程教育平台。(4)组织专家、发动地方共同编著公共文化基层队伍培训系列教材,形成完整的全国基层文化队伍培训教材体系,为各地开展培训提供帮助。(5)加强对各培训基地的指导和管理,建立健全培训考核评估制度,适时开展基层文化队伍培训督查工作。(6)省级及以下文化行政部门负责组织辖区内公共文化服务队伍轮训和调训。

(七)非遗保护培训

着眼于培养造就一支思想作风好、专业水平高、总结分析能力和保护传承意识强的非物质文化遗产保护(以下简称“非遗”)管理和专业人才队伍,以提高理论研究能力和业务素养为重点,加强非遗保护培训。

主要措施:(1)文化部每年举办1期国家级非遗名录项目代表性传承人培训班,继续对国家级非遗名录项目代表性传承人进行分类轮训,培训重点为政策法规学习和实践经验交流。(2)文化部每年举办1—2期非遗保护工作专题培训班,培训内容为非遗代表性项目申报与管理、文化生态区创建、非遗保护利用基础设施建设等。(3)文化部每年举办非遗保护研修班,对全国特别是新疆、西藏、青海、广西、宁夏、甘肃等西部地区的非遗保护机构的从业人员进行业务培训。(4)文化部每年分别举办1期非遗保护单位和非遗保护工作人员培训班,培训对象为省(自治区、直辖市)文化厅(局)非遗处干部、非遗保护中心负责人及非遗保护工作人员。(5)加强与国际特别是亚太地区非遗保护专业机构的交流与合作,每年举办1—2期非遗保护工作专题研修班。(6)省级及以下文化行政部门负责组织辖区内非遗保护人员轮训和调训。

(八)文化外交培训

着眼于培养造就一支数量充足、素质优良、专业扎实、结构合理、语种丰富的文化外交人才队伍,以提高思想政治修养和跨文化沟通能力为核心,以复合型外交人才为重点,加强文化外交干部培训。

主要措施:(1)文化部每年举办两期驻外干部培训班,对从全国选拔的外派干部进行外事外交工作培训。(2)文化部分期选派一些有良好发展潜力的中青年外语干部出国进修,分期组织外事干部到中国外交干部培训学院等专业机构进行培训。(3)文化部每年举办1期全国文化系统对外文化贸易培训班,对全国文化厅(局)主要领导和重要文化企业负责人进行培训。(4)文化部每年举办2—3期中国文化对外翻译与传播培训班,对全国文化翻译与传播工作人员进行培训。(5)省级及以下文化行政部门负责组织辖区内文化外交人员专业培训。

四、培训能力建设

(一)健全培训工作运行机制

1. 协调会商机制。文化部人事司归口管理文化干部培训工作,履行整体规划、宏观指导、协调服务、督促检查、制度规范等职能,研究建立与文化部各机关司局、直属单位、地方文化部门以及与培训机构、培训基地之间的多方协调会商机制,实现统分结合、上下联动、立体推进、高效高能。

2. 需求调研机制。各级文化主管部门和专职培训机构要坚持把需求导向作为干部教育培训的基本原则,把需求调研作为开展培训的首要环节,基本实现不深入调研不轻易立项,不实地调研不随便培训,切实增强培训针对性。坚持组织需求、岗位需求和干部个性化需求统筹兼顾,以前者为主导,以后者为支点,不断提高培训需求的适配度。

3. 激励约束机制。完善文化干部培训情况考核、登记、跟踪管理等制度,建立促进干部学用结合的激励约束机制,逐步将干部上岗、任职、职称评聘、评优评先与干部培训结合起来,通过制度性约束,激发干部参加学习培训的内在动力。健全培训竞争机制,开展先进推广,评选优质培训项目,发挥示范激励作用。

4. 考核评估机制。全面开展培训质量考核评估,结合不同培训项目特点,合理设置评估标准,把课程设计科学性、师资选配合理性、教学内容满意度、教学方法有效性、教学组织有序性、学风校风良好度以及培训对干部能力素养提高的帮助程度等,作为考核评估的主要内容,研究制订科学的培训项目质量考核评估办法。

5. 交流分享机制。搭建全国文化干部教育培训交流平台,通过培训研修、调研座谈、广播电视、报纸杂志等方式进一步拓宽交流渠道,扩大交流范围,增加交流频率。文化部每年召开1次全国文化干部教育培训工作经验交流会,推动全国文化干部培训改革发展成果共享。

(二)建立现代培训体系

以现代培训理念为指导,大力推进培训课程体系、教学体系、师资体系、教材体系与基地体系建设,建立起分层次、分类别、多渠道、多形式、重实效、充满活力的文化干部培训体系。

1. 健全培训格局。将脱产培训与在职自学、课堂讲授与实地考察、国内培训与境外培训、短期培训与中长期培训相结合,进一步健全组织调训、专业培训、挂职实践、自主选学与在线学习“五位一体”的培训格局。

2. 丰富培训课程。以管用、实用和好用为原则，统筹整合各方力量，探索建立以需求为导向的培训内容更新机制和精品课程开发机制，推进培训课程建设，形成以党性修养、文化建设、能力培养、综合素质提升和地方文化实践创新为主要类别的全国文化干部培训课程体系，实现培训内容模块化设置、菜单式选学的管理模式。加大案例课程比例，开展精品课程评选活动。

3. 完善培训教学。积极创新培训模式，丰富教学手段，综合选用研究式、案例式、体验式、模拟式、讲授式等各种教学方式，突出学员主体地位，着力解决文化工作中的重点、焦点和难点问题，突出培训教学的实践性、实用性和实效性，增强教学立体化、形象化、多样化效果。

4. 开发培训教材。以科学性、指导性、实用性为原则，争取用5年时间，开发出一批紧扣时代主题、体现文化体制改革精神、适应文化工作实际需要、广大文化干部爱读的精品教材。特别要将基层文化机构作为案例教材编写重要参与单位，发挥其贴近基层、贴近群众、贴近实际的优势，切实增强培训教材的针对性和实践性。

5. 推进师资建设。加大优质师资资源整合，搭建统一开放的全国文化干部教育培训师资管理公共平台，从全国文化系统和部分重点行业选拔优秀专家学者、党政领导干部和高级经营管理人才组建全国文化干部培训名师库，研究制订师资管理使用和考核评价办法。

6. 开展远程培训。加强“全国文化干部网络学院”在线学习平台建设，完善课程资源，探索远程培训运行管理模式，运用网络传播技术及现代化教学手段，形成形式灵活、具有文化行业特点、能满足文化干部培训需求、有效解决工学矛盾的网络服务体系，加大推广应用力度，提高网络培训覆盖率，提升干部培训工作信息化水平。

（三）加强培训基地建设

按照少而精、突出特色的原则，加大文化资源整合共享的力度，继续推进全国文化干部培训基地体系建设，支持和鼓励全国文化干部培训基地开门办班、开放办学，充分利用自有优质资源和地方特色资源，不断提高专业化培训水平。文化部每年举办1次全国文化干部培训基地建设管理工作研讨会，研究制订全国文化干部培训基地培训质量评估办法和评估指标体系。中央文化管理干部学院要充分发挥全国文化干部教育培训主阵地、主渠道的带头示范作用，充分利用各方面优质资源，不断激发办学活力，全面提升主阵地办学水平。全国文化干部培训基地要充分发挥区域文化干部培训的辐射带动作用，通过基地辐射全国或周边省区，积极承担文化部委托、本省及周边省区相应数量和规模的文化干部培训任务。全国文化干部培训基地还要充分利用自身优势和现有政策，大力吸收社会培训机构参与文化干部教育培训，提高资源利用率，扩大培训规模，增强培训效益。

（四）加强经费保障

文化部各司局、直属单位及各地文化厅（局）应为干部教育培训提供经费保障，有条件的部门和单位可设立文化干部教育培训专项经费。严格执行《中央和国家机关培训费管理办法》，建立完善培训经费“跟着项目走”的管理办法和“跟着干部走”的使用方式。加强对基层文化干部培训经费投入，加大对西部民族地区、边远贫困地区和革命老区文化干部培训经费补贴，充分发挥培训经费的示范引导效应和扶持鼓励作用。

（五）加强学风建设

大力弘扬理论联系实际的优良学风，认真贯彻中央八项规定，积极落实转作风、正学风、改文风的要求，严格学员管理和教学管理，严肃培训纪律，坚持勤俭办学、节约办班，努力营造实事求是、好学善思的学习风气。认真执行培训评估考核制度，把理论素养和学习能力作为干部选拔任用重要依据，将干部学习态度、参与情况、互动程度、学习成果等作为学风评价的重要内容。

（六）加强培训理论研究

不断深化对文化干部成长规律和文化干部培训规律的科学认识，切实加强文化干部培训理论研究，着力增强研究成果的实用性、前瞻性和可查验性。利用现有各类文化人才资源和文化传播载体，建立文化干部培训理论研究交流平台，推动文化干部培训学科建设。

五、组织领导

（一）落实领导责任

文化部统筹指导全国文化干部教育培训工作，加强全国文化干部教育培训工作组织领导。各级文化部门要高度重视干部教育培训工作，健全完善领导体制，切实将干部教育培训情况纳入领导班子年度考核范畴。

（二）开展督查指导

文化部人事司负责对本规划实施情况进行督促检查，开展中期和 5 年总结评估工作。各级文化行政部门负责对辖区文化系统干部教育培训工作进行检查评估，确保各项工作顺利推进，各项任务全面落实。

（三）加强宣传工作

加强文化干部教育培训新闻宣传工作，加大经费投入和报道力度，及时认真总结和报送辖区文化干部教育培训工作的成熟模式、有效做法和科学经验，为推进全国文化干部教育培训工作营造良好环境。

文化统计数据

全国2014年文化发展情况分析

2014年,全国文化系统认真贯彻落实党中央、国务院各项决策部署,紧紧围绕建设社会主义文化强国,培育践行社会主义核心价值观的战略目标,牢固树立以人民为中心的工作导向,开创了文化改革发展的崭新局面。文化改革发展的基础进一步巩固,环境进一步改善;文化改革发展的成效更加显著,人民群众文化生活更加多彩;对外文化交流活动不断丰富,中华文化影响力不断扩大。但也应看到,面对新形势新任务,新时期文化改革发展的问题依然突出,需要继续坚持中国特色社会主义文化发展道路,按照全面建成小康社会、全面深化改革、全面推进依法治国、全面从严治党的要求,推进各项文化工作。

一、文化改革发展的基础保障能力进一步增强

(一)中央对文化建设做出战略部署,文化建设的方向更加明确。党中央高度重视文化建设,党的十八大提出了建设社会主义文化强国的奋斗目标,明确了文化建设的重点任务,十八届三中全会对文化体制机制改革做出了部署,四中全会对建立健全文化法律制度提出了要求。以习近平同志为总书记的党中央围绕培育践行社会主义核心价值观、增强国家文化软实力、繁荣文艺创作、推动不同文明交流互鉴、传承弘扬中华优秀传统文化等做出一系列决策部署,出台多项推动文化改革发展的政策文件,指明了文化改革发展的方向,为文化改革发展赋予了新使命,增添了新动力,创造了新机遇。地方各级党委政府对文化重要性的认识不断深化,对文化工作的重视程度空前提高。大部分省(区、市)提出了加快建设文化强省、文化强区或文化强市的战略目标,文化建设被纳入经济社会发展的重要议事日程。

(二)文化法制体系初步建立,政府职能转变成效明显,文化治理能力进一步提升。目前,文化系统在国家层面初步建立起了覆盖文化遗产保护、公共文化服务、文化市场管理、知识产权保护等领域的法律法规体系。与文化工作关系密切的文化法律有《文物保护法》《非物质文化遗产法》《著作权法》3部;行政法规10多部,文化部现行有效的部门规章32个。2014年,《公共文化服务保障法》《文化产业促进法》和《公共图书馆法》也都取得了积极进展。文化系统继续推进简政放权,转变政府职能,激发文化活力。近年来,文化部陆续取消行政审批项目28项,下放11项,划转5项,保留4项,取消和下放的比例在国务院各部委中位居前列。各地文化行政部门也对本级行政审批事项进行了认真梳理,提出了取消和下放部分行政审批事项的建议。2014年,国办印发支持经营性事业单位转企改制和文化企业发展的15号文件。文化部成立了中国文化馆协会、文化娱乐行业协会和艺术品经营行业协会,调动更多社会力量参与文化建设。

(三)在中央财政的带动和引导下,全国文化事业费持续增长,文化改革发展的资金投入有所提高。近年来,文化部以实施“三馆一站”免费开放政策为契机,初步建立了中央和地方分级负担的公共文化财政保障机制,文化财政投入总量持续增长。2014年,文化

部本级财政拨款 53.46 亿元,比 2013 年增长 9.6%;中央财政通过继续实施“三馆一站”免费开放、非遗保护、公共数字文化建设、地市级公共文化设施建设等中央补助地方文化项目,共落实中央补助地方专项资金 46.53 亿元,比上年增长 0.72%。

在中央资金的带动和引导下,各级党委政府纷纷加大对文化事业的经费投放力度,全国文化事业费明显增加。据统计,2014 年全国文化事业费 583.44 亿元,比上年增加 52.95 亿元,增长 10.0%;全国人均文化事业费 42.65 元,比上年增加 3.66 元,增长 9.4%。全国文化事业费占财政总支出的比重为 0.38%,比重与上年基本持平。

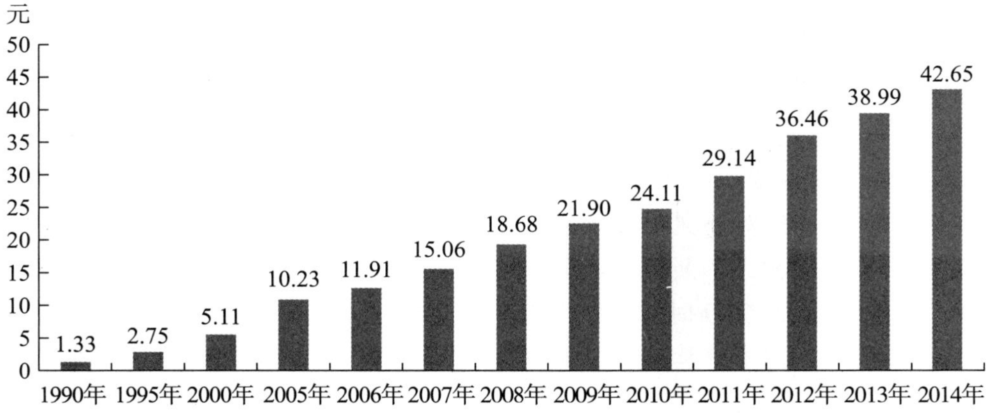

图 1 全国主要年份人均文化事业费

全国文化事业费持续向基层、向中西部贫困地区倾斜。据统计,2014 年县以上文化单位文化事业费 292.12 亿元,占 50.1%,比重比上年降低了 1.3 个百分点;县及县以下文化单位 291.32 亿元,占 49.9%,比重比上年提高了 1.3 个百分点。东部地区文化单位文化事业费 242.98 亿元,占 41.6%,比重下降了 2.0 个百分点;中部地区文化单位 133.46 亿元,占 22.9%,比重提高了 0.3 个百分点;西部地区文化单位 171.15 亿元,占 29.3%,比重提高了 0.6 个百分点。

表 1 全国文化事业费按城乡和区域分布情况

		1995 年	2000 年	2005 年	2010 年	2012 年	2013 年	2014 年
总量（亿元）	**全国**	**33.39**	**63.16**	**133.82**	**323.06**	**480.10**	**530.49**	**583.44**
	#县以上	24.44	46.33	98.12	206.65	243.08	272.67	292.12
	县及县以下	8.95	16.87	35.70	116.41	237.02	257.82	291.32
	#东部地区	13.43	28.85	64.37	143.35	211.56	231.41	242.98
	中部地区	9.54	15.05	30.58	78.65	107.78	120.01	133.46
	西部地区	8.30	13.70	27.56	85.78	139.53	152.16	171.15
所占比重（%）	**全国**	**100.0**	**100.0**	**100.0**	**100.0**	**100.0**	**100.0**	**100.0**
	#县以上	73.2	73.4	73.3	64.0	50.6	51.4	50.1
	县及县以下	26.8	26.7	26.7	36.0	49.4	48.6	49.9

续表

		1995 年	2000 年	2005 年	2010 年	2012 年	2013 年	2014 年
所占比重（%）	#东部地区	40.2	45.7	48.1	44.4	44.1	43.6	41.6
	中部地区	28.6	23.8	22.9	24.3	22.4	22.6	22.9
	西部地区	24.9	21.7	20.6	26.6	29.1	28.7	29.3

（四）从业人员总量基本稳定，人员结构不断优化。文化部积极实施“人才兴文”战略，通过规划统筹、制度建设和教育培训等措施，加强文化系统各级各类干部人才队伍建设，为文化改革发展提供坚强的人才和组织保障。一方面，促成文化艺术领域人才纳入海外高层次人才引进计划（“千人计划”），推进各项人才选拔推荐工作，促进高层次文化人才队伍建设；另一方面，创新培训机制，加强干部培训工作。同时，全面实施《边远贫困地区、边疆民族地区和革命老区人才支持计划实施方案》文化工作者专项，2013—2014 年度，组织有关省（区、市）选派 16684 名文化工作者赴“三区”县和县以下单位提供服务，为“三区”培养 1498 名文化工作者。

据统计，2014 年年末纳入统计范围的全国文化单位 28.74 万个，比上年末减少 0.55 万个；从业人员 204.02 万人，比上年减少 11.47 万人。其中，文化部门所属单位 6.56 万个，增加 872 个；从业人员 63.82 万人，与上年基本持平。

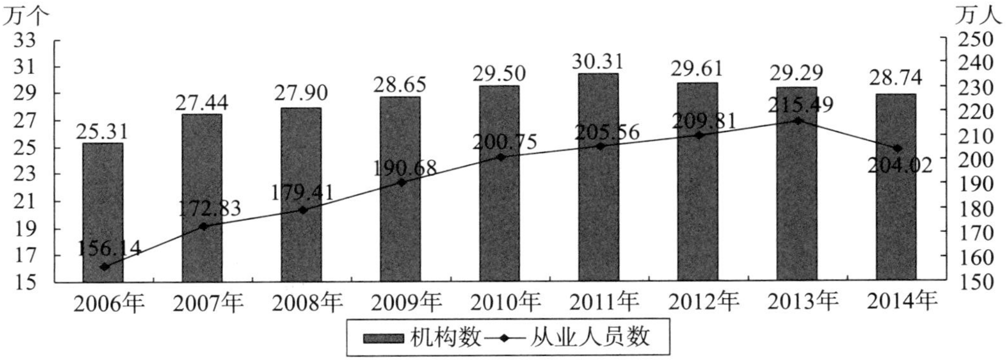

图 2　2006 年—2014 年全国文化单位个数及从业人员数

从人员结构看，人员素质得到一定程度提高。如 2014 年年底，全国公共图书馆从业人员 56071 人，其中具有中高级职称的人员占 42.13%，比重比上年提高了 0.96 个百分点；全国文化馆从业人员 55443 人，其中具有中高级职称的人员占 40.11%，比重比上年提高了 1.09 个百分点。

（五）监管能力稳步提高，文化市场环境明显改善。近年来，文化系统按照中央要求，集中力量推进文化市场综合执法改革。全国列入改革范围的 403 个地级市以及 2594 个县（区）已全部完成综合执法机构组建工作，综合执法人员达 3 万余人，92% 的地区已完成了委托执法或授权执法的行政确认工作。同时，通过制定执法管理办法等方式，全面梳理文化行政执法依据，分解执法职权，明确执法责任，提高文化执法水平。另一方面，文化部将 11 项市场主体准入前置审批项目，一次性改为后置审批，并做好行政审批项目取消、下放后的衔接和指导。并会同有关部门联合印发《关于加强执法监督，完善管理政策，促进互联网上网服务行业健康有序发展的通知》，制定《文化部关于推动互联网上网服务行业转型升级的意见》，深入推进互联网上网服务行业转型升级。

（六）文化产业政策进一步优化，文化产业发展前景广阔。文化产业是服务业的重要组成部分，发展文化产业、扩大文化消费，对于推动经济结构转型、拉动经济增长具有积极作用。2014 年，文化部适应经济新常态，出台了多项文化产业扶持政策，为促进文化产业发展提供了有力支撑。印发了文化部贯彻落实《国务院关于推进文化创意和设计服务与相关产业融合发展的若干意见》的实施意见。推动将西部各省（区、市）文化产业相关门类纳入国家发展改革委《西部地区鼓励类产业目录》，享受相应税收优惠。与中国人民银行、财政部联合印发《关于深入推进文化金融合作的意见》。与工业和信息化部、财政部共同印发《关于大力支持小微文化企业发展的实施意见》。与财政部联合印发《关于推动特色文化产业发展的指导意见》《藏羌彝文化产业走廊总体规划》。实施文化金融扶持计划，文化部首次发布文化金融合作债券融资项目库，确定 106 个项目，获中央财政文化产业发展专项资金支持 6.73 亿元，较上年增长 46%。推进文化产业信贷融资，全国文化产业本外币贷款余额突破 1900 亿元，同比增长 30% 以上。

（七）文化与科技进一步融合，科技助推文化发展的作用更加明显。国务院印发《关于积极推进“互联网 +”行动的指导意见》，明确提出要推进“互联网 +”，实施促进创业创新、协同制造、公共服务等 11 项重点行动。互联网等高新科技迅猛发展，为文化建设提供了有力支撑。文化部发挥文化部、科技部部际联席会议机制作用，围绕文化重点工作，组织专项攻关，积极推动将文化领域的技术研发纳入国家科技创新体系，组织申报了 3 个国家科技支撑计划项目，申请国家资金 4000 余万元。加强文化科技创新载体建设，评定首批 6 家文化部重点实验室。完成 2014 年度国家文化科技提升计划、国家文化创新工程项目、文化部文化科技创新项目、文化部标准化制修订项目的申报、评审、立项等工作。完成 2014 年度国家社科基金艺术学项目、文化部文化艺术科学研究项目的评审、立项工作。坚持基础研究与应用研究并重，强化艺术科研项目的对策研究，更好地为文化改革发展服务。

二、文化建设取得丰硕成果

2014 年，中国各项文化建设工作取得了新的成就。文艺创作演出异彩纷呈，公共文化服务体系建设成效显著，文化产业蓬勃发展，文化遗产保护取得重要进展，对外文化影响力进一步增强。

（一）艺术事业繁荣发展

2014 年，全国文艺工作者认真学习贯彻习近平总书记文艺工作座谈会重要讲话精神，加强文艺创作引导，加大文化惠民力度，推动文化艺术市场繁荣发展。

1. 弘扬时代精神和爱国主义的优秀作品不断推出。全国文化系统坚持以人民为中心的创作导向，遵循文艺发展规律，牢固树立精品意识，以中国精神为灵魂，着力提高文艺作品的质量和水平。文化部举办庆祝新中国成立 65 周年优秀剧目展演活动、国庆音乐会《美丽中国，光荣梦想》《“丹青中国梦”——庆祝中华人民共和国成立 65 周年美术作品展览》等一系列导向性、示范性文艺活动，为党和国家大事喜事增光添彩。国家艺术基金首个运行年度投入资助金额 4.3 亿元，对 393 个项目进行资助。全国艺术表演院团围绕“中国梦”主题开展文艺创作，推出一批思想性、艺术性、观赏性有机统一的优秀剧节目。据统计，2014 年，全国 8769 家艺术表演院团原创首演剧目 1449 个，比上年增加 92 个。

2. 艺术演出市场规模持续增加，演出收入有所下降。2014 年年末，全国共有艺术表演团体 8769 个，比上年末增加 589 个；从业人员 26.29 万人，增加 0.20 万人。其中各级文化部门管理的艺术表演团体 2053 个，占 23.4%。

全年全国艺术表演团体演出 173.91 万场，比上年增长 5.3%，全年平均每团演出 198.3 场；全年国内演出观众 91020 万人次，增长 1.1%。受市场环境的约束，艺术表演团体总收入 226.40 亿元，比上年下降了 19.1%，其中演出收入 75.70 亿元，比上年下降了 7.8%。

表 2　2007 年—2014 年全国艺术表演团体基本情况

年份	机构数（个）	从业人员数（人）	演出场次（万场）	国内演出观众人次（万人次）	总收入（万元）	
						#演出收入
2007 年	4512	220653	92.7	75895.6	829045	203757
2008 年	5114	208174	90.5	63186.8	933685	204842
2009 年	6139	184678	120.2	81715.9	1121559	288214
2010 年	6864	185413	137.1	88455.8	1239255	342696
2011 年	7055	226599	154.7	74585.1	1540263	526745
2012 年	7321	242047	135.0	82805.1	1968802	641480
2013 年	8180	260865	165.1	90064.3	2800266	820738
2014 年	8769	262887	173.9	91019.7	2264046	757028

3. 社会效益有力彰显。2014 年，全国各级艺术表演团体通过公益性演出、“文化下乡”、低票价演出等方式，将经济效益与社会效益有机统一起来，受到了广大人民群众的热烈欢迎和社会的广泛赞誉。据统计，全年全国文化部门所属艺术表演团体共组织政府采购的公益演出 10.58 万场，比上年增长 18.3%；观众 9893.36 万人次，比上年增长 8.7%。利用流动舞台车演出 10.62 万场次，比上年增长 5.9%；观众 9900.64 万人次，比上年增长 2.2%。全国各级艺术表演团体赴农村演出 114.04 万场，比上年增长 8.5%，赴农村演出场次占总演出场次的 65.6%，比重比上年增加两个百分点；农村观众 55863 万人次，比上年增长 5.5%，占观众总人数的 61.4%，比重比上年增加 2.6 个百分点。

4. 民营艺术表演团体发展迅速。近年来，我国众多民营艺术表演团体以灵活多样的办团方式、特色鲜明的地方风格、充满生机的营销机制、不畏艰苦的创业精神等优势，面向基层开展了丰富多彩的艺术活动，与国有院团互为补充，共同成为构建社会主义和谐社会的重要力量。据统计，2014 年，全国民营艺术表演团体 6617 个，比上年增加 698 个，占全部院团的比重由上年的 72.4% 提高到 75.5%。民营院团涵盖了戏剧、曲艺、歌舞、杂技、魔术、马戏、木偶、皮影等众多艺术门类。如下表所示，2014 年，民营院团主要指标占全部院团的比重均在 60% 以上，且比重比上年有所提高。

表 3　2013 年和 2014 年公有制院团和民营院团主要指标

主要指标	2013 年		2014 年	
	总量	比重(%)	总量	比重(%)
机构个数(个)	8180	100.0	8769	100.0
公有制院团	2261	27.6	2152	24.5
民营院团	5919	72.4	6617	75.5
演出场次(万场次)	165.11	100.0	173.91	100.0
公有制院团	41.41	25.1	41.17	23.7
民营院团	123.7	74.9	132.74	76.3
国内演出观众人次(万人次)	90064.25	100.0	91019.68	100.0
公有制院团	36427.61	40.4	34652.19	38.1
民营院团	53636.64	59.6	56367.49	61.9
演出收入(亿元)	82.07	100.0	75.70	100.0
公有制院团	24.65	30.0	23.52	31.1
民营院团	57.42	70.0	52.18	68.9

(二)公共文化服务体系建设成效显著

2014 年,文化部牵头成立国家公共文化服务体系建设协调组,形成共同会商、统筹推进的工作机制。研究起草《关于加快构建现代公共文化服务体系的意见》和《国家基本公共文化服务指导标准》,对现代公共文化服务体系进行整体制度框架设计,为全国公共文化事业的发展提供了有力保障,全国公共文化服务体系建设取得积极进展。

1. 公共文化设施网络初步形成,服务条件明显改善。近年来,党中央、国务院高度重视基层公共文化设施建设,通过转移支付形式支持地方文化设施建设,带动了地方资金的大量投入,极大改善了全国的文化设施水平,覆盖城乡的公共文化设施网络体系基本形成。据统计,截至 2014 年年底,全国共有县级以上公共图书馆 3117 个,文化馆 3313 个,乡镇(街道)文化站 34465 个,农村文化活动场所

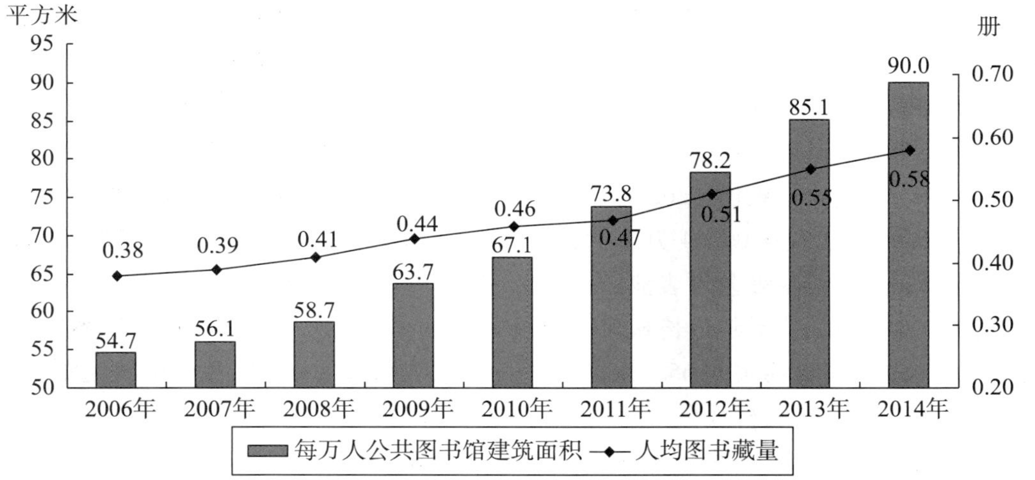

图 3　2006 年—2014 年全国公共图书馆人均资源情况

51.55 万个。全国每万人拥有公共图书馆设施面积由上年的 85.1 平方米提高到 90.1 平方米,增长了 5.9%;全国公共图书馆阅览室座席数由上年的 81 万个提高到 85.6 万个,增长了 5.7%;每万人拥有文化馆(站)面积由上年的 249.09 平方米提高到 269.51 平方米,增长了 8.2%。全国人均拥有公共图书馆藏量由上年的 0.55 册提高到 0.58 册。

2. 公共文化服务水平显著提升。随着我国公共文化服务条件的有效改善,财政对公共文化经费投入的进一步加大,我国公共文化服务水平也得到了显著提升。2014 年,全国公共图书馆有效借书证 3944 万个,比上年增长 37.1%;总流通 53036 万人次,增长 7.7%。书刊文献外借 46734 万册次,增长 14.4%;外借 22737 万人次,增长 10.6%。

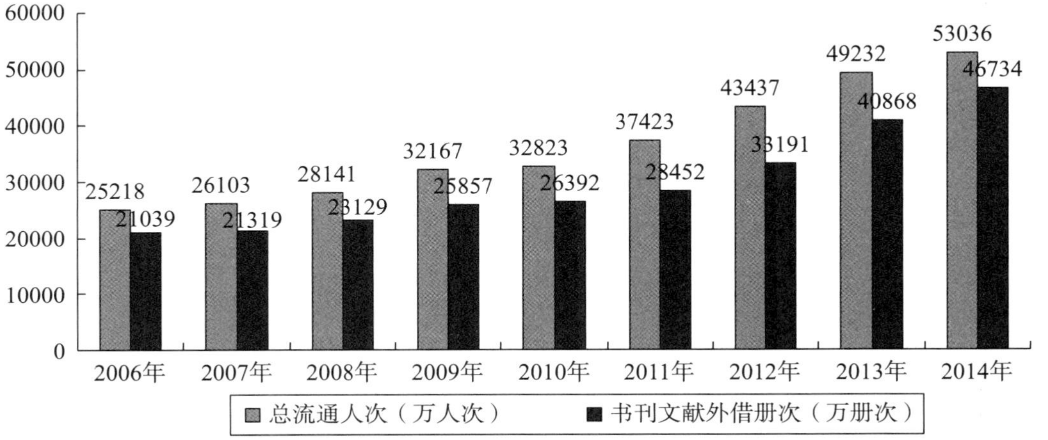

图 4　2006 年—2014 年全国公共图书馆总流通人次及书刊外借册次

2014 年全国群众文化机构共组织开展各类活动 147.20 万场次,比上年增长 13.8%;服务人次 50668 万,增长 14.7%。

表 4　2014 年全国群众文化机构开展活动情况

	总量		比上年增长(%)	
	活动次数(万次)	参加人数(万人次)	活动次数	参加人次
各项活动总计	**147.20**	**50668**	**13.8**	**14.7**
#展览	13.17	10263	-4.7	11.0
文艺活动	84.54	36382	14.2	15.9
公益性讲座	2.56	445	8.1	0.9
训练班	46.93	3578	20.1	15.2

3. 信息化水平进一步提高,文化服务方式更加丰富。随着信息技术的广泛应用,全国文化信息资源共享工程、数字图书馆推广工程和公共电子阅览室建设计划等公共数字文化惠民工程稳步实施,文化系统初步构建起覆盖城乡的公共数字文化服务网络,公共文化机构信息化水平显著提升。据统计,2014 年年底全国文化信息资源共享工程已建成 3.55 万个乡镇(街道)基层服务点、70 万个村(社区)基层服务点,基本实现覆盖所有乡镇、

行政村，资源总量达到408.68TB。2014年年底全国公共图书馆共有电子图书50673.64万册，比上年增加了12906.37万册，增长34.2%。全国公共图书馆电子阅览室面积53.65万平方米，比上年增长4.8%。

全国各级公共图书馆不断创新服务方式，拓展和延伸服务领域，向社会公众提供多样化、多层次的服务。全年共为读者举办各种活动103586次，增长13.2%；参加人次5015万，增长13.7%。各级群众文化活动单位积极加强对业余文化团体的辅导，充分发挥组织作用，实现了从“送文化”到“种文化”的转变。据统计，2014年年末全国群众文化机构共有馆办文艺团体6447个，演出13.34万场，观众8352万人次。由文化馆（站）指导的群众业余文艺团体40.46万个，馆办老年大学705个。

4. 服务农村、服务基层效果明显。2014年，在中央项目的带动下，各地文化机构坚持推动公共文化服务重心下移、资源下移、服务下移，着力促进公共文化服务均等化。数据显示，面向基层、面向农村的乡镇综合文化站在丰富群众文化生活、满足群众基本文化权益、促进文化均等化方面的作用日益突出。全国乡镇综合文化站从业人员占全国群众文化机构从业人员的一半以上，组织的各类文化活动次数占一半以上，文化服务人次占40%左右。

表5　近两年乡镇综合文化站开展文化活动情况

		全国群众文化机构	#乡镇文化站	乡镇文化站所占比重（%）
2014年	从业人员（人）	170299	93307	54.8
	组织开展各类活动次数（次）	1472004	738842	50.2
	文化服务人次（万人次）	50668.1	20132.7	39.7
2013年	从业人员（人）	164355	87922	53.5
	组织开展各类活动次数（次）	1293231	666659	51.5
	文化服务人次（万人次）	44170.7	16484.7	37.3

（三）文化市场规范有序，文化产业蓬勃发展

2014年，随着文化市场监管能力的不断提高，全国文化市场主体得到进一步培育发展，文化市场效益明显提升。在各项政策措施的有力推动下，文化产业规模稳步扩大，产业集聚化水平进一步提高，对经济社会发展的促进作用明显增强。

1. 文化市场发展总体平稳。近年来，全国文化市场经营单位总量（含互联网上网服务营业场所、娱乐场所和民营艺术表演团体）基本持平，略有减少。2014年，全国文化市场经营单位22万个，比上年减少6420个；从业人员132.39万人，比上年减少12.79万人。受需求下降和结构调整影响，年末全国共有娱乐场所84179个，比上年末减少5473个；从业人员72.95万人，减少10.62万人；年末全国共有互联网上网服务营业场所129368个，比上年末减少1645个；从业人员45.24万人，减少2.58万人。

分区域看，文化市场经营单位主要分布在县及县以下基层地区。据统计，2014年年末城市文化市场经营单位77344个，占文化市场经营单位总量的35.1%；县城90694个，占41.2%；县以下地区52126个，占23.7%。

表6 2014 年按区域全国文化市场经营单位主要指标

		机构数(个)	从业人员(人)	营业收入(万元)	营业利润(万元)
总量	**总计**	**220164**	**1323902**	**16142494**	**4682893**
	城市	77344	527509	8081075	2077533
	县城	90694	608143	4609197	1421669
	县以下	52126	188250	3452222	1183691
比重(%)	**总计**	**100.0**	**100.0**	**100.0**	**100.0**
	城市	35.1	39.9	50.1	44.4
	县城	41.2	45.9	28.5	30.3
	县以下	23.7	14.2	21.4	25.3

2. 文化市场单位经营效益明显提升。2014 年,全国文化市场经营单位营业收入 1614.25 亿元,比上年增长 18.1%;营业利润 468.29 亿元,增长 28.0%。其中,娱乐场所全年营业收入 1102.37 亿元,比上年增长 24.6%;营业利润 260.63 亿元,增长 17.2%。互联网上网服务营业场所全年营业收入 447.99 亿元,比上年增长 15.5%;营业利润 196.30 亿元,增长 37.7%。

表7 2014 年我国文化市场经营单位按业务分组情况

		机构数(个)	从业人员(人)	营业收入(万元)	营业利润(万元)
总量	**总计**	**220164**	**1323902**	**16142494**	**4682893**
	#娱乐场所	84179	729516	11023662	2606315
	互联网上网服务营业场所	129368	452368	4479929	1962960
比上年增长(%)	**总计**	**-2.8**	**-8.8**	**18.1**	**19.2**
	#娱乐场所	-6.1	-12.7	24.6	17.2
	互联网上网服务营业场所	-1.3	-5.4	15.5	37.7

3. 文化产业聚集化水平进一步提高。为加快文化产业集聚,培育骨干文化企业,并充分发挥示范、辐射带动作用,2014 年,文化部修订印发《国家文化产业示范基地管理办法》,开展第 5 批国家级文化产业示范(试验)园区和第 6 批国家文化产业示范基地申报评选命名工作。年末全国共有 10 个国家级文化产业示范园区,10 个国家级文化产业试验园区和 339 个国家文化产业示范基地。这些园区和基地涵盖了我国文化产业的骨干企业,充分发挥了示范带动作用。据初步统计,上述文化产业园区和基地 2014 年营业收入 3278.52 亿元,利润总额 869.08 亿元。

动漫产业保持快速发展,动漫企业茁壮成长,动漫业态创新发展,优秀动漫产品不断涌现,动漫走出去步伐加快,动漫与相关行业融合更加紧密,动漫产业成为文化产业中最具发展实力和潜力的行业之一。文化部举办中国文化艺术政府奖第二届动漫奖,共评出 30 个奖项、80 个入围项目。开展弘扬社会主义核心价值观动漫作品扶持计划,集中扶持革命传统教育、中华优秀传统文化主题的 20 个产品和 42 个创意。持续开展手机(移动终端)动漫标准示范推广应用工程,基本完成国家标准修订工作,并通过国家标准立项。2014 年末,全国共有经文化部、财政部、国家税务总局联合认定的动漫企业 669 家，重点动漫企业 43 家。

4. 文化及相关产业增加值快速增长。据国家统计局初步测算，2014 年文化及其相关产业增加值为 24017 亿元，比上年增长 12.5%，占全国 GDP 的比重由上年的 3.63% 提高到 3.77%。文化产业正向国民经济支柱性产业的方向迈进。部分地区的文化产业增加值占地区国内生产总值的比重已经超过 5%，成为当地支柱性产业，在经济转型中发挥重要作用。

表 8　按年份文化及相关产业增加值

年份	增加值（亿元）	占 GDP 比重（%）
2004	3440	2.15
2005	4253	2.3
2006	5123	2.37
2007	6455	2.43
2008	7630	2.43
2009	8786	2.52
2010	11052	2.75
2011	13479	2.85
2012	18071	3.48
2013	21351	3.63
2014	24017	3.77

注：1. 2004—2011 年按 2004 年颁布的《文化及相关产业分类》测算。

2. 2004 年、2008 年和 2013 年根据经济普查数据测算，其他年份根据年报数据测算。

3. 2004—2008 年及 2013 年、2014 年数据为全口径，其他年份仅包括法人单位数据。

4. 2012—2014 年按《文化及相关产业分类（2012）》新标准测算。按新标准 2011 年数据为 15516，占 GDP 的 3.28%。

（四）文化遗产保护工作再上新台阶

2014 年，全国各级文化文物机构加大文物保护利用、非物质文化遗产保护和古籍保护等方面工作力度，推动中华优秀传统文化传承体系建设，共同养护好中华民族文化的根脉。

1. 文物机构服务能力进一步增强。2014 年，全国各级文物机构大力推进考古维修和文物保护工作，文物藏品数量进一步增加，文物机构开展公共服务的基础进一步夯实。第一次全国可移动文物普查有序推进，国有单位文物收藏情况摸底调查全面完成。安排经费 2.1 亿元，启动 46 项抗战文物保护修缮和展示利用工程。平安故宫、西藏重点文物保护、山西南部早期建筑保护、延安革命旧址灾后重建、“南海Ⅰ号”考古发掘和文物保护项目等文物保护重点工程有序推进。据统计，截至 2014 年年底，全国共有文物机构 8418 个，比上年末增加 681 个。其中，文物保护管理机构 3280 个，占 39.0%，博物馆 3658 个，占 43.5%。年末全国文物机构从业人员 14.81 万人，比上年末增加 1.09 万人。其中文物保护管理机构 37843 人，占 25.6%；博物馆 83970 人，占 56.7%。

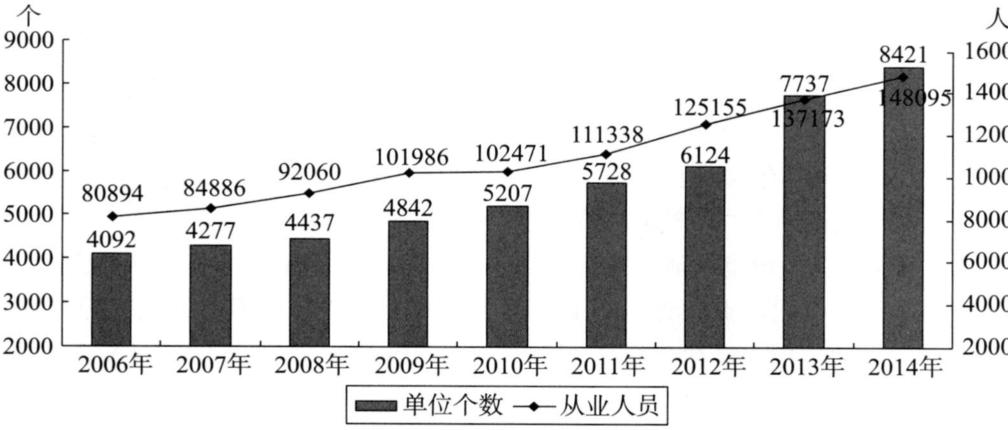

图 5　2006 年—2014 年全国文物单位个数及从业人员数

年末全国文物机构拥有文物藏品4063.58万件,比上年末增加222.77万件,增长5.8%。其中,博物馆文物藏品2929.97万件,占文物藏品总量的72.1%;文物商店文物藏品770.09万件,占18.9%。文物藏品中,一级文物9.82万件,占0.2%;二级文物68.82万件,占1.7%;三级文物340.51万件,占8.4%。

2. 文物机构服务水平明显提升。2014年,全国文物机构共安排基本陈列9996个,比上年增加1604个;举办临时展览11174个,比上年增加1530个。接待参观84256万人次,增长12.8%,其中博物馆接待观众71774万人次,占文物机构接待观众总人次的85.2%;文物保护管理机构接待观众12182万人次,占14.4%。参观人群中未成年人22403万人次,比上年增长10.7%,占参观总人数的26.6%。

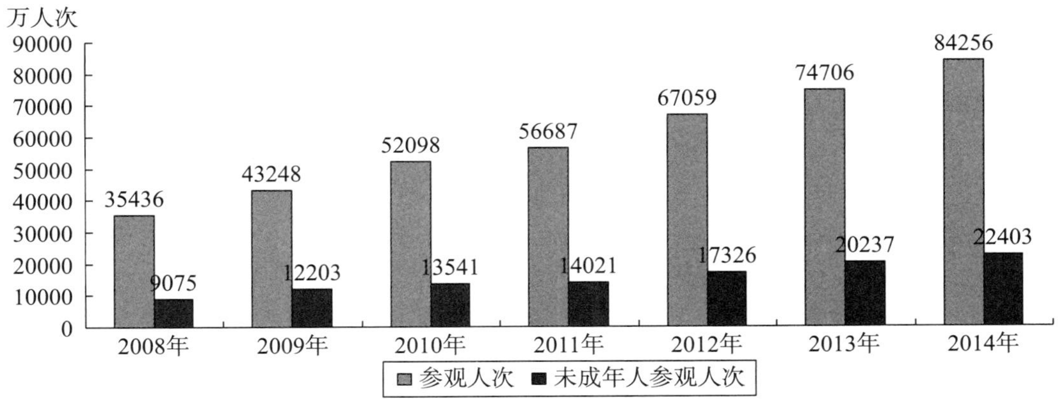

图6　2008年—2014年全国文物机构接待观众人次及未成年人观众人次

3. 非物质文化遗产保护事业又上新台阶。完成第四批国家级非遗代表性项目评审,报请国务院公布代表性项目153个(详见本书附录)、扩展项目153个。评审第二批国家级非物质文化遗产生产性保护示范基地,59家企业和单位入选。(详见本书附录)会同有关部门共同评审第三批中国传统村落994个,纳入中央财政补助范围600个,2014年补助18个。启动国家非物质文化遗产保护利用设施建设,96个建设项目纳入"十二五"项目储备库,2014年下达中央预算内投资约2.1亿元,对21个省区的30个非遗设施建设项目进行补助。中央补助地方资金6.6多亿元,用于752个国家级非物质文化遗产代表性项目、10个国家级文化生态保护实验区、1735名国家级非物质文化遗产代表性传承人的补助。据初步统计,年末全国共有非物质文化遗产保护机构2645个,从业人员18692人。全年全国非物质文化遗产保护机构共举办展览16042次,接待观众3390万人次;举办演出34703场,观众3795万人次;举办民俗活动12982次,观众3884万人次;举办培训班20946次,培训人数137万人次。

4. 古籍保护工作有序推进。国家典籍博物馆正式对外开放,首展汇集800余件典籍国宝,共接待参观团体200余个,参观人次12多万。评审第五批国家珍贵古籍名录和全国古籍重点保护单位,出版第四批《国家珍贵古籍名录图录》。有序推进古籍普查登记各项工作,做好《全国古籍普查登记目录》的出版、平台建设、数据发布工作。大力开展古籍数字化,加快"中华古籍数字资源库"建设。开展古籍再生性保护和整理出版,推进古籍修复工作科学化、规范化,实施海外中华古籍调查与合作保护项目,推进少数民族古籍保护专项工作,推进清史、《中国节日志》等编纂工作。

（五）对外及对港澳台文化交流不断扩大

2014 年，文化部推进体制改革和机制创新，努力将对外和对港澳台文化工作融入国家发展战略，服务于整体外交大局和国内文化建设，在广度和深度上均有较大突破，对外和对港澳台文化工作进入了新的发展阶段，中华文化影响力不断扩大。

1. 对外文化交流活动更加丰富。2014 年，我国与 21 个国家签订或续签文化交流年度执行计划，与 6 个国家签订了互设文化中心协定和谅解备忘录；我国已签订的对外文化协定共计 149 个。2014 年共完成 6 个海外文化中心的揭牌启用工作，海外文化中心总数达到 20 个。文化部制定了《海外中国文化中心管理办法（试行）》及《海外中国文化中心评估框架》，为海外中国文化中心的健康运营提供了制度保障。全年经文化系统审批的对外文化交流项目 1667 起，40781 人次参加；对港澳文化交流项目 230 项，5593 人次参加；对台文化交流项目 500 项，12593 人次参加。

2. 文化思想交流更加深入。文化部联合中国社科院共同举办了两期 2014“青年汉学家研修计划”，来自 39 个国家的 55 位青年汉学家应邀参加；举办“中国当代作品译介研修对接计划”，23 位海外青年汉学家、翻译家参加了研修；举办 2014“汉学与当代中国”座谈会，来自 17 个国家的 20 位外国前政要、知名学者和 14 位中方的杰出学者参会。

3. 品牌文化活动提质增效。2014 年，“欢乐春节”活动在 112 个国家和地区、321 个城市举办，共有 570 多项大型活动。圆满举办亚太经合组织第二十二次领导人非正式会议文艺演出、亚信峰会文艺晚会。组织开展庆祝中法建交五十周年系列文化活动和第十四届“相约北京”联欢活动等大型文化交流活动。积极践行“亲诚惠容”和“真实亲诚”理念，成功举办第五届中俄文化大集、首届“东亚文化之都”、2014 中国—东盟文化交流年、第二届中俄文化论坛、“中印友好交流年”。

围绕中央战略部署，积极开展“一带一路”文化品牌的创立工作，成立“丝绸之路经济带西北五省区文化发展战略联盟”，举办首届“丝绸之路国际艺术节”“海上丝绸之路国际艺术节”等一系列文化交流活动。

4. 对港澳台文化交流与合作深入开展。2014 年，举办“艺海流金”“港澳大学生文化实践活动”等活动，增强港澳各界对祖国的向心力。签署《粤港澳文化交流合作发展规划 2014—2018》，推进三地文化与区域建设的共同发展。打造“艺传两岸——台湾青少年中华传统文化培训”等对台青年文化交流品牌。依托“第七届海峡两岸文博会”等平台，推动两岸文化产业合作。

三、当前文化改革发展中值得关注的几个问题

“十二五”以来，我国的文化建设取得了令人瞩目的成就，进入了一个崭新的发展阶段。但从整体上看，存在的问题依然突出。如文化资金投入不足与资金浪费现象并存，文化投入保障机制需进一步完善；公共文化发展总体水平不高和结构不均衡现象并存，实现均等化任务艰巨；文化产业潜在需求旺盛与现实需求不足现象并存，文化消费的转型升级值得期待。这都需要我们在今后的工作中进行深入探索、研究，认真加以解决。

（一）文化资金投入不足与奢侈浪费现象并存

近年来，随着国民经济的快速发展，文化财政投入持续增加，对于促进我国文化改革发展尤其是现代公共文化服务体系的完善发挥了重要的积极作用，但与全面建成小康社会的目标要求相比，与人民群众日益增长的

精神文化需求相比，与保护传承和弘扬优秀传统文化的任务相比，文化财政投入整体上依然总量不高、比重偏低。据统计，近年全国文化事业费占财政总支出的比重基本维持在0.38%左右，2014年全国人均文化事业费只有42.65元，远低于教育、卫生等其他社会事业的财政投入。同时，由于税收减免程序和手续繁杂等原因，社会力量参与公共文化服务体系建设的积极性不高。

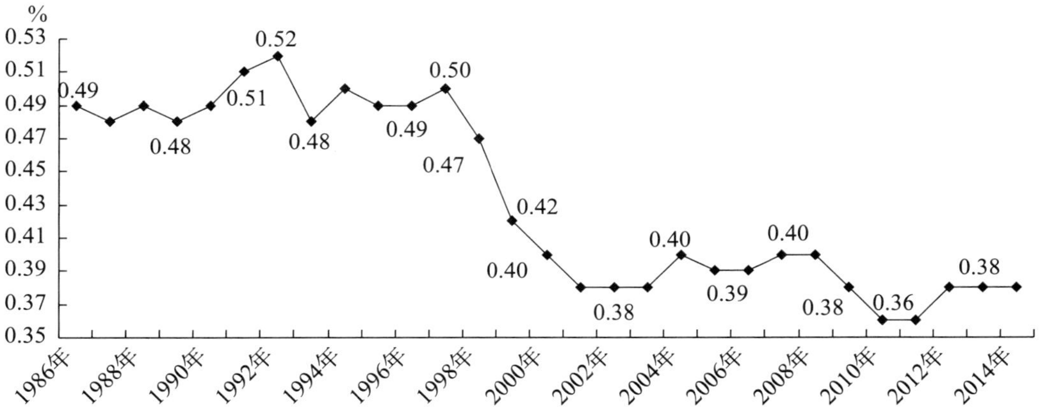

图7　全国文化事业费占财政支出比重

但也应该看到，在一些地区和一些领域也不同程度地存在着文化资金浪费的现象，主要表现在以下几个方面：一是部分地方政府重视前期的设施建设，轻视后期的运行管理，造成了设施的“空壳化”；二是由于人员不足和内容缺乏等原因，造成了公共文化设施利用率不高，公共文化服务效能偏低；三是由于资金管理制度还不完善，监督还不到位，造成部分资金使用不规范甚至被挪用。

（二）公共文化发展总体水平不高和结构不均衡现象并存

近年来，我国公共文化取得了长足的发展，但从整体上看水平还不高，远远不能适应人民群众巨大需求的增长。一是设施比较落后。如截至2014年年底，全国仍有553个县级公共图书馆和705个县级文化馆建筑面积小于800平方米（最低标准），分别占20.4%和24.1%。有680个县级公共图书馆和818个县级文化馆建于1990年之前，分别占25%和27.9%。二是资源比较匮乏。如2014年全国公共图书馆人均藏书量仅为0.58册，远低于国际图联、联合国教科文组织规定的人均藏书量1.5—2.5册的标准，2014年全国人均购书费只有1.244元。三是队伍不健全。公共文化机构专职人员数量严重不足、队伍不稳定、服务水平参差不齐的问题比较突出。四是服务效能不高。一些公益性文化单位缺乏激励和约束机制、活力不足、效率不高，服务方式和服务手段还比较单一，供需难以有效对接。

同时，公共文化发展不均衡问题非常突出。从城乡情况看，农村一直是我国文化发展的薄弱环节，尽管近些年来国家加大了对农村文化的投入力度，城乡文化发展差距有所缩小，但从整体上看，城乡文化发展不平衡的态势尚无根本改观。据统计，2014年，全国文化事业费583.44亿元，其中县及县以下291.32亿元，占49.9%；从资源看，主要服务于农村的1630家县图书馆图书总藏量14527万册，仅占全国图书馆总藏量的18.4%；总流通人次9619万，占18.1%；县及县以下群众文化机构服务人次28024万，占全国群众文化机构总服务人次的 55.3%。从区域情况看，受经济发展水平、自然环境条件、历史文化传统等多种因素影响，我国公共文化发展存在着较大的地区差异。整体上看，东部地区最好，西部次之，中部地区最差。从群体情况看，当前针对老人、少年儿童、残疾人、农民工和边疆民族地区群众的公共文化资源和项目普遍偏少，把农民工纳入城市公共文化服务体系的政策要求在不少地方尚未落实。

表 9　分区域 2014 年公共文化发展情况

	东部地区	中部地区	西部地区
人均文化事业费(元)	50.33	26.10	46.46
每万人拥有公共文化设施面积(平方米)	482.17	258.44	336.91
人均公共图书馆藏书册数(册)	0.83	0.37	0.45
人均进入公共图书馆次数(次)	0.64	0.23	0.27
人均参加文化活动次数(次)	13.06	8.13	11.56

（三）文化产业潜在需求旺盛与现实需求不足并存

发展文化产业不仅是建设社会主义先进文化的重要手段，也是产业结构优化升级，政治进步和综合国力增强的推动力量。当前，我国文化产业发展潜力巨大。一方面，我国经济快速发展和城乡居民收入快速增长为发展文化产业提供了坚实基础。根据国际经验，人均 GDP 在 1000 美元以下，居民消费主要以物质消费为主；人均 GDP 在 3000 美元左右，进入物质消费和精神文化消费并重时期；人均 GDP 超过 5000 美元，居民的消费转向精神文化消费为主的时期。而早在 2008 年，我国的人均 GDP 即已超过了 3000 美元，目前已经超过 7400 美元。另一方面，当前我国经济发展进入新常态，为发展文化产业提供了新契机。为适应经济新常态，中央提出，以提高经济发展质量和效益为中心，把转方式调结构放到更加重要的位置，突出创新驱动，大力推进服务业和战略性新兴产业发展，优化经济发展空间格局，加快培育新的增长点和增长极。文化产业作为服务业的重要组成部分，具有重要的发展前景。

"十二五"以来，我国文化产业呈现出蓬勃发展态势，文化产业对国民经济增长的贡献率不断上升。但与巨大的潜在需求相比，仍然存在巨大的缺口。据有关研究机构测算，按照国际人均收入和支出平均标准，我国文化消费支出总量应该达到 4 万亿元以上，而 2014 年我国文化消费的规模却不到 15000 亿元，城乡居民人均文化和娱乐支出 671 元，只占消费支出的 4.6%。全国人均观看文艺演出的场次仅为 0.66 次。

制约文化产业发展、文化消费水平提高的因素是多方面的：一是从供给角度看，当前文化产业自主创新能力不足，个性化、多元化的文化产品数量还不够丰富；二是从需求角度看，由于兜底的社会保障体系还没有建立起来，住房、教育、医疗、养老消费预期值较高，城乡居民文化消费的欲望还不强。三是机制角度看，当前支持文化产业发展的政策措施还不够多不够实，文化企业特别是小微文化企业发展面临很多困难。

2015 年是全面深化改革的关键之年，是全面推进依法治国的开局之年，是全面完成"十二五"规划的收官之年。文化系统将继续高举中国特色社会主义伟大旗帜，全面贯彻党的十八大和十八届三中、四中全会精神，全面贯彻习近平总书记系列重要讲话特别是文艺工作座谈会重要讲话精神，着眼于党和国家工作大局，紧紧围绕培育践行社会主义核心价值观，牢固树立以人民为中心的工作导向，着力推出一批思想性、艺术性、观赏性有机统一的优秀作品，着力提升公共文化服务效能和质量，着力完善现代文化市场体系，着力推动文化产业健康快速发展，着力构建优秀传统文化传承体系，着力提升对外文化开放水平，努力实现全年工作再上新台阶，为实现“两个一百年”奋斗目标和中华民族伟大复兴中国梦提供有力文化支持。

（文化部财务司）

2014 年全国文化发展主要统计数据

指标	单位	总量指标		增长速度(%)
		2013 年	2014 年	
机构和人员				
机构数	个	292884	287356	-1.9
从业人员数	人	2154948	2040199	-5.3
文化投入				
文化事业费	亿元	530.49	583.44	10.0
人均文化事业费	元	38.99	42.65	9.4
公共图书馆				
机构数	个	3112	3117	0.2
总藏量	万册	74896.14	79091.64	5.6
总流通人次	万人次	49232.07	53035.98	7.7
群众文化				
机构数	个	44260	44423	0.4
#文化站	个	40945	41110	0.4
组织开展各类活动次数	万次	129.32	147.20	13.8
举办展览	万次	13.82	13.17	-4.7
组织文艺活动	万次	74.06	84.54	14.2
组织公益性讲座	万次	2.36	2.56	8.5
举办训练班	万次	39.08	46.93	20.1
服务人次	万人次	44171.17	50668.10	14.7
艺术表演团体				
机构数	个	8180	8769	7.2
演出场次	万场次	165.11	173.91	5.3
#农村演出场次	万场次	105.13	114.04	8.5
国内演出观众人次	万人次	90064.26	91019.68	1.1
#农村观众人次	万人次	52973.45	55862.67	5.5
演出收入	万元	820738	757028	-7.8
艺术表演场馆				
机构数	个	1344	1338	-0.4
艺术演出场次	万场次	6.60	6.95	5.3
艺术演出观众人次	万人次	2662.45	2598.27	-2.4

续表

指标	单位	总量指标		增长速度(%)
		2013 年	2014 年	
艺术演出收入	万元	82489	84512	2.5
文化市场				
机构数	个	226584	220164	-2.8
从业人员数	个	1451818	1323902	-8.8
营业收入	万元	13665719	16142494	18.1
营业利润	万元	3657414	4682893	28.0
文物业				
机构数	个	7737	8421	8.8
总藏品	万件/套	3840.81	4063.58	5.8
参观人次	万人次	74706	84256	12.8

注:文化市场数据只包括民营艺术表演团体、互联网上网服务营业场所及娱乐场所数据。艺术表演场馆不含民营艺术表演场馆。以下各表同。

按年份全国主要文化机构数

单位:个

年　份	公共图书馆	文化馆	文化站	博物馆	艺术表演团体	艺术表演场馆
1949 年	55	896		21	1000	891
1952 年	83	2430		35	2084	1510
1957 年	400	2748		72	2884	2296
1962 年	541	2575	1192	230	3320	2249
1965 年	562	2660	2125	214	3458	2943
1970 年	323	2332	1794	182	2541	1432
1975 年	629	2670	2717	242	2836	1464
1978 年	1218	2840	4053	349	3150	1095
1980 年	1732	3130	5609	365	3533	1444
1985 年	2344	3295	5281	711	3317	1377
1986 年	2406	3330	5583	777	3195	2058
1987 年	2440	3321	5653	827	3094	2148
1988 年	2485	3333	5712	903	2985	2081
1989 年	2512	3321	5716	967	2850	2050
1990 年	2527	3321	5895	1013	2805	1955
1991 年	2535	3265	7242	1075	2772	2068
1992 年	2558	3272	6292	1106	2753	2037
1993 年	2572	3256	6899	1130	2707	2024
1994 年	2589	3261	8015	1161	2698	1998
1995 年	2615	3259	10228	1194	2682	1958
1996 年	2620	3284	41969	1219	2664	1934
1997 年	2628	3286	42163	1282	2663	1947
1998 年	2662	3287	42547	1339	2652	1929
1999 年	2669	3294	42543	1363	2632	1911
2000 年	2675	3297	42024	1392	2619	1900
2001 年	2696	3241	40138	1461	2605	1854
2002 年	2697	3243	39273	1511	2587	1829
2003 年	2709	3228	38588	1515	2601	1900
2004 年	2720	3221	38181	1548	2759	1928
2005 年	2762	3226	38362	1581	2805	1866

续表

年　份	公共图书馆	文化馆	文化站	博物馆	艺术表演团体	艺术表演场馆
2006 年	2778	3214	36874	1617	2866	1839
2007 年	2799	3217	37384	1722	4512	1732
2008 年	2820	3218	37938	1893	5114	1662
2009 年	2850	3223	38736	2252	6139	1499
2010 年	2884	3264	40118	2435	6864	1461
2011 年	2952	3285	40390	2650	7055	1429
2012 年	3076	3301	40575	3069	7321	1279
2013 年	3112	3315	40945	3473	8180	1344
2014 年	3117	3313	41110	3658	8769	1338

注:2007 年以前艺术表演团体为文化部门系统内数据,2007 年起含非文化部门单位。1996 年以前文化站数据未包括其他部门所属乡镇综合文化站,1996—1998 年文化站数据包括其他部门所属单位,1999 年以后,其他部门所属文化站归文化部门管理。

按年份全国文化事业费基本情况

单位:亿元、%

	文化事业费	国家财政总支出	文化事业费总支出占国家财政比重
1978 年	4. 44	1122. 09	0. 40
1979 年	5. 84	1281. 79	0. 46
1980 年	5. 61	1228. 83	0. 46
六五时期	**36. 03**	**7483. 18**	**0. 48**
1985 年	9. 32	2004. 25	0. 47
七五时期	**62. 45**	**12865. 67**	**0. 49**
1986 年	10. 74	2204. 91	0. 49
1987 年	10. 77	2262. 18	0. 48
1988 年	12. 18	2491. 21	0. 49
1989 年	13. 57	2823. 78	0. 48
1990 年	15. 19	3083. 59	0. 49
八五时期	**121. 33**	**24387. 47**	**0. 50**
1991 年	17. 28	3386. 62	0. 51
1992 年	19. 46	3742. 20	0. 52
1993 年	22. 37	4642. 30	0. 48
1994 年	28. 83	5792. 62	0. 50
1995 年	33. 39	6823. 72	0. 49
九五时期	**254. 51**	**57043. 46**	**0. 45**
1996 年	38. 77	7937. 55	0. 49
1997 年	46. 19	9233. 56	0. 50
1998 年	50. 78	10798. 18	0. 47
1999 年	55. 61	13187. 67	0. 42
2000 年	63. 16	15886. 50	0. 40
十五时期	**496. 13**	**128022. 85**	**0. 39**
2001 年	70. 99	18902. 58	0. 38
2002 年	83. 66	22053. 15	0. 38
2003 年	94. 03	24649. 95	0. 38
2004 年	113. 63	28486. 89	0. 40
2005 年	133. 82	33930. 28	0. 39

续表

	文化事业费	国家财政总支出	文化事业费总支出占国家财政比重
十一五时期	**1220.40**	**318672.05**	**0.38**
2006年	158.03	40422.73	0.39
2007年	198.96	49781.35	0.40
2008年	248.04	62592.66	0.40
2009年	292.31	76299.93	0.38
2010年	323.06	89575.38	0.36
2011年	392.62	109247.79	0.36
2012年	480.10	125952.97	0.38
2013年	530.49	140212.10	0.38
2014年	583.44	151661.54	0.38

注:①国家财政总支出系国家财政决算数。

②文化事业费:1953年~1980年系国家财政决算数(“一五”至“四五”时期含文物、出版经费,“五五”时期不含文物、出版经费);1981年以后系文化事业统计年报数(不含文物、出版及科学研究费;不含基本建设的财政拨款和行政运行经费,以下各表同)

按年份各地区文化事业费

单位:万元

地 区	1995 年	2000 年	2005 年	2010 年	2011 年	2012 年	2013 年	2014 年
全 国	**333853**	**631591**	**1338193**	**3230646**	**3926223**	**4801015**	**5304904**	**5834377**
中 央	20973	55498	113028	152788	184867	212300	269177	358420
北 京	8427	24008	64587	161693	179115	228738	244620	249386
天 津	5098	9796	31592	56348	74595	79282	95616	122666
河 北	11393	18984	39626	70307	93048	114728	127775	143751
山 西	9215	12347	29832	78000	111854	131218	141055	140919
内蒙古	8624	14515	30543	112982	127692	162157	173791	189673
辽 宁	17525	26790	47578	113430	109256	147143	139102	148061
吉 林	10613	15711	26566	90327	93047	94962	111561	136021
黑龙江	10722	16598	33742	74631	87957	93551	96252	125077
上 海	15431	42608	79201	186266	241757	287144	294524	332623
江 苏	18234	38527	77658	163123	228144	297752	369077	343980
浙 江	14764	35334	110397	242002	288595	357094	360199	379174
安 徽	8836	15849	30541	76813	91387	90303	111141	119933
福 建	11023	22174	42949	101855	107639	127062	144997	148123
江 西	7404	10696	23398	73401	69643	79760	89733	103717
山 东	16315	30944	61687	138876	175411	206838	246349	253539
河 南	12447	20948	37708	95143	122440	150441	161446	173942
湖 北	11268	19367	43585	114389	108101	138694	154138	168048
湖 南	10525	16564	34771	86133	98805	126938	144707	162613
广 东	27486	58321	128095	269940	337369	384588	419594	452260
广 西	8617	14608	28089	80097	82743	117052	131614	144457
海 南	2965	3468	6007	27356	37297	57209	62250	60611
重 庆		9151	17505	77350	93801	120734	121134	133289
四 川	16905	20500	44523	143902	205784	274876	304646	349146
贵 州	4785	9131	18731	53676	74805	96876	96869	105913
云 南	14563	23945	42036	86881	121629	130776	143712	174862
西 藏	2124	4264	8003	21050	19239	27131	31966	50826
陕 西	8583	13976	23462	89457	119207	153402	191783	193209
甘 肃	6935	9130	20882	55563	83375	91199	98665	110710
青 海	2574	3696	7349	41114	34114	51457	50669	63784
宁 夏	2108	3625	9646	24483	35539	44538	38052	46671
新 疆	7371	10518	24877	71273	87971	125076	138694	148975

按年份各地区人均文化事业费及位次

单位:元

地　区	1995 年		2000 年		2005 年		2012 年		2013 年		2014 年	
	人均经费	位次	人均经费	位次	人均经费	位次	人均经费	位次	人均经费	位次	人均经费	位次
全　国	**2.75**		**4.99**		**10.23**		**35.46**		**38.99**		**42.65**	
北　京	8.74	2	17.37	2	41.99	2	110.55	2	115.66	2	115.91	3
天　津	7.56	3	9.79	4	30.29	3	56.11	9	64.96	8	80.87	5
河　北	1.78	25	2.81	25	5.78	25	15.74	30	17.42	30	19.47	30
山　西	3.12	15	3.74	19	8.89	16	36.34	14	38.86	16	38.63	19
内蒙古	4.13	9	6.11	11	12.80	9	65.12	7	69.57	5	75.72	6
辽　宁	4.31	6	6.32	10	11.27	12	33.53	20	31.69	20	33.72	21
吉　林	4.21	8	5.76	12	9.78	14	34.53	17	40.55	14	49.42	12
黑龙江	2.95	16	4.50	16	8.83	17	24.40	24	25.10	26	32.63	22
上　海	13.10	1	25.45	1	44.54	1	120.65	1	121.96	1	137.13	2
江　苏	2.62	8	5.18	15	10.39	13	37.59	13	46.49	12	43.21	14
浙　江	3.26	13	7.55	5	22.54	5	65.20	6	65.51	7	68.84	8
安　徽	1.48	28	2.65	26	4.99	30	15.08	31	18.43	29	19.72	29
福　建	3.27	12	6.39	9	12.15	11	33.90	19	38.42	17	38.92	18
江　西	1.94	22	2.58	28	5.43	27	17.71	28	19.84	28	22.83	28
山　东	1.93	23	3.41	21	6.67	21	21.36	26	25.31	25	25.90	26
河　南	1.34	30	2.26	31	4.02	31	15.99	29	17.15	31	18.43	31
湖　北	2.04	21	3.21	23	7.63	19	24.00	25	26.58	24	28.89	25
湖　南	1.67	26	2.57	29	5.50	26	19.12	27	21.63	27	24.14	27
广　东	3.93	10	6.75	7	13.93	7	36.30	15	39.42	15	42.17	17
广　西	1.93	24	3.25	22	6.03	24	25.00	23	27.89	22	30.39	23
海　南	2.50	19	4.41	17	7.25	20	64.50	8	69.55	6	67.09	9
重　庆			2.96	24	6.09	23	41.00	11	40.79	13	44.56	13
四　川	1.56	27	2.46	30	5.42	28	34.04	18	37.58	19	42.89	15
贵　州	1.36	29	2.59	27	5.02	29	27.81	22	27.66	23	30.19	24
云　南	3.47	11	5.58	13	9.45	15	28.07	21	30.66	21	37.09	20
西　藏	3.22	14	16.27	3	28.89	4	88.09	4	102.45	3	160.06	1
陕　西	2.42	20	3.88	18	6.31	22	40.87	12	50.95	11	51.18	11
甘　肃	2.93	17	3.56	20	8.05	18	35.38	16	38.21	18	42.73	16
青　海	5.30	5	7.14	6	13.53	8	89.80	3	87.66	4	109.33	4
宁　夏	4.23	7	6.45	8	16.18	6	68.84	5	58.18	10	70.55	7
新　疆	5.39	4	5.46	14	12.38	10	56.01	10	61.26	9	64.81	10

按年份各地区文化事业费占财政支出比重

单位:%

地　区	1995 年		2000 年		2005 年		2010 年		2012 年		2013 年		2014 年	
	比重	位次	比重	位次	比重	位次	比重	位次	比重	位次	比重	位次	比重	位次
全　国	**0.49**		**0.40**		**0.39**		**0.36**		**0.38**		**0.38**		**0.38**	
北　京	0.55	28	0.54	14	0.61	4	0.60	2	0.62	4	0.59	4	0.55	3
天　津	0.55	28	0.53	15	0.71	3	0.41	14	0.37	19	0.38	19	0.43	17
河　北	0.60	23	0.46	28	0.40	24	0.25	31	0.28	29	0.29	26	0.31	26
山　西	0.82	7	0.55	11	0.44	14	0.40	15	0.48	9	0.47	8	0.46	12
内蒙古	0.84	5	0.59	8	0.44	15	0.50	7	0.47	10	0.47	9	0.49	7
辽　宁	0.64	15	0.52	17	0.39	25	0.35	22	0.32	24	0.27	29	0.29	28
吉　林	0.88	3	0.90	1	0.42	18	0.51	6	0.38	18	0.41	14	0.47	10
黑龙江	0.61	18	0.45	30	0.42	19	0.33	25	0.29	28	0.29	27	0.36	22
上　海	0.59	25	0.68	5	0.48	9	0.56	4	0.69	2	0.65	2	0.68	2
江　苏	0.72	10	0.61	6	0.46	12	0.33	26	0.42	15	0.47	10	0.41	19
浙　江	0.82	7	0.82	2	0.87	1	0.75	1	0.86	1	0.76	1	0.73	1
安　徽	0.65	14	0.49	23	0.42	20	0.30	29	0.23	31	0.26	30	0.26	31
福　建	0.64	15	0.69	4	0.72	2	0.60	3	0.49	8	0.47	11	0.45	14
江　西	0.67	13	0.48	26	0.41	22	0.38	18	0.26	30	0.26	31	0.27	30
山　东	0.59	25	0.51	18	0.42	21	0.34	23	0.35	22	0.37	20	0.35	23
河　南	0.60	23	0.47	27	0.33	31	0.28	30	0.30	26	0.29	28	0.29	29
湖　北	0.69	12	0.53	15	0.55	6	0.46	10	0.37	20	0.35	21	0.34	24
湖　南	0.61	18	0.49	23	0.39	26	0.32	28	0.31	25	0.31	24	0.32	25
广　东	0.52	30	0.55	11	0.55	7	0.50	8	0.52	5	0.50	6	0.49	6
广　西	0.61	18	0.57	10	0.45	13	0.40	16	0.39	17	0.41	15	0.42	18
海　南	0.70	11	0.51	18	0.39	27	0.47	9	0.63	3	0.62	3	0.55	4
重　庆			0.49	23	0.35	29	0.45	11	0.40	16	0.40	18	0.4	20
四　川	0.61	18	0.45	30	0.41	23	0.34	24	0.50	7	0.49	7	0.51	5
贵　州	0.56	27	0.46	28	0.35	30	0.33	27	0.35	23	0.31	25	0.3	27
云　南	0.62	17	0.58	9	0.54	8	0.38	19	0.37	21	0.35	22	0.39	21
西　藏	0.61	18	0.71	3	0.43	16	0.38	20	0.30	27	0.32	23	0.43	16
陕　西	0.84	5	0.51	18	0.36	28	0.40	17	0.46	11	0.52	5	0.49	8
甘　肃	0.85	4	0.50	22	0.48	10	0.38	21	0.44	13	0.43	13	0.44	15
青　海	0.89	2	0.55	11	0.43	17	0.55	5	0.44	14	0.41	16	0.47	9
宁　夏	0.92	1	0.60	7	0.60	5	0.44	12	0.52	6	0.41	17	0.47	11
新　疆	0.76	9	0.51	18	0.47	11	0.42	13	0.46	12	0.45	12	0.45	13

注:各地财政支出不包含中央转移支付部分。

按年份各地区人均拥有公共图书馆藏量

单位:册/件

地 区	1995 年	2000 年	2005 年	2012 年	2013 年	2014 年
全 国	**0.27**	**0.32**	**0.37**	**0.51**	**0.55**	**0.58**
北 京	0.54	0.55	0.73	0.94	0.98	1.03
天 津	0.72	0.79	0.83	0.99	1.00	1.05
河 北	0.13	0.16	0.19	0.24	0.26	0.29
山 西	0.25	0.26	0.29	0.38	0.40	0.40
内蒙古	0.27	0.29	0.31	0.46	0.53	0.58
辽 宁	0.44	0.46	0.55	0.73	0.76	0.81
吉 林	0.36	0.38	0.44	0.54	0.58	0.60
黑龙江	0.30	0.32	0.34	0.46	0.48	0.45
上 海	1.12	3.29	3.40	2.93	3.00	3.04
江 苏	0.34	0.36	0.43	0.69	0.73	0.79
浙 江	0.35	0.37	0.47	0.83	0.94	1.02
安 徽	0.13	0.13	0.14	0.23	0.29	0.29
福 建	0.28	0.28	0.36	0.55	0.65	0.70
江 西	0.26	0.27	0.30	0.37	0.44	0.47
山 东	0.20	0.22	0.30	0.40	0.45	0.46
河 南	0.12	0.13	0.15	0.23	0.24	0.25
湖 北	0.25	0.28	0.34	0.43	0.46	0.49
湖 南	0.21	0.24	0.26	0.32	0.34	0.36
广 东	0.24	0.27	0.34	0.51	0.57	0.59
广 西	0.27	0.29	0.32	0.41	0.45	0.52
海 南	0.19	0.20	0.22	0.43	0.42	0.46
重 庆		0.26	0.27	0.38	0.38	0.42
四 川	0.21	0.21	0.24	0.35	0.38	0.39
贵 州	0.18	0.19	0.20	0.28	0.33	0.35
云 南	0.28	0.29	0.31	0.36	0.38	0.40
西 藏	0.21	0.23	0.15	0.22	0.32	0.39
陕 西	0.21	0.23	0.24	0.34	0.37	0.40
甘 肃	0.27	0.29	0.33	0.46	0.47	0.50
青 海	0.58	0.55	0.60	0.66	0.66	0.67
宁 夏	0.66	0.68	0.63	0.78	0.91	1.04
新 疆	0.29	0.30	0.41	0.49	0.55	0.56

按年份各地区公共图书馆总流通人次

单位:万人次

地　区	1995 年	2000 年	2005 年	2012 年	2013 年	2014 年
全　国	14142	18854	23332	43437	49232	53036
中　央	133	380	459	378	419	398
北　京	272	320	715	865	1033	1146
天　津	265	461	483	630	714	681
河　北	473	736	635	1023	1079	1210
山　西	227	261	256	475	603	676
内蒙古	282	270	380	417	575	621
辽　宁	829	1184	1133	1939	1939	1892
吉　林	385	409	505	691	540	599
黑龙江	631	608	505	836	822	893
上　海	687	1225	1249	2062	3605	3961
江　苏	883	1227	1735	4527	5047	5425
浙　江	555	1140	1398	4572	4946	5480
安　徽	372	561	461	1264	1347	1546
福　建	466	647	734	1526	1809	2052
江　西	413	485	534	1057	1165	1213
山　东	509	795	1422	2035	2355	2558
河　南	650	713	828	1638	1785	1968
湖　北	559	714	1145	1516	1763	1868
湖　南	618	808	787	1490	1694	1570
广　东	1447	2235	3543	6418	7357	7657
广　西	809	927	896	1366	1471	1998
海　南	94	121	115	270	247	268
重　庆		266	595	1078	1147	1221
四　川	776	554	766	1628	1738	1867
贵　州	462	228	187	420	467	525
云　南	559	654	735	1070	1223	1210
西　藏		2	2	4	11	17
陕　西	242	275	365	727	879	927
甘　肃	225	185	317	558	616	658
青　海	39	58	68	102	114	120
宁　夏	140	142	167	210	221	266
新　疆	140	263	212	645	502	544

按年份各地区平均每万人拥有公共图书馆建筑面积

单位:平方米

地　区	1995 年	2000 年	2005 年	2012 年	2013 年	2014 年
全　国	**34. 3**	**47. 3**	**51. 8**	**78. 2**	**85. 1**	**90. 0**
北　京	56. 7	75. 3	99. 5	107. 2	113. 8	115. 7
天　津	81. 6	99. 9	162. 0	181. 7	168. 1	169. 4
河　北	26. 9	33. 5	38. 5	46. 7	52. 9	65. 3
山　西	27. 6	34. 3	45. 0	81. 6	108. 1	111. 8
内蒙古	46. 0	53. 0	65. 8	105. 0	131. 5	137. 0
辽　宁	53. 8	61. 6	81. 3	108. 4	103. 4	112. 6
吉　林	35. 5	39. 6	50. 1	67. 9	70. 6	89. 6
黑龙江	33. 6	36. 6	48. 2	70. 3	72. 3	75. 7
上　海	85. 8	132. 6	137. 2	162. 4	171. 5	170. 8
江　苏	30. 3	35. 5	57. 9	104. 3	112. 1	119. 4
浙　江	34. 8	57. 7	83. 7	125. 7	135. 8	155. 9
安　徽	14. 6	15. 9	23. 9	47. 1	58. 7	60. 6
福　建	42. 2	47. 5	65. 9	89. 6	93. 4	98. 5
江　西	38. 6	39. 9	47. 6	70. 3	75. 9	80. 7
山　东	22. 6	26. 9	42. 3	57. 6	73. 5	74. 7
河　南	21. 6	25. 9	27. 2	45. 7	56. 8	57. 8
湖　北	35. 1	39. 3	49. 9	83. 2	88. 3	91. 1
湖　南	33. 6	38. 7	39. 7	53. 8	56. 9	56. 7
广　东	43. 2	132. 1	57. 8	95. 6	102. 8	105. 2
广　西	38. 1	46. 8	45. 1	60. 9	59. 6	70. 3
海　南	36. 0	41. 9	53. 1	96. 7	91. 4	89. 7
重　庆		37. 5	47. 2	83. 3	85. 1	88. 0
四　川	22. 6	27. 3	34. 2	55. 4	59. 5	61. 4
贵　州	23. 9	39. 7	35. 7	46. 7	59. 9	62. 3
云　南	44. 6	48. 5	78. 4	71. 0	73. 2	72. 6
西　藏	52. 1	61. 1	104. 7	88. 0	120. 6	134. 2
陕　西	32. 8	33. 8	52. 7	64. 0	64. 1	65. 4
甘　肃	34. 5	43. 7	41. 6	71. 2	74. 9	81. 0
青　海	60. 5	73. 4	68. 1	93. 7	79. 5	77. 8
宁　夏	78. 2	78. 3	68. 8	160. 9	163. 7	167. 1
新　疆	43. 1	44. 7	54. 7	82. 4	90. 9	97. 5

按年份各地区公共图书馆机构数

单位:个

地　区	1995 年	2000 年	2005 年	2010 年	2011 年	2012 年	2013 年	2014 年
总　计	**2615**	**2675**	**2762**	**2884**	**2952**	**3076**	**3112**	**3117**
北　京	22	24	25	24	24	24	24	24
天　津	31	31	32	31	31	31	31	31
河　北	134	145	153	165	166	172	173	172
山　西	119	121	122	126	126	126	127	126
内蒙古	107	108	110	113	114	114	116	116
辽　宁	127	128	126	128	128	129	129	129
吉　林	51	60	63	65	65	66	66	66
黑龙江	96	97	96	107	107	106	107	107
上　海	31	31	28	28	25	25	25	25
江　苏	94	101	103	111	112	112	113	114
浙　江	81	83	90	97	97	97	98	98
安　徽	83	84	88	88	100	102	107	113
福　建	78	81	84	86	86	87	91	88
江　西	104	104	104	108	114	114	114	114
山　东	130	133	145	149	150	150	153	153
河　南	132	134	136	142	152	156	157	157
湖　北	100	103	102	107	109	111	112	112
湖　南	116	115	120	124	130	136	136	136
广　东	114	124	129	132	134	137	137	138
广　西	99	94	95	108	108	112	112	112
海　南	19	19	20	20	20	20	21	21
重　庆		42	43	43	43	43	43	43
四　川	166	129	141	161	169	188	197	198
贵　州	87	89	91	93	94	93	94	95
云　南	148	148	149	150	152	152	152	151
西　藏	18	1	4	4	4	77	78	78
陕　西	114	114	111	112	112	112	114	114
甘　肃	86	91	92	94	100	103	103	103
青　海	41	38	43	44	49	49	49	49
宁　夏	20	22	20	20	27	26	26	26
新　疆	66	80	96	103	103	105	106	107

按年份各地区公共图书馆总藏量

单位:万册件

地 区	1995 年	2000 年	2005 年	2010 年	2011 年	2012 年	2013 年	2014 年
总 计	32850	40953	48056	61726	63896	68827	74896	79092
北 京	670	767	1121	1715	1821	1948	2072	2223
天 津	677	786	869	1258	1286	1397	1474	1598
河 北	845	1081	1307	1611	1643	1773	1937	2105
山 西	777	867	963	1208	1259	1363	1466	1472
内蒙古	621	683	744	940	1056	1157	1325	1449
辽 宁	1786	1970	2326	2953	2948	3185	3355	3563
吉 林	921	1030	1202	1380	1399	1494	1597	1662
黑龙江	1094	1186	1291	1644	1703	1751	1843	1721
上 海	1586	5500	6049	6809	6783	6978	7239	7363
江 苏	2420	2669	3179	4370	4781	5468	5770	6280
浙 江	1511	1715	2324	3761	3964	4539	5165	5634
安 徽	752	787	847	1236	1208	1407	1776	1753
福 建	902	985	1274	1682	1676	2080	2467	2660
江 西	1070	1122	1282	1520	1602	1681	1990	2127
山 东	1724	1989	2746	3636	3720	3888	4422	4480
河 南	1062	1239	1429	1837	2045	2145	2218	2312
湖 北	1445	1678	1923	2361	2376	2460	2648	2822
湖 南	1362	1514	1667	1961	2031	2144	2282	2422
广 东	1651	2316	3119	4615	5040	5426	6101	6367
广 西	1243	1312	1491	1881	1868	1942	2110	2482
海 南	137	154	184	285	316	385	377	412
重 庆		811	768	1031	986	1129	1129	1242
四 川	2356	1722	2002	2599	2703	2802	3048	3162
贵 州	616	681	764	812	868	990	1156	1217
云 南	1104	1254	1371	1566	1573	1686	1765	1864
西 藏	51	60	42	53	55	67	100	125
陕 西	733	837	887	1127	1199	1281	1377	1514
甘 肃	670	745	860	1042	1128	1176	1226	1307
青 海	280	286	324	358	368	376	379	394
宁 夏	338	380	378	462	497	505	595	690
新 疆	489	579	817	1113	999	1084	1242	1292

按年份全国公共图书馆主要业务活动情况

年　份	机构数（个）	从业人员（人）	总藏量（万册、件）	总流通人次（万人次）		书刊、文献外借册次（万册次）	书架单层总长度（万米）	发放借书证数（万个）	本年新购藏量（万册）
					外借人次				
1979 年	1651		18353	7787		9625			
1980 年	1732		19904	9045		11830			
1985 年	2344	29350	25573	11614		18942			1343
1986 年	2406	31849	26133	11722		16205	504	523	1359
1990 年	2527	40247	29064	12435		20242	772	603	895
1991 年	2535	42037	30614	20496	7949	13325	758	631	771
1992 年	2558	43051	31175	18495	7653	12625	748	563	740
1993 年	2572	44656	31410	16973	6970	11685	797	562	631
1994 年	2589	44367	32332	14451	7232	11852	776	552	556
1995 年	2615	45323	32850	14142	7160	11814	899	540	551
1996 年	2620	46457	33686	14793	7731	13544	967	527	577
1997 年	2628	47882	37549	16114	8561	15685	817	556	680
1998 年	2662	48313	38514	17058	8910	15422	873	582	700
1999 年	2669	48792	39539	18040	9075	16290	934	596	678
2000 年	2675	51342	40953	18854	9600	16913	978	623	692
2001 年	2696	48579	42130	20757	9829	17559	945	792	819
2002 年	2697	48447	42683	21950	10428	20021	995	918	946
2003 年	2709	49646	43776	21440	10666	18775	1035	943	1049
2004 年	2720	49069	46152	22095	10140	18536	1247	1056	1228
2005 年	2762	50423	48056	23332	10821	20269	1320	1062	1535
2006 年	2778	51311	50024	25218	11408	21039	1413	1160	1686
2007 年	2799	51650	52053	26103	11454	21319	1318	1273	1871
2008 年	2820	52021	55064	28141	12251	23129	1112	1454	2071
2009 年	2850	52688	58521	32167	13277	25857	1216	1749	2939
2010 年	2884	53564	61726	32823	13934	26392	1200	2020	2956
2011 年	2952	54475	63896	37423	15316	28452	1218	2214	3985
2012 年	3076	54997	68827	43437	17402	33191	1216	2485	5826
2013 年	3112	56320	74896	49232	20552	40868	1191	2877	4865
2014 年	3117	56071	79092	53036	22737	46734	1210	3944	4742

按年份全国群众文化机构基本情况

年份	机构数（个）	从业人员（人）	举办展览个数（个）	组织文艺活动次数（次）	举办训练班次（次）	收入合计（万元）		支出合计（万元）	实际使用房屋建筑面积（万平方米）
							财政拨款		
1979 年	3965		13001	114307		10114	10114	10114	
1980 年	7723		23553	202828	20359	11270	11270	11376	
1985 年	8746	59599	30998	118888	31842	20835	20835	17686	308.5
1986 年	8906	67501	32803	106726	30576	29573	25505	23751	354.8
1990 年	9087	67817	34292	99068	37017	49763	36985	37475	457.8
1991 年	10507	70319	35498	116618	39568	45874	31066	43559	484.5
1992 年	9564	66938	32095	96481	40707	53735	35577	49798	496.1
1993 年	10155	68097	29636	86680	34279	62098	37840	57877	538.6
1994 年	11276	70489	30224	92167	39296	79167	48906	73174	560.3
1995 年	13487	75263	31070	110509	46023	89411	56826	83628	614.1
1996 年	45253	127742	76397	247357	130592	139090	74434	137775	1110.0
1997 年	43738	129194	87795	278782	119873	160117	92275	158861	1176.0
1998 年	45834	129842	86960	267351	125872	178165	96416	173207	1195.3
1999 年	45837	128216	94270	280373	138195	111089	108656	177528	1195.2
2000 年	45321	128420	91670	276574	143370	186896	118430	188437	1229.9
2001 年	43397	120156	89392	284316	156089	210181	141754	210860	1213.8
2002 年	42516	119072	92917	301792	137350	241050	165163	235593	1203.6
2003 年	41816	123458	93514	327306	154502	271704	190424	265751	1431.3
2004 年	41402	121441	116639	401818	165823	313104	227641	310850	1408.4
2005 年	41588	122500	111300	391439	190194	365887	279033	358641	1507.0
2006 年	40088	123465	141150	497779	218696	428962	322773	412430	1622.8
2007 年	40601	128096	90900	546477	242055	548301	432311	575722	1667.4
2008 年	41156	131142	100877	473613	299791	660111	528838	653613	1931.0
2009 年	41959	137484	110251	555052	304955	807244	681147	794190	2193.6
2010 年	43382	141002	117353	576799	358719	944397	803918	931951	2526.7
2011 年	43675	147732	107785	620586	339883	1285601	1122872	1267505	2982.6
2012 年	43876	156228	114774	688482	387201	1453601	1300692	1467803	3171.7
2013 年	44260	164355	138225	740611	390758	1667594	1478439	1635395	3389.4
2014 年	44423	170299	131728	845421	469300	1901726	1623756	1828632	3686.4

注：1996 年以前数据未包括其他部门所属乡镇综合文化站，1996—1998 年包括其他部门所属乡镇文化站，1999 年以后，其他部门所属乡镇文化站划归文化部门管理。以下各表同。

按年份各地区群众文化机构组织文艺活动次数

单位:次

地　区	1995 年	2000 年	2005 年	2010 年	2011 年	2012 年	2013 年	2014 年
总　计	**110509**	**276574**	**391439**	**576799**	**620586**	**688482**	**740611**	**845421**
北　京	1186	5382	11378	24237	23972	29076	29787	26297
天　津	3883	3069	3234	5067	6485	6354	6334	7734
河　北	3668	17997	23880	27408	29338	33456	34445	38598
山　西	1462	4527	9107	13905	14868	18473	20201	22319
内蒙古	4282	11294	9977	11127	9862	11482	13652	15431
辽　宁	7539	10365	27868	26261	28261	27852	28630	31622
吉　林	3138	3745	4939	7482	9549	11153	13412	14516
黑龙江	3463	8149	7720	17351	17507	18834	19250	20961
上　海	1021	7629	35027	35600	31353	32762	36164	48725
江　苏	13698	17058	20548	32586	30534	39352	42647	48370
浙　江	19063	20121	23580	36619	35368	40738	45132	53039
安　徽	2416	5181	5661	11937	17757	20196	27422	33318
福　建	3545	7689	7464	9691	11320	12522	13771	14897
江　西	1142	5816	6853	11781	13241	14759	14393	19078
山　东	2722	16033	21673	41194	48307	42095	46978	60352
河　南	1792	9203	13405	35713	33398	38639	41410	44527
湖　北	7190	11588	11031	18100	18342	19638	21033	23058
湖　南	1218	9352	15898	25945	26882	29331	28049	29194
广　东	5377	22969	23132	32352	37970	38842	41121	47791
广　西	1429	8349	10592	19775	19483	25171	26153	27993
海　南	167	1454	1422	2351	2727	2856	2839	3022
重　庆		10491	7958	15840	16235	15818	14293	15720
四　川	2628	17536	23760	30194	39449	52552	56310	58761
贵　州	2581	4202	5759	8544	11988	12731	14567	16786
云　南	11257	12437	17983	21665	23108	25839	25762	29161
西　藏	455	346	439	1458	1923	2173	1933	4263
陕　西	1205	8612	8282	13306	17317	16961	18113	20186
甘　肃	694	5101	11095	9792	9730	11588	11797	13509
青　海	433	1043	1429	2600	2964	3432	4405	5567
宁　夏	454	4247	2490	6351	4808	6178	8890	10240
新　疆	1401	5589	17855	20567	26540	27629	31718	40386

按年份各地区群众文化机构培训人次

单位:万人次

地　区	1995 年	2000 年	2005 年	2012 年	2013 年	2014 年
总　计	**66.2**	**493.9**	**666.5**	**2749.7**	**3105.1**	**3577.7**
北　京	2.3	15.4	48.5	111.9	163.0	156.9
天　津	3.2	7.6	5.1	47.3	38.7	40.0
河　北	3.8	51.7	49.6	91.9	92.2	102.6
山　西	2.1	6.8	11.0	88.2	79.3	80.0
内蒙古	1.0	19.2	14.8	33.5	33.8	40.3
辽　宁	4.7	14.7	43.7	128.4	136.5	152.7
吉　林	2.8	7.2	6.8	39.2	54.7	51.4
黑龙江	2.1	15.3	8.2	44.8	49.4	52.7
上　海	1.2	6.8	63.1	173.2	241.0	287.1
江　苏	3.8	29.9	25.3	149.2	157.8	161.4
浙　江	6.3	30.5	46.4	149.8	198.2	248.5
安　徽	1.0	7.0	12.0	104.8	125.7	130.2
福　建	2.0	11.3	15.9	54.7	57.5	64.8
江　西	1.9	8.9	6.8	51.3	52.8	75.2
山　东	2.9	16.1	43.3	190.5	187.9	226.7
河　南	3.2	24.9	32.4	137.0	140.5	153.5
湖　北	2.1	9.4	12.7	83.8	87.8	95.1
湖　南	1.8	9.3	16.2	100.6	105.8	133.0
广　东	4.6	55.8	52.6	192.3	279.6	440.8
广　西	3.6	15.0	17.3	71.5	76.2	85.0
海　南		1.8	2.1	13.5	14.0	18.3
重　庆		5.1	7.9	80.1	91.1	108.6
四　川	6.3	28.4	50.0	211.1	189.7	174.2
贵　州		5.0	3.2	40.5	54.7	64.9
云　南	1.1	17.8	22.6	128.6	141.2	146.1
西　藏				3.9	5.0	9.6
陕　西	0.9	23.6	12.7	69.6	94.1	102.7
甘　肃	0.8	11.1	12.3	55.7	52.0	59.6
青　海		10.8	0.7	9.0	12.1	10.4
宁　夏		14.0	7.5	7.5	13.7	17.8
新　疆	0.7	13.5	15.4	86.5	79.1	87.7

按年份各地区每万人拥有群众文化设施建筑面积

单位:平方米

地　区	1995 年	2000 年	2005 年	2010 年	2011 年	2012 年	2013 年	2014 年
全　国	**50.7**	**97.2**	**115.3**	**188.6**	**221.2**	**234.2**	**249.1**	**269.5**
北　京	44.2	80.3	224.3	217.8	233.3	191.9	312.6	330
天　津	61.6	138.9	130.4	174.1	213.1	177.3	172.5	197.6
河　北	23.6	62.6	67.7	105.4	132.5	138.0	150.4	158.4
山　西	45.4	53.4	58.1	210.6	221.5	239.6	245.7	266.0
内蒙古	98.0	144.4	132.4	182.6	231.1	247.6	267.1	291.1
辽　宁	84.1	79.0	102.6	201.2	216.1	225.8	219.1	276.3
吉　林	38.2	42.2	38.3	81.5	130.3	144.9	156.8	171.6
黑龙江	26.2	38.5	43.2	140.2	180.7	194.6	190.1	206.0
上　海	71.9	216.2	379.1	485.0	496.5	536.4	566.0	561.0
江　苏	97.8	168.6	181.3	302.8	303.2	366.7	400.4	436.8
浙　江	135.2	190.7	276.0	432.5	478.4	539.5	566.4	622.0
安　徽	17.1	23.6	44.4	93.2	138.0	151.4	152.9	161.2
福　建	61.3	98.8	117.4	240.9	233.5	227.4	248.0	318.8
江　西	38.0	79.5	98.4	131.2	171.5	172.8	189.3	234.5
山　东	22.1	41.7	71.8	218.3	223.7	236.9	249.7	250.8
河　南	21.9	39.0	52.2	94.7	127.3	130.4	135.8	141.3
湖　北	80.5	149.5	140.6	180.6	183.8	184.8	192.9	206.9
湖　南	29.8	63.7	80.6	125.2	167.8	177.2	184.9	210.9
广　东	52.1	222.4	258.2	258.5	315.7	326.7	335.3	341.6
广　西	33.5	76.4	100.9	122.9	134.3	141.6	147.5	157.7
海　南	13.8	86.4	71.3	121.3	107.3	121.6	110.7	120.5
重　庆		99.4	96.5	201.4	226.9	237.1	260.9	285.9
四　川	32.1	107.9	83.9	166.3	234.1	235.4	252.7	258.3
贵　州	26.1	28.7	40.5	81.2	180.0	173.0	197.6	221.4
云　南	126.7	126.2	137.1	163.2	193.2	197.7	203.0	218.8
西　藏	145.4	164.1	238.3	437.9	477.2	522.1	947.2	1164.4
陕　西	52.4	79.1	110.5	150.2	187.3	204.0	218.7	240.6
甘　肃	62.8	103.0	148.8	175.7	218.6	242.3	241.4	268.4
青　海	118.1	96.5	90.2	153.4	226.9	229.1	219.9	249.4
宁　夏	156.5	170.8	179.5	188.9	239.1	285.2	300.6	366.0
新　疆	60.7	116.4	149.3	288.4	353.4	352.5	371.8	402.4

按年份各地区群众文化机构举办训练班次

单位:次

地　区	1995 年	2000 年	2005 年	2010 年	2011 年	2012 年	2013 年	2014 年
总　计	**46023**	**143370**	**190194**	**358719**	**339883**	**387201**	**390758**	**469300**
北　京	505	2546	8708	22836	14883	19465	22353	27707
天　津	656	3062	1516	4753	3917	7198	5502	6134
河　北	1282	15233	11798	13852	11486	14876	14845	15068
山　西	518	1405	2248	6886	8691	10719	9750	11465
内蒙古	1091	5552	4099	4082	4061	3940	5128	6008
辽　宁	4767	4712	8200	47452	20303	19206	19050	22736
吉　林	3393	1586	2649	4029	3525	5627	5498	6113
黑龙江	1091	3109	3546	6129	6419	5736	6437	7030
上　海	659	3007	23313	21078	24458	27506	28102	38930
江　苏	3698	6488	7048	18950	15768	19016	18787	20420
浙　江	8058	9960	11354	18539	19969	25300	27119	36555
安　徽	2235	2132	2526	9481	12850	13580	15174	17869
福　建	1159	4885	9956	11096	6397	7163	8331	10041
江　西	480	3376	2757	8217	6412	12350	7648	11647
山　东	1793	17666	8280	21787	26860	22633	21061	25211
河　南	898	5552	7609	11837	15985	19207	19783	21628
湖　北	1548	3080	15320	10654	7906	9881	9756	10444
湖　南	736	2810	4953	10505	10652	12904	13724	15499
广　东	3949	11932	14288	29041	29590	30198	31158	45111
广　西	1314	4557	4798	8747	8819	14254	11312	10940
海　南	159	779	832	1123	1239	2118	2119	1902
重　庆		2236	2467	7285	8188	11115	11275	13701
四　川	1785	8693	12053	19052	22212	26129	25350	27787
贵　州	654	991	1089	4285	13760	6059	7631	9113
云　南	1765	3220	4585	10183	9305	12834	13109	14785
西　藏	7	25	50	313	383	459	635	1430
陕　西	595	6320	5305	9665	8718	8985	11147	12222
甘　肃	238	4533	2900	4960	6133	6482	6207	7054
青　海	175	290	970	1180	1021	1287	1495	1505
宁　夏	327	994	1124	3138	1122	1402	1822	2031
新　疆	488	2639	3853	7584	8851	9572	9450	11214

按年份各地区群众文化机构数

单位:个

地 区	1995 年	2000 年	2005 年	2010 年	2011 年	2012 年	2013 年	2014 年
总 计	**13487**	**45321**	**41588**	**43382**	**43675**	**43876**	**44260**	**44423**
北 京	35	268	328	337	340	343	346	346
天 津	19	306	217	256	258	283	291	299
河 北	183	2257	2149	2319	2360	2393	2399	2397
山 西	130	1851	1355	1533	1535	1538	1538	1538
内蒙古	547	1712	1329	1017	1105	1132	1156	1156
辽 宁	1522	1520	1522	1550	1549	1550	1543	1544
吉 林	410	894	821	965	966	965	975	974
黑龙江	266	1201	1015	1654	1652	1641	1640	1640
上 海	45	340	249	240	241	240	239	238
江 苏	1180	1771	1534	1442	1429	1419	1394	1395
浙 江	1986	1932	1592	1612	1449	1447	1432	1420
安 徽	351	1898	1677	1509	1532	1554	1557	1557
福 建	249	1085	1116	1190	1199	1199	1237	1215
江 西	113	2000	1546	1924	1947	1950	1877	1880
山 东	158	2581	1926	2013	1988	1979	1966	1969
河 南	224	2479	2395	2466	2506	2514	2527	2523
湖 北	1280	1695	1258	1376	1378	1379	1382	1390
湖 南	137	2667	2617	2561	2624	2617	2672	2673
广 东	1100	2042	1725	1738	1740	1744	1746	1746
广 西	115	1408	1254	1284	1285	1290	1290	1290
海 南	21	327	243	230	234	233	233	233
重 庆		1248	1086	1041	1037	1038	1038	1040
四 川	246	3865	4716	4652	4798	4800	4802	4808
贵 州	693	1030	1401	1524	1579	1661	1687	1686
云 南	1687	1734	1684	1517	1519	1526	1546	1558
西 藏	60	94	208	321	320	320	615	772
陕 西	133	2065	1732	1827	1761	1772	1772	1772
甘 肃	98	1432	1190	1417	1420	1423	1434	1434
青 海	139	250	244	409	413	413	413	413
宁 夏	199	309	252	250	252	254	253	253
新 疆	161	1060	1207	1208	1259	1259	1260	1264

按年份全国文化部门执行事业会计制度的艺术表演团体基本情况

年份	机构数（个）	演出场次（万场次）		国内演出观众人次（万人）	平均每团演出场次（场）	总收入（万元）			总支出（万元）	经费自给率（%）
			农村演出				财政拨款	演出收入		
1949 年	1000	30			300					
1952 年	2084	66		2312	317					
1957 年	2884	137		79245	474					
1958 年	3181	205		120290	644					
1964 年	3302	171	82	84293	518	19030	5290		19817	69.3
1978 年	3143	65	22	79395	206	32086	19644	11079	30049	41.4
1980 年	2183	54	20	61519	245	34687	22503	10685	29524	41.3
1985 年	3295	74	49	72322	226	48568	30942	13091	47292	37.3
1990 年	2788	49	32	51012	176	71535	43759	18041	67514	41.1
1991 年	2760	45	29	46411	162	71756	42638	17798	76065	38.3
1992 年	2744	43	28	46338	155	80959	46617	19559	87797	39.1
1993 年	2698	41	26	42530	151	92770	51093	21756	100106	41.6
1994 年	2691	40	26	40935	149	127628	75583	27276	134508	38.7
1995 年	2676	41	26	43166	154	151388	86620	34382	160654	40.3
1996 年	2656	42	27	47934	158	184240	109781	39870	183534	40.6
1997 年	2651	42	26	46361	157	206794	125300	40716	202789	40.2
1998 年	2640	42	26	53486	161	218546	139913	41730	223877	35.1
1999 年	2622	42	26	46904	161	242645	155609	48967	242797	35.8
2000 年	2619	41	26	46168	157	263664	172864	51650	268886	33.8
2001 年	2590	42	24	47385	163	311852	210018	57448	312601	32.6
2002 年	2577	42	24	45980	161	365331	246661	64884	363312	32.7
2003 年	2601	38	22	39163	147	400867	269640	71781	397890	33.0
2004 年	2512	41	24	37907	165	459183	313068	86125	459369	31.8
2005 年	2472	40	23	35752	159	500262	342807	92603	488472	32.2
2006 年	2456	41	24	40766	167	565018	387812	103431	558540	31.7
2007 年	2455	42	25	45404	170	691050	487842	120396	670009	30.3
2008 年	2465	41	25	41272	167	803030	573623	133077	777735	29.5
2009 年	2481	42	25	43127	169	889046	631197	142227	860603	30.0
2010 年	2421	42	24	44290	175	946742	654258	155743	917143	31.9

续表

年份	机构数（个）	演出场次（万场次）		国内演出观众人次（万人）	平均每团演出场次（场）	总收入（万元）			总支出（万元）	经费自给率（%）
			农村演出				财政拨款	演出收入		
2011 年	2249	40	24	38209	176	1058959	777590	162684	1029564	27.3
2012 年	1804	32	20	29796	179	1076060	824265	132713	1043740	24.1
2013 年	1588	29	18	26067	183	998200	773381	123340	969206	23.2
2014 年	1568	29	18	24294	183	1074246	843859	116572	1059017	21.8

历年全国文物业主要指标

	机构数（个）	从业人员（人）	文物藏品（件/套）	参观人次（万人次）		本年收入合计（万元）	实际使用房屋建筑面积（万平方米）
					未成年人参观人次		
2001 年	3717	64890	9979118	11316	2383	338767	1459
2002 年	3847	63435	13553824	11991	2634	395556	649
2003 年	3882	64214	15460345	9446	2023	400344	863
2004 年	3965	77101	23879724	14527	3454	631645	937
2005 年	4030	82988	23042098	17657	3979	758393	1142
2006 年	4092	80894	18453447	18444	4005	882854	1080
2007 年	4277	84886	25677354	45382	13855	1036917	1191
2008 年	4437	92060	25738228	35436	9075	1246751	1025
2009 年	4842	101986	26802714	43248	12203	1528467	1344
2010 年	5207	102471	28642200	52098	13541	1870728	1621
2011 年	5728	111338	30185365	56687	14021	2363064	2208
2012 年	6124	125155	35054763	67059	17326	2959894	2411
2013 年	7737	137173	38408146	74706	20237	3645841	2115
2014 年	8421	148095	40635827	84256	22403	3926216	2435

2014年各地区博物馆主要指标

地　区	机构数（个）	从业人员（人）	藏品数（件/套）	基本陈列（个）	举办展览（个）	参观人次（万人次）	未成年人参观人次	资产总计（万元）	实际房屋建筑面积（万平方米）
全　国	3658	83970	29299673	9036	10529	71774	20212	7089757	1933.12
中　央	4	3030	3160790	44	136	2592	344	534558	51.38
北　京	41	1222	1251584	84	152	498	85	178698	28.25
天　津	22	747	669665	82	68	926	310	30116	18.74
河　北	105	3318	375522	230	302	2494	874	164218	62.95
山　西	99	2685	803379	172	124	1222	246	124550	46.93
内蒙古	75	1470	493522	246	183	990	254	200873	56.07
辽　宁	63	2202	467050	194	170	1152	343	147247	47.53
吉　林	78	1214	374808	129	299	959	353	45403	23.43
黑龙江	158	2387	694942	354	354	2066	662	220155	58.84
上　海	103	3138	2359064	378	486	1967	535	848099	74.60
江　苏	301	5948	1721406	790	1101	7044	1885	764249	200.64
浙　江	187	4010	1061045	429	988	4121	1125	348823	97.18
安　徽	164	2657	715617	459	421	2406	750	216733	63.84
福　建	98	1940	483880	249	440	2308	813	75414	48.02
江　西	137	2873	476469	261	264	2476	1060	200990	52.70
山　东	243	5369	1502130	925	908	4818	1641	565605	150.60
河　南	248	6265	917092	529	567	4532	1413	194771	96.21
湖　北	174	3380	1894926	465	392	2600	862	199384	66.33
湖　南	109	2639	554636	208	256	3574	1157	201906	46.47
广　东	176	3309	1080018	472	932	4021	904	261895	109.97
广　西	106	1703	411224	190	207	1508	384	107243	39.11
海　南	18	270	43715	41	73	157	39	9210	4.47
重　庆	78	2246	646125	250	171	2154	519	168238	43.69
四　川	206	5795	3283205	402	366	5329	1171	413087	121.21
贵　州	74	1171	115588	114	69	1293	300	95172	48.44
云　南	86	1076	1245402	252	200	1679	616	59242	33.79
西　藏	4	85	66126	7	11	38	1	384	3.38
陕　西	238	7101	1436898	531	259	3831	737	414683	145.01

续表

地　区	机构数（个）	从业人员（人）	藏品数（件/套）	基本陈列（个）	举办展览（个）	参观人次（万人次）		资产总计（万元）	实际房屋建筑面积（万平方米）
							未成年人参观人次		
甘　肃	147	3082	543923	335	373	2008	573	193787	51.26
青　海	22	228	181009	35	32	233	25	18747	6.38
宁　夏	12	266	80080	30	42	128	32	14163	10.33
新　疆	82	1144	188833	149	183	652	196	72114	25.41

2015

中国文化年鉴

Yearbook of Chinese Culture

附 录

名录和名单

国务院关于公布第四批国家级非物质文化遗产代表性项目名录的通知

各省、自治区、直辖市人民政府，国务院各部委、各直属机构：

国务院批准文化部确定的第四批国家级非物质文化遗产代表性项目名录（共计153项）和国家级非物质文化遗产代表性项目名录扩展项目名录（共计153项），现予公布。按照《中华人民共和国非物质文化遗产法》的表述，将“国家级非物质文化遗产名录”名称调整为“国家级非物质文化遗产代表性项目名录”。

各地区、各部门要按照《中华人民共和国非物质文化遗产法》和《国务院办公厅关于加强我国非物质文化遗产保护工作的意见》（国办发〔2005〕18号）要求，认真贯彻“保护为主、抢救第一、合理利用、传承发展”的工作方针，坚持科学保护理念，制定规划，扎实做好非物质文化遗产代表性项目的传承、传播工作，推动非物质文化遗产保护迈上新台阶，为弘扬中华民族优秀传统文化作出新的贡献。

国务院

2014年11月11日

（此件公开发布）

第四批国家级非物质文化遗产代表性项目名录

（共计153项）

一、民间文学（共计30项）

序号	项目编号	项目名称	申报地区或单位
1220	Ⅰ-126	卢沟桥传说	北京市丰台区
1221	Ⅰ-127	鬼谷子传说	河北省临漳县
1222	Ⅰ-128	东海孝妇传说	江苏省连云港市
1223	Ⅰ-129	刘阮传说	浙江省天台县
1224	Ⅰ-130	孔雀东南飞传说	安徽省怀宁县、潜山县
1225	Ⅰ-131	老子传说	安徽省涡阳县，河南省灵宝市
1226	Ⅰ-132	陈三五娘传说	福建省泉州市洛江区
1227	Ⅰ-133	胡峄阳传说	山东省青岛市城阳区
1228	Ⅰ-134	孟母教子传说	山东省邹城市
1229	Ⅰ-135	河图洛书传说	河南省洛阳市

续表

序号	项目编号	项目名称	申报地区或单位
1230	Ⅰ-136	杞人忧天传说	河南省杞县
1231	Ⅰ-137	三国传说	湖北省
1232	Ⅰ-138	伯牙子期传说	湖北省武汉市
1233	Ⅰ-139	尹吉甫传说	湖北省房县
1234	Ⅰ-140	苏仙传说	湖南省郴州市苏仙区
1235	Ⅰ-141	毕阿史拉则传说	四川省金阳县
1236	Ⅰ-142	仓颉传说	陕西省白水县、洛南县
1237	Ⅰ-143	骆驼泉传说	青海省循化撒拉族自治县
1238	Ⅰ-144	回族民间故事	宁夏回族自治区泾源县
1239	Ⅰ-145	广禅侯故事	山西省阳城县
1240	Ⅰ-146	解缙故事	江西省吉水县
1241	Ⅰ-147	壮族百鸟衣故事	广西壮族自治区横县
1242	Ⅰ-148	阿凡提故事	新疆维吾尔自治区喀什地区
1243	Ⅰ-149	广阳镇民间故事	重庆市南岸区
1244	Ⅰ-150	西王母神话	新疆维吾尔自治区阜康市
1245	Ⅰ-151	盘王大歌	湖南省江华瑶族自治县
1246	Ⅰ-152	玛牧	四川省喜德县
1247	Ⅰ-153	黑白战争	云南省丽江市古城区
1248	Ⅰ-154	祁家延西	青海省互助土族自治县
1249	Ⅰ-155	常山喝彩歌谣	浙江省常山县

二、传统音乐(共计15项)

1251	Ⅱ-157	渔歌(洞庭渔歌、汕尾渔歌)	湖南省岳阳市,广东省汕尾市
1252	Ⅱ-158	西岭山歌	四川省大邑县
1253	Ⅱ-159	旬阳民歌	陕西省旬阳县
1254	Ⅱ-160	撒拉族民歌	青海省循化撒拉族自治县
1255	Ⅱ-161	锡伯族民歌	新疆维吾尔自治区察布查尔锡伯自治县
1256	Ⅱ-162	凌云壮族七十二巫调音乐	广西壮族自治区凌云县
1257	Ⅱ-163	毕摩音乐	四川省美姑县
1258	Ⅱ-164	剑川白曲	云南省大理白族自治州
1259	Ⅱ-165	阿斯尔	内蒙古自治区镶黄旗
1260	Ⅱ-166	莆仙十音八乐	福建省莆田市涵江区
1261	Ⅱ-167	蒙古族汗廷音乐	内蒙古自治区阿鲁科尔沁旗
1262	Ⅱ-168	浏阳文庙祭孔音乐	湖南省浏阳市
1263	Ⅱ-169	潮尔(蒙古族弓弦乐)	内蒙古自治区通辽市
1264	Ⅱ-170	蒙古族托布秀尔音乐	新疆维吾尔自治区博尔塔拉蒙古自治州

三、传统舞蹈（共计20项）

序号	项目编号	项目名称	申报地区或单位
1265	Ⅲ－112	太子务武吵子	北京市大兴区
1266	Ⅲ－113	左权小花戏	山西省左权县
1267	Ⅲ－114	博舞	吉林省前郭尔罗斯蒙古族自治县
1268	Ⅲ－115	洪泽湖渔鼓	江苏省洪泽县、泗洪县
1269	Ⅲ－116	龙岩采茶灯	福建省龙岩市新罗区
1270	Ⅲ－117	宜黄禾杠舞	江西省宜黄县
1271	Ⅲ－118	耍老虎	河南省焦作市
1272	Ⅲ－119	棕包脑	湖南省洞口县
1273	Ⅲ－120	瑶族金锣舞	广西壮族自治区田东县
1274	Ⅲ－121	玩牛	重庆市石柱土家族自治县
1275	Ⅲ－122	古蔺花灯	四川省古蔺县
1276	Ⅲ－123	登嘎甘㑇（熊猫舞）	四川省九寨沟县
1277	Ⅲ－124	阿妹戚托	贵州省晴隆县
1278	Ⅲ－125	布依族转场舞	贵州省册亨县
1279	Ⅲ－126	耳子歌	云南省大理白族自治州
1280	Ⅲ－127	铓鼓舞	云南省建水县
1281	Ⅲ－128	水鼓舞	云南省瑞丽市
1282	Ⅲ－129	怒族达比亚舞	云南省福贡县
1283	Ⅲ－130	锅哇（玉树武士舞）	青海省玉树藏族自治州
1284	Ⅲ－131	纳孜库姆	新疆维吾尔自治区吐鲁番市

四、传统戏剧（共计4项）

序号	项目编号	项目名称	申报地区或单位
1285	Ⅳ－159	线腔	山西省芮城县
1286	Ⅳ－160	平讲戏	福建省福安市
1287	Ⅳ－161	永修丫丫戏	江西省永修县
1288	Ⅳ－162	东河戏	江西省赣县

五、曲艺（共计13项）

序号	项目编号	项目名称	申报地区或单位
1289	Ⅴ－115	数来宝	北京市东城区
1290	Ⅴ－116	梅花大鼓	天津市
1291	Ⅴ－117	弹唱	山西省吕梁市离石区
1292	Ⅴ－118	浦东宣卷	上海市浦东新区
1293	Ⅴ－119	丽水鼓词	浙江省丽水市莲都区

续表

序号	项目编号	项目名称	申报地区或单位
1294	Ⅴ-120	客家古文	江西省于都县
1295	Ⅴ-121	永新小鼓	江西省永新县
1296	Ⅴ-122	山东花鼓	山东省菏泽市
1297	Ⅴ-123	跳三鼓	湖北省石首市
1298	Ⅴ-124	湖南渔鼓	湖南省
1299	Ⅴ-125	桂林渔鼓	广西壮族自治区桂林市
1300	Ⅴ-126	宁夏小曲	宁夏回族自治区银川市
1301	Ⅴ-127	托勒敖	新疆维吾尔自治区尼勒克县

六、传统体育、游艺与杂技(共计12项)

序号	项目编号	项目名称	申报地区或单位
1302	Ⅵ-71	布鲁	内蒙古自治区库伦旗
1303	Ⅵ-72	蒙古族驼球	内蒙古自治区乌拉特后旗
1304	Ⅵ-73	通背拳	北京市西城区
1305	Ⅵ-74	戳脚	河北省衡水市桃城区
1306	Ⅵ-75	精武武术	上海市虹口区
1307	Ⅵ-76	绵拳	上海市杨浦区
1308	Ⅵ-77	咏春拳	福建省福州市
1309	Ⅵ-78	井冈山全堂狮灯	江西省井冈山市
1310	Ⅵ-79	徐家拳	山东省新泰市
1311	Ⅵ-80	梅山武术	湖南省新化县
1312	Ⅵ-81	武汉杂技	湖北省武汉市
1313	Ⅵ-82	幻术(傅氏幻术、周化一魔术)	北京市朝阳区,陕西省

七、传统美术(共计13项)

序号	项目编号	项目名称	申报地区或单位
1314	Ⅶ-110	京绣	北京市房山区,河北省定兴县
1315	Ⅶ-111	布糊画	河北省丰宁满族自治县
1316	Ⅶ-112	抽纱(汕头抽纱、潮州抽纱)	广东省汕头市、潮州市
1317	Ⅶ-113	水陆画	河北省广平县
1318	Ⅶ-114	毕摩绘画	四川省美姑县
1319	Ⅶ-115	彩砂坛城绘制	西藏自治区日喀则市
1320	Ⅶ-116	琥珀雕刻	辽宁省抚顺市
1321	Ⅶ-117	传统玩具(郯城木旋玩具)	山东省郯城县

续表

序号	项目编号	项目名称	申报地区或单位
1322	Ⅶ－118	蒙古文书法	内蒙古自治区
1323	Ⅶ－119	满文、锡伯文书法	新疆维吾尔自治区乌鲁木齐市
1324	Ⅶ－120	刻铜（杜氏刻铜）	安徽省阜阳市
1325	Ⅶ－121	错金银	福建省莆田市涵江区，新疆维吾尔自治区乌鲁木齐市天山区
1326	Ⅶ－122	赏石艺术	中国观赏石协会

八、传统技艺（共计29项）

序号	项目编号	项目名称	申报地区或单位
1327	Ⅷ－213	邢窑陶瓷烧制技艺	河北省邢台市
1328	Ⅷ－214	婺州窑陶瓷烧制技艺	浙江省金华市婺城区
1329	Ⅷ－215	吉州窑陶瓷烧制技艺	江西省吉安市
1330	Ⅷ－216	登封窑陶瓷烧制技艺	河南省登封市
1331	Ⅷ－217	当阳峪绞胎瓷烧制技艺	河南省焦作市
1332	Ⅷ－218	潮州彩瓷烧制技艺	广东省潮州市
1333	Ⅷ－219	陶瓷微书	广东省汕头市
1334	Ⅷ－220	古陶瓷修复技艺	上海市长宁区
1335	Ⅷ－221	藏族鎏钴技艺	青海省
1336	Ⅷ－222	铜器制作技艺（大同铜器制作技艺）	山西省大同市城区
1337	Ⅷ－223	古代钟表修复技艺	故宫博物院
1338	Ⅷ－224	传统香制作技艺（药香制作技艺、莞香制作技艺）	北京市西城区，广东省东莞市
1339	Ⅷ－225	一得阁墨汁制作技艺	北京市西城区
1340	Ⅷ－226	奶制品制作技艺（察干伊德）	内蒙古自治区正蓝旗
1341	Ⅷ－227	辽菜传统烹饪技艺	辽宁省沈阳市
1342	Ⅷ－228	泡菜制作技艺（朝鲜族泡菜制作技艺）	吉林省延吉市
1343	Ⅷ－229	老汤精配制	黑龙江省哈尔滨市阿城区
1344	Ⅷ－230	上海本帮菜肴传统烹饪技艺	上海市黄浦区
1345	Ⅷ－231	传统制糖技艺（义乌红糖制作技艺）	浙江省义乌市
1346	Ⅷ－232	豆腐传统制作技艺	安徽省淮南市、寿县
1347	Ⅷ－233	德州扒鸡制作技艺	山东省德州市
1348	Ⅷ－234	龙口粉丝传统制作技艺	山东省招远市
1349	Ⅷ－235	蒙自过桥米线制作技艺	云南省蒙自市
1350	Ⅷ－236	坎儿井开凿技艺	新疆维吾尔自治区吐鲁番市
1351	Ⅷ－237	古建筑模型制作技艺	山西省太原市

续表

序号	项目编号	项目名称	申报地区或单位
1352	Ⅷ－238	传统造园技艺（扬州园林营造技艺）	江苏省扬州市
1353	Ⅷ－239	古戏台营造技艺	江西省乐平市
1354	Ⅷ－240	庐陵传统民居营造技艺	江西省泰和县
1355	Ⅷ－241	古建筑修复技艺	甘肃省永靖县

九、传统医药（共计 2 项）

序号	项目编号	项目名称	申报地区或单位
1356	Ⅸ－22	布依族医药（益肝草制作技艺）	贵州省贵定县
1357	Ⅸ－23	哈萨克族医药（布拉吾药浴熏蒸疗法、卧塔什正骨术、冻伤疗法）	新疆维吾尔自治区阿勒泰地区

十、民俗（共计 15 项）

序号	项目编号	项目名称	申报地区或单位
1358	Ⅹ－145	望果节	西藏自治区
1359	Ⅹ－146	苗族花山节	云南省屏边苗族自治县
1360	Ⅹ－147	察干苏力德祭	内蒙古自治区乌审旗
1361	Ⅹ－148	博格达乌拉祭	内蒙古自治区扎赉特旗
1362	Ⅹ－149	稻作习俗	江西省万年县
1363	Ⅹ－150	仡佬族三幺台习俗	贵州省道真仡佬族苗族自治县
1364	Ⅹ－151	匾额习俗（赣南客家匾额习俗）	江西省会昌县
1365	Ⅹ－152	马仙信俗	福建省柘荣县
1366	Ⅹ－153	寮步香市	广东省东莞市
1367	Ⅹ－154	达斡尔族服饰	内蒙古自治区呼伦贝尔市
1368	Ⅹ－155	鄂温克族服饰	内蒙古自治区陈巴尔虎旗
1369	Ⅹ－156	彝族服饰	四川省昭觉县，云南省楚雄彝族自治州
1370	Ⅹ－157	布依族服饰	贵州省
1371	Ⅹ－158	侗族服饰	贵州省黔东南苗族侗族自治州
1372	Ⅹ－159	柯尔克孜族服饰	新疆维吾尔自治区乌恰县

国家级非物质文化遗产代表性项目名录扩展项目名录

（共计 153 项）

一、民间文学（共计 7 项）

序号	项目编号	项目名称	申报地区或单位
8	Ⅰ－8	孟姜女传说	山东省莱芜市莱城区
13	Ⅰ－13	宝卷（吴地宝卷）	江苏省苏州市

续表

序号	项目编号	项目名称	申报地区或单位
27	Ⅰ－27	格萨（斯）尔	内蒙古自治区巴林右旗
521	Ⅰ－34	杨家将传说（杨七郎墓传说）	天津市宁河县
565	Ⅰ－78	童谣（绍兴童谣）	浙江省绍兴市
1043	Ⅰ－99	苏东坡传说	湖北省黄冈市
1069	Ⅰ－125	谚语（陕北民谚）	陕西省榆林市

二、传统音乐（共计19项）

序号	项目编号	项目名称	申报地区或单位
34	Ⅱ－3	蒙古族长调民歌（巴尔虎长调）	内蒙古自治区新巴尔虎左旗
51	Ⅱ－20	花儿（张家川花儿）	甘肃省张家川回族自治县
52	Ⅱ－21	藏族拉伊（那曲拉伊）	西藏自治区那曲地区
58	Ⅱ－27	薅草锣鼓（金湖秧歌）	江苏省金湖县
61	Ⅱ－30	多声部民歌（阿尔麦多声部民歌）	四川省黑水县
65	Ⅱ－34	古琴艺术	北京市大兴区，香港特别行政区
67	Ⅱ－36	蒙古族四胡音乐	内蒙古自治区科尔沁右翼中旗
68	Ⅱ－37	唢呐艺术（临县大唢呐、灵璧菠林喇叭）	山西省临县，安徽省灵璧县
604	Ⅱ－105	蒙古族民歌	青海省海西蒙古族藏族自治州
608	Ⅱ－109	苗族民歌	海南省琼中黎族苗族自治县，重庆市彭水苗族土家族自治县
609	Ⅱ－110	瑶族民歌	广东省乳源瑶族自治县
614	Ⅱ－115	藏族民歌（藏族酒曲）	青海省海南藏族自治州
615	Ⅱ－116	维吾尔族民歌	新疆维吾尔自治区伊宁市、库车县
619	Ⅱ－120	古筝艺术（中州筝派）	河南省
621	Ⅱ－122	津门法鼓（香塔音乐法鼓）	天津市西青区
622	Ⅱ－123	锣鼓艺术（软槌锣鼓、花镲锣鼓、大铜器、老河口锣鼓架子、八音锣鼓）	山西省万荣县，江西省丰城市，河南省遂平县，湖北省老河口市，广东省佛山市顺德区
627	Ⅱ－128	洞经音乐（邛都洞经音乐）	四川省西昌市
637	Ⅱ－138	佛教音乐（金山寺水陆法会仪式音乐、雄色寺绝鲁）	江苏省镇江市，西藏自治区曲水县
638	Ⅱ－139	道教音乐（花张蒙道教音乐、茅山道教音乐、苍南正一派科仪音乐、龙虎山正一天师道道教音乐、全真道堂科仪音乐）	河北省定州市，江苏省句容市，浙江省苍南县，江西省鹰潭市，香港特别行政区

三、传统舞蹈(共计 16 项)

序号	项目编号	项目名称	申报地区或单位
105	Ⅲ-2	秧歌(延庆旱船)	北京市延庆县
107	Ⅲ-4	龙舞(鳌江划大龙、手龙舞、潜江草把龙)	浙江省平阳县,安徽省绩溪县,湖北省潜江市
108	Ⅲ-5	狮舞(黎川舞白狮)	江西省黎川县
110	Ⅲ-7	傩舞(跳五猖)	安徽省郎溪县
121	Ⅲ-18	土家族撒叶儿嗬	湖北省五峰土家族自治县、巴东县,湖南省桑植县
124	Ⅲ-21	热巴舞	云南省迪庆藏族自治州
125	Ⅲ-22	羌姆(桑耶寺羌姆、门巴族拔羌姆、江洛德庆曲林寺尼姑羌姆、林芝米纳羌姆)	西藏自治区扎囊县、错那县、日喀则市、林芝县
126	Ⅲ-23	苗族芦笙舞	贵州省普安县
129	Ⅲ-26	铜鼓舞(南丹勤泽格拉)	广西壮族自治区南丹县
142	Ⅲ-39	卓舞(琼结久河卓舞)	西藏自治区琼结县
640	Ⅲ-43	麒麟舞(西贡坑口客家舞麒麟)	香港特别行政区
641	Ⅲ-44	竹马(淳安竹马)	浙江省淳安县
642	Ⅲ-45	灯舞(上舍化龙灯、青田百鸟灯舞、郧阳凤凰灯舞)	浙江省安吉县、青田县,湖北省十堰市郧阳区
677	Ⅲ-80	宣舞(札达卡尔玛宣舞)	西藏自治区阿里地区
679	Ⅲ-82	堆谐(甘孜踢踏)	四川省甘孜县
693	Ⅲ-96	赛乃姆(和田赛乃姆)	新疆维吾尔自治区于田县

四、传统戏剧(共计 15 项)

序号	项目编号	项目名称	申报地区或单位
160	Ⅳ-16	秦腔	宁夏回族自治区,新疆生产建设兵团
162	Ⅳ-18	晋剧	山西省晋中市
171	Ⅳ-27	越调	湖北省谷城县
180	Ⅳ-36	粤剧	广东省吴川市,广西壮族自治区南宁市
183	Ⅳ-39	乱弹(南岩乱弹)	河北省高邑县
194	Ⅳ-50	四平调	安徽省砀山县
202	Ⅳ-58	楚剧	湖北省孝感市
231	Ⅳ-87	目连戏(绍兴目连戏、江西目连戏)	浙江省绍兴市,江西省
233	Ⅳ-89	傩戏(临武傩戏、庆坛)	湖南省临武县,贵州省金沙县

续表

序号	项目编号	项目名称	申报地区或单位
235	Ⅳ－91	皮影戏（乐亭皮影戏、通渭影子腔）	河北省乐亭县，甘肃省通渭县
236	Ⅳ－92	木偶戏（中型杖头木偶戏、陕西杖头木偶戏）	四川省资中县，陕西省
700	Ⅳ－99	眉户	陕西省戏曲研究院
713	Ⅳ－112	花鼓戏（光山花鼓戏）	河南省光山县
724	Ⅳ－123	罗卷戏	河南省邓州市
1119	Ⅳ－157	阳戏（上河阳戏、射箭提阳戏）	湖南省怀化市鹤城区，四川省广元市昭化区

五、曲艺（共计4项）

序号	项目编号	项目名称	申报地区或单位
241	Ⅴ－5	西河大鼓	天津市
268	Ⅴ－32	鼓盆歌	湖南省澧县
271	Ⅴ－35	二人转	辽宁省辽阳市，吉林省梨树县
778	Ⅴ－85	山东落子	山东省金乡县

六、传统体育、游艺与杂技（共计6项）

序号	项目编号	项目名称	申报地区或单位
288	Ⅵ－6	线狮（草塔抖狮子）	浙江省诸暨市
293	Ⅵ－11	太极拳（吴氏太极拳、李氏太极拳、王其和太极拳、和氏太极拳）	北京市大兴区，天津市武清区，河北省任县，河南省温县
298	Ⅵ－16	蒙古族搏克	内蒙古自治区东乌珠穆沁旗，新疆维吾尔自治区乌苏市
805	Ⅵ－33	螳螂拳	山东省青岛市市南区
807	Ⅵ－35	岳家拳	湖北省黄梅县
815	Ⅵ－43	赛马会（哈萨克族赛马）	新疆维吾尔自治区富蕴县

七、传统美术（共计23项）

序号	项目编号	项目名称	申报地区或单位
314	Ⅶ－15	内画（鲁派内画）	山东省淄博市张店区
315	Ⅶ－16	剪纸（静乐剪纸、桐庐剪纸、浦城剪纸、水族剪纸、定西剪纸、回族剪纸）	山西省静乐县，浙江省桐庐县，福建省浦城县，贵州省黔南布依族苗族自治州，甘肃省定西市，宁夏回族自治区
317	Ⅶ－18	苏绣（扬州刺绣）	江苏省扬州市

续表

序号	项目编号	项目名称	申报地区或单位
326	Ⅶ－27	象牙雕刻(常州象牙浅刻)	江苏省常州市武进区
331	Ⅶ－32	金石篆刻	中国艺术研究院
337	Ⅶ－38	砖雕(固原砖雕)	宁夏回族自治区固原市
343	Ⅶ－44	木偶头雕刻(泰顺木偶头雕刻)	浙江省泰顺县
345	Ⅶ－46	竹刻(徽州竹雕、莆田留青竹刻)	安徽省黄山市徽州区,福建省莆田市城厢区
346	Ⅶ－47	泥塑(北京兔儿爷、淮阳泥泥狗)	北京市朝阳区,河南省淮阳县
349	Ⅶ－50	灯彩(乐清首饰龙)	浙江省乐清市
350	Ⅶ－51	竹编(安溪竹藤编、道明竹编)	福建省安溪县,四川省崇州市
829	Ⅶ－53	面花(岚县面塑)	山西省岚县
832	Ⅶ－56	石雕(沅洲石雕、富平石刻、绥德石雕)	湖南省芷江侗族自治县,陕西省富平县、绥德县
834	Ⅶ－58	木雕(永乐桃木雕刻、东固传统造像、通山木雕)	山西省芮城县,江西省吉安市青原区,湖北省通山县
835	Ⅶ－59	核雕(大连核雕)	辽宁省大连市西岗区
838	Ⅶ－62	锡雕(莲花打锡)	江西省莲花县
840	Ⅶ－64	藏文书法(尼赤)	西藏自治区
842	Ⅶ－66	彩扎(麒麟制作)	广东省东莞市
845	Ⅶ－69	麦秆剪贴	黑龙江省哈尔滨市,河南省清丰县,湖北省仙桃市
853	Ⅶ－77	民间绣活(夏布绣)	江西省新余市
856	Ⅶ－80	满族刺绣	黑龙江省牡丹江市、克东县
857	Ⅶ－81	蒙古族刺绣	内蒙古自治区苏尼特左旗
870	Ⅶ－94	盆景技艺(如皋盆景)	江苏省如皋市

八、传统技艺(共计32项)

序号	项目编号	项目名称	申报地区或单位
374	Ⅷ－24	蓝印花布印染技艺	浙江省桐乡市
378	Ⅷ－28	客家民居营造技艺(赣南客家围屋营造技艺)	江西省龙南县
385	Ⅷ－35	生铁冶铸技艺	甘肃省永靖县
387	Ⅷ－37	宝剑锻制技艺(棠溪宝剑锻制技艺)	河南省西平县
390	Ⅷ－40	银饰锻制技艺(畲族银器锻制技艺、鹤庆银器锻制技艺)	福建省宁德市,云南省鹤庆县

续表

序号	项目编号	项目名称	申报地区或单位
393	Ⅷ－43	景泰蓝制作技艺	河北省大厂回族自治县
395	Ⅷ－45	家具制作技艺（仙游古典家具制作技艺）	福建省仙游县
411	Ⅷ－61	酿醋技艺（小米醋酿造技艺）	山西省襄汾县
417	Ⅷ－67	皮纸制作技艺（平阳麻笺制作技艺）	山西省襄汾县
421	Ⅷ－71	竹纸制作技艺（泽雅屏纸制作技艺、蔡伦古法造纸技艺、滩头手工抄纸技艺）	浙江省温州市瓯海区，湖南省耒阳市、隆回县
427	Ⅷ－77	木版水印技艺	浙江省杭州市下城区
873	Ⅷ－90	琉璃烧制技艺	山东省淄博市博山区、曲阜市
881	Ⅷ－98	陶器烧制技艺（平定砂器制作技艺、平定黑釉刻花陶瓷制作技艺，宜兴均陶制作技艺，德州黑陶烧制技艺，枫溪手拉朱泥壶制作技艺）	山西省平定县，江苏省宜兴市，山东省德州市，广东省潮州市
882	Ⅷ－99	蚕丝织造技艺（潞绸织造技艺）	山西省高平市
883	Ⅷ－100	传统棉纺织技艺（威县土布纺织技艺、傈僳族火草织布技艺）	河北省威县，四川省德昌县
893	Ⅷ－110	地毯织造技艺（阆中丝毯织造技艺、天水丝毯织造技艺）	四川省阆中市，甘肃省天水市秦州区
894	Ⅷ－111	滩羊皮鞣制工艺（二毛皮制作技艺）	宁夏回族自治区
900	Ⅷ－117	金银细工制作技艺	山西省稷山县
907	Ⅷ－124	民族乐器制作技艺（扎念琴制作技艺）	西藏自治区拉孜县
910	Ⅷ－127	漆器髹饰技艺（稷山螺钿漆器髹饰技艺）	山西省稷山县
916	Ⅷ－133	砚台制作技艺（松花石砚制作技艺）	辽宁省本溪市
921	Ⅷ－138	水密隔舱福船制造技艺	福建省泉州市泉港区
930	Ⅷ－147	花茶制作技艺（福州茉莉花茶窨制工艺）	福建省福州市仓山区
931	Ⅷ－148	绿茶制作技艺（赣南客家擂茶制作技艺、婺源绿茶制作技艺、信阳毛尖茶制作技艺、恩施玉露制作技艺、都匀毛尖茶制作技艺）	江西省全南县、婺源县，河南省信阳市，湖北省恩施市，贵州省都匀市
932	Ⅷ－149	红茶制作技艺（滇红茶制作技艺）	云南省凤庆县
935	Ⅷ－152	黑茶制作技艺（赵李桥砖茶制作技艺、六堡茶制作技艺）	湖北省赤壁市，广西壮族自治区苍梧县
936	Ⅷ－153	晒盐技艺（淮盐制作技艺、卤水制盐技艺）	江苏省连云港市，山东省寿光市
937	Ⅷ－154	酱油酿造技艺（先市酱油酿造技艺）	四川省合江县

续表

序号	项目编号	项目名称	申报地区或单位
943	Ⅷ－160	传统面食制作技艺(桂发祥十八街麻花制作技艺、南翔小笼馒头制作技艺)	天津市河西区,上海市嘉定区
952	Ⅷ－169	酱肉制作技艺(亓氏酱香源肉食酱制技艺)	山东省莱芜市莱城区
962	Ⅷ－179	闽南传统民居营造技艺	福建省厦门市湖里区
1180	Ⅷ－200	毛笔制作技艺(徽笔制作技艺)	安徽省黄山市屯溪区

九、传统医药(共计10项)

序号	项目编号	项目名称	申报地区或单位
441	Ⅸ－2	中医诊疗法(清华池传统修脚术,中医络病诊疗方法,脏腑推拿疗法,顾氏外科疗法、古本易筋经十二势导引法,丁氏痔科医术、扬州传统修脚术,董氏儿科医术,西园喉科医术,买氏中医外治法,毛氏济世堂脱骨疽疗法,镇氏风湿病马钱子疗法,一指禅推拿,贯氏点穴疗法)	北京市西城区,河北省石家庄市、保定市,上海市,江苏省南京市秦淮区、扬州市,浙江省宁波市海曙区,安徽省歙县,河南省周口市川汇区、新蔡县,湖北省咸宁市咸安区,广东省珠海市、深圳市
442	Ⅸ－3	中药炮制技艺(人参炮制技艺、武义寿仙谷中药炮制技艺、樟树中药炮制技艺)	吉林省通化市,浙江省武义县,江西省樟树市
443	Ⅸ－4	中医传统制剂方法(安宫牛黄丸制作技艺、隆顺榕卫药制作技艺、益德成闻药制作技艺、京万红软膏组方与制作技艺、金牛眼药制作技艺、点舌丸制作技艺、鸿茅药酒配制技艺、平氏浸膏制作技艺、枇杷露传统制剂、老王麻子膏药制作技艺、方回春堂传统膏方制作技艺、二仙膏制作技艺、太安堂麒麟丸制作技艺、昆中药传统中药制剂、马明仁膏药制作技艺)	北京市东城区、天津市南开区、山西省太谷县,天津市南开区、红桥区、西青区,河北省定州市,山西省新绛县,内蒙古自治区凉城县,吉林省长春市九台区,黑龙江省哈尔滨市南岗区、道外区,浙江省杭州市上城区,山东省济宁市任城区,广东省汕头市,云南省昆明市,陕西省西安市碑林区
444	Ⅸ－5	针灸(杨继洲针灸)	浙江省衢州市
445	Ⅸ－6	中医正骨疗法(海城苏氏正骨、上海石氏伤科疗法、新泰孟氏正骨疗法、新邵孙氏正骨术)	辽宁省海城市,上海市,山东省新泰市,湖南省新邵县
448	Ⅸ－9	藏医药(山南藏医药浴法、藏医放血疗法)	西藏自治区山南地区,青海省
972	Ⅸ－12	蒙医药(科尔沁蒙医药浴疗法)	内蒙古自治区科尔沁右翼中旗
977	Ⅸ－17	回族医药(陈氏回族医技十法)	宁夏回族自治区吴忠市
1194	Ⅸ－19	彝医药(拨云锭制作技艺)	云南省楚雄市
1196	Ⅸ－21	维吾尔医药(沙疗)	新疆维吾尔自治区吐鲁番市

十、民俗(共计21项)

序号	项目编号	项目名称	申报地区或单位
450	X－2	清明节(茅山会船)	江苏省兴化市
451	X－3	端午节(泽林旱龙舟)	湖北省鄂州市
452	X－4	七夕节(郧西七夕)	湖北省郧西县
453	X－5	中秋节(朝鲜族秋夕节、吉安中秋烧塔习俗)	辽宁省铁岭市,江西省安福县
460	X－12	三月三(壮族三月三、报京三月三)	广西壮族自治区武鸣县,贵州省镇远县
467	X－19	苗族鼓藏节	贵州省榕江县
484	X－36	妈祖祭典(葛沽宝辇会、海口天后祀奉、澳门妈祖信俗)	天津市津南区,海南省海口市,澳门特别行政区
502	X－54	民间社火(南庄无根架火)	山西省晋中市榆次区
515	X－67	瑶族服饰	广西壮族自治区龙胜各族自治县
516	X－68	农历二十四节气(三门祭冬、安仁赶分社、苗族赶秋、壮族霜降节)	浙江省三门县,湖南省安仁县、花垣县,广西壮族自治区天等县
978	X－71	元宵节(千军台庄户幡会、抡花、河上龙灯胜会、前童元宵行会、淄博花灯会、彬县灯山会)	北京市门头沟区,河北省滦平县,浙江省杭州市萧山区,浙江省宁海县,山东省淄博市张店区,陕西省彬县
991	X－84	庙会(蒲县朝山会、泰伯庙会、苏州轧神仙庙会、金村庙会、浚县正月古庙会、宝顶架香庙会、丰都庙会)	山西省蒲县,江苏省无锡市、苏州市姑苏区、张家港市,河南省浚县,重庆市大足区、丰都县
992	X－85	民间信俗(孝子祭、潮神祭祀、三平祖师信俗、东镇沂山祭仪、贵屿双忠信俗、冼夫人信俗、钦州跳岭头、康定转山会、梅里神山祭祀、女子太阳山祭祀、屯堡抬亭子、迎城隍、岷县青苗会、同心莲花山青苗水会、黄大仙信俗、澳门哪吒信俗)	浙江省富阳市、海宁市,福建省平和县,山东省临朐县,广东省汕头市潮阳区,广东省茂名市、海南省海口市、定安县、澄迈县,广西壮族自治区钦州市,四川省康定县,云南省德钦县、西畴县,贵州省安顺市西秀区,陕西省西安市,甘肃省岷县,宁夏回族自治区同心县,香港特别行政区,澳门特别行政区
994	X－87	抬阁(珠梅抬故事)	湖南省涟源市
997	X－90	祭祖习俗(徽州祠祭、诸葛后裔祭祖、凉山彝族尼木措毕祭祀、徐村司马迁祭祀)	安徽省祁门县,浙江省兰溪市,四川省美姑县,陕西省韩城市
1014	X－107	茶俗(白族三道茶)	云南省大理市
1015	X－108	蒙古族服饰	内蒙古自治区正蓝旗

续表

序号	项目编号	项目名称	申报地区或单位
1020	X－113	藏族服饰	青海省海南藏族自治州
1197	X－122	中元节（资源河灯节）	广西壮族自治区资源县
1214	X－139	婚俗（赫哲族婚俗、畲族婚俗、瑶族婚俗）	黑龙江省同江市，浙江省景宁畲族自治县、福建省霞浦县，广东省连南瑶族自治县
1217	X－142	规约习俗（侗族款约）	贵州省黎平县

文化部关于公布第二批国家级非物质文化遗产生产性保护示范基地名单的通知

各省、自治区、直辖市文化厅(局),新疆生产建设兵团文化广播电视局:

为进一步推动非物质文化遗产生产性保护,促进非物质文化遗产保护与传承,根据《文化部办公厅关于推荐第二批国家级非物质文化遗产生产性保护示范基地的通知》(办非遗函〔2012〕545号)要求,我部现将第二批国家级非物质文化遗产生产性保护示范基地名单予以公布(详见附件)。

希望被命名为国家级非物质文化遗产生产性保护示范基地的企业和单位要充分发挥示范、带动作用,积极探索和总结非物质文化遗产生产性保护的做法和经验,进一步加强非物质文化遗产的保护和传承,为弘扬中华传统文化,推动经济社会全面协调可持续发展做出更大贡献。

特此通知。

附件:第二批国家级非物质文化遗产生产性保护示范基地名单

2014年5月16日

附件

“第二批国家级非物质文化遗产生产性保护示范基地名单（59 家企业或单位）”

序号	省份	企业或单位名称	项目类别	项目名称
1	北京	中国北京同仁堂（集团）有限责任公司	传统医药	同仁堂中医药文化（传统中药材炮制技艺）
2	天津	天津杨柳青画社	传统美术	杨柳青木版年画
3	河北	峰峰矿区大家陶艺有限责任公司	传统技艺	磁州窑烧制技艺
4		衡水一壶斋工艺品有限公司	传统美术	衡水内画
5		大厂回族自治县良盛达花丝镶嵌特艺有限公司	传统技艺	花丝镶嵌制作技艺
6	山西	山西广誉远国药有限公司	传统医药	中医传统制剂方法（龟龄集传统制作技艺、定坤丹制作技艺）
7		稷山赵氏四味坊传统面点传习中心	传统技艺	传统面食制作技艺（稷山传统面点制作技艺）
8	内蒙古	阿拉善左旗恒瑞翔地毯有限责任公司	传统技艺	地毯织造技艺（阿拉善地毯织造技艺）
9	辽宁	阜新市细河区珏艺轩玛瑙素活制品厂	传统美术	阜新玛瑙雕
10	吉林	延吉市民族乐器研究所	传统技艺	民族乐器制作技艺（朝鲜族民族乐器制作技艺）
11	黑龙江	哈尔滨市群力新区文化产业发展中心	传统美术	剪纸（方正剪纸）
12	上海	上海周虎臣曹素功笔墨有限公司	传统技艺	“毛笔制作技艺（周虎臣毛笔制作技艺）徽墨制作技艺（曹素功墨锭制作技艺）”
13	上海	上海朵云轩艺术发展有限公司	传统技艺	木版水印技艺
14	江苏	苏州镇湖刺绣艺术馆有限公司	传统美术	苏绣
15		扬州广陵古籍刻印社	传统技艺	雕版印刷技艺
16	浙江	杭州王星记扇业有限公司	传统技艺	制扇技艺（王星记扇）
17		湖州市善琏湖笔厂	传统技艺	湖笔制作技艺
18		金星铜集团有限公司	传统技艺	铜雕技艺

续表

序号	省份	企业或单位名称	项目类别	项目名称
19	安徽	黄山徽州竹艺轩雕刻有限公司	传统美术	徽州三雕
20	福建	福建省德化县宏益陶瓷雕塑研究所	传统技艺	德化瓷烧制技艺
21		厦门惟艺漆线雕艺术有限公司	传统技艺	厦门漆线雕技艺
23	江西	江西婺源朱子实业有限公司	传统技艺	歙砚制作技艺
24	山东	郓城县鲁锦工艺品有限责任公司	传统技艺	鲁锦织造技艺
25		潍坊杨家埠民俗艺术有限公司	“传统技艺传统美术”	“风筝制作技艺(潍坊风筝)杨家埠木版年画”
26	河南	洛阳九朝文物复制品有限公司	传统技艺	唐三彩烧制技艺
27		开封市素花宋绣工艺有限公司	传统美术	汴绣
28		汝州市朱文立汝瓷艺术有限公司	传统技艺	汝瓷烧制技艺
29	湖北	武汉高龙城投资管理有限公司	传统美术	木雕(武汉木雕船模)
30		孝感天仙雕花剪纸有限公司	传统美术	剪纸(孝感雕花剪纸)
31		夏氏丹药制作基地(夏大中)	传统医药	中医传统制剂方法(夏氏丹药制作技艺)
32		荆州市唯楚木艺有限公司	传统技艺	漆器髹饰技艺(楚式漆器髹饰技艺)
33		黄梅巾帼挑花工艺有限公司	传统美术	挑花(黄梅挑花)
34	湖南	湖南省湘绣研究所	传统美术	湘绣
35	湖南	醴陵陈扬龙釉下五彩瓷艺术中心	传统技艺	醴陵釉下五彩瓷烧制技艺
36	广东	潮州市潮绣研究所	传统美术	粤绣(潮绣)
37		肇庆市端州区华兴端砚厂	传统技艺	端砚制作技艺
38	海南	海南合田旅业有限公司	传统技艺	黎族传统纺染织绣技艺
39		海南锦绣织贝实业有限公司	传统技艺	黎族传统纺染织绣技艺
40	广西	广西钦州坭兴陶艺有限公司	传统技艺	陶器烧制技艺(钦州坭兴陶烧制技艺)
41	重庆	重庆市永川豆豉食品有限公司	传统技艺	豆豉酿制技艺(永川豆豉酿制技艺)
42	四川	康定大吉香巴拉文化发展有限公司	传统美术	藏族唐卡(噶玛嘎孜画派)
43		凉山彝族自治州民政民族工艺厂	传统技艺	彝族漆器髹饰技艺
44		四川省青神县云华竹旅有限公司	传统美术	竹编(青神竹编)
45		汶川杨华珍藏羌织绣文化传播有限公司	传统美术	“藏族编织、挑花刺绣工艺羌族刺绣”
46	贵州	台江芳佤银饰刺绣有限公司	传统美术	苗绣
47		贵州丹寨宁航蜡染有限公司	传统技艺	苗族蜡染技艺
48	云南	剑川县兴艺古典木雕家具厂	传统美术	木雕(剑川木雕)
49		大理市周城璞真综艺染坊	传统技艺	白族扎染技艺

续表

序号	省份	企业或单位名称	项目类别	项目名称
50	西藏	拉萨市城关区古艺建筑美术公司	传统技艺	藏族矿植物颜料制作技艺
51		西藏唐卡画院	传统美术	藏族唐卡(勉萨画派)
52	青海	金诃藏药药业股份有限公司	传统医药	藏医药(七十味珍珠丸赛太炮制技艺)
53		囊谦藏族民间黑陶工艺有限责任公司	传统技艺	陶器烧制技艺(藏族黑陶烧制技艺)
54	陕西	铜川市印台区陈炉镇民间工艺瓷厂	传统技艺	耀州窑陶瓷烧制技艺
55	甘肃	夏河县拉扑楞摩尼宝藏族文化艺术有限公司	传统美术	藏族唐卡(甘南藏族唐卡)
56	宁夏	宁夏隆德杨氏彩塑文物艺术有限公司	传统美术	泥塑(杨氏家庭泥塑)
57	新疆	和田托提瓦柯桑皮纸国家贸易有限公司	传统技艺	维吾尔族桑皮纸制作技艺
58		洛浦县时代地毯厂	传统技艺	地毯织造技艺(维吾尔族地毯织造技艺)
59	新疆兵团	新疆生产建设兵团农业建设第六师红旗农场	传统美术	哈萨克毡绣和布绣

文化部关于命名第六批国家文化产业示范基地的决定

文产发〔2014〕50号

各省、自治区、直辖市文化厅(局),新疆生产建设兵团文化广播电视局:

近年来,在党中央、国务院关于推动文化产业成为国民经济支柱性产业的精神指引下,在国家文化产业政策和文化体制改革的有力推动下,我国文化产业发展迅速,涌现出一大批社会效益和经济效益显著、具有一定规模和较强市场竞争力和品牌知名度的骨干文化企业,在发展产业和繁荣市场方面发挥了重要作用。

为深入贯彻党的十八大和十八届三中、四中全会精神,落实《国务院关于推进文化创意和设计服务与相关产业融合的若干意见》,加快培育壮大骨干文化企业,提高我国文化产业规模化、集约化、专业化水平,增强文化产业总体实力和竞争力,根据《文化部"十二五"时期文化产业倍增计划》提出的发展重点和产业融合发展的新趋势,按照《国家文化产业示范基地管理办法》,经过严格的申报、评审、公示等环节,文化部决定命名华录文化产业有限公司等71家企业为第六批国家文化产业示范基地。

希望被命名为国家文化产业示范基地的文化企业,珍惜荣誉,再接再厉,充分发挥示范、带动和辐射作用,坚持内容优先、特色突出、品牌引领、创新发展,促进社会效益和经济效益有机统一,为传承弘扬中华优秀传统文化、满足人民群众多样化精神文化需求、促进经济发展方式转变和产业结构调整、实现文化产业成为国民经济支柱性产业做出新的更大贡献!

特此决定。

附件:第六批国家文化产业示范基地名单

文化部

2014年12月26日

附件

第六批国家文化产业示范基地名单

序号	属地	示范基地名称
1	中央企业	华录文化产业有限公司
2	北京	北京中视东升文化传媒有限公司
3		北京丑小鸭卡通艺术团有限公司
4		北京巅峰智业旅游文化创意股份有限公司
5		北京东道形象设计制作有限公司
6	天津	天津滨海航母旅游集团有限公司
7		天津市迅龙通讯科技有限公司
8	河北	河北乐海乐器有限责任公司
9		河北省曲阳县荣杰雕刻石材有限公司
10	山西	山西本命年文化创意有限公司
11		平遥县唐都推光漆器有限公司
12	内蒙古	内蒙古天睿文化发展有限责任公司
13	辽宁	丰远集团有限公司
14		抚顺金信园古玩艺术市场有限公司
15		盘锦江南风情园发展有限公司
16	吉林	长春市宝凤剪纸艺术有限公司
17		吉林圣鑫农业发展有限公司
18		长春紫玉木兰工艺有限公司
19	黑龙江	黑龙江满艺工艺品有限公司
20		伊春市美江木艺有限责任公司
21	上海	中广国际广告创意产业基地发展有限公司
22		上海南翔智地企业投资管理有限公司
23		上海河马动画设计股份有限公司
24	江苏	吴江静思园
25		江苏大风乐器有限公司
26		南通一八九五文博产业发展有限公司
27	浙江	美盛文化创意股份有限公司
28		华鸿控股集团有限公司
29		浙江台绣服饰有限公司

续表

序号	属地	示范基地名称
30	安徽	安徽省绩溪胡开文墨业有限公司
31		合肥安达创展科技股份有限公司
32	福建	福建盈盛号金银饰品有限公司
33		华昌珠宝有限公司
34		龙人古琴文化投资(长泰)有限公司
35	江西	江西桐青金属工艺品有限公司
36		江西丝黛实业有限公司
37		景德镇佳洋陶瓷有限公司
38	山东	山东华夏文化旅游集团有限公司
39		山东华艺雕塑艺术有限公司
40		山东省儒源文化集团有限公司
41	河南	河南省荣昌钧瓷坊有限责任公司
42		洛阳牡丹瓷股份有限公司
43		郑州枫华实业有限公司
44	湖北	武汉致盛文化创意产业有限公司
45		湖北视纪印象有限科技股份公司
46	湖南	张家界天门狐仙文化旅游产业有限公司
47		湖南华凯文化创意股份有限公司
48	广东	佛山市新石湾美术陶瓷厂有限公司
49		广东长城集团股份有限公司
50		广州励丰文化科技股份有限公司
51		广州市浩洋电子有限公司
52		深圳市创意投资集团有限公司
53	海南	三亚亚龙湾云天热带森林公园有限公司
54		海南中野旅游产业发展有限公司
55	广西	广西华蓝设计(集团)有限公司
56		桂林力港网络科技有限公司
57	重庆	重庆壹秋堂文化传播有限公司
58	四川	成都传媒文化投资有限公司
59		四川省剑门关景区开发有限责任公司
60	贵州	遵义红色旅游(集团)有限公司
61		贵州石中玉投资集团发展有限责任公司
62	云南	丽江玉龙雪山印象旅游文化产业有限公司
63		云南汇通古镇文化旅游开发集团有限公司
64	陕西	宝鸡雪云文化产业发展有限公司

续表

序号	属地	示范基地名称
65	甘肃	平凉市正道文化艺术发展有限责任公司
66	青海	青海塔尔寺文化旅游资源开发有限公司
67		循化县博艺旅游文化有限责任公司
68	宁夏	宁夏志辉实业集团有限公司
69		宁夏盛天彩数字科技股份有限公司
70	新疆	新疆七坊街创意产业投资有限公司
71		吐鲁番欢乐盛典文化投资有限公司

文化部关于命名第五批国家级文化产业示范（试验）园区的决定

文产发〔2014〕51 号

各省、自治区、直辖市文化厅（局），新疆生产建设兵团文化广播电视局：

近年来，在党中央、国务院关于推动文化产业成为国民经济支柱性产业的精神指引下，在国家文化产业政策和文化体制改革的有力推动下，我国文化产业发展迅速，培育扶持、发展壮大了一批文化特色鲜明、产业优势突出的文化产业园区，充分发挥了集聚效应和孵化功能，为全国文化产业发展做出了示范和引领，进一步提高了我国文化产业整体发展水平。

为深入贯彻党的十八大和十八届三中、四中全会精神，落实《国务院关于推进文化创意和设计服务与相关产业融合的若干意见》，引导各级各类文化产业园区做实、做强、做出特色，提高我国文化产业规模化、集约化、专业化水平，增强文化产业总体实力和竞争力，按照《国家级文化产业示范园区管理办法（试行）》，经过严格的申报、评审、公示等环节，文化部决定命名安徽省蚌埠大禹文化产业园区和甘肃省敦煌文化产业园区为第五批国家级文化产业示范园区，命名江苏省南京秦淮特色文化产业园、浙江省衢州儒学文化产业园、湖北省武昌长江文化创意设计产业园、西藏自治区西藏文化旅游创意园区为国家级文化产业试验园区。

蚌埠大禹文化产业园区和敦煌文化产业园区在当地党委和政府的领导支持下，把园区建设纳入本地经济社会发展整体规划，充分发挥了园区在品牌打造、资源整合、企业集聚等方面的优势，以主导产业为龙头，带动关联产业加快发展，推动文化产业成为区域经济发展的重要增长点，为促进经济社会全面协调可持续发展做出了突出贡献，在全国文化产业领域具有引领和示范作用。南京秦淮特色文化产业园、衢州儒学文化产业园、武昌长江文化创意设计产业园、西藏文化旅游创意园区都立足本地文化资源科学规划建设，目标定位清晰明确，产业门类层次分明，具有较好的成长性和发展潜力，在推动文化产业创新和融合发展方面进行了积极探索，为推动区域经济社会发展做出了积极贡献。

希望被命名的园区珍惜荣誉，再接再厉，充分发挥园区的引领、示范和辐射作用，继续提高管理和运营水平，进一步促进创意孵化、推进产业融合、建设服务平台、培育文化品牌，生产和提供更加丰富的文化产品和服务，促进社会效益和经济效益有机统一，为传承弘扬中华优秀传统文化、满足人民群众精神文化需求、促进区域经济发展方式转变和产业结构调整做出新的更大贡献。

各地文化行政部门要学习借鉴国家级文化产业示范（试验）园区的成功经验，结合本地实际，坚持统筹规划、科学发展，加强对文化产业园区的规划引导和管理服务，充分发挥文化产业园区的示范作用与集聚效应，推动文化产业转型升级和创新发展，为实现文化产业成为国民经济支柱性产业做出应有的努力。

特此决定。

文化部

2014 年 12 月 26 日

文化部　财政部　海关总署　国家税务总局
关于公布2014年获得进口动漫开发生产用品
免税资格的动漫企业名单的通知

文产函〔2014〕24号

根据《财政部 海关总署 国家税务总局关于印发〈动漫企业进口动漫开发生产用品免征进口税收的暂行规定〉的通知》(财关税〔2011〕27),文化部会同财政部、海关总署、国家税务总局对2014年提出申请进口开发生产用品免税资格的动漫企业进行了审核。经审核,北京中视互动科技发展有限公司等3家企业获得享受《动漫企业进口动漫开发生产用品免征进口税收的暂行规定》所规定的进口税收优惠政策资格(具体名单见附件1),免税资格有效期自2014年7月1日起至2015年6月30日止。

2014年动漫企业进口税收免税资格年审工作已经结束,已获得进口税收免税资格的28家企业均通过年审(具体名单见附件2),继续享受进口税收优惠政策,免税资格有效期延至2015年6月30日。

请各相关省(市)文化行政部门在通知下发后15日内将通过此次认定和年审动漫企业的动漫企业认定证书副本收集寄送至文化部文化产业司,以便加盖享受进口税收优惠政策和年审专用章。

已获得进口税收免税资格的企业应每年按照《文化部关于转发财政部、海关总署、国家税务总局〈关于印发《动漫企业进口动漫开发生产用品免征进口税收的暂行规定》的通知〉的通知》(文产发〔2011〕34号)的有关规定,在每年3月31日前向文化部文化产业司提出年审申请,不提出年审申请或年审不合格的企业,其动漫企业进口税收免税资格到期自动失效。

特此通知。

附件:1. 2014年获得进口动漫开发生产用品免税资格的动漫企业名单

2. 2014年通过进口动漫开发生产用品免税资格年审的动漫企业名单

文化部　财政部

海关总署　国家税务总局

2014年6月

附件 1

2014 年获得进口动漫开发生产用品免税资格的动漫企业名单

序号	企业所在地	企业名称
1	北京	北京中视互动科技发展有限公司
2	浙江	杭州路行动画设计有限公司
3	河南	河南智睿动漫设计有限公司

附件 2

2014 年通过进口动漫开发生产用品免税资格年审的动漫企业名单

序号	企业所在地	企业名称
1	北京	北京迪生动画制作有限公司
2	北京	北京万豪天际文化传播股份有限公司
3	北京	北京若森数字科技有限公司
4	天津	天津画国人动漫创意有限公司
5	天津	天津神界漫画有限公司
6	天津	天津市灵感创然动画制作有限公司
7	天津	天津福丰达动漫游戏制作有限公司
8	黑龙江	哈尔滨品格文化传播有限公司
9	上海	上海幻维数码创意科技有限公司
10	上海	上海河马动画设计股份有限公司
11	江苏	苏州欧瑞动漫有限公司
12	江苏	江苏卡龙动画影视传媒股份有限公司
13	江苏	好莱坞(中国)数码艺术研发中心有限公司
14	浙江	浙江中南卡通股份有限公司
15	江西	江西凯天动漫有限公司
16	江西	江西笛卡传媒有限公司
17	山东	山东中动文化传媒有限公司
18	河南	郑州谷晶创艺动漫有限公司
19	河南	河南省漫画时代传媒有限公司
20	河南	河南升环动漫影视有限公司
21	湖北	海豚传媒股份有限公司
22	广东	深圳博克斯数码动画有限公司
23	广东	环球数码媒体科技研究(深圳)有限公司
24	广东	深圳华强数字动漫有限公司
25	广东	广东咏声文化传播有限公司
26	陕西	西安长风影视文化传播有限公司
27	陕西	陕西嘉荷网络空间开发股份有限公司
28	宁夏	宁夏新科动漫产业有限公司

文化部　财政部　国家税务总局
关于公布2014年通过认定动漫企业名单的通知

文产发〔2014〕53号

各省、自治区、直辖市文化厅(局)、财政厅(局)、国家税务局、地方税务局,新疆生产建设兵团文化广播电视局、财务局,各计划单列市文化局、财政局、国家税务局、地方税务局:

根据《动漫企业认定管理办法(试行)》的有关规定,经审核,现将2014年通过认定的动漫企业名单予以公布。

请文化行政部门认真做好“动漫企业证书”的发放工作,按照有关规定对通过认定的动漫企业进行监督检查和年审。符合条件的动漫企业,可按照规定享受相关税收优惠政策。

特此通知。

附件:2014年通过认定的动漫企业名单

文化部　财政部　国家税务总局

2014年12月30日

附件

2014 年通过认定的动漫企业名单
（82 家）

北京市

北京丑小鸭卡通艺术团有限公司

东方龙之梦（北京）数字科技有限公司

北京国是经纬科技有限公司

北京寒木春华动画技术有限公司

魔秀科技（北京）有限公司

北京四月星空网络技术有限公司

北京铁皮青蛙创意文化传播有限公司

熊小米（北京）文化传播有限公司

北京三浦灵狐动画设计有限公司

天津市

天津大行道动漫文化发展有限公司

天津市好传文化传播有限公司

天津市滨海新区青青树动漫科技有限公司

河北省

石家庄多动态文化传媒有限公司

石家庄光晖悦鸣软件科技有限公司

山西省

山西灌木文化传媒有限公司

山西和信文化传媒有限责任公司

辽宁省

澳通（大连）科技发展有限公司

吉林省

众方阳光传媒集团有限公司

吉林省紫晶动漫科技开发有限公司

四平年年国际文化传媒股份有限公司

辽源同创动漫文化产业有限公司

上海市

上海禾念信息科技有限公司

上海漫行文化传播有限公司

江苏省

江苏华恒兄弟动漫制作有限公司

常州麦拉风网络科技有限公司

苏州市磐石卡通有限公司

浙江省

杭州天奇影视动画有限公司

杭州动漫游戏公共服务平台有限公司

杭州阿优文化创意有限公司

杭州悦喜文化传媒有限公司

杭州时空影视文化传播有限公司

杭州振摄文化创意有限公司

安徽省

安徽天同人合文化传播股份有限公司

安徽吴楚传媒股份有限公司

合肥安达创展科技有限公司

安徽盛乐高网络科技有限公司

黄山徽映动漫设计有限公司

福建省

福州智永信息科技有限公司

厦门市旷盛文化传播有限公司

厦门市有神网络技术有限公司

厦门时代华亿动漫有限公司

厦门翔通动漫有限公司

福建省龙影文化发展有限公司

江西省

江西务本传媒有限公司

江西希格思科技有限公司

萍乡市漫步青云动漫发展有限公司

山东省

山东好客福乐数码传媒有限公司

山东金东数字科技有限公司

青岛水晶石数字科技有限公司
烟台捷瑞动画科技有限公司
东营通达动漫设计有限公司

河南省

河南红羽文化传播有限公司
河南华冠文化科技有限公司
河南志锐广告传媒有限公司

湖北省

武汉楚天尚漫科技有限责任公司
武汉两点十分文化传播有限公司

湖南省

湖南华人时代文化传播有限公司
湖南华视坐标传媒动画有限公司
湖南善禧文化传播有限公司
湖南欣之凯信息技术有限公司
湖南艺工厂传媒有限公司

广东省

广州蓝弧动画传媒有限公司
广州市嘉鸿动画影视有限公司
广州市芝麻动漫设计有限公司
深圳市环球数码创意科技有限公司
深圳市时代科腾文化传媒有限公司
东莞市功夫龙影视传媒有限公司
东莞市漫彩文化传播有限公司
广东艾力达动漫文化娱乐有限公司
广东缤果动漫连锁管理有限公司
珠海天娱影视制作有限公司

广西壮族自治区

南宁大秦动漫广告有限公司
广西阔迩登文化传媒有限公司

重庆市

重庆狼影动漫有限公司

甘肃省

兰州北方文化影视传媒有限公司
甘肃鼎鑫文化传播有限公司
兰州翼途动漫文化传播有限公司

青海省

青海省开心动漫文化科技发展有限责任公司

宁夏回族自治区

宁夏盛天彩数字科技股份有限公司
银川育星达科技股份有限公司

新疆维吾尔自治区

新疆塞外映像文化传媒有限公司
新疆华德软件科技有限公司

文化部关于公布中国文化艺术政府奖第二届动漫奖评选结果的通知

各省、自治区、直辖市文化厅(局),新疆生产建设兵团文化广播电视局,总政宣传部文艺局:

为了推动我国动漫艺术精品力作的涌现和优秀动漫人才脱颖而出,加快我国动漫产业发展,在成功举办中国文化艺术政府奖首届动漫奖的基础上,文化部会同财政部、教育部、科技部、工业和信息化部、商务部、税务总局、工商总局、新闻出版广电总局等扶持动漫产业发展部际联席会议成员单位共同主办了中国文化艺术政府奖第二届动漫奖(以下简称第二届动漫奖)。

经扶持动漫产业发展部际联席会议办公室组织评审并研究通过,经向社会公示无异议,确定《青蛙王国》等 30 个项目获得第二届动漫奖,《神秘世界历险记》等 80 个项目入围第二届动漫奖。

望受到表彰的获奖、入围单位和个人珍惜荣誉,再接再厉,创作出更多更好的优秀动漫作品,为推动我国动漫产业发展做出更大贡献。

特此通知。

附件:1. 中国文化艺术政府奖第二届动漫奖获奖名单

2. 中国文化艺术政府奖第二届动漫奖入围名单

2014 年 10 月

附件 1

中国文化艺术政府奖第二届动漫奖获奖名单
（排名不分先后）

最佳动画电影奖

《青蛙王国》

《终极大冒险》

《熊出没之夺宝熊兵》

最佳动画电视片奖

《我们的朋友熊小米》

《新大头儿子和小头爸爸》

《少年阿凡提》

最佳漫画作品奖

《向日葵男孩》

《踮脚张望》

《“济公”系列》

最佳动漫出版物奖

《滚蛋吧！肿瘤君：我与癌症斗争的一年里》

《“故事中国”图画书系列》

《来一斤母爱》

最佳动漫舞台剧奖

《绝对小孩》

最佳新媒体动漫作品奖

《三国演义有声可动漫画》

《阿狸梦之岛·我的云》

最佳动漫形象奖

功夫兔与菜包狗

赛尔号

最佳动漫创作者或团队奖

北京重磅动漫文化传媒有限公司

杭州定格文化创意有限公司

北京青青树动漫科技有限公司

杭州玄机科技信息技术有限公司

天津动漫堂艺术发展有限公司

最佳动漫传播机构奖

湖南广播电视台金鹰卡通频道

北京爱奇艺科技有限公司

最佳动漫教育机构奖

中国传媒大学

北京电影学院

上海电影艺术职业学院

最佳动漫技术奖

3D 两足角色动画生成平台

基于深度摄像机 3D 面部动画实时捕捉技术研究与应用

最佳动漫国际市场开拓奖

《喜羊羊与灰太狼系列》

附件 2

中国文化艺术政府奖第二届动漫奖入围名单
（排名不分先后）

最佳动画电影奖（入围）

《神秘世界历险记》
《绿林大冒险》
《我是狼》
《赛尔号之战神联盟》
《魁拔之大战元泱界》
《开心超人》
《潜艇总动员 3—彩虹宝藏》
《摩尔庄园海妖宝藏》
《猪猪侠之囧囧危机》

最佳动画电视奖（入围）

《图图的智慧王国——数学系列》
《侠岚》
《兔侠传奇》
《秦时明月肆万里长城》
《中华鲟历险记》
《熊出没之丛林总动员》
《淮南子传奇第二季》
《秦汉英雄传》
《巴啦啦小魔仙之奇迹舞步》

最佳漫画作品奖（入围）

《昨日青空》
《梅兰芳》
《格萨尔王传奇》
《阿狸·尾巴》
《大中华寻宝记》
《长恨歌》
《星语者·看得见星星的店》
《斗罗大陆》
《云中兰若》

最佳动漫出版物奖（入围）

《哈哈镜——贺友直、沈寂画说百年上海滩》
《塔希里亚故事集 VI》
《岁时歌》
《“丁呱呱”系列》
《“悠游漫绘馆”丛书》
《知音漫客》
《找爱》
《19 天》
《小爱迪生科普漫画》

最佳动漫舞台剧奖（入围）

《喜羊羊与灰太狼之小灰灰的心愿》
《GO GO GO 大角牛》
《仙豆传奇》

最佳新媒体动漫作品奖（入围）

《沃沃健康系列之囧爸囧妈》
《夺宝幸运星 3》
《童子鸡汤》
《血族》
《泡泡美人鱼》

最佳动漫形象奖（入围）

麦咭
囧囧
饼干警长
泡泡美人鱼
熊出没
拽猫

最佳动漫创作者或团队奖（入围）

上海河马动画设计股份有限公司
天津神界漫画有限公司
湖南锦绣神州影视文化传媒有限公司

深圳华强数字动漫有限公司
江通动画股份有限公司
北京辉煌动画公司
广东咏声文化传播有限公司
喀什乾亨文化产业发展有限公司
姚非拉
福建天狼星动漫有限公司

最佳动漫传播机构奖(入围)

北京卡酷少儿卫视
中国移动通信集团福建有限公司手机动漫基地
广州漫友文化科技发展有限公司
上海炫动传播股份有限公司
上海淘米动画有限公司

最佳动漫教育机构奖(入围)

吉林动画学院
中央美术学院
中国美术学院
北京印刷学院
广州美术学院视觉艺术设计学院
山西传媒学院
浙江传媒学院
广西艺术学院

最佳动漫技术奖(入围)

华视坐标SCM立体摄像机大师系统
智能3D立体动画制作关键技术及辅助系统
3D与2D无缝结合技术在动漫电影中的应用
如意通二维动画自动生成系统

最佳动漫国际市场开拓奖(入围)

《赛尔号系列》
《山猫和吉咪之全家乐》
《格萨尔王传奇》

文化部关于公布首批认定文化部重点实验室名单的通知

国家图书馆、文化部民族民间文艺发展中心、中国艺术科技研究所、中国传媒大学、南京博物馆、上海戏剧学院：

为完善文化科技体系建设，促进文化与科技融合，认定古籍保护科技等6个重点实验室为首批文化部重点实验室，现将该名单予以公布。

希望首批认定的文化部重点实验室按照《文化部重点实验室管理办法（暂行）》的有关规定，紧密围绕文化行业的科技需求，积极开展工作，努力建设成为组织高水平科研究、聚集和培养优秀文化科技人才、开展学术交流的文化科技基地。

特此通知。

文化部

2014 年 11 月 4 日

附件：首批认定文化部重点实验室名单

附件

首批文化部重点实验室名单

序号	实验室名称	依托单位	共建单位	实验室主任	学术委员会主任
1	古籍保护科技文化部重点实验室	国家图书馆	无	陈红彦	张志清
2	音视频修复与评测文化部重点实验室	文化部民族民间文艺发展中心	深圳市智骏数据科技有限公司 国家新闻出版广电总局广播科学研究院 海立方文化产业投资有限责任公司	李松	张刚
3	演艺装备系统技术文化部重点实验室	中国艺术科技研究所	无	张宜春	闫常清
4	视听技术与智能控制系统文化部重点实验室	中国传媒大学	无	蒋伟	王永滨
5	近现代纸质文献脱酸保护技术文化部重点实验室	南京博物院	无	龚良	铁付德
6	数字演艺集成创新文化部重点实验室	上海戏剧学院	广州励丰文化科技股份有限公司 杭州龙晟文卫科技有限公司 湖南明和光电设备有限公司 上海风格信息技术有限公司 瓦格纳比罗舞台设备(上海)有限公司	韩生	范圣玺

人力资源社会保障部　文化部关于表彰全国文化系统先进集体、先进工作者和劳动模范的决定

人社部发〔2014〕92 号

各省、自治区、直辖市及新疆生产建设兵团人力资源社会保障厅(局)、文化厅(局),文化部各直属单位:

近年来,在党中央、国务院的正确领导下,全国文化系统广大干部职工坚持以邓小平理论、"三个代表"重要思想、科学发展观为指导,求真务实、改革创新、爱岗敬业、服务人民,为建设社会主义文化强国、推动社会主义文化大发展大繁荣作出了积极贡献,涌现出一大批先进集体和先进个人。

为表彰先进、弘扬正气、振奋精神,激励文化系统广大干部职工进一步做好新时期文化工作,人力资源社会保障部、文化部决定,授予北京市曲剧团等 150 个单位"全国文化系统先进集体"荣誉称号;授予杨凤一等 252 名同志"全国文化系统先进工作者"荣誉称号,授予王文龙等 6 名同志"全国文化系统劳动模范"荣誉称号。被授予"全国文化系统先进工作者"和"全国文化系统劳动模范"荣誉称号的人员享受省部级先进工作者和劳动模范待遇。希望受到表彰的集体和个人珍惜荣誉,再接再厉,更好地发挥模范表率作用,在新的历史起点上再立新功。

全国文化系统广大干部职工要以受表彰的先进集体和先进个人为榜样,深入学习贯彻党的十八大和十八届三中、四中全会精神,更加紧密地团结在以习近平同志为总书记的党中央周围,认真贯彻落实党中央、国务院的决策部署,开拓进取、甘于奉献,努力开创文化建设新局面,为全面建成小康社会、实现中华民族伟大复兴的中国梦作出新的更大贡献!

附件:1. 全国文化系统先进集体名单
2. 全国文化系统先进工作者名单
3. 全国文化系统劳动模范名单

人力资源社会保障部　文化部

2014 年 12 月 12 日

附件1

全国文化系统先进集体名单
（150个）

北京市
北京市曲剧团
北京市石景山区图书馆
天津市
天津市群众艺术馆
天津市和平区文化和旅游局
天津市东丽区图书馆
河北省
河北省图书馆
石家庄市文化广电新闻出版局
秦皇岛市群众艺术馆
邢台市图书馆
唐山市丰南区文化广播电视新闻出版局
临漳县文化广播影视新闻出版局
山西省
山西省晋剧院
山西华夏之根艺术团
晋中市文化广电新闻出版局
运城市文化广电新闻出版局
吕梁市民间艺术团（临县道情研究中心）
内蒙古自治区
呼和浩特市文化广播电影电视局
赤峰市图书馆
阿巴嘎旗乌兰牧骑
辽宁省
辽宁芭蕾舞团
辽宁省文物考古研究所
大连市图书馆
锦州市文化广电新闻出版局
营口市文化广播电影电视局
吉林省
长春市图书馆
吉林省艺术研究院
延边歌舞团
柳河县文化广电新闻出版局
黑龙江省
黑龙江省非物质文化遗产保护中心
黑龙江省文化艺术发展中心
齐齐哈尔市文化广电新闻出版局
富锦市文化广电新闻出版局
上海市
上海市群众艺术馆
上海交响乐团
上海昆剧团
上海浦东图书馆
江苏省
无锡市文化广电新闻出版局
苏州博物馆
连云港市女子民族乐团
扬州市邗江区文化体育新闻出版局
溧阳市文化广电体育局
靖江市文化广电新闻出版局
泗阳县文化广电新闻出版局
浙江省
浙江京昆艺术中心（浙江京剧团）
杭州市余杭区文化广电新闻出版局
宁波市文物考古研究所
嘉兴市文化广电新闻出版局
金华市非物质文化遗产保护中心
台州市图书馆
诸暨市文化馆

平阳县鳌江镇文化服务中心

安徽省

安徽省文物考古研究所

安徽中国徽州文化博物馆

蚌埠市文化广电新闻出版局

马鞍山市文化委员会

金寨县文化广电新闻出版局(版权局)

怀宁县月山镇综合文化站

福建省

福建省图书馆

福州市文化市场综合执法支队

厦门歌仔戏研习中心

莆田市荔城区西天尾镇综合文化站

江西省

抚州市图书馆

鹰潭市艺术创作研究所

宜春市文化和新闻出版局

分宜县文化广电新闻出版局

于都县长征源合唱团

山东省

山东省吕剧艺术保护传承中心(山东省吕剧院)

山东省文化艺术学校

淄博市五音戏剧院

济宁市文化广电新闻出版局

泰安市文化广电新闻出版局

威海市文化广电新闻出版局

滨州市群众艺术馆

河南省

河南省话剧艺术中心

河南省群众艺术馆

郑州市文物局

开封市文化广电新闻出版局

洛阳市文化广电新闻出版局

平顶山市文化广电新闻出版局

济源市文化广电新闻出版局

湖北省

湖北美术馆

武汉市群众艺术馆

宜昌市文化局

襄阳市图书馆

荆门市群众艺术馆

孝感市图书馆

湖南省

湖南图书馆

长沙市文化广电新闻出版局

株洲市图书馆

衡阳市文化广电新闻出版局

常德市文化馆

永州市零陵区文化局

广东省

广东粤剧院

佛山市南海区文体旅游局

汕尾市文化广电新闻出版局社会文化艺术科

东莞图书馆

雷州市博物馆

乳源瑶族自治县文体旅游局

龙门县文化艺术服务中心

海南省

海口市群众艺术馆

保亭黎族苗族自治县文化广电出版体育局

广西壮族自治区

广西壮族自治区文化稽查总队

南宁市文化新闻出版局

北海市少年儿童图书馆

来宾市文化新闻出版局

重庆市

重庆图书馆

重庆演艺集团有限责任公司

重庆市北碚区文化广电新闻出版局

四川省

成都市文化馆

乐山市文化馆

甘孜藏族自治州文化体育和广播影视局
凉山彝族自治州文化影视新闻出版局
邓小平图书馆
富顺县文体广电和新闻出版局
丹棱县文化广播影视新闻出版局

贵州省

贵州省花灯剧院有限责任公司
贵阳市群众艺术馆
遵义市图书馆
普定县文体广电旅游局

云南省

云南省非物质文化遗产保护中心
保山市文化广播电视新闻出版局
楚雄彝族自治州文化体育局
红河哈尼族彝族自治州歌舞团
迪庆藏族自治州文化局
玉龙纳西族自治县文化体育广电新闻出版局

西藏自治区

山南地区文化局
林芝地区文化广播电影电视局

陕西省

陕西省图书馆
陕西省歌舞剧院有限公司
宝鸡市文化广电新闻出版局
渭南市文化艺术中心
延安市文化广电新闻出版局
汉中市文化广电新闻出版局
洛南县群众艺术馆

甘肃省

甘肃省陇剧院
甘肃秦腔艺术剧院有限责任公司
兰州市文物局

青海省

西宁市文化广播电视局
格尔木市文化馆

宁夏回族自治区

宁夏演艺集团秦腔剧院有限公司
固原市原州区文化体育旅游局

新疆维吾尔自治区

新疆文物古迹保护中心
新疆艺术剧院话剧团
阿克苏地区文化体育广播影视局
哈密地区文化体育广播影视新闻出版(版权)局

新疆生产建设兵团

新疆生产建设兵团文化中心
第六师五家渠市文化局

文化部直属单位

国家图书馆立法决策服务部
故宫博物院开放管理处
中国国家博物馆社会教育宣传部

附件 2

全国文化系统先进工作者名单
（252 名）

北京市

杨凤一（女）	北方昆曲剧院院长
李承刚	东城区文化委员会主任
徐晓辉	西城区文化委员会非物质文化遗产科科长
黄晓伟（女）	朝阳区文化委员会主任

天津市

李俊国	天津市少年儿童图书馆馆长
蒋连升	天津评剧院院长
宁　嘉（女）	西青区文化馆馆员
刘炳山	津南区文化馆馆长
杨国珍（女，回族）	北辰区文化广播电视局局长

河北省

彭蕙蘅（女）	河北艺术职业学院戏剧系副主任
王会民	河北省文物研究所研究馆员
郭新明	唐山市群众艺术馆馆长、书记
李文生	秦皇岛市文化广电新闻出版（版权）局党委书记、局长
张晓阳	保定市艺术研究所所长
杨　铭（满族）	承德市文化广电新闻出版局党组书记、局长
韩国君	承德市避暑山庄管理处副主任
卢留虎	廊坊市文化广电新闻出版局党组书记、局长
田英秋	辛集市文化广电新闻出版局局长
王雪梅（女）	井陉县文化馆馆长
闫世琴（女）	张北县文化广电新闻出版局局长

山西省

刘宇宁（女）	山西省群众艺术馆副馆长
赵中悦	山西省非物质文化遗产保护中心主任
李　钢	太原市文化广电新闻出版局局长、党组书记
田伟泓（女）	阳泉市艺术研究室主任
陈秀英（女）	长治市文化广电新闻出版局局长
成凤英（女）	忻州市北路梆子戏剧研究院副院长
刘培义	山阴县古城镇综合文化站专职文化辅导员

内蒙古自治区

塔　拉(蒙古族)	内蒙古博物院研究馆员
胡延春	内蒙古河套文化博物院院长
王永鑫	乌兰察布市书画院院长
闫淑兰(女)	兴安盟民族歌舞团团长
高晓红(女)	包头市图书馆馆长
郭　栋	鄂尔多斯市文化市场综合执法局执法一队队长
谭福洁	呼伦贝尔市群众艺术馆馆长
赵海君(蒙古族)	科尔沁左翼中旗乌兰牧骑队长、党支部书记

辽宁省

宋晓冬(满族)	辽宁省非物质文化遗产保护中心主任
白文煜	沈阳故宫博物院院长、党委书记
郝武华	抚顺市元帅林文物管理中心主任
王晓滨	本溪市群众艺术馆馆长
刘永新	丹东市群众艺术馆馆长
朱宝清	阜新市文化市场综合执法大队副大队长
杨洪琦	盘锦市文物管理办公室主任
牛　驰	朝阳市文化广电新闻出版局局长、党委书记
韩庆春	葫芦岛市文化广播影视局党委书记、局长
马志华	绥中县文化广播影视新闻出版局局长

吉林省

倪茂才	吉林省戏曲剧院院长
王少君	吉林省中外文化交流中心主任
兰景龙	吉林市文化局副局长
谷　芃	白山市文物保护管理办公室主任
沈秀玉(女,朝鲜族)	延边朝鲜族自治州文化局局长、党委书记
刘永会	东辽县文化广电新闻出版局副局长
季魁江	前郭尔罗斯蒙古族自治县文化广电新闻出版局党委书记、局长
周兴安	梨树县文化广电新闻出版局局长、党委书记

黑龙江省

李春盛	黑龙江省群众艺术馆馆长、书记
王向阳(女)	黑龙江省评剧艺术中心艺委会主任
闻德峰	黑龙江省图书馆工会主席
夏冬祥	大庆市文化广电新闻出版局办公室主任
常玉辉	黑河市文化广电新闻出版局党委书记、局长
尹德全	绥化市文化广电新闻出版局党组书记、局长
刘凤芝(女)	北安市文化广电体育局局长

上海市	
华　雯(女)	上海宝山沪剧艺术传承中心主任
吴虎生	上海芭蕾舞团一级演员
李　莉(女)	上海越剧艺术传习所(上海越剧院)院长
朱洁静(女)	上海歌舞团有限公司艺术总监助理
何继英(女)	上海博物馆研究馆员
马晨骋	上海声动亚洲文化发展有限公司副总经理
王甫建	上海民族乐团团长
黄显功	上海图书馆(上海科学技术情报研究所)历史文献中心主任
严小敏	闵行区文化广播影视管理局社会文化科科长
顾静华(女)	松江区文化广播影视管理局党委书记、局长
江苏省	
张晓雁	江苏省文化厅人事处处长
晁岱健	江苏省艺术研究院院长
白　宁(女)	南京市博物馆研究馆员
赵　锋	无锡市文化广电新闻出版局艺术处处长
高　伟	连云港市重点文物保护研究所所长
孙玉军	淮安市博物馆馆长、书记
徐新华(女)	盐城市文化广电新闻出版局剧目工作室主任
曹廷昌	扬州市文化馆馆长
孙志军	镇江市茅山新四军纪念馆馆长、书记
陈世海	张家港市文化广电新闻出版局局长、党委书记
吴海燕(女)	新沂市文化广电新闻出版与体育局副局长
陈忠新	海门市文化广电新闻出版局党组书记、局长
浙江省	
宋家明	杭州艺术学校校长
徐建成	宁波市文化广电新闻出版局文物与博物馆处处长
宋　捷	湖州市文化广电新闻出版局党委书记、局长
郑利民	衢州市柯城区沟溪乡文化站站长
张红燕(女)	舟山市普陀区虾峙镇文化站站长
潘力峰	丽水市文化馆馆长
马　慧(女)	平湖市图书馆馆长
徐关元	永康市图书馆馆长、书记
李晖华	苍南县文化广电新闻出版局党组书记、局长
施一南(女)	安吉县文化馆馆长
安徽省	
高全红(女)	安徽省图书馆财务科科长

詹雄才	合肥市包河区文化广播电视局局长
朱宪宪	淮北市歌舞剧院有限公司总经理
杨文敏(女)	滁州市琅琊区文化馆馆长
陈志强	宿州市文化市场综合执法支队大队长
程新益	池州市贵池区殷汇镇文化站站长
王亚茹(女)	涡阳县文化馆馆长
章丽英(女)	绩溪县瀛洲镇文化站站长
宋忠洋	凤台县花鼓灯艺术团党支部书记
福建省	
吴志跃	福建博物院院长
陈健康	福建省歌舞剧院副院长
林丽萍(女)	厦门市图书馆馆长、书记
岳建辉	漳州市布袋木偶传承保护中心主任
余明慧	南平市文化艺术馆馆长
黄　良	晋江市文化体育新闻出版局局长
游再生	柘荣县博物馆馆长
江西省	
张斯栋	江西艺术中心主任
刘松涛	南昌新四军军部旧址陈列馆馆长
毛桥华	萍乡市人民剧院、采茶歌舞剧团有限责任公司经理
柯善志	武宁县鲁溪镇宣传文化站站长
李志丹(女)	奉新县文化局局长
赖志良	万安县文化馆馆长
梁玲娜(女)	会昌县文化馆馆长
况忠生	上高县锦江镇综合文化站站长
山东省	
郑少华	山东省京剧院院长
宋　玮	山东省文物总店经理
荆聿安	济南市文化局房产管理修建公司经理、党支部书记
于　婧(女)	青岛市图书馆馆长
郭斌照	东营市文化广电新闻出版局文化艺术科科长
徐　明	烟台市文化广电新闻出版局局长、党委书记
郑玉霞(女)	日照市文化广电新闻出版局局长、党组书记
李春明(女)	莱芜市莱芜梆子剧团一级编剧
张海燕(女)	德州市图书馆副馆长
章　兰(女)	聊城市豫剧院院长、党支部书记
陈庆勇	菏泽市文化广电新闻出版局局长、党组书记

董　晖	菏泽市文化市场综合执法局党组成员

河南省

闫敬彩(女)	河南省文化厅艺术处处长
周家平	河南博物院工会主席
王仕俊	河南艺术中心主任
孟祥礼	河南省曲剧艺术保护传承中心主任
化建国	河南省美术馆馆长
柏　青(女,回族)	河南豫剧院二团党办主任
王金涛	安阳市文化广电新闻出版局局长
黄力杨	许昌市戏曲艺术发展中心主任
张瑞琴(女)	漯河市群众艺术馆馆长
史智民	三门峡市文物考古研究所所长
逯熙鹏	巩义市文化广电新闻出版局局长
吴曾明	固始县文化广电新闻出版局非物质文化遗产保护中心副主任

湖北省

胡应明	湖北省艺术研究所一级编剧
徐力文(女)	湖北省图书馆研究馆员
刘　薇(女)	武汉京剧院院长
官东平	黄石市文化局副局长
吴　刚	十堰市群众艺术馆副研究馆员
周克斌	鄂州市群众艺术馆馆长
李发国	荆州市沙市区岑河镇综合文化站站长
肖德梅	黄冈市博物馆党支部书记
吕文军	随州市曾都区文化体育广播电影电视局党组书记、局长
熊天霞(女)	崇阳县提琴戏传承发展中心主任

湖南省

刘俭旺	湖南省文化厅直属机关党委专职副书记
游振群(女)	湖南省博物馆研究馆员
王铭祥	邵阳市文化广电新闻出版局局长、党委书记
朱　霞(女)	岳阳市文化市场综合执法局人事科科长
丁丽芬(女)	怀化市鹤城区阳戏保护传承中心主任
彭运敏(土家族)	湘西土家族苗族自治州保靖县普戎镇文化站站长
莫柏槐	湘潭县文化体育广电新闻出版局党组书记、局长
张贵庭(土家族)	石门县罗坪乡综合文化站站长
王文金	桂阳县文化广电新闻出版局副局长

广东省

彭庆华	广东粤剧院粤剧青年团副团长

刘　莹(女)	广东省星海音乐厅主任
欧小胡	广州粤剧院有限公司总经理、艺术总监
任志录	深圳市文物考古鉴定所所长
胡尚明	江门市五邑图书馆馆长
欧荣生	肇庆市文化广电新闻出版局党组书记、局长
罗川山	惠州市文化广电新闻出版局党组书记、局长
李新华	清远市艺术研究室二级编剧
黄晓丽(女)	东莞市长安镇宣传文体局局长
赵幼云(女)	中山市文化馆馆长
李锡洁	揭阳市群众艺术馆馆长
李　林	云浮市文化广电新闻出版局文物管理科科长
肖丽琼(女)	南雄市文化广电新闻出版局局长
黄伟强	大埔县文化广电新闻出版局局长

海南省

王　双(女)	澄迈县文化广电出版体育局局长
邢　莉(女)	定安县文化广电出版体育局局长

广西壮族自治区

黄燕熙(壮族)	广西壮族自治区文化厅办公室主任
常剑钧(仫佬族)	广西壮族自治区艺术创作中心主任
王　颜(土家族)	广西民族博物馆馆长
哈　丹(女,回族)	广西壮族自治区戏剧院一级演员
秦　彬	八路军桂林办事处纪念馆文博馆员
张绍旭(壮族)	防城港市防城区茅岭乡文化体育广播电视站站长
范向健(女)	北流市文化馆馆长
姚　文(壮族)	扶绥县山圩镇文化广播电视站站长

重庆市

邹后曦	重庆市文化遗产研究院院长
周　利(女)	重庆市京剧团有限责任公司副总经理
艾智科	重庆中国三峡博物馆副研究馆员
毕富纯	重庆市群众艺术馆馆长、书记
张晓耿(女)	南岸区图书馆馆长
黎　斗	綦江区地方文化促进中心主任
郑丽娟(女)	巴南区文化广电新闻出版局党组书记、局长

四川省

高大伦	四川省文物考古研究院院长
胡　海	四川省资中县木偶剧团团长
刘　澍	德阳市文化广播影视新闻出版局“扫黄打非”办公室专职副主任

马宗舜	绵阳市文化广播影视新闻出版局党组书记、局长
勾中进	遂宁市文化广播电影电视局党委书记、局长
唐国良	南充市非物质文化遗产保护中心副主任
钟　艋	宜宾市文化馆馆长
戴　鸿(女)	达州市文化广播影视新闻出版版权局副局长
汪信龙	巴中市文物局负责人
张　强	资阳市文化馆馆长、支部书记
杨　平(羌族)	阿坝藏族羌族自治州理县文化体育广播影视新闻出版局副局长
游书勇	泸县文化体育广播电影电视局党委书记

贵州省

余漫江(女)	六盘水市文化馆馆长
袁　坤(侗族)	岑巩县思旸镇科技宣教文化信息服务中心主任
张金英(女)	贵定县文化馆馆长
陆定龙(布依族)	安龙县洒雨镇科技宣教文化信息旅游服务中心主任
张　敏(女,彝族)	威宁彝族回族苗族自治县文化馆馆长

云南省

欧阳俊虎	云南文化艺术职业学院院长
郭维平	云南省滇剧院院长
彭　磊	昆明市盘龙区文化体育旅游局局长
纪爱华	曲靖市文化体育局党委书记、局长
岳　川(彝族)	玉溪市文化局党组成员、机关党委书记
刘学春(彝族)	普洱市思茅区文化体育和广播电视局局长
傅东云	临沧市文化馆副研究馆员
杨长城(白族)	大理白族自治州文物管理所所长
李旭华(独龙族)	怒江傈僳族自治州民族文化工作团歌队队长
林　兵	安宁市文体广电旅游局文化科科长

西藏自治区

索朗旺堆(藏族)	那曲地区群众艺术馆书记
刘迎会(女)	林芝地区文化广播电影电视局文化科科长
普布卓玛(女,藏族)	西藏展览中心主任
尼玛顿珠(藏族)	西藏自治区话剧团创研室主任

陕西省

洪济龙	陕西省艺术馆馆长
王升荣	西安市群众艺术馆馆长
李　勇	铜川市图书馆馆长
陈碧红(女)	宝鸡市图书馆副馆长
程晓峰	咸阳市文化市场综合执法支队支队长

杨　颜	榆林市文化广电新闻出版局副局长
袁朝玲(女)	安康汉调二黄研究院院长
王海青(女)	商洛市群众艺术馆馆长
甘肃省	
史　勇	甘肃省文物局办公室主任科员
彭德明	甘肃省歌剧院院长
顾善忠	甘肃省文化艺术研究所所长
李林安	甘肃省杂技团有限责任公司董事长
青海省	
任晓燕(女)	青海省文物考古研究所所长
昂亲拉毛(女,藏族)	果洛藏族自治州图书馆馆长
关却杰(藏族)	兴海县文化体育广播电视局局长
马金国(回族)	祁连县文化体育广播电视局局长
宁夏回族自治区	
袁　泉(回族)	宁夏回族自治区文化馆文艺部主任
季　妍(女)	银川市文化艺术馆馆长
新疆维吾尔自治区	
吴　勇	新疆维吾尔自治区文物考古研究所汉唐考古部主任
孔都孜扎衣塔亚(女,维吾尔族)	新疆艺术剧院歌剧团二级演员
叶梅(女,哈萨克族)	新疆维吾尔自治区龟兹研究院文物保护所所长
陈新民	阿勒泰地区文化体育广播影视局党组书记、副局长
李　军	克拉玛依市图书馆馆长
徐健康	阿合奇县新农村数字电影管理站站长
新疆生产建设兵团	
申　健	新疆生产建设兵团歌舞剧团团长
夏　明	新疆生产建设兵团第一师阿拉尔市文化馆馆长
文化部直属单位	
骆芃芃(女)	中国艺术研究院中国篆刻艺术院院长
刘月明	中国歌剧舞剧院一级演员
张　伟	中国儿童艺术剧院舞美管理部主任
朱　妍(女)	中央芭蕾舞团一级演员
焦延杰	文化部全国公共文化发展中心培训保障部处长助理

附件3

全国文化系统劳动模范名单
(6名)

浙江省

王文龙　　　　浙江话剧团有限公司董事长兼总经理

裘建平　　　　浙江省绍兴大剧院管理经营有限公司、绍兴市演出有限公司董事长兼总经理

湖南省

陈介辉　　　　湖南省演艺集团有限责任公司总经理

海南省

李士伟　　　　澄迈县歌舞团团长

宁夏回族自治区

马　仟(女)　　宁夏演艺集团歌舞剧院有限公司舞蹈队副队长

新疆维吾尔自治区

阿巴斯·阿布都肉苏力　喀什市帕哈太克里乡文化站站长
(维吾尔族)

文化部办公厅

2014年12月15日

文化部关于表彰全国文化先进单位（文化先进县、市、区）的决定

文人发〔2014〕44号

各省、自治区、直辖市文化厅（局），新疆生产建设兵团文化广播电视局，本部各司局、各直属单位：

自1991年始，文化部在全国开展了全国文化先进单位（文化先进县、市、区）评选工作，表彰了一大批文化建设成绩突出的文化先进县（市、区）。近年来，在党中央、国务院的正确领导下，各地县级人民政府坚持以毛泽东思想、邓小平理论和“三个代表”重要思想、科学发展观为指导，深入学习贯彻党的十八大及十八届三中、四中全会精神和习近平总书记系列重要讲话精神，紧紧围绕繁荣发展社会主义文化，全面推进中国特色社会主义文化建设，为促进经济社会协调发展，实现全面建成小康社会的奋斗目标作出了重要贡献，取得了显著成绩。为激励地方政府更加重视文化工作，科学推动社会主义文化大发展大繁荣，兴起社会主义文化建设新高潮，文化部于2014年开展了新一届全国文化先进单位（文化先进县、市、区）评选表彰工作。经过评定和考察，文化部决定授予北京市延庆县等98个县（市、区）“全国文化先进单位（文化先进县、市、区）”荣誉称号（表彰名单见附件）。

这次表彰的“全国文化先进单位”是近年来各地区在落实科学发展观，推动地方文化繁荣发展的过程中涌现出来的先进典型。他们在文化工作中，认真落实“贴近实际、贴近生活、贴近群众”的要求，坚持文艺为人民服务、为社会主义服务的方向和“百花齐放”、“百家争鸣”的方针，在加强公共文化设施建设、完善公共文化服务体系、丰富群众文化活动、落实国家重点文化工程、开展非物质文化遗产保护工作、加强文化人才队伍建设等方面取得了显著成绩，在创新公共文化服务内容和方式、打造地方文化品牌、规范文化市场、发展文化产业、深化文化体制改革、引导和鼓励社会力量参与文化建设等方面取得了新经验，产生了良好的社会效益，为推动社会主义文化大发展大繁荣做出了重要贡献。

希望这次获得表彰的全国文化先进单位珍惜荣誉、谦虚谨慎、戒骄戒躁、锐意进取，充分发挥在基层文化建设中的带头作用，争取更大的成绩。各地要切实加强对这些先进典型经验的总结、学习和宣传，加快文化建设步伐，进一步推动社会主义文化大发展大繁荣，为全面建成小康社会、实现中华民族伟大复兴中国梦而努力奋斗。

附件：全国文化先进单位（文化先进县、市、区）名单

文化部

2014年12月9日

附件

全国文化先进单位（文化先进县、市、区）名单
（共 98 个）

北京市延庆县
天津市滨海新区
河北省张北县
河北省井陉县
河北省平泉县
河北省永年县
山西省原平市
山西省长子县
内蒙古自治区土默特右旗
内蒙古自治区敖汉旗
内蒙古自治区科尔沁右翼中旗
内蒙古自治区达拉特旗
辽宁省清原县
辽宁省东港市
辽宁省盘锦市兴隆台区
吉林省长春市绿园区
吉林省通化县
黑龙江省同江市
黑龙江省北安市
黑龙江省绥棱县
黑龙江省穆棱市
上海市闵行区
上海市金山区
江苏省句容市
江苏省洪泽县
江苏省阜宁县
江苏省如皋市
江苏省南京市高淳区
浙江省杭州市江干区
浙江省龙泉市
浙江省玉环县
浙江省宁海县
浙江省瑞安市
安徽省怀远县
安徽省霍山县
安徽省芜湖县
安徽省滁州市南谯区
福建省厦门市集美区
福建省闽侯县
福建省将乐县
福建省上杭县
江西省婺源县
江西省乐平市
江西省新干县
江西省南昌市东湖区
山东省济南市历城区
山东省诸城市
山东省肥城市
山东省乳山市
山东省泰安市泰山区
河南省永城市
河南省平顶山市卫东区
河南省修武县
河南省义马市
河南省舞钢市
湖北省大冶市
湖北省天门市
湖北省红安县
湖北省利川市
湖南省常德市鼎城区
湖南省长沙县
湖南省隆回县

湖南省新化县
广东省广州市荔湾区
广东省大埔县
广东省开平市
广东省汕头市龙湖区
广东省怀集县
海南省澄迈县
广西壮族自治区罗城县
广西壮族自治区三江县
广西壮族自治区武鸣县
重庆市长寿区
四川省成都市锦江区
四川省广汉市
四川省阆中市
四川省大英县
四川省泸县
贵州省瓮安县
贵州省兴仁县
贵州省榕江县
贵州省普定县
云南省弥渡县
云南省澜沧县
云南省昌宁县
西藏自治区隆子县
陕西省高陵县
陕西省三原县
陕西省志丹县
陕西省千阳县
甘肃省肃南县
甘肃省清水县
青海省互助县
宁夏回族自治区银川市西夏区
新疆维吾尔自治区富蕴县
新疆维吾尔自治区库尔勒市
新疆维吾尔自治区奇台县
新疆生产建设兵团第8师石河子市

文化部办公厅
2014年12月11日印发

索引

索　引

编制说明：

(1)本索引是混合索引，款目和标目内容包括主题词、文献名、人名及其他专有名称。

(2)排序遵循下列原则：①款目和标目的排序分两种情况单独进行，即首字符为非汉字和汉字。首字符为非汉字情况，置于首字符为汉字情况之前，按照先数字后字母原则排列；首字符为汉字情况按照汉语拼音顺序排列。②首字符为前引号""""或前书名号"《"的，排序时忽略。

B

D

E

F

G

J

N

P

Q

R

S

T

W

X

Y

(衡中青编制)

2015

中国文化年鉴

Yearbook
of
Chinese Culture

图 片

1 3月19日，中心全体职工学习十八届三中全会和习近平总书记系列重要讲话精神
2 2014年度文化部政府网站群绩效评估报告会在山东济南召开
3 “网络安全与信息化”专题讲座
4 职工共享文化生活
5 5月27日，文化部政务信息资源目录填报工作培训会议召开

1 2014年度资助项目——艺术品营销人才培训班
2 2014年度资助项目——中国福建木偶戏在柬埔寨亚欧大学进行表演
3 2014年度资助项目——淮剧《大洪流》
4 2014年度芭蕾舞剧《红色娘子军》青年演员人才培训班

1 第六届中欧文化对话论坛现场
2 “大道书怀——中国艺术研究院中国书法院成立十周年书法作品展”开幕式
3 “澄怀味象——中国艺术研究院中国画院第三届院展”开幕式
4 第三届“中华非物质文化遗产传承人薪传奖”暨“中华非物质文化遗产保护贡献奖”颁奖仪式
5 中国艺术研究院文学院院长、诺贝尔文学奖获得者莫言在“辟雍雅集‘大美寻源’笔会暨当代优秀书画家作品展”开幕式致辞

1 10月13日，“中国—阿拉伯国家图书馆馆长论坛”在中国国家图书馆举行

2 12月30日，“我们的文字——非遗中的文字书写与传播”跨年大展在国家典籍博物馆开展，各民族文字书法传承人共同书写“羊年大吉”

3 7月23日，文化志愿者团队启动暨授旗仪式

4 9月9日，第十届艺术节“秀我风采·员工文艺汇演”举行

5 10月10日至12日，由国家图书馆设计的创意作品——“册府大方”在2014年中国图书馆年会展览会展出

1 故宫研究院古建筑研究所成立
2 明清官式建筑保护研究国家文物局重点科研基地——官式古建筑营造技艺传承
3 故宫文化产品——朝珠耳机
4 “平安故宫”工程领导协调小组第一次全体会议
5 午门—雁翅楼保护修缮工程
6 故宫博物院藏品三年清理工作——尺牍

1 11月29日，“纪念习近平同志来国家博物馆参观‘复兴之路’提出实现‘中国梦’两周年理论中心组学习座谈会”召开
2 讲解员为参观小学生讲解“复兴之路”基本陈列
3 国博讲堂——“包豪斯：作为启蒙的设计”
4 9月24日，著名作家杨绛将其与钱钟书先生收藏的一批书画以及钱钟书批注过的《韦氏英文大辞典》等珍贵文物捐给国家博物馆
5 孙机先生对新征集文物进行鉴定
6 第九个文化遗产日国家博物馆公益鉴赏活动

1 文化部对非文化基地授牌仪式
2 非洲英语国家图书馆高级管理人员研修班
3 青海省公共文化服务管理与创新专题研修班学员现场教学
4 全国文化科技创新发展与管理赴美培训班学员与洛杉矶艺术博物馆馆长座谈交流

1 10月18日，第九届全国艺术院校院（校）长高峰论坛举办
2 4月17日，在法国卢浮宫举办“视觉中国·瓷上敦煌”中国陶瓷艺术展
3 7月12日，第二届中国游牧文化旅游节开幕
4 1月11日，中国县域群众文化节（应城）上获奖农民喜气洋洋
5 11月27日，集团承办第二届中俄文化论坛

1 新编历史剧《安国夫人》，参演第七届中国京剧艺术节
2 与国家大剧院联合出品新编京剧《丝路长城》
3 纪念创排50周年，复排现代京剧《红灯记》
4 组团赴新疆基层慰问演出
5 “致春天”公益惠民系列演出
6 赴日本东京、大阪、名古屋等30个城市巡回演出
7 京剧大师叶盛兰百年诞辰纪念大会
8 赴泰国曼谷“与京剧名家面对面”

1 6月27日，话剧《离去》首演
2 12月8日，原创剧目《长夜》主创人员在北京地铁七号线达官营站施工现场采风
3 9月18日，“2014中国国家话剧院台北演出季”在台北市长官邸举行新闻发布会
4 11月14日，话剧《暴风雪》首演
5 中国国家话剧院第六届国际戏剧季
6 9月6日至8日，《向上走，向下走》在西藏拉萨公益演出
7 举办“剧本朗读会”

1 中国歌剧舞剧院民族乐团
2 复排民族歌剧《白毛女》
3 新创大型舞剧《恰同学少年》
4 参加中国—东盟文化交流年闭幕式演出活动
5 中国歌剧舞剧院歌剧团
6 9月，赴河南进行“高雅艺术进校园”演出

中国交响乐团

1 为重庆市特殊教育中心扬帆管乐团盲校学生辅导

2 半城春色，西城交响音乐会——我的中国梦·欢乐新北京

3 第四届中国交响乐之春

4 中国国家交响乐团2014系列公益音乐会之二——最好的未来，圆梦北京

5 演出场景

6 惠民演出

7 “深入生活　扎根人民”——中国国家交响乐团走进迎龙文化志愿服务“田园音乐会”

1 首届首都儿童戏剧精品展演月
2 第四届中国儿童戏剧节开幕式
3 大地情深——国家艺术院团志愿服务走基层活动中《白雪公主与七个小矮人》赴洛阳演出
4 2014中华优秀传统文化年系列《口袋里的中国故事》
5 “深入生活　扎根人民”——中国儿艺《小吉普·变变变》走进北京门头沟三家店铁路小学
6 大型儿童剧《宝船》

1

2

3

4

5

6

1 7月31日，《禹王治水》演出
2 5月8日，《复兴之路》（3）赴廊坊演出
3 2014年出版的唱片
4 9月21日、22日，首演瓦格纳鸿篇巨制《齐格弗里德》
5 1月18日，赴顺义区北小营镇前礼务村慰问演出
6 11月16日，赴韩国演出（首尔中国文化中心发）

1 12月31日，中央芭蕾舞团交响乐团在国家大剧院隆重上演2015新年钟声音乐会
2 9月11日，引进法国罗兰·佩蒂先生传世名作《蝙蝠》，在天桥剧场首演成功
3 9月23日，《红色娘子军》纪念演出在人民大会堂举行
4 5月29日，与北京市教委签署合作项目，“中央芭蕾舞团艺术教育基地”正式在北京四所小学挂牌
5 10月14日，携《牡丹亭》片段，首次亮相“纽约秋季舞蹈艺术节”
6 11月11日，以年轻时尚的“快闪”等交流方式在台湾掀起“芭蕾旋风”

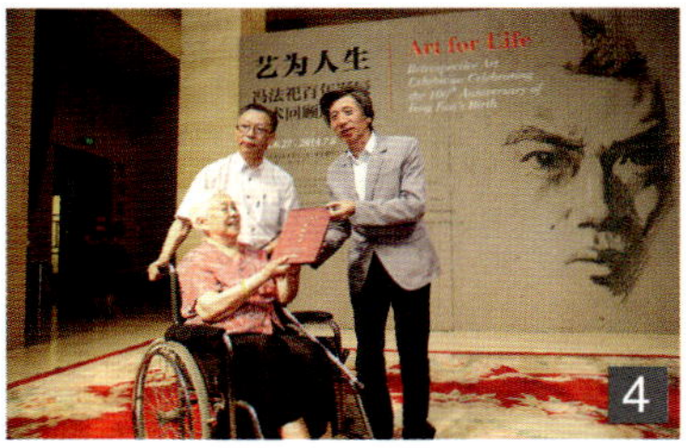

1 11月18日，慰问即将复退的驻馆武警老兵
2 3月27日，“中国意象——当代中国水墨与雕塑艺术展”在法国巴黎大皇宫隆重举行
3 5月8日，“大河之魂——高凤莲三代剪纸艺术展”开幕
4 6月27日，“艺为人生——冯法祀百年诞辰艺术回顾展”开幕
5 11月14日，“乘物游心——1839～1937直接摄影原作展”开幕
6 11月26日，收藏家黄建华先生将两件达利雕塑作品捐赠给中国美术馆
7 4月24日，“南方艳阳——陈澄波艺术大展”开幕
8 6月10日，“齐物等观——2014年国际新媒体艺术三年展”开幕

1 “聚精荟萃”——中国国家画院馆藏版画作品暨中德版画艺术联展在德开幕

2 “一人一品”——《中国国家画廊》年度学术邀请展（2014）（盛鸣　摄）

3 “写意中国”——2014中国国家画院美术作品（书法、版画）展（盛鸣　摄）

4 “笔墨新体”——中国国家画院美术研究院学术提名展（盛鸣　摄）

5 6 “深入生活、扎根人民”中国国家画院走进延安主题实践活动

中国对外文化集团公司

1 第12届中国国际合唱节开幕式音乐会
2 第三届阿拉伯艺术节开幕式
3 2014年中国—东盟文化交流年开幕演出
4 中国艺术品产业博览交易会
5 第六届戏剧奥林匹克——46部国际精品剧目荟萃北京
6 组派沈阳杂技团整台剧目赴美国70座城市进行90场大规模商业巡演

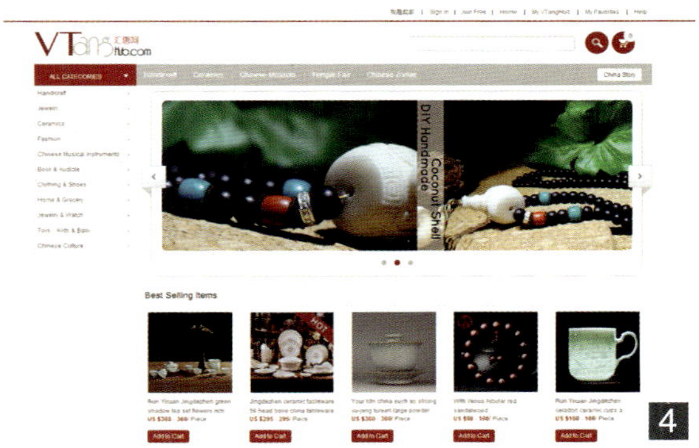

1 出版电影《猫和老鼠》
2 投资舞台剧《天哪，原来你是一只羊》
3 承办“欢乐春节”交响音乐作品征集推广计划作品评审音乐会
4 制作海外数字文化产品海外营销平台（汇唐网）
5 投资电影《中国推销员》
6 投资动漫电影《西游新传2》

1. 8月6日，酷漫网正式上线运行
2. ESCC中国数字竞技大赛南京总决赛刀塔2颁奖典礼
3. 举办北京文化艺术大讲堂活动
4. 研发动漫《开心汤圆》
5. 9月12日，ESCC中国数字竞技大赛南京踏浪网咖小组赛现场
6. 10月20日，2014中国网络文化颁奖盛典

1 元旦欣唱——恭王府迎新诗会
2 非遗皮影展
3 园林之光
4 精彩的展览
5 海棠雅集活动
6 丹麦女王和文化部恭王府管理中心主任共同揭幕中国肖像作品

1 2014年度高级职称评审会专家合影
2 “国家博物馆2014年度公开招聘”笔试现场
3 文化部直属单位劳动人事争议预防化解专项活动现场
4 2014年度文化部职称计算机能力考试现场
5 “首届艺术品鉴赏与收藏投资高级研修班”陶瓷鉴赏现场教学

1 组织中国交响乐团老同志春节团拜
2 组织健康讲座
3 摆渡
4 组织老同志参观农业嘉年华
5 庆祝三八妇女节茶话会
6 组织老艺术家到部队慰问演出

1 《清史镜鉴》结集出版
2 8月，启动编制细目工作，编制细目近20万条，图为编制《清代官员履历档案全编》细目工作现场
3 9月5日，召开“清史工程审改工作会”，图为戴逸主任讲话
4 12月13日，在中国驻埃及使馆举办学术讲座
5 12月8日，访问土耳其奥斯曼档案馆
6 出版中心出版图书12种，共计315册，图为部分出版成果展示

1

2

3

4

5

6

7

1 《中外文化交流》通过我各驻外使（领）馆发送约200个国家和地区

2 文化传通网是为实现“国内与国外、前方与后方、中央与地方”的沟通联络而建立的文化资源共享平台

3 9月4日至20日，“2014青年汉学家研修计划（第二期）暨中国当代作品译介研修对接计划”在北京举行，图为青年汉学家体验中国太极文化

4 “中国春节走向世界——欢乐春节五周年回顾展”主背景板

5 8月20日至27日，“与京剧名作面对面”系列活动在曼谷中国文化中心举办，图为体验勾脸谱

6 2月19日至28日，与巴黎中国文化中心共同主办“欢乐春节·中国风格：2014巴黎马年生肖珠宝设计发布暨展览”现场

7 7月2日至22日，“2014青年汉学家研修计划”（第一期）在北京举行

1 6　第五届全国青少年民族乐器演奏比赛
2 5　和风瑞气贯南西——海南省、西藏自治区春节习俗展
3 7　香港青少年土家族文化艺术考察活动
4　第七届中国原生民歌大赛

资质认定

计量认证证书

证书编号：2014003514Z

名称：中国艺术科技研究所舞台设备检测中心

地址：北京市东城区广渠门南小街领行国际1号楼2单元20层（100061）

经审查，你机构已具备国家有关法律、行政法规规定的基本条件和能力，现予批准，可以向社会出具具有证明作用的数据和结果，特发此证。

检测能力见证书附表。

（你机构对外出具检测报告的法律责任由 中国艺术科技研究所 承担。）

准许使用徽标

CMA

发证日期：2014年09月02日

有效期至：2017年09月01日

发证机关：

本证书由国家认证认可监督管理委员会制定，在中华人民共和国境内有效

1 2014年3月，国家文化科技提升计划项目“移动式公共文化方舱系统”通过验收

2 中国艺术科技研究所舞台设备检测中心获CMA证书

3 2014年舞台设备检测现场（上场口舞台机械控制台询问使用情况）

4 视频实验室

5 2014年艺科所美术考级现场

1 5月19日，边疆万里数字文化长廊建设试点现场工作会在内蒙古包头市召开
2 9月11日，中国文化馆协会在北京成立
3 12月19日，首届中国文化馆年会在浙江宁波召开
4 12月，“戏曲动漫体验剧”在史家小学开展
5 绥芬河口岸过境旅客通过边疆万里数字文化长廊公共文化一体机下载数字文化资源
6 2014年暑假，“科技在我身边”宣传展览活动

1 第十二届北京国际戏剧舞蹈演出季演出剧目《想飞的孩子》剧照
2 北京市河北梆子剧团剧目《北国佳人》剧照
3 第六届戏剧奥林匹克展演剧目《仲夏夜之梦》剧照
4 北京市文化局承办2014年全国文化遗产日主场活动
5 石景山区八角街道文化广场器乐演奏《拔根芦柴花》
6 北京之声——2014首都市民合唱周

1 群星奖获奖作品全国巡演天津行
2 “天津市文化志愿者2014年基层行”启动仪式
3 2014年中央电视台空中剧院天津行京剧《大登殿》演出
4 天津评剧院评剧《赵锦棠》荣获第十三届精神文明建设“五个一工程”奖
5 天津歌舞剧院舞剧《泥人的事》（姚玉　摄）
6 京津冀三地文化领域协同发展战略框架协议签约暨项目对接洽谈会

1 《山村社火》（孟祥彬　摄）
2 2014“京津冀河北梆子优秀剧目展演”（相春　摄）
3 2014年河北省首届青年演艺人才大赛
4 易水砚制作技艺
5 第九届中国评剧艺术节圆满闭幕
6 第七届河北省民俗文化节现场
7 非遗进校园——休门吹歌

1 群星奖获奖作品巡演暨“文化惠民在三晋”活动
2 晋剧《巴尔斯御史》演出剧照
3 “情系三晋”两岸文化联谊行
4 山西省图书馆硬件设备全面升级
5 文化三下乡走进军营
6 非物质文化遗产展示
7 音舞诗《晋善晋美中国梦》唱响山西

1 2014欢乐春节在埃及演出

2 鄂伦春自治旗等9个地区被文化部命名为2014—2016年度中国民间艺术之乡

3 7月25日，哈尼卡制作艺术家苏梅在悉尼中国文化活动中心开展活动

4 10月10日至13日，内蒙古自治区部分非物质文化遗产项目与代表性传承人参加在济南举办的第三届中国非物质文化遗产博览会

5 8月28日，第三届内蒙古二人台艺术节在包头市土默特右旗市政广场开幕

6 “百团千场”下基层惠民演出，全区三级院团为农牧民演出6000多场

7 9月中旬，大型马文化全景式综艺演出《千古马颂》在锡林浩特震撼上演

1 北镇庙维修工程入选首届“全国十佳文物保护工程”
2 省非遗保护中心“非遗进校园”活动走进东北育才，传承人现场展示面塑技艺
3 辽宁歌剧院歌剧《雪原》获第二届中国歌剧节优秀剧目奖
4 辽宁人民艺术剧院话剧《祖传秘方》参加辽宁省第九届艺术节演出
5 沈阳京剧院京剧《将军道》入选中宣部第十三届精神文明建设“五个一工程”奖优秀剧目
6 辽宁省图书馆“百万图书万里行”活动走进乡村
7 辽宁非遗展演团队赴塞舌尔获得汤姆鲍尔斯黄金奖杯

1 3D动画电影《青蛙王国》剧照
2 首届吉林省市民文化节暨吉林省第七届“长白之声”合唱节
3 2014中国文化产业峰会商业洽谈会签约仪式
4 10月，新编京剧《杨靖宇》作为唯一一台京剧剧目赴京参加建国65周年优秀剧目汇演
5 9月，吉剧《站醒台》获第十三届精神文明建设“五个一工程”奖

1 哈尔滨文庙举行纪念孔子诞辰2565周年“崇礼重教圆梦中华”主题活动
2 中俄联袂举行第五届中俄文化大集开幕式盛大演出
3 2014“中国梦”主题文艺创作优秀节目汇报演出——舞蹈《龙图腾》
4 联合国“急需保护非物质文化遗产名录”赫哲族《伊玛堪集成》出版发行
5 大型冰上实景演出《林海雪愿》
6 两名非遗传承人获第三届中华非物质文化遗产传承人“薪传奖”

1 9月26日，古诗词诵读大赛
2 4月27日，上海奉贤海湾森林生态音乐节
3 5月21日，亚信峰会文艺晚会
4 9月12日，上银钢琴音乐会
5 11月15日，市民写作大赛

1 南京博物院老大殿内彩绘
2 非遗展示（一）
3 非遗展示（二）
4 江苏省美术馆
5 南京博物院

1 浙江省传统戏剧之乡命名活动现场
2 越剧《我的娘姨我的娘》获“五个一工程”奖
3 浙江省农村文化礼堂展演现场
4 温州市图书馆理事会成立
5 浙江交响乐团在中国与巴西建交40周年音乐会上演出

1 安徽省2014年六一少儿文艺调演
2 2014年全省群众文化辅导员广场舞培训班
3 泗州小戏《板车女孩》参加全省小戏调演
4 安徽省群星奖获奖作品到基层巡演
5 经典剧目《女驸马》在省首届文化惠民消费季上演出
6 安徽省文化厅与中国建设银行安徽省分行签署战略合作协议
7 话剧《徽商传奇》剧照

1 落实“中非文化合作伙伴计划”，9月22日至10月1日，福建艺术团赴埃塞俄比亚及塞内加尔交流演出

2 3月，福建省举办“群星璀璨”第三届村级文化协管员技能大赛

3 5月20日，福建舞蹈节目《丝路梦寻·海》精彩亮相上海亚信峰会文艺晚会

4 8—9月，在北京举办“福建戏剧优秀剧目展演”活动，9月19日，闽剧《兰花赋》在中央党校演出

5 12月15日，“中国·海上丝绸之路文物精品图片展”在美国纽约联合国总部开幕，中国常驻联合国代表刘结一大使出席开幕式并致辞

6 10月24日至27日，第七届海峡两岸（厦门）文化产业博览交易会举办

1 江西古代文物精品展在首都博物馆展出

2 2013年度全国十大考古新发现——江西景德镇南窑唐代窑址

3 6月14日，中国文化遗产日主场城市活动在景德镇市举办

4 1月5日，江西省文化厅启动“百姓大舞台，大家一起来”周末免费剧场活动

5 5月29日至30日，来自卢森堡、俄罗斯、匈牙利等19个国家的21名外交官汇集景德镇，参加“千年瓷都——2014驻华外交官‘中国文化之旅’”活动

6 9月14日，歌剧《回家》荣获第十三届精神文明建设“五个一工程”奖，4月18日在国家大剧院演出

1 5月26日，山东省文化厅与中信银行济南分行战略合作签约仪式在济南举行

2 11月24日，山东省尼山书院首家“社区儒学讲堂”在鲁能领秀城社区挂牌成立

3 10月10日，第三届中国非物质文化遗产博览会在济南开幕

4 11月29日，全省文艺院团暨山东演艺集团下基层惠民演出活动在淄博市博山区乐疃村正式启动

5 11月25日，尼山书院国学公开课

6 山东省“边疆万里数字文化长廊”暨“万里海疆 万里书香”之海疆边防书屋

1 8月，中国大运河“洛阳一号”古沉船被平稳安放在回洛仓遗址博物馆内
2 隋唐洛阳城国家遗址公园天堂景区
3 6月，河南省少年儿童图书馆正式开馆，图为一楼大厅
4 河南豫剧院一团打造的新编历史剧《魏敬夫人》在第三届中国豫剧节上开场演出
5 4月，“第三届中国豫剧节”在河南艺术中心拉开帷幕
6 11月，河南歌舞演艺集团改制五周年图片展

1 2月，“荆楚风·中俄情”湖北文化走进俄罗斯京剧专场演出
2 大型公益性讲座“长江讲坛”
3 2014年流动图书车发车仪式
4 天门市文化部门组织送书下乡活动
5 全省首届广场舞大赛活动全场图

1 湘剧《谭嗣同》荣获中宣部"五个一工程"奖
2 第九届中国原创手机动漫大赛
3 "雅韵三湘"高雅艺术普及计划，全年共演出238场
4 湖南文化志愿者服务基层行暨第十届中国艺术节"群星奖"节目巡演
5 湖南省文化厅与贝宁中国文化中心交流合作
6 "欢乐潇湘"大型群众文艺汇演决赛

1 广东艺术团在马来西亚马六甲娘惹村演出
2 广东省第六届群众音乐舞蹈花会闭幕式暨优秀节目展演
3 广东省非遗珍稀剧种汇演
4 “甲午·甲午——百年强国梦”广东美术馆馆藏作品展在广东美术馆展出
5 2014年“中国文化遗产日”广东省非物质文化遗产展示
6 广东歌舞剧院大型舞剧《沙湾往事》在第十二届广东省艺术节上演出

1 9月15日，第九届中国—东盟文化论坛在南宁举行
2 壮族岩画音乐舞蹈诗剧《花山》于12月3日至5日在南宁剧场正式演出
3 现代壮剧《第一书记》（韩江　摄）
4 动漫音乐剧《跟斗小子》

1 “欢动海南”大型公益文体演出活动
2 在第五届中俄文化大集上，海南省群众文化艺术馆、琼中县歌舞团演出《黎族婚礼》《打柴舞》《联谊舞》
3 海南群众文化大讲坛
4 6月14日，来自9个民族市县及省直有关单位的43名黎族织女参加第五届海南省黎族织锦大赛
5 海南群众在学习书法技艺
6 5月15日，第十届中国（深圳）国际文化产业博览交易会海南馆正式开馆

1 5月18日，重庆市第五届文化遗产宣传月
2 3月19日，调研全市新闻出版工作
3 9月30日，重庆市举行第三届社区文化节
4 4月12日，第七届全民读书月启动
5 2月27日，重庆市惠民电影工作会召开
6 10月12日，第五届中国（重庆）交响音乐季开启（图1—6　侯文斌　摄）

1 7月16日至19日，第四届中国诗歌节在四川绵阳市举行（宋雨田　摄）
2 泰国艺术家到访藏羌绣苑，交流民族织绣文化（冯旸　摄）
3 川剧《挂印知县》巡演
4 第四届全国新农村文化艺术展演　四川省首届农民艺术节暨民间艺术节舞蹈《巴人》（谭守庆　摄）
5 社区文化——成都高新区歌咏比赛《永远跟您走》纪念中国共产党建党九十周年

1 遵义中世纪军事城堡——海龙屯飞虎关（王鸿　摄）
2 楼上村古建筑群全景
3 2014文化科技卫生“三下乡”启动仪式现场
4 2014西班牙马德里多彩贵州文化节开幕
5 贵州省首届侗族大歌百村歌唱大赛决赛现场
6 《嘎老》演出场景
7 原生态音乐之夏——大美原音（王炳忠　摄）

1 云南省第八届民族民间歌舞乐展演（马秀娟　摄）

2 9月15日，“中国梦·云南情”文化进万家惠民演出走进昆阳磷矿之彝族舞蹈《烟盒胡琴调》（阮坤瑾　摄）

3 非遗成果展拉祜族竹编技艺（澜沧县）（阮坤瑾　摄）

4 情歌节七夕情歌唱响石林（马秀娟　摄）

5 12月27日，“中国梦·云南情”云南省第三届大家乐群众文艺“彩云奖”颁奖暨新年晚会之红河州舞蹈《快乐烟盒》（阮坤瑾　摄）

6 2014年文化遗产日活动（马秀娟　摄）

1 京剧藏戏《文成公主》
2 拉孜镇文化站广场演出
3 西藏百万农奴解放纪念日群众文艺演出
4 2014年9月，第四届唐卡艺术博览会在罗布林卡正式举行
5 首届非遗保护大展唐卡展览区

1 2014年11月，第十六届中国上海国际艺术节“陕西文化周”期间“国风秦韵”陕西传统文化系列展演活动——世界级非遗项目西安鼓乐进校园交流演出

2 2月8日，省民间艺术团在悉尼歌剧院前表演陕北腰鼓

3 11月12日，第十六届中国上海国际艺术节“陕西文化周”期间“国风秦韵”陕西传统文化系列展演活动——秧歌剧《米脂婆姨绥德汉》

4 全省少儿钢琴比赛

5 歌剧《大汉苏武》等一批艺术精品全力备战“十一艺节”

6 首届丝绸之路国际艺术节“从长安到罗马”精品创作工程杂技剧《丝路彩虹》

1 甘肃演艺集团携手兰州银行开展“兰州银行之声”惠民演出年活动，于7月5日举行首场演出
2 12月1日至8日，甘肃省第三届声乐比赛在兰州举办
3 4月26日，省歌剧院原创歌剧《貂蝉》在兰州甘肃大剧院首演
4 兰州芭蕾舞团专场献礼国庆65周年演出剧照
5 7月21日，省首批流动图书车发车仪式在甘肃国际会展中心广场举行
6 6月26日，兰州演艺集团在兰州水车博览园开展文化惠民演出
7 4月27日，“甘肃省百姓文化广场惠民演出活动”在兰州东方红广场举办

1 送戏下乡演出现场
2 秦腔现代戏《花儿声声》入选中宣部“五个一工程”奖、国家舞台艺术精品工程重点资助剧目
3 第七届西北五省区秦腔艺术节演出现场
4 农村社火展演
5 第三届阿拉伯艺术节（宁夏分会场）文艺晚会
6 大型史诗话剧《丝路天歌》剧照

1 新疆艺术剧院民族乐团惠民演出
2 新疆艺术剧院歌剧团在和田地区于田县科克亚乡盆都拉小学演出
3 自治区博物馆流动展览在乌什县依麻木乡汗代克吉然村小学展出
4 3月，流动博物馆在阿克苏地区阿瓦提县小学展出
5 文化惠民演出
6 新疆第三届乡村艺术节暨曲子文化节开幕式
7 中国新疆动漫展开幕式舞蹈表演

1 舞剧《戈壁青春》剧照
2 文化志愿者边疆行——爱国主义教育
3 西北锣鼓节
4 2014年中央芭蕾舞团经典芭蕾舞剧《红色娘子军》慰问演出
5 六师五家渠市102团综合文化活动中心开展的群众文化活动
6 杂技剧《在那遥远的地方》剧照

图书在版编目(CIP)数据

中国文化年鉴.2015/中华人民共和国文化部编.--北京:国家图书馆出版社,2016.4
ISBN 978-7-5013-5713-0

Ⅰ.①中… Ⅱ.①中… Ⅲ.①文化事业—中国—2015—年鉴 Ⅳ.①G12-54

中国版本图书馆CIP数据核字(2015)第256542号

书　　名　中国文化年鉴2015
著　　者　中华人民共和国文化部　编
责任编辑　王　雷　张　颀

出　　版　国家图书馆出版社(100034　北京市西城区文津街7号)
(原书目文献出版社　北京图书馆出版社)
发　　行　010-66114536　66126153　66151313　66175620
66121706(传真),66126156(门市部)
E-mail　nlcpress@nlc.cn(邮购)
Website　www.nlcpress.com——→投稿中心
经　　销　新华书店
印　　装　北京信彩瑞禾印刷厂
版　　次　2016年4月第1版　2016年4月第1次印刷

开　　本　889×1194毫米　1/16
印　　张　33　彩图　4
字　　数　1000千字

书　　号　ISBN 978-7-5013-5713-0
定　　价　360.00元